AS AVENTURAS DE GEORG SIMMEL

OBRAS COEDITADAS PELO PROGRAMA DE PÓS-GRADUAÇÃO EM SOCIOLOGIA DA FFLCH-USP:

Antônio Flávio Pierucci e Reginaldo Prandi, *A realidade social das religiões no Brasil* (Hucitec, 1996)

Brasilio Sallum Jr., *Labirintos: dos generais à Nova República* (Hucitec, 1996)

Reginaldo Prandi, *Herdeiras do axé* (Hucitec, 1996)

Irene Cardoso e Paulo Silveira (orgs.), *Utopia e mal-estar na cultura* (Hucitec, 1997)

Antonio Sérgio Alfredo Guimarães, *Um sonho de classe* (Hucitec, 1998)

Antônio Flávio Pierucci, *Ciladas da diferença* (Editora 34, 1999)

Mário A. Eufrasio, *Estrutura urbana e ecologia humana* (Editora 34, 1999)

Leopoldo Waizbort, *As aventuras de Georg Simmel* (Editora 34, 2000)

Irene Cardoso, *Para uma crítica do presente* (Editora 34, 2001)

Vera da Silva Telles, *Pobreza e cidadania* (Editora 34, 2001)

Paulo Menezes, *À meia-luz: cinema e sexualidade nos anos 70* (Editora 34, 2001)

Sylvia Gemignani Garcia, *Destino ímpar: sobre a formação de Florestan Fernandes* (Editora 34, 2002)

Antônio Flávio Pierucci, *O desencantamento do mundo* (Editora 34, 2003)

Nadya Araujo Guimarães, *Caminhos cruzados* (Editora 34, 2004)

Leonardo Mello e Silva, *Trabalho em grupo e sociabilidade privada* (Editora 34, 2004)

Antonio Sérgio Alfredo Guimarães, *Preconceito e discriminação* (Editora 34, 2004)

Vera da Silva Telles e Robert Cabanes (orgs.), *Nas tramas da cidade* (Humanitas, 2006)

Glauco Arbix, *Inovar ou inovar: a indústria brasileira entre o passado e o futuro* (Papagaio, 2007)

Zil Miranda, *O voo da Embraer: a competitividade brasileira na indústria de alta tecnologia* (Papagaio, 2007)

Alexandre Braga Massella, Fernando Pinheiro Filho, Maria Helena Oliva Augusto e Raquel Weiss, *Durkheim: 150 anos* (Argvmentvm, 2008)

Eva Alterman Blay, *Assassinato de mulheres e Direitos Humanos* (Editora 34, 2008)

Nadya Araujo Guimarães, *Desemprego, uma construção social: São Paulo, Paris e Tóquio* (Argvmentvm, 2009)

Vera da Silva Telles, *A cidade nas fronteiras do legal e ilegal* (Argvmentvm, 2010)

Heloisa Helena T. de Souza Martins e Patricia Alejandra Collado (orgs.), *Trabalho e sindicalismo no Brasil e na Argentina* (Hucitec, 2012)

Christian Azaïs, Gabriel Kessler e Vera da Silva Telles (orgs.), *Ilegalismos, cidade e política* (Fino Traço, 2012)

Ruy Braga, *A política do precariado* (Boitempo, 2012)

OBRAS APOIADAS PELO PROGRAMA DE PÓS-GRADUAÇÃO EM SOCIOLOGIA DA FFLCH-USP:

Ruy Braga e Michael Burawoy, *Por uma sociologia pública* (Alameda, 2009)

Fraya Frehse, *Ô da rua! O transeunte e o advento da modernidade em São Paulo* (Edusp, 2011)

Leopoldo Waizbort

AS AVENTURAS DE GEORG SIMMEL

Universidade de São Paulo
Faculdade de Filosofia, Letras e Ciências Humanas
Programa de Pós-Graduação em Sociologia

editora 34

EDITORA 34

Editora 34 Ltda.
Rua Hungria, 592 Jardim Europa CEP 01455-000
São Paulo - SP Brasil Tel/Fax (11) 3811-6777 www.editora34.com.br

Universidade de São Paulo
Faculdade de Filosofia, Letras e Ciências Humanas
Programa de Pós-Graduação em Sociologia
Av. Prof. Luciano Gualberto, 315 Cid. Universitária CEP 05508-900
São Paulo - SP Brasil Tel. (11) 3091-3724 Fax (11) 3091-4505

Copyright © Editora 34 Ltda., 2000
As aventuras de Georg Simmel © Leopoldo Waizbort, 2000

A FOTOCÓPIA DE QUALQUER FOLHA DESTE LIVRO É ILEGAL E CONFIGURA UMA
APROPRIAÇÃO INDEVIDA DOS DIREITOS INTELECTUAIS E PATRIMONIAIS DO AUTOR.

Edição conforme o Acordo Ortográfico da Língua Portuguesa.

Capa, projeto gráfico e editoração eletrônica:
Bracher & Malta Produção Gráfica

Revisão:
Isabella Marcatti
Alexandre Barbosa de Souza
Nina Schipper

1ª Edição - 2000, 2ª Edição - 2006, 3ª Edição - 2013

Catalogação na Fonte do Departamento Nacional do Livro
(Fundação Biblioteca Nacional, RJ, Brasil)

Waizbort, Leopoldo
W145a   As aventuras de Georg Simmel / Leopoldo
Waizbort. — São Paulo: Programa de Pós-Graduação
em Sociologia da FFLCH-USP/Editora 34, 2013
(3ª Edição).
592 p.

ISBN 978-85-7326-180-6

Inclui bibliografia.

1. Simmel, Georg (1858-1918). 2. Sociologia
alemã. I. Universidade de São Paulo. Programa de
Pós-Graduação em Sociologia. II. Título.

CDD - 306

AS AVENTURAS DE GEORG SIMMEL

Motes 7

I.
FISIONOMIA

Caracterização 11
Ensaio 35
Panteísmo estético 75

II.
A CULTURA, O MODERNO E O PRESENTE

Cultura 115
Dinheiro 131
Estilo de vida 169
Presente 245
  1. "Tendencies in German Life and Thought since 1870" 247
  2. GUERRA! 266
  3. "Rembrandt como educador" 279
  4. O caso Gerhart Hauptmann: o naturalismo e o moderno
    no início dos anos 1890 285
  5. "A escultura de Rodin e a direção espiritual do presente" 288
  6. Prostituição 297

III.
GEORG SIMMEL E A BERLIM DO SEGUNDO IMPÉRIO

A confissão 307
O sonho de Simmel 309
A cidade, grande e moderna 311
As exposições 341
Os naturalistas 359
Jugendstil 373
O interior 391
Stefan George 419
O salão 441
Impressionismo, Expressionismo 471
O indivíduo como ponto de cruzamento dos círculos sociais 489
Individualismo 491
A cidade como obra de arte 505
Sociologia 509
"Jude", entre a "emancipação" e a "assimilação" 535
O rosto 569
A cátedra, os gestos e a memória dos que viram e ouviram 571
Cultura filosófica 589

MOTES

1.
"[...] uma determinada atitude espiritual em relação ao mundo e à vida." (Simmel)

2.
"Um homem labiríntico nunca procura a verdade, mas sempre apenas a sua Ariane." (Nietzsche)

3.
"— J'aime les nuages... les nuages qui passent... là-bas... là-bas... les merveilleux nuages!" (Baudelaire)

4.
"Cada ensaio é a etimologia simbólica de um conceito paradoxal." (Schlegel)

5.
"[...] ver no individual o universal." (Simmel)

6.
"O verdadeiro é semelhante a deus: ele não aparece imediatamente, nós precisamos extraí-lo de suas manifestações." (Goethe)

7.
"Talvez seja uma infelicidade da minha existência que eu me interesse por muitas coisas e não me decida por nenhuma delas; meus interesses não estão todos subordinados a um único, senão que permanecem todos coordenados." (Kierkegaard)

8.
"[...] aquela instância que só liga na medida em que ao mesmo tempo separa." (Simmel)

9.
"Análise técnica e temática — esta arte, raramente exercida, é o único procedimento adequado para a interpretação de um autor." (Curtius)

10.
"O homem é pura e simplesmente o ser que procura."
(Simmel)

FISIONOMIA

CARACTERIZAÇÃO

Quem tentar esboçar a fisionomia de Georg Simmel (1858-1918), logo se encontra em meio a dificuldades que são características próprias daquilo que se quer apreender. Simmel sempre postulou para seu próprio pensamento uma mobilidade e uma plasticidade para se adaptar ao seu objeto — uma multiplicidade de direções, uma defesa do fragmento —, que se opõem a toda tentativa de fixação e acabamento, a toda pretensão de sistema.

Por isso todos os rótulos que lhe são atribuídos, apesar de possuírem seu teor de verdade, sempre soam tão falsos: vitalismo, relativismo, esteticismo, formalismo, irracionalismo, psicologismo, impressionismo e tantos mais. Disto também é exemplo o fato de Simmel, hoje considerado, ao lado de Max Weber e Ferdinand Tönnies, um dos "pais" da sociologia alemã, não poder ser classificado sem mais como "sociólogo", sob pena de se perderem várias outras dimensões que são essenciais ao seu pensamento.

Walter Benjamin, que ainda pôde ouvir Simmel, detectou em sua "dialética característica" a transição da filosofia tradicional ("de cátedra") para uma filosofia ensaística. Virtuose na forma do ensaio, este tem muito a ver com o tipo e com os objetos de conhecimento que Simmel tinha em vista. Theodor Adorno — que estudou com Siegfried Kracauer, aluno dileto de Simmel — retomou o enfoque de Benjamin e apontou o núcleo do esforço simmeliano, a "virada da filosofia rumo aos objetos concretos". É dessa virada, que exige sua concepção muito própria de "filosofia", que se originam suas múltiplas preocupações, em uma obra que conjuga de modo original diversas "perspectivas" — a sociologia, a filosofia, a economia, a psicologia, a história, a estética e outras mais — na análise do que pode ser esperado e convencional, mas é sempre rica em nuances:

- a guerra
- a dominação
- o grupo
- o conflito
- os círculos sociais
- a individualidade
- o espaço
- a cultura
- o dinheiro

- a moral
- a liberdade
- o trabalho
- o pessimismo
- a família
- a religião
- a cidade
- o socialismo

Mas também do inesperado, inconvencional e do mais inusitado:
- a ponte
- a moldura
- a aventura
- a ruína
- a asa do jarro
- o estranho
- a prostituição
- a amizade
- os sentidos
- a porta
- a coqueteria
- o segredo
- a fidelidade
- a mentira
- o ator
- a carta
- o rosto
- o amor
- a refeição
- os Alpes
- o pobre
- os adornos
- a paisagem
- a moda
- a solidão
- a conversa

O que se tentará aqui esboçar são alguns traços de seu pensamento, algum arremedo de sua fantasia, alguma possibilidade de seus escritos. Como seus textos são pouco divulgados em nossa língua, vou iniciar citando integralmente um pequeno ensaio, que ocupará as páginas seguintes. A seguir, farei um comentário a esse texto de Simmel, procurando ao mesmo tempo apontar e desenvolver linhas gerais para uma interpretação de sua Obra. Pois o que se busca aqui — uma certa *fidelidade* ao pensamento desse Autor, uma certa afinidade com seu modo de pensar — é esboçar *uma perspectiva* analítica que seja capaz de fazer justiça à imensa e extraordinária riqueza e profundidade de sua Obra (ou, dito de modo mais adequado: capaz de acompanhá-lo em seus variados caminhos). Inspira-a — mas apenas inspira-a — uma fundação mimética.

Os inúmeros caminhos que podem ser trilhados para percorrer esses domínios — todos eles válidos — podem ser inventariados e analisados a partir da considerável bibliografia existente sobre o Autor. Isto porque todos esses diversos caminhos podem servir para nos indicar de que modo Simmel foi lido, que ênfases foram realizadas, o que foi obscurecido e esquecido. Assim, quem quer que se dedique a estudar a recepção da Obra de Simmel, logo perceberá a substantiva diferença de seus leitores americanos frente a seus compatriotas alemães. A veia empírica da sociologia norte-americana tomou para si um Simmel[1] muito distinto daquele ensaísta que influenciou subterraneamente mais de uma geração da sociologia, filosofia e crítica alemã,[2] passando por Weber,[3] Lukács,[4] Bloch,[5] Heidegger,[6]

---

[1] Sobre a recepção de Simmel na América do Norte — vasta e antiga —, basta lembrar que artigos seus foram traduzidos e publicados, ainda ao final do século passado, por Albion W. Small no *The American Journal of Sociology*, e sua influência irradiou-se de Chicago, através de Small, Robert E. Park e Edward A. Ross para a sociologia americana. Veja-se K. H. Wolff, "Introduction", *in The Sociology of Georg Simmel*, tradução, organização e introdução de K. H. Wolff, Glencoe, The Free Press, 1950, #2: "Simmel in America", pp. XXIV-XXV; D. N. Levine, E. B. Carter e E. M. Gorman, "Simmel's Influence on American Sociology", *in* H. Böhringer e K. Gründer (orgs.), *Ästhetik und Soziologie um die Jahrhundertwende: Georg Simmel*, Frankfurt/M, V. Klostermann, 1976, pp. 175-228; G. D. Jaworski, *The Fate of Georg Simmel in Functionalist Sociology, 1937-1961: A Study in the Historical Sociology of Sociology*, dissertação de PhD, New School for Social Research, 1989; G. Roth e R. Bendix, "Max Webers Einfluss auf die amerikanische Soziologie", *in Kölner Zeitschrift für Soziologie und Sozialpsychologie*, ano XI, n° 1, 1959, pp. 38-40. Uma discussão informal do assunto é apresentada em "Uma entrevista com Howard S. Becker", *in Estudos Históricos* (Rio de Janeiro), vol. III, n° 5, 1990, pp. 114-36.

[2] Sobre a diferença das recepções americana e alemã, ver H. J. Dahme, "On the Current Rediscovery of Georg Simmel's Sociology — A European Point of View", *in* M. Kaern, B. S. Phillips e R. S. Cohen (orgs.), *Georg Simmel and Contemporary Sociology*, Dordrecht etc., Kluwer, 1990, pp. 13-21. Sobre a recepção na Alemanha, ver H. J. Dahme, *Soziologie als exakte Wissenschaft. Georg Simmels Ansatz und seine Bedeutung in der Gegenwärtigen Soziologie*, Stuttgart, Enke, 1981, especialmente vol. I; P. E. Schnabel, *Die soziologische Gesamtkonzeption Georg Simmels. Eine wissenschaftshistorische und wissenschaftstheoretische Untersuchung*, Stuttgart, 1974; H. Maus, "Simmel in German Sociology", *in* K. H. Wolff (org.), *Essays on Sociology, Philosophy*

Freyer,[7] Mannheim,[8] von Wiese,[9] Kracauer,[10] Jaspers,[11] Benjamin,[12] Spengler,[13] Elias[14] e Adorno,[15] para nomear apenas alguns dos mais conhecidos. Contudo, o que me interessa não é propriamente um balanço e uma análise das diversas ênfases dadas à Obra de Simmel, ou mesmo uma história da sua recepção. Isto poderia servir apenas como material comprobatório da diversidade e amplitude de sua influência. Entretanto, o que

---

and Aesthetics, Nova York, Harper & Row, 1965, pp. 180-200; M. Landmann, "Einleitung", in G. Simmel, Das individuelle Gesetz. Philosophische Exkurse, organização de M. Landmann, Frankfurt/M, Suhrkamp, 1968, pp. 7-29.

[3] Sobre a influência de Simmel em Weber, veja-se F. H. Tenbruck, "Georg Simmel (1858-1918)", in Kölner Zeitschrift für Soziologie und Sozialpsychologie, ano X, nº 4, 1958, pp. 604-7 e, do mesmo, "Die Genesis der Methodologie Max Webers", in Kölner Zeitschrift für Soziologie und Sozialpsychologie, ano XI, nº 4, 1959, pp. 622-5, ainda do mesmo, "Formal Sociology", in K. H. Wolff (org.), Essays on Sociology, Philosophy and Aesthetics, op. cit., pp. 61-99; J. Faught, "Neglected affinities: Max Weber and Georg Simmel", in The British Journal of Sociology, vol. XXXVI, junho de 1985, pp. 155-74; D. Frisby, "Die Ambiguität der Moderne: Max Weber und Georg Simmel", in W. J. Mommsen e W. Schluchter (orgs.), Max Weber und seine Zeitgenossen, Göttingen/Zurique, Vandenhoeck & Ruprecht, 1988, pp. 580-94, do mesmo, "Introduction to the Translation", in G. Simmel, The Philosophy of Money (trad. de T. Bottomore e D. Frisby), Londres etc., Routledge & Kegan Paul, 1978, pp. 13 ss.; L. A. Scaff, "Weber, Simmel, and the sociology of culture", in The Sociological Review, vol. XXXVI, nº 2, 1988, pp. 1-30.

[4] Em relação a Georg von Lukács, dentre uma grande e variada literatura: M. Löwy, Para uma sociologia dos intelectuais revolucionários, São Paulo, LECH, 1979, passim, em especial a entrevista de Bloch, pp. 282-94; R. Dannemann, Das Prinzip Verdinglichung. Studie zur Philosophie Georg Lukács', Frankfurt/M, Sendler, 1987; E. Karadi e E. Vezer (orgs.), Georg Lukács, Karl Mannheim und der Sonntagskreis, Frankfurt/M, Sendler, 1985; D. Frisby, "Introduction to the Translation", op. cit., pp. 15 ss.

[5] Sobre a influência de Simmel em Ernst Bloch, dentre outras indicações possíveis: M. Löwy, Para uma sociologia dos intelectuais revolucionários, op. cit., passim, em especial a entrevista de Bloch, pp. 282-94; M. Landmann, "Ernst Bloch über Simmel", in H. Böhringer e K. Gründer (orgs.), Ästhetik und Soziologie um die Jahrhundertwende: Georg Simmel, op. cit., pp. 269-71; R. Traub e H. Wieser (orgs.), Gespräche mit Ernst Bloch, 2ª ed., Frankfurt/M, Suhrkamp, 1977, passim.

[6] A influência de Simmel em Heidegger é um importante tema que vem sendo ultimamente investigado. Veja-se: Chr. Ertel, "Von der Phänomenologie und jüngeren Lebensphilosophie zu Existenzialphilosophie M. Heideggers", in Philosophisches Jahrbuch, vol. LI, 1938, pp. 27 ss.; H. J. Gawoll, "Impulse der Lebensphilosophie. Anmerkungen zum Verhältnis von Heidegger und Simmel", in Simmel Newsletter, vol. III, nº 2, inverno de 1993, pp. 139-51; M. Grossheim, Von Georg Simmel zu Martin Heidegger. Philosophie zwischen Leben und Existenz, Bonn/Berlim, Bouvier, 1992.

[7] Sobre a importante influência de Simmel em Hans Freyer, um ponto pouco trabalhado até o momento devido ao inconveniente da aproximação, ver: E. M. Lange, Rezeption und Revision von Themen Hegel'schen Denkens im frühen Werk Hans Freyers, dissertação, FU-Berlin, 1971; E. Üner, comentário ao texto de Freyer "Das Material der

almejo é algo distinto: *trata-se de uma leitura de sua Obra que privilegie o seu próprio modo de análise, e que somente a partir do seu procedimento se debruce sobre seus conteúdos.* Como se poderá ver, essa perspectiva fundamenta-se no próprio Simmel.

Tudo isto é perceptível no interessante texto que vamos ler, a "Introdução" da única coleção de ensaios de Simmel organizada por ele pró-

---

Pflicht. Eine Studie über Fichtes spätere Sittenlehre", *in* Hans Freyer, *Preußentum und Aufklärung und andere Studien zu Ethik und Politik*, organização de E. Üner. Weinheim, Acta Humaniora, 1986, p. 71.

[8] Curiosamente este ponto não foi até agora explorado pela pesquisa. Ver: K. Mannheim, "Georg Simmel mint filozofus", *in Huszadik Sz zad*, 19, nº 7-12, 1918, p. 194. Trad. alemã: "Georg Simmel als Philosoph", *in* E. Karadi e E. Vezer (orgs.), *Georg Lukács, Karl Mannheim und der Sonntagskreis*, *op. cit.*, pp. 150-3.

[9] Em L. von Wiese trata-se do sistematizador daquilo que seria a sociologia de inspiração simmeliana, ou seja, a dita "sociologia formal". Desse modo, ver (a referência é decerto apenas indicativa): F. H. Tenbruck, "Formal Sociology", *in* K. H. Wolff (org.), *Essays on Sociology, Philosophy and Aesthetics*, *op. cit.*, pp. 61-99.

[10] Em relação a Siegfried Kracauer, veja-se T. W. Adorno, "Der wunderliche Realist", *in Noten zur Literatur*, organização de R. Tiedemann, Frankfurt/M, Suhrkamp, 1981, pp. 390 ss.

[11] Em relação a Jaspers ver H. Tennen, "Georg Simmel und Karl Jaspers: ein Vergleich", *in* H. Böhringer e K. Gründer (orgs.), *Ästhetik und Soziologie um die Jahrhundertwende: Georg Simmel*, *op. cit.*, 1976, pp. 135-74.

[12] Em relação à Benjamin, veja-se D. Frisby, *Fragmente der Moderne: Georg Simmel-Siegfried Kracauer-Walter Benjamin*, Rheda-Wiedenbrück, Daedalus, 1989, *passim*; S. Hübner-Funk, "Ästhetizismus und Soziologie bei Georg Simmel", *in* H. Böhringer e K. Gründer (orgs.), *Ästhetik und Soziologie um die Jahrhundertwende: Georg Simmel*, *op. cit.*, pp. 44-70; A. T. Martinez, "Walter Benjamin a Sociologist in the Path of Simmel", *in Humboldt Journal of Social Relations*, 12, 1, outono-inverno de 1984-85, pp. 114-31; T. W. Adorno e W. Benjamin, *Briefwechsel 1928-1940*, organização de H. Lonitz, Frankfurt/M, Suhrkamp, 1994.

[13] Isto, ao que parece, ainda não foi explorado. Ver, a título de exemplo, O. Spengler, *Der Untergang des Abendlandes. Umrisse einer Morphologie der Weltgeschichte*, Munique, DTV, 1972, pp. 70 ss., 1.145-82.

[14] O tema parece não ter ainda despertado o interesse que merece. Contudo os leitores de N. Elias percebem que as leituras de Simmel devem ter acompanhado o assistente de Mannheim por toda a longa vida. Pode-se ver, de minha autoria, "Elias e Simmel", *in* L. Waizbort (org.), *Dossiê Norbert Elias*, São Paulo, Edusp, 1999, pp. 89-111.

[15] No que toca à Adorno, veja-se os textos citados acima de Adorno e Hübner-Funk, assim como a "Nota sobre Georg Simmel" em minha dissertação de mestrado, *Aufklärung musical. Consideração sobre a sociologia da arte na Philosophie der neuen Musik de Theodor W. Adorno*, FFLCH-USP, 1991. Neste ponto basta lembrar que o jovem Adorno ministrava seminários sobre Simmel na Universidade de Frankfurt no início de sua carreira docente.

Caracterização

prio.[16] Esse texto possui um significado único justamente porque nele convergem duas intenções: uma que poderíamos denominar de "prefaciadora", que busca explicar as razões da coletânea e marcar a unidade que paira sobre, ou melhor, por entre ela e, por outro lado, possui uma autonomia própria, pois é um texto em si mesmo significativo, que pode ser lido como um ensaio autônomo, independente até daquela intenção primeira. Vejamos então esse texto:[17]

"Quando se apresentam reunidos ensaios que, como os seguintes, não possuem unidade alguma de acordo com sua matéria, a justiça interna para tanto pode repousar em uma intenção globalizante que abarque toda a variedade de conteúdo. Pois aqui uma tal unidade parte do conceito de filosofia: que seu essencial não é, ou não é apenas, o conteúdo, que é a cada vez conhecido, construído, pensado, mas sim uma determinada atitude espiritual em relação ao mundo e à vida, uma forma e modo funcionais de apanhar as coisas e proceder mentalmente com elas. Na medida em que as afirmações filosóficas repousam distantes e incompatíveis entre si e não possuem uma validade inconteste por elas mesmas; na medida em que, não obstante, algo de comum é perceptível nelas, cujo valor sobrevive a toda contestação das afirmações singulares e suporta mais e mais o processo filosófico, aquilo de comum não pode estar em um conteúdo qualquer, mas somente neste processo mesmo. Isso pode, decerto, ser evidente enquanto motivo para preservar o nome da filosofia de todas as oposições de seus dogmas. Mas do mesmo modo não é evidente que o essencial e significativo da filosofia deva descansar sobre esse aspecto funcional, sobre essa mobilidade como que formal do espírito que filosofa, ao menos ao lado dos conteúdos e resultados expressos dogmaticamente, sem os quais o processo filosófico enquanto tal e por si mesmo não pode com certeza se desenrolar. Tal separação entre a função e o conteúdo, entre o processo vivo e

---

[16] No conjunto da Obra de Simmel há várias coletâneas de ensaios, mas apenas uma delas foi organizada pelo próprio Autor; todas as outras são obras póstumas, organizadas por terceiros. Por isso, esta "Introdução" que vamos ler tem um significado todo especial, por ter sido escrita pelo próprio Simmel e porque é, ela mesma, um texto altamente sugestivo.

[17] G. Simmel, "Einleitung" ("Introdução"), *in Philosophische Kultur* (*Cultura filosófica*, 1911), Berlim, K. Wagenbach, 1983, pp. 19-23. O ensaio é reproduzido integralmente. O texto de Simmel vem em caracteres diferenciados. As traduções dos textos citados neste trabalho são, salvo menção em contrário, de minha responsabilidade.

seu resultado conceitual significa uma orientação inteiramente universal do espírito moderno. Quando a teoria do conhecimento — declarada frequentemente como único objeto permanente da filosofia — desliga o puro processo do conhecer de todos os seus objetos e o analisa; quando a ética kantiana situa a essência de toda a moral na forma da vontade pura ou boa, cujo valor seria autossuficiente e livre de toda determinação mediante conteúdos finais; quando para Nietzsche e Bergson a vida enquanto tal significa a realidade verdadeira e o valor último, não determinada por algum conteúdo como que substancial, senão que o conteúdo é por sua vez criado e ordenado — então consuma-se toda aquela separação entre processo e conteúdo e a acentuação autônoma do primeiro.

Assim pode-se compreender o impulso metafísico, o processo ou a atitude do espírito que o perpassa, como um caráter ou um valor que não é atingido por todas as contradições e incoerências de seus conteúdos ou resultados. E, desligado por princípio da rígida ligação com estes, ele ganha uma flexibilidade e possibilidade de prolongamento, uma ausência de pré-juízos frente a todos os conteúdos possíveis, que seriam impensáveis caso ainda se quisesse determinar a essência da filosofia ou da metafísica a partir de seus problemas objetivos. Se se compreende o funcional, a atitude, a orientação de profundidade e o ritmo do processo do pensamento como aquilo que o torna filosófico, então seus objetos são de antemão ilimitados e obtêm, naquela comunidade do modo de pensar ou da forma do pensamento, a unidade para investigações as mais heterogêneas em relação ao conteúdo, aquela unidade que as investigações aqui apresentadas tomam para si.

A experiência histórica indica que cada fixação do juízo metafísico sobre um conteúdo sistemático deixou enormes domínios cósmicos e anímicos para além da interpretação e aprofundamento filosófico; e isto não somente como consequência da sempre relativa capacidade daquele princípio absoluto, mas sim sobretudo de sua fixidez e ausência de plasticidade, que exclui a inclusão dos segmentos pouco vistos do círculo da existência na profundidade metafísica. Esse movimento não deveria permitir que nada se subtraísse, nem mesmo os fenômenos mais fugazes e isolados da superfície da vida; mas não parece que haja uma norma que conduza de cada um daqueles fenômenos a um conceito metafísico fundamental singular. Se o processo filosófico deve partir efetivamente da amplitude uni-

Caracterização

versal da existência, então ele parece antes necessitar correr em muitas e ilimitadas direções. Alguns fenômenos, algumas disposições, algumas associações do pensamento remetem a reflexão filosófica a uma direção que, levada ao absoluto, seria um panteísmo; outros, inversamente, à direção do individualismo. Por vezes essa reflexão parece dever terminar em um definitivum *idealista, por vezes realista, aqui em um racional, ali em um voluntarista. Há portanto evidentemente uma relação mais íntima entre toda a multiplicidade da existência dada, que anseia ser levada à camada filosófica profunda, e toda a multiplicidade dos absolutos metafísicos possíveis. A articulação flexível entre as duas, a ligação possível a fim de relacionar cada ponto de uma com cada ponto da outra, foi propiciada por aquela mobilidade do espírito, não determinada por nenhum absoluto, que é em si mesma metafísica. Nada a impede de percorrer alternativamente os caminhos indicados e muitos outros, e em tal abandono a função metafísica pode então captar os sintomas das próprias coisas de modo mais fiel e flexível do que se limitada pelo ciúme de uma exclusividade material. A exigência do impulso metafísico não é redimida apenas ao final desses caminhos. Pois todo o conceito de caminho e fim, que traz consigo a ilusão de um ponto final necessariamente comum, é aqui inoportuno e apenas um abuso de uma analogia espacial; por assim dizer, as qualidades daquelas mobilidades somente teriam um nome se os princípios absolutos pudessem sobressair a eles como pontos de chegada ideais. Somente na cristalização dogmática reside uma contradição entre eles, mas não no interior da própria mobilidade da vida filosófica, cujo caminho individual pode ser comum e caracterizado pessoalmente mediante tantas quantas curvas e sinuosidades ele conduza. Este ponto de vista é o mais profundamente distinto do ecletismo e da prudência do meio termo. Pois ambos não estão menos amarrados aos resultados consumados do pensamento do que qualquer filosofia unilateralmente exclusiva; apenas que eles preenchem a mesma forma não mediante uma ideia de princípio, mas sim mediante um mosaico de fragmentos de tais ideias, ou degradam seus opostos gradualmente, até a compatibilidade. Mas aqui trata-se da virada absolutamente de princípio, de uma por assim dizer metafísica enquanto dogma a uma metafísica enquanto vida ou função; não da espécie do conteúdo da filosofia, mas sim de sua forma, não da diversidade entre os dogmas, mas sim da unidade do movimento do pensamento, que é há muito co-*

mum a todas essas diversidades, até que elas se solidifiquem precisamente em um dogma e com isso cortem o regresso aos pontos de intersecção de todos os caminhos filosóficos e portanto à riqueza de todas as possibilidades de movimento e abrangência.

Não há dúvida de que, dentre os criadores geniais no interior da história da filosofia, nenhum teria admitido esta mudança de acento do terminus ad quem *do esforço filosófico ao* seu terminus ad quo. *Neles a individualidade espiritual é tão forte, que ela só pode se projetar em uma imagem do mundo determinada unilateral e completamente de acordo com o conteúdo, e o radicalismo de uma atitude filosófica e formal da vida funde-se com esse conteúdo de modo indissolúvel e intolerante. Assim a religiosidade de todo homem realmente religioso significa na verdade um ser e uma conduta íntima sempre iguais; mas no indivíduo, e na verdade especialmente naquele religiosamente criativo, com uma individualidade determinada, precisamente esta individualidade, cunhada por um conteúdo de fé, torna-se uma unidade tão orgânica que para esses homens apenas aquele dogma pode ser religião. Assim, se a índole individual do filósofo produtivo enquanto tal precipita-se também sempre em uma concepção de mundo absoluta, que exclui as outras — o que, de resto, poderia ocorrer junto ao reconhecimento de princípio daquela mudança de acento da metafísica —, então esta mudança me aparece, em todo caso, como a condição de uma 'cultura filosófica' em sentido amplo e moderno. Pois esta não consiste de modo algum no conhecimento de sistemas metafísicos ou na confissão de teorias singulares, mas sim em um relacionamento espiritual contínuo em relação a toda a existência, em uma mobilidade intelectual até a camada em que correm, nos mais variados graus de profundidade e ligadas aos dados mais universais, todas as linhas possíveis da filosofia — assim como uma cultura religiosa não se constitui no reconhecimento de um dogma, mas sim na concepção e conformação da vida em contínua consideração com o destino interno da alma; assim como a cultura artística não se constitui na soma das obras de arte singulares, mas sim naquilo em que os conteúdos da existência em geral são sentidos e formados de acordo com as normas dos valores artísticos.*

Se a filosofia também permanece em seu caminho interior na descontinuidade de partidos dogmáticos, permanecem, não obstante, tanto aquém como além destes, duas unidades: a funcional, da qual falei inicialmente, e esta teleológica, para a qual

Caracterização

a filosofia é em geral um suporte, um elemento ou uma forma da cultura. As duas unidades são ligadas como que subterraneamente; a cultura filosófica, em todo caso, deve manter-se lábil, deve ser capaz de olhar para trás e retroceder de cada teoria singular ao que há de funcionalmente comum a todas elas. Os resultados do esforço podem ser fragmentários, mas o esforço não o é.

Do interesse nessa atitude filosófica em geral originou-se o trabalho e recompilação dos problemas deste volume. A demonstração de como precisamente seu caráter isolado e heterogeneidade suportam este conceito básico da cultura filosófica, ou é suportado por ele, não é mais coisa de programa, mas sim do próprio trabalho. Conforme o ponto de mira escolhido, ele repousa sobre a premissa ou conduz à prova: é um preconceito que o aprofundamento a partir da superfície da vida, o escavar da camada de ideias mais próxima sob cada um de seus fenômenos, isto que se poderia chamar sua interpretação [Sinngebung] — devesse conduzir necessariamente a um ponto final, e pairaria inconsistentemente no ar se não recebesse sua orientação de uma tal adjudicação de sentido.

Em uma fábula um camponês à morte diz a seus filhos que há em suas terras um tesouro enterrado. Em consequência disso, os filhos escavam e reviram profundamente a terra por toda parte, sem encontrar o tesouro. Mas no ano seguinte a terra assim trabalhada produz três vezes mais frutos. Isso simboliza a linha da metafísica indicada aqui. Nós não iremos encontrar o tesouro, mas o mundo que nós escavamos à sua procura trará ao espírito três vezes mais frutos — mesmo se não se tratasse de nenhum modo na realidade do tesouro, mas sim de que esse escavar é a necessidade e a determinação interior do nosso espírito."

Para Simmel, filosofia significa sempre abordar o campo de forças que se estabelece entre sujeito e objeto. Desde o início, ele põe em destaque a relação de sujeito e objeto, manifesta na "intenção globalizante", que repousa no sujeito, que busca abarcar uma multiplicidade de "conteúdos", objetos. Talvez aqui já tenhamos um ponto nodal que nos permita adentrar no universo simmeliano: pois se a relação sujeito-objeto é clássica no âmbito da filosofia e da ciência,[18] Simmel trabalha em um re-

---

[18] Cf. G. Simmel, *Hauptprobleme der Philosophie* (*Problemas fundamentais da filosofia*, 1910), 8ª ed., Berlim, W. de Gruyter, 1964, cap. 3, pp. 86-112.

gistro muito burilado, em que as ênfases são deslocadas constantemente de um polo a outro. Uma primazia do sujeito, manifesta na sua intenção, desloca-se de imediato ao objeto, na busca de suas significações. Devemos reter a ideia desse movimento pendular, que reencontramos frequentemente ao nos aproximarmos de Simmel. Mas se poderia legitimamente indagar: porque cultura *filosófica*? "Talvez se pudesse designar o filósofo como aquele que possui um órgão que recebe e reage frente à totalidade da existência."[19] Simmel não abre mão dessa pretensão à totalidade. Resta-nos averiguar se ele realmente possui essa capacidade de percepção e reação que ele atribui ao filósofo, se ele é *sensível*.

O que baliza o procedimento de Simmel é um conceito de filosofia, que ele precisa no decorrer do texto. A relação com a filosofia é necessária na medida em que fundamenta o procedimento analítico de Simmel. A unidade dos ensaios enfeixados em *Philosophische Kultur* deriva da unidade desse conceito de filosofia, que subjaz a todos eles. Desse conceito deriva a "atitude espiritual em relação ao mundo e à vida", que é a atitude do nosso Autor: ela é, por assim dizer, seu "método" e "procedimento". Justamente por se tratar de um conceito de filosofia, Simmel é consciente dos problemas da relação sujeito-objeto: é necessário debruçar-se sobre as coisas e "apanhá-las", agarrá-las de algum modo, pois elas não se entregam indefesas e espontâneas ao sujeito; e este, ao dominá-las[20] — pois apanhar as coisas é um modo de dominá-las —, procede com elas de um modo determinado, que também deriva da sua "atitude". Esta é a palavra-chave: a *atitude*,[21] uma espécie de "disposição espiritual", que determina o procedimento de toda a investigação, e desse modo seus resultados, é o núcleo da posição de Simmel. Se queremos compreendê-lo, precisamos compreender sua atitude e o que dela advém. A "forma" do procedimento vale tanto ou mais do que o "conteúdo" a que se chega: pois este só é de um determinado modo enquanto resultado de um procedimento; fosse de outro modo e ele poderia ser diferente. Já aqui nos encontramos

---

[19] G. Simmel, *Hauptprobleme der Philosophie, op. cit.*, p. 11.

[20] Cf. G. Simmel, "Das individuelle Gesetz. Ein Versuch über das Prinzip der Ethik" ("A lei individual. Um ensaio sobre o princípio da ética"), *in Logos*, vol. IV, 1913, p. 122.

[21] Em alemão "Attitüde". Trata-se de um francesismo, que talvez se possa imputar à influência relativamente grande do francês no jargão berlinense ("Berliner Jargon"). Isto já relaciona Georg Simmel a Berlim (cf. "Georg Simmel e a Berlim do Segundo Império"). Infelizmente, não foi possível averiguar se Simmel falava — ou não — o dialeto berlinense. T. W. Adorno, "Der Essay als Form", *in Noten zur Literatur, op. cit.*, p. 26, comenta o sentido do termo "Attitüde" em Simmel.

Caracterização

nos fundamentos do perspectivismo de Georg Simmel. E nesse ponto, novamente, a ênfase recai sobre o sujeito.

É necessário, então, perguntar pela segunda vez: mas afinal, quem é o filósofo? "O filósofo é o aventureiro do espírito".[22] Ele ousa, ele se arrisca, ele *ensaia*. É apenas ao filosofar que ele mostra o que possui de mais íntimo e precioso: o que lhe é absolutamente individual. O que ele faz é uma tentativa: atribuição de sentido. "As obscuridades do destino não lhe são certamente mais transparentes do que para os outros, mas ele se comporta como se elas fossem." O aventureiro do espírito é *ousado*.[23] Ele pega as chances que estão no ar por um momento, ele enibera pelos caminhos que se abrem à sua frente, sem perguntar pelo trajeto. Ele "adentra na neblina".[24]

Simmel demonstra o sentido e validade da ênfase na forma e no procedimento mediante a constatação de que o processo afeta os resultados. Se no domínio filosófico as mais diferentes doutrinas e asserções conservam, na sua incompatibilidade, algo de comum, é porque há um processo comum que perpassa e marca todas elas. Com isso, o conteúdo passa a um segundo plano (embora não deixe de ser importante): ele tem sentido enquanto relacionado a uma forma.

Simmel procura mostrar um viés outro do "processo filosófico": se por um lado ele é necessariamente atrelado a conteúdos e resultados determinados, o conceito de filosofia com que Simmel trabalha entende que "o essencial e significativo da filosofia" — aquilo de comum — está no aspecto formal (que ele também denomina "funcional"), no nível do procedimento, que coordena o processo de investigação. Para tal conceito de filosofia, o essencial é a "mobilidade como que formal do espírito que filosofa". É essa mobilidade que permite ao espírito debruçar-se sobre os mais variados e inusitados objetos, desde a asa do jarro até o Estado. A sensibilidade histórica de Simmel detecta a separação entre o "processo vivo" e o "resultado conceitual" como uma orientação específica e peculiar ao "espírito moderno", e ele, "um espírito moderno que fala da moder-

---

[22] G. Simmel, "Das Abenteuer" ("A aventura"), *in Philosophische Kultur, op. cit.*, p. 30; "Über Geschichte der Philosophie. Aus einer einleitenden Vorlesung" ("Sobre história da filosofia. De uma aula introdutória", 1904), *in* G. Simmel, *Das Individuum und die Freiheit. Essais (O indivíduo e a liberdade. Ensaios)*, Frankfurt/M, S. Fischer, 1994, p. 40.

[23] "O aventureiro [...] encara o imponderável da vida tal como nós só nos comportamos frente ao seguramente ponderável." G. Simmel, "Das Abenteuer", *op. cit.*, p. 30. Para a citação anterior, p. 31.

[24] G. Simmel, "Das Abenteuer", *op. cit.*, p. 31.

nidade",[25] situa-se, claro está, no interior desse desenvolvimento. A separação entre processo e conteúdo e a ênfase no processo aparecem, pois, para ele, como um desenvolvimento da história universal. Essa separação e essa ênfase enfeixam o conjunto dos ensaios que ele apresenta em *Philosophische Kultur* (mas não só lá): os objetos de sua atenção são os mais variados, mas o processo, a mobilidade, em uma palavra: sua atitude é a mesma. É significativo notar a terminologia enfática adotada por Simmel: trata-se de uma "acentuação autônoma" do processo, em detrimento do conteúdo. Tal separação entre processo e conteúdo permite relacionar a atitude espiritual aos seus resultados, e considerá-la "um caráter ou um valor", isto é, algo que é em si mesmo, que tem sentido independentemente dos resultados que dela advenham. Essa é a autonomia do processo frente a seus conteúdos e resultados. Por outro lado, e ao mesmo tempo, considerá-la um caráter ou um valor significa compreender que há sempre alguém por detrás de cada análise, e sempre devemos perguntar, com Nietzsche: quem fala?[26]

Poder-se-ia dizer que a modernidade — à qual diz respeito o "espírito moderno" — caracteriza-se por uma libertação dos conteúdos e resultados, do que é fixo e sólido (o que, no plano da filosofia ou metafísica, significa a libertação frente aos "problemas objetivos"). Essa libertação é

---

[25] F. H. Tenbruck, "Georg Simmel (1858-1918)", *op. cit.*, p. 610.

[26] Cf. G. Lebrun, "Por que ler Nietzsche, hoje?", *in Passeios ao léu*, São Paulo, Brasiliense, 1983, pp. 32-40. Em diversos pontos a obra de Simmel é devedora de Nietzsche e mesmo pessoalmente algumas ligações são perceptíveis. Isto tudo não poderá ser aqui mais do que apontado. Ver, de Simmel sobre Nietzsche: "Elisabeth Försters Nietzsche-Biographie" ("A biografia de Nietzsche de Elisabeth Förster"), *in Berliner Tageblatt*, 26/8/1895, suplemento "Der Zeitgeist", nº 34, pp. 1-4; "Friedrich Nietzsche. Eine moralphilosophische Silhoutte" ("Friedrich Nietzsche. Uma silhueta filosófico-moral", 1896), *in* G. Simmel, *Aufsätze und Abhandlungen 1894 bis 1900 (Ensaios e artigos de 1894 a 1900), Gesamtausgabe* vol. V, organização de H. J. Dahme e D. P. Frisby, Frankfurt/M, Suhrkamp, 1992, pp. 115-29; "Zum Verständnis Nietzsches" ("Para a compreensão de Nietzsche"), *in Das Freie Wort*, 2, 1902/1903, pp. 6-11; "Nietzsche und Kant" ("Nietzsche e Kant", 1906), *in* G. Simmel, *Aufsätze und Abhandlungen 1901-1908 (Ensaios e artigos de 1901 a 1908), Gesamtausgabe* vol. 8/II, organização de A. Cavalli e V. Krech, Frankfurt/M, Suhrkamp, 1992, pp. 15-23; "Schopenhauer und Nietzsche" ("Schopenhauer e Nietzsche", 1906), *in Aufsätze und Abhandlungen 1901-1908, op. cit.*, pp. 58-68; *Schopenhauer und Nietzsche. Ein Vortragzyclus. (Schopenhauer e Nietzsche. Um ciclo de palestras*, 1907), Hamburgo, Junius, 1990; "Nietzsches Moral" ("A moral de Nietzsche"), *in Der Tag*, Berlim, 4/5/1911. E na literatura secundária especialmente K. Lichtblau, "Das 'Pathos der Distanz'. Präliminarien zur Nietzsche-Rezeption bei Georg Simmel", *in* H. J. Dahme e O. Rammstedt (orgs.), *Georg Simmel und die Moderne. Neue Interpretationen und Materialen*, Frankfurt/M, Suhrkamp, 1984, pp. 231-81.

Caracterização

flexibilidade, maleabilidade, plasticidade, "ausência de preconceitos", possibilidade dos mais dispares conteúdos. Disso advém o ensaísmo simmeliano. Assim, o "impulso metafísico" ganha uma liberdade que extrapola em muito a metafísica da filosofia tradicional. Esse impulso metafísico está sempre presente nas análises de Simmel. O conceito de filosofia com que Simmel trabalha não está, pois, ligado aos objetos da reflexão, mas sim ao modo dessa reflexão.[27] Por isso ele faz pouco caso da separação usual entre disciplinas específicas (filosofia, sociologia, história, estética, psicologia, economia etc.):[28] o que tem sentido e dá unidade a suas análises é esse primado do processo: aquela "atitude espiritual em relação ao mundo e à vida, uma forma e modo funcionais de apanhar as coisas e proceder mentalmente com elas".[29] Este é o núcleo do procedimento de Georg Simmel, em torno do qual gravitam suas diversas obras.

A experiência histórica, que é o próprio processo que nos trouxe ao moderno, retrata ela mesma uma ênfase em conteúdos específicos que significa, ao mesmo tempo e em contrapartida, o rebaixamento de inúmeros e enormes domínios do mundo e da vida, que não foram considerados dignos da "profundidade metafísica". O programa traçado por Simmel é, justamente, reabilitar esses segmentos do real, mostrar que também eles são dignos de análise, que também neles residem sentidos e que também neles se mostra o todo (cf. o tópico "panteísmo estético"). Frente à rigidez, direcionalidade e unicidade do espírito pré-moderno, o espírito moderno contrapõe o movimento, a maleabilidade, a pluri e multidirecionalidade e a multiplicidade. É essa "abertura" que permite a Simmel, por exemplo, na *Soziologie*, tratar do estranho, da sensibilidade física, da gratidão, do adorno e de tantos outros temas inusitados.[30] Para o espírito

---

[27] Um aluno de Simmel chamou a atenção para o fato de que a filosofia, para ele, não seria nunca um fim em si mesmo, mas sempre um fundamento, um respaldo para suas múltiplas e variadas investigações. Cf. F. Bruckner (T. Tagger), "Erinnerungen an Simmel", *in* K. Gassen e M. Landmann (orgs.), *Buch des Dankes an Georg Simmel*, *op. cit.*, p. 150.

[28] Veja-se G. Simmel, *Philosophie des Geldes* (*Filosofia do dinheiro*, 1900), *Gesamtausgabe* vol. VI, organização de D. P. Frisby e K. C. Köhnke, 2ª ed, Frankfurt/M, Suhrkamp, 1991, p. 11.

[29] Esta ideia de uma unidade funcional será desenvolvida especialmente no tópico "panteísmo estético". Pode-se ver a respeito G. Simmel, *Grundfragen der Soziologie (Individuum und Gesellschaft)* (*Questões fundamentais da sociologia [indivíduo e sociedade]*, 1917), 4ª ed., Berlim/Nova York, W. de Gruyter, 1984, p. 13; *Philosophie des Geldes*, *op. cit.*, p. 120.

[30] Cf. G. Simmel, *Soziologie. Untersuchungen über die Formen der Vergesellschaftung* (*Sociologia. Investigações sobre as formas de socialização*, 1908), *Gesamtausgabe* vol. XI, organização de O. Rammstedt, Frankfurt/M, Suhrkamp, 1992, respectivamente pp. 764-71, 722-42, 652-70, 414-21.

moderno — Simmel é um deles — tudo é passível de interpretação[31] (um tema nietzschiano).

Há portanto, em Simmel, um conceito de metafísica — "meu conceito particular de metafísica", diz ele[32] (que é correlato ao conceito de filosofia) — amplo o suficiente para abarcar o mais fugaz e efêmero, o mais profundo e recôndito. Se esse conceito se referisse de modo fundante a conteúdos determinados, ele necessariamente seria incapaz de abarcar a multiplicidade do real; é somente na medida em que tal conceito está referido a processos e permanece lábil que ele pode abranger a "amplitude universal da existência". Isso significa que esse conceito, liberto dos conteúdos e resultados, espraia-se na infinita possibilidade de todas as direções. Tudo é digno de ser conhecido em sua profundidade metafísica — basta lembrarmos a famosa análise da ponte e da porta.[33]

A mobilidade do espírito, marca da modernidade, assegura a todo fragmento do real — que anseia ser levado "à camada filosófica profunda" — a possibilidade de ser tomado como objeto. Tal mobilidade só é possível porque Simmel trabalha com um conceito de indivíduo extremamente forte: ele não se dissolve no social, senão que permanece sempre senhor de si, em alerta, capaz de se mover por toda a parte e segundo as necessidades. É esse sujeito autônomo e livre que pode percorrer tantos caminhos quantos sua exigência, vontade e multidirecionalidade propiciarem. Disso resulta que o espírito moderno é capaz de captar os "sintomas" das coisas de maneira muito mais profunda e fiel; é capaz de uma visão mais abrangente e matizada da realidade. Esta nunca é acabada e completa; Simmel está sempre pronto para apresentar mais uma nuance de seu objeto, por mais inusitada que ela seja:

> *"Just about the time when [...] one felt he had reached a conclusion, he had a way of raising his right arm and, with three fingers of his hand, turning the imaginary object so as to exhibit still another facet."*[34]

---

[31] Ao final de seu texto sobre a sociologia da refeição, Simmel nos alerta que mesmo o menor, o mais ínfimo, o mais superficial, o mais insignificante traz muito consigo. Cf. G. Simmel, "Soziologie der Mahlzeit" ("Sociologia da refeição", 1910), *in Das Individuum und die Freiheit, op. cit.*, p. 211.

[32] G. Simmel, "Anfang einer unvollendeten Selbstdarstellung" ("Começo de um memorial inacabado", data desconhecida, mas posterior a 1900 e anterior a 1910), *in* K. Gassen e M. Landmann (orgs.), *Buch des Dankes an Georg Simmel, op. cit.*, p. 10.

[33] Cf. G. Simmel, "Brücke und Tür" ("Ponte e porta", 1909), *in Das Individuum und die Freiheit, op. cit.*, pp. 7-11.

[34] T. Tagger, "Georg Simmel", *in Die Zukunft*, ano XXIII, vol. XCIX, nº 2, 1914, *apud* K. H. Wolff, "Introduction", *op. cit.*, p. XVII.

Caracterização

O próprio Simmel caracterizou esse seu procedimento como uma "virada" da "mesma constelação básica".[35] Virando, rearranjando a constelação que trabalha, ele a mostra sob nova perspectiva, em variadas configurações. Assim, Simmel não somente é capaz de habilitar os mais díspares fragmentos do real como objeto da "profundidade metafísica" como, nesse processo, acerca-se desses objetos através de sua multideterminação, mostrando como a cada caminho percorrido, a cada perspectiva adotada, o objeto é acrescido de sentido. A tarefa que Simmel impõe a si mesmo não termina nunca. Sucessivos *approaches* lhe são dirigidos, a fim de resgatar as diversas camadas de significado nele cristalizadas. A pluralidade das perspectivas adotadas é um esforço em desvendar a pluralidade das possibilidades do objeto (cf. o tópico "panteísmo estético"). Conforme o relato de um aluno:

> "*As coisas são, com um prazer incansável no pensamento, viradas e reviradas, postas em novas relações e novamente em outras relações como num caleidoscópio, até que mesmo no insignificante a fonte última se esgote nas elucidações mais profundas. É por isso que não há sentido em se esboçar um índice dos conteúdos dos livros de Simmel, pois se teria de deixar de lado as centenas de reflexos de uma e mesma ideia.*"[36]

Na medida em que a própria ideia de fim, meta, objetivo é considerada inoportuna, Simmel enfatiza precisamente o processo em si mesmo, independente de seus resultados. Isso significa que a análise tem seu momento privilegiado nos diversos instantes em que, trabalhando sobre o objeto, é capaz de explorá-lo e expô-lo na sua diversidade e nas suas múltiplas facetas e nuances, sem que tudo isso convirja para uma apresentação acabada, conclusiva e final. Se Simmel aceita a pluralidade dos caminhos, é porque sabe que nenhum deles é capaz de fazer justiça a uma realidade que é infinita e em eterno processo, e cada um deles alcança sua justificação na medida em que consegue chamar a atenção e pôr em evidência um aspecto dessa realidade.[37] Assim, o sujeito pode deslocar-se pela

---

[35] G. Simmel, *Soziologie, op. cit.*, p. 116.

[36] R. Lewinsohn, "Erinnerungen an Simmel", *in* K. Gassen e M. Landmann (orgs.), *Buch des Dankes an Georg Simmel, op. cit.*, p. 170.

[37] Dada a "multiplicidade infinita de significados do mundo" e os "meios limitados de interpretação dos homens", o processo de interpretação é sem fim. Cf. G. Simmel, *Hauptprobleme der Philosophie, op. cit.*, p. 65. "A esperança científica de Simmel radica portanto no processo infinito de aproximação ao objeto, mediante correções permanentes dos conceitos e teorias utilizados." H. J. Dahme, *Soziologie als exakte Wissen-*

pluralidade dos caminhos possíveis, porque a mobilidade que lhe permite isso é a mobilidade da própria vida.

Mas a mobilidade que Simmel procura e defende não é resultado de um apaziguamento dos contrastes que marcam a realidade, senão que procura, no polo oposto, enfrentar essa realidade nas suas mais amplas *discrepâncias*. Não se trata de negar a contradição, mas sim de aceitá-la como um elemento da própria realidade, torná-la produtiva. Aceitar a contradição é, por isso, encará-la como algo que não se dissolve em um fim ou meta, como algo que permanece porque é justamente um processo, e somente um pensamento que se ponha como processo pode abrigá-la no seu próprio interior.

O esforço simmeliano converge na virada da fixidez e rigidez do dogma, do unívoco e acabado, para a mobilidade e pluralidade da vida.[38] Porque enquanto vida, liberta de quaisquer conteúdos específicos, a filosofia (em sentido amplo) pode percorrer todos os caminhos, explorar todas as possibilidades sem temer a contradição e a incompatibilidade — porque só há incompatibilidade quando há dogma. A uma determinada altura Simmel afirma que, se não queremos cair em alguma espécie de dogmatismo, é preciso sempre considerar o que é considerado como o ponto final capaz de ser alcançável como o penúltimo. Isto significa que há sempre uma nova perspectiva a ser vislumbrada, um novo caminho a ser percorrido.[39] Perspectiva está relacionada com os movimentos de aproximação e distanciamento do sujeito, está assim sempre relacionada à distância. Também a verdade está inscrita nessa mesma constelação. Ela está ligada à relação que se estabelece, a cada vez, entre sujeito e objeto, à distância, à perspectiva.[40] Simmel assume uma "unidade do movimento do pensamento", e é isso que lhe permite desvincular-se de todos os conteúdos, para manter-se sempre em meio aos processos vários em que os conteúdos ganham corpo. Na mesma medida em que ele se desvincula dos conteúdos, ele pode se vincular a qualquer um deles. Pois qualquer um deles é um objeto possível de conhecimento. Da mobilidade proporcionada por

---

schaft, op. cit., p. 330. Aqui, portanto, a ideia de aproximação assintótica. Pode-se ver G. Simmel, "Die Abenteuer", *op. cit.*

[38] Essa virada é análoga à virada nietzschiana no plano da moral. Veja-se G. Simmel, "Friedrich Nietzsche. Eine moralphilosophische Silhoutte", *op. cit.*, p. 129.

[39] Cf. G. Simmel, *Philosophie des Geldes, op. cit.*, p. 96.

[40] Cf. G. Simmel, *Hauptprobleme der Philosophie, op. cit.*, pp. 26 ss., 34, 36-7, 48, 74 ss; *Philosophie des Geldes, op. cit.*, pp. 93 ss.; carta de Georg Simmel a Marianne Weber de 14/12/1913, *in* K. Gassen e M. Landmann (orgs.), *Buch des Dankes an Georg Simmel, op. cit.*, p. 133; etc.

essa unidade de fundo resulta a possibilidade de se remontar aos pontos de interseção dos diversos caminhos, em que os mais variados vetores convergem em formas; ao mesmo tempo, são nesses pontos de interseção que se mostra a riqueza — vale dizer multiplicidade — dos fenômenos e também das possibilidades do próprio procedimento analítico de Simmel.

Assim, a proposta simmeliana aparece como uma "mudança de acento": se antes se acentuavam os conteúdos (pontos de chegada, resultados), agora que se acentuem os processos.[41] Com isso, temos sempre a possibilidade de ver como, por detrás de um conteúdo fixado, há o processo que conduziu a ele — algo bastante próximo do "quem fala?" nietzschiano (e portanto algo próximo de uma teoria da ideologia).

Isto vale, por exemplo, para os conceitos nos sistemas filosóficos. Eles são "formas cristalizadas". Cabe ao filósofo, por detrás dessa solidez e fixidez, procurar sua "profundidade", na qual se percebe a "mobilidade interior" que radica nos conceitos. Em outros termos, trata-se de compreender a "estrutura histórica dos conceitos". Simmel quer entender a filosofia a partir do "processo interior", de que os conceitos são o resultado. Mas ele não se importa tanto com os resultados como com os processos que levam aos resultados. Simmel quer percorrer os "caminhos do pensamento", e isto torna para ele a "forma sistemática", em sua fixidez, solidez e acabamento algo que não tem interesse por si mesmo, mas apenas como uma construção que é resultado de um processo.[42]

À diferença das filosofias tradicionais, presas a uma imagem do mundo determinada por uma perspectiva unívoca, e portanto atreladas a conteúdos específicos, Simmel procura, ao desvincular vida de conteúdo, abrir a possibilidade de uma imagem de mundo multideterminada, que seja focalizada das mais diferentes perspectivas. Em contraposição a uma concepção de mundo absoluta, que exclua as outras — qualquer que seja ela —, Simmel propõe uma "cultura filosófica" — "em um sentido amplo e moderno" porque liberta de conteúdos e resultados —, capaz de esboçar uma concepção de mundo plural, consciente da diversidade das perspectivas que podem ser adotadas e, por isso, livre do "perigo" da exclusividade dogmática. Ele se deixa levar pelo pensamento nos seus meandros e desvios, ele dá vazão à "autonomia do processo do pensamento",[43] como que flutuando livremente ao sabor das ondas.

Tal cultura filosófica — que é o programa de Simmel, e o título do volume cuja introdução discutimos — é a "mobilidade intelectual", o "re-

---

[41] Cf. também G. Simmel, *Hauptprobleme der Philosophie*, op. cit., p. 5.

[42] G. Simmel, *Hauptprobleme der Philosophie*, op. cit., pp. 5, 70 e 6.

[43] G. Simmel, *Hauptprobleme der Philosophie*, op. cit., p. 9.

lacionamento espiritual contínuo", o escavar camadas subterrâneas, na busca tanto daquilo que é comum — os pontos de interseção — como daquilo que é distinto — a singularidade dos próprios objetos, o processo tornado forma. Essa cultura filosófica — o termo "cultura" quer enfeixar, de algum modo, o mundo, sujeito e objeto, enquanto o "filosófica" quer lhe dar aquela "profundidade metafísica" — pode, assim, debruçar-se sobre o conjunto da "existência", sobre a totalidade da "vida". Falar em cultura filosófica é retomar a essência da filosofia e do pensamento: "pensar sem pressuposições".[44]

Ao mesmo tempo em que enfatiza a separação entre a função (processo) e o conteúdo, acentuando o primeiro, Simmel considera que a filosofia (novamente é importante frisar que essa "filosofia" é entendida em sentido amplo: não diz respeito a um conteúdo — uma matéria filosófica —, mas sim ao processo, isto é, ao modo de tratar os objetos: buscando-lhes a "profundidade metafísica") é, ela própria, um "suporte, elemento ou forma da cultura", ou seja, nela cristalizam-se e tomam forma fenômenos da cultura, e nela os fenômenos encontram um suporte, um modo de se porem. E, como Simmel assinala, a tarefa de uma cultura filosófica, justamente por sua mobilidade, é dar conta desses dois momentos, enfatizando os processos e as formas nas quais a existência se cristaliza. Deste ponto se origina sua filosofia da cultura (cf. o tópico "cultura").

De tudo isso resulta que Simmel está preocupado com uma "atitude filosófica", mediante a qual o investigador se debruça sobre a existência, recolhe e trabalha seus objetos.[45] Assim como o aventureiro transforma a aventura em uma forma de vida, Simmel transforma a aventura em sua forma de pensar. Por isso, ao tornar provável o improvável, tudo pode ser tomado como objeto de análise: os objetos os mais diversos e inusitados, comportamentos, obras de arte, teorias, formas de organização, a história, a sociedade, filosofias — o leque é por definição infindável. Na verdade, parece-me que o esforço de Simmel poderia ser lido como uma variação nietzschiana: sempre escavar as camadas mais profundas, em uma interpretação — "Sinngebung", isto é, o processo de dar sentido — que,

---

[44] G. Simmel, *Philosophie des Geldes*, op. cit., p. 9; *Hauptprobleme der Philosophie*, op. cit., p. 8, o que significa também "situar-se para além das pressuposições".

[45] Em Simmel vemos "a apreensão, rápida como um raio, e a expressão pungente e surpreendente de um fato filosófico ainda não descoberto, a capacidade de ver o menor e mais insignificante fenômeno da vida cotidiana tão fortemente *sub specie philosophiae*, que ele se torna transparente e por detrás de sua transparência torna-se perceptível um nexo eterno da forma do sentido filosófico". G. Lukács, "Erinnerungen an Simmel", *in* K. Gassen e M. Landmann (orgs.), *Buch des Dankes an Georg Simmel*, op. cit., p. 172.

Caracterização

no entanto, nunca se cristaliza como uma verdade última e imutável, mas está sempre aberta ao movimento que é próprio da vida e do próprio processo de interpretação.[46] A natureza da interpretação que está aqui em jogo provém de Nietzsche e requer a *constelação*. "O sentido é então uma noção complexa: há sempre uma pluralidade de sentidos — uma *constelação*, um complexo de sucessões, mas também de coexistências — que faz da interpretação uma arte."[47] A arte da interpretação é característica do ator. O que este faz é oferecer *uma* "interpretação" do papel que desempenha.[48] Simmel chama nossa atenção para o fato de que diferentes atores, desempenhando um mesmo papel em encenações diversas, podem preencher o papel (dar-lhe vida) de maneiras diferentes, todas elas igualmente artísticas, valiosas, significativas e legítimas. O ator extrai a verdade (a realização artística) de sua interpretação da *relação* que estabelece entre a sua "subjetividade artística" e o papel de que se incumbe.[49] É desta relação que se estabelece a interpretação. Em outros termos, interpretar é estabelecer uma relação, em meio a outras possíveis, de sujeito e objeto. Naturalmente um mesmo papel — digamos, Hamlet — significa coisas diferentes para atores diferentes, dá ensejo portanto a interpretações diferentes, pois que a cada vez a subjetividade do intérprete como que se apropria do papel *a seu modo*.[50] Que outros estabeleçam relações outras com

---

[46] Há inclusive razões, por assim dizer, filogenéticas para tanto: "O desenvolvimento da espécie cria constantemente novas possibilidades de apanhar o mundo, sensível e intelectualmente, e do mesmo modo constantemente novas categorias para valorá-lo". G. Simmel, *Philosophie des Geldes, op. cit.*, p. 534.

[47] G. Deleuze, *Nietzsche e a filosofia*. Rio de Janeiro, Semeion, 1976, p. 3.

[48] Sobre isto os textos de Simmel sobre a filosofia do ator: G. Simmel, "Zur Philosophie des Schauspielers" ("Para a filosofia do ator", 1908), *in Aufsätze und Abhandlungen 1901-1908, op. cit.*, pp. 424-32; "Über den Schauspieler. Aus einer 'Philosophie der Kunst'" ("Sobre o ator. De uma 'Filosofia da arte'"), *in Der Tag*, 4/3/1909; "Der Schauspieler und die Wirklichkeit" ("O ator e a realidade", 1912), *in Das Individuum und die Freiheit, op. cit.*, pp. 153-9; "Zur Philosophie des Schauspielers (aus dem Nachlaß)" ("Para a filosofia do ator [do espólio]"), *in Fragmente und Aufsätze. Aus dem Nachlass und Veröffentlichungen der letzten Jahre (Fragmentos e ensaios do espólio e publicações dos últimos anos)*, Hildesheim, G. Olms, 1967, pp. 229-65.

[49] Mais sobre essa noção de verdade ligada à ideia de relação no tópico "panteísmo estético".

[50] A questão da interpretação está no âmago da oposição entre "verstehen" e "erklären", diz portanto respeito à contraposição de ciência natural e ciência do espírito. Há aqui, portanto, uma outra via de acesso e discussão desses problemas, que não será discutida neste trabalho, mas à qual Simmel dedicou também esforços. Os textos de Simmel acerca da questão ainda serão arrolados.

seus objetos, não prejudica ou descaracteriza em nada a interpretação que, a cada vez, assume novos contornos. Disso sobrevém que a cada vez desvendamos novas facetas do objeto.

A cada vez que um papel se coloca para um ator, nasce a especificidade de uma interpretação própria, que diz respeito tanto às exigências do papel como daquele que o interpreta. O desempenho, a *interpretação*, é o *processo* no qual a *relação* do ator com o papel se desenvolve. *Analogamente* ocorre com Georg Simmel e seus objetos, que tendem ao infinito. O filósofo, assim como o ator, "se oferece" na sua arte. O resultado está impregnado, no mais profundo, pela subjetividade daquele que conduz a interpretação. Ele se oferece a si mesmo, no que possui de mais íntimo. Mas falar em resultado não é o mais apropriado. Pois para Simmel "esse escavar é a necessidade e determinação interior do nosso espírito" (cf. mote 10). O que vale é percorrer um caminho, é escavar, e não propriamente o que se encontra ao final.[51] Simmel está, sem dúvida alguma, muito mais interessado em formular problemas do que em oferecer respostas.[52]

Interpretar é despertar algo que se encontra adormecido.[53] Por isso interpretar é sempre um ato de libertação, mas de uma libertação que ata ao mesmo tempo. Ao interpretar, o que estava aberto a uma infinitude é considerado sob uma perspectiva, que é sempre *uma* dentre outras possíveis,[54] mais que possíveis, necessárias. Simmel está sempre oscilando entre polos opostos: aproximando-se e afastando-se, libertando e atando.[55]

O desafio é compreender verdadeiramente o gesto simmeliano. Isto posto, podemos voltar ao início, e retomar alguns depoimentos. Inicialmente o de Walter Benjamin, que ainda pôde (e quis) ouvir Simmel em Berlim:

---

[51] Cf. G. Simmel, *Hauptprobleme der Philosophie*, op. cit., p. 28.

[52] Cf. G. Simmel, "Aus dem nachgelassene Tagebuche" (póstumo), *in Fragmente und Aufsätze*, op. cit., pp. 9, 15. "Assim como para a verdadeira natureza de jogador o motivo decisivo não é absolutamente o ganho de algum dinheiro, mas sim o jogo enquanto tal", para quem escava o importante é o próprio escavar, para quem passeia importa mais o passeio do que o ponto de chegada. Também para o aventureiro o que importa é viver a aventura (citado de G. Simmel, "Das Abenteuer", op. cit., p. 35).

[53] "Somente a viva, embora inconsciente, ação do espírito pode circunscrever os elementos infinitamente diferentes na unidade, unidade esta que repousa nesses elementos apenas como possibilidade, mas ainda não como realidade." G. Simmel, "Rom. Eine ästhetische Analyse" ("Roma. Uma análise estética", 1898), *in Aufsätze und Abhandlungen 1894 bis 1900*, op. cit., p. 308.

[54] Cf. G. Simmel, *Soziologie*, op. cit., p. 322.

[55] Cf. G. Simmel, "Aus dem nachgelassene Tagebuche", op. cit., p. 29.

"Em contraposição a todas estas escolas antipsicológicas [o neokantismo de Cohen, a fenomenologia de Husserl] está a doutrina de Georg Simmel (1858-1918). Sua dialética característica está a serviço da Lebensphilosophie e tende a um impressionismo psicológico que, hostil ao sistema, se volta para o conhecimento da essência de fenômenos e tendências espirituais singulares. [...] A filosofia de Georg Simmel já indica uma transição de uma filosofia rigorosamente de cátedra para uma filosofia determinada de modo ensaístico ou poético."[56]

E então Adorno que, apesar de sua má vontade para com Simmel, acaba por conceder:

"Mas Georg Simmel [...] foi então o primeiro, em todo o idealismo psicológico, a realizar aquela virada da filosofia rumo aos objetos concretos, que permanece um cânone para aqueles que não se contentam com o matraquear da crítica do conhecimento ou da história do espírito."[57]

Muito significativamente, Adorno descreve Simmel através de outros, e em seus esboços fisionômicos acaba por invocar sua imagem. Ao falar de Benjamin:

"Seu esforço de retirar a filosofia dos 'desertos gélidos da abstração' e inserir as ideias em imagens históricas concretas é aparentado a Simmel, ao antissistemático."[58]

E ao relembrar Kracauer não há como se furtar:

"Ele se ligou a Georg Simmel e Max Scheler, que foram os primeiros, contra a divisão do trabalho oficial, que ligaram o interesse filosófico com o social, que desde a morte de Hegel caíra em descrédito, ao menos na filosofia aprovada. Simmel [...] cultivou nele [Kracauer] a capacidade de interpretar fenô-

---

[56] W. Benjamin, "Juden in der deutschen Kultur", *in Gesammelte Schriften*, vol. II.2, organização de R. Tiedemann e H. Schweppenhäuser, Frankfurt/M, Suhrkamp, 1991, p. 810. Walter Benjamin (1892-1940) foi aluno de Simmel no seu primeiro semestre na Universidade de Berlim, no semestre de inverno de 1912-13, como estudante de filosofia. Cf. Momme Brodersen, *Spinne im eigenen Netz. Walter Benjamin Leben und Werk*, Buehl-Moos, Elster, 1990, pp. 56-7.

[57] T. W. Adorno, "Henkel, Krug und frühe Erfahrung", *in Noten zur Literatur*, *op. cit.*, p. 558.

[58] T. W. Adorno, "Einleitung zu Benjamins 'Schriften'", *in Noten zur Literatur*, *op. cit.*, p. 571.

menos específicos, objetivos, a partir daquilo que [...] aparece neles de estruturas universais. Ele lhe era também devedor em uma atitude do pensar e do expor, que encaixa com um cuidado demorado um membro no outro, mesmo onde o movimento da ideia desaconselharia muitos destes membros intermediários, onde o andamento poderia se ralentar: pensar com o lápis na mão."[59]

Nestes depoimentos — e muitos outros poderiam ser mobilizados — Simmel surge como uma figura que realiza uma transformação, virada. O que nos resta indagar é: o quê, como, para quê? Pois o sentido desta virada — não importa como a denominemos — só pode ser compreendido assim. Se Simmel quer algo novo, se ele propõe a ideia de uma cultura filosófica, é precisamente porque percebe o esgotamento da filosofia tradicional e das formas tradicionais de filosofia. Na virada do século, Simmel exprime um descontentamento com as formas e conteúdos usuais da filosofia e crê que a saída para esse esgotamento é se dirigir para novos objetos, objetos que até então não eram dignos do interesse e esforço filosóficos.[60] Ao se dirigir para novos objetos, Simmel percebe que os procedimentos tradicionais da filosofia não se adequam a eles. Isto significa que ele precisa refletir também acerca dos procedimentos mobilizados em suas análises (cf. o tópico "panteísmo estético"). A filosofia encontra nos objetos concretos, nos fenômenos singulares, um modo de se revitalizar. Ela escolhe a "concreção do particular".[61] Mas com isso ela irrompe os limites da filosofia tradicional, perene. É em uma filosofia da aventura, do dinheiro, da paisagem ou do ator que ele encontra agora sua razão, e não mais na metafísica, ética ou teoria do conhecimento puras. Não por acaso Simmel, em mais de uma ocasião, colocou para si como questão a "Ortbestimmung der Philosophie", a determinação do lugar da filosofia.

Cultura filosófica deve ser compreendida frente ao diagnóstico simmeliano do esgotamento da filosofia.[62] Para ele, não há sentido em repe-

---

[59] T. W. Adorno, "Der wunderliche Realist", *op. cit.*, p. 391. Adorno explorou ainda esta mesma imagem em relação a Simmel em "Anmerkungen zum philosophischen Denken", *in Gesammelte Schriften*, vol. X.2, Frankfurt/M, Suhrkamp, 1972 ss., p. 607.

[60] Veja-se T. W. Adorno, *Negative Dialektik*, 3ª ed., Frankfurt/M, Suhrkamp, 1982, p. 399.

[61] A expressão vem de H. Mayer, *Aussenseiter*, 4ª ed., Frankfurt/M, Suhrkamp, 1991, p. 12. A ideia, contudo, provém de Adorno: *Negative Dialektik, op. cit.*, p. 9. Ou melhor: provém de Simmel.

[62] Não apenas no texto que citei, mas também em por exemplo G. Simmel, *Der*

Caracterização

tir a filosofia que vem desde os gregos se não somos capazes de atualizá-la, em sentido enfático, com a nossa experiência. Cultura filosófica é a resposta de Simmel ao esgotamento da filosofia. Ele a desloca, e nesse deslocamento surgem-lhe novos espaços. São eles que Simmel explora. Cultura filosófica indaga o lugar do pensamento no seu momento histórico, e é por isso que ele realiza esse deslocamento: o pensamento se vê defronte ao moderno e é o moderno que ele precisa enfrentar. Ao dirigir-se para novos objetos, ele percebe que seu movimento exige uma forma de apresentação própria, o ensaio.

Konflikt der modernen Kultur (*O conflito da cultura moderna*, 1918), 2ª ed., Berlim, Duncker & Humblot, 1923, pp. 18-22. Também é de interesse a "Introdução", *in Hauptprobleme der Philosophie*, *op. cit.*, pp. 5-7.

ENSAIO

O ensaio é a forma de apresentação e a forma da possibilidade de uma cultura filosófica. "Cultura filosófica" é o título que reúne os mais diferentes ensaios ("Gesammelte Essais") de Simmel; essa cultura é o denominador comum a todos, a ideia que os entrelaça — embora não sistematicamente — e que os justifica. Ao final da "Introdução" de *Philosophische Kultur*, Simmel afirmara que o importante não é ter encontrado algum tesouro, mas sim ter escavado. Tal comparação é semelhante ao passeio. Para quem passeia, o caminho e a paisagem são mais importantes do que o ponto de chegada.[1] Essa ideia é a própria ideia do ensaio e por isso ele foi, já tantas vezes, desde Montaigne, aproximado a um passeio que o autor faz e nos convida a acompanhar. Isto explica também o inusitado, muitas vezes, do ensaio, que toma rumos que não se deixam entrever no início, como se no meio do caminho se resolvesse tomar uma outra direção. Isto significa que não interessam tanto as conclusões a que um ensaio poderia levar ou que ele poderia trazer, mas sim o processo, o desenrolar do pensamento, o espírito que trabalha, em movimento, aventureiro.[2] O movimento é a categoria básica do ensaio. "Glück und Spiel sind ihm wesentlich."[3] Movimento, subjetividade e experiência compõem a constelação do ensaio.

O elemento associativo desempenha uma função importante no ensaio. Por um lado se poderia ver nele uma forma de expressão paratática, não forçosamente subordinativa (cf. mote 7). Por outro, o associativo tem a ver com a *analogia*, que é um procedimento muito importante nos textos de Simmel, no seu modo de pensar.

---

[1] Por isso as ideias de "caminho" e "paisagem" são significativas para Simmel. Sobre o caminho ver o tópico "caracterização"; sobre a paisagem, o texto de Simmel "Philosophie der Landschaft" ("Filosofia da paisagem", 1912), *in Das Individuum und die Freiheit, op. cit.*, pp. 130-9.

[2] Basta reler o terceiro parágrafo da "Introdução" de *Philosophische Kultur*, citada no início, que articula a ideia de "caminho" exatamente nesse sentido.

[3] "A felicidade e o jogo lhe são essenciais." T. W. Adorno, "Der Essay als Form", *op. cit.*, p. 10. O mesmo diz Simmel acerca da coqueteria. Ver G. Simmel, "Die Koketterie" ("A coqueteria"), *in Philosophische Kultur, op. cit.*, p. 109.

Na sempre difícil caracterização do ensaio, uma definição negativa e um procedimento comparativo oferecem uma via de acesso bem delineada. Por isso a distinção entre ensaio e tratado é produtiva. "O tratado vai até os princípios e esgota o seu objeto; o ensaio não, e é infindável."[4] Já nesta formulação precoce de Friedrich Schlegel é possível ver como o "Versuch", que é o termo alemão equivalente ao francês "essai" e ao inglês "essay", é a forma simmeliana por excelência: Simmel nunca esgota seu objeto e isto, claro está, é compreendido como uma virtude e não um defeito. E, por apresentar sempre uma possibilidade, por indicar sempre uma perspectiva entre inúmeras, infindáveis outras possíveis, o ensaio simmeliano é, em sua própria substância, sem fim. Já aqui é possível perceber como a ideia de uma cultura filosófica, tal como exposta no texto que lemos, está próxima do ensaio como forma. Na verdade, tal concepção de ensaio se relaciona com o conceito de verdade. "O ensaio é um ensaio com a verdade, um ensaio junto à verdade. Na sua base está o conhecimento [Einsicht] de que a verdade, a última palavra, o conhecimento [Erkenntnis] absoluto não está à disposição do homem — de que ela pelo menos não é articulável. Junto à última ou à mais alta palavra, se ela existisse, nós precisaríamos morrer, afirmou um ensaísta do nosso século: Valéry."[5] Daí o *perspectivismo* de Simmel. Isto significa: o ensaio como forma está ligado à própria ideia de uma cultura filosófica que está sempre a escavar, a buscar novas perspectivas, que nunca estanca em uma verdade última, acabada e definitiva, que está e é sempre processo. Aqui a "nuance" ganha seu pleno sentido, tanto no ensaio como na cultura filosófica. Musil caracterizou isto em seu romance-ensaio: "como um ensaio, na sequência das suas partes, toma uma coisa por variados lados, sem a apreender por completo — pois uma coisa apreendida completamente perde repentinamente as suas proporções e se funde em um conceito".[6] Se Adorno tem razão em apontar a

---

[4] F. Schlegel *apud* L. Rohner, *Der deutsche Essay. Materialien zur Geschichte und Ästhetik einer literarischen Gattung*, Neuwied/Berlim, Luchterhand, 1966, p. 79. O texto de Rohner forneceu o material básico para este tópico. Como ele será a seguir amplamente citado, assinalarei apenas, após a citação, no corpo do texto: (Rohner, p. x). Convém lembrar que me interessa aqui o ensaio em língua alemã e é a ele que me refiro.

[5] W. Hilsbecher *apud* L. Rohner, *Der deutsche Essay*, *op. cit.*, p. 502.

[6] R. Musil, *Der Mann ohne Eigenschaften*, Hamburgo, Rowohlt, 1992. O Leitor do romance de Musil percebe a importância que a ideia do ensaio desempenha na obra. Ulrich transforma a vida em ensaio. A importância de Musil para a discussão é que ele não somente foi aluno de Simmel, senão que em *Der Mann ohne Eigenschaften* há uma discussão implícita com Simmel e isto no que diz respeito ao ensaio e ao ensaísmo. Vejam-se sobretudo os capítulos 61 e 62 de *Der Mann ohne Eigenschaften*. Robert Musil (1880-1942) morou em Berlim entre 1903 e 1910 e estudou filosofia e psicologia na

estrutura e a origem musical do ensaio, esta só pode ser a da variação e do desenvolvimento. Com isso explica-se porque o ensaio é processo. Um conceito de verdade fixo e definitivo não permite o ensaio, e sua forma é o tratado. Um conceito de verdade que quer dar conta da multiplicidade do mundo e da vida e do mundo da vida, que quer ser maleável o suficiente para alcançar o que, fixo, não se deixa alcançar, postula de imediato uma forma, um modo que é o do ensaio.

A oposição de ensaio e tratado é elucidativa se queremos compreender suas características (exatamente o que faz Musil nos mencionados capítulos de *Der Mann ohne Eigenschaften*). Rohner trabalha a questão (Rohner, pp. 505 ss.), tentando mostrar como a textura dos gêneros é distinta, como o ensaio é essencialmente descontínuo. Ele possui uma relação privilegiada com a "vida", ao exprimir o fragmentário, imprevisto, movimentado, fugidio. Uma contraposição permite-nos rapidamente fixar as diferenças, embora de modo esquemático e não livre de discussões. Devemos tê-la sempre em mente, pois a cada momento, neste tópico, ela fornece elementos valiosos para caracterização do ensaio:

Tratado	Ensaio
• sério	• "ligeiro"
• metódico, sistemático	• aforístico, cético
• conceitual	• concreto
• objetivo	• subjetivo, pessoal
• científico ("ciência")	• estético ("literatura")
• seguindo a lógica	• associativo e intuitivo
• linha	• círculo
• sem lacunas	• saltitante
• procura o universal e típico	• procura o singular e individual
• estruturado, começa *ab ovo*	• entrelaçado como um tapete
• imediato	• mediado
• subordina os elementos	• coordena os elementos

Universidade de Berlim entre 1903 e 1908, quando assistiu a aulas de Simmel. Cf. K. Corino, *Robert Musil. Leben und Werk in Bilden und Texten*, Hamburgo, Rowohlt, 1988; R. Musil, *Tagebücher*, organização de A. Frise, nova edição aumentada, Hamburgo, Rowohlt, 1983. Embora as relações entre o grande romance de Musil e Georg Simmel sejam muito importantes e elucidativas para o contexto desta interpretação, elas não poderão ser exploradas aqui. Ainda que não avance no problema, D. Frisby tem o mérito de tê-lo formulado: D. Frisby, *Sociological Impressionism. A reassesment of Georg Simmel's Social Theory*, Londres, Heinemann, 1981, pp. 159 ss.

- "fechado", todo, busca a completude
- busca a clarificação perfeita
- fixando
- sistemático
- contínuo
- exato
- simétrico

- "aberto", fragmento, não busca a completude
- respeita e preserva o obscuro
- jogando
- assistemático
- descontínuo
- inexato
- assimétrico

Também no que diz respeito ao seu público, os gêneros se diferenciam, pois o público do ensaio quer, grosso modo, "formação", "Bildung" (o que indica em parte que o público do ensaio é uma elite [Cf. Rohner, p. 632]); o do tratado, conhecimento objetivo, científico (seus leitores buscam informação profissional). Este é um ponto interessante no que diz respeito a Simmel, na medida em que ele publicava em periódicos científicos e não científicos. Sua posição já é aqui incomum, embaralhada, nos limiares das distinções usuais.[7]

"O caráter do ensaio foi afirmado por Bacon. Seus ensaios não são, como os de Montaigne, considerações que visam ilustrar seus entusiasmos literários, mas sim pequenos extratos como que de amplos livros não escritos e são ao mesmo tempo exteriorizações de um pensamento pessoal."[8] Assim Herman Grimm (1828-1901) condensou o que também dizia respeito à sua própria concepção de ensaio. Grimm foi professor de literatura e história da arte de Simmel em Berlim e eles tornaram-se amigos pessoais. Esse laço biográfico é somente um murmúrio que nos chama a uma ligação sugestiva. Pensar o ensaísmo de Simmel em sua proximidade a Herman Grimm ajuda-nos a compreender aspectos significativos da história do ensaio de língua alemã e também do ensaio simmeliano. "O ensaio entrou na consciência da língua alemã através de Herman Grimm" (Rohner, p. 88). É com ele que a ideia de ensaio se solidifica, ganha peso frente aos escritores, ao público e aos editores. As raízes são, claro está,

---

[7] Mais sobre isto em L. Waizbort, *Vamos ler Georg Simmel? Linhas para uma interpretação*, tese de doutoramento, FFLCH-USP, 1996, "Apêndice". H. J. Dahme, "Soziologische Elemente in Georg Simmels Philosophie des Geldes", *in* Jeff Kintzele e Peter Schneider (orgs.), *Georg Simmels Philosophie des Geldes*, Frankfurt/M, A. Hain, 1993, pp. 47-87, mostra como a *Philosophie des Geldes* não é um livro dirigido à comunidade científica, mas sim a um público não acadêmico, mais amplo. O mesmo se pode dizer, creio eu, com mais razão ainda de livros como *Kant und Goethe, Die Religion, Goethe, Rembrandt* (o best-seller de Simmel), *Der Krieg und die geistigen Entscheidungen, Schopenhauer und Nietzsche, Kant* etc.

[8] H. Grimm, *apud* Rohner, *Der deutsche Essay, op. cit.*, p. 26.

muito mais antigas e vêm desde o século anterior, desde a "Aufklärung". Quando em 1859 os *Essays* de Grimm são publicados pela primeira vez (ele publicará ao longo da vida 10 volumes deles), registra-se de modo simbólico a autonomização do ensaio enquanto gênero na língua alemã.

A afirmação de Grimm se aplica no mais íntimo a Simmel. Por um lado, muitos de seus ensaios são livros não escritos, são esboços de diversos que poderiam ter sido e não foram. E quantos livros de Simmel não ganharam corpo a partir da colagem, mais ou menos costurada, mais ou menos bem arrematada, de ensaios? Muitas vezes os capítulos de seus livros são ensaios. Isto se deixa ver do modo mais claro no *Goethe* (1913) e no *Rembrandt* (1916) — este último decerto concebido como um grande ensaio, como indica seu subtítulo ("Um ensaio de filosofia da arte"). Outros pequenos livros e brochuras são simplesmente ensaios: *Philosophie der Mode* (*Filosofia da moda*, 1905), *Die Religion* (*A religião*, 1906), *Deutsche innere Wandlung* (*A transformação interior da Alemanha*, 1914), *Das Problem der historischen Zeit* (*O problema do tempo histórico*, 1916), *Der Konflikt der modernen Kultur* (*O conflito da cultura moderna*, 1918), *Vom Wesen des historischen Verstehens* (*Sobre a essência da compreensão histórica*, 1918). Em outros casos, os livros são compostos de ensaios que foram reunidos e arrematados: *Philosophie des Geldes* (1900), *Kant* (1904), *Kant und Goethe* (*Kant e Goethe*, 1906), *Schopenhauer und Nietzsche* (*Schopenhauer e Nietzsche*, 1907), *Soziologie* (1908), *Grundfragen der Soziologie* (1917), *Der Krieg und die geistigen Entscheidungen* (*A guerra e as decisões espirituais*, 1918), *Lebensanschauung* (1918). E *Philosophische Kultur* (1911) é pura e simplesmente uma reunião de ensaios. Colecionando e reunindo ensaios, os livros tomaram forma.

Por outro lado, como disse Grimm, os ensaios são afirmações extremadas de um pensamento pessoal. Extremadas porque tão inextricavelmente ligados ao sujeito pensante, tão enraizados na ideia simmeliana de uma subjetividade forte ("personalidade",[9] "lei individual"[10]), que se poderia dizer que a escrita de Simmel é semelhante a sua figura na cátedra. Esta, como a tradição a conservou, é ao máximo a figura do indivíduo irredutível: seus modos, seus movimentos, seu ritmo de pensamento, sua formulação inesperada (isto será explorado mais adiante). Por isso o ensaio é aventura, o ensaísta aventureiro.

---

[9] O conceito de "personalidade" é recorrente nos escritos de Simmel desde o início. Precisamente porque ele tem a ver com a ideia de uma cultura filosófica, situa-se na constelação do ensaio enquanto subjetividade.

[10] Para o conceito de "lei individual" ver G. Simmel, "Das individuelle Gesetz. Ein Versuch über das Prinzip der Ethik", *op. cit.*; *Lebensanschauung*, *op. cit.*, cap. 4.

Ensaio

Pois toda conquista é uma aventura: ela "traz consigo o gesto do conquistador, o agarrar rápido da chance".[11] Isto está diretamente relacionado com o ensaio, que tece suas relações como quem agarra uma chance única, e se a deixamos passar a perdemos para sempre. É isto que traz um certo perigo ao ensaio — assim como à aventura e ao jogo —, sua como que compulsão a se arriscar, e é exatamente isto que Adorno quis dizer com o "pensar com o lápis na mão" (cf. o tópico "caracterização"): um pensamento que pode nos trazer, de um só golpe, tanto a fortuna como a ruína. Esta é a natureza da segurança do ensaio, e como na aventura estamos de certa maneira desprotegidos. E "isto é decerto um dos encantos mais maravilhosos com que a aventura nos atrai".[12] A aventura é, também ela, *coquete*. Seria o ensaio também?

Excursionemos, então, pela composição de alguns livros, com a finalidade de tatear a sua textura ensaística. Tomemos para tanto dois dos mais representativos, a "grande" sociologia de 1908 e a *Philosophie des Geldes*. Inicialmente, a *Soziologie. Untersuchungen über die Formen der Vergesellschaftung*, publicada em 1908 (dita "grande" porque em 1917 Simmel publicou uma outra sociologia, "pequena"). O fato de Simmel, já no subtítulo, falar em "investigações", indica precisamente a pluralidade do livro. A história da composição dessa obra nos permite vislumbrar sua relação com o ensaio. Desde 1894 — portanto 14 anos antes da publicação do livro — é possível rastrear, nas publicações de Simmel, os textos que, reunidos, irão compor mais tarde o livro:

- "Die Verwandtenehe" ("O casamento entre parentes", 1894)
- "Influence du nombre des unités sociales sur les caractéres des sociétés" (1895)
- "Superiority and subordination as subject-matter of sociology" (1896)
- "Comment les formes sociales se maintiennent" (1898)
- "The Persistence of Social Groups" (1898)
- "Die Selbsterhaltung der socialen Gruppe. Sociologische Studie" ("A autoconservação dos grupos sociais. Um estudo sociológico", 1898)
- "The Number of Members as Determinating the Sociological Form of the Group" (1902)
- "Soziologie des Raumes" ("Sociologia do espaço", 1903)
- "Über die räumliche Projektionen sozialer Formen" ("Sobre as projeções espaciais das formas sociais", 1903)

---

[11] G. Simmel, "Das Abenteuer", *op. cit.*, p. 30.

[12] G. Simmel, "Das Abenteuer", *op. cit.*, p. 30.

- "Soziologie der Konkurenz" ("Sociologia da concorrência", 1903)
- "The Sociology of conflict" (1904)
- "Das Ende des Streites" ("O fim do conflito", 1905)
- "The Sociology of Secrecy and of the Secret Societies" (1905)
- "Zur Soziologie der Armut" ("Para a sociologia da pobreza", 1906)
- "Psychologie der Diskretion" ("Psicologia da discrição", 1906)
- "Die Überstimmung. Eine soziologische Studie" ("A maioria. Um estudo sociológico", 1907)
- "Zur Philosophie der Herrschaft. Bruchstück aus einer Soziologie" ("Para a filosofia da dominação. Fragmento de uma Sociologia", 1907)[13]
- "Soziologie der Über- und Unterordnung" ("Sociologia da dominação e subordinação", 1907)
- "Soziologie der Sinne" ("Sociologia dos sentidos", 1907)
- "Das Erbamt" ("A herança", 1907)
- "Dankbarkeit. Ein soziologischer Versuch" ("Gratidão. Um ensaio sociológico", 1907)
- "Das Geheimnis. Eine sozialpsychologische Skizze" ("O segredo. Um esboço de psicologia social", 1907)
- "Zur Soziologie des Adels. Fragment aus einer Formenlehre der Gesellschaft" ("Para a sociologia da nobreza. Fragmento de uma teoria das formas da sociedade", 1908)
- "Der Mensch als Feind. Zwei Fragmente aus einer Soziologie" ("O homem como inimigo. Dois fragmentos de uma sociologia", 1908)
- "Die Gesellschaft zu zweien" ("A sociedade a dois", 1908)
- "Über das Wesen der Sozial-Psychologie" ("Sobre a essência da psicologia social", 1908)
- "Psychologie des Schmuckes" ("Psicologia do adorno", 1908)
- "Der Brief. Aus einer Soziologie des Geheimnisses" ("A carta. De uma sociologia do segredo", 1908)
- "Treue. Ein sozialpsychologischer Versuch" ("Fidelidade. Um ensaio de psicologia social", 1908)

Além de todos esses 29 ensaios, Simmel ainda inseriu na sociologia de 1908 trechos dos capítulos 3 e 5 da sua monografia de 1890, *Über sociale Differenzierung. Sociologische und psychologische Untersuchungen*

---

[13] Note-se o característico do título: uma filosofia da dominação enquanto fragmento de uma sociologia! Isto mostra como Simmel faz pouco caso da divisão tradicional das disciplinas. Estas se embaralham e não é possível compreender as análises de Simmel se nos prendermos a uma disciplina única e exclusiva.

Ensaio

(*Sobre a diferenciação social. Investigações sociológicas e psicológicas* —
aqui também ele fala em "investigações"!). Do ajuntamento e arremate de
todos esses fragmentos nasce o livro. Daí o problema da unidade, que
Simmel tenta resolver no "Prefácio" do livro.

Uma das características marcantes da *Soziologie*, que chama imediatamente a atenção dos seus leitores, são os excursos, um procedimento que
é próprio de formas ensaísticas (excurso — excursão — passeio). Os excursos no "tratado" de sociologia[14] provêm do fato de que ele é uma reunião de ensaios. O processo de "costura" dos diferentes ensaios visando a
forma do livro fez necessário o aparecimento dos "excursos", que via de
regra são ensaios autônomos. A "organicidade" do livro é, aliás, bastante
peculiar, já que o número de excursos compete diretamente com o número de capítulos, que por sua vez também são ensaios: 10 capítulos e 13
excursos! No prefácio ao livro, Simmel afirma que, se se perder de vista
sua formulação inicial de delimitação e atribuição de um conteúdo determinado à sociologia (ele se refere à fundamentação da sociologia enquanto ciência proposta no cap. 1 do livro), o conjunto do livro pode parecer
ao Leitor um arranjo desordenado de fragmentos[15] (o que, seja dito de
passagem, foi o que ocorreu o mais das vezes).

Um outro caso que se deixa exemplificar facilmente é a *Philosophie
des Geldes*. Os ensaios seguintes foram publicados antes do aparecimento do livro e depois fundidos de alguma maneira na obra publicada em
1900:

- "Zur Psychologie des Geldes" ("Para a psicologia do dinheiro", 1889)
- "Einiges über die Prostituition in Gegenwart und Zukunft" ("Sobre
  a prostituição no presente e no futuro", 1892)
- "Zur Psychologie der Mode. Sociologische Studie" ("Para a psico-
  logia da moda. Um estudo sociológico", 1895)[16]
- "Das Geld in der modernen Cultur" ("O dinheiro na cultura moder-
  na", 1896)
- "Soziologische Aesthetik" ("Estética sociológica", 1896)

---

[14] "Tratado" de sociologia seria uma formulação especialmente interessante no
caso, pois o tratado é a forma sistemática por excelência. Então porque um tratado, se
o texto é ensaístico de cabo a rabo? Porque se trata de tentativa de sistematização da
ciência, da institucionalização da sociologia enquanto disciplina etc. O tratado é a forma apropriada para tanto. Assim, quando a *recepção* da obra fala em "tratado", ela
está enfatizando um enfoque determinado e obscurecendo outros.

[15] Cf. G. Simmel, *Soziologie, op. cit.*, p. 9. Isto será retomado em "Georg Simmel
e a Berlim do Segundo Império".

[16] Mais uma vez: uma *psicologia* da moda como estudo *sociológico*.

- "Die Bedeutung des Geldes für das Tempo des Lebens" ("O significado do dinheiro para a velocidade da vida", 1897)
- "Fragment aus einer 'Philosophie des Geldes'" ("Fragmento de uma 'Filosofia do dinheiro'", 1898)
- "Die Rolle des Geldes in den Beziehungen der Geschlechter. Fragment aus einer 'Philosophie des Geldes'" ("O papel do dinheiro nas relações entre os sexos. Fragmento de uma 'Filosofia do dinheiro'", 1898)
- "Zur Philosophie der Arbeit" ("Para a filosofia do trabalho", 1899)
- "Fragment aus einer 'Philosophie des Geldes'" ("Fragmento de uma 'Filosofia do dinheiro'", 1899)
- "Über Geiz, Verschwendung und Armut" ("Sobre a avareza, o esbanjamento e a pobreza", 1899)
- "A chapter in the philosophy of value. A fragment from a volume entitled 'The Philosophy of Money'" (1900)
- "Persönliche und sachliche Kultur" ("Cultura pessoal e cultura objetiva", 1900)

Além destes textos, que se fundiram diretamente no livro, há alguns outros que fazem parte do mesmo complexo:
- "Über Kunstausstellungen" ("Sobre as exposições de arte", 1890)
- "Berliner Gewerbeausstellung" ("A exposição industrial berlinense", 1896)
- "Die Großstädte und das Geistesleben" ("As grandes cidades e a vida do espírito", 1903)
- "Zu einer Theorie des Pessimismus" ("Para uma teoria do pessimismo", 1900)
- "Sozialismus und Pessimismus" ("Socialismo e pessimismo", 1900)
- "Rembrandt als Erzieher" ("Rembrandt como educador", 1890)

Embora aqui o número de ensaios publicados anteriormente seja consideravelmente menor do que no caso da sociologia de 1908 (também aqui, passagens de livros anteriores, isto é, de *Über sociale Differenzierung* e *Einleitung in die Moralwissenschaften* [*Introdução às ciências morais*] foram incorporadas ao texto), é possível mesmo assim constatar o caráter ensaístico do livro. Mais que tudo, o que indica o caráter de ensaio da *Philosophie des Geldes* é sua proximidade com a arte, o seu modo estético de proceder. Simmel era plenamente consciente disso, como testemunha o "Prefácio" desse livro (cf. o tópico "panteísmo estético"). A composição dos livros a partir de ensaios também poderia ser comprovada nos livros que se originaram de aulas, conferências e discursos, mas não se trata agora de sobrecarregar ainda mais o Leitor.

Retomando os nossos fios: se é com Grimm que o ensaio se torna

Ensaio

consciente, não é despropositado assinalar que o ensaio é, na Alemanha, contemporâneo do moderno,[17] tal como o moderno, ganha corpo na segunda metade do século XIX na Alemanha: o moderno na economia, com a expansão vertiginosa da economia monetária, com a industrialização e a urbanização espantosas; o moderno na política, com a formação do estado nacional (o "II Reich", proclamado em 1871 no salão dos espelhos de Versailles). E, principalmente, com o advento da "vida moderna", de um novo "estilo de vida".[18] Karl Hillebrand, um dos grandes ensaístas alemães do século XIX, percebeu exatamente esse fenômeno ao afirmar, em 1878, que "o ensaio é a forma literária própria do nosso tempo" (*apud* Rohner, p. 116).

Mas ainda em outros pontos Simmel parece estar muito próximo de Grimm. "Herman Grimm rejeita, em oposição a seu pai e a seu tio, a teoria romântica da individualidade criativa do povo. Só o indivíduo é o criador da obra de arte. Daí a predileção de Grimm pela biografia: ele está convencido da unicidade e do valor do homem singular."[19] Assim como Simmel, Grimm escreveu muito sobre Goethe, inclusive (como Simmel), um livro. Seus ensaios sobre Goethe são, não raras vezes, "Goethe e...", uma fórmula recorrente também em Simmel. Na verdade, Grimm antecipa muitas das preferências de seu aluno Simmel: Goethe, Michelangelo, a Renascença italiana. "Os ensaios de Grimm tratam, de acordo com sua dupla docência na Universidade de Berlim, na maioria dos casos de temas

---

[17] Se Bacon fixou o caráter do ensaio, como quer H. Grimm, é interessante notar que se pode articular o ensaio com o moderno também nesse ponto, pois como Adorno e Horkheimer indicaram, Bacon já é um moderno por excelência. Cf. T. W. Adorno e M. Horkheimer, *Dialektik der Aufklärung. Philosophische Fragmente*, Frankfurt/M, S. Fischer, 1988, cap. 1. Note-se que, como indica o seu subtítulo, o livro de Adorno e Horkheimer é uma coleção de "fragmentos" e faz amplo uso de "excursos".

[18] Cf. G. Simmel, *Philosophie des Geldes*, op. cit., cap. 6, pp. 591-716. Ver o tópico sobre "estilo de vida" mais à frente.

[19] Rohner, *Der deutsche Essay*, op. cit., p. 345. E aqui uma pequena nota. O pai e o tio de Herman Grimm, respectivamente Wilhelm e Jacob Grimm, os famosos irmãos Grimm, são célebres pela coleção dos contos de fada, mas ainda mais importantes para a história alemã devido ao dicionário da língua alemã que elaboraram e que ainda hoje é o mais completo. Também politicamente tiveram um papel importante como dois dos "Göttinger Sieben". Hoje, depois de retratados na cédula de 1000 marcos, colhem os frutos do reconhecimento nacional. Tudo isto não é sem interesse, pois os contos de fada e também as "sagas alemãs" recolhidos e publicados pelos irmãos têm a ver com a formação de uma identidade nacional alemã, através do reconhecimento de uma tradição comum. Isto se dá, de modo ainda mais significativo, no gigantesco dicionário, que estabiliza, fixa e difunde a língua nacional. Tudo isto mostra, em pontos variados, o processo da Alemanha rumo ao moderno no século XIX.

da literatura e da história da arte. A Renascença e a época de Goethe são as épocas prediletas nas quais o seu ensaísmo se move ciclicamente."[20] Simmel sobre Goethe:

- "Einige Bemerkungen über Goethes Verhältnis zu Ethik" ("Algumas observações sobre a relação de Goethe com a ética", 1888)
- "Kant und Goethe" ("Kant e Goethe", 1899)
- *Kant und Goethe. Zur Geschichte der modernen Weltanschauung* (*Kant e Goethe. Para a história da visão de mundo moderna*, 1906)
- "Kant und Goethe" ("Kant e Goethe", 1906)
- "Bemerkungen über Goethe" ("Notas sobre Goethe", 1907)
- "Über Goethes und Kants moralische Weltanschauung. Aus einem Vorlesungszyklus" ("Sobre a visão de mundo moral de Goethe e Kant. De um ciclo de conferências", 1908)
- "Fragment eines Goethe-Buches. Aus dem Kapitel über Goethe und Kant" ("Fragmento de um livro sobre Goethe. Do capítulo sobre Goethe e Kant", 1909)
- "Goethe und die Frauen" ("Goethe e as mulheres", 1912)
- "Goethes Liebe" ("O amor de Goethe", 1912)
- "Polarität und Gleichgewicht bei Goethe" ("Polaridade e equilíbrio em Goethe", 1912)
- "Goethes Rechenschaft" ("A justeza de Goethe", 1912)
- "Die Stetigkeit in Goethes Weltbild" ("A continuidade na imagem de mundo de Goethe", 1912)
- "Die Wahrheit und das Individuum. Aus einem Goethebuch" ("A verdade e o indivíduo. De um livro sobre Goethe", 1912)
- "Goethes Individualismus" ("O individualismo de Goethe", 1912)
- "Das Verhältnis von Leben und Schaffen bei Goethe" ("A relação entre vida e criação em Goethe", 1912)
- *Goethe* (1913)
- "Goethe und die Jugend" ("Goethe e a juventude", 1914)
- "Goethes Gerechtigkeit" ("A justiça de Goethe", 1914)
- "Einheit und Zwiespalt. Zeitgemäßes in Goethes Weltanschauung" ("Unidade e discrepância. O atual na visão de mundo de Goethe", 1915)

---

[20] Rohner, *Der deutsche Essay, op. cit.*, p. 384. Note-se o caráter cíclico do ensaio: ele sempre volta a seus temas, vale dizer, a si mesmo. Por isso na confrontação esquemática de tratado e ensaio aquele se relaciona com a linha, este com o círculo. Rohner afirma também que as grandes figuras são um dos temas prediletos do ensaio. Cf. Rohner, *Der deutsche Essay, op. cit.*, p. 395.

Ensaio

- "Goethes Liebe" ("O amor de Goethe", 1916)
- "Gesamteinleitung zu Goethes Sämtlichen Werken" ("Introdução geral às obras reunidas de Goethe", data indeterminada)

E sobre temas da Renascença e, depois, sobre arte em geral:
- "Dantes Psychologie" ("A psicologia de Dante", 1884)
- "Polymeter" (1898)
- "Michelangelo als Dichter" ("Michelangelo como poeta", 1889)
- "Das Abendmahl Leonardo da Vincis" ("A última ceia de Leonardo da Vinci", 1905)
- "Michelangelo. Ein Kapitel zur Metaphysik der Kultur" ("Michelangelo. Um capítulo para a metafísica da cultura", 1910)
- "Über Kunstausstellungen" ("Sobre as exposições de arte", 1890)
- "Gerhart Hauptmanns 'Weber'" ("'Os tecelões' de Gerhart Hauptmann", 1893)
- "Böklins Landschaften" ("As paisagens de Böcklin", 1895)
- "Stefan George. Eine kunstphilosophische Betrachtung" ("Stefan George. Uma consideração de filosofia da arte", 1898)
- "Stefan George. Eine kunstphilosophische Studie" ("Stefan George. Um estudo de filosofia da arte", 1901)
- "Rodins Plastik und die Geistesrichtung der Gegenwart" ("A escultura de Rodin e a direção espiritual do presente", 1902)
- "Ästhetik des Porträts" ("Estética do retrato", 1905)
- "Über die dritte Dimension in der Kunst" ("Sobre a terceira dimensão na arte", 1906)
- "Das Christentum und die Kunst" ("O cristianismo e a arte", 1907)
- "Das Problem des Stiles" ("O problema do estilo", 1908)
- "Vom Realismus in der Kunst" ("Do Realismo na arte", 1908)
- "Zur Philosophie des Schauspielers" ("Para a filosofia do ator", 1908)
- "Über den Schauspieler. Aus einer 'Philosophie der Kunst'" ("Sobre o ator. De uma 'Filosofia da arte'", 1909)
- "Die Kunst Rodins und das Bewegungsmotiv in der Plastik" ("A arte de Rodin e o motivo do movimento na escultura", 1909)
- "Der siebente Ring" ("O sétimo anel", 1909)
- "Der Schauspieler und die Wirklichkeit" ("O ator e a realidade", 1912)
- "Rembrandtstudie" ("Estudo sobre Rembrandt", 1914)
- "L'art pour l'art" (1914)
- "Rembrandts religiöse Kunst" ("A arte religiosa de Rembrandt", 1914)
- "Rembrandt und die Schönheit" ("Rembrandt e a beleza", 1914)
- "Studien zur Philosophie der Kunst, besonders der Rembrandtschen"

("Estudos sobre filosofia da arte, em especial com respeito a Rembrandt", 1915)

- "Vom Tode in der Kunst. Nach einem Vortrag" ("Sobre a morte na arte. De uma conferência", 1915)
- "Bruchstücke aus einer Philosophie der Kunst" ("Fragmentos de uma filosofia da arte", 1916)
- *Rembrandt. Ein kunstphilosophischer Versuch* (*Rembrandt. Um ensaio de filosofia da arte*, 1916)
- "Über die Karikatur" ("Sobre a caricatura", 1917)
- "Erinnerung an Rodin" ("Lembrança de Rodin", 1917)
- "Gesetzmäßigkeit im Kunstwerk" ("Legalidade na obra de arte", 1918)
- "Germanischer und klassisch-romanischer Stil" ("Estilo clássico-românico e estilo germânico", 1918)
- "Das Problem des Porträts" ("O problema do retrato", 1918)
- "Zur Philosophie des Schauspielers" ("Para a filosofia do ator", póstumo)
- "Zum Problem des Naturalismus" ("Sobre o problema do Naturalismo", póstumo)

Esta longa lista indica como o tratamento das "personalidades artísticas" (assim Simmel nomeia uma seção de *Philosophische Kultur*) desempenha um papel importante na consecução da ideia de uma cultura filosófica. Além disso, o domínio do estético é também indicado por Simmel na organização do livro. Estas duas dimensões são significativas tanto para o ensaio em geral como para Simmel em particular. Segundo Rohner, Grimm "situa-se enquanto observador da arte, segundo a escolha dos temas, as predileções e o modo de ver na esteira de Goethe" (Rohner, p. 417). Ele interessava-se por arte antiga, romana e grega, principalmente pelos artistas da Renascença italiana (sobretudo Rafael e Michelangelo, mas também Ticiano, Leonardo e Botticelli); no que diz respeito à pintura alemã, por Dürer e Holbein. Segundo Grimm "o trabalho do historiador da arte não consiste na determinação da data da origem, conservação [... etc.], mas sim na ponderação do valor da peça enquanto material da história da cultura".[21] Este é, também, o programa de seu aluno Georg Simmel. As preferências, o modo de trabalhar, o ato de "Sinngebung" é comum aos dois. Mais do que a obra de arte singular, interessa-lhes o que Simmel vai chamar de "lei individual" do grande artista.[22] Simmel e Grimm encon-

---

[21] H. Grimm, *apud* Rohner, *Der deutsche Essay, op. cit.*, p. 419.

[22] Em um ensaio intitulado "Goethe und die Jugend" ("Goethe e a juventude",

tram em Goethe seu ponto de maior proximidade. O número considerável de ensaios sobre arte aponta para algo muito importante no que diz respeito à caracterização do ensaio: a arte é um dos seus temas prediletos. Isto se explica pelo fato dela ser "cultura", "espírito objetivado". A cultura é o tema do ensaio.

Os temas dos ensaios são por definição absolutamente livres. Assim, se o ensaísmo de Simmel apresenta muitas vezes temas inusitados, como "A asa do jarro", "Ponte e porta" e muitos outros, isto de fato os alinha a uma longa e distinta linhagem: Montaigne que escreve sobre "os canibais", Bacon "sobre o gasto do dinheiro", Hunt sobre "o ato de levantar na manhã gelada", Hazlitt "sobre a ignorância dos sábios", Swift "sobre o ato de dormir na igreja", Lichtenberg sobre a "história natural da mosca de quarto", Wölfflin "sobre os catálogos das galerias", Kassner sobre "a moral dos tapetes", Ortega y Gasset sobre uma "estética no bonde",[23] Roth sobre "o porteiro", Musil "sobre a burrice", Broch sobre o "*kitsch*", Jünger sobre o "elogio das vocais", Adorno sobre os "sinais de escrita", Bense sobre o "mundo dos cartazes", Kracauer sobre "as pequenas balconistas que vão ao cinema",[24] Heuss sobre a "teologia da estenografia" e muitos e muitos outros casos.[25] Ao mesmo tempo, há uma série de te-

---

1914) Simmel chega a falar que, para o presente, interessam menos as obras de Goethe do que a imagem de Goethe que é possível descolar delas. Não no sentido biográfico, ele apressa-se em dizer, mas sim no sentido da figura do grande homem, sábio, que segue sua "lei individual". Cf. G. Simmel, "Goethe und die Jugend", *in Brücke und Tür. Essays des Philosophen zur Geschichte, Religion, Kunst und Gesellschaft* (*Ponte e porta. Ensaios do filósofo sobre história, religião, arte e sociedade*), organização de M. Landmann, Stuttgart, K. F. Kechler, 1957, pp. 187-93.

[23] Jose Ortega y Gasset (1883-1955) foi aluno de Simmel em Berlim por volta de 1905-1906.

[24] Siegfried Kracauer (1889-1966) foi aluno de Simmel em Berlim no período de 1907-1908 e permaneceu ligado ao antigo professor até a morte deste (Cf. *Marbacher Magazin: Siegfried Kracauer 1889-1966*, vol. XLVII, 1988, organização de U. Ott, I. Belke e I. Renz, pp. 11-2, 28).

[25] Cf. Rohner, *Der deutsche Essay, op. cit.*, pp. 360 ss. As grandes figuras são um dos temas mais recorrentes no ensaio. Também as figuras femininas e a "psicologia" feminina aparecem com frequência (cf. Rohner, *Der deutsche Essay*, pp. 397 ss.). Simmel sobre o tema: "Zur Psychologie der Frauen" ("Para a psicologia das mulheres", 1890); "Ein Jubiläum der Frauenbewegung" ("Um jubileu do movimento feminista", 1892); "Der Frauenkongreß und die Sozialdemokratie" ("O congresso feminista e a social-democracia", 1896); "Frauenstudium an der Berliner Universität" ("O estudo das mulheres na Universidade de Berlim", 1899); "Bruchstücke aus einer Psychologie der Frauen" ("Fragmentos de uma psicologia das mulheres", 1904); "Die Frau und die Mode" ("A mulher e a moda", 1908); "Weibliche Kultur" ("Cultura feminina", 1911);

mas que se repetem com frequência no ensaio. Quando, por exemplo, Montaigne fala da morte, "Que philosopher, c'est apprendre à mourir",[26] inaugura um tema que não será estranho ao ensaísmo posterior e a Simmel. A morte e o amor são na verdade temas recorrentes no ensaio.[27] Mas o ensaio tem um polo ao qual, como um ímã, todos os seus temas se aproximam. Esse polo é a ideia de cultura.

O tema do ensaio é a cultura (cf. Rohner, p. 372 ss.) e por isso ele é sempre apontado como algo que trabalha o "pré-formado".[28] No centro do ensaio está a relação do indivíduo com a cultura, do indivíduo com suas objetivações. A relação sujeito-objeto atinge no ensaio sua forma específica; é justamente tal constelação de sujeito e objeto que conforma o ensaio enquanto tal. Aqui se mostra novamente o nexo de uma cultura filosófica com o ensaio.

Albrecht Fabri tentou formular essa difícil relação que articula sujeito e objeto no ensaio: "O ensaio é a forma que apresenta o jogo do pensamento entre os objetos e ele próprio. O pensamento propõe-se um objeto; mas apenas para voltar-se novamente para si mesmo. Ele libera a si mesmo no objeto e em si mesmo o objeto; ele o deixa nascer e o dissolve novamente; o Leitor presencia o nascimento e a metamorfose de um pen-

---

"Das Relative und das Absolute im Geschlechterproblem" ("O relativo e o absoluto no problema dos sexos", 1911). A música, em contraposição, é um tema raro no ensaio (cf. Rohner, *Der deutsche Essay*, *op. cit.*, pp. 422 ss.) e Simmel externou a inconveniência desse tema (Cf. M. Landmann, "Einleitung", *in* G. Simmel, *Brücke und Tür*, *op. cit.*, p. VII). A literatura, no polo oposto, é um tema sempre recorrente, que se presta ao ensaio (cf. Rohner, *Der deutsche Essay*, *op. cit.*, pp. 433 ss.), o que vale para Simmel: Dante, Michelangelo, Hauptmann, mas sobretudo Goethe e George.

[26] Michel de Montaigne, *Essais*. Ed. M. Rat. Paris, Garnier Freres, 1962, vol. 1, pp. 81-99.

[27] Cf. Rohner, *Der deutsche Essay*, *op. cit.*, p. 364. Simmel sobre a morte e o amor: "S" (G. Simmel), "Fragment aus einer Philosophie der Liebe" ("Fragmento de uma filosofia do amor"), *in Jugend*, ano XII, vol. I, Munique, 1907, pp. 242-4; G. Simmel, "Fragment über die Liebe (Aus dem Nachlaß)" ("Fragmento sobre o amor [Do espólio]"), *in Logos*, vol. X, 1921-22, pp. 1-54 (retrabalhado e republicado em *Fragmente und Aufsätze aus dem Nachlaß*, *op. cit.*, pp. 47-123, com os títulos "Über die Liebe" ["Sobre o amor"] e "Der platonische und der moderne Eros" ["O eros platônico e o eros moderno"], pp. 125-45.); G. Simmel, "Zur Metaphysik des Todes" ("Para a metafísica da morte"), *in Logos*, vol. I, 1910, pp. 57-70; G. Simmel, *Lebensanschauung*, *op. cit.*, cap. 2.

[28] Este é um *topos* absolutamente clássico na literatura sobre o ensaio. Ver G. Lukács, "Über Wesen und Form des Essays", *in Die Seele und die Formen*, Berlim, E. Fleischel & Co., 1911, pp. 1-39 (aqui fala o aluno de Simmel); M. Bense, "Über den Essay und seine Prosa", *in Plakatwelt. Vier Essays*, Stuttgart, Deutsche Verlags-Anstalt, 1952, pp. 23-37; T. W. Adorno, "Der Essay als Form", *op. cit.* Ver também Rohner, *Der deutsche Essay*, pp. 684-7.

samento" (*apud* Rohner, p. 634). O nascimento e a metamorfose de um pensamento: é exatamente isto que aflora constantemente na memória dos alunos de Simmel. Assim, por exemplo, neste relato de Georg Hermann, em 1918:

> *"Eu ainda o vejo, diante de mim, sentar-se na cátedra, a boca um pouco larga, a pequena barba em ponta por baixo, com os olhos castanhos, sempre um pouco pressionados e olhando por entre as lentes, vejo ainda sobre esta testa do filósofo, a mais modelada, a cabeça nervosa e vistosa do pensador. Tinha-se a sensação, quando ele falava, de se presenciar o nascimento de suas ideias. Não havia nada mais da aula do docente. Ele estava sozinho, falava para si, pensava para si, e nós, lá embaixo, tínhamos a rara sorte de poder presenciar essas admiráveis e completas conversas consigo mesmo; de poder escutar frases longas, sustentadas pelo ritmo o mais sutil, em que uma se articulava à outra logicamente. Tudo nele estava em movimento. Poder-se-ia dizer que ele pensava com o corpo todo. Muitos achavam divertido os seus movimentos de braço ou o abaixar repentino da cabeça. Para mim sempre houve algo de emocionante em ver esse homem, que, lá em cima, tinha seus pensamentos e conhecimentos e sobretudo sua sensibilidade agitados pelo fogo, que seguia os seus sentimentos até as mais sutis ramificações, um cão farejador da dialética, um anatomista daqueles últimos movimentos da alma, que se consuma para os outros na escuridão profunda do subconsciente."*[29]

Tal relação sujeito-objeto constitui o ensaio; daí seu caráter de "Spiel", "jogo". Este é um aspecto absolutamente fundamental do ensaio, relacionado com o uso da *constelação* e da *configuração* dos elementos, que são postos em *relações* no interior do ensaio. Sim, pois como notou com muita propriedade Max Bense, o ensaio é relação e relacionar.[30] Isto, como se verá no tópico seguinte, toca no essencial de Simmel. Trata-se sempre de ir de um polo a outro: do sujeito ao objeto, do objeto ao sujeito. E, o que é importante, o ensaio dá o braço a seu Leitor e o puxa para si. O Leitor passa a acompanhar o movimento que é constituinte do ensaio. Esse movimento é o movimento do pensamento e da mão: "pen-

---

[29] G. Hermann, "Erinnerungen as Simmel", *in* K. Gassen e M. Landmann (orgs.), *Buch des Dankes an Georg Simmel, op. cit.*, p. 163. Reencontraremos Simmel na cátedra no tópico "Georg Simmel e a Berlim do Segundo Império".

[30] Cf. M. Bense, "Über den Essay und seine Prosa", *op. cit.*, p. 27.

sar com o lápis na mão".[31] O ensaísta constrói o ensaio e seus objetos enquanto pensa e escreve, enquanto apalpa, localiza, comprova, indaga, duvida, reflete, indica, medita, revolve, escava, *procura*.

O ensaio é a "arte do experimento",[32] e experimento envolve tanto o sujeito como seus objetos. "Uma tal prosa clarifica e vivifica os objetos de que fala e que ela quer conhecer e comunicar, mas ao mesmo tempo ela também fala sobre si mesma, participa a si mesma como que um estado autêntico do espírito."[33]

Também as cidades, as paisagens, os objetos, como que humanizados, são um tema privilegiado do ensaio. Simmel não escreveu somente uma "Filosofia da paisagem",[34] como também ensaios sobre "Roma", "Florença" e "Veneza";[35] além, é claro, do ensaio sobre as grandes cidades[36] (que é, de fato, uma variação da *Philosophie des Geldes*). Mesmo em outros temas tal "humanização" é perceptível: no ensaio sobre "A moldura do quadro", sobre "A asa do jarro", sobre a "Ponte e porta"[37] etc. Se os conceitos matam as coisas, poder-se-ia dizer que o ensaio simmeliano faz as coisas viverem (a moldura, a estátua etc.): pois ele as vê em movimento.

Mas onde o ensaio haveria de encontrar forças para vivificar os objetos, senão no sujeito? Se o ensaio é passeio, ele é o pensamento andando, as ideias se encadeando.[38] Ele, subjetivo, é como *une rêverie d'un promeneur solitaire*. Mas por isso mesmo ele recorre, e faz amplo uso, da "espontaneidade da fantasia subjetiva".[39] Sim, pois sem a fantasia o ensaio se extinguiria.

---

[31] Este ponto, fundamental, será retomado ao final desta interpretação.

[32] M. Bense, "Über den Essay und seine Prosa", *op. cit.*, p. 29.

[33] M. Bense, "Über den Essay und seine Prosa", *op. cit.*, p. 26.

[34] "Simmel escreve uma 'filosofia da paisagem'. O ensaio faz da paisagem (frequentemente) uma filosofia. A paisagem é para ele um motivo e uma matéria para meditar" (Rohner, *Der deutsche Essay, op. cit.*, p. 404). Cf. G. Simmel, "Philosophie der Landschaft", *op. cit.*

[35] Cf. G. Simmel, "Rom. Eine ästhetische Analyse", *op. cit.*; "Florenz" ("Florença", 1906), *in Aufsätze und Abhandlungen 1900-1908*, *op. cit.*, pp. 69-73; "Venedig" ("Veneza", 1907), *in Aufsätze und Abhandlungen 1900-1908*, *op. cit.*, pp. 258-63.

[36] G. Simmel, "Die Großstädte und das Geistesleben" ("As grandes cidades e a vida do espírito", 1903), *in Das individuum und die freiheit, op. cit.*, pp. 192-204.

[37] G. Simmel, "Der Bildrahmen. Ein ästhetischer Versuch" ("A moldura. Um ensaio estético", 1902), *in Zur Philosophie der Kunst (Para a filosofia da arte)*, Potsdam, Kiepenheuer, 1922, pp. 46-54; "Der Henkel" ("A asa" [do jarro]), *in Philosophische Kultur, op. cit.*, pp. 111-7; "Brücke und Tür", *op. cit.*

[38] Cf. G. Simmel, *Soziologie, op. cit.*, p. 764.

[39] T. W. Adorno, "Der Essay als Form", *op. cit.*, p. 11.

Se o tema do ensaio é a cultura por excelência, é possível, e para nós necessário, relacionar diretamente o ensaio com a ideia de uma cultura filosófica e com a filosofia da cultura de Simmel.[40]

A ideia de que o ensaio toma para si o seu Leitor aponta para um elemento significativo na sua caracterização. O que F. Schalk formulou acerca dos aforismos de Bacon, que "eles apelam ao leitor e o intimam a continuar a pensar e a procurar"[41] (cf. mote 10), pode ser dito do ensaio em geral e tem sentido portanto para Simmel. O ensaio, já desde há muito, é visto como um estímulo à reflexão: "O ensaio, assim como o aforismo, é dialético em sua estrutura: eles gostam de pensar em antinomias, de desenvolver as ideias aos saltos, cristalizá-las 'aforisticamente'."[42] O estreito parentesco do ensaio com o aforismo apoia-se na constelação do ensaio de que falei mais acima. Eles se encontram na forma "aberta" que lhes é comum. Eles são semelhantes à carta, ao diário, ao diálogo; "aberta" no sentido de renunciar à forma arquitetônica do gênero "fechado", vale dizer, estruturado de modo fixo (aqui também a contraposição de ensaio e tratado é elucidativa). Tal forma fixa é própria ao *sistema*. A forma "aberta" é típica das formas "pequenas": o aforismo, *aperçu*, esboço, estudo, reflexão, fragmento, nota, ensaio. Tais formas ganham importância com a superação — ou melhor, envelhecimento — do pensamento escolástico, melhor dizendo do modelo escolástico, sistemático por excelência.[43] "O aforismo se desliga... da ciência, de modo semelhante como ao mesmo tempo o ensaio contrapõe-se ao tratado científico."[44]

---

[40] Ver mais à frente o tópico "cultura". Adorno ("Der Essay als Form", *op. cit.*, p. 10) relaciona "Kultur" e "Kultiviertheit" de modo simmeliano. E se a relação entre natureza e cultura é o tema do ensaio (Adorno, *idem*, p. 28), Simmel cumpriu, *avant la lettre*, o programa do ensaio adorniano, e o melhor exemplo disso é "Die Ruine" (cf. G. Simmel, "Die Ruine" ["A ruína"], *in Philosophische Kultur*, *op. cit.*, pp. 118-24). Simmel tematiza a relação de natureza e cultura sobretudo nos textos sobre filosofia da cultura; veja-se por exemplo G. Simmel, "Vom Wesen der Kultur" ("Sobre a essência da cultura", 1908), *in Aufsätze und Abhandlungen 1901-1908*, *op. cit.*, pp. 363-73.

[41] F. Schalk, *apud* Rohner, *Der deutsche Essay*, *op. cit.*, p. 28.

[42] Rohner, *Der deutsche Essay*, *op. cit.*, p. 489. O texto prossegue: "Contudo há aqui diferenças essenciais. O aforismo é fechado, ao menos para o Autor ele é o ponto final de um desenvolvimento das ideias [seria necessário precisar: momentaneamente. Pois o Autor pode voltar e retomar e desenvolver a qualquer momento a ideia que reside no aforismo]. Ele silencia sobre a 'pré-história' e choca o nosso pensamento, que põe em movimento com a sua formulação repentina e imediata. No ensaio, em contraposição, o nexo não permanece 'submarino', senão que aflora".

[43] Sobre a escolástica e o tratado, ver E. Panofsky, *Architecture gothique et pensée scolastique*, 2ª edição revista, Paris, Minuit, 1970.

[44] Hans Schumacher *apud* Rohner, *Der deutsche Essay*, *op. cit.*, p. 65.

A relação do ensaio com a carta é altamente significativa. Já mesmo Montaigne e Bacon consideraram a carta aparentada ao ensaio. A certa altura, Simmel a contrapõe justamente ao tratado:

> "*A vantagem e a desvantagem da carta é que ela, por princípio, fornece o mero conteúdo da nossa vida momentânea das ideias e cala-se sobre aquilo que não se pode ou não se quer falar. É então característico que a carta, se ela se distingue do tratado não somente por não ser impressa, seja sempre algo inteiramente subjetivo, momentâneo, pessoal, e na verdade não somente quando se trata de expectorações líricas, mas também quando se trata de comunicações absolutamente concretas. Essa objetivação do subjetivo, esse despojamento do sujeito de tudo o que justamente agora não se quer revelar do assunto e de si mesmo, é possível apenas em épocas de alta cultura, quando se domina bem a técnica psicológica de conferir uma forma duradoura às ideias e disposições momentâneas — ideias e disposições que somente enquanto momentâneas, correspondentes à situação e à exigência atual, são pensadas e registradas. Onde uma produção interior tem o caráter de 'obra', esta forma duradoura é completamente adequada; mas na carta há uma contradição entre o caráter do conteúdo e o da forma; para produzi-la, sustentá-la e explorá-la é necessária uma enorme objetividade e diferenciação.*"[45]

O subjetivo, momentâneo e pessoal da carta, que a aproxima do ensaio, contrapõe ambos ao tratado: objetivo, duradouro e impessoal. A ideia de conferir uma forma duradoura ao que é efêmero está na base de uma importante fórmula simmeliana: "intantâneos *sub specie aeternitatis*" (cf. o tópico seguinte). Essa constelação apontada por Simmel, em que a carta é o subjetivo em oposição ao tratado, retoma, talvez mesmo inconscientemente, um conjunto de temas do primeiro romantismo. Já Novalis afirmara que "o ensaio está entre a carta e o tratado" (*apud* Rohner, p. 84). A carta é vista em meio ao complicado campo de forças das relações de sujeito e objeto. O ato de escrever situa-se, aqui, no núcleo dessa constelação, pois a escrita é uma objetivação do sujeito. Um conteúdo espiritual é fixado e ganha uma forma de existência na medida em que é escrito, posto em letra e papel. Isto significa sua nova temporalidade, que é a intemporalidade, pois ganha uma forma que é independente do indivíduo

---

[45] G. Simmel, *Soziologie, op. cit.*, pp. 430-1.

que a fixou e do indivíduo que entra em contato com ela — aquele que a lê.[46] O ato de escrever é tão somente mais uma objetivação do sujeito (cf. o tópico "cultura") que, ao se objetivar, ganha uma existência própria: um livro, um contrato, um poema, uma carta, um ensaio.

O característico da carta é seu caráter absolutamente subjetivo, e é isso que também encontramos no ensaio. O que o faz viver é essa tensão entre seus elementos subjetivos e objetivos e por isso ele é a forma de apresentação da cultura filosófica.

Retomando a relação entre aforismo e ensaio: outro elemento importante que os liga é a concentração. O que Klaus G. Just formulou acerca dos ensaios de Bacon — "extrato de pensamento concentrado"[47] — aplica-se ao aforismo e ao ensaio em geral, embora a cada um de acordo com sua lei própria: no aforismo, na concreção máxima, como síntese e *insight*, como metáfora ou analogia, como máxima. No ensaio, na textura da composição, no interior de movimentos de contração e expansão. Muitas vezes o aforismo surge no interior do ensaio, muitas vezes o ensaio é digressão e desenvolvimento. Os dois tipos de aforismos apontados por Hans Urs von Balthasar surgem também no ensaio: "Existem dois tipos de aforismo. Uns correspondem à necessidade de uma concreção espiritual, os outros à necessidade de uma perspectiva infinita" (*apud* Rohner, p. 481). Daí muitas vezes o ensaio ser um aforismo expandido, em grande medida. O texto de Simmel sobre o amor é interessante nesse aspecto porque, ao final do ensaio, inacabado, editaram-se os fragmentos. O Leitor é livre para supor: seriam tais aforismos elaborados pelo Autor, de modo a que viessem a fazer parte do ensaio, fosse ele concluído? Ou trata-se realmente de concreções e já se encontram em sua forma acabada?[48] Em Simmel podemos encontrar ainda alguns outros modos do aforismo: no diário,[49] em contribuições para *Jugend*, como coleções

---

[46] Mais uma vez os primeiros românticos captaram magistralmente essa questão, tal como se pode ver no belo aforismo de F. Schlegel: "A letra é espírito fixado. Ler significa libertar o espírito aprisionado; trata-se portanto de um ato mágico". Pode-se encontrar em Simmel algo bastante semelhante: G. Simmel, *Hauptprobleme der Philosophie, op. cit.*, pp. 71-2.

[47] K. G. Just *apud* Rohner, *Der deutsche Essay, op. cit.*, p. 29.

[48] Cf. G. Simmel, "Fragment über die Liebe (Aus dem Nachlaß)", *op. cit.* O mesmo ocorre em outros textos que foram publicados postumamente: "Zur Philosophie des Schauspielers" ("Para a filosofia do ator") e "Zum Problem des Naturalismus" ("Sobre o problema do Naturalismo"), ambos publicados em *Fragmente und Aufsätze aus dem Nachlass, op. cit.*, pp. 229 ss.

[49] Ver G. Simmel, "Aus Georg Simmels nachgelassenen Tagebuch" ("Do diário póstumo de Georg Simmel"), *in Logos*, vol. VIII, 1919-20, pp. 121-51.

de aforismos,[50] aforismos no interior de ensaios, aforismos como núcleos de ensaios não escritos. Seja como for, o aforismo está comprometido pela raiz com uma interpretação que é plural.[51]

O próprio Simmel indica algumas das formas mencionadas acima. O fragmento, o aforismo e mesmo o ensaio são formas que permitem um pensamento em movimento, *work in progress*. Esta é exatamente a denominação que se poderia ter dado aos textos da *Soziologie*, à medida em que eles foram sendo publicados entre 1894 e 1908. Vejamos, a título ilustrativo, ensaios de Simmel cujo título ou subtítulo indicam explicitamente seu caráter de ensaio:

- "Bemerkungen zu socialethischen Problemen" ("Observações sobre problemas social-éticos", 1888)
- "Skizze einer Willenstheorie" ("Esboço de uma teoria da vontade", 1896)
- "Über den Unterschied der Wahrnehmungs- und der Erfahrungsurteile. Ein Deutungsversuch" ("Sobre a distinção entre juízos da percepção e juízos da experiência. Um ensaio de interpretação", 1897)
- "Fragment aus einer 'Philosophie des Geldes' (Aus dem Kapitel: Das Geld und die individuelle Freiheit)" ("Fragmento de uma 'Filosofia do dinheiro' [do capítulo: O dinheiro e a liberdade individual]", 1898)
- "Die Rolle des Geldes in den Beziehungen der Geschlechter. Fragment aus einer 'Philosophie des Geldes'" ("O papel do dinheiro nas relações entre os sexos. Fragmento de uma 'Filosofia do dinheiro'", 1898)
- "Stefan George. Eine kunstphilosophische Betrachtung" ("Stefan George. Uma consideração de filosofia da arte", 1898)
- "Fragment aus einer 'Philosophie des Geldes'" ("Fragmento de uma 'Filosofia do dinheiro'", 1899)
- "Der Bildrahmen. Ein ästhetischer Versuch" ("A moldura do quadro. Um ensaio de estética", 1902)
- "Der Henkel. Ein ästhetischer Versuch" ("A asa do jarro. Um ensaio de estética", 1905)
- "Zur Philosophie der Herrschaft. Bruchstück aus einer Soziologie" ("Para a filosofia da dominação. Fragmento de uma Sociologia", 1907)
- "Die Ruine. Ein ästhetischer Versuch" ("A ruína. Um ensaio de estética", 1907)

---

[50] Ver G. Simmel, "Aus eine Aphorismensammlung" ("De uma coleção de aforismos"), *in Brücke und Tür, op. cit.*, pp. 176-7.

[51] Cf. G. Deleuze, *Nietzsche e a filosofia, op. cit.*, p. 26.

- "Dankbarkeit. Ein soziologischer Versuch" ("Gratidão. Um ensaio sociológico", 1907)
- "Das Geheimnis. Eine sozialpsychologische Skizze" ("O segredo. Um esboço de psicologia social", 1907)
- "Zur Soziologie des Adels. Fragment aus einer Formenlehre der Gesellschaft" ("Para a sociologia da nobreza. Fragmento de uma teoria das formas da sociedade", 1907)
- "Der Mensch als Feind. Zwei Fragmente aus einer Soziologie" ("O homem como inimigo. Dois fragmentos de uma Sociologia", 1908)
- "Der Brief. Aus einer Soziologie des Geheimnisses" ("A carta. De uma sociologia do segredo", 1908)
- "Treue. Ein sozialpsychologische Versuch" ("Fidelidade. Um ensaio de psicologia social", 1908)
- "Fragmente eines Goethe-Buches. Aus dem Kapitel über Goethe und Kant" ("Fragmentos de um livro sobre Goethe. Do capítulo sobre Goethe e Kant", 1909)
- "Über den Schauspieler. Aus einer 'Philosophie der Kunst'" ("Sobre o ator. De uma 'Filosofia da arte'", 1909)
- "Die Persönlichkeit Gottes. Ein philosophischer Versuch" ("A personalidade de deus. Um ensaio filosófico", 1911)
- "Die Wahrheit und das Individuum. Aus einem Goethebuch" ("A verdade e o indivíduo. De um livro sobre Goethe", 1912)
- "Das individuelle Gesetz. Ein Versuch über das Prinzip der Ethik" ("A lei individual. Um ensaio sobre o princípio da ética", 1913)
- "Europa und Amerika. Eine weltgeschichtliche Betrachtung" ("Europa e América. Uma consideração de história universal", 1915)
- "Der Fragmentcharachter der Lebens. Aus den Vorstudien zu einer Metaphysik" ("O caráter fragmentário da vida. Dos estudos prévios para uma metafísica", 1916)
- "Vorformen der Idee. Aus den Studien zu einer Metaphysik" ("As formas prévias da ideia. Dos estudos para uma metafísica", 1916)
- "Bruchstücke aus einer Philosophie der Kunst" ("Fragmentos de uma filosofia da arte", 1916)
- "Erinnerung an Rodin" ("Lembrança de Rodin", 1917)
- *Philosophische Kultur. Gesammelte Essais.* (*Cultura filosófica. Ensaios reunidos*, 1911)
- *Rembrandt. Ein kunstphilosophischer Versuch.* (*Rembrandt. Um ensaio de filosofia da arte*, 1916)
- "Fragment über die Liebe" ("Fragmento sobre o amor", póstumo)
- "Exkurs über den platonischen und den modernen Eros" ("Excurso sobre o Eros platônico e o Eros moderno", póstumo)

Simmel não nomeava assim seus textos por mero capricho, embora o elemento estético também deva ser levado em conta.[52] O que ele tem em vista é assinalar seu caráter provisório, inacabado, de tentativa, "aventureiro". Nesses variados exemplos, Simmel mostra que não se trata de construções sólidas, de arquitetônica definida, de lógica que tudo define e assenta em seu devido lugar. Trata-se de *insight*, analogia, metáfora, elocubração, atribuição de sentido, divagação, passeio. Daí a crítica, a que Max Weber logo deu voz:[53] isto não é ciência! De fato, em Simmel ganha-se mais se se deixar as pretensões universalistas da ciência e mesmo da filosofia de lado (a não ser que se assuma a *sua* concepção de filosofia). Ele nos oferece outra coisa, não o esquema de uma ciência clara e inequívoca.[54]

Simmel utiliza os seguintes termos: "Bemerkungen" ("observações"), "Skizze" ("esboço"), "Versuch" ("ensaio"), "Fragment" ("fragmento"), "Betrachtung" ("observação", "reflexão", "consideração"), "Bruchstück" ("fragmento"), "Vorstudien" ("estudos prévios, preparatórios"), "Erinnerung" ("lembrança"), "Essai" ("ensaio"), "Exkurs" ("excurso"). Todos indicam a forma ensaística, e o termo ensaio, seja na sua forma alemã original ("Versuch") seja no francesismo "Essai" (pois em alemão se escreve "Essay"), é inclusive o predominante.[55] Em todos eles Simmel tem em vista

---

[52] A esse respeito parece ter interesse uma carta de Simmel a Martin Buber de 28/4/1906, na qual ele justifica particularidades de seu estilo. Infelizmente não pude ter acesso à carta, ainda não publicada. Cf. A. Cavalli e V. Krech, "Editorischer Bericht", *in* G. Simmel, *Aufsätze und Abhandlungen 1901-1908, op. cit.*, p. 433.

[53] Cf. M. Weber, "Georg Simmel als Soziologe und Theoretiker der Geldwirtschaft", *in Simmel Newsletter*, vol. I, nº 1, verão de 1991, pp. 9-13. E também: J. Weiss, "Georg Simmel, Max Weber und die 'Soziologie'", *in* O. Rammstedt (org.), *Simmel und die frühen Soziologen. Nähe und Distanz zu Durkheim, Tönnies und Max Weber*, Frankfurt/M, Suhrkamp, 1988, pp. 36-63; D. N. Levine, "Ambivalente Begegnungen: 'Negationen' Simmels durch Durkheim, Weber, Lukács, Park und Parsons", *in* H. J. Dahme e O. Rammstedt (orgs.), *Georg Simmel und die Moderne, op. cit.*, pp. 318-87.

[54] A tarefa de extrair uma ciência clara e inequívoca de seus escritos coube historicamente aos epígonos. O caso mais acabado e sem dúvida mais importante é o da "sociologia formal". Veja-se, a título de exemplo, dentre uma ampla bibliografia: L. Ray (org.), *Formal sociology: The Sociology of Georg Simmel*, Aldershot, Elgar, 1991; H. Maus, "Simmel in German Sociology", *in* K. H. Wolff (org.), *Essays on Sociology, Philosophy and Aesthetics, op. cit.*, pp. 180-200; F. H. Tenbruck, "Formal Sociology", *op. cit.*, pp. 61-99; L. von Wiese, "Neuere soziologische Literatur: Kritische Literaturübersichten", *in Archiv für Sozialwissenschaft und Sozialpolitik*, vol. XXXI, 1910, pp. 882-907, especialmente pp. 897-900. Trad. americana parcial: "Simmel's Formal Method", *in* L. A. Coser (org.), *Georg Simmel*, Englewood Cliffs, Prentice Hall, 1965, pp. 53-7.

[55] Frente a essa recorrência poder-se-ia querer indicar, contrastivamente, o que

o caráter de tentativa ("Versuch" vem de "versuchen" = tentar, ensaiar), de algo inacabado, fragmentário, "aberto". Em suma: de ensaio.

Uma mera vista-d'olhos sobre alguns aspectos do desenvolvimento do gênero ensaio pode ser instrutiva. Diz Rohner sobre Montaigne (1533-1592) e Bacon (1561-1626): "Contemporâneos durante quase três décadas, eles viveram naquela época favorável à experimentação, na qual o pensamento e os escritos se despediam do sistema e do tratado da escolástica [...]. Para os dois a 'filosofia' não é um sistema, mas sim um caminho, um instrumento móvel, e não um edifício doutrinário fixo" (Rohner, p. 26). Em ambos, o ensaio surge como um procedimento contra o peso do sistema, e isto o impregnou para sempre. Há uma carta de Simmel a Rickert na qual ele estimula o colega a abandonar os procedimentos sistemáticos e a ideia de sistema — enquanto forma de apresentação e mesmo de pen-

---

poderiam ser formas mais fechadas em Simmel, como por exemplo: "Zur Psychologie der Mode. Sociologische Studie" ("Para a psicologia da moda. Estudo sociológico", 1895); "Die Selbsterhaltung der socialen Gruppe. Sociologische Studie" ("A autoconservação dos grupos sociais. Estudo sociológico", 1898); "Beiträge zur Erkenntnistheorie der Religion" ("Contribuição para uma teoria gnoseológica da religião", 1901); "Stefan George. Eine kunstphilosophische Studie" ("Stefan George. Um estudo de filosofia da arte", 1901); "Die Überbestimmung. Eine soziologische Studie" ("A dominação. Um estudo sociológico", 1907); "Beiträge zur Philosophie der Geschichte" ("Contribuição à filosofia da história", 1909); "Rembrandtstudie" ("Estudo sobre Rembrandt", 1914); "Studien zur Philosophie der Kunst, besonders der Rembrandtschen" ("Estudos sobre filosofia da arte, especialmente sobre Rembrandt", 1915). Sobre tais formas, em princípio mais "fechadas" e portanto menos ensaísticas, cabe dizer que Simmel utiliza dois termos, "Studie" e "Beitrag" ("estudo" e "contribuição") que não são, de modo algum, indicadores de um tratamento acabado (de que o tratado é o modelo). O mais "fechado" é o "estudo", que indica uma investigação com conclusões claras e um resultado palpável; é a forma "científica" e portanto "lógica" e "objetiva" (tal como o modelo "tratado"). Neste ponto somente uma análise detida dos textos poderia indicar para que direções eles tendem. E cabe então dizer que esses "estudos" e "contribuições" não tem nada que os distinga inequivocamente dos anteriores. A questão de se é possível decidir claramente quando Simmel escreve um tratado, quando um ensaio não parece ser de fácil solução. Textos cientificamente programáticos, como "Das Problem der Sociologie" (1894), que têm a intenção de fundar, delimitar e justificar o mais claramente possível a nova ciência, devem ter deixado de lado o seu caráter ensaístico, o que se torna mais perceptível se o confrontarmos com algum outro texto indubitavelmente ensaístico, como o sobre a aventura, por exemplo. Uma contraposição semelhante pode ser feita entre *Die Probleme der Geschichtsphilosophie* (*Os problemas da filosofia da história*) e o livro sobre *Rembrandt*. Os primeiros são textos sistemáticos por necessidade. E o elemento estético, que é muito importante no ensaio — sobre isso os três textos clássicos sobre o ensaio como forma de Lukács, Bense e Adorno (já citados) —, é deixado de lado.

samento — em favor de algo mais livre.[56] Husserl, por sua vez, caracteriza Simmel como "por princípio assistemático".[57]

Simmel, ao tratar de Nietzsche, afirma que a incompreensão de que este é vítima enquanto filósofo deriva da "liberdade das formas", ele que "não tem nenhum 'sistema'".[58] O sistema é ele mesmo algo histórico, e Simmel mostra como o sistema, enquanto algo acabado, com sua arquitetônica definida, é algo que não diz mais respeito ao presente: no *moderno* há uma desconfiança frente ao sistema fechado e sem falhas.[59] Aqui, decerto, ele apenas parafraseia Nietzsche: "Eu desconfio de todos os sistemáticos e me afasto deles. A vontade de sistema é uma carência de integridade".[60] É exatamente isto que Simmel vai retomar na *Philosophie des Geldes*. Então, ele fala no "jugo do sistema", que violenta o sujeito e as coisas.[61] O sistema tem uma necessidade de simetria, de adequar tudo a um lugar pré-determinado em um esquema, que acaba por violentar as coisas e pessoas: pois a realidade não corresponde a esse mundo claro, ordenado e pré-concebido. Simmel como que contrapõe o sistema ao ensaio, aquele como "rítmico-simétrico", este como "individualístico-espon-

---

[56] Carta de Georg Simmel a Heinrich Rickert de 28/1/1914, *in* K. Gassen e M. Landmann (orgs.), *Buch des Dankes an Georg Simmel*, *op. cit.*, p. 112. Sobre a relação de ensaio, sistema e ausência de sistema no primeiro romantismo e suas persistências até Simmel, Lukács e Adorno, veja-se U. Stadler, "System und Systemlosigkeit. Bemerkungen zu einer Darstellungsform im Umkreis idealistischer Philosophie und frühromantischer Literatur", *in* W. Jäschke e H. Halzhey (orgs.), *Früher Idealismus und Frühromantik. Der Streit um die Grundlagen der Ästhetik (1795-1805)*, Hamburgo, F. Meiner, 1990, pp. 52-68.

[57] E. Husserl, *Briefwechsel*, vol. IV, organização de K. Schuhmann, Dordrecht/Boston/Londres, Kluwer, 1994, p. 13. Isto não é uma prerrogativa husserliana, mas um verdadeiro *topos* na crítica a Simmel, inclusive por parte dos seus amigos. Os exemplos são, por essa razão, infindáveis, e Husserl é citado, digamos, emblematicamente. O caso mais sensacional talvez seja o do aluno Lukács: no necrológio que escreve para Simmel em 1918, ele o critica por permanecer um "labirinto" e não chegar a um "sistema". Cf. G. Lukács, "Erinnerungen an Simmel", *op. cit.*, p. 175.

[58] G. Simmel, "Friedrich Nietzsche. Eine moralphilosophische Silhouette", *op. cit.*, p. 115.

[59] Cf. G. Simmel, *Der Konflikt der modernen Kultur*, *op. cit.*, pp. 20-1. Também G. Simmel, *Hauptprobleme der Philosophie*, *op. cit.*, p. 6.

[60] F. Nietzsche, *Sämtliche Werke. Kritische Studienausgabe*, vol. VI, organização de G. Colli e M. Montinari, 2ª edição revista, Munique/Berlim/Nova York, DTV/de Gruyter, 1988, p. 63 ("Götzendämmerung").

[61] G. Simmel, *Philosophie des Geldes*, *op. cit.*, pp. 682-3. Cf. o tópico "estilo de vida".

Ensaio

tâneo".[62] Individual e espontâneo: aqui tocamos no âmago do ensaio como forma. Pois ele, como já vimos, depende da fantasia, da espontaneidade: do ânimo para uma caminhada arriscada, mas excitante.

"Simmel não precisou percorrer as grandes e conhecidas ruas dos grandes e conhecidos problemas, porque ele não buscava os grandes e conhecidos fins; ele encontrou a significação do insignificante. Ele não foi um conquistador filosófico, que quisesse o império supercentralizado do sistema: ele era um cismador apaixonado; ele espetava, remexia, radiografava. Ele nunca violentou os seus resultados. Ele não os coagia à harmonia."[63]

A filosofia enquanto caminho é uma ideia cara à cultura filosófica simmeliana, que quer sempre percorrer novos caminhos. Mas o essencial é que já então o ensaio é esse instrumento móvel, algo que ao invés de ser fixo se movimenta, é lábil, maleável. Tal mobilidade não é um atributo meramente formal. Ela radica no mais fundo da ideia de ensaio e por isso ele é a forma de uma cultura filosófica. Essa labilidade se relaciona com a *skepsis*, que é um momento fundamental desse pensamento. O gesto da *skepsis* é característico do aventureiro. Simmel procurou caracterizá-lo: "O ceticismo do aventureiro: [...] para quem o improvável é provável, facilmente o provável se torna improvável".[64] É desse duplo movimento que nasce o impulso irresistível para o *inusitado*, assim como o espaço para o contingente.

O inusitado é uma das formas de expressão da liberdade do ensaio, "Glück und Spiel", assim como o ceticismo. "[...] justamente porque tal ceticismo renuncia à pretensão de possuir algo acabado e completo, resta-lhe [a Bacon], enquanto escritor, já que ele não quer de modo algum desistir, apenas o 'ensaio' enquanto esboço provisório e trecho esboçado rapidamente. No 'ensaio' o pensamento autônomo prova e experimenta a si mesmo como instância única" (Rohner, p. 26). O ensaio é essa forma literária que permite, nos inícios da Época Moderna, escapar ao mundo fechado, determinado e unívoco da escolástica. Ele anuncia a relação de moderno e contingência.

Publicados em vida de Montaigne e com sucesso imediato, os *Essais* foram republicados após a morte do autor aproximadamente a cada dois

---

[62] G. Simmel, *Philosophie des Geldes, op. cit.*, p. 687.

[63] L. Marcuse, "Erinnerungen an Simmel", *in* K. Gassen e M. Landmann (orgs.), *Buch des Dankes an Georg Simmel, op. cit.*, p. 189.

[64] G. Simmel, "Das Abenteuer", *op. cit.*, p. 31.

anos, até 1676 quando, por conta da reação jansenista, o livro entrou para o Index. Assim, Montaigne ficou obscurecido na França do século XVIII, até ser redescoberto pelos iluministas. Contudo, desde o século XVIII o gênero deve sua difusão à Inglaterra, especialmente em função do desenvolvimento do jornal e da revista e a propagação de um estilo por assim dizer "jornalístico", que se expande para além do jornal.

Na Alemanha, o ensaísmo recebe influência inglesa e não francesa. Só no final do século XIX há na Alemanha ensaísmo de origem montaignesca, e mesmo assim como exceção (cf. Rohner, pp. 68 ss.). É justamente interessante notar que o termo "ensaio", em alemão, ganha substância só no século XIX.[65] E o próprio termo já é especialmente significativo, pois em língua alemã se escreve "ensaio" como em inglês, mas se fala como em francês. É então que o ensaio se fixa na língua alemã: "[...] entre 1859 e 1914 o ensaio — inclusive o ensaio estrangeiro — ganhou um considerável público dentre os leitores letrados alemães" (Rohner, p. 119). De acordo com F. Martini, na Alemanha as "Geisteswissenschaften" se apropriam do ensaio no final do século XIX (cf. Rohner, p. 556). No interior do processo de autonomização do ensaio na Alemanha no século XIX, Rohner nota que "o ensaio clássico alemão da segunda metade do século passado provém mais do tratado científico e do artigo de estilo tratadístico do que do diário, do aforismo e da carta (como o francês)" (Rohner, p. 464).

Von Lukács, em seu texto sobre o ensaio, apontou o fato de que o ensaio como forma se autonomizou relativamente tarde em comparação com outras formas literárias.[66] Tal processo de autonomização do ensaio o situa em meio à divisão entre literatura e ciência.[67] A ciência segue a regra "doctrina primus, stilus ultimus"; a literatura, por seu lado, realiza o inverso ("stilus primus, doctrina ultimus"), e isto nos permite sentir o abismo que as separa. O ensaio, situado em ponto arquimediano, na verdade não aceita a cisão: ele incorpora a tensão de ideia e forma de apresentação na própria forma.

---

[65] O Classicismo alemão, por exemplo, não conhece o termo "ensaísta" — utiliza o de "Kunstrichter". Cf. Rohner, *Der deutsche Essay, op. cit.*, p. 75.

[66] Georg von Lukács (1885-1971) morou em Berlim entre 1906 e 1911 e foi aluno de Simmel pelo menos entre 1909 e 1910: exatamente o período em que escreve e publica *Die Seele und die Formen* que, como o título já deixa claro, é o livro de um aluno de Simmel. — Leo Popper, o historiador e teórico da arte a quem está dirigida a "carta" sobre a "essência e forma do ensaio", com que von Lukács abre *Die Seele und die Formen*, foi também aluno de Simmel em Berlim. Cf. E. Karadi, "Georg Simmel und der Sonntagskreis", *in Simmel Newsletter*, vol. V, nº 1, verão de 1995, pp. 45-53.

[67] Sobre este ponto ver W. Lepenies, *As três culturas*, São Paulo, Edusp, 1997.

Ensaio

Isto nos fornece elementos para refletir acerca dos textos "sistemáticos" de Simmel. Pois não se trata, aqui, de negar uma tensão que pode ser rastreada em sua obra.

Os livros de Simmel que poderíamos nomear "sistemáticos" são *Die Probleme der Geschichtsphilosophie, Über sociale Differenzierung* e *Einleitung in der Moralwissenschaft*. São livros do jovem Simmel. Poderia-se dizer que são livros escritos em um período no qual Simmel ainda tinha esperanças de ser assimilado no meio universitário e por isso escreveu no estilo científico padronizado e aceito da época e do *millieu*. Com o passar do tempo, foram-lhe ficando cada vez mais claras as dificuldades a que estava submetido e isso levou à gradual libertação de seu estilo. Pode-se seguir a tese básica de Coser[68] e dizer que seus textos, em linhas gerais, dirigem-se progressivamente para a forma ensaística, na medida em que suas possibilidades de uma carreira universitária normal se tornam sombrias. Isto também está relacionado com a sua esperança na institucionalização da disciplina sociológica. Uma institucionalização significaria também a existência de cátedras e portanto a possibilidade de inserção profissional. Tudo desmorona simultaneamente: a esperança de uma carreira normal, a ideia de uma sociologia enquanto "sua" disciplina, os escritos sistemáticos.[69] Entretanto, o corte não é simplesmente cronológico, embora este elemento seja central. Mas a ele se acrescenta o elemento temático. A ideia de "sociologia", que é um projeto do jovem Simmel, permanece atrelada à ideia de ciência, e portanto a um modo sistemático de apresentação (que seria, portanto, hostil ao ensaio). Isto significa que 1) alguns textos programáticos do final dos anos 1880 e dos anos 1890 tendem ao "estudo", ao "tratado", pois se trata de uma tentativa de delimitar a nova ciência; e 2) os textos maduros de Simmel sobre a sociologia são marcados por uma tensão atroz entre a necessidade de sistema que a ciência exige e o talhe peculiar do Autor, que é em tudo assistemático. Disto resulta a composição peculiar da *Soziologie* de 1908, a que já fiz menção. Essa tensão é fundamental para que se possa compreender o estatuto da sociologia sim-

---

[68] Cf. Lewis A. Coser, "The Stranger in the Academy", *in* L. A. Coser (org.), *Georg Simmel, op. cit.*, pp. 29-35. O ensaio é uma forma muitas vezes utilizada por aqueles que estão fora da "corporação": Schopenhauer, Burckhardt, H. Grimm, Bachofen, Nietzsche, Adorno (que percebe o fenômeno), Simmel. Há aqui, portanto, elementos para explicar mais uma vez Simmel como "um estranho na academia" (na verdade, como um estranho fora da academia!).

[69] Cf. K. C. Köhnke, "Georg Simmel als Jude", *in* E. R. Wiehn (org.), *Juden in der Soziologie*, Konstanz, Hartung-Gorre, 1989, pp. 175-94. Isto será retomado com maior cuidado em "Georg Simmel e a Berlim do Segundo Império".

meliana na constelação de cultura filosófica. O outro corte temático, que se acrescenta ao "domínio da sociologia" (assim diz o capítulo inicial da pequena sociologia), é a filosofia da história. Aqui trata-se do tema *par excellence* da filosofia *universitária* alemã no período que vai, *grosso modo*, da morte de Hegel ao final da Primeira Guerra.[70] Trata-se da empreitada, sempre retomada, das tentativas de uma "crítica da razão histórica", a que Simmel presta tributo em um (na verdade dois) livro(s), *Die Probleme der Geschichtsphilosophie*, publicado inicialmente em 1892 e completamente reescrito para sua segunda edição em 1905, (além de alguns outros textos). Este complexo da filosofia da história, que não será tratado nesta interpretação, dá margem às tendências sistemáticas, pois se trata, justamente, de caracterizar e fundamentar a diferença das ciências históricas ("do espírito") frente às ciências naturais. Em ambas as frentes, a "ciência" é fundamental, e sua forma é o tratado: metódico, sistemático, objetivo.

Caberá justamente à *Philosophie des Geldes* trazer a forma do ensaio como forma característica e definitiva. Ou seja, os ensaios que a partir de 1889 comporão a *Philosophie des Geldes* indicam os inícios da forma madura dos ensaios de Simmel. Não por acaso o próprio Simmel considerava a *Philosophie des Geldes* como seu verdadeiro início e o que vem antes como mero preâmbulo, período de aprendizagem. Isto nos permite situar Simmel claramente no desenvolvimento do ensaio alemão.

O ensaio ganha substância com o aparecimento dos jornais e periódicos, na Inglaterra, no século XVIII (cf. Rohner, pp. 516 ss.). Também na Alemanha essas publicações proliferam no século XVIII e é nelas que o ensaio encontra lugar. O aparecimento do jornal e do periódico está, por seu lado, inextricavelmente ligado ao surgimento das grandes cidades; Londres e Paris são os modelos. O mesmo vale para o folhetim, que aparece em Paris no início do século XIX. Este é por excelência ligado à grande cidade: Paris — Berlim — Viena propiciaram o seu esplendor.

No folhetim, por sua vez, desenvolve-se uma literatura própria, que está bastante próxima do ensaio. É com o impressionismo, justamente, que o folhetim contribui de maneira mais decisiva para o desenvolvimento da forma literária, na medida em que a escrita torna-se mais livre, condensando o momento e a impressão de quem escreve. Daí o folhetim ser o lugar privilegiado de expressão do impressionismo literário.[71]

---

[70] Sobre o assunto, veja-se K. C. Köhnke, *Entstehung und Aufstieg des Neukantismus. Die deutsche Universitätsphilosophie zwischen Idealismus und Positivismus*, Frankfurt/M, Suhrkamp, 1986.

[71] Rohner, *Der deutsche Essay, op. cit.*, pp. 537 ss. O impressionismo significou,

Os textos de Simmel em *Jugend* poderiam ser tomados como folhetim, em contraposição aos ensaios "sérios" em revistas "sérias". Esta é exatamente a tese de O. Rammstedt: ele entende os textos publicados na revista do "Jugendstil" como contraposições a textos publicados por Simmel em outros periódicos "sérios". Os mesmos temas perambulam pelos dois universos; nas contribuições para *Jugend*, Simmel utiliza-se da ironia como procedimento de distanciamento. Através dos textos em *Jugend* pode-se perceber como o pensamento de Simmel opera em dois registros — "irônico" e "sério". Assim, Rammstedt relaciona uns aos outros: "Jenseits der Schönheit" (1897) com "Soziologische Ästhetik" (1896); "Theistische Phantasien eines Fin-de-sieclisten" (1898) com "Soziologie der Religion" (1898); "Nur eine Brücke" (1901) com "Brücke und Tur" (1909); "Momentbilder sub specie aeternitatis: Gelbe Kühe — Die Mauer des Glücks — Koketterie" (1901) com "Psychologie der Koketterie" (1909).[72] Embora a aproximação seja válida, parece-me por demais imediata. Se os temas e assuntos se repetem por entre textos de tessitura variada, é antes porque no ensaio simmeliano a repetição é uma constante. Embora o elenco de temas seja muito amplo, eles sempre reaparecem aqui ou ali. O desafio é mesmo compreender o sentido e a medida da ironia que aparece nesses textos menos "sérios". Rammstedt parece ter razão ao relacioná-la a Nietzsche, como um mecanismo consciente de distanciamento, que permite a Simmel falar de valores absolutos, tais como "beleza", "verdade", "bom", sem assumir de fato uma posição. A ironia está a serviço da ambiguidade. Mas na mesma medida a ambiguidade parece estar a serviço da ironia. Sem dúvida o distanciamento — o *pathos* da distância[73] — permite a Simmel dar vazão a uma veia literária que jamais poderia vir à tona, a não ser no "folhetim". De modo sintomático, sempre anonimamente.

Como distingue W. Hilsbecher, o folhetinista "joga", "brinca", e o ensaísta almeja algum tipo de conhecimento. A distinção não pode ser admitida sem mais, pois também no folhetim há um conhecimento em jogo.

---

na Alemanha, também um novo modo de escrever no ensaio. A figura capital nesse desenvolvimento foi Julius Meier-Graefe (1867-1935), um crítico de arte próximo a Simmel. Seria possível aproximar Simmel do ensaísmo impressionista? Veja-se "Georg Simmel e a Berlim do Segundo Império".

[72] Cf. O. Rammstedt, "On Simmel's Aethetics: Argumentation in the Journal Jugend, 1897-1906", *in Theory, Culture & Society*, vol. VIII, nº 3, agosto de 1991, pp. 125-44.

[73] Veja-se K. Lichtblau, "Das 'Pathos der Distanz'. Präliminarien zur Nietzsche-Rezeption bei Georg Simmel", *in* H. J. Dahme e O. Rammstedt (orgs.), *Georg Simmel und die Moderne, op. cit.*, pp. 231-81.

Contudo, percebe-se essa veia mais descompromissada, leve, "beletrística", por vezes satírica. A relação entre "Essay" e "Feuilleton", entre "Essayist" e "Feuilletonist" é, por esses motivos, interessante de ser pensada. Os dois conceitos aparecem em língua alemã quase que ao mesmo tempo; então o "folhetim" não pussuía, decerto, nenhuma conotação negativa (como ocorre mais tarde em relação ao "folhetinismo"). O "Feuilletonist" é aquele que escreve para o jornal, e Simmel assume também essa posição. Tanto de um modo mais "sério", em jornais "sérios" como *Die Zukunft, Vossische Zeitung, Die Neue Zeit* etc., como também em revistas "triviais", como *Simplississimus* e *Jugend*. Na França, em especial, o ensaio foi escrito para o folhetim, algo que a imprensa inglesa desconhecia. Por isso o ensaio francês é historicamente mais curto do que o inglês, que era escrito para a revista. A ideia de que o ensaio se torna mais curto vale para Simmel, como indicam seus ensaios escritos para folhetim de jornal — muitas vezes para os suplementos dominicais. Esse fenômeno é recorrente no ensaio alemão: ele "tende a ser mais curto [...], isto especialmente em folhetinistas e autores que não publicam seus ensaios originalmente em revistas ou livros, mas sim em edições de final de semana de algum jornal [...] e que na maioria das vezes reelaboram levemente o texto para sua posterior publicação em livro" (Rohner, p. 351). — Exatamente o que Simmel fazia.

E frequentemente isto ocorre também com o discurso e com a conferência, que depois de pronunciado vem, muitas vezes encurtado, publicado em um jornal, e que posteriormente ganha uma publicação "completa" em um periódico ou livro — o que também se vê em Simmel, já que muitos dos ensaios foram conferências, aulas ou discursos.[74]

---

[74] Como *Der Krieg und die geistigen Entscheidungen. Reden und Aufsätze.* (*A guerra e as decisões espirituais. Discursos e ensaios*, 1917); "Das Geld in der modernen Cultur (Vortrag)" ("O dinheiro na cultura moderna [conferência]", 1896); "Über ästhetische Quantitäten. Sitzungsbericht über einen Vortrag geh. am 20. Januar 1903 in der Psychologischen Gesellschaft zu Berlin" ("Sobre as quantidades estéticas... Conferência..."); "Psychologie der Diskretion (Vortrag)" ("Psicologia da discrição [conferência]", 1906); *Schopenhauer und Nietzsche. Ein Vortragzyclus* (1907); "Soziologie der Geselligkeit. Vortrag geh. am Begrüßungsabend des 1. Deutschen Soziologentagers in Frankfurt/M, 19. Okt. 1909" ("Sociologia da sociabilidade. Conferência..."); "Vom Tode in der Kunst. Nach einem Vortrag" ("Da morte na arte. De uma conferência", 1915); *Der Konflikt der modernen Kultur. Ein Vortrag.* (*O conflito da cultura moderna. Uma conferência*, 1918); *Kant. Sechzehn Vorlesungen gehalten an der Berliner Universität.* (*Kant. Dezesseis aulas ministradas na Universidade de Berlim*, 1904); "Über Goethes und Kants moralische Weltanschauung. Aus einem Vorlesungszyklus" ("Sobre a visão de mundo moral de Kant e Goethe. De um ciclo de conferências", 1908); *Schulpedagogik. Vorlesungen gehalten an der Universität Straßburg* (*Pedagogia escolar. Aulas dadas na Universidade de Estrasburgo*, 1915-16, publicado em 1922). Aqui só aparecem aque-

Ensaio

O aparecimento do folhetim e sua extensão menor em relação ao ensaio indicam um ponto sempre presente na sua discussão e caracterização, qual seja, o seu tamanho. "Na maioria dos casos, a extensão de um ensaio não ultrapassa 50 páginas. A contagem de páginas é um princípio completamente exterior e uma explicação de acordo com o gosto da época também não satisfaz. Caso se conte o tamanho médio dos ensaios, chega-se, de modo surpreendente, muito frequentemente a 16 páginas — uma folha de uma revista. Os ensaístas são alojados em uma folha, raramente em duas (como H. Grimm e F. X. Kraus). A extensão explica-se, portanto, por critérios técnicos de publicação. A maioria dos ensaios apareceram originalmente em periódicos. Essa tradição originou-se com o aparecimento do periódico na Inglaterra, no início do século XVIII. Ela forneceu ao ensaio a sua medida ideal [...]: ele é lido, assim como mais tarde o conto — o ensaio, enquanto 'narração do pensamento', parece ser aparentado com o conto —, de *uma* sentada. [...] o ensaio é lido de *uma* vez" (Rohner, p. 348). Muitas são as tentativas para explicar a extensão do ensaio, já que esse elemento parece ser uma característica importante do gênero, apesar da dificuldade de fixá-la. Walter Höllerer: "Com o drama de um único ato entra em cena uma forma literária curta que, semelhante ao conto, ao poema imagético curto, ao ensaio e à glosa da expressão à vida presente e consciente, com suas correrias e apuros" (Rohner, p. 348). Se assim é, o ensaio aparece como uma forma moderna por excelência. Que ele esteja ligado também ao aparecimento da revista e do periódico no século XVIII, também indica seu caráter "moderno".

Voltemos por um momento à nossa contraposição inicial de ensaio e tratado. Lá se apontava para o fato de que o ensaio é circular, e o tratado, linear.

O ensaio é uma forma que trabalha a repetição, ele dá forma a um "movimento circular do pensamento", possui uma "tendência para o cíclico", uma "tendência à autorrepetição" (cf. Rohner, p. 43). Isto é facilmente perceptível em Simmel. As ideias se repetem, seja no interior do ensaio, seja em diversos ensaios. Há uma tendência recorrente à repetição.[75] Nos

---

les que, ao serem publicados, conservaram a referência explícita à aula ou discurso. Muitos outros textos de Simmel tiveram a mesma origem, embora hoje seja difícil reconstituí-la. Pode-se consultar L. A. Coser, "Georg Simmel Style of Work: A Contribuition to the Sociology of the Sociologist", *in The American Journal of Sociology*, vol. LXIII, nº 6, 1958, p. 638.

[75] M. Landmann também aponta para o fato de que em Simmel os temas se repetem. Cf. M. Landmann, "Nachbericht des Herausgebers", *in Brücke und Tür, op. cit.*, p. 271.

ensaios sobre o dinheiro ou sobre a filosofia da cultura isto atinge sua forma extrema. Arthur Hübscher: "Pode ocorrer que certas frases se liguem com outras que vêm muitas páginas depois, que se formem séries, que se tornem perceptíveis nexos inesperados, repentinamente novos na sequência. Assim o que é contíguo se desagrega em sucessões e separações. Tudo está para si, mas, em um círculo mais amplo, cada um pertence ao outro. Há um todo lá, e ele é, como diz Aristóteles, anterior às partes" (*apud* Rohner, p. 394). O tecido do ensaio entrelaça seus elementos com uma lógica que não é certa, mas sim hesitante e inesperada, aproximando e tomando distância, mais coordenando do que subordinando (cf. mote 7).

Hans Urs von Balthasar, comentando seu livro *Das Ganze im Fragment*, afirmou: "Alguns dos temas principais são pensados em um modo de pensamento circular, que volta frequentemente em planos variados aos mesmos problemas ou semelhantes".[76] Esta não linearidade tem a ver com a ideia de movimento que lhe é constitutiva, em especial com seu caráter provocativo, de incitamento à reflexão. O ensaio é pergunta e não resposta. No ensaio, o principal não é convencer o Leitor de modo absoluto, mas sim indicar caminhos, fazê-lo pensar. Já que ele não comprova nada, sua principal tarefa é impulsionar o pensamento. O ensaio é mais dúvida do que certeza.

Isto nos indica a qualidade e o teor da segurança que é característica do ensaio. Trata-se, como já apontei, da segurança da aventura: ela é risco. O sentido do uso do "talvez" em Simmel[77] é um índice do tipo de seu conhecimento. Ele é sintomático, um índice de indeterminação, possibilidade, não fixidez, não sistema.[78] O "talvez" tem a ver com o ensaio como forma, com a ideia de segurança a que o ensaio se relaciona, que não é a segurança do sistema, em que tudo tem o seu lugar claro e definido; o "tal-

---

[76] Hans U. v. Balthasar, *Das Ganze im Fragment. Aspekte der Geschichtstheologie*, Einsiedeln, Benziger, 1963, p. 14.

[77] Ernst Bloch escreveu um ensaio em que criticava o antigo professor utilizando o "talvez" como índice (crítico, claro está) do "relativismo". Cf. E. Bloch, "Weisen des 'Vielleicht' bei Simmel", *in Philosophische Aufsätze zur objektiven Phantasie*, Frankfurt/M, Suhrkamp, 1985, pp. 57-60. Um único exemplo da crítica de Bloch a Simmel é suficiente, pois são sempre os mesmos motivos que vêm à tona quando o antigo aluno escreve sobre o professor, seja em *Erbschaft dieser Zeit*, seja em *Geist der Utopie*, seja em *Das Prinzip-Hoffnung*, seja em *Zwischenwelten*.

[78] Veja-se: M. Susman, "Erinnerungen an Simmel", *in* K. Gassen e M. Landmann (orgs.), *Buch des Dankes an Georg Simmel, op. cit.*, p. 286; K. Gassen, "Erinnerungen an Simmel", *in* K. Gassen e M. Landmann (orgs.), *Buch des Dankes an Georg Simmel, op. cit.*, p. 303; R. Hamman e J. Hermand, *Epochen deutscher Kultur von 1870 bis zur Gegenwart*, vol. III: *Impressionismus*, 2ª ed., Berlim, Akademie, 1966, p. 86.

vez" tem a ver com a aventura, com a coqueteria, com o jogo, com o vai e vem, o dar e negar, o aproximar e afastar, o provável e o improvável.[79] Por isso, a segurança do ensaio não é a segurança das certezas, mas sim a das dúvidas. Aqui, creio, reencontramos o ceticismo que é típico do ensaio. Ele é mais dúvida do que certeza porque sempre desconfia do que lhe dizem ser a natureza última das coisas.[80] O ceticismo parece estar relacionado, para os modernos, com a dificuldade em tomar partidos unívocos em um mundo onde tudo está em constante movimento.[81] O próprio perspectivismo (cf. o tópico anterior) contribui para o ceticismo, pois nunca *uma* perspectiva definida é capaz de abranger completamente o real. Um aluno rememorou a aula de Simmel, "*o procedimento ensaístico com o qual Simmel observava e apalpava um problema por todos os lados, a fim de lhe dispensar um desfecho cuidadoso e nuançado*".[82] O ensaio, como a aula de Simmel, é um conjunto de sucessivas iluminações. Mas apesar da aula ter um desfecho, permanecemos sempre nos domínios da interpretação, "atribuição de sentido".[83] Que tal atribuição permaneça sempre aberta a uma nova interpretação, dá notícia a filosofia do ator: o ator dá vida ao texto assim como o ensaio trabalha o pré-formado.

Adorno apontou o núcleo da interpretação de que o ensaio é capaz: tudo o que a interpretação extrai do objeto (herausinterpretieren), ela acrescenta em mesma medida e ao mesmo tempo a ele (hineininterpretieren).[84] É por essa razão que a atribuição de sentido simmeliana exige a forma de apresentação do ensaio. E é este o jogo e o campo de forças que se estabelece entre sujeito e objeto no ensaio.

Richard M. Meyer: "O ensaio é tão pouco simplesmente um curto tratado como a novela não é simplesmente um romance curto: ele é em

---

[79] Cf. G. Simmel, "Die Abenteuer" e "Die Koketterie", *op. cit.*

[80] Adorno abordou o ponto em "Der Essay als Form", *op. cit.*, pp. 28-9.

[81] Em um ensaio, Simmel diz que "nós modernos" estamos sempre entre um "sim ou não", "sim e não". G. Simmel, "Böcklins Landschaften", *in Aufsätze und Abhandlungen 1894 bis 1900, op. cit.*, p. 101. Aqui entra em jogo um tema da teoria do moderno simmeliana, que será abordado em seu devido tempo.

[82] A. Schweitzer, "Erinnerungen an Simmel", *in* K. Gassen e M. Landmann (orgs.), *Buch des Dankes an Georg Simmel, op. cit.*, p. 293.

[83] E aqui reencontramos Nietzsche: "Tanto quanto a palavra 'conhecimento' tem sentido, o mundo é reconhecível, mas ele é interpretável também de maneira diferente, ele não tem nenhum sentido atrás de si, mas sim inúmeros sentidos — 'perspectivismo'". F. Nietzsche, *Sämtliche Werke, op. cit.*, vol. XII, p. 315; também vol. XII, p. 342; vol. XI, pp. 146, 181; vol. XIII, p. 373.

[84] Cf. T. W. Adorno, "Der Essay als Form", *op. cit.*, p. 11.

seu núcleo distinto dela... Com o aforismo ele ainda compartilha o caráter sentencioso; mas enquanto este é realmente uma única 'sententia', o ensaio forma um sistema ordenado de orações. Por sua origem ele possui um caráter monológico, que o distingue do tratado, que é adaptado a uma grande necessidade de comunicação; o ensaio quer apenas incitar e não comunicar de modo acabado conhecimentos e noções; ele também quer ser um núcleo com a menor quantidade possível de invólucro. Por isso ele também tende à paradoxia, à expressão saborosa, e aprecia invocar outros paradoxos e outras tiradas — daí a frequência da citação no ensaio. Ele também possui, como o aforismo, o diário e a carta, seu dilema: ele precisa ser 'incompleto' em sua forma artística, na medida em que só alcança sua verdadeira conclusão na reflexão que ele deve levar adiante. Ele necessita ser rico em ideias, mas não pode perseguir nenhuma ideia até suas últimas consequências. Para isso ele precisa ter pensado antecipadamente aquelas ideias que poderiam encadear-se livremente ao tema em questão" (*apud* Rohner, p. 635).

A ideia de que, muitas vezes, o ensaio não chega a conclusão alguma se encadeia com a crítica recorrente à sua superficialidade. A crítica de Proust a Sainte-Beuve, que é na verdade uma crítica ao ensaio, é de que ele é superficial. Isto Simmel toma para si, com sinal invertido: e por que não ser superficial? Não só a profundidade interessa, mas também a superfície. Nisto reaparece um tema também já indicado pelo primeiro romantismo, pois F. Schlegel já afirmara ser o ensaio "essencialmente superficialidade". Mas essa superficialidade é também digna de interesse. Isto não é nada mais do que uma das decorrências da "virada" que Simmel postula. Pois a profundidade radica também na superfície. A isto está ligado o "panteísmo estético" simmeliano: "ver no individual o universal" (mote 5).

Na constelação do ensaio persevera o sujeito. O ensaio está ligado à subjetividade. Está ligado à concepção/visão de mundo de quem o escreve — o que pode parecer óbvio, mas não é: pois a escrita "científica", "objetiva", quer justamente despersonalizar o que se escreve, como se fosse uma verdade independente de tempo e espaço. O ensaio pode ser compreendido como uma "concepção subjetiva de um problema espiritual" (Rohner, p. 97) e é isso que encontramos em Simmel. Assim, o ensaio se relaciona com a experiência em sentido enfático, com um irredutível, ligado ao sujeito, que se externa no ensaio. O ensaio quer instituir a experiência do experimentar. Por essa razão, ele tenta circunscrever estes dois momentos: a experiência do sujeito e o seu experimentar. E. R. Curtius, que a seu tempo esteve bem próximo de Simmel, afirmou: "[...] o ensaio verdadeiro não sabe de si mesmo, pois seu autor está preso ao jogo permanente entre ideia e experiência" (*apud* Rohner, pp. 103-4). Mais uma vez, reencontramos o

Ensaio

jogo na constelação do ensaio. Este nasce da subjetividade do autor e ele não tenta esconder ou retocar tal subjetividade. Ele caracteriza-se, entre outras coisas, por essa consciente subjetividade na criação. No polo oposto situa-se o tratado "científico": imparcial, frio, "objetivo".[85]

"O ensaísta sensível e espontâneo encontra o seu tema por simpatia; nisto ele é mais livre do que o cientista, do que o crítico dependente e do que o folhetinista ligado ao jornal — ele só é comparável ao artista" (Rohner, p. 316). Tal simpatia está ligada ao sujeito, é até mesmo, em princípio, uma manifestação do que ele possui de mais íntimo. Por outro lado, na medida em que escreve, ele objetiva de alguma maneira essa simpatia. O ensaio tem a ver com esse distanciamento; proximidade e distância são as categorias do movimento do ensaio, que oscila entre sujeito e objeto. Na medida em que o ensaísta escreve e externa sua subjetividade, ele é tomado pelo movimento contrário do distanciamento que o preserva soberano. A lógica do ensaio é a lógica da aproximação e distanciamento. E, na medida em que a simpatia do autor se cristaliza no ensaio, ela ganha, a cada momento, autonomia própria. Ela se torna "forma", espírito objetivado. Frente a essa — também aqui — *Eigengesetzlichkeit* (legalidade própria) o ensaísta se protege com sua soberania; seu procedimento é a distância.[86]

A própria ideia de constelação é algo que parece estar intimamente ligada ao ensaio. Em Simmel essa ideia aparece recorrentemente e isso foi incorporado pela crítica, pela sociologia e pela filosofia no curso do século (pois a ideia de "constelação" é uma ideia "ensaística", ligada à liberdade do ensaio). A constelação arma uma trama entre os diferentes elementos, articulando-os todos uns aos outros. Essa é a trama própria do todo e do singular simmelianos (cf. "panteísmo estético").

A relação entre ensaio e crítica já foi decerto percebida pelo Leitor, pois em variados momentos crítica e ensaio foram aproximados.[87] Há entre eles um nexo muito significativo. "As línguas inglesa e francesa utilizam ensaístas como sinônimo de 'críticos' e consideram assim a crítica como um dos traços fundamentais do ensaísmo" (Rohner, p. 75). O ensaio é uma forma utilizada pela crítica. Além disso, por ele trabalhar o "pré-forma-

---

[85] Em uma investigação acerca da "cientificidade" do ensaio, Ursula Brandes afirma ser o "Das Abendmahl Lionardo da Vincis" de Simmel um exemplo modelar de afirmações incontroláveis. *Apud* Rohner, *Der deutsche Essay, op. cit.*, pp. 654-5.

[86] Também aqui se comprova o caráter "moderno" do ensaio, pois, como Simmel tão bem mostrou, na modernidade o sujeito se caracteriza por um "distanciamento". Cf. o tópico "estilo de vida".

[87] Cf. G. Lukács, "Über Wesen und form des Essays", *op. cit.*; M. Bense, "Über den Essay und seine Prosa", *op. cit.*

do", sua tendência crítica encontra solo fértil: ele sempre como que se posiciona. Paul Ernst, um amigo de Simmel, afirmou: o ensaio "não é filosofia, pois ele se posiciona ironicamente em relação aos problemas filosóficos; ele não é arte, pois não cria obra de arte, ele é crítica, e na verdade crítica enquanto arte".[88] Contudo não se pode dizer que o ensaio de Simmel não seja filosofia, pois ele não se comporta ironicamente frente aos problemas filosóficos. Ele poderia comportar-se assim apenas frente a uma formulação tradicional desses problemas — o que significa antes da "virada" operada por Simmel. Mas sua dimensão filosófica não pode ser menosprezada. Isto aponta para uma dificuldade no trato com o ensaio. Por trabalhar com o que já é pré-formado, ele está sempre se referindo à cultura, e seu Leitor é sempre requisitado a acioná-la, no sentido de presentificá-la junto ao ato crítico que emerge do ensaio. Para que este possa instigar o pensamento, é preciso que o pensamento esteja em forma para acompanhá-lo. Por isso o ensaio não pode contar com leitores ingênuos e supõe mesmo um público letrado.[89]

Max Bense afirma que, se queremos pensar sociologicamente o ensaio, ele se situa "enquanto tipo entre as classes e enquanto contemporâneo entre as épocas".[90] De fato, o que vem aqui à tona é o caráter móvel do ensaio e de quem o escreve, a mobilidade que lhe é característica. Tal mobilidade nos indica dois elementos importantes na sua caracterização. Por um lado, o ensaio é moderno. Por outro, ele rompe com as relações usuais de proximidade e distância; o ensaísta faz uso de uma mobilidade que é característica do *estranho*.

A sociologia alimentou recorrentemente uma hostilidade ao ensaio e isto explica, em parte, o estranhamento da sociologia com Simmel. Só hoje, quando o ensaio é "moda" (um tema caro à Simmel[91]) e a sociolo-

---

[88] P. Ernst *apud* Rohner, *Der deutsche Essay*, *op. cit.*, p. 619. Na verdade a afirmação de Ernst deve ser compreendida como um jogo com as afirmações de seu amigo von Lukács, em seu texto sobre o ensaio. *Die Seele und die Formen* foi um tema contínuo de diálogo entre os dois, um diálogo no qual Simmel aparece com frequência.

[89] Daí o caráter por assim dizer "elitista" de uma vertente do romance moderno, o dito "romance-ensaio". Este não se deixa simplesmente ler; exige do Leitor.

[90] M. Bense, "Über den Essay und seine Prosa", *op. cit.*, p. 32.

[91] Textos de Simmel sobre a moda: "Zur Psychologie der Mode. Sociologische Studie" ("Para a psicologia da moda. Estudo sociológico", 1895), *in Aufsätze und Abhandlungen 1894 bis 1900, op. cit.*, pp. 105-14; *Philosophie der Mode* (*Filosofia da moda*), Berlim, Pan, 1905; "Die Frau und die Mode" ("A mulher e a moda", 1908), *in Aufsätze und Abhandlungen 1901-1908, op. cit.*, pp. 344-7; "Die Mode" ("A moda"), *in Philosophische Kultur, op. cit.*, pp. 38-63. Veja-se o que é dito acerca da moda no tópico "estilo de vida".

Ensaio

gia busca (para sair da crise?) valorizar domínios antes desvalorizados, é que Simmel vai se tornando cada vez mais interessante.

Se a sociologia sempre se deu mal com o ensaio, a recíproca não é verdadeira. Pelo contrário: o ensaio sempre se aproximou da sociologia, na medida em que esta media um conhecimento da sociedade que é sempre pertinente para o ensaio. Isto também se deixa ver na medida em que a "Bildung" é o tema predileto do ensaio.[92] Rohner assinala, com razão, o fato de que os ensaístas se apropriam muitas vezes de temas sociológicos (cf. Rohner, p. 375).

É necessário pois aprofundar a diferença entre sociologia e ensaio, que se constitui historicamente: como a sociologia, desde os seus inícios no final do século XIX, lutou por sua legitimidade enquanto ciência e sua autonomia enquanto disciplina, ela sempre buscou sistematizar-se e apresentar-se como algo sólido, sério, delimitado. Em suma: como um *sistema* — o que explica a considerável proliferação de tratados e manuais de sociologia, desde *Les règles de la methode sociologique* (um livro metódico, na tradição do *Discours de la methode*). Eles indicam as dificuldades dessa jovem ciência. Daí a diferença radical com o ensaio.[93]

A sociologia se quer ciência, e o ensaio tende à arte.[94] O modo de conhecimento que o ensaísmo simmeliano aspira e realiza é de natureza estética (cf. o tópico seguinte), e isto o afasta das pretensões sociológicas (ou ao menos das tradicionalmente sociológicas).

Para retomarmos o ensaio como forma, e por fim interromper este tópico, convém examinar a *fábula*. Ela estava presente ao final da "Introdução" de *Philosophische Kultur*: "em uma fábula um camponês à morte diz a seus filhos...". O recurso da fábula, da "Märchen" (conto de fadas), é muito apreciado por Simmel. O que ele não consegue, ou não quer, dizer em uma linguagem direta, é dito através da fábula. "Meu pai apreciava muito pequenas histórias com um fundo meditativo, e escreveu algumas delas, que deixou publicar em *Jugend*", relata Hans Simmel.[95] De fato, encontramos em *Jugend* essas historinhas, a que ainda voltaremos no curso desta interpretação.

---

[92] Veja-se G. Simmel, "Vom Wesen der Kultur", *op. cit.*, p. 370.

[93] As críticas que se fazem a Simmel não podem ser, ao menos em parte, críticas que se fazem ao ensaio? "Relativista", "negativista", "crítico", "infrutífero", "niilista", "assistemático", "inconclusivo", "diletante", "impressionista", "superficial"?

[94] Se o ensaio é, ou não, arte, é ponto para discussão. A favor: G. Lukács, "Über Wesen und Form des Essays", *op. cit.*, especialmente p. 23; contra: T. W. Adorno, "Der Essay als Form", *op. cit.*, especialmente p. 11. A distinção de arte e ciência é discutida por ambos.

[95] H. Simmel, "Auszüge aus den Lebenserinnerungen", *op. cit.*, p. 258.

"A parábola indica os limiares entre a teoria abstrata e a imagem concreta — em casos singulares a teoria é exemplificada e demonstrada" (Rohner, p. 386). A fábula é devedora do que Simmel denomina "panteísmo estético": ela é uma *narração simbólica*. Os dois termos precisam ser destilados cuidadosamente. Em seu livro sobre Goethe, Simmel abordou o problema da unidade entre a narrativa e o narrador. "O narrado possui uma unidade objetiva, um nexo dos seus elementos compreensível por si mesmo; o que narra [o narrador] possui em si a unidade da sua pessoa [...]. Mas se este sujeito, em sua atividade criativa, é rastreável naquela criação objetiva ou por detrás dela, então se introduz (e tal 'rastreabilidade' quer dizer precisamente isso) uma unidade segunda na unidade primeira, a criação ganha um novo ponto de criação unitário."[96] O resultado disto é que tal narrativa realiza, a seu modo, uma síntese peculiar de sujeito e objeto: ela é decerto uma "criação objetiva", "objetivação do espírito", mas a subjetividade permanece tão viva nela quanto antes.[97] Por detrás dos ensaios encontramos, sempre, seu autor: Georg Simmel. E se o narrar é uma atividade criativa, é porque ele mobiliza a *fantasia*.

Após narrar a fábula do vinhedo, Simmel acrescenta: "Isso simboliza a linha da metafísica indicada aqui". Porque precisamente "simboliza"? Qual o estatuto do símbolo? Porque a fábula e não a descrição exata? Porque dar lugar ao obscuro? É necessário, então, compreender por que e em que medida Simmel mobiliza o símbolo como procedimento de conhecimento.

---

[96] G. Simmel, *Goethe* (1913), 5ª ed., Leipzig, Klinkhardt & Biermann, 1923, p. 155.

[97] Cf. G. Simmel, *Goethe, op. cit.*, p. 156. O Leitor já percebeu, decerto, quem se movimenta, excitado, por entre essas linhas, não? Os materiais para avançar na questão oferece portanto W. Benjamin, *Gesammelte Schrifen, op. cit.*, vol. II.1, pp. 213 ss., vol. II.2, pp. 438 ss.

PANTEÍSMO ESTÉTICO

"O ensaísta reconhece o singular sempre em conexão com o todo."[1]
A relação do singular e do universal está no âmago do ensaio. Mas não só
dele. Se o modo de apresentação de uma cultura filosófica é o ensaio, é
preciso então indagar em que medida aquela relação é constitutiva da ideia
simmeliana. Simmel abordou o problema, embora sempre rapidamente,
em várias ocasiões. Foi em uma delas que ele formulou a ideia de um "panteísmo estético". "Panteísmo estético" é a *atitude* de Simmel:

*"A essência da consideração e da apresentação estéticas
repousa, para nós, no fato de que no singular se evidencia o tipo, no contingente a lei, no superficial e fugaz a essência e o significado das coisas. Essa redução àquilo que é significativo e
eterno nelas parece não poder se subtrair a nenhum fenômeno.
Também o que é mais baixo, em si o mais feio, deixa-se situar
em uma relação de cores e formas, de sentimentos e vivências
que lhe confere um significado interessante. No que é mais indiferente, que em seu fenômeno isolado nos é banal ou repugnante, nós só precisamos mergulhar profunda e afetuosamente
o suficiente para sentir também isto como brilho e expressão
da unidade última de todas as coisas, da qual brota sua beleza
e sentido e para qual toda filosofia, todo momento de nossas
elevações mais altas de sentimentos, toda religião lutam por símbolos. Quando nós pensamos esta possibilidade de aprofundamento estético até o fim, então não há mais nenhuma diferença nos valores de beleza das coisas. A visão de mundo torna-se um panteísmo estético, cada ponto abriga a possibilidade da redenção rumo a um significado estético absoluto, de cada
um reluz, para o olhar suficientemente afiado, a beleza completa,
o sentido total do todo universal."[2]*

---

[1] L. Rohner, *Der deutsche Essay, op. cit.*, p. 336.

[2] G. Simmel, "Soziologische Aesthetik" (1896), *in Aufsätze und Abhandlungen
1894 bis 1900*, Frankfurt/M, Suhrkamp, 1992, pp. 198-9.

Panteísmo estético

A cada vez que Simmel se debruça sobre o singular, o contingente, o superficial e o fugaz, ele tem como foco, como ponto de articulação e interseção o conhecimento do todo, do universal (sob o tipo, a essência, a lei). Este é o programa de uma cultura filosófica.

A ideia dos "instantâneos *sub specie aeternitatis*"[3] é exatamente esta: congelar algo que é momentâneo e considerá-lo em sua intemporalidade, o que vale dizer, em uma outra temporalidade que não a sua. Mas é nesta que é possível, para Simmel, apreender os traços que são significativos do que é momentâneo, contingente, fugaz, efêmero, maleável, móvel. Como Simmel tem em vista sempre o que é processo, ou o caráter processual dos fenômenos e das coisas, interessa-lhe captar no processo os traços daquilo que está em processo, ou, no próprio momento do processo, o que lhe caracteriza. Tudo o que é contingente possui algo de eterno. Basta que nosso olhar seja atento e perspicaz o suficiente para desvendar, para saber ver. Tudo é passível de uma adjudicação de sentido. Esta é um mergulho nos objetos; considera superfície e profundidade. O objeto — qualquer objeto — é visto como *símbolo*. A interpretação é o ato de desvendar a simbologia (semelhante, diga-se de passagem, à empresa warburguiana) (cf. mote 4). Esse método, esse modo de análise, mesmo de posicionamento frente ao mundo e à vida, é de extração estética: Simmel o denomina "panteísmo estético".

É preciso, então, compreender o estatuto próprio deste panteísmo. "Só no panteísmo deus está *completamente* por toda parte, em cada singular".[4] Simmel elaborou a ideia do panteísmo exatamente neste sentido,

---

[3] "Momentbilder sub specie aeternitatis" é o título de uma série de pequenos textos escritos por Simmel para a revista *Jugend*. Cf. G. Simmel, "Momentbilder sub specie aeternitatis: Gegensatz — Moral — Aufenthalt — Beseeltheit — Entsagung — Reihenfolge", *in Jugend*, ano IV, Munique, 1899, pp. 92 ss. (ass.: "G.S."); "Momentbilder sub specie aeternitatis: Spuren im Schnee — Blüthenverschwendung — Wenig Kuchen — Kein Dichter — Der Tornisten", *in Jugend*, ano V, Munique, 1900, pp. 826-8 (ass.: "G.S."); "Momentbilder sub specie aeternitatis: Gelbe Kühe — Die Mauer des Glücks — Koketterie", *in Jugend*, ano VI, Munique, 1901, pp. 300 ss., p. 672 (ass.: "G.S." e "S."); "Momentbilder sub specie aeternitatis: 'Geld allein macht nicht glücklich' — Himmel und Hölle", *in Jugend*, ano VI, Munique, 1901, p. 300 (ass.: "G.S."); "Momentbilder sub specie aeternitatis: Der Lügenmacher — Die Duse", *in Jugend*, ano VI, Munique, 1901, p. 326 (ass.: "G.S."); "Momentbilder sub specie aeternitatis: Beseeltheit", *in Jugend*, ano VI, Munique, 1901, p. 92; "Momentbilder sub species aeternitatis: Relativität — Reinheit — Nur Alles", *in Jugend*, ano VII, Munique, 1902, pp. 446, 785 ss. (ass.: "G.S."); "Momentbilder sub specie aeternitatis: Versteigerung — Rache — Ausrede", *in Jugend*, ano VII, Munique, 1902 (ass.: "S." e "G.S."); "Momentbilder sub specie aeternitatis: Treulosigkeit — Anima Candida", *in Jugend*, ano VIII, Munique, 1903, pp. 573-4 (ass.: "S.").

[4] Novalis, *Werke*, organização de G. Schulz, Munique, C. H. Beck, 1969, p. 465. Simmel também elabora a questão: cf. G. Simmel, "Aus dem nachgelassene Tagebuche"

tendo em vista Meister Eckhart. O panteísmo então é "a inclusão absoluta de todas as coisas em deus".[5] "Deus emana de todas as criaturas e por isso tudo o que foi criado é deus." Assim, a "totalidade do mundo se reúne em um ponto". Então, a empresa simmeliana torna-se palpável: do fragmento à totalidade, de um ponto ao todo. É o panteísmo que permite, portanto, vislumbrar, ou revelar, em cada singular o deus, o todo, o universal.[6] "O todo vive na parte."[7] Mas se Simmel aceita algo como um panteísmo, é preciso qualificar a natureza desse panteísmo. Há uma carta de Simmel a Rilke na qual ele fornece elementos para essa caracterização:

> Caro Sr. Rilke,
>
> Já há tempos pretendo lhe escrever — desde que tomei conhecimento, há alguns meses, do seu Stundenbuch. E tenho a necessidade absoluta de manifestar a minha admiração e agradecimento. Eu precisaria estar muito enganado se a lírica de grande estilo, que cresce muito lentamente, não tivesse se enriquecido de uma peça inestimável. Entretanto, estou longe de lhe impor um juízo; quero apenas exprimir, enquanto filósofo, o quão interessante me parece a virada do panteísmo que seu livro oferece. O panteísmo, embora talvez constitua a disposição [Stimmung] fundamental de todo artista [Künstlertum], enquanto conteúdo não se deixa formar de modo verdadeiramente artístico, porque ele constitui a negação de cada forma particular. Todas as configurações individuais se desenvolvem no Uno absoluto, perdem seu sentido e razão, porque precisamente isto e aquilo e tudo é apenas deus. Com isso o panteísmo recebe algo de não plástico e não concreto. Mas neste livro o

---

(póstumo), in Fragmente und Aufsätze. Aus dem Nachlass und Veröffentlichungen der letzten Jahre, Hildesheim, G. Olms, 1967, p. 31; G. Simmel, "Stefan George. Eine kunstphilosophische Betrachtung" (1898), in Aufsätze und Abhandlungen 1894 bis 1900, op. cit., p. 294.

[5] G. Simmel, Hauptprobleme der Philosophie, op. cit., p. 13, que vale também para as citações logo a seguir. Ver também pp. 20, 39.

[6] Sobre a analogia de deus e do universal ver G. Simmel, Einleitung in die Moralwissenschaft. Eine Kritik der ethischen Grundbegriffe (1892), Gesamtausgabe vol. III, organização de K. C. Köhnke, Frankfurt/M, Suhrkamp, 1989, pp. 422-3.

Foi exatamente isto que Aby Warburg percebeu ao afirmar: "Der liebe Gott steckt im Detail" ("O bom deus está no detalhe"). Cf. A. M. Warburg, Ausgewählte Schriften und Würdigungen, organização de D. Wuttke, 3ª edição aumentada, Baden-Baden, V. Koerner, 1992, pp. 623-5; ver também E. R. Curtius, Europäische Literatur und lateinisches Mittelalter, 11ª ed., Tübingen/Basel, Francke, 1993, pp. 45, 386-7.

[7] G. Simmel, "Das individuelle Gesetz. Ein Versuch über das Prinzip der Ethik", op. cit., p. 159.

caminho panteísta corre na direção inversa: não é este, isto ou aquele que é deus — mas sim: deus é este, isto e aquele. O ser divino penetra nas configurações particulares, e encontra nelas a sua vida criativa completa, o singular não se funde em deus e com isso perde sua forma palpável e significativa para si, senão que deus se dissolve no singular e este é, com isso, mantido e intensificado em sua forma particular; o caráter empírico-causal da coisa singular ganha como que uma legitimação transcendente. Esta me parece a única possibilidade na qual o sentimento panteísta se deixa cristalizar imediatamente em obra de arte: não são as coisas que desaguam em deus, mas sim deus que deságua nas coisas.[8]

A *virada* de Simmel é semelhante a essa virada do panteísmo. Pois só aqui é possível que panteísmo e obra de arte, ou seja, que o panteísmo e a singularidade realmente não acabem por se anular. As análises de Simmel vão tirar partido dessa ideia de que deus deságua nas coisas. A partir dela, ele pode procurar o universal no singular (mote 5). Esse panteísmo como que legitima a cultura filosófica simmeliana. Ele garante a possibilidade de encontrar em cada objeto, nos infinitos objetos da sua análise, a "profundidade metafísica" de que Simmel fala. A atribuição de sentido para novos segmentos do real ganha, como em Rilke, uma "legitimação transcendente". Ao mesmo tempo, a individualidade e singularidade do objeto permanece preservada, mesmo intensificada. Isto permite que o ensaio como forma não seja descaracterizado, como o seria em um panteísmo em que tudo deságua em deus e que, portanto, o uno tudo domina.

Entretanto, Simmel sabe, e muito bem, que tal virada no panteísmo não é algo novo, pois há muito ele já a detectou em Goethe. É em Goethe que Simmel encontra realmente o motivo através do qual ele pensa essas questões:

"Pode-se designar a visão de mundo de Goethe como a tentativa [ensaio] mais gigantesca de compreender a unidade da totalidade da existência de modo imediato e como valiosa em si mesma: se ele permite a deus se estender tão amplamente quanto a natureza e a natureza tão amplamente quanto deus, ambos se interpenetrando mutuamente e se nutrindo um ao outro — então para ele deus é o nome para o momento de valor da existência, que convive com o momento de realidade, da

---

[8] Carta de Georg Simmel a Rainer Maria Rilke de 9/8/1908, *in* K. Gassen e M. Landmann (orgs.), *Buch des Dankes an Georg Simmel, op. cit.*, p. 121.

natureza. Na produtiva visão de vida do artista, panteísmo e individualismo não são mais oposições exclusivas, mas sim os dois aspectos de uma e mesma relação de valor. Ele é o homem da mais delicada sensibilidade da diferença, do mais seguro conhecimento acerca da unidade e da significação incomparável de cada pedaço da existência. O princípio ético: considerar cada homem como um fim em si mesmo, ele o estende — no interior da esfera estética de valor — a cada coisa. Mas justamente com isso sua imagem de mundo torna-se panteísta; o valor individual de cada singularidade, a possibilidade de arrancar de cada uma uma significação estética que tanto está enraizada nela como se estende para além dela — se mostra como a conformação respectiva de uma beleza que a partir de uma fonte una ou como uma fonte una inunda toda a existência."[9]

A totalidade da existência, do mundo, dos homens, das coisas torna-se desse modo objeto da atribuição de sentido que a cultura filosófica toma para si. Esta atribuição, por isso, retém em si o elemento estético que radica no panteísmo. Mas para esta atribuição de sentido não basta simplesmente uma individualidade forte; ela precisa também ter a visão acurada, a sensibilidade desperta para as menores nuances e detalhes. Precisamos atribuir a Simmel o que ele atribui a Goethe: "o homem da mais delicada sensibilidade da diferença".

A questão que se coloca com o panteísmo é a da relação de universal e particular. Para Goethe, o singular não se enraíza no universal, por assim dizer, senão que o universal se enraíza no particular: "O universal e o particular coincidem: o particular é o universal surgido sob condições variadas".[10]

Portanto a máxima simmeliana, que ganha corpo e sentido a partir da ideia de um "panteísmo estético", "ver no individual o universal",[11]

---

[9] G. Simmel, *Goethe* (1913), 5ª ed., Leipzig, Klinkhardt & Biermann, 1923, pp. 168-9. No aforismo póstumo referido acima, Simmel articula o símbolo, o panteísmo e Goethe. Sobre o panteísmo veja-se ainda N. Abbagnano, *Dicionário de filosofia*, São Paulo, Mestre Jou, 1970, pp. 233 ss. Caberia explorar a ideia de panteísmo em Simmel tendo em vista pelo menos a sua formulação por Heráclito, Mestre Eckhart, Nicolau de Cusa, Espinosa e Bergson, todos eles relevantes para Simmel.

[10] J. W. v. Goethe, *Werke*, vol. XII, Munique, DTV, 1988, p. 433. E também: "O que é o universal?/ O caso singular./ O que é o particular?/ Milhões de casos". E ainda: "O particular sujeita-se eternamente ao universal; o universal se submete eternamente ao particular". *Idem*.

[11] Cf. mote 5: G. Simmel, *Goethe*, *op. cit.*, p. 169.

Panteísmo estético

alinha nosso autor a Goethe. É nesse contexto que Simmel pôde então afirmar a "reconciliação do universal e do individual"[12] em Goethe. Contudo, essa reconciliação se dá sob o manto protetor dessa visão estética de mundo; em outros termos, é o panteísmo que garante essa possibilidade de redenção. Entretanto, em Simmel e no tempo de Simmel a situação é bem outra e a possibilidade de uma tal reconciliação é vista com ceticismo.[13] Isto é formulado claramente em uma passagem da *Philosophie des Geldes*:

"A totalidade do todo [...] está em uma luta eterna contra a totalidade do indivíduo. A imagem estética deste é por isso tão particularmente enfática, porque precisamente a sensação de beleza se liga sempre apenas a um todo — tenha ela uma clareza imediata, tenha ela uma clareza complementada pela fantasia. O sentido pleno da arte é, a partir de um fragmento casual da realidade — fragmento cuja dependência está ligada por milhares de fios à realidade — configurar uma totalidade fechada em si mesma, um microcosmo que não necessita de nada que esteja fora de si. O conflito típico entre o indivíduo e a existência supraindividual pode ser apresentado como a tendência inconciliável dos dois a se tornarem uma imagem esteticamente satisfatória."[14]

Ou seja: tanto indivíduo como sociedade, para serem um todo, precisam ser uma obra de arte.[15] A faculdade que é então mobilizada é a *fan-*

---

[12] G. Simmel, *Goethe, op. cit.*, p. 169.

[13] Cf. G. Simmel, "Tendencies in German Life and Thought since 1870", *in International Monthly*, vol. V, 1902, pp. 93-111 e 166-84, discutido no tópico "presente".

[14] G. Simmel, *Philosophie des Geldes, op. cit.*, pp. 690-1. Na *Soziologie, op. cit.*, p. 218 lemos: "A essência da formação da sociedade, da qual resulta tanto a incomparabilidade de seus resultados como a indissolubilidade de seus problemas internos, é esta: que a partir de unidades em si mesmas acabadas — como as personalidades humanas, em maior ou menor medida — resulte uma nova unidade. Decerto não se pode produzir uma pintura a partir de pinturas; nenhuma árvore se origina de árvores; o todo e o autônomo não crescem de totalidades, mas sim de partes não autônomas. Somente a sociedade faz do todo e de algo centrado em si mesmo um mero membro de um todo ampliado. Toda a agitada evolução das formas sociais, tanto no nível micro como no macro, é em última instância apenas a tentativa, sempre renovada, de reconciliar a unidade, orientada para o interior, e totalidade do indivíduo com seu papel social enquanto papel de uma parte e de uma contribuição; de salvar a unidade e totalidade da sociedade da destruição em virtude da autonomia de suas partes".

[15] Cf. G. Simmel, "Soziologische Aesthetik", *op. cit.*, pp. 204-5. Voltarei a isto no tópico "estilo de vida".

tasia. Nesse sentido o "panteísmo estético" realiza uma estetização da realidade. Mas isto não significa mais do que contemplar o real como uma obra de arte.

O "panteísmo estético" faz amplo uso do símbolo. Ele postula um tipo de conhecimento para o qual o símbolo é essencial. Só através do símbolo é possível visar a variedade, multiplicidade, maleabilidade e mobilidade do real que a cultura filosófica tem em vista.[16]

Também aqui Goethe é o modelo visado por Simmel. A riqueza do símbolo está no modo como ele trabalha a relação de particular e universal, que é essencial para o panteísmo: "Isto é o símbolo verdadeiro, onde o particular representa o universal, não como sonho e sombra, mas sim como revelação viva e momentânea do inexplorável".[17]

Mas embora o panteísmo trabalhe no símbolo, isto não quer dizer que ele vise menos a verdade: "O verdadeiro, que é idêntico ao divino, nunca se deixa reconhecer por nós diretamente, nós o contemplamos apenas em reflexo, *exemplo*, *símbolo*, em fenômenos aparentados e *singulares*. Nós nos apercebemos dele como vida incompreensível e não podemos renunciar ao desejo de compreendê-lo".[18] Simmel postula para si um conhecimento de natureza simbólica.[19] Para ele, o singular é exemplo e símbolo, e através do singular como símbolo ele extrai um conhecimento cuja validade extrapola o singular a partir do qual ele nasce. O conhecimento através do símbolo, ou o símbolo como procedimento do conhecimento, nasce da necessidade de que "não é possível conhecer o divino a não ser a partir do sensível"[20] Gadamer, em sua poderosa reconstrução e atualização da hermenêutica filosófica, fornece-nos ricos materiais como subsídio:

"No conceito de símbolo ressoa um fundo metafísico [...].
É possível, a partir do sensível, ser alçado ao divino. Pois o sensível não é uma mera nulidade ou escuridão, mas sim emanação e reflexo do verdadeiro. O conceito moderno de símbo-

---

[16] Cf. G. Simmel, "Soziologische Aesthetik" (1896), *op. cit.*, p. 197, citado mais à frente no tópico "estilo de vida".

[17] Goethe, *Werke, op. cit.*, vol. XII, p. 471.

[18] Goethe, *Werke, op. cit.*, vol. XIII, p. 305, grifos meus. Cf. mote 5.

[19] "A reabilitação por Simmel do simbólico situa-se na tradição da compreensão do símbolo de Goethe, Schleiermacher e dos Românticos, segundo a qual a 'ideia' (o universal) se manifesta sensivelmente sempre apenas na configuração de um individual e pode ser compreendida 'simbolicamente'." K. Lichtblau, "Zur Logik der Weltbildanalyse in Georg Simmels Philosophie des Geldes", *in Simmel Newsletter*, vol. III, nº 2, inverno de 1993, p. 104.

[20] H. G. Gadamer, *Wahrheit und Methode. Grundzüge einer philosophischen Hermeneutik*, 6ª ed., Tübingen, J. C. B. Mohr (Paul Siebeck), 1990, p. 79.

Panteísmo estético

lo não é absolutamente compreensível sem sua função gnóstica e o seu fundo metafísico. Só assim a palavra 'símbolo' pode ser elevada de seu uso original como documento, sinal de reconhecimento, legitimação ao conceito filosófico de um sinal misterioso e com isso cair na proximidade do hieróglifo, de cuja decifração só o consagrado é capaz, porque o símbolo não é uma instituição ou aceitação qualquer de um sinal, senão que pressupõe uma relação metafísica entre o visível e o invisível. A ligação inseparável entre a ideia visível e a significação invisível, esta 'coincidência' de duas esferas, está na base de todas as formas de culto religioso. A virada no estético deixa-se compreender do mesmo modo. O simbólico designa [...] a unidade interna de ideal e manifestação, que é específica na obra de arte."[21]

Chegar ao divino a partir do sensível é chegar ao universal a partir do particular. A relação metafísica que é o pressuposto para isso, e portanto para o símbolo, é aquela que Simmel aponta na "Introdução" de *Philosophische Kultur*.[22]

Se Simmel tem em vista um conhecimento através do símbolo, isto significa que a partir de uma manifestação, de um fenômeno qualquer ele busca e procura *decifrar* o que não se mostra imediatamente. O ensaísta se depara com hieróglifos; sua tarefa é decifrá-los.[23] O símbolo representa de modo mediado, indireto.[24] Daí o uso da analogia. Ela é um procedimento de natureza simbólica. Ele *escava*, e escava novamente. Contudo, o procedimento de Simmel sempre esbarra no fundo metafísico de que fala Gadamer — a "unidade última de todas as coisas" de que fala Simmel no trecho citado de "Soziologische Aesthetik" — e sem o qual o símbolo não existe. A ideia de cultura filosófica só pode ser interpretação porque toma tudo como símbolo. Todo o visível oculta algo que não é visível de início, e que requer o trabalho do espírito (cf. o tópico "caracterização").

"Só no intercâmbio entre Schiller e Goethe se inicia a nova cunhagem do conceito de símbolo. Na conhecida carta de 17/8/1897 Goethe descreve a atmosfera sentimental que as impressões de Frankfurt lhe cau-

---

[21] Gadamer, *Wahrheit und Methode*, op. cit., p. 79. Gadamer fornece amplo material para o assunto, que aqui só posso pontuar. Veja-se ainda W. Benjamin, *Gesammelte Schriften*, vol. I.1, Frankfurt/M, Suhrkamp, 1991, pp. 336-44.

[22] Cf. o tópico "caracterização"; ver também G. Simmel, *Philosophie des Geldes*, op. cit., p. 13, citado no tópico "estilo de vida".

[23] Cf. G. Lukács, "Über Wesen und Form des Essays", op. cit., p. 26.

[24] Cf. G. Simmel, *Hauptprobleme der Philosophie*, op. cit., p. 48.

saram, e diz dos objetos que provocaram um tal efeito 'que eles são verdadeiramente simbólicos, isto é, como se eu quase não precisasse dizer: são casos eminentes, que em uma variedade característica estão ali como representantes de muitos outros, abarcam em si uma certa totalidade...' [...] Em Goethe [à diferença de Schiller] é contudo evidente que se trata *menos de uma experiência estética do que de uma experiência da realidade* [...]."[25] Em outras palavras, o real é como que visto *sub specie* estética. Já em Goethe seria então o caso de se falar em uma estetização do real. Mas tal experiência estética é *de fato* uma experiência do real. Daí Simmel ter afirmado acerca de Goethe: "A destruição da imagem estética é para ele ao mesmo tempo a destruição da verdade".[26] Isto parece se aplicar em mesma medida ao próprio Simmel. O panteísmo, e o uso do símbolo que lhe é correlato, trabalha de um modo *relacional*, estabelecendo relações. Estabelecer relações: esta é a essência da ideia de cultura filosófica. Mais que isso. *Estabelecer relações é pura e simplesmente o que Simmel faz*.[27] Na medida em que tudo é visto como símbolo, a cada instante a tarefa do investigador é estabelecer as relações entre o microcosmo e o macrocosmo. Contemplar *sub specie* estética é decorrência da "intenção globalizante" que Simmel postula para seus trabalhos. O "panteísmo estético" é, de fato, a "atitude espiritual em relação ao mundo e à vida" e "a forma e modo funcionais de apanhar as coisas" que Simmel elabora. "Seus objetos são de antemão ilimitados", sua tarefa é estabelecer relações, buscar ligações.[28]

Chegamos assim ao ponto. No "Prefácio" da *Philosophie des Geldes* Simmel tratou de abordar, propedeuticamente, todas estas questões. Ele diz:

> *"A unidade destas investigações não repousa portanto em uma asserção sobre um conteúdo singular do conhecimento e suas demonstrações obtidas gradualmente, mas sim na possibilidade, a ser demonstrada, de encontrar em cada singulari-*

---

[25] Gadamer, *Wahrheit und Methode*, *op. cit.*, pp. 81-2. A carta de Goethe a Schiller, de 16-17/8/1797, fornece uma das importantes exposições da teoria do símbolo goethiana. Cf. J. W. v. Goethe e F. Schiller, *Der Briefwechsel zwischen Schiller und Goethe*, organização de E. Staiger, 3ª ed., Frankfurt/M, Insel, 1987, pp. 439-42.

[26] G. Simmel, *Kant und Goethe. Zur Geschichte der modernen Weltanschauung* (1905), 3ª ed., Leipzig, K. Wolff, 1916, p. 69. Simmel alerta que não se lhe deve imputar um esteticismo inconsequente: *Kant und Goethe*, *op. cit.*, pp. 100-1. Cf. ainda G. Simmel, *Goethe*, *op. cit.*, pp. 167 ss.

[27] Veja-se a "Introdução" de *Philosophische Kultur* citada em "caracterização", assim como G. Simmel, *Soziologie*, *op. cit.*, p. 710.

[28] As citações provêm da "Introdução" de *Philosophische Kultur* citada em "caracterização".

dade da vida a totalidade de seu sentido. A imensa vantagem da arte frente à filosofia é que ela se propõe a cada vez um problema singular, claramente circunscrito: um homem, uma paisagem, uma atmosfera; e então todo alargamento de um deles a um universal, todo acréscimo de grandes traços do sentimento do mundo pode ser sentido como um enriquecimento, dádiva, como que uma graça imerecida. Em comparação, a filosofia, cujo problema é a totalidade da existência, costuma restringir a grandeza desta última em comparação consigo mesma e dar menos do que ela parece estar obrigada a dar. Aqui se tenta, inversamente, tomar o problema de modo limitado e esmiuçá-lo, a fim de fazer justiça a ele mediante seu alargamento e acréscimo rumo à totalidade e ao mais universal."[29]

Este passo nada mais é do que uma outra formulação da "Introdução" de *Philosophische Kultur*. Mas aqui a obra de arte surge, sem rodeios, como o modelo do conhecimento que Simmel procura. E se o filósofo pode ser comparado com alguma coisa, é com o artista.[30] Ele formula sua filosofia assim como a obra de arte formula seu problema. No singular, o todo. Este é o mote de Simmel que, como já assinalei, perpassa sua obra desde pelo menos a década de 1890 até seus últimos escritos. Ele busca um conhecimento do todo. Sua estratégia para tanto é de extração estética, é o "panteísmo estético".[31] Mediante o singular, considerado como símbolo — "Tudo o que ocorre é símbolo, e na medida em que ele representa a si mesmo completamente, ele aponta e indica para o restante"[32] —, ele mira

---

[29] G. Simmel, *Philosophie des Geldes, op. cit.*, pp. 12-3. Mais à frente pode-se ler: "A consideração estética — que enquanto mera função é possível frente a qualquer objeto, e é apenas especialmente fácil frente ao 'belo' — [...]". *Idem*, p. 441. Veja-se também G. Simmel, "Das Abenteuer", *op. cit.*, p. 27; "Über Geschichte der Philosophie. Aus einer einleitenden Vorlesung", *op. cit.*, p. 36.

[30] Veja-se G. Simmel, "Über Geschichte der Philosophie. Aus einer einleitenden Vorlesung", *op. cit.*, pp. 36-40, especialmente p. 38.

[31] Em um parágrafo da primeira edição da *Philosophie des Geldes* (1900) que Simmel subtraiu da segunda edição (1907), situado imediatamente a seguir do passo citado acima, ele concede que sua posição seja denominada "panteísta" e que as investigações apresentadas no livro sejam devedoras de um "panteísmo empírico". Cf. G. Simmel, *Philosophie des Geldes, op. cit.*, pp. 731-2. Que a passagem tenha sido retirada indica, pois, claramente, a insatisfação de Simmel com a expressão e formulação. Voltarei a isto logo à frente.

[32] Goethe em carta a Schubart de 3/4/1818, *in* Goethe, *Goethes Werke* (Sophie-nausgabe), vol. XXIX: Goethes Briefe: Januar-October 1818. Weimar, H. Böhlans, 1904, p. 122.

o conhecimento do todo.[33] A ideia de que do fragmento se estabelece o todo é pura e simplesmente "a essência da arte".[34]

Tendo em mente o trecho acima do livro de 1900, vejamos agora este passo de Goethe:

"Voltemos então à comparação de arte e ciência; assim chegamos à seguinte consideração: como no saber, tanto quanto na reflexão, nenhum todo pode ser conseguido, porque àquele falta o interior, a este o exterior, então precisamos pensar a ciência necessariamente como arte, se nós esperamos dela alguma espécie de totalidade. E na verdade não devemos procurar esta totalidade no universal, no efusivo e exagerado, senão que, assim como a arte se apresenta sempre inteiramente em cada obra de arte singular, assim também a ciência deve mostrar-se a cada vez inteiramente em tudo o que é tratado singularmente."[35]

O confronto das duas passagens, oriundas da *Philosophie des Geldes* e da *Farbenlehre*, mostra-nos como Simmel pretende se alinhar diretamente a Goethe.[36] O tipo de conhecimento que ele postula para si está muito próximo daquele defendido por Goethe. Revirando os laços que ligam um ao outro, podemos trilhar um caminho seguro para topografar a constelação de cultura filosófica.

Portanto, a diferença de ciência e arte é um ponto de ataque interessante para abordarmos Georg Simmel.[37] Se o que ele procura (tenha-se em mente os motes 2 e 10) está mais próximo da arte do que da ciência, isto esclarece dois pontos significativos: por um lado, o ensaio como forma de apresentação de uma cultura filosófica; por outro, as dificuldades da ideia de cultura filosófica com as exigências — os "imperativos", o "método"

---

[33] "Pois Simmel continua agarrado firmemente a este elemento da herança hegeliana: a filosofia que pretende compreender o seu tempo no pensamento precisa se dirigir ao todo. Se este, entretanto, ainda é o verdadeiro, pode-se com toda razão duvidar." W. Jung, "Vom Wesen der Moderne", *in* G. Simmel, *Vom Wesen der Moderne. Essays zur Philosophie und Aesthetik*, organização de W. Jung, Hamburgo, Junius, 1990, p. 349.

[34] G. Simmel, "Der Schauspieler und die Wirklichkeit" ("O ator e a realidade", 1912), *in Das Individuum und die Freiheit, op. cit.*, p. 154.

[35] Goethe, *Werke, op. cit.*, vol. XIV, p. 41.

[36] Aliás, os textos científicos de Goethe, e naturalmente as "Materialien zu einer Geschichte der Farbenlehre", estavam entre as leituras prediletas de Simmel. Cf. H. Simmel, "Auszüge aus den Lebenserinnerung", *op. cit.*, p. 268.

[37] Entre a literatura e a ciência, entre duas culturas, a literária e a científica, W. Lepenies rastreou o nascimento de uma terceira: a sociologia: W. Lepenies, *As três culturas, op. cit.*

Panteísmo estético

— da ciência. Devemos perguntar: quem é Goethe? Ele é poeta e cientista. A diferenciação entre sua obra poética e científica pode ser estabelecida, mas logo a seguir somos forçados a reconhecer que a obra científica é em mesma medida poética, e a poesia tematiza por sua vez a obra científica.[38] Em última instância, não há uma diferenciação que seja forte o suficiente para separar o poeta do cientista ou, em outras palavras, a seu tempo essa diferenciação simplesmente não estava suficientemente consolidada. Mas ao tempo de Simmel sim. Se ele insiste em ser autor (não poeta), sua posição como cientista fica desguarnecida. Sua resposta é assumir-se filósofo, o filósofo de uma cultura filosófica.[39]

Em sua filosofia da arte, encontramos exatamente a mesma questão que na *Philosophie des Geldes*. Em *Rembrandt. Ein kunstphilosophischer Versuch*, Simmel afirma:

> *"O que desde sempre me pareceu como uma tarefa essencial da filosofia: sondar desde o singular imediato, desde o simplesmente dado, a camada das últimas significações espirituais — isto será ensaiado agora no fenômeno de Rembrandt."*[40]

É a arte que realiza esse "alargamento", "acréscimo", "ampliação" que é o modo de conhecimento que Simmel reivindica para sua filosofia, melhor dizendo, para sua cultura filosófica. Esta "alarga" o singular até o universal, como ele diz. Este conhecimento é de natureza analógica. Trata-se de uma "conquista da totalidade",[41] e enquanto conquista é uma aventura: ela "traz consigo o gesto do conquistador, o agarrar rápido da chance".[42] Essa conquista se dá através das atribuições de sentido que uma

---

[38] Naturalmente aqui não é o lugar para avançar este ponto. Veja-se o precioso texto de C. F. v. Weizsäcker, "Einige Begriffe aus Goethes Naturwissenschaft", *in* J. W. v. Goethe, *Werke*, *op. cit.*, vol. XIII, pp. 539-55.

[39] O Leitor já percebeu as consequências disso para a ideia de *sociologia*, não?

[40] G. Simmel, *Rembrandt. Ein kunstphilosophischer Versuch* (1916), Munique, Matthes & Seitz, 1985, p. XXXIX. No seu texto de 1903 sobre as grandes cidades e a vida do espírito, Simmel afirmara: "Mas aqui também se põe em evidência o que só pode ser a tarefa completa destas considerações: que de qualquer ponto na superfície da existência [...] se pode sondar a profundidade da alma, que todas as exterioridades, mesmo as mais banais, estão ligadas por fim, mediante linhas de direção, com as decisões últimas sobre o sentido e o estilo da vida". G. Simmel, "Die Großstädte und das Geistesleben" (1903), *in Das Individuum und die Freiheit*, *op. cit.*, p. 195. Nos dois passos de 1903 e 1916 Simmel lança mão da analogia com uma sonda que vai da superfície à profundidade. Ela aparece também no "Prefácio" da *Philosophie des Geldes*.

[41] S. Kracauer, "Georg Simmel", *in Das Ornament der Masse. Essays*, 6ª ed., Frankfurt/M, Suhrkamp, 1994, p. 238; na p. 243: "conquista do macrocosmo".

[42] G. Simmel, "Das Abenteuer", *op. cit.*, p. 30.

cultura filosófica almeja:[43] como um processo sempre em curso, que quer a cada instante estabelecer novas relações. *De relação em relação, o mundo de Simmel torna-se um mundo de relações*. Tudo está em relação com tudo. Esta é exatamente a ideia do panteísmo: deus está plenamente em tudo. Como tudo está em relação com tudo, a partir de qualquer ponto há vias virtuais de acesso a tudo, de qualquer ponto podemos iniciar inúmeros caminhos. Como não há fim, meta, finalidade, e sim processo, trabalho, escavação, a totalidade não é nunca acabada, fixa e definitiva, ela apenas reluz por um instante em meio a um nexo feliz de relações que o sujeito elabora e põe a descoberto. "Esse excursionar de relação a relação, esse desdobrar no distante e no próximo, em todos os sentidos, isto não permite ao espírito que quer abarcar um todo nenhum descanso, ele se perde no sem fim."[44] Simmel é o "fliegende Holländer" da filosofia. Só que não percorre mares, apenas caminhos. Ele é incansável, e sempre insatisfeito. Ele é um moderno.[45]

A ideia dos "instantâneos *sub specie aeternitatis*" é uma transposição no plano temporal da máxima "ver no individual o universal".[46] O efêmero, momentâneo e fugaz é visto como se fosse eterno. Como tudo são relações, tudo está em movimento, tudo é processo. A ideia do "instantâneo *sub specie aeternitatis*" surge como uma possibilidade de transformar o transitório em eterno. "O que é visto *sub specie momenti* deve ser interpretado na verdade *sub specie aeternitatis*."[47] Trata-se de *fixar um*

---

[43] "Somente onde a alma tornou-se ativa a partir de seu próprio interior e entreteceu a partir de fora o impacto de seu agir mais particular nas impressões, estas tornaram-se realmente sua propriedade." G. Simmel, "Rom. Eine ästhetische Analyse", *op. cit.*, p. 309.

[44] S. Kracauer, "Georg Simmel", *op. cit.*, p. 241.

[45] Veja-se a análise do moderno como incansável, insatisfeito e sempre em movimento no tópico "estilo de vida".

[46] Cf. G. Simmel, *Hauptprobleme der Philosophie*, *op. cit.*, p. 8. Também em Goethe vemos o eterno no momentâneo: "Vor Gott muss alles ewig stehn/ In mir lebt ihm für diesem Augenblick". Goethe, *Werke*, *op. cit.*, vol. II, p. 41.

[47] D. Frisby, *Fragmente der Moderne: Georg Simmel — Siegfried Kracauer — Walter Benjamin*, Rheda-Wiedenbrück, Daedalus, 1989, p. 47. Ver também Arthur Salz, "A Note from a Student of Simmel's", *in* K. H. Wolff (org.), *Essays on Sociology, Philosophy and Aesthetics*, Nova York, Harper & Row, 1965, p. 235, citado em "Simmel na cátedra". Na verdade, Frisby retoma algo que já havia sido há muito apontado: "O que é momentaneamente dado sempre era para Simmel apenas motivo para sondar os subterrâneos intemporais da vida". R. Lewinsohn, "Erinnerungen an Simmel", *in* K. Gassen e M. Landmann (orgs.), *Buch des Dankes an Georg Simmel*, *op. cit.*, p. 169.

momento, quase como o faz o pintor impressionista.[48] O presente de Simmel, o moderno, é caracterizado pela transitoriedade, pela "aceleração da velocidade da vida", em que o fluxo das representações na consciência individual é frenético, fragmentado e ininterrupto (cf. os tópicos "estilo de vida" e "dinheiro"). Nesse contexto, o "instantâneo *sub specie aeternitatis*" é essencial e imprescindível para que se possa analisar o que ocorre no moderno.

Kracauer chamou a atenção para o fato de que os objetos das análises de Simmel não vivem no tempo histórico, mas sim "na eternidade, isto é, na forma única da existência na qual [os objetos] podem existir como substancialidade pura e nos é igualmente presente a qualquer momento".[49] Entretanto, a ideia do "instantâneo *sub specie aeternitatis*" só ganha sentido no moderno, em que tudo é movimento. O olhar *sub specie aeternitatis* é portanto uma *estratégia de conhecimento*, de resto já legitimada por Baudelaire no plano estético: "Observateur, flâneur, philosophe, appelez-le comme vous voudrez; [...] il est le peintre de la circonstance et de tout ce qu'elle suggère d'éternel".[50] Simmel prefere denominá-lo filósofo: o filósofo comprometido com a ideia de uma cultura filosófica.

Esse filósofo precisa possuir "um sentido para a totalidade das coisas e da vida e — na medida em que ele é produtivo — a capacidade de converter essa visão interior ou esse sentimento do todo em conceitos e suas ligações".[51] É isto que Simmel está sempre pronto a realizar. Essa "visão interior", esse "sentimento do todo" é a capacidade de percepção, a sensibilidade de nosso autor. Ela é mobilizada em favor do pensamento. Pois "[...] o pensamento sente como sua tarefa encontrar, por detrás da fluidez dos fenômenos, do sobe e desce dos movimentos, o irremovível e o seguro [...]".[52] Esta tarefa, que recorre aos "instantâneos...", está na relação mais íntima com o ensaio como forma:

> "*A objeção corrente contra ele [o ensaio], de que seria fragmentário e acidental, postula mesmo a totalidade como um dado, mas com isso a identidade de sujeito e objeto, e se porta como se dispusesse do todo. Mas o ensaio não quer procurar e*

---

[48] Cf. G. Simmel, "Tendencies in German Life and Thought since 1870" (1902), *in International Monthly*, vol. V, 1902, p. 178.

[49] S. Kracauer, *Georg Simmel. Ein Beitrag zur Deutung des geistigen Lebens unserer Zeit*, manuscrito, ca. 1919/1920, p. 92, *apud* D. Frisby, "Georg Simmels Theorie der Moderne", *in* H. J. Dahme e O. Rammstedt (orgs.), *Georg Simmel und die Moderne. Neue interpretationen und Materialen*, Frankfurt/M, Suhrkamp, 1984, p. 19.

[50] C. Baudelaire, *Oeuvres*, vol. II, Paris, La Pléiade, 1932, p. 328.

[51] G. Simmel, *Hauptprobleme der Philosophie*, *op. cit.*, p. 11.

[52] G. Simmel, *Philosophie des Geldes*, *op. cit.*, p. 94.

destilar o eterno no transitório, mas antes eternizar o transitório. *Sua fraqueza testemunha a própria não identidade, que ele
deve exprimir; testemunha o excesso da intenção sobre a coisa
e com isso aquela utopia que é rejeitada na classificação do
mundo de acordo com o eterno e o transitório. No ensaio em
sentido enfático, o pensamento se liberta da ideia tradicional
de verdade."*[53]

Libertar-se da ideia tradicional de verdade: é exatamente isto que
Simmel apontou em Goethe, ao relacionar a verdade com a imagem estética e afirmar que a destruição da imagem estética é a destruição da verdade. Pois a experiência estética é ela mesma — para Simmel na mesma
medida que para Goethe —, como mostrou Gadamer, a experiência do real.
Tudo isto reitera o caráter de necessidade do ensaio na proposta simmeliana. Mas também nos ajuda a compreender a mecânica celeste, se se pode
assim dizer, da constelação de cultura filosófica.

Há algo no ensaio que nos auxilia nessa tarefa. Max Bense a pôs em
evidência: "No ensaio se trata do resultado de uma 'ars combinatoria' literária. O ensaísta é alguém que faz combinações [Kombinatoriker], um
produtor incansável de configurações de um objeto determinado. Tudo o
que de algum modo possui uma existência possível na vizinhança desse
objeto que determina o tema do ensaio entra na combinação e causa uma
nova configuração. O sentido do experimento é a transformação da configuração que é inerente àquele objeto; e a finalidade do ensaio é menos a
revelação definidora do próprio objeto do que a soma das circunstâncias,
a soma das configurações nas quais ele é possível. [...] A configuração também é uma categoria do conhecimento teórico e ela não é alcançável de
modo dedutivo e axiomático, mas apenas mediante a 'ars combinatoria'
literária, na qual a fantasia ocupa o lugar do puro conhecimento. Pois na
fantasia não são, decerto, produzidos novos objetos, mas sim configurações para objetos e as configurações surgem não com necessidade dedutora,
mas sim com necessidade experimentadora. Todos os grandes ensaístas
foram combinadores [Kombinatoriker] e possuíam uma fantasia extraordinária".[54] Como já diziam os românticos, o ensaio é experimentação.[55]

---

[53] T. W. Adorno, "Der Essay als Form", *op. cit.*, p. 18, grifo meu.

[54] M. Bense, "Über den Essay und seine Prosa", *op. cit.*, p. 34.

[55] "O ensaio não é *um* experimento, mas sim o experimentar contínuo." F. Schlegel, *Philosophische Lehrjahre 1796-1806 nebst philosophischen Manuskripten aus den
Jahren 1796-1828*, Erster Teil, organização de E. Behler, Munique etc., F. Schöningh,
1963, p. 215.

Panteísmo estético

Essa arte de combinar é a *arte de estabelecer relações*. Como ainda se verá, ela é essencial para compreendermos Simmel. Mas não se trata, como se poderia vir a pensar, de uma arte combinatória de extração matemática, que supõe um conjunto fechado e que remete, por fim, ao sistema. Nada seria mais falso. Tão decisiva quanto a arte combinatória é a fantasia.[56] Ela se espraia pelo infinito, ela não conhece limites. O "panteísmo estético" faz amplo uso da fantasia na arte de estabelecer relações. Assim se estabelecem as configurações da constelação.

Utilizando a fantasia, o sujeito se acerca do seu objeto no ensaio, e o ata a milhares de outros objetos. É por essa razão que Adorno, com enorme perspicácia, afirmou que a "felicidade e o jogo são essenciais" ao ensaio. Por isso o verdadeiro objeto do ensaísta não é definitivamente o objeto que o ensaio tinha, ao início, em vista, mas sim as configurações em que ele o articula — o que importa é o caminho, não o fim. Há um elemento lúdico fundamental.[57] Por meio desse configurar contínuo, vislumbramos a constelação em questão.

Nunca seria demais acentuar o papel da fantasia, que está por detrás daquela atribuição de sentido de que Simmel falava no início (cf. o tópico "caracterização"). "A fantasia, hoje agregada à competência do inconsciente e proscrita no conhecimento como rudimento puerilmente incapaz de juízo, institui sozinha aquela relação entre objetos em que se origina necessariamente todo juízo: fosse ela excluída, ao mesmo tempo o juízo, o próprio ato do conhecimento, seria exorcizado."[58] O tipo de conhecimento que Simmel procura (cf. motes 10, 1, 2, 5, 6) depende por completo da fantasia. É graças a ela, inclusive, que Simmel pode se utilizar da analogia (no ensaísmo simmeliano, a relação que se estabelece entre os objetos transparece do modo mais enfático na analogia, como ainda se verá). Tudo isto: o estabelecer relações e a atribuição de sentido, que dependem da fantasia, tem a ver com a ideia de verdade que se tem em vista. A combinação, o estabelecer relações, e a imaginação são aventureiras: "penetram na neblina".

---

[56] Lembremo-nos do passo citado mais acima: G. Simmel, *Philosophie des Geldes*, *op. cit.*, pp. 690-1, onde Simmel mobiliza a fantasia.

[57] Adorno afirma que "a verdade, desamparada do jogo, seria apenas tautologia". T. W. Adorno, "Der Essay als Form", *op. cit.*, p. 29. As relações disto com a arte são um tema recorrente na *Ästhetische Theorie* de Adorno, para a qual remeto os interessados.

[58] T. W. Adorno, *Gesammelte Schriften*, vol. IV, Frankfurt/M, Suhrkamp, 1980, # 79.

No contexto da metafísica do Simmel tardio, aquela relação temporal peculiar, o eternizar o transitório, é retomada, em uma transposição literal da máxima simmeliana (cf. mote 5):

"Contudo creio em um outro modo possível de consideração da vida, que não distinga o todo e as partes entre si [..., pois] a vida é um transcurso unitário, cuja essência é existir enquanto meros momentos qualitativa ou conteudisticamente discerníveis. [...] Parece-me que o homem como um todo, o absoluto da alma e do Eu, está contido em cada vivência [...]. Trata-se da superação da oposição entre multiplicidade e unidade, superação da alternativa de que a unidade do que é variado ou repousa para além das variedades, como algo mais alto e abstrato — ou, permanecendo no terreno das variedades, é resultado de uma composição, peça por peça. A vida, entretanto, não é exprimível com nenhuma destas fórmulas. Pois ela é uma continuidade absoluta, em que não há peças ou pedaços que se compõem; continuidade que é em si uma unidade, mas de tal espécie que, em cada momento, ela se exprime como um todo em uma outra forma. [...] Cada instante da vida é a vida toda, cujo fluxo contínuo — justamente este fluxo é sua forma incomparável — só possui sua realidade nas alturas a que ela se alça a cada vez. Cada momento atual é determinado por todo o decurso da vida até aqui, é o resultado de todos os momentos anteriores, e por isso cada momento presente da vida é a forma em que a vida toda do sujeito é verdadeira."[59]

Esta unidade da vida é, na verdade, uma outra formulação do panteísmo, e não por acaso Simmel se inspira explicitamente em Goethe para formular e fundamentar esta concepção de vida.[60] Por outro lado ela justifica, no plano da metafísica tardia de nosso autor — *Lebensphilosophie*, costumam dizer seus críticos —, a ideia dos "instantâneos *sub specie aeternitatis*". Mas aqui não gostaria de me deter na metafísica do Simmel tardio, e por isso parece-me salutar voltarmos a um texto, publicado ainda nos anos 90, sobre as paisagens de Arnold Böcklin. A ideia que Simmel

---

[59] G. Simmel, *Rembrandt*, *op. cit.*, p. 2, grifo meu. Veja-se ainda G. Simmel, "Das Abenteuer", *op. cit.*, p. 25; "Das individuelle Gesetz. Ein Versuch über das Prinzip der Ethik", *op. cit.*, p. 130; "Zur Philosophie des Schauspielers (aus dem Nachlaß)", *in Fragmente und Aufsätze aus dem Nachlaß*, *op. cit.*, p. 265.

[60] G. Simmel, *Rembrandt*, *op. cit.*, p. 2. Isto será desenvolvido na metafísica tardia de Simmel.

Panteísmo estético

desenvolve acerca das paisagens de Böcklin é que elas se situam fora do tempo e do espaço. A bela epígrafe do ensaio reza: "Um sie kein Ort, noch wen'ger eine Zeit".[61] Elas seriam tanto intemporais como "inespaciais". Este é um atributo de toda a arte verdadeira. Se Simmel se propõe a tomar as coisas mais variadas sob o prisma da intemporalidade e inespacialidade, isto significa que ele as quer ver como se fossem obras de arte. De certo modo, a profundidade que Simmel procura significa dar ao mundo um estatuto divino, tornar o que é temporal intemporal.[62]

"Espinosa exige do filósofo que ele considere as coisas *sub specie aeternitatis*, isto é: puramente de acordo com sua necessidade e significação internas, desligadas da casualidade de seu aqui e agora."[63] Simmel, filósofo, toma para si esta exigência. Libertar as coisas de sua contingência e considerá-las *sub specie aeternitatis* é um outro modo de dizer que é preciso buscar os fios que vão da superfície à profundidade. Ou seja, é um outro modo de formular a proposta de uma cultura filosófica.[64]

Naturalmente este mesmo procedimento, ou melhor, atitude, aparecerá na análise da realidade social, das formas de socialização:

"No *interior do campo problemático que é constituído através da seleção das formas de interação [Wechselwirkung] socializadora a partir do fenômeno total da sociedade, algumas partes das investigações indicadas aqui ficam, por assim dizer, quantitativamente para além das tarefas reconhecidas sem mais como sociológicas. Caso se questione apenas uma vez os efeitos múltiplos entre os indivíduos cuja soma resulta naquela coesão em direção à sociedade, então mostra-se imediatamente uma série, melhor dizendo, um mundo daquelas formas de relação que até agora ou não foram compreendidas ou não foram captadas em sua significação vital e de princípio na ciência social. Em resumo, a sociologia limitou-se, de fato, àqueles fenômenos sociais nos quais as forças de interação já estão cristalizadas desde os seus suportes imediatos ao menos em unidades ideais. Os estados e as associações sindicais, as ordens sa-*

---

[61] Algo assim como: "Ao seu redor nenhum lugar, e menos ainda um tempo". G. Simmel, "Böcklins Landschaften" (1895), *in Aufsätze und Abhandlungen 1894 bis 1900*, *op. cit.*, p. 96.

[62] Cf. G. Simmel, "Aus dem nachgelassene Tagebuche", *op. cit.*, p. 8.

[63] G. Simmel, "Böcklins Landschaften", *op. cit.*, pp. 96-7.

[64] "O mundo nos é dado como uma soma de fragmentos, e o esforço da filosofia é estabelecer o todo em relação à parte; ela alcança isto na medida em que estabelece a parte em relação ao todo." G. Simmel, *Hauptprobleme der Philosophie*, *op. cit.*, p. 30.

cerdotais e as formas familiares, as condições econômicas e o exército, as corporações e as comunidades, a formação de classe e a divisão industrial do trabalho — estes e os outros grandes órgãos e sistemas parecem constituir a sociedade e preencher a esfera de sua ciência. É evidente que quanto maior, mais significativa e mais dominante é uma província do interesse social e uma direção da ação, tanto mais rapidamente ocorre aquela elevação da vida e dos efeitos imediatos e interindividuais a formações objetivas, a uma existência abstrata para além dos processos singulares e primários. Só que isso necessita de uma complementação importante, que dê conta dos dois lados da questão. Além daqueles fenômenos perceptíveis de longe, que se impõem por toda parte devido a sua abrangência e importância externa, há um número imenso de formas menores de relação e de modos de interação entre os homens, em casos singulares aparentemente insignificantes, mas que são representados por esses casos singulares em uma medida nem um pouco desprezível, e que, na medida em que elas se movem por entre as amplas formações sociais, por assim dizer oficiais, realizam na verdade a sociedade, tal como nós a conhecemos. A limitação aos primeiros equivale aos inícios da ciência do interior do corpo humano, que se limitava aos grandes órgãos, claramente circunscritos: o coração, o fígado, o pulmão, o estômago etc., e que desprezou os tecidos inumeráveis, popularmente não nomeados ou não conhecidos, sem os quais aqueles órgãos mais nítidos jamais poderiam ter resultado em um corpo vivo. A partir de formações do tipo nomeado, que foram os objetos usuais da ciência da sociedade, a verdadeira vida da sociedade, presente na experiência, não ganha absolutamente corpo; sem o efeito mediador de inúmeras sínteses, em si mesmas de extensão menor, às quais estas investigações devem dedicar-se em grande parte, tal vida da sociedade se fragmentaria em uma multiplicidade de sistemas descontínuos. O que torna difícil a fixação científica de tais formas sociais aparentemente menores é ao mesmo tempo o que as faz extremamente importantes para um entendimento mais profundo da sociedade: que elas em geral ainda não se firmaram em formações supraindividuais, sólidas, senão que indicam a sociedade im status nascens. Naturalmente não em seus inícios primeiros e historicamente insondáveis, mas sim naqueles que ocorrem a cada dia e a cada momento; a socialização entre os homens se ata e desata e se ata mais uma vez continuamente, como um correr e pulsar eter-

Panteísmo estético

*no que encadeia os indivíduos, até mesmo onde isso não se ele-
va a organizações próprias. Trata-se aqui como que de procedimentos microscópico-moleculares no interior do material humano, que são contudo o verdadeiro acontecimento que se hi-
postasia ou encadeia naquelas unidades e sistemas sólidos e
macroscópicos. Que os homens se olhem uns aos outros, e que
eles sejam invejosos entre si; que eles troquem cartas ou almo-
cem juntos; que eles, inteiramente independentes de quaisquer
interesses compreensíveis, se achem simpáticos ou antipáticos;
que a gratidão e uma obra altruísta ensejem um efeito ligador
contínuo e ilacerável; que um pergunte ao outro sobre o caminho e que eles se vistam e se enfeitem uns para os outros — todas
as milhares de relações, de pessoa a pessoa, momentâneas ou
duradouras, conscientes ou inconscientes, inconsequentes ou
consequentes, das quais estes exemplos foram colhidos aleato-
riamente, atam-nos incessantemente. A cada instante esses fios
são tecidos, desatados, retomados, substituídos por outros, en-
trelaçados a outros. Aqui repousam as interações, só acessíveis
à microscopia psicológica, entre os átomos da sociedade, que
sustentam a tenacidade e a elasticidade, a variedade e a unidade desta vida tão nítida e tão enigmática da sociedade. Trata-
-se de aplicar o princípio dos efeitos infinitamente múltiplos e
infinitamente pequenos justamente ao caráter sincrônico da
sociedade, tal como ele se mostrou eficaz nas ciências diacrônicas
da geologia, da teoria biológica do desenvolvimento e da história. As diligências imensamente pequenas estabelecem o nexo
da unidade histórica, assim como as interações aparentemente
menores de pessoa a pessoa estabelecem o nexo da unidade
social. O que ocorre continuamente nos contatos físicos e anímicos, nas excitações opostas de prazer e pesar, na conversação e no silêncio, nos interesses comuns e antagônicos — isso
constitui o caráter prodigiosamente ilacerável da sociedade, o
flutuar de sua vida, com o qual seus elementos ganham, perdem e postergam incessantemente seu equilíbrio. Talvez se con-
siga para a ciência da sociedade a partir desse conhecimento o
mesmo que para a ciência da vida orgânica significou o início
da microscopia. Se até então a investigação estava restrita aos
grandes órgãos corporais, tratados separadamente, cujas diversidades de forma e função se apresentavam sem mais, só agora
o processo vital mostrou-se em sua combinação de seus suportes menores, as células, e em sua identidade com as numerosas
e incessantes interações entre estas. Como elas se ligam entre si*

ou se destroem, se assimilam ou se influenciam quimicamente — isto permite compreender somente pouco a pouco como o corpo forma a sua forma, a mantém ou a altera. Os grandes órgãos, nos quais estes suportes fundamentais da vida e suas interações reuniram-se em funções e formações específicas perceptíveis macroscopicamente, não teriam nunca permitido compreender o nexo da vida, se aqueles inúmeros procedimentos que têm lugar entre os elementos menores — a partir dos quais os elementos macroscópicos como que ganham corpo — não se tivessem revelado como a vida verdadeira e fundamental. Completamente para além de qualquer analogia sociológica ou metafísica entre as realidades da sociedade e do organismo, trata-se aqui apenas da analogia da consideração metódica e de seu desenvolvimento; trata-se de descobrir os delicados fios, as relações mínimas entre os homens, cuja repetição contínua fundamenta e suporta todas aquelas grandes formações, tornadas objetivas e que apresentam uma história própria. Esses processos absolutamente primários, que formam a sociedade a partir de um material imediato e individual, devem ser portanto — ao lado dos processos e formações mais elevados e mais complexos — submetidos à consideração formal; as interações singulares que se mostram nessas medidas não inteiramente usuais ao olhar teórico devem ser examinadas como formas formadoras da sociedade, como elementos da socialização em geral. Sim, a estes modos de relação aparentemente insignificantes deve-se dedicar metodicamente tanto mais uma consideração pormenorizada, quanto mais a sociologia trata de relevá-las."[65]

Ao se dirigir para o microcosmo — o novo terreno que se abre para sua análise em função do deslocamento que a ideia de cultura filosófica

---

[65] G. Simmel, *Soziologie, op. cit.*, pp. 31-5; ver também pp. 128-9. Encontramos uma passagem semelhante na *Philosophie des Geldes, op. cit.*, pp. 59 ss., assim como no texto programático de 1894, "Das Problem der Sociologie", *in Aufsätze und Abhandlungen 1894 bis 1900, op. cit.*, p. 54. Apenas para marcar a questão das repetições, reelaborações e colagens que são característica do ensaísmo simmeliano, seja dito que este passo, alocado no cap. 1 da *Soziologie*, fazia parte originalmente da sociologia dos sentidos (na *Soziologie, op. cit.*, pp. 722-42), que é uma parte da sociologia do espaço. O trecho foi colado do texto "Soziologie der Sinne" (1907), *in Aufsätze und Abhandlungen 1901-1908*, vol. II, *op. cit.*, pp. 276-8. Posteriormente, em 1917, fragmentos do passo citado foram literalmente colados na "pequena" sociologia. Cf. G. Simmel, *Grundfragen der Soziologie, op. cit.*, pp. 12-3.

Panteísmo estético

opera[66] —, Simmel descobre novas possibilidades de acesso ao macrocosmo. "A ligação paritária de microscopia e macroscopia forma o ideal do trabalho científico."[67] Esse programa, que Simmel realiza não somente em sua sociologia, mas que se desdobra pelo conjunto de sua obra, é por ele já então caracterizado como uma "virada",[68] tal como, poucos anos mais tarde, ele é formulado em *Philosophische Kultur*. O movimento micro-macro é análogo ao movimento superfície-profundidade. Simmel está sempre oscilando de um polo ao outro.

Entretanto, não nos deixemos enganar pela analogia com o corpo humano: Simmel não quer reeditar Spencer, embora tenha se impregnado dele. Trata-se apenas de uma analogia "metódica", isto é, que aponta para os laços micro-macro. O que interessa é que Simmel tem em vista as conquistas e transformações da ciência em seu tempo.[69] O microscópio e o telescópio estão relacionados à percepção de novos segmentos do real. Eles indicam uma transformação, uma nova situação na visibilidade das coisas. Mas se eles exprimem esta transformação, a possibilidade de ver o que antes não era visível, isto ocorre de modo muito mais metafórico do que efetivo. Trata-se, como Blumemberg formulou, da "condicionalidade antropológica do horizonte de visibilidade".[70] Não é o microscópio em si que permite enxergar mais ou melhor. Sabemos "que isto depende da estrutura da atenção, e não da proximidade ou distância com que os fenômenos se encontram do órgão da percepção".[71] Proximidade e distância são relativos, são relações (cf. o tópico "estilo de vida"). Trata-se portanto do caráter histórico da percepção e dos sentidos humanos. Simmel pontua o

---

[66] Adorno, em um passo para o qual chamei a atenção logo no início, assinala a "migração da metafísica para a micrologia". T. W. Adorno, *Negative Dialektik*, *op. cit.*, p. 399.

[67] H. Schuchhardt *apud* E. R. Curtius, *Europäische Literatur und lateinische Mittelalter*, *op. cit.*, p. 7. Aqui tem sentido falar em ciência porque Simmel tem em vista a sociologia.

[68] G. Simmel, *Soziologie*, *op. cit.*, p. 35; *Philosophische Kultur*, *op. cit.*, p. 21 (transcrito no tópico "caracterização"). A "virada" já se tornara então um verdadeiro *topos*. Como se trata, naturalmente, de uma referência à virada copernicana, e portanto também a Kant, pode-se ver H. Blumenberg, *Die Genesis der kopernikanischen Welt*, 2ª ed., Frankfurt/M, Suhrkamp, 1989, pp. 691 ss.

[69] Cf. K. Lichtblau, "Kausalität oder Wechselwirkung? Max Weber und Georg Simmel im Vergleich", *in* G. Wagner e H. Zippian (orgs.), *Max Webers Wissenschaftslehre. Interpretation und Kritik*, Frankfurt/M, Suhrkamp, 1994, pp. 543-4.

[70] H. Blumenberg, *Die Genesis der kopernikanischen Welt*, *op. cit.*, pp. 715 ss.

[71] H. Blumenberg, *Die Genesis der kopernikanischen Welt*, *op. cit.*, p. 725, a respeito de Lessing.

problema com uma precisão lapidar: "Sem dúvida, distâncias infinitas entre nós e as coisas foram vencidas apenas mediante o microscópio e o telescópio; mas elas também só se originaram para a consciência no momento em que a consciência as superou".[72]

Microscópio e telescópio, ao alterarem as relações usuais de proximidade e distância, são metáforas significativas para exprimir o modo novo como Simmel procura captar as relações do mundo e da vida. É a distância que lhe permite apreender esteticamente; sem ela não há contemplação estética.[73] Na verdade, não se trata propriamente dos aparelhos, mas de uma sensibilidade desperta para o que eles permitem ver. O que amplia o horizonte de visibilidade é a consciência desperta para ver o que antes não era visto. Isto está em relação com o deslocamento da filosofia operado por Simmel: ele significa uma nova percepção, ou se se quiser um novo interesse, para o que anteriormente não era visto, porque não interessava propriamente ser visto. É por isso que sempre — seus mais variados leitores — chama-se a atenção para a sensibilidade delicada e sutil de nosso Autor. É isto que lhe permite procurar a sociedade *im status nascens*, com sua predileção pelas interações entre os homens ao nível micrológico: o salão, a coquete, o estranho, o passeio e muito mais, como sabem seus leitores. Cada relação é para Simmel significativa e merece ser considerada, pois como tudo é relação, como a sociedade não é nada mais do que o conjunto das interações,[74] a partir de cada interação singular é possível entrar na teia do todo. Não há uma via de acesso que seja privilegiada, senão que todas elas levam a ele. Nisto também se mostra uma predileção, por assim dizer, por aquilo que explicita o "caráter sincrônico da sociedade": "Simmel posiciona o seu conceito de 'interação' [...] no interior de uma tradição, na medida em que ele insiste na *infinitude* de princípio *de tudo o que ocorre*, considera *sem exceções* tudo o que ocorre como *ligado* através de uma multiplicidade de interações e subordina fundamentalmente uma análise dessas interações ao *princípio da simultaneidade*. Essa primazia da *sincronia* sobre a *diacronia* distingue fundamentalmente sua embocadura de uma análise causal, porque o conceito clássico de causali-

---

[72] G. Simmel, *Philosophie des Geldes, op. cit.*, p. 662. Cf. ainda G. Simmel, "Rembrandt als Erzieher" (1890), *in Vom Wesen der Moderne, op. cit.*, p. 149; *Hauptprobleme der Philosophie, op. cit.*, p. 73.

[73] Cf. G. Simmel, *Philosophie des Geldes, op. cit.*, p. 666.

[74] Cf. G. Simmel, "Das Problem der Sociologie", *op. cit.*, p. 54; *Über sociale Differenzierung, op. cit.*, pp. 129 ss., especialmente p. 131; *Philosophie des Geldes, op. cit.*, pp. 91-2, 104, 210; *Soziologie, op. cit.*, pp. 19 ss., 61-2, 284, 286; *Grundfragen der Soziologie, op. cit.*, pp. 11 ss.

Panteísmo estético

dade está necessariamente ligado à ideia de uma *sequência temporal* no sentido de 'um após o outro' (cf. Kant, *Kritik der reinen Vernunft*), enquanto a 'interação' contém o estado do 'um ao lado do outro' [...]".[75] Essa "tradição" do conceito de interação percorre uma linha que passa por Kant, pelos românticos, Hegel, Schleiermacher e Dilthey. Já nesta tradição ele é um conceito mobilizado contra a ideia de causalidade.[76]

A procura das relações mínimas, dos processos micrológicos, do olhar microscópico, as "diligências imensamente pequenas", tudo isto conflui no interesse e reabilitação do detalhe.[77] Conversando com um antigo aluno de Simmel, Bergson comentou: "Simmel est toujours très intéressant dans les *détails*".[78] Outro aluno, Mannheim, afirmou: "frente a seus contemporâneos, a sua visão do detalhe é incomparavelmente rica".[79] Esta habilidade para fazer falar o detalhe, que torna Simmel o mestre inconfundível da microssociologia,[80] não é nada mais do que a realização de seu programa de um cultura filosófica:

---

[75] K. Lichtblau, "Kausalität oder Wechselwirkung? Max Weber und Georg Simmel im Vergleich", *op. cit.*, p. 545. O método de compreensão, vale dizer a teoria simmeliana do conhecimento em sentido estrito, não será discutido neste trabalho. Veja-se G. Simmel, *Die Probleme der Geschichtsphilosophie. Eine erkenntnistheoretische Studie* (1892), *in Aufsätze 1887 bis 1890 — Über sociale Differenzierung — Die Probleme der Geschichtsphilosophie (1892)*, *op. cit.*, pp. 297 ss.; *Die Probleme der Geschichtsphilosophie. Eine erkenntnistheoretische Studie*, 2ª edição completamente alterada, Leipzig, Dunker & Humblot, 1905; "Das Problem der historischen Zeit" (1916), *in Das Individuum und die Freiheit*, *op. cit.*, pp. 48-60; "Die historische Formung", *in Logos*, vol. VII, 1917-18, pp. 113-52; "Vom Wesen des historischen Verstehens", *in Das Individuum und die Freiheit*, *op. cit.*, pp. 61-83.

[76] Sobre a história do termo "Wechselwirkung", ver H. J. Dahme, *Soziologie als exakte Wissenschaft*, *op. cit.*, pp. 368 ss.; P. Christian, *Einheit und Zwiegespalt. Zum hegelianisierenden Denken in den Philosophie und Soziologie Georg Simmels*, Berlim, Duncker & Humblot, 1978, especialmente pp. 110 ss.

[77] Cf. a máxima de Aby Warburg, citada acima. Em Goethe também encontramos algo semelhante: "Willst du dich im Ganzem erquicken/ So musst du das Ganzen im Kleinsten erblicken". Goethe, *Werke*, *op. cit.*, vol. I, p. 304.

[78] M. Landmann, "Arthur Steins Erinnerungen an Georg Simmel", *in* H. Böhringer e K. Gründer (orgs.), *Ästhetik und Soziologie um die Jahrhundertwende: Georg Simmel*, Frankfurt, V. Klostermann, 1976, p. 275.

[79] K. Mannheim, "Georg Simmel als Philosoph", *in* E. Karadi e E. Vezer (orgs.), *Georg Lukacs, Karl Mannheim und der Sonntagskreis*, Frankfurt/M, Sendler, 1985, p. 151.

[80] Apenas a título de exemplo, dentre centenas de outros possíveis: "It is the *microsociological* character of Simmel's work that may always give him an edge in timeliness over the other pioneers. He did not disdain the small and the intimate elements

"Para a compreensão do tecido real das sociabilidades humanas e de sua variedade e mobilidade indescritíveis, o mais importante é aguçar o olhar para esses rudimentos e transições, para as formas relacionais simplesmente sugeridas e novamente submersas, para suas configurações embrionais e fragmentárias."[81]

Tudo está em relação com tudo. Isto significa romper com as relações usuais de proximidade e distância, na medida em que aproxima, ligando, o que usualmente está distante. É disto que brota o inesperado em Simmel, sua compulsão para o inusitado.[82] É também aqui que o conceito fundamental para Simmel de *Wechselwirkung* (interação, no sentido de relações mútuas, efeitos mútuos) ganha pleno sentido, vale dizer, posição. Pois se tudo está a tudo relacionado, trata-se sempre de buscar os laços dessas relações, trata-se de ver as relações mútuas, os "efeitos infinitamente múltiplos", as interações que ocorrem no mundo e na vida.

---

of human association, nor did he ever lose sight of the primary of human beings, of concrete individuals, in his analyses of institutions". R. A. Nisbet, "Comment" (ao texto de T. Abel, "The Contribuition of Georg Simmel: A Reappraisal"), *in American Sociological Review*, vol. XXIV, nº 4, 1959, p. 480.

[81] G. Simmel, *Soziologie, op. cit.*, p. 132. Horkheimer se expressou a respeito: "O motivo pelo qual a maior parte da filosofia é tão tola reside no fato de que ela só trata dos grandes problemas, enquanto a verdade precisa ser procurada nas menores nuances". M. Horkheimer, *Gesammelte Schriften*, Frankfurt/M, S. Fischer, 1988, vol. XIV, p. 283. Como se sabe, Horkheimer foi desde cedo um leitor atento de Simmel, e isto perdurou. Em uma nota de 1957 ele retoma literalmente a ideia da *Philosophie des Geldes*. Horkheimer, *Gesammelte Schriften, op. cit.*, vol. XIV, p. 274.

[82] Esta alteração nas relações de proximidade e distância é uma característica fundamental da modernidade (cf. G. Simmel, *Philosophie des Geldes, op. cit.*, p. 663). E se é assim, a filosofia se vê defronte a novas tarefas, modernas. Frente a elas é que se delineia a ideia de uma cultura filosófica "em sentido amplo e moderno"; frente a elas é que o "panteísmo estético" se mostra como procedimento de análise simmeliano e, mais que isso, moderno por excelência. É nesse sentido que se deve compreender a ênfase de Simmel, em *Kant und Goethe. Zur Geschichte der modernen Weltanschauung*, em legitimar o tipo de conhecimento que Goethe defende como tão legítimo quanto o tipo de conhecimento que Kant prega, pois este é historicamente o dominante. Se nos anos 1870 se proclamava "zurück zu Kant!", agora, na virada do século, se proclama "zurück zu Goethe!" (*Kant und Goethe, op. cit.*, p. 22). Na verdade, Simmel defende uma labilidade, uma mobilidade e plasticidade que permita oscilar entre um e outro, de modo que se possa defender — à diferença do passado, em que se tratava de "Kant ou Goethe" — a máxima "Kant e Goethe". O esgotamento da filosofia tradicional detectado por Simmel e a virada rumo a uma cultura filosófica devem ser entendidos também neste sentido (*Kant und Goethe, op. cit.*, pp. 114-7).

"Se o efeito, que um elemento exerce sobre um outro elemento, se torna causa deste último, e irradiar de volta um efeito àquele primeiro, mas que assim se repetindo se torna por seu lado a causa de um efeito de volta, então o jogo pode recomeçar de novo. Com isso está dado o esquema de uma efetiva infinitude da atividade. Há aqui uma infinitude imanente que é comparável à do círculo [...]."[83]

Simmel mostra assim de que natureza é o tecido das relações que ele tem em vista. Trata-se de um *jogo*. É por isso que M. Landmann "traduziu" *Wechselwirkung* como "interação circular",[84] pois se não há circularidade o todo não se tece e os caminhos que Simmel percorre nunca poderiam ser percorridos. Simmel elabora uma rede de interações que forma um labirinto. Sua sensibilidade aguçada permite-lhe circular por entre o labirinto com a segurança do ensaio e da tentativa, nunca com a segurança do sistema.[85] Os caminhos que ele percorre incessantemente são os fios

---

[83] G. Simmel, *Philosophie des Geldes*, *op. cit.*, pp. 120-1. A formulação macarrônica vem do original.

[84] "[...] Wechselwirkung (zirkuläre Interaktion) [...]." M. Landmann, "Georg Simmel: Konturen seines Denkes", *in* H. Böhringer e K. Gründer (orgs.), *Ästhetik und Soziologie um die Jahrhundertwende: Georg Simmel*, *op. cit.*, p. 8. Um exemplo concreto e muito didático dessa circularidade nos é fornecido pelas relações de amor e fidelidade no "Excurso sobre a fidelidade e a gratidão". Cf. G. Simmel, *Soziologie*, *op. cit.*, pp. 652-70, especialmente p. 656; ver também pp. 160-1, 165. Uma leitura de um livro como a *Soziologie* fornece-nos uma infinidade de exemplos semelhantes. Isto atesta em que medida a circularidade das interações é o procedimento analítico por excelência de nosso autor. Nos domínios da filosofia, Simmel mostrou como sujeito e objeto estão em interação. Cf. G. Simmel, *Hauptprobleme der Philosophie*, *op. cit.*, p. 87.

[85] — *Enquanto isso, em 221B Baker Street, Londres.* A ideia do "panteísmo estético" e do tecido de relações poderia sugerir que estamos defronte a um Sherlock Holmes que, a partir de *indícios*, desfia a trama do crime e descobre o culpado. Mas não se trata disso. A trama de Holmes é de natureza essencialmente distinta da de Simmel e do "panteísmo estético". Ela é um *sistema*. Se Holmes acha um resquício de cola no casaco de Mr. Stappleton, ou grãos de terra no sapato de Mrs. Morris, estes indícios levam diretamente a posições já definidas: é uma cola de sapateiro, é uma terra vermelha de Sussex. Há um sistema já dado de antemão, no qual os elementos possuem posições determinadas, e se o grão de terra provém de Sussex, quem procuramos só pode ser encontrado lá. E assim por diante. O quadro já existe, as relações já existem, é preciso apenas que Holmes, como um bom cão farejador, saiba rastrear os elementos que estão dados até chegar ao quadro final, puxando os fios que constituem a teia de relações. É por isso que, muitas vezes, Holmes prepara — nem que seja mentalmente — a sua cena e deixa ela apenas acontecer. É também por isso que ele, com frequência, elabora uma linha de raciocínio independentemente dos fatos, e depois só os tem de alojar nela (se-

dessa teia, que ele vai tecendo à medida em que se movimenta. "Sua mão delicada ata milhares de fios e desenreda uma rede impenetrável."[86] Tecer relações, atar fios e penetrar o impenetrável são aventuras, Simmel o aventureiro. Em Simmel a unidade, e portanto o todo, consiste na interação das partes.[87] Como a interação é sempre e principalmente uma relação mútua e múltipla, e que se estende infinitamente, o resultado disso é que o todo está sempre em processo, móvel, *é um tecido que se tece continuamente*.[88] É nesse sentido que disse que, de relação em relação, o mundo de Simmel torna-se um mundo de relações.

RÁPIDO EXCURSO SOBRE A ANALOGIA

A analogia é um procedimento fundamental no ensaio simmeliano porque ela permite um modo de apresentação e representação das relações

---

ria ele popperiano?). A lógica da coisa é exterior e já está dada, basta segui-la e, no momento certo, apanhar o culpado, resolver o problema. O "panteísmo estético" é algo completamente diferente. Ele não tem nada de sistema e dedução, e sim de improviso e aventura. É Simmel quem constrói a trama e vai tecendo pouco a pouco o tecido de relações; a cada instante o tecido ganha uma tessitura nova e inesperada. Como não há nada de sistema, tudo pode ser diferente, nada está, nem pode estar, em seu lugar já determinado. À crença de Holmes na ciência, Simmel responde com o ceticismo do ensaio. À lógica indutiva do detetive londrino corresponde o livre jogo, desordenado e assistemático, do filósofo berlinense. Tanto quanto Holmes é objetivo, Simmel subjetivo. Para Holmes a teia já está dada; ela precisa ser, quando muito, topografada. Simmel tece ele mesmo sua teia: "pensando com o lápis na mão". (Coube a um aluno de Simmel, Siegfried Kracauer, escrever sobre o detetive: S. Kracauer, *Der Detektiv-Roman. Ein philosophischer Traktat*, Frankfurt/M, Suhrkamp, 1979.)

[86] O. Heuschele, "Erinnerungen an Simmel", *in* K. Gassen e M. Landmann (orgs.), *Buch des Dankes an Georg Simmel, op. cit.*, p. 182. "Ele dava valor sobretudo à teia de ideias que ele tramava, e procurava desenvolver esse ato de tramar até a virtuosidade." W. Weisbach, "Erinnerung an Simmel", *in* K. Gassen e M. Landmann (orgs.), *Buch des Dankes an Georg Simmel, op. cit.*, p. 203.

[87] Cf. G. Simmel, "Rom. Eine ästhetische Analyse", *op. cit.*, p. 304.

[88] Aqui tem lugar a *boutade* simmeliana: "Für das Gewebe des socialen Lebens gilt es ganz besonders: Was er webt, das weiss kein Weber" (aproximadamente: "Para o tecido da vida social vale de modo muito especial: o tecelão não sabe o que tece"). G. Simmel, *Die Probleme der Geschichtsphilosophie. Eine erkenntnistheoretische Studie* (1892), *in Aufsätze 1887 bis 1890 — Über sociale Differenzierung — Die Probleme der Geschichtsphilosophie (1892), op. cit.*, p. 316. Só hoje a frase faz o efeito peculiar, pois em 1892 é muito pouco provável que Simmel tivesse qualquer conotação irônica (Weber = tecelão).

que levam ao todo. Assim, a analogia é uma estratégia, no interior do ensaio, para visar o todo através do fragmento.[89] Há, pois, uma relação entre analogia, forma de apresentação e objeto do conhecimento. Ela ganha em importância com a transformação/deslocamento da filosofia (cf. o tópico "caracterização"). A analogia não é, propriamente, uma figura do estilo ou da retórica em Simmel, mas sim um modo de conhecimento. Ela preserva a diferença, pois é finita, o que vale dizer que ela vai só até um certo ponto, para além do qual ela já não é mais válida. Se fosse, ela acabaria por se confundir com a própria coisa, e não seria mais analogia. A analogia é característica de uma lógica não identitária: uma lógica da diferença.

Devemos sobretudo a Siegfried Kracauer a análise da analogia em Simmel. Ele procurou mostrar como a analogia procura dar conta dos nexos que se estabelecem entre os elementos que estão em jogo na teia de relações, nas relações funcionais que Simmel quer sempre trabalhar. Como essa teia, esse tecido de relações é muito instável, está sempre se rearranjando, está sempre em movimento, a analogia permite como que congelá-lo — "instantâneo sub specie aeternitatis" —, e nesse instante, mediante a analogia, ele se tornaria permeável ao conhecimento. A analogia é um procedimento "metódico" em Simmel, com o qual ele procura dar conta de semelhanças funcionais.[90]

"Se dois objetos x e y se comportam analogamente, isto significa que tanto x como y estão sujeitos à mesma regra universal, à mesma lei universal. A analogia nunca diz respeito à peculiaridade [erlebbare Eigensein] de uma coisa, portanto ao seu valor, à sua qualidade. Pelo contrário, ela só a leva em consideração pura e simplesmente na medida em que essa peculiaridade preenche uma função, personifica um tipo, se inclui em uma forma: em poucas palavras, enquanto caso particular de um universal, cujo conhecimento é condição prévia para a formação da analogia."[91] A analogia está, portanto, em perfeita sintonia com o "panteísmo estético" simmeliano, cujos esforços visam contemplar no particular o universal. Os objetos que são relacionados por meio do procedimento analógico — Simmel é incansável e imbatível na elaboração das analogias — permanecem também em sintonia com um elemento fundamental na caracterização do ensaio, a saber: a parataxe, a coordenação, ao invés da subordinação. A analogia não subordina, mas sim coordena. E, como vimos, estabelecer

---

[89] Cf. G. Simmel, *Soziologie, op. cit.*, p. 271-2.

[90] Cf. p. ex. H. J. Dahme, *Soziologie als exakte Wissenschaft, op. cit.*, pp. 383 ss.

[91] S. Kracauer, "Georg Simmel", *op. cit.*, p. 222.

relações é pura e simplesmente o que Simmel faz e de relação em relação, o mundo de Simmel torna-se um mundo de relações. "De cada qualidade ou comportamento novo que ele descobre no seu objeto, Simmel mostra que ela também ganha corpo em outros objetos, e assim uma rede de analogias recobre o mundo."[92]

Kracauer detectou, ainda, a forma mais recorrente do procedimento analógico em Simmel: o "como". "A palavrinha 'como' [...] é imprescindível na ligação dos casos análogos."[93] É através dela que o Autor liga os casos análogos, vai tecendo o fio da teia. Não cabe aqui uma demonstração disso: um único exemplo seria insignificante, e uma infinitude deles impossível.[94] Portanto, o Leitor — ao menos aquele que desejar ter uma dimensão mais concreta de como a analogia surge em Simmel — precisa ficar sempre em alerta nas vezes em que Simmel é citado no curso deste trabalho: e então ele vai deparar-se com uma quantidade considerável de analogias e "comos".

* * *

Retomando nossos fios. Havia dito que de relação em relação o mundo de Simmel torna-se um mundo de relações. O todo que é assim composto é de natureza estética. A ideia de que "algo só [é] em uma relação com um outro e o outro só [é] em sua relação com aquele"[95] se estende ao infinito. Entretanto este é o modelo da obra de arte:

> *"Talvez o encanto mais profundo da beleza radique no fato de que ela é sempre a forma de elementos que, em si mesmos, são indiferentes e estranhos à beleza, e somente estando juntos uns dos outros é que adquirem valor estético. À palavra isolada, assim como ao fragmento isolado de cor, à pedra, assim como ao som falta o valor estético, e o conjunto formador,*

---

[92] S. Kracauer, "Georg Simmel", *op. cit.*, p. 234.

[93] S. Kracauer, "Georg Simmel", *op. cit.*, p. 224.

[94] Também no que diz respeito à analogia os primeiros românticos são importantes. Para eles, a analogia ocupa uma posição em tudo semelhante ao que encontramos em Georg Simmel. Schlegel afirma que "todas as analogias são aproximações". "A menor analogia fornece mais luz e espírito do todo sobre o universo do que uma viagem ao sol." F. Schlegel, *Philosophische Lehrjahre 1796-1806*, *op. cit.*, pp. 311, 329 (como se trata de um fragmento, a sentença foi completada pelo organizador da edição. Ao traduzir, levei em consideração apenas a feição final, reconstruída, do fragmento), também pp. 296 ss., 222, 344, *passim*.

[95] G. Simmel, "Rom. Eine ästhetische Analyse", *op. cit.*, p. 301 (os colchetes são meus).

Panteísmo estético

que constitui a sua beleza, chega sobre essas singularidades como uma dádiva, que não viria a partir de algo isolado."[96]

A beleza não está ligada a nenhum elemento singular, mas a todos eles enquanto um todo, e esse todo é precisamente o inter-relacionamento mútuo e contínuo de todos os elementos — daí se falar em fios, teia e tecido. Tal inter-relacionamento, que Simmel quer sempre pôr em evidência, desenrolando a partir de um elemento singular a rede que tece o todo, é de natureza estética, e é nesse sentido que se pode falar que a sociedade é uma obra de arte. Pois ela é o todo que se forma a partir das inúmeras e infindáveis interações, mas nenhuma delas é, por si só, a sociedade. Mas a partir de cada uma podemos adentrar no tecido, seguindo o encadeamento que vai incessantemente de uma à outra, e depois à outra, *ad infinitum.*[97]

É no interior de uma teia de relações em que as interações se determinam mutuamente que devemos compreender o fenômeno da *ambiguidade*, que Simmel busca sempre evidenciar. A ambiguidade tem raízes no movimento incessante, em que o que é causa é efeito, o que é efeito é causa.[98]

---

[96] G. Simmel, "Rom. Eine ästhetische Analyse", *op. cit.*, p. 301. E em uma outra formulação, na *Philosophie des Geldes*: "A verdade da obra de arte significa que ela, enquanto todo, paga a promessa que uma de suas partes nos deu como que voluntariamente — e na verdade qualquer uma [das partes], pois precisamente a mutualidade do que se corresponde proporciona a cada singular a qualidade da verdade. Inclusive na nuance específica do artístico, a verdade é portanto um conceito relacional, ela se realiza enquanto uma relação dos elementos da obra de arte uns com os outros [...]. Aquela unidade da obra de arte [...] origina-se precisamente pelo fato de que os diversos elementos da obra de arte se condicionam mutuamente, um está necessariamente ali quando o outro está dado e assim mutuamente". G. Simmel, *Philosophie des Geldes, op. cit.*, p. 105. E por fim: "[...] assim como em uma pintura cada mancha de cor está em relação não só com a vizinha, mas sim com todas as outras na mesma tela, e assim se origina aquela trama de contrastes, sínteses, intensidades que nós exprimimos na obra de arte enquanto 'necessidade', isto é, o caráter imprescindível de cada uma das partes, porque *cada* outra das partes determina precisamente esta, e isto mutuamente: cada parte da obra de arte é aquilo que é no lugar determinado apenas porque cada outra parte é o que é. A significação de cada uma encerra de certo modo a obra de arte como um todo". G. Simmel, "Das individuelle Gesetz", *op. cit.*, p. 144.

[97] Veja-se G. Simmel, *Soziologie, op. cit.*, pp. 291-2, 295.

[98] Assim Simmel, como já foi dito, rompe com a ideia usual de causalidade. Isto é abordado explicitamente por Simmel em uma carta a Heinrich Rickert, na qual expõe as dificuldades em que se encontra na época da composição da *Philosophie des Geldes*. Então ele relaciona o rompimento da causalidade com a ideia do círculo, e assume para si a posição de um relativismo. Cf. carta de Georg Simmel a Heinrich Rickert de 10/5/1898, *in* K. Gassen e M. Landmann (orgs.), *Buch des Dankes an Georg Simmel, op. cit.*, p. 94. Ver também G. Simmel, "Aus dem nachgelassene Tagebuche", *op. cit.*, p. 6.

Trata-se de uma circularidade infinita. É ainda devido a essa infinitude que Kracauer percebeu que os objetos das análises de Simmel vivem na eternidade.[99] É este argumento que Simmel mobiliza em sua crítica ao materialismo histórico (cf. o tópico "estilo de vida"). Na medida em que Simmel faz do conceito de *Wechselwirkung* uma pedra de toque de seu pensamento — e não só de sua sociologia — ele assume uma imagem de mundo relativista; relativista não no sentido de que tudo é relativo, mas sim no de que tudo são relações. "Panteísmo", *Wechselwirkung* e relativismo são as três faces de uma mesma fisionomia.

> *"[...] através da dissolução, que prossegue até o infinito, de todo ser-para-si sólido em interações, nós nos aproximamos então daquela* unidade funcional *de todos os elementos do mundo, na qual o significado de cada elemento é iluminado pelos raios de todos os outros."*[100]

Esta "unidade funcional" é a mesma que Simmel mobiliza, na "Introdução" de *Philosophische Kultur*, para caracterizar sua *atitude*; "atitude espiritual em relação ao mundo e à vida, uma forma e modo funcionais de apanhar as coisas e proceder mentalmente com elas".[101] Quando

---

É na *Soziologie* onde encontramos uma infinidade de exemplos e análises que nos mostram como as relações de causa e efeito se desintegram em uma circularidade onde não é mais possível perceber o que é causa e o que é efeito. Por exemplo G. Simmel, *Soziologie*, *op. cit.*, pp. 299-300. E ainda K. Lichtblau, "Kausalität oder Wechselwirkung? Max Weber und Georg Simmel im Vergleich", *op. cit.*

[99] No passo citado acima. É nesse contexto, seguindo indicações de Kracauer, que D. Frisby afirma que para Simmel o moderno é um "presente eterno". Mas, se assim é, parece-me necessário compreender melhor a natureza desse "moderno enquanto presente eterno" (cf. D. Frisby, *Fragmente der Moderne*, *op. cit.*), e o caminho para tanto passa necessariamente por Goethe. É isto que K. Löwith demonstra, e creio que só no interior do quadro esboçado por Löwith — no qual Simmel não é absolutamente cogitado — teria sentido qualificar assim o presente. Cf. K. Löwith, *Von Hegel zu Nietzsche. Der revolutionäre Bruch im Denken des neuzehnten Jahrhunderts*, 7ª ed., Hamburgo, F. Meiner, 1978, pp. 220 ss.

[100] G. Simmel, *Philosophie des Geldes*, *op. cit.*, p. 120, grifo meu.

[101] Cf. o texto de Simmel citado no tópico "caracterização", onde ainda se lê: "Se se compreende o funcional, a atitude, a orientação de profundidade e o ritmo do processo do pensamento como aquilo que o torna filosófico [...]". Cabe notar que há uma semelhança muito forte entre a "Introdução" de *Philosophische Kultur*, o "Prefácio" da *Philosophie des Geldes*, o "Prefácio" a *Hauptprobleme der Philosophie*, o "Prefácio" a *Rembrandt* e ainda alguns outros textos. Os prefácios ocupam a mesma posição lógica que a "Introdução" em *Philosophische Kultur*. Trata-se de justificar a unidade do que é apresentado. E unidade não simplesmente dos capítulos etc., mas sim em

Panteísmo estético

Simmel fala aqui em "unidade funcional", trata-se de algo que se concretiza nas interações. Tanto aquelas que se cristalizam nas grandes formas ("formações objetivas"[102]), tais como "os estados e as associações sindicais, as ordens sacerdotais e as formas familiares, as condições econômicas e o exército, as corporações e as comunidades, a formação de classe e a divisão industrial do trabalho", como por outro lado os processos micrológicos, o "número imenso de formas menores de relação e de modos de interação entre os homens, em casos singulares aparentemente insignificantes", que são objeto da "microscopia psicológica" de nosso autor.

"Sociedade significa sempre [...] que os singulares, em virtude da influência e da determinação que são exercidas mutuamente, estão ligados. Ela é portanto na verdade algo funcional, algo que os indivíduos fazem e sofrem, e de acordo com seu caráter fundamental não se deveria falar em sociedade, mas sim em socialização."[103]

Deve-se falar em socialização, e não em sociedade, porque socialização enfatiza o *processo*, enquanto sociedade dá muito mais a impressão de algo estático, ou das "formações objetivas" de que Simmel fala. Já mesmo no âmbito terminológico, Simmel procura demarcar estática e dinâmica como categorias sociológicas. Por isso a grande sociologia de 1908 pretende apenas fornecer fragmentos e exemplos,[104] ao trazer por subtí-

---

um plano mais concreto: a unidade da própria postura do sujeito. Ou, nos termos de Simmel: a unidade da "atitude".

[102] Sobre isto ver o tópico "cultura".

[103] G. Simmel, *Grundfragen der Soziologie, op. cit.*, pp. 13-4, grifo meu; ainda na p. 14: "A sociedade não é contudo uma substância, nada que seja por si mesmo concreto, mas sim um *acontecimento* [...]". Ver ainda *Soziologie, op. cit.*, p. 61; *Philosophie des Geldes, op. cit.*, p. 104.

[104] Cf. G. Simmel, *Soziologie, op. cit.*, pp. 9, 31, 65, 172. Para Simmel, nenhuma ciência singular pode dar conta da totalidade, que é a totalidade da vida (cf. G. Simmel, *Hauptprobleme der Philosophie, op. cit.*, p. 102). Só uma metafísica pode se colocar esta questão — o que ele tentou inclusive desenvolver (cf. G. Simmel, *Lebensanschauung, op. cit.*, assim como outros textos do mesmo complexo; veja-se por exemplo o passo do *Rembrandt* citado). É por esse motivo, também, que se na *Philosophie des Geldes* Simmel tem em vista a totalidade, ele rompe com a divisão do trabalho usual nas disciplinas científicas e na filosofia (como assinalei já no início desta interpretação; ver G. Simmel, *Philosophie des Geldes, op. cit.*, pp. 9 ss.). Ou se desenvolvem fragmentos, exemplos, e o todo é apenas visado, ou ele precisa recorrer à alguma espécie de metafísica, e a partir dos exemplos e fragmentos lastrear e direcionar o conhecimento do todo. Mas sem o lastro metafísico não há todo. Daí falarmos em "fundo metafísico" (Gadamer), "unidade última de todas as coisas" (Simmel).

tulo "investigações sobre as formas de *socialização*": mais que tudo, a sociologia simmeliana é uma sociologia dos processos; ele postula uma "concepção dinâmica e relacional de sociedade como socialização",[105] em que o todo é o conjunto das relações mútuas, funcionais.[106]

A *Philosophie des Geldes* almeja ser uma grande investigação acerca do todo a partir das interações:

"Neste conjunto de problemas o dinheiro é apenas um meio material ou exemplo para a apresentação das relações que existem entre os fenômenos mais exteriores, mais realísticos, mais casuais e as potências mais ideais da existência, os conceitos mais profundos da vida singular e da história."[107]

Afirmar que o dinheiro é exemplo etc., é considerá-lo como símbolo, símbolo que depende da ideia de um "panteísmo estético". A abordagem simbólica é, como vimos, a sonda que vai da superfície à profundidade:

"O sentido e a finalidade do todo é tão só traçar uma linha da superfície do acontecimento econômico aos valores e significações últimas de tudo o que é humano."[108]

Neste ponto é possível compreender porque se trata de uma *filosofia* do dinheiro:

"Esta é a significação filosófica do dinheiro: o fato de que ele, no interior do mundo prático, é a visibilidade mais decisiva, a realidade mais clara da fórmula da existência universal, segundo a qual as coisas encontram o seu sentido umas nas outras, e o caráter mútuo das relações nas quais as coisas estão suspensas é a sua própria existência."[109]

Em outra passagem, Simmel mostra como o dinheiro é a mais pura das interações.[110] Entretanto, o que está por detrás da possibilidade mes-

---

[105] B. Nedelmann, "Georg Simmel als Klassiker soziologischer Prozessanalysen", *in* H. J. Dahme e O. Rammstedt (orgs.), *Georg Simmel und die Moderne, op. cit.*, p. 94.

[106] Veja-se *Soziologie, op. cit.*, pp. 23, 62, 178-9.

[107] G. Simmel, *Philosophie des Geldes, op. cit.*, p. 12, grifos meus.

[108] G. Simmel, *Philosophie des Geldes, op. cit.*, p. 12.

[109] G. Simmel, *Philosophie des Geldes, op. cit.*, p. 136.

[110] Cf. G. Simmel, "Die Bedeutung des Geldes für das Tempo des Lebens" (1897), *in Aufsätze und Abhandlungen 1894 bis 1900, op. cit.*, p. 224; *Philosophie des Geldes, op. cit.*, p. 137, ambas citadas no tópico "estilo de vida".

Panteísmo estético

mo de tudo isto é aquilo que está situado na mesma constelação que o panteísmo e a *Wechselwirkung*: o relativismo.

"Na medida em que aqui uma formação do mundo histórico simboliza o comportamento objetivo das coisas, institui-se entre este e aquela uma ligação específica. Quanto mais a vida da sociedade torna-se econômico-monetária, tanto mais eficaz e claramente o caráter relativista da existência se manifesta na vida consciente, já que o dinheiro nada mais é do que a relatividade dos objetos econômicos encarnada em uma formação específica que exprime o seu valor. E como a visão de mundo [Weltansicht] absolutista representa um determinado grau de desenvolvimento intelectual, em correlação com a correspondente conformação prática, econômica e sentimental das coisas humanas — assim a visão de mundo relativista parece exprimir, ou talvez, de modo mais concreto: parece ser a relação momentânea de adaptação do nosso intelecto, atestada pela dupla face da vida social e da vida subjetiva, que encontrou no dinheiro tanto o suporte realmente ativo como o símbolo refletor de suas formas e movimentos."[111]

Esse relativismo de Simmel é tributário do fundo metafísico que já apontei. Ele quer exprimir a relatividade do mundo, o fato de que tudo é movimento. A figura de fundo dessa ideia é Heráclito, sempre presente em Simmel (cf. os tópicos "dinheiro" e "estilo de vida"). Dele Simmel extrai a ideia de que "a existência do mundo é um jogo infinito".[112]

A ideia do *jogo infinito* — sem dúvida também um eco nietzschiano — é a ideia da teia de relações infindáveis, do tecido que se está sempre a tecer. O relativismo simmeliano é de fato uma "lógica relacional", "lógica das relações". "Esse método [...] não considera mais os objetos como substâncias, como coisa-em-si, mas sim em suas interações, relações com e frente a outros objetos. A intenção do conceito de interação era estudar os objetos em suas relações intercambiáveis com o que está ao seu redor."[113] Esse método já está presente desde os primeiros escritos de Simmel, desde seu primeiro livro.[114] Por isso Simmel relativiza o que se quer absoluto: as instituições sociais, as normas.[115] Por detrás delas, Simmel busca detectar suas

---

[111] G. Simmel, *Philosophie des Geldes*, op. cit., p. 716.

[112] G. Simmel, *Hauptprobleme der Philosophie*, op. cit., p. 65.

[113] H. J. Dahme, *Soziologie als exakte Wissenschaft*, op. cit., p. 251.

[114] Cf. G. Simmel, *Über sociale Differenzierung*, op. cit.

[115] Cf. G. Simmel, *Einleitung in die Moralwissenschaft*, op. cit.

condições históricas, sociais e psíquicas; através dessas condições ele interpreta os fenômenos. "Mediante o conceito de interação e da ideia de diferenciação, Simmel tentou, já relativamente cedo, levar em consideração na formação de sua teoria a *dinâmica da vida social* e as relações sociais."[116] Quando Simmel fala da "relação momentânea de adaptação" ele quer exprimir o seu caráter *contemporâneo*. Se Simmel adota uma visão de mundo relativista, é porque só ela lhe parece capaz de articular o seu presente, o tempo que ele vive:

> *"A ligação das singularidades e superficialidades da vida com seus movimentos mais profundos e essenciais e sua interpretação segundo o seu sentido global pode se realizar sobre as bases tanto do Idealismo como do Realismo, de uma interpretação da existência tanto de acordo com o entendimento como de acordo com a vontade, tanto de caráter absolutista como de caráter relativista. Que as investigações seguintes se baseiem em uma destas imagens de mundo, que considero a expressão adequada dos conteúdos do conhecimento e das direções do sentimento contemporâneos, com a exclusão decidida das imagens de mundo opostas [...]."*[117]

Esta imagem de mundo, não nomeada, é o relativismo, amplamente tematizado na *Philosophie des Geldes*.[118] Mas o que Simmel quer exprimir sob a ideia de imagem de mundo é de fato a sua *atitude*.[119] Em um fragmento autobiográfico único e inacabado, no qual Simmel esboçava sua fisionomia intelectual, pode-se ler:

> *"Mas a partir desse significado sociológico do conceito de interação [Wechselwirkung]*[120] *brotou em mim, pouco a pou-*

---

[116] H. J. Dahme, *Soziologie als exakte Wissenschaft, op. cit.*, p. 251.

[117] G. Simmel, *Philosophie des Geldes, op. cit.*, p. 13.

[118] Cf. G. Simmel, *Philosophie des Geldes, op. cit.*, pp. 15, 93-138, 715 ss.

[119] Cf. G. Simmel, *Hauptprobleme der Philosophie, op. cit.*, p. 28: "o pensamento filosófico [...] exprime o mais profundo e o último de uma atitude pessoal em relação ao mundo na linguagem de uma imagem de mundo [...]". Tal "atitude pessoal em relação ao mundo" é exatamente a "atitude espiritual em relação ao mundo e à vida" da "Introdução" de *Philosophische Kultur*.

[120] Simmel refere-se à sua tentativa de delimitação da sociologia como ciência na primeira metade da década de 1890 e que encontra sua forma no texto de 1894, "Das Problem der Sociologie". Refere-se, ainda, à obra de 1890, *Über sociale Differenzierung*, onde já está claramente delimitado o uso sociológico do dito conceito. Pode-se dizer com segurança que o conceito de "Wechselwirkung" está presente desde os primeiros até os últimos escritos de Simmel.

Panteísmo estético

*co, pura e simplesmente um princípio metafísico abrangente. A dissolução histórico-temporal de tudo o que é substancial, absoluto e eterno no fluxo das coisas, na variabilidade histórica, na realidade apenas psicológica só me parece então assegurada frente a um subjetivismo e ceticismo desenfreados caso se ponha no lugar daqueles valores substancialmente sólidos a interação [Wechselwirksamkeit] viva dos elementos, que sujeita novamente estes à mesma dissolução até o infinito. Os conceitos centrais da verdade, do valor, da objetividade etc. resultavam para mim como interações [Wechselwirksamkeit], como conteúdos de um relativismo, que significava agora não mais a sedução cética de todas as estabilidades, mas sim precisamente a segurança frente a isso em virtude de um novo conceito de estabilidade (*Philosophie des Geldes*).*"[121]

Pois para Simmel há uma delimitação histórica que se mostra nas imagens de mundo. O relativismo corresponde à imagem *moderna* de mundo. No mundo pré-moderno tudo era sólido e fixo; no moderno tudo se torna movimento e relação.[122] A verdade e o conhecimento não são em absoluto absolutos, mas só têm validade no interior de um conjunto de relações, que fazem com que algo seja justamente "verdade" ou "conhecimento".[123] Esta é a libertação da ideia tradicional de verdade (anterior ao deslocamento da filosofia realizado por Simmel através de sua proposta de uma cultura filosófica); este é o nexo que liga a imagem estética à verdade. Esta ideia está em sintonia com a afirmação de Simmel de que não há nada que seja absolutamente fixo e sólido; a única instância que pode assegurar solidez e fixidez é a crença, mas não o pensamento.[124] O pensamento, tal como ele o entende aqui, é absolutamente não dogmático (cf. o tópico "caracterização").

Por precisão e fidelidade terminológica, é preciso então dizer que, quando falo em "panteísmo estético", estou fazendo um uso livre de uma expressão que parece não ter agradado completamente a Simmel. Ele a

---

[121] G. Simmel, "Anfang einer unvollendeten Selbstdarstellung", *op. cit.*, p. 9. Ver ainda a já mencionada carta de Simmel a H. Rickert de 10/5/1898, *in* K. Gassen e M. Landmann (orgs.), *Buch des Dankes an Georg Simmel*, *op. cit.*, p. 94.

[122] A ideia é recorrente em Simmel, mas dado o tipo de conhecimento que ele postula, ele nunca a desenvolveu historicamente de modo detalhado e acabado. Ver por exemplo G. Simmel, *Hauptprobleme der Philosophie*, *op. cit.*, p. 54. Cf. os tópicos "dinheiro" e "estilo de vida".

[123] Cf. G. Simmel, *Philosophie des Geldes*, *op. cit.*, pp. 100 ss., 116; "Zur Philosophie des Schauspielers (aus dem Nachlaß)", *op. cit.*, p. 251.

[124] Cf. G. Simmel, *Hauptprobleme der Philosophie*, *op. cit.*, p. 58.

utiliza uma única vez, no passo que citei logo ao início. O fato de ter abandonado a expressão parece indicar a insatisfação de Simmel com ela, e essa insatisfação tem sua razão de ser. O panteísmo está ligado à ideia de substância, e por isso ele não é completamente adequado para exprimir o que Simmel almeja: pois o moderno é a dissolução de tudo o que é visto e considerado como substância em relações. Se utilizo aqui a expressão "panteísmo estético", é preciso ter sempre em mente que tal "panteísmo" não tem mais nada a ver com qualquer ideia de substância. Daí Simmel adotar, no complexo da filosofia do dinheiro, o mais das vezes o termo "relativismo" para demarcar a sua posição.[125] Se aqui, entretanto, prefiro falar em "panteísmo estético", é porque preciso realçar a dimensão estética que o "panteísmo estético" supõe e traz para o âmago da constelação de cultura filosófica.

O relativismo de Simmel é a visão de mundo em que tudo o que é fixo e sólido se dissolve em movimentos e relações. Essa visão de mundo corresponde à imagem de mundo moderna.

"[...] pode-se denominar como uma direcionalidade básica da ciência moderna o fato de que ela compreende os fenômenos não através de e como substâncias específicas, mas sim como movimentos, cujos suportes como que cada vez mais se retiram para o que não tem qualidades. No fato de que a ciência moderna procura exprimir as qualidades que estão nas coisas como determinações quantitativas, e portanto relativas; no fato de que ela professe, ao invés da estabilidade absoluta das formações orgânicas, psíquicas, éticas e sociais um desenvolvimento incansável, no qual cada elemento ocupa uma posição limitada, fixada através da relação com o que lhe vem antes ou depois; no fato de que ela renuncia à uma essência em si das coisas e se satisfaz com a constatação das relações que se estabelecem entre as coisas e o nosso espírito, vistas do ponto de vista deste último. Que o repouso aparente da Terra não é só um movimento complexo, senão que sua posição no universo consiste em uma relação mútua com outras massas de matéria — isto é um caso bem simples, mas muito significativo, da passagem da solidez e do caráter absoluto dos conteúdos do mundo para sua diluição em movimentos e relações."[126]

---

[125] Em uma carta a Heinrich Rickert, de 15/8/1898, Simmel relaciona o relativismo com o panteísmo. Cf. K. Gassen e M. Landmann (orgs.), *Buch des Dankes an Georg Simmel, op. cit.*, p. 96.

[126] G. Simmel, *Philosophie des Geldes, op. cit.*, p. 95.

Panteísmo estético

Aqui Simmel esboça uma delimitação histórica que está relacionada também com a diferença entre tratado e ensaio. Essa delimitação, que tem por foco o moderno, é apresentada como um processo histórico que vem desde os inícios da Época Moderna (Neuzeit), ganha ampla dimensão no século XIX e se realiza plenamente no presente vivido por Simmel.[127] O ensaio, a seu modo, dá notícia desse fenômeno. No ensaio, os conceitos são precisados apenas na relação que se estabelece entre eles. O ensaio promove a "Wechselwirkung de seus conceitos no processo da experiência espiritual. [...] Todos os seus conceitos devem ser apresentados de tal modo, que se carreguem uns aos outros, que cada um se articule segundo configurações com os outros"[128] Essa é a ideia do todo relacional, que se mostra, inclusive, no ensaio como forma. É justamente por isso que ele não é uma forma arbitrária em Simmel, mas sim necessária. "Os elementos se cristalizam como configurações através de seu movimento. A configuração é um campo de forças, assim como, sob o olhar do ensaio, cada função espiritual precisa se transformar em um campo de forças."[129] É exatamente neste sentido que, em "caracterização", mencionei o campo de forças que se estabelece entre sujeito e objeto. A verdade depende das relações que se estabelecem entre eles.[130]

Na verdade Simmel quer se libertar, em seu "relativismo", de uma ideia muito estreita, unívoca e exclusivista de verdade. Ele não está preocupado com os erros a que está sujeito; antes, os erros dão testemunho de seu esforço.[131] De fato, a natureza estética de seu procedimento objetiva precisamente romper com a ideia de que um erro particular significa o desmoronamento do todo.[132] A cultura filosófica de Simmel não quer apagar a interpretação por detrás de uma objetividade que fala e se sustenta por si mesma. Ela é ensaio; ela é o sujeito e a experiência do sujeito que se manifesta, e mostra sua face. Por todos os seus caminhos, por todos os seus passeios, por todas as suas escavações, Simmel sempre deixa, propositadamente, rastros, que nos permitem sempre saber que *alguém passou por ali*.

---

[127] Esse processo é análogo à difusão de uma economia monetária. Isto será precisado ao longo do texto, especialmente nos tópicos "dinheiro" e "estilo de vida".

[128] T. W. Adorno, "Der Essay als Form", *op. cit.*, p. 21. Veja-se algo próximo em G. Simmel, *Philosophie des Geldes*, *op. cit.*, p. 603.

[129] T. W. Adorno, "Der Essay als Form", *op. cit.*, pp. 21-2, também p. 25.

[130] Ver: G. Simmel, *Philosophie des Geldes*, *op. cit.*, p. 625.

[131] Nesse sentido é que se deve entendê-lo quando fala de sua teoria do conhecimento "subjetivista". Cf. G. Simmel, *Philosophie des Geldes*, *op. cit.*, pp. 623-6.

[132] Cf. G. Simmel, "Aus dem nachgelassene Tagebuche", *op. cit.*, pp. 28-9.

A CULTURA, O MODERNO
E O PRESENTE

CULTURA

A ideia de uma cultura filosófica exige de Simmel o delineamento de uma filosofia da cultura. Essa tendência filosófica dá lugar a uma espécie de disposição metafísica no conjunto dos escritos de Simmel que tratam dessa questão.[1] Contudo, apesar desta forte tendência, a filosofia da cultura não perde de vista o mundo e a vida e por isso ela não pode ser considerada metafísica pura. Trata-se precisamente de uma tendência, que é perceptível tanto no contraste analítico — como se faz aqui — com a teoria do moderno e com a análise do presente, como também, por outro lado, no próprio percurso intelectual de Simmel, na medida em que a sua obra tardia dirige-se progressivamente rumo a uma "metafísica". Mas — e isso é para mim importante, já que gostaria de pontuar algumas das variadas tendências que estão presentes em Simmel — mesmo o momento culminante de sua metafísica, tal como formulada em *Lebensanschauung* (1918) (e bastante presente também no *Rembrandt* [1916], que é a forma assumida por sua filosofia da arte), coincide com escritos bastante "concretos", como por exemplo o livro sobre a guerra. Nesse sentido, este é um livro especialmente significativo, pois trata da questão do momento no interior da filosofia da cultura, que é inclusive apresentada detidamente nessa obra (cf. o tópico "presente").

Em poucas palavras, diria que pensamento abstrato e pensamento concreto articulam-se, em Simmel, em uma constelação que comporta tanto

---

[1] Os principais textos que tematizam, já desde o título, o problema são: "Persönliche und sachliche Kultur" (1900), *in Aufsätze und Abhandlungen 1894 bis 1900, Gesamtausgabe* vol. V, *op. cit.*, pp. 560-82; "Vom Wesen der Kultur" (1908), *op. cit.*; "Die Zukunft unserer Kultur. Antwort auf eine Rundfrage" (1909), *in Das Individuum und die Freiheit, op. cit.*, pp. 92-3; "Der Begriff und die Tragödie der Kultur" (1911), *in Philosophische Kultur, op. cit.*, pp. 195-219; "Die Krisis der Kultur" (1916), *in Der Krieg und die geistigen Entscheidungen*, Munique/Leipzig, Duncker & Humblot, 1917, pp. 43-64; *Der Konflikt der modernen Kultur* (1918), 2ª ed., Munique/Leipzig, Duncker & Humblot, 1921. Entretanto a filosofia da cultura é recorrente e aparece, mais ou menos desenvolvida, ou subentendida, em uma grande parte da obra de Simmel. Nos textos mencionados, podemos sentir da maneira mais clara o que disse anteriormente a respeito dos movimentos de contração e expansão nos ensaios.

Cultura

a filosofia da cultura como a análise do presente e a teoria da modernidade. O nome dessa constelação, que é a constelação-guia desta interpretação, é cultura filosófica.

Não me interessa aqui refazer o percurso da formação da filosofia da cultura de Simmel. Seu espectro temporal acompanha a vida do nosso autor. Suas primeiras formulações aparecem nos textos do complexo "filosofia do dinheiro" e, portanto, já é perceptível no texto de 1889, "Zur Psychologie des Geldes". Suas últimas formulações aparecem em *Der Konflikt der modernen Kultur* e em *Lebensanschauung*, publicados no ano da morte de Simmel. Se se quisesse apontar algumas linhas de desenvolvimento nesse lapso, diria que a ideia básica dessa filosofia já está clara desde o início, e o que ocorre por entre as diversas formulações é um processo de "abstração" que culmina na dita "metafísica" ("filosofia") da cultura. Mas, no meu entender, as continuidades pesam muito mais do que as variações. Como quer que seja, a isto caberia uma investigação mais detalhada e específica do problema;[2] aqui interessa-me apenas indicar em que ele consiste. Por isso vou me concentrar no texto de 1911, "O conceito e a tragédia da cultura", que aparece na seção de *Philosophische Kultur* intitulada "Para a filosofia da cultura".[3]

Simmel concebe a relação do homem com a natureza, enquanto uma relação de sujeito e objeto, como uma relação conflituosa, e essa relação está posta inclusive no interior do próprio espírito. O espírito produz as mais diversas formações, que passam a ter uma autonomia própria; o sujeito, com isso, passa a confrontar-se com essas formações. Nestas, o espírito converte-se em objeto. A relação entre sujeito e objeto, entre o espírito e aquilo que dele se origina e autonomiza, é marcada por uma infinidade de tensões, e por isso Simmel fala nas "incontáveis tragédias que vivem nessa profunda oposição formal", oposição "entre a vida subjetiva, o que é incessante mas temporalmente finito, e seus conteúdos, que, uma vez criados, são imóveis, mas válidos intemporalmente. Em meio a esse dualismo habita a ideia de cultura" (p. 195). São as mais diversas formações espiri-

---

[2] Pode-se ver por exemplo Rudolf H. Weingartner, *Experience and Culture: The Philosophy of Georg Simmel*, Middletown, Wesleyan University Press, 1962; C. F. Geyer, "Konflikt und Tragödie der Kultur angesichts des 'absoluten Lebens' (Georg Simmel)", *in Simmel Newsletter*, vol. III, n° 1, verão de 1993, pp. 23-9; há ampla literatura sobre o ponto.

[3] G. Simmel, "Der Begriff und die Tragödie der Kultur" (1911), *in Philosophische Kultur*, *op. cit.*, pp. 195-219. As referências a esse texto, a seguir, serão dadas entre parênteses após a citação. O texto foi publicado originalmente em um número temático da revista *Logos* dedicado a "cultura". O subtítulo da revista, na qual Simmel teve um papel de destaque, afirmava "Revista internacional para a filosofia da cultura".

tuais que se autonomizam e tornam-se objetos: "a arte e os costumes, a ciência e os objetos formados de acordo com um fim, a religião e o direito, a técnica e as normas sociais" (p. 198).[4] O conceito de cultura está imbricado em meio a esse processo entre espírito e forma, em que o espírito se converte em formas que se autonomizam e que, no entanto, o sujeito deve abarcar em si mesmo, para que realize a própria ideia de cultura.

"*É o paradoxo da cultura que a vida subjetiva, que sentimos em sua corrente contínua, e que impele a partir de si para sua perfeição interna, não pode alcançar de modo algum — vista a partir da ideia de cultura — a partir de si essa perfeição, mas sim somente através daquelas formações que agora se lhe tornaram completamente estranhas, cristalizadas em um isolamento autossuficiente. A cultura origina-se — e isto é simplesmente o essencial para o seu entendimento — na medida em que se reúnem dois elementos que ela não contém por si mesma: a alma subjetiva e o produto objetivamente espiritual.*" (p. 198)

Por isso a cultura habita o meio do dualismo entre vida e forma.[5] É por essa razão que ela é um *locus* privilegiado para a análise: nela convergem, por assim dizer, a vida e as formas. As formações de que Simmel fala constituíram-se no curso da história, e isso garante ao conceito de cultura uma dimensão histórica que lhe é essencial. Por outro lado, a ideia de uma filosofia da cultura no escopo de uma cultura filosófica possui uma dimensão filosófica fundamental. Por isso a relação de sujeito e objeto é sempre retomada:[6]

"*Uma quantidade das atividades essenciais humanas constrói pontes inacabadas, ou quando acabadas sempre derruba-*

---

[4] Tudo isto é, naturalmente, pensado inclusive no registro "sociológico". Assim, por exemplo: "Todos aqueles grandes sistemas e organizações supraindividuais, que se tem de pensar com o conceito de sociedade, não são nada mais do que solidificações — em molduras duradouras e formações autônomas — de interações [Wechselwirkungen] imediatas, que ocorrem entre os indivíduos a cada momento e por toda a vida. Com isso elas obtém decerto uma existência e uma legalidade próprias [Eigengesetzlichkeit], com o que elas podem se opor e se confrontar a essas vidas que se determinam mutuamente". G. Simmel, *Grundfragen der Soziologie*, op. cit., p. 13. Também G. Simmel, *Hauptprobleme der Philosophie*, op. cit., p. 71; *Soziologie*, op. cit., pp. 71, 84, 228-9, 262 ss., *passim*.

[5] Tal dualismo parece ser de extração heraclitiana. Cf. G. Simmel, *Hauptprobleme der Philosophie*, op. cit., pp. 65 ss.

[6] A relação de sujeito e objeto é filosófica por excelência. Ver G. Simmel, *Hauptprobleme der Philosophie*, op. cit., cap. 3, cit. Cf. também G. Simmel, "Vom Wesen der Kultur", op. cit., pp. 368, 371.

das novamente, entre o sujeito e o objeto em geral: o conhecer, sobretudo o trabalho, em muitas de suas significações também a arte e a religião. O espírito vê-se frente a um ser que o impulsiona do mesmo modo à coação como à espontaneidade de sua natureza; mas ele permanece eternamente proscrito no movimento em si mesmo, em um círculo que o ser apenas toca, e em cada instante em que ele, desviando-se na tangente de sua órbita, quer penetrar no ser, é arrastado novamente pela imanência de sua lei em sua rotação fechada em si mesma. Na formação dos conceitos — sujeito-objeto como correlatos, em que cada um encontra seu sentido somente no outro — já repousa a nostalgia e antecipação de uma superação daquele rígido e último dualismo. Aquelas atividades mencionadas então transpõem o dualismo a atmosferas específicas, em que a estranheza radical de seus lados é reduzida e se admitem certas fusões. Mas porque essas fusões somente podem ocorrer sob as modificações — que como que são criadas pelas condições atmosféricas de províncias específicas —, elas não podem superar em seu fundamento mais profundo a estranheza das partes e permanecem ensaios finitos de resolver uma tarefa infinita. Contudo, nossa relação com aqueles objetos — em que nos incluindo ou os incluindo em nós, nós nos cultivamos — é uma outra, pois estes objetos mesmos são espírito que se tornou objetivado naquelas formas éticas e intelectuais, sociais e estéticas, religiosas e técnicas. O dualismo com o qual o sujeito, dependente de seus próprios limites, defronta-se com o objeto existente por si, experimenta uma formação incomparável quando ambas as partes são espírito. Assim, o espírito subjetivo precisa na verdade abandonar sua subjetividade, mas não sua espiritualidade, a fim de experimentar a relação com o objeto, através da qual se consuma seu cultivo. Este é o único modo pelo qual a forma dualista da existência, posta imediatamente com a existência do sujeito, organiza-se rumo a uma referencialidade internamente unitária. Aqui ocorre um tornar-se objetivo do sujeito e o tornar-se subjetivo de algo objetivo, que constitui o específico do processo da cultura e no qual, por cima de seus conteúdos singulares, se mostra sua forma metafísica. Seu entendimento mais profundo exige por isso uma análise ulterior daquela objetivação do espírito." (pp. 198-9)

O processo da cultura está inscrito na dialética de sujeito e objeto, que marcam os polos opostos e insolúveis desse processo. Essa dialética oscila entre a nostalgia e a antecipação de uma reconciliação. Nostalgia que remete a um passado de indiferenciação, a uma "unidade originária, anterior à diferenciação" (p. 205),[7] caracterizada por uma identidade inocente de sujeito e objeto, quando espírito e natureza não se distinguem.[8] Antecipação de um futuro na verdade utópico, no qual a cisão radical de sujeito e objeto possa ser superada; reconciliação que significa que a relação de espírito e natureza não se faz mais sob o signo da dominação.[9] Nostalgia e antecipação são como uma cabeça de medusa que olha para lados opostos. Em meio a isso permanece a dialética sem conciliação[10] que, se repousa por um momento, é apenas para tomar fôlego e logo retomar seu movimento incessante. Por isso as pontes de que Simmel fala são sempre provisórias, momentâneas, singulares, efêmeras. São *relações*, relações que se estabelecem entre sujeito e objeto. O processo da cultura é essa fusão momentânea, subjetivação do que é objeto, objetivação do que é sujeito; a cultura é o "ponto de cruzamento de sujeito e objeto".[11] Na medida em que os polos se encontram, o sujeito incorpora em si o objeto e torna-se um sujeito mais rico, no sentido de que sua subjetividade é enriquecida. Pois o "caminho da cultura" é o "desenvolvimento da personalidade" (p. 206).[12]

---

[7] Simmel interpreta o processo social como um processo de diferenciação desde seu primeiro livro, *Über sociale Differenzierung* (1890). O tema é amplamente retomado na *Philosophie des Geldes*, e a divisão do trabalho é sua forma básica. Ver ainda *Soziologie, op. cit.*, pp. 270-1; *Hauptprobleme der Philosophie, op. cit.*, pp. 87 ss.; *Kant und Goethe, op. cit.*, pp. 70 ss.; "Rembrandt als Erzieher" (1890), *in* G. Simmel, *Vom Wesen der Moderne, op. cit.*, pp. 147 ss.; etc.

[8] Simmel trabalhou a questão em detalhe na *Philosophie des Geldes*. No texto que tratamos, isto não é muito elaborado. Mesmo assim pode-se ler (p. 209): "Desde que o homem diz a si mesmo Eu, transforma-se em objeto, sobre e frente a si mesmo [...]". O processo de formação do eu é o rompimento de uma unidade originária de espírito e natureza (daí o tema da vingança da natureza, que Simmel tematiza no texto sobre a ruína e na *Philosophie des Geldes*) e a separação de sujeito e objeto. O eu é uma objetivação, portanto uma forma, na qual a alma concentra conteúdos. Trata-se de um processo de diferenciação, do qual o resultado é a identidade do eu. Ver *Philosophie des Geldes, op. cit.*, pp. 119, 665, 672-4; *Soziologie, op. cit.*, p. 330.

[9] Cf. G. Simmel, *Philosophie des Geldes, op. cit.*, pp. 672-4.

[10] Sobre a dialética em Simmel ver M. Landmann, "Einleitung", *in* G. Simmel, *Das individuelle Gesetz. Philosophische Exkurse*, organização de M. Landmann, Frankfurt/M, Suhrkamp, 1968, pp. 7-29; M. Landmann, "Georg Simmel: Konturen seines Denkens", *in* H. Böhringer e K. Gründer (orgs.), *Ästhetik und Soziologie um die Jahrhundertwende: Georg Simmel, op. cit.*, pp. 3-17.

[11] G. Simmel, "Vom Wesen der Kultur", *op. cit.*, p. 371.

[12] O homem se cultiva no desenvolvimento de uma unidade — a personalidade

Cultura

Ainda aqui um desvio que nos leve de volta a Goethe é instrutivo. A relação entre cultura e personalidade, no sentido de que a personalidade enquanto *summa* do individual, enquanto resultado de um processo (sempre em curso) de individualização, ganha corpo na formação da matéria individual em um processo que é exatamente o "cultivo"; a relação portanto de personalidade e cultura é amplamente tematizada por Goethe em sua obra. Lembraria apenas o *Wilhelm Meisters Lehrjahre* que, se é um romance de formação, é da formação da personalidade do herói, onde o processo de formação de sua personalidade é igualmente o processo de seu cultivo.[13]

—; uma unidade que é o resultado momentâneo, porque sempre em processo, de uma multiplicidade de linhas de desenvolvimento, de uma multiplicidade de direções. Daí a formulação de que a "cultura é o caminho de uma unidade fechada, passando pela multiplicidade que se desdobra rumo a uma unidade desdobrada" (p. 197). A ideia de cultura como caminho é análoga à do ensaio — como forma literária (de uma cultura filosófica) e como procedimento (também de uma cultura filosófica).

A ideia do processo que sai da unidade cerrada, passa pela multiplicidade e culmina na unidade múltipla, enquanto processo de diferenciação, é uma ideia oriunda do darwinismo e encontra ampla ressonância no darwinismo social que impregna o jovem Simmel. "Para Spencer, a versão moderna da 'natureza' era uma evolução. Da Embriologia de Von Baer extraiu a lei da diferenciação e integração, 'de uma homogeneidade incoerente indefinida para a heterogeneidade coerente definida' [...]." George H. Sabine, *História das teorias políticas*, vol. II, Rio de Janeiro etc., Fundo de Cultura, 1964, pp. 699-700. Veja-se como Spencer elabora essa "lei" de desenvolvimento em relação a grupos sociais em H. Spencer, *Principes de sociologie*, vol. II, Paris, F. Alcan, 1910, # 226. A influência de Spencer em Simmel, especialmente em seus inícios, é muito significativa e exige um estudo aprofundado, que a pesquisa sobre Simmel ainda nos deve. Veja-se a obra de H. J. Dahme, *Soziologie als exakte Wissenschaft, op. cit.*, especialmente pp. 235, 341, 439-41, 468 ss.; do mesmo autor, "Simmel und der Darwinismus". Beiträge der Georg Simmel-Gesellschaft 1.6. Bielefeld, 1988, que no entanto não me foi acessível; K. C. Köhnke, "Four Concepts of Social Science at Berlin University: Dilthey, Lazarus, Schmoller and Simmel", *in* M. Kaern, B. S. Phillips, R. S. Cohen (orgs.), *Georg Simmel and Contemporary Sociology*, Dordrecht etc., Kluwer, 1990, pp. 99-107. Uma possível influência de Albert Schaeffle é apontada por H. Gerson, *Die Entwicklung der ethischen Anschauungen bei Georg Simmel*, dissertação, Berlim, 1932, pp. 5 ss. Este esquema que assinalei: "unidade indiferenciada, diversidade diferenciada, unidade diferenciada" e suas variações é recorrente em Simmel; veja-se por exemplo *Philosophie des Geldes, op. cit.*, p. 668; *Grundfragen der Soziologie, op. cit.*, pp. 24-5. E ainda: *Hauptprobleme der Philosophie, op. cit.*, p. 87. Um outro ponto em que a recepção do darwinismo social se mostra em Simmel é no "princípio da economia de forças" (cf. p. ex. G. Simmel, *Über sociale Differenzierung, op. cit.*, cap. 6).

[13] Essa questão é a própria substância do romance e se apresenta a cada página. Assinalo apenas uma passagem que aborda a questão de modo bastante claro e modelar: a carta de Wilhelm a Werner. Cf. J. W. v. Goethe, *Werke, op. cit.*, vol. VII, pp. 290-1; ver também pp. 755-8. Simmel aborda a questão em *Grundfragen der Soziologie, op. cit.*, pp. 93 ss.

O processo da cultura tem a ver com o "desenvolvimento de nossa *totalidade* interior",[14] desenvolvimento esse que é o "caminho" da formação (Bildung) da personalidade (pois a "Bildung" é algo essencialmente individual[15]). Os objetos, as formas, são nesse processo os "meios para a formação/cultura [Bildung]".[16] "Bildung" enquanto formação é equivalente a "cultivo", ou seja, "Bildung" é igual ao processo da cultura (cf. o tópico "ensaio"). Daí Simmel falar, em termos bem práticos, que a "educação dos indivíduos" é o objetivo de uma política da cultura que objetive diminuir a discrepância entre cultura objetiva e cultura subjetiva.[17] Mesmo em Goethe é possível detectar as marcas da tensão que o dualismo de Simmel aponta de modo acabado. No romance, o que mais tarde se apresentará como dualismo das culturas subjetiva e objetiva aparece ainda como utopia da reconciliação:

"Wilhelm Meisters Lehrjahre *tem não só uma função prototípica para a história do gênero 'romance de formação', ele atua também prototipicamente através de uma interpretação do antagonismo entre pretensão individual (totalidade indivi-*

---

[14] G. Simmel, "Vom Wesen der Kultur", *op. cit.*, p. 370.

[15] Cf. G. Simmel, *Philosophie des Geldes*, *op. cit.*, pp. 606-7. Sobre a ideia e o conceito de "Bildung" pode-se ver o verbete respectivo em J. Ritter e K. Gründer (orgs.), *Historisches Wörterbuch der Philosophie*, Darmstadt, Wissenschaftliche Buchgesellschaft, 1971 ss., que aponta o nexo "Bildung"/"Kultur"; H. G. Gadamer, *Wahrheit und Methode*, *op. cit.*, pp. 15-24.

[16] G. Simmel, "Vom Wesen der Kultur", *op. cit.*, p. 370.

[17] G. Simmel, "Die Zukunft unserer Kultur. Antwort auf eine Rundfrage", *op. cit.*, p. 93. Simmel não constata simplesmente a tragédia da cultura, mas também aponta a possibilidade, senão de sua solução, ao menos de sua atenuação, no sentido de diminuição da discrepância. Esse caminho é, seguindo os ideais de Schiller e Humboldt, o da educação. Isto também explica o seu curso de pedagogia nos anos de Estrasburgo. Cf. G. Simmel, *Schulpädagogik. Vorlesungen gehalten an der Universität Strassburg*, organização de K. Reuter, Oesterwieck, Zickfledt, 1922. Um depoimento de uma sobrinha de Simmel mostra ainda como ele dava vida a essa tarefa e vocação educativa na convivência diária: G. Kupfer, "Erinnerungen an Simmel", *in* K. Gassen e M. Landmann (orgs.), *Buch des Dankes an Georg Simmel*, *op. cit.*, pp. 270-2. A outra face disso é sua atividade na sala de aula. Cf. "Georg Simmel e a Berlim do Segundo Império". É também nesse sentido "pedagógico" que deve ser entendida a sua incansável vida de palestrante viajante, pois durante toda a vida Simmel viajava por entre várias cidades, inclusive para fora da Alemanha, ministrando palestras, muitas vezes a convite de associações e grêmios estudantis. "Ele amava essa atividade como 'pregador peregrino'." H. Simmel, "Auszüge aus den Lebenserinnerungen", *op. cit.*, p. 258. Seja dito, por fim, que o ideal humboldtiano se concretiza no ginásio clássico alemão. Disto vai se originar o "Bildungsbürgertum" alemão, e temos aqui indícios para situarmos Georg Simmel. Ainda voltarei a isto.

Cultura

dual) e realidade social (institucional) orientada frequentemente à reconciliação."[18]

Tanto em Goethe como em Simmel trata-se de um "caminho". O "caminho", que já vimos ser importante tanto para a ideia de cultura filosófica como para o ensaio, é também fundamental para a filosofia da cultura. Há uma ideia que está por detrás da ideia do processo cultural com sua espécie de circularidade e temporalidade sem fim (cf. p. 208) e que, ao lado do dualismo, forma a base da metafísica de Simmel: o processo da cultura é

> "*o caminho da alma para si mesma; pois ela nunca é aquilo o que ela é neste instante, ela é sempre um Mais, algo mais alto e mais perfeito que já está preformado nela, algo que não é real mas está dado de algum modo. Não um ideal designável, fixável em algum local do mundo espiritual, mas sim o devir livre das forças que repousam nela mesma [...].*" (p. 195, tb. p. 203)[19]

A alma contém, de algum modo, latente em si e enquanto potencialidade que se desdobra no tempo (no cultivo), o que pode ser — o que se relaciona com a ideia de antecipação mencionada acima.[20] Mas aqui já nos encontramos no terreno da pura metafísica simmeliana. Por outro lado,

---

[18] W. Vosskamp, "Utopie und Utopiekritik in Goethes Romanen *Wilhelm Meisters Lehrjahre* und *Wilhelm Meisters Wanderjahre*", *in* W. Vosskamp (org.), *Utopieforschung. Interdisziplinäre Studien zur neuzeitlichen Utopie*, vol. III, Frankfurt/M, Suhrkamp, 1985, p. 228. E ainda: "Uma realização da totalidade individual é possível apenas como aproximação ao *telos* postulado da formação universal no tempo e em contextos sociais determinados. Mas com isso são indicados os limites da possibilidade de aperfeiçoamento subjetivo, o plano mostra-se justamente por isso como imagem oposta à realidade, como utopia. O romance de formação projeta essa tensão entre o *telos* formal 'totalidade individual' e impossibilidade de realização completa no meio do tempo narrado da vida de uma figura central e reflete as possibilidades de uma solução" (*idem*).

[19] Esse "devir livre das forças" é claramente nietzschiano. Esse nexo, sem dúvida precioso, não poderá ser aprofundado aqui. Cabe apenas lembrar que esse devir é um devir da vida, e o conceito de vida, capital para a metafísica simmeliana, ganha força com Nietzsche. É o próprio Simmel quem assinala o fato, na "Introdução" de *Philosophische Kultur* (cf. o tópico "caracterização"). Ver também G. Simmel, *Der Konflikt der modernen Kultur*, *op. cit.*, pp. 9-10. Em que medida Ernst Bloch ("Noch-nicht-sein") é tributário disto tudo, bem valeria, creio, uma investigação.

[20] Esse "Mais" de que Simmel fala será desenvolvido detalhadamente na metafísica simmeliana propriamente dita, quando, em *Lebensanschauung*, Simmel trabalha as ideias de "Leben", "Mehr-Leben" e "Mehr-als-Leben" ("vida", "mais-vida" e "mais-do-que-vida"). Isto não poderá ser discutido aqui; veja-se G. Simmel, *Lebensanschauung*, *op. cit.* Em "Der Begriff und die Tragödie der Kultur", pp. 195-6.

ao discutir o individualismo do século XIX, em *Grundfragen der Soziologie*, Simmel não só afirma que o *Wilhelm Meister* é a concretização de um individualismo qualitativo, mas que o processo de individualização é uma sucessão de "estações no caminho no qual o Eu vai para si mesmo".[21] É também nesse sentido que, no *Goethe*, Simmel afirma que Wilhelm Meister "permite crescer mediante a sua interação um mundo da vida".[22] E aqui temos algo muito próximo da teia de relações que vai sendo infinitamente tecida no "panteísmo estético".

Reatando nossos fios. A relação de sujeito e objeto, em que ambos são mutuamente determinantes e que é preciso denominar dialética, flutua assim entre o dualismo de vida e forma (o fluxo contínuo e a sua cristalização) e a superação desse dualismo. Sua transposição a "atmosferas específicas" é carregada de implicações: se há uma reconciliação, superação das diferenças, há também uma "estranheza" que permanece, e assim continua marcando distinções, e portanto o dualismo. Simmel é consciente da dificuldade da reconciliação. Isto está relacionado ao que é um ponto nodal em Simmel: os objetos são espírito objetivado. A tarefa de Simmel é buscar nos objetos aqueles significados que são decorrentes desse processo de objetivação. Nisto reside o sentido da busca da "profundidade metafísica" dos objetos: em buscar, interpretando-os, dar lugar ao espírito que permanece neles cristalizado. As tentativas de Simmel concentram--se nesse propósito: explorar a relação sujeito-objeto quando o próprio objeto é resultado do sujeito e, ao mesmo tempo, difere dele. A todo instante há um jogo de proximidade e distância, de aproximação e distanciamento, de diferenciação e indiferenciação, que Simmel quer captar.

Voltando ao conceito de cultura: ele está posto na relação de sujeito e objeto tal como Simmel a entende. A cultura está na relação de sujeito e objeto, ela é a "síntese única do espírito subjetivo e do espírito objetivo"[23] — mas sabemos que essa síntese não é acabada, pacífica e unívoca. Contudo, somente na cultura há essa possibilidade, e por isso ela é tão importante (eis porque o programa de Simmel é uma "cultura filosófica"): somente nela a "forma dualista da existência"[24] (a forma dualista da exis-

---

[21] G. Simmel, *Grundfragen der Soziologie*, *op. cit.*, p. 92; veja-se "Georg Simmel e a Berlim do Segundo Império".

[22] G. Simmel, *Goethe*, *op. cit.*, p. 152.

[23] G. Simmel, "Weibliche Kultur" ("Cultura feminina", 1911), *in Philosophische Kultur*, *op. cit.*, p. 219. Em "Der Begriff und die Tragödie der Kultur", pp. 203-6.

[24] Na *Philosophie des Geldes* "aspecto duplo da existência". Cf. G. Simmel, *Philosophie des Geldes*, *op. cit.*, p. 711. Isto apenas para assinalar as continuidades. Cf. o tópico "estilo de vida".

tência é tanto a vida e as formas como sujeito e objeto) pode encontrar uma "referencialidade inteiramente unitária". Tal referencialidade é um nexo de *relações*.

A objetivação do sujeito e a subjetivação do objeto são os focos das análises específicas de Simmel. Há que notar que essa síntese supõe que haja elementos anteriormente separados; em outros termos, a síntese só pode ocorrer onde o processo de diferenciação já se encontra avançado.[25] Só onde ocorre diferenciação (de sujeito e objeto, espírito e natureza), manifesta naquelas "formações" de que Simmel falava, pode haver síntese e portanto o processo da cultura. Aqui também é possível situar a distinção de cultura e civilização. Enquanto a cultura tem em vista essa síntese que leva a uma subjetividade enriquecida, a ideia de civilização está ligada com o que é exterior, apenas com as coisas, com as formações objetivas enquanto separadas do processo cultural.[26] Vejamos como ele formula estas questões:

> "*A fórmula da cultura era que as energias anímico-subjetivas alcançam uma formação objetiva e a seguir independente do processo vital criador e essa forma, por seu lado, é incluída novamente no processo vital subjetivo, de tal modo que ela leva seu portador à perfeição acabada de seu ser central. Esta corrente de sujeitos, passando por objetos, a sujeitos, em que uma relação metafísica entre sujeito e objeto assume uma efetividade histórica, pode contudo perder sua continuidade; o objeto pode [...] sair de sua significação mediadora e com isso romper as pontes pelas quais passava o caminho de seu cultivo. Ele segue inicialmente tal isolamento e alienação frente aos sujeitos criadores em razão da divisão do trabalho.*" (p. 211)

O processo cultural é um processo de aperfeiçoamento do sujeito (seu "cultivo"), na medida em que o sujeito reincorpora, de algum modo, a forma que é resultado de uma objetivação do espírito. De alguma manei-

---

[25] Isto Simmel desenvolve rapidamente no início de seu livro de 1906, *Kant und Goethe. Zur Geschichte der modernen Weltanschauung, op. cit.*

[26] A dicotomia cultura/civilização é de resto clássica e especialmente prolífica no âmbito alemão. Veja-se Norbert Elias, *Über den Prozess der Zivilization. Soziogenetische und psychogenetische Untersuchungen*, vol. I, 15ª ed., Frankfurt/M, Suhrkamp, 1990, cap. 1, pp. 1-64; do mesmo autor, *Studien über die Deutschen. Machtkämpfe und Habitusentwicklung im 19. und 20. Jahrhundert*, 2ª ed., Frankfurt/M, Suhrkamp, 1994, pp. 159-222; M. Horkheimer e T. W. Adorno (orgs.), *Temas básicos da sociologia*, 2ª ed., São Paulo, Cultrix, 1978, pp. 93-104; F. K. Ringer, *Die Gelehrten. Der Niedergang der deutschen Mandarine 1890-1933*, Munique/Stuttgart, DTV/Klett-Cotta, 1987.

ra, o processo cultural é visto sob o prisma de uma certa circularidade: sujeito-objeto, objeto-sujeito. Só que este último sujeito é algo distinto do inicial: ele, na medida em que é capaz de retomar aquilo que fôra objetivado, emerge como um sujeito mais completo, isto é, nos termos de Simmel, cultivado. O processo cultural é essa "corrente de sujeitos, passando por objetos, a sujeitos": uma teia de relações. Nele, portanto, os objetos têm uma função e posição mediadora: eles existem como objetivação do espírito subjetivo, mas são sempre meios desse espírito, porque o fim são os sujeitos. Mas, na modernidade, a experiência histórica — na qual se concretiza a *relação* metafísica de sujeito e objeto — testemunha uma mudança altamente significativa nessa "corrente". Ocorre agora que "o objeto pode sair de sua posição mediadora", ganhando uma autonomia própria e rompendo com o processo cultural, tal como Simmel o compreende. Na medida em que os objetos se autonomizam, eles se isolam dos sujeitos, em um processo de autonomização cada vez mais acentuado, até um ponto em que eles nada mais dizem aos sujeitos (embora não haja objeto independente do sujeito). O isolamento é visto como a quebra das relações existentes e a entrada em um estado de não relacionamento, se se pode assim dizer. O todo das relações é, assim, rompido. Isto se consuma na alienação dos objetos em relação aos sujeitos. Agora eles não são mais um meio, não ocupam mais aquela posição mediadora, senão que são eles próprios o fim daquela corrente, e com isso o processo cultural fica bloqueado. Trata-se, então, de investigar as raízes da modernidade, o rompimento daquela corrente, a transformação dos meios em fins. Isto é desenvolvido por Simmel principalmente — mas não só — na *Philosophie des Geldes*,[27] onde Simmel afirma que o dinheiro é o caso fundamental e mais acabado dessa transformação (isto é, de um objeto que se independentiza e se aliena dos sujeitos). A origem dessa alienação situa-se na divisão do trabalho.[28] Na medida em que a divisão do trabalho desprende o produto final daqueles que contribuem para sua feitura, perde-se a finalidade da produção de um determinado objeto; ele aparece como uma "objetividade autônoma" (p.

---

[27] Cf. os tópicos "dinheiro" e "estilo de vida". Veja-se, por exemplo, G. Simmel, *Philosophie des Geldes, op. cit.*, pp. 254 ss., 292-9, 401, 617 ss., *passim*. No texto "Der Begriff und die Tragödie der Kultur", especialmente p. 215.

[28] Na *Philosophie des Geldes* Simmel investiga "a divisão do trabalho como causa da superação de cultura subjetiva e cultura objetiva". Cf. G. Simmel, *Philosophie des Geldes, op. cit.*, pp. 20, 628 ss. Embora seja na *Philosophie des Geldes* que Simmel elabora de modo mais amplo a divisão do trabalho e suas consequências, a questão já é tematizada em *Über sociale Differenzierung*. O tema é, de resto, recorrente em Simmel. Em "Der Begriff und die Tragödie der Kultur", pp. 211-2, 217-8. Em "Die Zukunft unserer Kultur. Antwort auf eine Rundfrage", *op. cit.*, p. 92.

Cultura

218) que não tem nada a ver com seus fins. Ele próprio é um fim em si mesmo; não precisa mais relacionar-se naquela "corrente" e ganhar sentido a partir dela. Não mais relacionar-se: assim, com a perda das relações, o todo, de natureza estética, se perde.

Essa formulação da relação entre sujeito e objeto, que vem a determinar a própria filosofia da cultura, é uma elaboração da análise da transformação dos meios em fins na *Philosophie des Geldes* e remonta ao texto de 1889. Os 22 anos que separam "Zur Psychologie des Geldes" e "Der Begriff und die Tragödie der Kultur" podem ser vistos assim como um período de reelaborações constantes, mas nunca de rupturas completas. O núcleo formador da metafísica da cultura de Simmel, tal como ela ganha forma nos grandes textos de 1911 e 1918, já está definido no complexo da filosofia do dinheiro. O que se pode dizer é que nos inícios as formulações não estão tão impregnadas de metafísica como nos textos tardios. Isto indica uma tendência do pensamento de Simmel que pede sua explicação a partir de suas próprias formulações. Como a modernidade se caracteriza por um crescente e enorme processo de distanciamento (alongamento da cadeia dos meios), que é também um distanciamento entre os sujeitos, a tendência "metafísica" pode ser vista como um afastamento progressivo da "física". A abstração é também correlata de todo esse processo e sua análise é uma das tarefas da *Philosophie des Geldes*, que é a obra que condensa a teoria do moderno de Simmel.[29]

Desta situação Simmel vai destacar o problema que denomina tragédia, conflito e crise da cultura:

> *"[...] na estrutura da cultura [origina-se] uma fenda, que decerto já está junto a seu fundamento, da qual resulta, a partir da síntese de sujeito e objeto, da significação metafísica de seu conceito, um paradoxo, mesmo uma tragédia. O dualismo de sujeito e objeto, que pressupõe sua síntese, não é apenas, por assim dizer, um dualismo substancial, que diga respeito ao ser de ambos. Senão que a lógica interna, segundo a qual cada um deles se desdobra, não coincide naturalmente de modo algum com a do outro."* (pp. 208-9)

É no dualismo originário do esquema simmeliano, acrescido da ideia de uma legalidade própria que marca o passo do desenvolvimento de seus polos, que a tragédia da cultura deita raízes. A síntese, nostálgica e ansiada, depara-se sempre, ao final, com essa "fenda" original que não se deixa vedar. A tragédia da cultura é o resultado da confluência do dualismo com

---

[29] Mais sobre o assunto nos tópicos "dinheiro" e "estilo de vida".

a ideia de legalidade própria (aqui: "lógica interior"). Ela se mostra, assim, a-histórica, pois já está inscrita de antemão na própria substância da cultura. Por outro lado, ela é histórica, pois o objeto assume uma "objetividade histórica" (p. 211, também p. 218; "efetividade histórica", como na citação anterior). A tragédia da cultura possui, portanto, uma dupla dimensão, que se precisa ter sempre em vista. Enquanto metafísica, a-histórica, mas no entanto sempre cristalizada em um processo que é histórico.[30] Esta tensão precisa ser compreendida no interior da constelação que assinalei. Por isso a filosofia da cultura só pode ser compreendida se relacionada com a teoria do moderno e a análise do presente. O que vale dizer, no programa de uma cultura filosófica.

Retomando a formulação de Simmel da tragédia:

"[As] possibilidades e medidas da autonomia do espírito objetivo devem apenas tornar claro que ele possui — também ali onde ele se origina da consciência de um espírito subjetivo —, após a objetivação realizada, uma chance, independente e de validade desligada dessa objetivação, de re-subjetivação [...]. Esta qualidade singular dos conteúdos culturais [...] é o fundamento metafísico da autonomia fatídica com a qual o reino dos produtos culturais cresce sem parar, como se uma necessidade lógica interna impulsionasse adiante um membro após o outro, frequentemente quase sem relação com a vontade e a personalidade dos produtores, e como que intocada pela questão de por quantos sujeitos em geral e em que grau de profundidade e completude é absorvido e conduzido à sua significação cultural. O 'caráter fetichista', que Marx atribui aos objetos econômicos na época da produção de mercadorias, é apenas um caso especificamente modificado deste destino universal de nossos conteúdos culturais. Estes conteúdos permanecem — e com uma 'cultura' crescente cada vez mais — sob o paradoxo de que eles são na verdade criados por sujeitos e determinados para sujeitos, mas na forma intermediária da objetividade — que eles adotam além e aquém dessas instâncias — eles seguem uma lógica imanente de desenvolvimento e, com isso, alienam-se tanto de sua origem como de seu fim." (p. 213)

---

[30] A historicidade da cultura é especialmente enfatizada no texto *Der Konflikt der modernen Kultur*, onde Simmel afirma que "o objeto da história em seu sentido maior aparece como a transformação das formas da cultura" (*op. cit.*, p. 4). Também G. Simmel, "Wandel der Kulturformen" (1916), *in Das Individuum und die Freiheit, op. cit.*, p. 94.

Tal possibilidade de re-subjetivação, que nada mais é do que a síntese almejada de sujeito e objeto, define o destino dos objetos. Se re-subjetivados, reincorporados pelos sujeitos naquela "corrente", eles permanecem um meio dos sujeitos enriquecerem sua subjetividade e se "cultivarem" (e então a cultura não seria "trágica"); mas o que ocorre é o caso oposto: os objetos fixam-se em seu isolamento e autonomia, impedindo aquela re-subjetivação. Assim predomina, na época da cultura trágica — Simmel adjetiva a cultura precisamente como trágica porque as forças que a minam provêm de seu próprio âmago (cf. p. 215)[31] —, aquela "forma intermediária da objetividade", em que os objetos seguem suas lógicas próprias (sua "Eigengesetzlichkeit"), independentes do processo que os criou (eles são espírito objetivado) e independentes do fim que lhes era atribuído (eles eram meios dos sujeitos). É nesse sentido que Simmel detecta a "fatalidade universal dos elementos culturais" (p. 215), na medida em que a lógica própria do desenvolvimento dos objetos não afina necessariamente (e historicamente) com os sujeitos.[32] Assim os objetos passam a existir por si mesmos, independentes dos homens, de modo semelhante como Marx falara das mesas que começaram a dançar sozinhas. A finalidade da cultura seria reincorporar os objetos nos sujeitos, visando precisamente um incremento da subjetividade, que é justamente a cultura. Daí a "síntese" de que fala Simmel, que é a síntese de sujeito e objeto na cultura. Mas ambos tomam caminhos distintos, e essa síntese é cada vez mais problemática. Simmel fala em uma "elevação dos meios ao valor de fins últimos" (p. 215) (como fará, muitos anos depois, seu fiel leitor Horkheimer). A tragédia da cultura é essa transformação descontrolada e desintegradora dos meios em fins: o homem, o verdadeiro fim, torna-se meio; o objeto, o verdadeiro meio, um fim em si mesmo, ao qual os homens acabam por se submeter. O caso mais pungente desta transformação — que, ao perpassar completamente a sociedade, caracteriza o moderno — é o dinheiro (daí o interesse em uma filosofia do dinheiro). Simmel afirma que o homem converte-se em um mero "suporte" (p. 218) da coação dos objetos, e não propriamente um sujeito.[33]

---

[31] Para um enfoque comparativo do elemento trágico, veja-se P. Szondi, *Schriften I*, Frankfurt/M, Suhrkamp, 1985, pp. 157-200, sobre Simmel pp. 195-8.

[32] Desse modo, Simmel parece antecipar o uso da ideia de legalidade própria por Max Weber, que será fundamental na sua análise do Racionalismo ocidental. Cf. M. Weber, "Vorbemerkung" e "Zwischenbetrachtung. Theorie der Stufen und Richtungen der religiosen Weltablehnung", *in Gesammelte Aufsätze zur Religionssoziologie*, vol. I, 9ª ed., Tübingen, J. C. B. Mohr (Paul Siebeck), 1988, pp. 1-16 e 536-73.

[33] Cf. Simmel, *Soziologie, op. cit.*, p. 52: "[...] os fenômenos da cultura moderna, determinada pela economia monetária, na qual o homem como produtor, como comprador ou vendedor, em geral como um realizador, se aproxima do ideal da objeti-

Ao invés da almejada síntese, que é a cultura, ocorre algo completamente distinto: "o desenvolvimento dos sujeitos já não pode mais trilhar o caminho que é o caminho dos objetos; se os sujeitos não obstante seguem este último caminho, eles dispersam-se em um beco sem saída ou no esvaziamento do que há de mais íntimo e próprio na vida" (p. 216).[34]

Na tragédia da cultura, da separação cada vez mais acentuada e irreversível de sujeito e objeto, Simmel percebe que "a forma da objetividade enquanto tal possui uma capacidade de realização ilimitada" (p. 216). Ela se expande cada vez mais, como um moto perpétuo, em progressão geométrica, dominando vastos territórios, sobrepondo-se ao sujeito, liberta de qualquer determinação limitadora — tal como era em sua forma original: a forma da objetividade era uma forma intermediária no processo cultural humano; os objetos eram meios através dos quais os homens se cultivavam (vale dizer: se desenvolviam, enriqueciam sua subjetividade). Essa característica da forma da objetividade afeta, assim, os sujeitos naquilo que eles têm de mais profundo: a sua própria subjetividade, que se vê dominada pela forma objetual, ao invés de dominá-la segundo seu desejo. Simmel, desse modo, como que amplia a um registro universal o fetichismo da mercadoria. "A situação problemática típica do homem moderno" é essa: a "preponderância do objeto sobre o sujeito" (pp. 216, 218). Esta primazia se mostra no fato de que, no presente, os indivíduos se veem cercados por uma infinidade de coisas que não são verdadeiramente importantes para eles, mas também não o deixam de ser. Simmel caracteriza esse homem como o antípoda de São Francisco (aquele que nada tinha mas tudo possuía), pois a máxima que o caracteriza só pode ser: *omnia habentes, nihil possidentes.*[35] Assim Simmel chegou à tragédia da cultura.

> *"O grande empreendimento do espírito, dominar o objeto enquanto tal, por se criar a si mesmo como objeto, a fim de regressar a si mesmo com o enriquecimento conseguido através desta criação, triunfa inumeráveis vezes; mas o espírito deve pagar este autoaperfeiçoamento com a chance trágica de ver*

---

vidade absoluta. Excluindo as posições altas e de direção, a vida individual — a tonalidade da personalidade como um todo — desapareceu da realização, os homens são apenas os suportes de um ajuste, realizado segundo normas objetivas, entre a realização e a compensação, e tudo o que não passa a pertencer a essa objetividade pura também desaparece dela de fato".

[34] Não estamos muito longe de Adorno que, anos mais tarde, fala em uma "vida mutilada".

[35] Essa ideia dos possuidores que na verdade nada possuem já havia sido trabalhada por Simmel muito antes, no significativo texto "Infelices possidentes!", *in Die Zukunft*, vol. III, nº 28, 8/4/1893, pp. 82-4 (ass.: "Paul Liesegang").

produzir-se na legalidade própria — condicionada por aquele autoaperfeiçoamento — do mundo criado por ele uma lógica e uma dinâmica que afasta, com uma aceleração crescente e a uma distância sempre maior, os conteúdos dos fins da cultura." (p. 219)

O incremento da velocidade e da distância são fenômenos característicos da modernidade, tal como ela aparece nas análises do complexo da filosofia do dinheiro. Também neste ponto, filosofia da cultura e teoria da modernidade se entrelaçam. Na única nota do texto de 1911 Simmel remete seus leitores à *Philosophie des Geldes*, pois é nesta obra que são apresentados aspectos históricos e concretos dos problemas formulados na e pela filosofia da cultura.[36] Na verdade, a própria ideia da cultura como objeto possível da filosofia, e portanto de uma "filosofia da cultura", tal como formulada por Simmel (e outros), não seria concebível sem a experiência moderna da vida nas cidades.[37] Isto nos mostra em que medida Simmel tinha clareza do nexo que articula a filosofia da cultura com a teoria da modernidade desenvolvida no livro de 1900. Ou seja, ele chama a nossa atenção para a constelação de cultura filosófica. Ou, ainda em outra formulação: a "questão metafísica encontra uma resposta histórica" (p. 217).

---

[36] Em verdade, na Alemanha a filosofia da cultura é algo bastante "concreto", como se pode ver nos conflitos e na política educacional que perpassam o Segundo Império: entre o (klassisches) Gymnasium, o Realgymnasium e a Oberrealschule; entre as Universidades e as Escolas Técnicas Superiores; entre a ciência pura e a ciência aplicada, entre a cultura espiritual e a cultura material, entre cultura subjetiva e cultura objetiva. Pode-se ver W. J. Mommsen, *Bürgerliche Kultur und künstlerische Avantgarde. Kultur und Politik im deutschen Kaiserreich 1870 bis 1918*, Frankfurt/M/Berlim, Ullstein/Propyläen, 1994, pp. 58 ss.; F. K. Ringer, *Die Gelehrten. Der Niedergang der deutschen Mandarine 1890-1933*, Munique/Stuttgart, DTV/Klett-Cotta, 1987.

[37] Cf. J. Ritter e K. Gründer (orgs.), *Historisches Wörterbuch der Philosophie*, *op. cit.*, vol. IV, verbete "Kultur", col. 1.310.

DINHEIRO

O célebre *Jahrbuch für Gesetzgebung, Verwaltung und Volkswirtschaft im Deutschen Reich* — também conhecido como *Schmollers Jahrbuch* devido à marcante personalidade de seu editor, Gustav Schmoller — publicou no ano de 1889 um pequeno texto de Georg Simmel, "Zur Psychologie des Geldes", que é a primeira versão do que muitos consideram seu *opus magnum*, a *Philosophie des Geldes*. Quando esta última foi publicada, no ano de 1900, o mesmo Schmoller publicou em "seu" anuário uma resenha da obra, na qual afirmava: "Em 20 de maio de 1889, o Dr. Simmel ministrou uma aula sobre a 'psicologia do dinheiro' em meu seminário de ciência política, que foi então publicada neste anuário. Era o embrião do significativo livro que se nos apresenta agora".[1] Já desde então foi assinalada a relação entre os dois textos, embora nos onze anos que os separam o que era uma psicologia do dinheiro se transformasse em sua filosofia. A meu ver, o texto de 89 traz *in nuce*, de forma obviamente condensada e não desenvolvida, o texto de 1900 e, mais que isso, delineia tópicos e problemas que perpassam toda a obra de Simmel, até seus escritos do final dos anos 10.

De modo muito esquemático, pode-se dizer que o texto de 89 delineia o percurso que vai sendo gradualmente sedimentado, explorado e direcionado através dos anos e através dos textos prévios que são publi-

---

[1] G. Schmoller, "Simmels *Philosophie des Geldes*", *in Jahrbuch für Gesetzgebung, Verwaltung und Volkswirtschaft im Deutschen Reich*, ano XXV, 1901, p. 799. Sobre as relações de Simmel com Schmoller, um dos mais influentes economistas da época, "socialista de cátedra", "mandarim", amigo de Simmel e implementador — embora muitas vezes sem sucesso — de sua carreira, ver H. J. Dahme, "Georg Simmel und Gustav Schmoller: Berührungen zwischen Kathedersozialismus und Soziologie um 1890", *in Simmel Newsletter*, vol. III, nº 1, verão de 1993, pp. 39-52. Sobre sua posição no interior do campo intelectual e as relações deste com a política, e portanto para situarmos *aproximadamente* Simmel no contexto, veja-se F. K. Ringer, *Die Gelehrten. Der Niedergang der deutschen Mandarine 1890-1933*, *op. cit.*, tendo-se o cuidado de considerar a posição peculiar de Simmel. Sobre isto L. A. Coser, "The Stranger in the Academy", *op. cit.*; C. K. Köhnke, "Georg Simmel als Jude", *op. cit.*; e o que será dito acerca de Simmel e o judaísmo em "Georg Simmel e a Berlim do Segundo Império".

cados na década de 90 até a publicação da *Philosophie des Geldes*.[2] Esta desenvolve em amplas dimensões a teoria do moderno de Simmel. Mas considerá-la apenas no registro da teoria do moderno não lhe faz justiça, pois certas dimensões importantes, que também estão presentes, são com isso obscurecidas: o diagnóstico do presente e a filosofia da cultura. Estas três dimensões — a teoria do moderno, o diagnóstico do presente e a filosofia da cultura — se interpenetram incessantemente por entre os vários textos de Simmel, e não há um sequer que se deixe classificar sem mais como relativo a apenas uma delas. Se um ensaio como "Der Begriff und die Tragödie der Kultur" enfatiza a dimensão da filosofia da cultura, que é a predominante e mesmo o enquadramento geral do texto, isto não significa que nele Simmel não tivesse simultaneamente em vista a teoria do moderno e o diagnóstico do presente. Estas outras duas dimensões são não só palpáveis, mas também fundamentais, e sem elas a filosofia da cultura de Simmel desmorona — pois se converteria em metafísica pura. Na *Philosophie des Geldes*, a dimensão preponderante é a teoria do moderno, mas esta só ganha corpo se toma para si elementos do diagnóstico do presente e da filosofia da cultura. Por outro lado, não há qualquer sombra de dúvida que um livro como *Der Krieg und die geistigen Entscheidungen* foi escrito como um diagnóstico do presente; entretanto ele só se sustenta na justa medida em que incorpora a filosofia da cultura e a teoria do moderno. Estes são apenas alguns exemplos, que poderiam ser multiplicados. A filosofia da cultura, a teoria do moderno e o diagnóstico do presente são três dimensões complementares e interdependentes de uma mesma atitude. Na verdade estes três aspectos necessitam ser compreendidos conjuntamente, pois são decorrentes de um único enfrentamento. É possível, e muitos já o fizeram, ler cada um desses três momentos como se eles fossem suficientes por si mesmos ou, em outras palavras, como se não houvesse um nexo constituinte necessário e comum que os justificasse. Pode-se a partir de um texto como "Die Großstädte und das Geistesleben" derivar uma teoria da modernidade. A filosofia da cultura é relegada ao Simmel "tardio", em textos como "Der Begriff und die Tragödie der Kultur" e *Der Konflikt der modernen Kultur*. O diagnóstico do presente ganha corpo naqueles inúmeros textos que Simmel publicou — inclusive sob pseudônimo ou anonimamente — ao longo de praticamente toda a vida e que se debruçam sobre os mais variados

---

[2] No tópico "ensaio" foi dito acerca da composição da *Philosophie des Geldes*. Veja-se também H. J. Dahme e D. Frisby, "Editorischer Bericht", *in* G. Simmel, *Aufsätze und Abhandlungen 1894 bis 1900*, op. cit., pp. 588-91; D. Frisby e K. C. Köhnke, "Editorischer Bericht", *in* G. Simmel, *Philosophie des Geldes*, op. cit., pp. 725-9, que apresentam interessante material a partir da correspondência de Simmel, ainda não publicada.

assuntos: a prostituição, a guerra, as mulheres, vários artistas etc.; também nos cursos, aulas e conferências de Simmel é possível detectar a sua preocupação com os temas do momento e com a situação do presente.[3] Aqui compreenderei, naturalmente, estas três diferentes rubricas como momentos de uma atitude que Simmel defendeu para si mesmo e procurou inclusive fundamentar.[4] O que me interessa portanto, embora a análise possa ser dividida por motivos de clareza, é compreender estes três momentos como um todo, como uma proposta intelectual. Ao mesmo tempo, é interessante marcar estes três momentos, para que se possa ter uma dimensão mais clara da riqueza e multiplicidade das análises. O fato de que a atitude que Simmel defende para si compreenda estas três dimensões é por si mesmo significativo. Significa que qualquer uma das três, por si só, não lhe parece mais suficiente. Isto está relacionado com a "virada" de que Simmel fala (cf. o tópico "caracterização"). Para ele, um diagnóstico do presente, ou uma filosofia da cultura, ou uma teoria do moderno por si mesmos não têm sentido. Somente no deslocamento constante das perspectivas que elas operam é que Simmel pode ganhar para suas análises um pouco da mobilidade que é característica de seus objetos. Desse modo, sua atitude aqui é, ela própria, uma estratégia de interpretação e conhecimento.

Isto posto, vejamos por hora como sua teoria do moderno ganha corpo.

O texto de 1889, "Para a psicologia do dinheiro",[5] começa discutindo, em um plano genérico, a relação que se estabelece entre fins estipulados e determinados e os meios que são utilizados para a obtenção desses fins. Obtido através de meios quaisquer, a relação com os fins almejados caracteriza-se por ser indireta, e isto Simmel denomina "construção teleológica" (p. 49). Reconhecer as finalidades que se têm em vista implica, em alguma medida, em reconhecer as causas que estão em jogo na obtenção dessas finalidades. Simmel afirmará que o aprofundamento da consciência dos fins é concomitante com o aprofundamento da consciência das causas, e o "progresso da cultura" (p. 49) é esse processo de aprofundamento. A ideia de cultura aparece em um contexto no qual ela está di-

---

[3] Uma relação dos cursos ministrados por Simmel pode ser encontrada em K. Gassen e M. Landmann (orgs.), *Buch des Dankes an Georg Simmel, op. cit.*

[4] Lembre-se o que foi dito acerca da "atitude" no tópico "caracterização".

[5] G. Simmel, "Zur Psychologie des Geldes" (1889), *in Aufsätze 1887 bis 1890. Über sociale Differenzierung. Die Probleme der Geschichtsphilosophie (1892), op. cit.*, pp. 49-65. As referências a este texto serão a seguir dadas após a citação, entre parênteses, indicando o número da página.

Dinheiro

retamente relacionada com a relação meio-fim, causa em relação a um objetivo, consequentemente relação causa-efeito, o efeito contribuindo para a obtenção do fim em vista. Ao mesmo tempo, a cultura é entendida como um processo — processo que será equivalente a "progresso" se a consciência dos meios e fins aumenta. Se a consciência é importante na construção teleológica de que fala Simmel, é porque para ele o sujeito é uma dimensão essencial nas relações que se estabelecem quando se tem em vista uma finalidade qualquer.

"A diferença entre estados rudimentares e cultivados depende do número de membros que se situam entre a ação imediata e sua finalidade definitiva. Onde a cadeia das causas e efeitos só é conhecida de modo fragmentário, é necessário para a realização de um fim que se produza aquele acontecimento que o realiza de modo imediato. É então evidente que esse acontecimento muito frequentemente não será alcançado diretamente, e enquanto o homem menos cultivado precisa nesse caso renunciar ao seu objetivo, o homem que se situa mais acima estabelecerá um procedimento que conduzirá decerto não ao próprio fim, mas a algum outro acontecimento, que por sua vez conduzirá àquele fim. O incremento dos meios indica por isso o progresso do espírito público, pois através desses meios é possível ao menos atingir indiretamente aqueles fins cuja obtenção imediata seria difícil ou improvável para o singular." (pp. 49-50)

Esse esquema da cultura que Simmel entreabre baseia-se na relação meios-fins e na extensão da cadeia teleológica que é mobilizada a cada vez, onde o número de membros que liga a ação ao objetivo final é indicador do grau de desenvolvimento da cultura. A distinção entre um grau maior ou menor de cultura está baseada no modo como o homem realiza os fins a que se propõe: o homem "pouco cultivado" opera uma cadeia teleológica curta e restrita, seu conhecimento da teia de causas e efeitos é pequeno e sua relação com os seus fins visados é imediata. Quando tais fins não são mais atingíveis de modo imediato, ele se vê forçado a renunciar a eles. Já o homem "mais cultivado", frente a um fim que não pode ser atingido imediatamente, elabora procedimentos próprios para a consecução desse fim, em uma espécie de agir estratégico: entre o sujeito e o fim almejado ele insere "fins intermediários", construindo uma cadeia teleológica que chegue até o fim último. O progresso do espírito está ligado portanto ao implemento de medidas que permitam a consecução indireta, mediada, dos objetivos visados. Daí o papel importante da "ferramenta" em sentido amplo, lato e figurado. O homem de cultura será o homem das ferramentas. Isto nos indica como o esquema de Simmel quer valer para a história da humanidade, dos primórdios ao presente.[6] Ao mesmo tempo, esse esquema da cultura supõe um processo de diferenciação, que opera no nível da construção de uma cadeia que leve de modo indireto ao fim visado. Esse processo de diferenciação é por outro lado um processo social, pois supõe que haja uma sociedade minimamente diferenciada.[7] Por isso Simmel, ao falar do estágio de uma cultura tosca, remete ao indivíduo singular, mas ao falar do estágio de um indivíduo cultivado fala no "espírito público". O termo, oriundo da "Völkerpsychologie" de seu professor Moritz Lazarus,[8] quer expressar o fato de que, então, trata-se não mais de um indiví-

---

[6] O fato de Simmel abordar assim em linhas muito gerais a história da humanidade é muito provavelmente uma herança da "Völkerpsychologie" (algo como "Psicologia dos povos"), que buscava sempre que possível referências às origens do homem e da cultura. Basta lembrarmos, para ilustrar a questão, que a dissertação original de doutorado de Simmel (rejeitada pela faculdade) tinha por objeto as "origens da música". Ela se deixa classificar sem problemas como um trabalho de "Völkerpsychologie" e foi mesmo publicada em seu órgão oficial: G. Simmel, "Psychologischen und ethnologischen Studien über Musik" ("Estudos psicológicos e etnológicos sobre a música", 1882), *in Zeitschrift für Völkerpsychologie und Sprachwissenschaft*, vol. XIII, 1882, pp. 261-305.

[7] É provável que, ao escrever seu texto sobre a psicologia do dinheiro, Simmel já tivesse concluído seu livro *Über sociale Differenzierung*, que seria publicado no ano seguinte e no qual ele discute em detalhe e sistematicamente essa questão.

[8] O fato de Simmel apresentar esse esquema de culturas mais e menos desenvolvidas é um tributo à "Völkerpsychologie", que trabalhava a etnografia da época (como se pode ver pelo título de sua pretensa dissertação de doutorado sobre música, citada logo acima). O projeto de Lazarus e Steinthal procura conciliar de certo modo desenvolvimentos do idealismo alemão — "espírito público" é uma terminologia que é oriunda da recepção e reformulação do hegelianismo — com as possibilidades e descobertas que a história, a história dos povos primitivos e a linguística de sua época lhes ofereciam. Deve-se principalmente a K. C. Köhnke o fato de se ter insistido na importância da "Völkerpsychologie" para o jovem Simmel e as persistências de certas tendências. Segundo Hans Simmel, filho de Simmel, "meu pai designava Steinthal e Lazarus, os fundadores da Völkerpsychologie, como os seus dois professores mais importantes durante seu tempo de estudante universitário". H. Simmel, "Auszüge aus den Lebenserinnerungen", *op. cit.*, p. 249. Ilustrativo a respeito é o trecho seguinte de uma carta de Simmel a Lazarus: "Por estar fora de Berlim por longo tempo, soube somente tarde demais do seu septuagésimo aniversário e é por isso que, como um sinal de minha participação afetuosa, demorei tanto até que pudesse enviar-lhe o pequeno trabalho que segue em anexo. Talvez ele não seja inteiramente indigno da ocasião apenas porque espero dele vários frutos, mas sobretudo porque ele é o último resultado de ideias que o Senhor despertou em mim pela primeira vez. Pois por mais autônomo e divergente que o meu desenvolvimento posterior tenha sido, eu nunca esquecerei de que o Senhor, mais que todos, me apontou insistentemente o problema do supraindividual e de sua profundidade, cuja pesquisa preencherá decerto o tempo de trabalho que ainda me resta". Carta de Georg Simmel a Moritz Lazarus de 5/11/1894, citada *in* H. J. Dahme e D. P. Frisby,

Dinheiro

duo isolado, mas sim do indivíduo em sociedade (justamente um processo de diferenciação avançado), embora a questão não seja tematizada. Mas o que importa é que o processo da cultura está ligado ao "aprofundamento do processo teleológico", aos "desvios" (50) que são necessários para que se atinja as finalidades que se tem em vista. Simmel opera uma série de equalizações que é interessante destacar: "aprofundamento do processo teleológico" = "progresso do espírito público" = "progresso da cultura" = "aprofundamento da consciência dos fins e a consciência das causas". A diferenciação entre um estado mais ou menos cultivado é dada pelo tamanho da cadeia de elementos que levam de uma ação ao seu fim. Quanto mais cultivado, melhor compreende as relações de causa e efeito e é capaz de representar objetivos "intermediários" como etapas prévias para a obtenção do que se almeja.

A partir dessa formulação de fundo mais genérica, Simmel vai então aproximar-se de seu objeto, o dinheiro:

"Editorischer Bericht", *in* G. Simmel, *Aufsätze und Abhandlungen 1894 bis 1900, op. cit.*, p. 586. O passo atesta como Simmel atribui à "Völkerpsychologie" ter-lhe dirigido o interesse para os problemas sociológicos e para as dimensões sociais dos fenômenos. Pois o texto que ele envia a Lazarus é o seu primeiro texto programático de sociologia, "Das Problem der Sociologie" (1894), escrito tendo em vista a delimitação da sociologia como ciência e sua institucionalização como disciplina, no período de sua vida em que mais se engajou por isso. A importância da "Völkerpsychologie" para Simmel e suas repercussões e persistência no Simmel maduro merecem estudo pormenorizado. Veja-se: K. C. Köhnke, "Von der Völkerpsychologie zur Soziologie. Unbekannte Texte des jungen Georg Simmels", *in* H. J. Dahme e O. Rammstedt (orgs.), *Georg Simmel und die Moderne. Neue Interpretatonen und Materialien, op. cit.*, pp. 388-429; K. C. Köhnke, "Four Concepts of Social Science at Berlin University: Dilthey, Lazarus, Schmoller and Simmel", *in* M. Kaern, B. S. Phillips e R. S. Cohen (orgs.), *Georg Simmel and Contemporary Sociology, op. cit.*, pp. 99-107; K. C. Köhnke, "Soziologie als Kulturwissenschaft. Georg Simmel und die Völkerpsychologie", Beiträge der Georg Simmel-Gesellschaft 1.17, Bielefeld, 1988 (este texto não me foi acessível); D. Frisby, *Simmel and since: Essays on Georg Simmel's Social Theory*, Londres, Routledge, 1992, pp. 20-41. Veja-se ainda os seguintes textos de Moritz Lazarus: "Über das Verhaeltnis des Einzelnen zur Gesamtheit", *in Zeitschrift für Völkerpsychologie und Sprachwissenschaft*, vol. II, 1862, pp. 401 ss.; "Über die Ideen in der Geschichte", *in Zeitschrift für Völkerpsychologie und Sprachwissenschaft*, vol. III, 1865, pp. 420 ss.; "Über den Begriff und die Möglichkeit einer Völkerpsychologie", *in Deutsches Museum*, julho de 1851; "Verdichtung des Denkes in der Geschichte. Ein Fragment", *in Zeitschrift für Völkerpsychologie und Sprachwissenschaft*, vol. II, 1862, pp. 54-62; *Das Leben der Seele*, 3ª ed., Berlim, Dummler, 1883; de autoria de M. Lazarus e H. Steinthal, "Einleitende Gedanken über Völkerpsychologie", *in Zeitschrift für Völkerpsychologie und Sprachwissenschaft*, vol. I, 1860, pp. 1-73 e *Die Begründer der Völkerpsychologie in ihren Briefen*, 3 vols., organização de Ingrid Belke, Tübingen, J. C. B. Mohr (Paul Siebeck), 1971-1986.

"Todo meio de troca homogêneo e reconhecido univer-salmente oferece um exemplo desse alargamento da cadeia teleológica." (p. 50)

Pois agora o processo teleológico é visto no âmbito da circulação econômica; o meio de troca é, como o nome diz, uma figura intermediária que aparece para possibilitar a obtenção de um fim determinado. Curiosamente, Simmel entende esse implemento da cadeia teleológica como um "alargamento da ação que tem em vista fins" (p. 51). Não que ele afirme que tal ação é racional, mas a ação que se orienta por fins estabelecidos e determinados é decerto uma ação racional. E se assim é, há naturalmente um nexo que articula a ação racional com o "progresso" da cultura.[9] Se há um paralelismo entre os dois "alargamentos" de que fala Simmel, pode--se supor que o homem cultivado (ou pertencente a uma cultura avançada) caracteriza-se por um predomínio de ações com relação a fins determinados, e então poder-se-ia dizer que o processo da cultura está ligado ao processo de racionalização.

O referido meio de troca é um "ponto de passagem" (p. 51), confluência na qual os diversos atores e as diversas coisas envolvidos no processo de troca se encontram. Mas esse meio de troca acaba por se tornar uma exigência absoluta, sem o qual a própria vida se tornaria impraticável, pois ele é a *comunicação* essencial no processo econômico. Ou, nas palavras de Simmel:

"Assim como minhas ideias precisam tomar a forma da linguagem compreendida universalmente, a fim de, por esse meio, promover os meus fins práticos, também os meus atos e as minhas posses precisam aceitar a forma do valor-dinheiro, a fim de servirem aos meus desejos contínuos." (p. 51)

Aqui Simmel dá seu *salto mortale*, pois mostra como um processo de mediação perpassa o agir humano e é mesmo condição para esse agir. Em outros termos, o processo da cultura (ou seja, a história[10]) está ligado à forma da mediação, ao processo teleológico. Além disso, é o dinheiro que surge como essa forma mediadora essencial (neste ponto já temos

---

[9] Assim, Simmel antecipa aqui a ideia que articula o racionalismo e a Época Moderna. Esse tópico estará presente, mais tarde, na *Philosophie des Geldes*. Cf. G. Simmel, *Philosophie des Geldes, op. cit.*, pp. 605 ss., 612, 646, 681 ss. etc. Cf. o tópico "estilo de vida".

[10] Esta relação Simmel trabalha especialmente em alguns textos de sua filosofia da cultura. Pode-se ver G. Simmel, *Der Konflikt der modernen Kultur, op. cit.*; "Wandel der Kulturformen", *op. cit.* Cf. também o tópico "cultura".

desenvolvidos os aspectos centrais do que será, anos mais tarde, sua "filosofia da cultura"). Contudo, esboçado esse quadro geral, Simmel vai se interessar pelos *efeitos* do dinheiro nessa sua posição peculiar, e especialmente por efeitos que radicam no mais íntimo do indivíduo, na sua psique (estamos no âmbito de uma "psicologia do dinheiro"):

> *"É uma das peculiaridades mais ricas em consequências do espírito humano o fato de que um simples meio, em si indiferente, torna-se um fim, quando ele permanece tempo suficiente frente à consciência ou se o fim a ser obtido com ele permanece a uma grande distância, de modo que ele próprio se torna finalmente um fim definitivo. O valor que os meios possuíam originalmente apenas em função dos fins a serem alcançados autonomiza-se e gruda nos meios em uma imediaticidade psicológica, ao invés de permanecerem mediados."* (p. 51)

A autonomização dos meios frente aos fins que lhes davam sentido é o fato fundamental apresentado por Simmel. Esta autonomização dá-se no nível do indivíduo, pois são os indivíduos que tomam os valores atribuídos aos meios como valores próprios aos meios. Assim, aos indivíduos os meios aparecem não mais como mediadores, mas como se eles próprios fossem os objetivos visados. Aqui Simmel atrela sua crítica — que se repetirá sistematicamente até 1918, em especial em sua filosofia da cultura[11] — à técnica e à especialização vistas como fins em si mesmas (e não como meios tendo em vista fins "mais altos"). Há aqui, segundo Simmel, um *esquecimento*, uma perda da memória, que faz com que o que está mais próximo ocupe o lugar daquilo que está mais distante (proximidade e distância perambulam sem parar pelos textos de Simmel[12]). Os fins últimos são esquecidos e com isso os meios passam a ocupar os seus lugares:

> *"Se nós precisássemos a cada instante ter frente aos olhos a série teleológica completa que justifica uma determinada ação, a consciência se dispersaria de um modo insuportável. Talvez o princípio da economia de forças faça com que a consciência do fim concentre-se no grau mais próximo do processo teleo-*

---

[11] Veja-se apenas a título de exemplo: G. Simmel, "Der Begriff und die Tragödie der Kultur" (1911), *op. cit.*, p. 215; *Der Krieg und die geistigen Entscheidungen* (1917), *op. cit.*, pp. 16-7; etc. Cf. o tópico "cultura".

[12] Proximidade e distância são categorias não só recorrentes em Simmel, mas fundamentais em seu pensamento. Devido ao seu grande potencial analógico, elas são frequentemente mobilizadas para dar conta do caráter processual da realidade, seja ela individual ou supraindividual. Pois quando Simmel fala em proximidade e distância, ele se refere na verdade a processos de aproximação e distanciamento.

lógico, enquanto o fim último que permanece mais distante perde-se para a consciência." (p. 52)

Para explicar a transformação dos meios em fins, Simmel recorre à ideia do "princípio da economia de forças", oriunda de Darwin, de ampla ressonância no darwinismo social da segunda metade do século XIX. Essa ideia, em princípio uma "lei" da natureza, explica o problema posto por Simmel, e de modo então bastante convincente, já que se trata de um princípio que torna a transformação dos meios em fins em algo quase natural — o que na verdade é um processo histórico é, mediante o esquecimento, transformado em segunda natureza. Isto não nos desobriga de investigar mais a fundo o estatuto que o jovem Simmel dá a esse "princípio de economia de forças", pois ele aparece na verdade como um princípio estruturador ou determinador das relações sociais e naturais.[13] Como quer que seja, Simmel é cauteloso ("Talvez...") e, independentemente da justificativa final através do "princípio", o fenômeno da transformação dos meios em fins é justificado no nível da consciência, portanto individual. A partir desses desenvolvimentos, Simmel elabora a questão tendo em vista o dinheiro:

> *"Em toda a malha do agir humano com relação a fins não há talvez nenhum membro intermediário no qual este traço psicológico do desenvolvimento do meio em um fim sobressaia de modo tão puro como no dinheiro. Nunca um valor, que um objeto possui apenas através de sua permutabilidade em um outro objeto definitivamente portador de valor, foi transportado tão completamente a esse próprio objeto."* (p. 52)

O dinheiro é portanto um caso único e candente no conjunto de todas as transformações de meios em fins. Em nenhum outro caso essa transformação se deu de modo tão completo e nunca ela pareceu ser tão normal como no caso do dinheiro; ele assume o papel de uma segunda natureza.[14] E isto torna o dinheiro exemplar para a análise de Simmel. Sua posição estratégica o faz objeto da "psicologia" que Simmel tem em vista.

---

[13] Mas isto exigiria uma discussão detalhada do problema. O "princípio de economia de forças" é desenvolvido por Simmel especialmente em seu livro de 1890. Veja-se, a título de exemplo, G. Simmel, *Über sociale Differenzierung, op. cit.*, pp. 258 ss.; *Philosophie des Geldes, op. cit.*, pp. 171, 677 etc.

[14] Cf. G. Simmel, *Philosophie des Geldes, op. cit.*, p. 594. Cf. também H. Blumemberg, "Geld oder Leben. Eine metaphorologische Studie zur Konsistenz der Philosophie Georg Simmels", *in* H. Böhringer e K. Gründer (orgs.), *Ästhetik und Soziologie um die Jahrhundertwende: Georg Simmel, op. cit.*, p. 122.

"Para a psicologia do dinheiro" significa um duplo movimento: analisar na consciência o processo que transforma o dinheiro em um caso radical da transformação dos meios em fins, e por outro lado analisar os efeitos que o dinheiro faz recair sobre essa mesma consciência. Esse movimento duplo será exposto mais claramente na *Philosophie des Geldes*, pois então as partes "sintética" e "analítica", nas quais o livro se divide, têm por objetivo analisar o dinheiro a partir das condições da vida, e a vida a partir dos efeitos do dinheiro.[15] Mas então tornou-se necessário transformar a psicologia em filosofia, pois somente esta seria capaz de alojar a amplitude e maleabilidade que a análise do dinheiro mostrou ser necessária.

Uma "interrupção psicológica da série teleológica" (p. 52) pode ocorrer a qualquer momento, quando a consciência dos fins estaca e constitui um novo fim. Para uma psicologia do dinheiro interessa a "metamorfose psicológica através da qual o dinheiro transforma-se em um fim em si mesmo" (pp. 53-4). Mesmo o processo de criação de valor é visto por Simmel como um processo psicológico, do sujeito que avalia e deseja um objeto determinado: "[...] toda adjudicação de valor é apenas um fato psicológico e nada mais" (p. 56). Simmel esboça uma teoria do valor eminentemente psicologista.[16] A partir de então procura desenvolver algumas

---

[15] Cf. G. Simmel, *Philosophie des Geldes*, *op. cit.*, pp. 10-1. Isto será retomado no tópico "estilo de vida".

[16] A teoria do valor desenvolvida nos escritos do complexo da filosofia do dinheiro não será discutida aqui. Seja dito apenas que Simmel elabora uma teoria subjetiva do valor, que se exprime na troca. O conceito de valor que Simmel desenvolve no complexo da filosofia do dinheiro implica em distanciamento. O que determina o valor de um objeto é o desejo de possuí-lo ou usufruí-lo, e supõe portanto um processo que envolva distância e aproximação. Cf. G. Simmel, *Philosophie des Geldes*, *op. cit.*, pp. 15, 49-50 etc. Pode-se ver: Simmel, "Zur Psychologie des Geldes", *op. cit.*, pp. 54-6; *Philosophie des Geldes*, *op. cit.*, caps. 1 e 2. Na literatura secundária: H. Brinkmann, *Methode und Geschichte. Die Analyse der Entfremdung in Georg Simmels 'Philosophie des Geldes'*, Giessen, Focus, 1974, pp. 73 ss.; D. P. Frisby, *Simmel and since: Essays on Georg Simmel's Social Theory*, *op. cit.*, pp. 80-97; A. Cavalli, "Politische Ökonomie und Werttheorie in der Philosophie des Geldes", *in* J. Kintzele e P. Schneider (orgs.), *Georg Simmels Philosophie des Geldes*, Frankfurt/M, A. Hain, 1993, pp. 156-74; G. H. Mead, "Rezension von Georg Simmel: Philosophie des Geldes" (1900-1901), *in Gesammelte Aufsätze*, organização de H. Joas, Frankfurt/M, Suhrkamp, 1980, pp. 41-5; D. Laidler e N. Rowe, "Georg Simmel's Philosophy of Money: A Review Article for Economics", *in Journal of Economic Literature*, vol. XVII, março de 1980, pp. 97-105; P.v. Flotow, "Die 'Doppelrolle des Geldes' in der Philosophie des Geldes", *in Simmel Newsletter*, vol. III, nº 2, inverno de 1993, pp. 127-38. De interesse para a questão é a elaboração da teoria do valor a partir de Nietzsche. Veja-se G. Simmel, "Friedrich Nietzsche. Eine moralphilosophische Silhoutte" (1896), *in Aufsätze und Abhandlungen 1894 bis 1900*, *op. cit.*, pp. 118-20; K. Lichtblau, "Das 'Pathos der Distanz'. Präliminarien zur Nietzsche-

características do dinheiro e isso significa, ao mesmo tempo, detectar efeitos que o dinheiro exerce sobre as dimensões mais variadas da vida. O dinheiro caracteriza-se por ser um meio que se busca para a consecução dos fins os mais variados. Ele torna-se, por isso, um ponto de cruzamento das mais variadas séries teleológicas.

"Se o dinheiro é o ponto de intersecção comum a diversas séries finais, então ele deve se tornar cada vez mais sem cor, em virtude da variedade e divergência dessas séries; e este é de fato o seu destino, pois, com uma cultura crescente, coisas cada vez mais diferentes podem ser compradas com ele." (p. 57)

Em função dessa posição peculiar ele será caracterizado:

"[...] a variedade qualitativa dos fins que se encontram nele [no dinheiro] o coloca, por assim dizer, entre as qualidades e tira-lhe toda coloração psicológica determinada que algo unilateral sempre precisaria ter. E através de um processo facilmente compreensível isto atua de volta sobre os objetos da circulação monetária." (p. 57)

Caracterizado justamente como sem características, ele não possui qualidades próprias, a não ser não ter qualidades. Por isso ele é eminentemente abstrato. Contudo ele possui uma atuação muito forte, pois na medida em que os objetos são pura e simplesmente trocados por dinheiro, eles próprios perdem de algum modo suas características, deixando-se igualar a ele.

Simmel detecta o caráter *blasé* dos segmentos abastados da sociedade nesse contexto. Pois quando o dinheiro é o denominador comum a tudo, o que está em jogo não é mais o "o quê", mas sim o "quanto" (p. 57). E o "o quê" é aquilo que é qualitativamente diferente, individual. O que é específico, o que é incomparável é subsumido quando o dinheiro entra em cena. O caso da compra da esposa, fornecido por Simmel, é bastante ilustrativo. Ela só pode ser comprada porque sua individualidade é muito pequena, a ponto de ser trocada por dinheiro. Isto só ocorre em povos "pouco" cultivados, pois o processo da cultura supõe uma diferenciação social na qual o indivíduo já não se deixa submeter tão facilmente, e consequentemente já não poderia ser trocado por dinheiro. Por outro lado, nessa sociedade o dinheiro possivelmente não teria atingido ainda um grau

---

Rezeption bei Georg Simmel", *in* H. J. Dahme e O. Rammstedt (orgs.), *Georg Simmel und die Moderne. Neue interpretationen und Materialen*, Frankfurt/M, Suhrkamp, 1984, pp. 245-6, 249 ss.

de abstração tão alto, ele ainda retém sua substância na forma de qualidades próprias, e isto torna a troca também, ainda que em medida restrita, uma troca qualitativa e não meramente quantitativa. A "impessoalidade do dinheiro", seu "anonimato" (p. 59) são traços fundamentais do dinheiro que não se restringem a ele, mas a tudo o que ele, com seu toque de Midas, alcança.[17] Por isso, sempre que valores pessoais estão em jogo, o dinheiro parece ser tão impróprio como forma de reparação. Tudo o que é pessoal, individual, específico está no polo oposto ao dinheiro; contudo, Simmel chama a atenção para o fato de que cada vez mais, com o incremento da economia monetária e sua difusão pelos espaços mais recônditos e inesperados, com a imposição de sua lógica baseada na quantidade em todos os domínios da vida, o que é pessoal é atingido progressivamente pelo dinheiro e torna-se cada vez mais impessoal.

> *"A ausência de qualidade do dinheiro traz consigo a ausência de qualidade dos homens enquanto fornecedores e recebedores de dinheiro. [...] o dinheiro é o absolutamente objetivo, no qual tudo o que é pessoal termina."* (p. 60)

Eis porque tudo o que é pessoal não pode ser pago com dinheiro — a esposa, a honra, a gratidão,[18] os sentimentos. Quando os homens se encontram em negócios, onde o que está em jogo é o dinheiro, os homens são marionetes que desempenham um papel determinado, mas sua substância individual, que seja João ou Pedro, o vendedor ou o comprador, é absolutamente indiferente. Podemos ver como Simmel concretiza seus desenvolvimentos:

> *"Aquela indiferença do dinheiro, tão desenvolvida justamente em nossa época, cuja consequência é também a indiferença dos objetos, mostra-se decerto naquelas lojas de mercadorias que se caracterizam pelo fato de todas as mercadorias terem o mesmo preço.[19] [...] Cada vez mais o qual específico se esconde por detrás do quantum [...] a consequência é que cada vez mais coisas, com o desprezo de suas qualidades, são com-*

---

[17] Cf. G. Simmel, *Soziologie, op. cit.*, p. 84.

[18] Em se falando de gratidão, bem cabe um rodapé para agradecer a todos/as aqueles/as que, ao longo do longo tempo que vai da concepção à publicação deste texto, estiveram ao meu lado, ajudando das mais variadas formas. E como um rodapé é muito pouco para tanto, abstenho-me de nomeá-los/as.

[19] Simmel tem em vista as lojas, que proliferaram na segunda metade do século passado, em que tudo o que era vendido tinha o mesmo preço. Eram conhecidas como "lojas de 50 centavos" e nelas qualquer mercadoria custava 50 centavos. Cf. tb. G. Simmel, *Philosophie des Geldes, op. cit.*, p. 540.

pradas apenas porque são baratas. Mas a mesma essência psicológica do dinheiro causa justamente o fenômeno oposto: que muitas coisas são valorizadas e procuradas justamente porque custam muito dinheiro." (p. 61)

Pode-se ver como Simmel rumina sem parar sua ideia da atribuição de sentido, partindo dos fenômenos os mais corriqueiros, das experiências mais cotidianas dos seus contemporâneos, para ver nelas um retrato mais profundo de seu tempo, para ver nelas os traços das tendências que marcam sua época. Simmel evidenciava a questão ao articular claramente o desenvolvimento de uma economia monetária com o processo da cultura:

"Em suma poder-se-ia dizer que a coloração psicológica peculiar, ou melhor, a descoloração que atinge as coisas devido à sua equivalência com um meio de troca completamente sem cor traz consigo, por assim dizer, um certo polimento que apara suas arestas e, na medida em que com isso facilita e acelera a sua circulação, é uma face do grande processo da cultura, que translada as realidades assim como os ideais da forma da estabilidade, da fixidez invariável, existente para sempre, para a forma do movimento, do fluxo eterno das coisas, do desenvolvimento contínuo." (p. 63)

O dinheiro não apenas equaliza o que é distinto, senão que é o símbolo de um processo histórico que impregna o presente vivido por Simmel. Esse processo é o processo do moderno, o processo que leva da fixidez, da estabilidade e da invariância para o movimento, mobilidade, variação, labilidade — estes são os atributos do moderno. Esse movimento de translação é o mesmo que, no âmbito da forma de apresentação, vai do tratado ao ensaio. Essa transformação ocorre nos domínios os mais variados e caracteriza o processo do moderno:

"O fato de que, ao invés dos conhecimentos incondicionados e aprioristicos, aos quais as épocas mais antigas tendiam, a experiência é acentuada cada vez mais como o único meio do conhecimento, significa a transformação de um conteúdo do pensamento exigido como válido para todos os tempos para um que comporte a transformação, aumento e correção constantes. Quando as espécies de organismos são reconhecidas não mais como ideias eternas da criação divina, mas sim como pontos de passagem de uma evolução que caminha no infinito e com isso ao mesmo tempo encontra como ideal, ao invés de formas imutáveis e unitárias do nosso comportamento, a adaptação às condições variáveis de desenvolvimento; quando a crença me-

tafísica em certas representações últimas, em cuja eternidade subjetiva e objetiva as pessoas se prendiam, é reconhecida como resultado mutável de processos puramente psicológicos; quando as rígidas delimitações no interior dos grupos sociais tornam--se cada vez mais fluidas e a rigidez das castas, da coação das corporações, da ligação com a tradição é quebrada em todos os domínios, de modo que a personalidade pode, por assim dizer, circular mais facilmente pela variedade de situações da vida — então tudo isso são sintomas da mesma transformação völker-psicológica [...]." (pp. 63-4)

Simmel mostra sua filiação à "Völkerpsychologie", compreendendo a mudança que marca o processo do moderno, a mudança do fixo para o móvel, como uma transformação na "psicologia dos povos". É por esse motivo que se tratava em 1889 de uma "psicologia" do dinheiro. Na medida em que Simmel abandona o (por assim dizer) registro da "Völkerpsychologie", isto vai se transformar na "filosofia" do dinheiro — e filosofia "em sentido amplo e moderno", como cultura filosófica. Simmel pontua aqui a mudança que caracteriza o moderno, a visão de mundo, a imagem de mundo modernas, em que o movimento caracteriza os mais diversos domínios da existência. E nesse mundo que é movimento, o dinheiro encontra seu lugar de direito:

"*Mas então, como no panta rei dos fenômenos, um sempre persiste: a lei; como, apesar da mudança constante dos fatores, a relação entre eles permanece constante; então se poderia denominar o dinheiro como o polo em repouso na evasão dos fenômenos econômicos, assim como o valor constante de uma fração cujos nominadores e denominadores se alterassem continuamente na mesma grandeza. Assim como a maior variedade dos fenômenos permite evidenciar a lei de maneira mais clara, o dinheiro se mostra tanto mais puro na persistência de seu valor quanto mais numerosas e variadas são as coisas entre as quais ele exprime a igualdade.*" (p. 64)

Tudo flui, inclusive o dinheiro, mas como circular é a sua própria essência, é como se tudo fluísse, mas o dinheiro permanecesse.[20] Aqui

---

[20] Simmel discute Heráclito, de modo rico e sugestivo, em *Hauptprobleme der Philosophie, op. cit.*, p. 64-8. Apesar do interesse de Simmel por Heráclito ter sido apontado ocasionalmente, pois a ideia do *panta rei* é recorrente e estrategicamente significativa até 1918, falta ainda um estudo detalhado sobre a questão. O texto de M. Susman, *Die geistige Gestalt Georg Simmels*, Tübingen, J. C. B. Mohr (Paul Siebeck), 1959, é a

Simmel toca um dos principais pontos da *Philosophie des Geldes*, a ideia do papel duplo do dinheiro: ele é por um lado aquilo que circula sem cessar, por outro o ponto fixo em torno do qual tudo, os homens e as coisas, circulam.

Simmel conclui o texto analisando com muita perspicácia a relação entre deus e o dinheiro:

> *"Já se disse, tanto em tom sarcástico como elegíaco, que o dinheiro seria o deus de nossa época. De fato pode-se descobrir relações psicológicas significativas entre as duas ideias aparentemente tão opostas. A ideia de deus tem sua essência mais profunda no fato de que todas as diversidades do mundo atingem nele uma unidade, que ele é a* coincidentia oppositorum, *na bela expressão de Nicolau de Cusa. A partir dessa ideia, de que todas as oposições e irreconciliações do mundo encontram nele seu equilíbrio e unificação, origina-se a paz e a segurança, mas ao mesmo tempo a densa plenitude das representações variadas que nós encontramos na ideia de deus. A similitude psicológica de sua ideia com aquela do dinheiro é pelo precedente clara. O* tertium comparationis *é o sentimento de calma e segurança que justamente a posse do dinheiro, em contraste com todas as outras posses, oferece, e que corresponde psicologicamente àquele sentimento que o devoto encontra em seu deus. Nos dois casos há a elevação sobre o singular que nós encontramos no objeto ansiado, a confiança na onipotência do mais alto princípio [...]. Exatamente como deus na forma da crença, o dinheiro é, na forma do concreto, a mais alta abstração à qual a razão prática se elevou."* (pp. 64-5)

Esta analogia acompanhará Simmel em variados escritos. O que há entre deus e o dinheiro é uma "correspondência psicológica", uma analogia justamente, pois os efeitos que ambos causam e as sensações que oferecem aos seus devotos são iguais. Então se pode compreender o dinheiro, desse modo, como uma categoria teológica secularizada.[21] O dinheiro é o deus do mundo *moderno*.

---

principal referência a esse respeito. Veja-se "Heráclito de Éfeso", *in Pré-socráticos, Fragmentos, doxologia e comentários*, 3ª ed., São Paulo, Abril, 1985, col. "Os Pensadores", pp. 73-136. E, de Simmel, embora publicado anonimamente, "Panta rhei", *in Simplicissimus*, 28/8/1917. Na *Philosophie des Geldes, op. cit.*, p. 713.

[21] Cf. H. Blumenberg, "Geld oder Leben. Eine metaphorologische Studie zur Konsistenz der Philosophie Georg Simmels", *op. cit.*, pp. 131-2.

Por outro lado Simmel afirmou, em outros textos, que épocas culturais determinadas deixavam-se caracterizar por conceitos específicos, que por assim dizer condensariam (um termo caro à "Völkerpsychologie") em si essa época. Na Grécia clássica esse conceito é o de "ser", na Idade Média, "deus"; no Renascimento, "natureza"; nos séculos XVII e XVIII, "indivíduo"; no século XIX, em parte, "sociedade"; no presente ao redor de 1900, "vida".[22] Se assim é, pode-se dizer que no presente o dinheiro ocuparia essa posição de um conceito no qual a época se espelha. Caberia então relacionar o dinheiro e a "vida": o dinheiro é aquilo que assume as formas as mais variadas, mas continua sendo sempre o que era desde o início. Assim como a vida.[23] Ambos são ainda expressão de algo que, presente nos dois, atingiria o moderno em seu âmago: as ideias de movimento, mobilidade.[24] Tal como caracterizadas em sua proposta de uma cultura filosófica.

O Leitor deste texto de 1889 que, como Schmoller, em 1900 se dedicou à leitura de sua formulação acabada, não conseguiria conter um gesto de espanto. Absolutamente todos os pontos presentes no texto inicial encontram-se desenvolvidos no livro. Mas desenvolvidos em grande escala, como se de um pequeno tema inicial Simmel oferecesse agora uma série enorme de variações que, presas a detalhes da formulação inicial, agora as desdobra em uma ampla composição, os rearticula em novas constelações, os concretiza em inúmeros exemplos históricos. Disse, ao tratar do ensaio, que ele comporta movimentos de contração e dilatação, condensação e seu oposto. É isto que a experiência de leitura da *Philosophie des Geldes* nos oferece: uma enorme variação acerca do dinheiro, que é uma retomada, em dimensões ampliadas, do texto de 1889. Ambas, variação e retomada, são chaves para a compreensão do complexo de textos da filosofia do dinheiro. Como aqui não se trata propriamente de reconstruir esse

---

[22] Cf. G. Simmel, *Der Konflikt der modernen Kultur, op. cit.*, pp. 7-8. Isto reaparece em variadas ocasiões, por exemplo carta de Georg Simmel a Hermann Graf Keyserling de 30/3/1911, *in Das individuelle Gesetz*, Frankfurt/M, Suhrkamp, 1968, p. 241; etc.

[23] "A vida é a única forma de existência que nos é conhecida, em que um ser que permanece idêntico a si mesmo e uno se mantém através de uma série contínua de variações da forma [...]." G. Simmel, *Hauptprobleme der Philosophie, op. cit.*, p. 64. O conceito de vida exige, contudo, ser analisado no interior da metafísica tardia de Simmel, e aqui pretendo apenas apontar para a questão.

[24] H. Blumenberg, "Geld oder Leben. Eine metaphorologische Studie zur Konsistenz der Philosophie Georg Simmels", *op. cit.*, pp. 121-34, desenvolve a ideia de que o que "dinheiro" significa para Simmel, em 1900, torna-se, com o passar dos anos, expresso em "vida".

complexo, mas apenas de indicá-lo, é interessante, ainda antes de chegarmos à *Philosophie des Geldes*, passarmos por um texto de 1896.

"O dinheiro na cultura moderna"[25] é, só por seu título, especialmente instigante, ao ligar os três conceitos dinheiro, moderno e cultura, para indicar o nexo que os articula. A perspectiva de Simmel em seu texto é a de uma "sociologia". Ele inicia trabalhando o contraste — "oposição" — entre o tempo mais recente e a Idade Média: esta se caracteriza por uma unidade que liga o indivíduo com seu círculo social; a personalidade do homem da Idade Média é marcada por essa unicidade. Os tempos modernos, em oposição a isso, caracterizam-se justamente pela "destruição" dessa unidade.[26] Trata-se então de caracterizar esse rompimento típico da Época Moderna: a "personalidade" torna-se agora autônoma, independente dos antigos círculos sociais aos quais estava anteriormente amalgamada.

"Esta unidade foi destruída pelos tempos mais recentes. Por um lado, eles afirmaram a personalidade e deram-lhe uma liberdade de movimento *interna e externa incomparável; por outro, eles conferiram aos conteúdos objetivos da vida uma objetividade também incomparável: as leis próprias das coisas passaram a dominar cada vez mais na técnica, nas organizações de toda espécie, nas empresas e profissões, e as liberaram da impregnação por personalidades individuais."* (p. 178, grifo meu)

Vemos aqui um processo de autonomização da individualidade, que é simultaneamente um processo de incremento da liberdade — a relação indivíduo/liberdade é central para Simmel, justamente porque ela aparece como um resultado de uma análise histórica do processo de individualização enquanto incremento da liberdade.[27] Ora, sob que rubrica aparece aqui

---

[25] G. Simmel, "Das Geld in der modernen Kultur" (1896), *in Aufsätze und Abhandlungen 1894 bis 1900, op. cit.*, pp. 178-96. As referências a este texto serão a seguir dadas após a citação, entre parênteses, indicando o número da página.

[26] Esta afirmação é semelhante àquela que, no âmbito da filosofia da cultura, constata a impossibilidade do processo da cultura enquanto síntese, ou seja, unidade. Perda da unidade é semelhante à fragmentação do mundo, em outras palavras autonomização das "províncias específicas", que é semelhante à tragédia da cultura. O moderno é fragmento. Veja-se, por exemplo, isto concretizado na escultura, cf. o tópico "presente".

[27] O tema é recorrente. Ver por exemplo G. Simmel, *Philosophie des Geldes, op. cit.*, pp. 375 ss.; *Über sociale Differenzierung, op. cit.*, especialmente cap. 3, 5 e 6; *Grundfragen der Soziologie, op. cit.*, cap. 4; "Individualismus", *in Brücke und Tür, op. cit.*, pp. 251-9; "Die beiden Formen des Individualismus", *in Das freie Wort*, Frankfurt, ano I, 1901-2, pp. 397-403; "Das Individuum und die Freiheit", *in Das Individuum und die Freiheit, op. cit.*, pp. 212-9.

tal processo de individuação e "libertação"? Trata-se justamente do "movimento", isto é, liberdade significa uma maior *mobilidade*; individualidade e individuação significam a possibilidade de mobilidade, em contraposição à situação pré-moderna, na qual a "personalidade" se encontra fortemente atrelada à comunidade, ao círculo social (seja qual for) etc. O "sintoma", o "traço" típico da modernidade: a mobilidade, a possibilidade de movimento. E Simmel já compreende essa "liberdade de movimento" como interior e exterior; ela diz respeito tanto à natureza interior do indivíduo — suas paixões, seus sentimentos, seus pensamentos, suas convicções, suas crenças etc. — como a sua natureza exterior — os laços aos quais ele se liga e dos quais ele se afasta. Esta é, por assim dizer, uma das faces da modernidade. A outra face desta moeda é o fenômeno que é caracterizado por tal "incomparável objetividade": o processo em que conteúdos específicos ganham autonomia própria, em que as coisas tornam-se cada vez mais autonomizadas. Tal ideia de uma "lei própria das coisas" (Eigengesetzlichkeit) é aqui central: a modernidade é caracterizada pelo predomínio das coisas que se regem por suas próprias leis. Na verdade, Simmel já tem claro para si que se trata aqui de uma nova relação de sujeito e objeto, característica da Época Moderna (*Neuzeit*[28]):

> *"Desse modo a Época Moderna autonomizou sujeito e objeto entre si, de modo que cada um deles encontrasse de modo puro e pleno o seu próprio desenvolvimento."* (p. 178)

Cada um possui seu desenvolvimento próprio, o que vale dizer que cada um segue sua própria lei. Simmel vai conceber este processo da Época Moderna como um processo de diferenciação,[29] ao qual a economia monetária está intimamente ligada. Sua tarefa será indicar como e em que medida o dinheiro está relacionado com esse processo e com sujeito e objeto. Simmel nos mostra como, historicamente — ele exemplifica a partir da Alemanha —, o aparecimento de uma economia monetária rompe com os laços tradicionais que ligavam as pessoas às coisas: entre umas e outras aparece agora o dinheiro, sem qualidades, completamente objetivo. E aqui esse processo é visto em termos de *proximidade e distância*:

> *"Ela [a instância do dinheiro] promove um distanciamento entre a pessoa e os bens, na medida em que torna a relação entre elas uma relação mediada."* (p. 179)

---

[28] O conceito de "Neuzeit" será discutido no tópico "estilo de vida".

[29] Como, a essa altura, já havia indicado em seus dois livros *Über sociale Differenzierung* (1890) e *Einleitung in die Moralwissenschaft* (1892-3), *op. cit.*

A ideia de mediação é, como se pode ver, capital. Distanciamento não é, claro está, pensado em sentido puramente figurado, pois que se trata de distanciamento espacial inclusive (daí a importância da sociologia do espaço em Simmel[30]). Ele nos mostra como a economia monetária significa uma internacionalização da economia que representa uma "internacionalização" do indivíduo e da sociedade, por assim dizer (os círculos sociais podem tornar-se agora cada vez mais amplos). Simmel, em Berlim, se relaciona, através do dinheiro, com todo o mundo. "Internacionalização" no sentido de que as fronteiras espaciais usuais não valem mais, pois o que está distante torna-se próximo e o que era próximo torna-se distante[31] (como já vimos no que diz respeito ao "processo teleológico" em "Zur Psychologie des Geldes"). O papel mediador do dinheiro, que é a sua própria substância, significa que ele *ao mesmo tempo separa e une*, como a ponte e a porta.[32] Ao mediar, ele possui uma dupla função, pois serve àqueles que media.[33] Ele significa ao mesmo tempo o caráter impessoal que domina tudo o que se faz através dele e, por outro lado, uma "crescente autonomia e independência da pessoa". Na "Neuzeit", com a monetarização da economia, o indivíduo se relaciona com tudo através do dinheiro, dando-o e recebendo-o. Ora, se o dinheiro é aquilo que une e separa ao mesmo tempo, ele é o símbolo por excelência da *ambiguidade*. Ser ambíguo é uma característica marcante do dinheiro e impregna profundamente a modernidade. Uma das chaves-mestras para a compreensão da *Philosophie des Geldes* é a ideia do "papel duplo do dinheiro", que busca apresentar essa ambiguidade.[34]

Justamente a impessoalidade e a ausência de cor e substância do dinheiro é que o fazem diferente de todos os outros valores e de todas as outras

---

[30] G. Simmel, "Soziologie des Raumes", *in Jahrbuch für Gesetzgebung, Verwaltung und Volkswirtschaft im Deutschen Reich*, ano XXVII, 1903, pp. 27-71; *Soziologie, op. cit.*, cap. "Der Raum und die räumlichen Ordnungen der Gesellschaft", pp. 687-790.

[31] Esta questão será desenvolvida no célebre "Exkurs über den Fremden", que faz parte da sociologia do espaço. Cf. *Soziologie, op. cit.*, pp. 764-71.

[32] Cf. G. Simmel, "Brücke und Tür", *op. cit.*

[33] Cf. G. Simmel, *Soziologie, op. cit.*, pp. 114 ss., 124.

[34] Por isso é importante ter sempre em mente que, quando se fala em "papel duplo" ou "caráter duplo", está se chamando a atenção para as relações ambíguas que estão em jogo no fenômeno. Sobre a relação entre ambiguidade e moderno em geral, ver Z. Bauman, *Moderne und Ambivalenz. Das Ende der Eindeutigkeit*, Frankfurt/M, S. Fischer, 1995. Sobre o "papel duplo do dinheiro", ver o tópico "estilo de vida". Sobre o "papel duplo do dinheiro" como uma chave de leitura da *Philosophie des Geldes*, ver P.v. Flotow, *Die Doppelrolle des Geldes. Georg Simmels Philosophie des Geldes*, Frankfurt/M, Suhrkamp, 1995.

Dinheiro

coisas. Segundo Simmel, "na marcha da cultura" tais características tornam-se cada vez mais depuradas e é justamente essa "ausência de caráter" do dinheiro que lhe permite desempenhar o papel fundamental que ele desempenha na Época Moderna.[35] O dinheiro atua como unificador e separador de interesses, daí desempenhar um papel significativo nas relações que se estabelecem entre indivíduos e grupos. O "caráter objetivo" do dinheiro torna o que é diferente igual. Justamente porque é impessoal, ele é capaz de unir o que é próprio de cada indivíduo. Contudo, é necessário ter em vista que o dinheiro é algo histórico — por isso Simmel sempre traz inúmeros exemplos históricos em seu texto — e que a sua existência atual pressupõe um longo processo, que "representa uma das transformações e progressos mais assustadores da cultura" (p. 181). Embora o dinheiro tenha um "efeito de separação e alienação" (p. 181), é sua contrapartida promover uma forte ligação entre os membros de um mesmo círculo econômico (também aqui se mostra sua ambiguidade), pois seu caráter mediato exige que um círculo, um grupo, um conjunto de indivíduos o compartilhem.

> *"Desse modo o homem moderno é incomparavelmente mais dependente de fornecedores e abastecedores do que a antiga 'Vollfreie' germânica e do que, mais tarde, os servos. A cada instante sua existência depende de centenas de ligações, devidas a interesses financeiros, sem as quais ele sequer poderia continuar a existir, como um membro de um ser orgânico do qual se tirasse o sangue de circulação." (p. 182)*

É justamente a divisão do trabalho que intensifica essa inter-relação, essas dependências mútuas e infindáveis, típicas da vida moderna, que a tornam semelhante a um labirinto. Simmel tem claro a impossibilidade do desenvolvimento de uma economia — do desenvolvimento da vida moderna — sem que haja uma medida econômica comum, sem que haja um meio de troca que equacione os diferentes objetos e aplaine completamente suas diferenças. A divisão do trabalho supõe a existência desse meio de troca comum; na verdade, só com o dinheiro ela pode se desenvolver. O dinheiro possibilita, enquanto meio de troca, a divisão da produção e isto é uma enorme força unificadora entre os indivíduos, pois há então uma unidade econômica que abrange a todos e para a qual todos contribuem, na medi-

---

[35] Não é por acaso que Robert Musil ouviu Simmel em Berlim: o homem sem atributos é concomitante com a coisa sem atributos, isto é, o dinheiro. Aqui reencontramos (cf. o tópico "ensaio") os elementos para se trabalhar as relações entre ambos. Assim, formula-se a tarefa da leitura do romance-ensaio tendo Simmel sob as vistas: como por exemplo G. Simmel, *Soziologie*, *op. cit.*, p. 272-3.

da em que trocam dinheiro. Ora, o que é central para Simmel é que esse processo como um todo possibilita um incremento da individualidade:

"E na medida em que o dinheiro proporciona a divisão da produção, ele liga os homens forçosamente entre si, pois então cada um trabalha para o outro e somente o trabalho de todos cria a unidade econômica abrangente que completa o trabalho parcial do indivíduo." (p. 182)

A realização do indivíduo é complementada na medida em que ele se insere no quadro mais amplo de todo o círculo econômico; há aqui uma solidariedade que une os círculos e indivíduo e sociedade, por assim dizer, não são simplesmente polos antagônicos, senão que o implemento dos laços societários é o próprio implemento da individualidade.[36] Para Simmel, divisão do trabalho e dinheiro são fenômenos contemporâneos em sentido enfático, isto é, eles possuem uma temporalidade sincrônica: o desenvolvimento da divisão do trabalho "anda de mãos dadas com a expansão da economia monetária" (p. 182). Poder-se-ia dizer que estamos aqui em uma arqueologia da modernidade, nos inícios da "Neuzeit", com a divisão do trabalho e o dinheiro se expandindo cada vez mais em todos os domínios da vida. O dinheiro permitiu o aparecimento de "uma relação inteiramente nova entre a liberdade e a formação [do indivíduo]" (p. 183): a nova, isto é, moderna individualidade, moderna liberdade, moderna divisão do trabalho: tudo está em íntima relação com o dinheiro, que é o elemento que dá vida ao moderno (daí a analogia com o sangue).

"Pois o homem daquelas épocas econômicas anteriores estava em dependência mútua com muito menos homens, e estes poucos eram duradouros e determinados individualmente. Hoje, somos muito mais dependentes dos fornecedores, embora possamos trocá-los frequentemente e a gosto: nós somos muito mais independentes de qualquer fornecedor determinado." (p. 183)[37]

Há um incremento enorme da liberdade, mas por outro lado também da dependência. A partir disto Simmel vai poder marcar os pontos centrais da modernidade em sua relação com a individualidade: o anonimato, a indiferença — ou em outros termos: a vida da cidade grande.

"Justamente uma tal relação produziu um individualismo forte: não o isolamento frente aos outros, mas sim a rela-

---

[36] Este é um tema caro a Simmel e perpassa toda a sua obra, desde *Über sociale Differenzierung* até a obra final, como *Lebensanschauung, Soziologie* de 1917 etc.

[37] Cf. também G. Simmel, *Soziologie, op. cit.*, p. 137.

Dinheiro

*ção frente a eles, mas sem consideração a quem ele é, seu ano-
nimato, a indiferença em relação a sua individualidade — é isto
que aliena os homens entre si e faz com que cada um se volte
para si mesmo. Em contraposição aos tempos em que cada relação exterior com o outro possuía ao mesmo tempo um caráter pessoal, o dinheiro possibilitou, de acordo com nossa caracterização da Época Moderna, uma separação mais clara entre
o agir econômico e objetivo dos homens e sua coloração individual, o seu Eu verdadeiro, que agora abdica inteiramente daquelas relações e pode se recolher, como nunca anteriormente,
como que às suas camadas mais íntimas."* (pp. 183-4)

Na medida em que cada um se volta para si mesmo, isto significa um
incremento da sua subjetividade, é certo, mas de um modo específico, e
disso nascerá a necessidade de distanciamento que caracteriza o homem
moderno, o seu caráter *blasé*, o seu cinismo, o seu ceticismo etc. Aqui
Simmel indica, portanto, a expansão vertiginosa do espaço interior, da
intimidade no moderno. O espaço do interior burguês é, por sua vez, a
transposição arquitetônica e decorativa, na moradia, desse fenômeno.
"Nossa caracterização da Época Moderna": é assim que Simmel, ao final
do século, denomina seu diagnóstico da modernidade, baseado no dinheiro.
O anônimo, o impessoal, o indiferente são as características fundamentais
desse tempo, em que a separação do subjetivo e do objetivo, isto é, de sujeito
e objeto, é cada vez mais profunda; a cisão entre os dois "espaços" humanos, o espaço da objetividade e o espaço da subjetividade, na medida em
que o dinheiro se espraia e se torna sempre mais o meio de troca universal, torna-se também cada vez mais profunda e intransponível. O diagnóstico da tragédia da cultura será uma reelaboração desta "caracterização
da Época Moderna".

"*As correntes da cultura moderna desaguam em duas direções aparentemente opostas: por um lado no nivelamento, no
aplainamento, na produção de círculos sociais cada vez mais
abrangentes através da ligação do mais remoto sob as mesmas
condições; e por outro lado destacando o que há de mais individual, na independência da pessoa, na autonomia de sua formação. E as duas direções são implementadas pela economia monetária, que por um lado propicia um interesse absolutamente
geral, que atua por toda parte do mesmo modo, como um meio
de entendimento e associação; e por outro lado propicia à personalidade a mais elevada reserva, individualização e liberdade.*" (p. 184)

Estas duas direções são fundamentais para o diagnóstico simmeliano da modernidade e, nesse sentido, indicam a profundidade da ambiguidade que perpassa essa modernidade.[38] O dinheiro nivela e individualiza. Ele assumiu historicamente um papel central no desenvolvimento da própria ideia de liberdade individual. "A expressão e substituição dos trabalhos por dinheiro foi sentida desde sempre como um meio e reserva da liberdade pessoal" (p. 184). Simmel aponta inúmeros exemplos históricos que fundamentam a afirmação; já no direito romano clássico é possível encontrar a ideia de que "todas as obrigações pessoais podiam ser compradas com dinheiro" (p. 184). O papel crescente que o dinheiro desempenha na história da humanidade é visto por Simmel como um "progresso rumo à liberdade" e nesse sentido são apontados exemplos em que um trabalho devido — como por exemplo o dos servos na Idade Média — é progressivamente substituído por uma quantidade de dinheiro.

"A substituição do trabalho pela 'Geldgabe' [pagamento em dinheiro] libera imediatamente a personalidade do aprisionamento específico que aquele trabalho a infligia: não é mais o agir pessoal imediato, mas somente o resultado impessoal dele que o outro agora reivindica; no pagamento em dinheiro a personalidade não dá mais si mesma, mas sim algo que se desligou de qualquer relação interior com o indivíduo." (p. 185)

Como o abismo entre o exterior e o interior cresce cada vez mais, o incremento da liberdade interior é concomitante ao incremento do nivelamento exterior. Quanto mais o homem moderno é nivelado no mundo exterior, mais ele se recolhe à sua interioridade. O dinheiro está naquela constelação marcada pelo imediato, na medida em que ele é o elemento mediador por excelência. E enquanto intermediador, ele afrouxa os laços que prendem a personalidade, o indivíduo. O indivíduo na época do dinheiro está inextricavelmente enredado em uma cadeia de imediações que o tornam *móvel*; o dinheiro é o agente da *mobilidade* por excelência — na justa medida em que ele opera um desaprisionamento, que é também um desencadeamento. Contudo, Simmel não deixa de notar que muitas vezes a substituição por dinheiro traz consigo frutos inesperados, pelo menos não claros desde o início: como no caso de deveres que são substituídos por dinheiro e que, simultaneamente, correspondiam a direitos. Na medida em que os deveres são liquidados através de dinheiro, os direitos que lhes eram contrapartida são também eliminados. Tal "duplicidade das

---

[38] "[...] as coisas são sempre ambíguas [...]." G. Simmel, "Aus dem nachgelassene Tagebuche", *op. cit.*, p. 24.

Dinheiro

consequências" é assinalada por Simmel com ênfase, e ela se faz presente tanto em processos em que se dá dinheiro — como no caso dos servos que passam a pagar — como em processos em que se recebe dinheiro — como no caso da venda de alguma coisa. Pois a venda de algo, sua transformação em dinheiro por alguém que o possuía, é sentida inicialmente como uma libertação, pois o possuidor do dinheiro pode agora comprar tudo o que equivale ao valor do que foi vendido; ele ganhou portanto uma multiplicidade, uma infinidade de escolha e possibilidades que não existiam enquanto ele possuía aquilo que foi vendido:

> *"[...] com o dinheiro no bolso nós somos livres, enquanto anteriormente o objeto nos fazia dependente das condições de sua conservação e frutificação. Só que, como ocorre frequentemente, essa liberdade significa ao mesmo tempo a ausência de conteúdo da vida e o abandono de sua substância!"* (p. 185)

Aqui Simmel pontua de modo claro a ambiguidade da modernidade: a liberdade e a ausência de conteúdo da vida que lhe é correspondente no tempo presente — disto resulta a nostalgia. Isto porque muitas vezes aquilo que foi vendido era algo que atribuía um conteúdo à vida — Simmel cita o caso dos camponeses que vendem sua terra. O crescimento da economia monetária contribui, assim, para uma "perda de sentido" (em sentido weberiano, *avant la lettre*), pois o dinheiro é justamente o que não tem cor, o que é indiferente. E aqui Simmel amarra diversos pontos de seu diagnóstico do presente e de sua (incipiente) filosofia da cultura.

> *"Isto é o que há de precário em uma cultura apoiada no dinheiro, como aquela da Atenas e Roma tardias, como o mundo moderno: que, como cada vez mais coisas são pagas com dinheiro, são obtidas através de dinheiro, e o dinheiro evidencia-se como o polo de repouso na fuga dos fenômenos, muito frequentemente não se dá conta de que também os objetos da circulação econômica possuem aspectos que não são exprimíveis em dinheiro; acredita-se decerto muito facilmente que o seu valor em dinheiro é o seu equivalente exato e sem restos. Aqui reside seguramente uma razão profunda para o caráter problemático, para a inquietação e insatisfação de nossa época. O lado qualitativo dos objetos perde, devido à economia monetária, em acentuação psicológica; a avaliação continuamente necessária do valor em dinheiro permite que este, por fim, apareça como o único válido, cada vez se passa mais rapidamente pelo significado específico das coisas, não exprimível economicamente, que se deixa abafar por aquele na mesma medida em que os sentimentos modernos como que se vingam: que o núcleo e*

o sentido da vida nos escapam por entre as mãos a cada vez, que as satisfações definitivas tornam-se cada vez mais raras, que todo o esforço e atividade no final das contas não valem a pena. Não pretendo afirmar que a nossa época já se encontre inteiramente nesse estado anímico; mas onde ela se aproxima dessa situação, isto se relaciona seguramente com a sobreposição progressiva dos valores qualitativos pelos valores meramente quantitativos, através do interesse em um mero mais ou menos — pois os primeiros satisfazem plenamente as nossas necessidades." (p. 186)

A comparação do "mundo moderno" com a Atenas e a Roma tardias é muito significativa, porque estas épocas tardias tanto eram vistas como "decadentes" (ou de declínio) como eram épocas "finais", em que uma cultura "acaba", perde sua influência sem ser capaz de elaborar novas realizações (e mesmo depois de Riegl e seu *Spätrömische Kunstindustrie*, as épocas tardias ainda continuaram sendo vistas como decadentes, em sentido negativo). O mundo moderno é aproximado dessas épocas finais, de dissolução (sem conotação negativa); trata-se sempre de culturas nas quais o dinheiro desempenha um papel de destaque: isto significa para Simmel que é precisamente o papel preponderante que o dinheiro assume nessas culturas que serve para caracterizá-las e neste sentido para compreendê-las. A cultura moderna será vista por Simmel através do papel preponderante que o dinheiro assume nela — daí o título do ensaio — e das consequentes idiossincrasias e ambiguidades que a caracterizam. O domínio completo do dinheiro significa a expulsão de tudo aquilo que não pode ser monetariamente contabilizado, isto é, aquilo que não é quantitativamente mensurável: de tudo aquilo que diz respeito às qualidades próprias das coisas. A antinomia que perpassa os polos quantitativo/qualitativo é fundamental. Aqui Simmel vai apoiar seu diagnóstico do presente, o *caráter problemático* de seu tempo — assim como o de todas as épocas caracterizadas por uma cultura baseada no dinheiro —: ele aponta a "inquietação" e insatisfação como típicas de sua época. É importante perceber que a inquietação e a insatisfação são precisamente as imagens associadas ao *movimento*; elas implicam em um vai e vem do sujeito que não pode parar quieto, pois nunca está satisfeito e saciado. A mobilidade é marcante em todos os níveis, desde o sujeito insatisfeito que perambula por entre os mais variados cenários (as lojas, a moda, os pontos turísticos, a cidade, as mercadorias, os sentimentos etc.) até a imagem do dinheiro que corre de mão em mão, que está sempre "circulando". Quanto mais predominante é o dinheiro, mais anulado é o caráter qualitativo das coisas (do mundo, dos homens). Simmel aponta justamente a "velocidade" como uma carac-

Dinheiro

terística fundamental desta nova experiência, na medida em que destaca a cada vez mais rápida "passagem por cima" de traços que não são exprimíveis monetariamente. O papel central de uma "psicologia" também já é delineado naqueles "sentimentos modernos" que são agora típicos.[39] A perda de sentido da vida, índice da modernidade, está relacionada tanto com a perda do qualitativo como com a perda do imediato (agora tudo é mediado, o dinheiro é a consumação cabal da mediação). Na verdade, o diagnóstico simmeliano é, bem-visto, desesperador, e por isso ele mesmo se detém, atenuando as próprias palavras. Mas mesmo isto não o impede de apontar a forma que domina o tempo presente e que indica o núcleo dos seus problemas e análises: a transformação do qualitativo em quantitativo e o caráter trágico e incompleto desta transformação. A existência do dinheiro enquanto valor de troca atinge de imediato o problema da equivalência e a necessidade de uma teoria do valor. O fato de que as coisas, na medida em que são igualadas, são de certo modo desvalorizadas, vai exigir de Simmel uma reflexão sobre o problema da equivalência, visto através do abismo que ele vê surgir entre o qualitativa e o quantitativamente exprimível.

"O dinheiro é 'comum' porque ele é o equivalente para tudo e todos; só o individual é distinto. O que é igual a muitos, é igual ao mais baixo dentre eles e com isso rebaixa também o mais alto ao nível do mais baixo. Isto é a tragédia de todo nivelamento, que ele impulsiona imediatamente para a posição do elemento mais baixo." (p. 187)

O problema do nivelamento leva Simmel portanto ao diagnóstico de uma tragédia que perpassa toda equação e consequentemente todo o amplo campo circunscrito por uma economia monetária. Em outras palavras: onde há dinheiro é possível detectar, em grau maior ou menor, esta tragédia de todo nivelamento; tal nivelamento é visto como trágico precisamente porque, para poder se realizar enquanto tal, necessita despojar as coisas de suas qualidades, de seus atributos próprios, até uma medida em que as coisas possam entrar em uma relação de equação entre si, pois já não há nada que as diferencie o suficiente.[40]

---

[39] Isto, como de resto a totalidade dos temas apontados neste texto de 96, será desenvolvido plenamente na *Philosophie des Geldes*, com suas análises dos tipos *blasé*, cínico, avaro etc. Essa tendência no diagnóstico e análise de tipos sociais prossegue pelos escritos de Simmel, como comprova, por exemplo, a análise do pobre na *Soziologie*.

[40] É fácil ver como Simmel já antecipou muitas análises da assim chamada "teoria crítica". A crítica da identidade na *Negative Dialektik* trabalha, é verdade que em

Simmel já trabalha aqui a oposição entre o "comum" e o "distinto", a oposição entre o desenvolvimento de uma economia monetária e o *ethos* da distinção, de extração aristocrática. O ideal da distinção quer manter as distâncias, o dinheiro aproxima, ao igualar. A distinção quer manter o desnivelamento, o dinheiro nivela. O dinheiro dinamita o ideal da distinção.[41] O único sinal diferenciador que o dinheiro permite é a quantidade que é exigida para o processo de troca; há portanto uma "transformação", por assim dizer, do qualitativo em quantitativo; entretanto tal "transformação" possui um elemento fáustico que lhe é inerente.[42] Esta ideia do nivelamento é a saída que o Simmel de 1896 dá para a questão de uma necessária teoria do valor, que não é então desenvolvida. O elemento trágico do nivelamento não deve ser confundido com a tragédia detectada na filosofia da cultura; trata-se então de uma outra fundamentação da tragédia — mas o que é detectado nos dois contextos é a mesma coisa. Se o dinheiro exige o nivelamento e o nivelamento implica em uma tragédia, a modernidade, na qual o dinheiro desempenha um papel fundamental, será marcada desde o início por esse elemento trágico. Uma análise, como a de Simmel, que se propõe a analisar o dinheiro na cultura moderna, desemboca necessariamente na tragédia que envolve essa cultura. O dinheiro opera um processo de enorme homogeneização, no qual mesmo o mais heterogêneo, o que é mais diferente e mais individual (conforme o exemplo da prostituta[43]) é subsumido no equivalente universal ("a convertibilidade constante do mais heterogêneo em dinheiro" [p. 187], diz Simmel). Simmel procura, então, apontar consequências significativas desse processo

---

profundidade, muitos temas semelhantes. De resto, cada vez é mais flagrante o débito de Adorno para com Simmel. Também *O capital*, especialmente no seu primeiro capítulo, já trabalha profundamente o problema. Simmel, como se sabe, foi um dos raros (em sua época e em seu meio) leitores de Marx. Embora esse tema seja interessante, não será tratado aqui. (Só para recordar: *O capital* foi publicado em 1863, 1885 e 1894 — livros 1, 2, 3 respectivamente.)

[41] O ideal da distinção será trabalhado na *Philosophie des Geldes* (*op. cit.*, pp. 535 ss.), nos textos sobre Nietzsche, sobretudo no capítulo 8, "Die Moral der Vornehmheit" de *Schopenhauer und Nietzsche* (*op. cit.*, pp. 303-38), e na *Soziologie*, por exemplo no excurso sobre a nobreza (*op. cit.*, pp. 816 ss.).

[42] Não estamos aqui muito longe do Ulisses da *Dialektik der Aufklärung*, que se perde para se salvar. As coisas aqui também se perdem para se salvarem; sua redenção é o dinheiro.

[43] Como o exemplo daquela que troca o que há de mais individual por dinheiro cf. anônimo (Simmel), "Einiges über die Prostituition in Gegenwart und Zukunft" (1892), *in Schriften zur Philosophie und Soziologie der Geschlechter*, organização de H. J. Dahme e K. C. Köhnke, Frankfurt/M, Suhrkamp, 1985, pp. 60-71. Cf. o tópico "presente".

de transformação do qualitativamente distinto em algo homogêneo, só diferenciável pela quantidade. Seu interesse vai se dirigir especialmente para as consequências que esse processo vai causar no indivíduo:

"*O reflexo psicológico desse fato é o 'caráter* blasé' *dos nossos estratos abastados. Porque eles possuem agora um meio com o qual, apesar de sua igualdade monótona e sem cor, eles compram o mais diversificado e o mais especial; porque eles são com isso desviados da questão 'qual é o valor' para a questão 'quanto é o valor', a sensibilidade sutil para as sensações específicas e mais individuais das coisas é cada vez mais despojada. Isto é justamente o caráter* blasé, *em que não se reage mais aos matizes e peculiaridades dos objetos com nuances correspondentes da sensibilidade, senão que se os sente em uma coloração constante e por isso embaçada [...].*" (p. 187)

Sob a rubrica de um "reflexo psicológico", Simmel detecta o que poderíamos denominar uma mudança antropológica da modernidade. A própria sensibilidade humana é afetada pelas transformações que advém da homogeneização do qualitativamente distinto. E, nesse sentido, o homem contemporâneo é o resultado desse processo.[44] A perda da capacidade de perceber os traços de individualidade das coisas, a perda da capacidade de perceber nuances são concomitantes com o próprio processo da cultura moderna, vale dizer da modernidade. Em certo sentido, o "projeto" simmeliano é um protesto e uma crítica a esse processo, na medida em que ele, Simmel, aparece no extremo oposto: ele quer sempre perceber os traços da individualidade das coisas e nas coisas (daí a ideia de um "panteísmo estético"); todo o seu esforço analítico poderia ser rotulado como um esforço para compreender as marcas das coisas — até mesmo a análise da modernidade é a tentativa de compreender as marcas desse fenômeno (aqui se pode ver como teoria da modernidade, filosofia da cultura e análise do presente são três momento do mesmo fenômeno) —, tal como o "reflexo psicológico", que normalmente não são analisadas. Neste ponto ele está muito próximo de Nietzsche e sua semiótica: uma sensibilidade privilegiada ou, como o formulou Rudolf Pannwitz, "uma sensibilidade no intelecto e uma intelectualidade nos sentidos".[45] E, contra aqueles que veem em Simmel somente o analista descompromissado — na verdade em

---

[44] "O espírito humano está sujeito a um desenvolvimento, embora este seja lento e imperceptível." G. Simmel, *Philosophie des Geldes, op. cit.*, p. 712.

[45] R. Pannwitz, "Erinnerungen an Simmel", *in* K. Gassen e M. Landmann (orgs.), *Buch des Dankes an Georg Simmel, op. cit.*, p. 234.

uma interpretação sectária do sentido da ambiguidade em Simmel —, a crítica que é esboçada na análise do dinheiro e de seus efeitos na cultura moderna (e posteriormente no próprio conceito da cultura e da tragédia que lhe é inerente) não é em absoluto apologética. O crescimento e a difusão da economia monetária são vistos por Simmel como o próprio processo de crescimento da cultura. Ele nos fornece uma interessante análise como exemplo, na qual ele aponta o cruzamento de duas tendências do desenvolvimento histórico. Enquanto nas sociedades primitivas um assassinato podia ser compensado por um pagamento em dinheiro, porque por um lado em tal sociedade a individualidade ainda é muito incipiente e o indivíduo não tem portanto tanto valor a ponto de ser considerado incomparável e insubstituível e, por outro lado, porque o dinheiro não é ainda algo absolutamente indiferente e sem cor. Em tais sociedades, o dinheiro ainda está ligado ao elemento qualitativo, isto é, ele ainda aparece como uma qualidade e não somente como quantidade. Neste ponto é possível que um ato como um assassinato seja reparado através de dinheiro. Com o processo de diferenciação social e de individualização, contudo, isto se torna cada vez mais impossível. Por um lado, agora cada vez mais cada indivíduo particular é algo singular e portanto insubstituível; por outro lado, o dinheiro torna-se cada vez mais algo indiferente, despojado de qualidades. A compensação de um assassinato através de dinheiro é então inaceitável. Esta tendência é visível no direito moderno, na medida em que só as infrações mais leves podem ser compensadas através de dinheiro; toda infração mais grave não o pode mais, pois ele é demasiado indiferente para poder substituir ou reparar algo que era único e essencial (em comparação com isto, no antigo direito germânico o crime de morte ainda podia ser compensado com dinheiro). É o próprio processo de desenvolvimento histórico da sociedade que traz consigo esses dois fenômenos que correm em direções contrárias: o indivíduo torna-se cada vez mais diferenciado, singular e único, e o dinheiro torna-se cada vez mais indiferente, múltiplo e variado.[46]

Outro aspecto do desenvolvimento de uma economia monetária, aspecto este central para Simmel, é o fato de que o dinheiro deixa progressivamente de ser um meio para se obter algum bem e passa a ser cada vez

---

[46] Isto é amplamente tematizado em um capítulo da *Philosophie des Geldes* intitulado "O equivalente monetário de valores pessoais". Lá pode-se ler: "Exatamente o mesmo *processo cultural de diferenciação* que proporciona ao indivíduo uma acentuação singular, uma incomparabilidade e impagabilidade relativas, faz do dinheiro a medida e o equivalente de objetos tão opostos, de tal modo que sua indiferença e objetividade, que se origina desse processo, o faz parecer cada vez mais inadequado para compensar valores pessoais". G. Simmel, *Philosophie des Geldes, op. cit.*, p. 519, grifo meu.

Dinheiro

mais visto como um bem em si mesmo. Esta é a pedra de toque da análise do significado do dinheiro para Simmel. Inicialmente, o dinheiro tinha uma função transitória em vista de um fim almejado e era uma espécie de elo em uma corrente que conduzia o sujeito ao seu objetivo. Entretanto, na modernidade, tal corrente é rompida: a "consciência dos fins" estaca no dinheiro e o transforma no fim almejado. Daí o diagnóstico de Simmel, de que o homem moderno passa grande parte da vida perseguindo a posse de dinheiro, como se toda a felicidade e satisfação da vida humana se resumisse à sua posse. Simmel detecta no "tédio mortal e na decepção" (p. 188) que perpassam o homem moderno uma consequência dessa *auri sacra fames*, justamente porque em algum momento os homens acabam por perceber que a pura posse do dinheiro não significa de modo algum a satisfação dos seus desejos. Simmel tem claro que o dinheiro é na verdade um meio, que pode ser utilizado tendo em vista os mais variados fins, mas ele não é, em si, um fim último.[47] Simmel faz uma comparação curiosa: o dinheiro "é justamente apenas uma ponte para os valores definitivos, e sobre uma ponte não se pode morar" (p. 189). A comparação é interessante porque ela indica justamente o sentido contemporâneo da modernidade. É somente agora que não se pode mais morar sobre as pontes. Ainda no século XIX, as pontes de Paris eram habitadas; só com o curso do século as moradias foram definitivamente abolidas e as pontes tornaram-se apenas um lugar de passagem.[48] A ideia de que o homem não pode morar sobre a ponte é uma ideia moderna, assim como o novo papel assumido pelo dinheiro. E a comparação também nos mostra que Simmel, embora tenha em vista o processo da modernidade em um espectro temporal grande, concentra sua atenção no momento presente, que é para ele o "símbolo" ou a consumação do moderno. E, mais que isso, trata-se do presente para certos estratos urbanos determinados: o cenário é necessariamente a cidade grande; mas os trabalhadores, os miseráveis, os estratos médios inferiores não são o foco da análise de Simmel. (Basta lembrar que, na Itália, que Simmel conhecia muito bem, ainda em nosso século se encontram moradias construídas sobre pontes; trata-se justamente de locais em que a modernidade ainda não se consumou — mas a analogia não vai tão longe...) Por isso, neste texto, ele cita explicitamente Berlim (p. 179), a grande cidade, inserida completamente no grande círculo da economia monetária internacional. E, ao falar do caráter *blasé* que perpassa a modernidade, menciona justamente "nossos estratos abastados". Pois para os outros segmen-

---

[47] A relação portanto desta formulação da década de 1890 com as da década de 1910 no contexto da filosofia da cultura é evidente.

[48] Cf. G. Simmel, "Brücke und Tür", *op. cit.*

tos da população a situação é bem outra (basta lembrar as descrições londrinas de Engels ou de Dickens). Uma explicação para isso é que Simmel não está interessado no processo de produção das coisas; interessa-lhe o seu processo de circulação e consumo.

Retomando a questão meios-fins:

"Este sufocamento dos fins pelos meios é um dos traços principais e um dos problemas principais de toda cultura avançada. Pois esta tem a sua essência no fato de que — em oposição às relações primitivas — as intenções dos homens não são mais simples e fáceis, alcançáveis através de uma ação imediata, senão que elas se tornam gradualmente tão difíceis, complicadas e de longa consecução, que necessitam de uma estrutura complexa de meios e aparatos, de um desvio gradual de passos preparatórios. Nas relações mais altas é praticamente impossível que o primeiro passo já conduza ao fim; e não é apenas um meio que é necessário, senão que este também não é obtido na maioria das vezes diretamente; é antes uma pluralidade de meios, em que cada um apoia o outro, que desembocam finalmente em um fim último. Mas assim torna-se muito mais perigoso enredar-se nesse labirinto de meios e, em meio a ele, se esquecer do fim visado. Assim a técnica em todos os domínios da vida — isto é, o sistema dos meros meios e instrumentos — é sentida cada vez mais como um fim visado por si mesmo, quanto mais dispendiosa, elaborada e articulada ela é, sobre a qual não se pergunta mais." (pp. 189-90)

A relação meios-fins está na alma da própria ideia de cultura e o dinheiro é por excelência o *símbolo* desse processo teleológico que caracteriza a modernidade. E na verdade este processo da cultura em que o que era originalmente meio se transforma em um fim só ocorre porque há um *esquecimento*. Esquecer significa se enredar cada vez mais no labirinto de que fala Simmel. O esquecimento é constitutivo da cultura moderna, na medida em que é através do esquecimento que as finalidades iniciais são deixadas de lado e os meios tornam-se fins.[49] Quando, meio século mais tarde, Adorno e Horkheimer afirmaram que "toda reificação é um esquecimento",[50] eles não estavam mais do que reelaborando uma análise sim-

---

[49] Este tema clássico da crítica cultural, a transformação dos meios em fins, já encontra no Simmel de 1896 sua formulação acabada.

[50] T. W. Adorno e M. Horkheimer, *Dialektik der Aufklärung. Philosophische Fragmente, op. cit.*, p. 244.

meliana. Na base de toda reificação está um esquecimento porque foi graças a ele que um meio tornou-se autônomo, um fim em si mesmo, foi "naturalizado". E esta "autonomização", que implica em uma radical descontextualização do que era um meio — e estava portanto inserido em um contexto, no qual ela tinha e ganhava sentido próprio —, é a sua reificação, embora aqui Simmel não opere com tal terminologia.[51] Contudo a descrição e a análise feitas por Simmel do papel e do significado do dinheiro na sociedade moderna apontam-no indiscutivelmente como o caso cabal da reificação.[52] Se assim é, e Simmel compreende o dinheiro como símbolo da modernidade, é possível tentar compreender a modernidade como a época da reificação, como uma época do esquecimento.[53]

Na medida em que o conjunto das coisas que podem ser obtidas através do dinheiro amplia-se, é possível detectar vestígios da influência do dinheiro nos espaços os mais recônditos da vida moderna. Através do dinheiro o homem moderno pode atingir e satisfazer seus desejos e nesse sentido o dinheiro aparece como um elemento intermediador. O dinheiro aproxima o que estava distante, cria uma espécie de solidariedade, na medida em que atinge até o mais diferente e até o mais distante, circunscrevendo a todos.

"[...] e porque com o alcance deste Um [o dinheiro] inúmeros outros são alcançáveis, cria-se a ilusão de que todos esses outros são mais facilmente alcançáveis do que anteriormente. Mas com a aproximação à felicidade cresce a nostalgia por ela. Pois não é o que é absolutamente distante e recusado, mas sim

---

[51] Já na *Philosophie des Geldes* Simmel utiliza o termo. Cf. o tópico "estilo de vida".

[52] Não cabe aqui uma discussão sobre a ocorrência da "Entfremdung" e "Verdinglichung" em Simmel. Pode-se ver H. Brinkmann, *Methode und Geschichte. Die Analyse der Entfremdung in Georg Simmels 'Philosophie des Geldes'*, *op. cit.*; R. Dannemann, "Lebensphilosophische Gegenwartsanalyse und die Theorie der Verdinglichung. Der Einfluss von Simmels 'Philosophie des Geldes' auf die Verdinglichungstheorie", *in Das Prinzip Verdinglichung. Studie zur Philosophie Georg Lukács'*, *op. cit.*, cap. 3, pp. 61-82. Ambos, contudo, leem Simmel a partir de Lukács. Para uma tomada de posição crítica frente a isso, B. Nedelmann, "Geld und Lebensstil. Georg Simmel — ein Entfremdungstheoretiker?", *in* J. Kintzele e P. Schneider (orgs.), *Georg Simmels Philosophie des Geldes*, *op. cit.*, pp. 398-418.

[53] Como o esquecimento facilita a repetição, é possível trabalhar a questão: modernidade como a época do esquecimento e como a época em que a repetição assume um papel marcante: na grande cidade, na vida moderna, a repetição é potencializada como nunca o foi até então. Intimamente relacionados com a repetição estão a divisão do trabalho, que Simmel vê como correlata à difusão da economia monetária, e a aceleração da velocidade da vida. Cf. o tópico "estilo de vida".

*o que não é possuído que parece se afastar cada vez mais — tal
como ocorre através da organização do dinheiro —, o que in-
flama a nostalgia e a paixão. O enorme desejo de felicidade do
homem moderno, tal como se manifesta em Kant não menos
do que em Schopenhauer, na Social-democracia não menos do
que no americanismo crescente da época, é decerto nutrido por
esse poder e por esse resultado do dinheiro."* (p. 190)

Aqui podemos sentir a fina sensibilidade de Simmel para o diagnóstico da época: em diferentes fenômenos, de campos completamente diferentes — no pensamento, na política, nos costumes, numa espécie de "ima-
ginário" da época — ele nos mostra o alcance das transformações realizadas pelo dinheiro, que vão muito além de uma mera organização econô-
mica-monetária, perpassando a sociedade — ele diria: a vida, a época, a
personalidade — como um todo. O dinheiro torna-se um centro que ao
mesmo tempo está em toda parte. Simmel chega mesmo a fazer a analogia
do dinheiro com uma chave mágica que, num conto de fadas, possibilita
a seu possuidor possuir tudo.

O fato do dinheiro estar no centro do mundo, de ser o elemento
intermediador para tudo e para todos, de possuir esse enorme poder, faz
com que a vida do homem moderno se concentre sempre e cada vez mais
na sua obtenção.

*"Daí a inquietação, o caráter febril e sem pausas da vida
moderna, que vê no dinheiro a roda incessante que transforma
a máquina da vida em um* Perpetuum mobile." (p. 191)

Aqui se vê a afinidade do dinheiro com a cidade; o dinheiro é e sempre foi um fenômeno urbano e é na cidade que ele pode alcançar a plenitude de suas significações. Por isso, para Simmel, a vida moderna é tão
claramente a vida do dinheiro e a vida na cidade. A máquina da vida é uma
metáfora que revela precisamente até que ponto a vida é atingida pelo
dinheiro — pois a máquina é uma forma de produção urbana, ligada ao
dinheiro, à velocidade, à racionalização, à divisão do trabalho, à indústria. Mas não só à produção, como também ao consumo (cf. o tópico "estilo de vida"). Na modernidade, o dinheiro torna-se o elemento dinâmico
por excelência da sociedade. Daí a ideia do *perpetuum mobile*, que se repete em inúmeros textos do complexo da filosofia do dinheiro. Nada mais
natural então do que o fato do dinheiro tornar-se o deus do mundo moderno; nada aproxima-se tanto e tão bem da ideia de deus, onipotente e
onisciente, do que o dinheiro. A analogia deus-dinheiro é também especialmente elucidativa não só porque ambos significam paz, tranquilidade, felicidade, mas sim também porque ambas são ideias que fornecem uma

unidade à multiplicidade e um sentido às idiossincrasias do mundo. Ambas as ideias comportam — e isto é especialmente significativo — um alto grau de abstração; o grau de abstração que o dinheiro atinge na sociedade moderna só pode ser comparável com a ideia de deus.

Um outro traço significativo do dinheiro no mundo moderno é a nova significação que as operações matemáticas assumem, já que a todo momento e para tudo é necessário calcular quantidades. Simmel fala na "essência contábil da Época Moderna" (p. 192), em contraste com as épocas anteriores. Isto também significa um enorme impulso e desejo de exatidão, de definição exata de quantidades e limites, e a essência contábil (quantitativa) do dinheiro entranha nas profundezas da vida moderna. O implemento do uso de dinheiro miúdo — um fato que só se torna comum a partir da segunda metade do século XIX — traz consigo uma série de consequências para a vida cotidiana dos citadinos; o próprio Simmel indica a analogia entre a divisão do trabalho em partes menores e a exatidão que lhe é correlata com a difusão do uso de relógios de bolso e o desenvolvimento da pontualidade.[54] A existência de dinheiro miúdo contribui, segundo Simmel, para a própria conformação da vida moderna (o que ficará claro no capítulo final da *Philosophie des Geldes*, intitulado "Estilo de vida").

Outro rastro do dinheiro na vida moderna é a influência que ele exerce na, por assim dizer, "ética" do comércio. Como o dinheiro é algo completamente objetivo, indiferente, "sem caráter", ele se presta de modo muito fácil a igualar as ações "eticamente" mais corretas e mais incorretas, porque os valores que estão em jogo são valores quantitativos e não qualitativos (e uma "ética" está presa a valores qualitativos). O dinheiro propicia que os homens ajam de modo muito menos ético do que em certas esferas de ação na qual o dinheiro não tem influência tão direta como no comércio e nas quais a ética, presa ao qualitativo, exerce maior influência. Como o dinheiro é completamente objetivo e indiferente, ele não traz consigo a sua história, mas sim apresenta-se como um resultado puramente quantitativo. Já outras formas de propriedade trazem consigo traços de sua origem (Simmel dirá: traços objetivos ou psicológicos), que fazem com que o proprietário *se lembre* da origem de tal propriedade — enquanto que no dinheiro não é possível rastrear tais vestígios.[55] O dinheiro deixa esqueci-

---

[54] Especialmente interessante neste contexto é o livro de W. Schivelbusch, *Geschichte der Eisenbahnreise. Zur Industrialisierung von Raum und Zeit im 19. Jahrhundert*, Frankfurt/M, Fischer, 1989; ao lado do conhecido trabalho de E. P. Thompson, "Time, work-discipline and industrial capitalism", *in Past & Present*, n° 38, 1967, pp. 56-97.

[55] É aqui que podemos compreender a afirmação de Simmel acerca de sua herança intelectual: "Sei que irei morrer sem herdeiros espirituais (e é bom que seja assim).

da sua origem e, de certo modo, não vai pesar na consciência de seu proprietário por ter cometido ações eticamente poucos defensáveis. Aqui, novamente, nos encontramos com a relação do dinheiro com a memória ou, em outros termos, com o *esquecimento*. Enquanto outros tipos de propriedade facilitam a memória, o dinheiro facilita o esquecimento. A memória estaria, para Simmel, ligada portanto a traços qualitativos próprios e de certo modo indissolúveis ou ao menos duradouros. Como a Época Moderna é marcada pelo quantitativo em detrimento do qualitativo, pode-se dizer que ela é uma época do esquecimento e da perda da memória.[56] E é possível também ver na memória um elemento redentor de traços qualitativos que são progressivamente soterrados.[57]

Aqui vale citar todo um parágrafo do texto, no qual Simmel amarra todas as ideias e conclui suas análises:

"[...] termino com uma observação bastante geral sobre sua [do dinheiro] relação com os traços e motivos mais profundos da nossa cultura. Caso se queira arriscar condensar em uma fórmula o caráter e a grandeza da vida nos tempos modernos, poder-se-ia formular assim: que os conteúdos do conhecimento, da ação e da formação dos ideais são transladados de sua forma sólida, substancial e estável para o estado de desenvolvimento, de movimento e de labilidade.[58] Qualquer olhada nos destinos daqueles conteúdos da vida que caem sob nossos olhos indica de modo evidente essa linha de sua configuração: nós renunciamos às verdades incondicionais, que estariam contra todo desenvolvimento, e abdicamos de bom grado da contínua reformulação, incremento e correção do nosso conhecimento

---

Meu espólio é como uma herança em dinheiro vivo que é dividida entre muitos herdeiros e cada um converte a sua parte em alguma aquisição de acordo com a *sua* natureza: de modo que não se pode enxergar a sua proveniência daquele espólio". G. Simmel, *Fragmente und Aufsätze, op. cit.*, p. 1. Para quem escreveu uma filosofia do dinheiro, a analogia é cheia, demasiado cheia de significações. Assim, pode-se ler no livro de 1900: "[...] a transação com dinheiro tem aquele caráter de uma relação absolutamente momentânea, que não deixa nenhum rastro [...]". G. Simmel, *Philosophie des Geldes, op. cit.*, p. 513. Assim se compreende porque a recepção de Simmel é, nas suas vertentes mais instigantes, *subterrânea*, oculta e ocultada.

[56] Sobre isto os textos de W. Benjamin indicados no tópico "ensaio". Pode-se ver também P. Jedlowski, "Simmel on Memory", *in* M. Kaern, B. S. Phillips e R. S. Cohen (orgs.), *Georg Simmel and Contemporary Sociology, op. cit.*, pp. 131-54.

[57] O tema da memória (e do esquecimento) ainda não foi trabalhado pela pesquisa sobre Simmel, um ponto em que as relações com Bergson são evidentes.

[58] Tal afirmação corresponde perfeitamente à ideia, desenvolvida mais atrás, da oposição entre tratado e ensaio (nota minha).

— *pois a acentuação contínua da empiria em todos os domínios não significa outra coisa. As espécies dos organismos não são para nós ideias eternas da criação, mas sim pontos de passagem de uma evolução que tende ao interminável. A mesma tendência estende-se desde o inanimado até as mais altas formações espirituais: a moderna ciência da natureza nos ensina a dissolver a rigidez da matéria no redemoinho infatigável das menores partes; nós reconhecemos os ideais comuns dos tempos antigos, fundados para além de toda mudança e contradição das coisas, na dependência das condições históricas, em sua adaptação a todas as alterações dessas condições. No interior dos grupos sociais as demarcações rígidas são cada vez mais diluídas, a rigidez das ligações de castas e estamentos e das tradições — signifique isso prosperidade ou deterioração — é quebrada, e a personalidade pode circular através de uma multiplicidade crescente de condições de vida, como que refletindo em si o panta rei das coisas. A dominação do dinheiro insere-se nesse grande e uniforme processo vital, que opõe de maneira decisiva a cultura espiritual e social da Época Moderna frente à Idade Média e frente à Antiguidade, suportando e sendo suportada por esse processo. Na medida em que as coisas encontram o seu equivalente em um meio de troca completamente sem cor, que está para além de qualquer determinação específica; na medida em que elas se trocam a cada momento por esse meio de troca, elas são de certo modo polidas e aplainadas, suas farpas diminuem, processos contínuos de equilíbrio se consumam entre elas, sua circulação, compra e venda ocorrem em uma velocidade completamente diferente do que em épocas de uma economia natural; cada vez mais coisas, que pareciam estar além da circulação da troca, são sugadas em seu fluxo infatigável. Eu lembraria apenas, como um dos exemplos mais crassos, o destino da propriedade desde o domínio do dinheiro. A mesma transição da estabilidade para a labilidade, que caracteriza a imagem de mundo moderna como um todo, atingiu com a economia monetária também o cosmos econômico, cujos destinos, na medida em que formam uma parte daquele movimento, são ao mesmo tempo um símbolo e um espelho do movimento como um todo.*" (pp. 194-5)[59]

---

[59] Compare-se este trecho com o citado anteriomente de "Zur Psychologie des Geldes", pp. 63-4, para se ter uma ideia dos procedimentos de colagem, "recheamento", redações variadas, repetição e reiteração, todos típicos do ensaio.

A Época Moderna significa para Simmel um rompimento e uma transformação frente aos tempos pré-modernos. Trata-se de uma *profunda* transformação que afeta os conteúdos e formas do conhecimento e da ação; esta transformação é a passagem de formas "fixas, substanciais e estáveis" a um estado de *movimento* e *maleabilidade*.[60] Neste sentido o seu próprio "método" é essencialmente moderno — Simmel é um moderno, que fala do moderno, de modo moderno, para os modernos. A ideia de movimento é um signo do moderno, seu traço característico. Isto atinge necessariamente o próprio processo de conhecimento e o próprio conceito de verdade; é nesse contexto que Simmel formulará, anos mais tarde, a ideia de uma "cultura filosófica", tal como a vimos no início. Ela significa: uma possibilidade de trabalhar esse movimento; ela implica em uma, por assim dizer, postura gnoseológica, justificada na abertura de *Philosophische Kultur*; ela se espraia pela obra de Simmel: no "panteísmo estético", na forma do ensaio, na escolha dos temas, no diagnóstico da modernidade etc. Simmel é um moderno em sua tentativa de captar o espírito da modernidade, sua tentativa de compreender o seu presente e o seu próprio destino. Simmel aponta uma analogia entre o desenvolvimento da ciência moderna e o desenvolvimento da economia monetária. Em ambas se exprime a moderna imagem de mundo: mobilidade e maleabilidade, processo.

Em 1896, o diagnóstico de Simmel indica um predomínio do empírico: este seria o elemento regulador que, variável, indica a própria ideia de verdade. A ênfase do empírico é, aqui, índice de um evolucionismo social ainda presente em seu pensamento; ele se mostra aqui sob a ideia de "tendência". Mas o processo desta tendência é visto em sua historicidade; conteúdos determinados só podem ser compreendidos no interior das condições históricas nas quais eles aparecem. A linha geral desta tendência é a linha que vai da completa fixidez para a completa mobilidade — talvez Simmel tenha em vista algum modelo oriundo dos desenvolvimentos da física e química de seu tempo, que por exemplo decompõe o sólido em partículas em movimento. Este processo é um processo de "dissolução"; o movimento, a maleabilidade são o seu resultado. Nos domínios da sociedade, isto se mostra, por exemplo, na perda de fixidez dos grupos sociais (castas, estamentos, guildas, associações etc.), que é contrabalançada justamente por um desenvolvimento da personalidade. A modernidade é a idade do

---

[60] K. Lichtblau, a partir dessa ideia, elaborou uma explicação interessante para a teoria subjetivista do valor de Simmel: o valor como algo "substancial", "absoluto", é correlato à imagem de mundo antiga e medieval; no moderno esse absoluto torna-se movimento, labilidade e maleabilidade, e por isso o valor é algo subjetivo, variável. Cf. K. Lichtblau, "Zur Logik der Weltbildanalyse in Georg Simmels Philosophie des Geldes", *in Simmel Newsletter*, vol. III, n° 2, inverno de 1993, pp. 102 ss.

indivíduo; o processo que leva aos tempos modernos e ao presente é um processo de individualização, contrapartida do nivelamento. A liberdade individual é a possibilidade de desenvolvimento da *interioridade*, assim como a possibilidade de distanciamento dos laços sociais. O indivíduo moderno, assim como o dinheiro, "circula". A mobilidade, signo do moderno, é para Simmel o *panta rei*. O domínio do dinheiro é pois correlacionado ao processo da modernidade; tal relação não significa uma relação unívoca entre os dois fenômenos, mas sim uma relação, que tende ao infinito, de mútua interdependência: *Wechselwirkung*. O dinheiro promove um processo de "polimento" em que tudo se encaixa entre si, já que ele apara as arestas dos homens e das coisas. A circulação que ele propicia indica uma significativa transformação na *velocidade* da vida. Incremento da mobilidade significa, aqui, também um incremento da velocidade. A modernidade é tal "passagem da estabilidade para a labilidade" e é isto que caracteriza a "moderna imagem do mundo". O dinheiro, pelas suas características e pelo papel que desempenha, é eleito por Simmel como "símbolo" e "espelho" desta época.

Toda esta análise vai converter no que Simmel, na *Philosophie des Geldes*, denomina "estilo de vida." Trata-se, então, de caracterizar o *moderno* estilo de vida.

ESTILO DE VIDA

"Estilo de vida". Assim Simmel denomina o capítulo da *Philosophie des Geldes* em que discute específica e detalhadamente as repercussões do dinheiro na vida moderna. "Estilo" não era uma palavra que se encaixasse, nos anos que antecedem a 1900, na expressão "estilo de vida". Trata-se de uma inovação terminológica e analítica de Simmel,[1] que fez enorme fortuna no decorrer da história da sociologia.[2] Ao mobilizar a categoria "estilo", Simmel aponta para o universo da estética, de onde o termo é oriundo.[3] A rubrica "estilo de vida" permite a Simmel uma análise do social caracterizada pela variedade do que é visado: estilo de vida recobre um domínio praticamente infinito; no caso da *Philosophie des Geldes*, a variedade enorme dos efeitos do dinheiro sobre a vida.[4] Estilo de vida indica, ainda, uma abordagem estética do problema, tal como exposta no prefácio da *Philosophie des Geldes*.[5]

Em verdade, o capítulo "estilo de vida" é a condensação da teoria da modernidade de Simmel, na justa medida em que é o ponto de articulação no qual convergem as análises da obra.[6] Por isso, diversos dos te-

---

[1] Sintomaticamente, a grande maioria dos léxicos e enciclopédias não assinala a inovação terminológico-conceitual de Simmel, simplesmente ignorando-o. Exceção é K. H. Hillmann, *Wörterbuch der Soziologie*, 4ª edição revista, Stuttgart, A. Kroner, 1994, verbete "Lebensstil", p. 477.

[2] Basta lembrar, por exemplo, Blau, Bourdieu, Wright Mills etc. Pode-se ver H. P. Müller, *Sozialstruktur und Lebensstile*, Frankfurt/M, Suhrkamp, 1992.

[3] Cf. em especial G. Simmel, "Das Problem des Stiles" (1908), *in* G. Simmel, *Aufsätze und Abhandlungen 1901-1908*, Frankfurt/M, Suhrkamp, 1993, vol. II, pp. 374-84.

[4] Cf. G. Simmel, *Philosophie des Geldes*, *op. cit.*, pp. 10-1. A seguir, nas citações provenientes da *Philosophie des Geldes* indicarei apenas, entre parênteses e após a citação, o número da página. Quando não se tratar de citação, utilizarei a sigla "PhdG", seguida do número da página.

[5] G. Simmel, *Philosophie des Geldes*, *op. cit.*, p. 12; cf. o tópico "panteísmo estético".

[6] Em uma carta ao Conde Keyserling, Simmel sugere que se leia a obra partindo do capítulo final para, a seguir, retomar a leitura a partir do primeiro capítulo. Cf. carta de Georg Simmel a Hermann Graf Keyserling de 31/10/1908, *in Das individuelle Gesetz*, *op. cit.*, p. 239.

Estilo de vida

mas que pululam pelo complexo dos escritos da filosofia do dinheiro são ali retomados.

Vejamos alguns deles. Segundo Simmel, há uma relação entre as épocas e domínios da vida em que o dinheiro assume um papel preponderante e o entendimento; em outros termos, há uma afinidade eletiva entre o dinheiro e o racionalismo.

> "*Nestas investigações [da* Philosophie des Geldes*] foi assinalado frequentemente o fato de que a energia anímica, que sustenta os fenômenos específicos da economia monetária, é o entendimento [Verstand], em oposição àquelas energias que se denominam em geral como sentimento ou ânimo e que vêm à tona preferencialmente na vida dos períodos e províncias do interesse não determinados por uma economia monetária.*"
> (p. 591)

Isto significa que a economia monetária está em *relação* com a "preponderância das funções intelectuais sobre as funções do sentimento" (p. 19). Contudo, o predomínio do intelecto (no caso do entendimento) se dá não com a exclusão nem do sentimento, nem do ânimo, nem do querer. Este apenas se subordina àquele. O intelecto possui uma função muito clara:

> "*Por toda parte aonde o intelecto nos conduz, nós somos pura e simplesmente dependentes, pois ele apenas nos conduz através dos nexos objetivos das coisas, ele é a mediação através da qual o querer se adapta à sua existência autônoma.*" (p. 592)

Há, por sua vez, uma relação entre essa preponderância do intelecto e a série teleológica envolvida nas ações humanas, pois "o número e o comprimento da série de meios [...] desenvolvem-se proporcionalmente com a intelectualidade [...]" (p. 592). Em contraposição a isso, nos ditos "povos naturais", em função das séries teleológicas restritas que eles põem em operação, o papel das emoções, afetos, impulsividades etc. é muito maior. O presente é caracterizado, nesse contexto, pelo fato de que os desvios causados pelas séries teleológicas e a sua envergadura fazem com que o indivíduo perca de vista as finalidades últimas que orientam a sua ação.[7] Por isso ele nunca se satisfaz, e por isso nunca para quieto.

---

[7] Na relação entre intelectualidade e vontade, o intelecto é "a consciência das combinações objetivas e da realidade" (p. 593); o querer (o sentimento etc.) fornece a "representação imediata" dos fins últimos que se tem em vista. O desejável seria um equilíbrio entre eles. O desequilíbrio já indica uma situação problemática; no caso da preponderância do intelecto, ocorre, por fim, que se perdem de vista os objetivos finais visados.

"O essencial é que [...] o dinheiro é sentido por toda parte como um fim e com isso um número extraordinário de coisas que possuem verdadeiramente o caráter de finalidade são rebaixadas a meros meios. Mas na medida em que o próprio dinheiro é por toda parte e sobretudo um meio, os conteúdos da existência são com isso postos em uma enorme relação teleológica, na qual nenhum deles é o primeiro nem o último." (p. 593)

O dinheiro embaralha o processo teleológico, assim como os conteúdos da existência que estão em jogo. O resultado disso é que o homem moderno vive em uma espécie de labirinto. Os valores que orientam as ações tornam-se cada vez mais confusos, nada parece possuir um significado fixo, o indivíduo não encontra nenhum ponto de apoio, a não ser o dinheiro. Eis porque ele não pode parar: não há ponto fixo algum, e a única coisa na qual ele pode se apoiar, o dinheiro, está sempre em movimento.

"A metamorfose crescente de todos os elementos da vida em meio, a ligação recíproca das séries [...] com um complexo de elementos relativos não é apenas a outra face prática do crescente conhecimento causal da natureza e da metamorfose do absoluto na natureza em relatividades, senão que, como toda estrutura de meios é [...] uma ligação causal [...], com isso o mundo prático torna-se cada vez mais um problema para a inteligência, ou mais exatamente: os elementos de ação capazes de representação crescem conjuntamente, objetiva e subjetivamente, em direção a ligações racionais, calculáveis, e com isso eliminam cada vez mais as acentuações e decisões através dos sentimentos [...]." (p. 594)

Como progressivamente os "elementos da vida" são transformados em meios pelo processo de incremento das construções teleológicas, vale dizer pelo processo de expansão da forma monetária, tudo o que aparecia anteriormente como absoluto e fixo passa a ser relativo e móvel (como vimos em "dinheiro"). Isto torna a vida cada vez mais um cálculo prático, frio e burguês (este um verdadeiro *topos* sociológico), e o intelecto é mobilizado cada vez mais para assumir papéis que cabiam anteriormente aos sentimentos. Por isso tem sentido falar em um processo de intelectualização que leva a um predomínio do intelecto (tema que ecoará em Weber) e que caracteriza o moderno.[8] Por isso Simmel procura salientar

---

[8] Cf. p. ex. G. Simmel, "Böcklins Landschaften", *op. cit.*, p. 101.

Estilo de vida

as relações que se estabelecem entre o dinheiro e o intelecto. As épocas ou dimensões do mundo e da vida dominadas pelo intelecto e pelo dinheiro deixam-se caracterizar por sua ausência de caráter — caráter entendido como algo que marca a individualidade na existência, relacionado com a experiência individual. O presente (Jetztzeit) caracteriza-se, por sua vez, por um "aplainamento da vida dos sentimentos" (p. 595).[9] Uma das consequências disso é que, como a polêmica e o conflito radicam nos sentimentos, no querer, as épocas intelectualistas tendem muito mais à conciliação (PhdG, pp. 596, 598). A economia monetária, com seu nivelamento, ausência de caráter, intelectualismo caracteriza-se também por um "princípio de indiferença" (p. 598), que apaga os traços pessoais, a individualidade das pessoas envolvidas nos processos que têm lugar sob a lógica do dinheiro. Este favorece o entendimento, enquanto um denominador comum que varia apenas na quantidade. Ele é uma arma poderosíssima na solução de conflitos: é apartidário.[10]

O "aplainamento dos sentimentos" mostra-se também no fato de que, na economia monetária, os indivíduos são caracterizados pela frieza, pelo caráter *blasé*, pelo distanciamento e indiferença (PhdG, pp. 332 ss.). Delicadeza, cortesia, bom-humor não se relacionam com a lógica do dinheiro. Aquele que faz negócios segue a lógica objetiva do negócio e é por isso que ele não compreende quando o acusam de "frio", "desalmado", "sem coração" ou algo assim.[11] O dinheiro apresenta o "momento da objetividade" da troca de modo puro e independente, pois não depende das qualidades das coisas que são trocadas e porque não tem nenhuma relação especial com os sujeitos que realizam a troca. Ele cria e opera em uma "esfera da objetividade" na qual a "subjetividade pessoal" não tem lugar (p. 602).[12] O homem moderno é o "Verstandesmensch".

---

[9] Contudo esse aplainamento, a ausência de caráter não possui apenas aspectos negativos, mas também positivos. É nesse sentido que Simmel formula a ideia do "papel duplo" do dinheiro. Cf. G. Simmel, *Philosophie des Geldes*, *op. cit.*, pp. 595-6; ver também mais à frente.

[10] Cf. G. Simmel, *Soziologie*, *op. cit.*, pp. 125-34, especialmente 126-8. Simmel, em sua análise da determinação quantitativa dos grupos, retoma as relações discutidas na *Philosophie des Geldes* acerca do "frio entendimento" (a que se contrapõe o "calor subjetivo"), do intelecto, da objetividade, do distanciamento, como elementos próprios da figura do mediador na solução de conflitos; enquanto na *Philosophie des Geldes* o papel de mediador é desempenhado pelo dinheiro.

[11] Isto está relacionado também com o cinismo moderno. Cf. G. Simmel, *Philosophie des Geldes*, *op. cit.*, pp. 332 ss.

[12] "A objetividade do comportamento recíproco dos homens [...] obtém sua expressão mais absoluta nos interesses puramente econômico-monetários" (p. 601). Cf. também o passo da *Soziologie*, *op. cit.*, p. 52, citado no tópico "cultura".

Apesar do dinheiro ser objetivo e impessoal e promover a objetividade e a impessoalidade, ele possui também uma relação estreita com a individualidade e com o "princípio do individualismo" (p. 603). Daí Simmel falar no "papel duplo do dinheiro". Há uma relação entre nivelamento social e o dinheiro, pois o intelecto é indiferente, não possui a cor dos impulsos e sentimentos que marcam a individualidade. Uma das formas em que o dinheiro mostra seu papel duplo é em relação ao nivelamento e à individualidade. Embora promova o nivelamento, este é o solo fértil no qual as diferenças florescem. A "concepção de mundo racionalista", que emerge com a difusão de uma economia monetária e a preponderância do intelecto, é "a escola do egoísmo moderno [neuzeitlichen] e da imposição brutal da individualidade [...]" (p. 605).[13] A educação, a formação do indivíduo é um elemento de diferenciação que não é redutível ao que não é individual: ao dinheiro, à massa (PhdG, pp. 607-8). A própria ideia de intelectualidade possui sentidos opostos e em tensão contínua.

Simmel procura apontar ainda outras tendências do intelectualismo:

"Todos os três: o direito, a intelectualidade e o dinheiro são caracterizados pela indiferença frente à singularidade individual; todos os três extraem da totalidade concreta dos movimentos da vida um fator abstrato e universal, que se desenvolve de acordo com normas próprias e autônomas, e a partir desse fator intervêm na totalidade dos interesses da existência e a determinam a partir de si." (p. 609)[14]

É uma mesma lógica que caracteriza o processo do moderno, que traz a difusão da economia monetária, o desenvolvimento do intelectualismo e a sedimentação do direito como sistema de normas universais. Esse processo é rigorosamente o processo da autonomização das formas, tal como Simmel o formula em sua filosofia da cultura.

Simmel fala de um "estilo do presente" que é caracterizado por um racionalismo correlato ao dinheiro:

"As funções espirituais, com cuja ajuda a Neuzeit se conforma frente ao mundo e regula as suas relações internas (individuais e sociais), podem ser designadas em grande parte funções contábeis. O ideal de conhecimento da Neuzeit é conce-

---

[13] Sobre o dinheiro e o princípio do individualismo ver G. Simmel, *Philosophie des Geldes*, op. cit., pp. 480 ss. O "neuzeitliche Egoismus" é o do século XVI. Cf. G. Simmel, "Individualismus", *in Brücke und Tür*, op. cit., pp. 251-9. Cf. ainda G. Simmel, *Hauptprobleme der Philosophie*, op. cit., p. 54.

[14] Uma passagem como esta não deixa dúvidas acerca da influência de Simmel sobre os autores da *Dialektik der Aufklärung*.

Estilo de vida

ber o mundo como um grande exemplo de cálculo, recolher os fenômenos e as determinações qualitativas das coisas em um sistema de números [...]." (p. 612)

A *Neuzeit* e a calculabilidade andam de mãos dadas, pois por toda parte onde o dinheiro está presente, ele facilita a conversão de tudo ao número e consequente cálculo. A utopia de um mundo calculável é a utopia do dinheiro. Essa tendência contábil do mundo moderno também se mostra no nivelamento democrático:

> *"O princípio de que a minoria se conforma e submete à maioria significa que o valor qualitativo ou absoluto da voz individual é reduzido a uma unidade de significado puramente quantitativo."* (p. 613)

A própria ideia de uma democracia que se exprime através dos votos dos indivíduos é pois moderna, no sentido de compartilhar e legitimar o cálculo que as decisões das maiorias supõem.[15] Daí Simmel falar da "essência mensurável, pesável, contabilmente exata da *Neuzeit*" (p. 613), de que tanto o intelectualismo como o dinheiro são também expressão.

Por que mantenho *Neuzeit* e não traduzo simplesmente por Época Moderna? Porque o que Simmel quer indicar através de *Neuzeit* é algo que apenas no século XIX ganha corpo nas dimensões em que ele tem em vista. Os fenômenos que ele aponta são perceptíveis no século XV, mas só ganham sentido (o sentido que Simmel quer) à luz do século XIX.

Simmel não expõe sistematicamente uma cronologia — nem é esse seu interesse[16] —, mas se refere por exemplo ao "capitalismo nascente" nos séculos XV e XVI (PhdG, p. 707), ao Estado moderno como o do século XVI (PhdG, p. 646). Mas trata-se então dos inícios de um processo que culmina no presente de Simmel: "Ainda no século XVI era quase impossível, mesmo em uma praça de circulação de dinheiro tão intensa como Antuérpia, levantar uma soma considerável em dinheiro fora dos períodos regulares das feiras. A expansão dessa possibilidade a qualquer momento no qual o indivíduo necessita de dinheiro indica a transição para o pleno desenvolvimento da economia monetária" (p. 686). Assim, quando fala em *Neuzeit*, ele tem em vista a expansão gradual e contínua da eco-

---

[15] Cf. ainda G. Simmel, *Soziologie, op. cit.*, p. 88.

[16] Isto decerto tem sua razão de ser: "A teoria do moderno de Simmel não assume a forma de uma análise histórica, senão que apresenta um relato dos modos de experiência da realidade social na modernidade". D. Frisby, *Fragmente der Moderne: Georg Simmel — Siegfried Kracauer — Walter Benjamin, op. cit.*, p. 68.

nomia monetária desde aproximadamente o século XV, mas no sentido de que só é possível perceber seu significado e magnitude verdadeiros contemplando o momento atual do processo — 1900. Por isso "Neuzeit", "Moderne" e "Gegenwart" (respectivamente Época Moderna, modernidade/moderno e presente) se entrelaçam de modo muito forte. Eles querem designar, com ênfase variada e uma cronologia cada vez mais exata (!), um mesmo e único processo.

Contudo, trata-se de um processo que não está absolutamente submetido a uma lógica que subsuma sincronia e diacronia em uma temporalidade única e livre de tensões. Antes, trata-se de investigar as descontinuidades que se estabelecem, se perpetuam e se dissolvem no interior do processo do moderno. "O início da *Neuzeit* é um processo que ocorre em muitas camadas, variando se se tem sob os olhos acontecimentos e nexos de acontecimentos ou se se considera estruturas sociais, econômicas ou políticas e a sua transformação. Uma periodização de todos os domínios da vida, que proceda estritamente de modo paralelo, vê-se confrontada com objeções que não podem ser eliminadas sem mais através de uma ordenação sincrônica."[17]

Na cultura alemã, o termo "Neuzeit" surge no século XIX e se firma no último terço do século. Ele era usado para designar o tempo que vinha aproximadamente desde 1800. Com o tempo ele vai se estendendo progressivamente para trás, até o século XVI. Simmel joga com a semântica ambígua e em processo. Com isso ele opera a equação Neuzeit = Moderne = Gegenwart. Isto dota o processo histórico que é espelhado na *Philosophie des Geldes* de uma temporalidade característica, na qual as continuidades e descontinuidades podem ser exploradas de modo rico e nuançado. Onde o dinheiro se desenvolve, vemos o moderno, e portanto o presente, não importa se nos séculos XVI, XVIII ou XX. Na verdade, Simmel joga com a ambiguidade conceitual de maneira muito mais provocativa. Há traços do moderno nas sociedades indígenas ("primitivas"), em formas primitivas do dinheiro. Na Roma antiga floresce uma economia monetária; ela é, a seu modo e em sua medida, moderna.[18]

---

[17] R. Koselleck, "Vorwort", *in* R. Koselleck (org.), *Studien zum Beginn der modernen Welt*, Stuttgart, Klett-Cotta, 1977, p. 6. Um estudo amplo da questão, de enorme interesse, oferece o mesmo autor em *Vergangene Zukunft. Zur Semantik geschichtlicher Zeiten*, 2ª ed., Frankfurt/M, Suhrkamp, 1992.

[18] Isto vale, portanto, não simplesmente para o dinheiro em sentido estrito, mas para tudo o que ele traz consigo. Por exemplo: o racionalismo e a racionalidade burguesa. As implicações são amplas e aqui não é o lugar para explorá-las. Lembro apenas o Leitor, a título de mero exemplo, as análises de Adorno e Horkheimer na *Dialektik der Aufklärung*.

Estilo de vida

Assim, se por um lado o limiar que "separa"[19] a Idade Média da "Neuzeit" deixa-se fixar por volta de 1500 — Renascença, Reforma e descoberta do Novo Mundo —, por outro é no período que vai de aproximadamente metade do século XVIII à metade do século XIX que se costuma localizar a passagem para a *nossa* ideia de moderno.[20] Interessa-nos contudo como *Simmel* o demarca. Ele o faz sob rubricas variadas — "Neuzeit", "Moderne", "Gegenwart" —, assinalando de fato um único processo. Nos termos de uma filosofia do dinheiro, na qual o dinheiro é o símbolo do moderno, este processo surge como a difusão progressiva de uma economia monetária. Mas significa também aceitar que esse processo se desenrola de modo descontínuo. Diferentes segmentos do real, ou, se se quiser, esferas da realidade, possuem o seu *ritmo próprio*, e isto implica em reconhecer que as diacronias, as simultaneidades, são o mais das vezes perpassadas por tensões. Há temporalidades diversas que são contemporâneas. Se a cidade grande é moderna, a pequena aldeia, distante algumas dezenas de quilômetros, não o é necessariamente. Entretanto ambas convivem no mesmo ano de 1900.

A caracterização do moderno por Simmel destaca a precisão crescente, o fato de que agora são necessárias, cada vez mais e para cada vez mais coisas, operações matemáticas na vida cotidiana. "Só a economia monetária trouxe o ideal da calculabilidade numérica à vida prática — e quem sabe se também não à teórica" (p. 614). A progressão da economia monetária traz a exatidão na avaliação das coisas até as diferenças dos centavos. Esse processo acaba por afetar tanto os homens como as coisas. A nossa percepção desperta para diferenças de exatidão que anteriormente não tinham sentido. As coisas passam a ser consideradas em função da exatidão aritmética que as determina, e isto lhes atribui uma racionalidade incondicional — mesmo a simples ideia de "razão" evoca seu significado matemático. Daí Simmel afirmar:

> *"Através da essência contábil do dinheiro chegou-se a uma precisão, a uma segurança na determinação de igualdades e desigualdades, a uma certitude nos acordos e combinações nas relações dos elementos da vida, semelhante à que causou, na*

---

[19] Escrevo entre aspas porque Simmel sempre chama a atenção de seus leitores para as delimitações, ligações e separações, para o fato de que se aproximar é se afastar, e unir separar.

[20] Veja-se Koselleck, "Vorwort", *op. cit.*; *Vergangene Zukunft, op. cit.*; "Das achzehnte Jahrhundert als Beginn der Neuzeit", *in* R. Herzog e R. Koselleck (orgs.), *Epochenschwelle und Epochenbewußtsein* (*Poetik und Hermeneutik*, vol. XII), Munique, W. Fink, 1987, pp. 269-82.

esfera exterior, a difusão geral do relógio de bolso. A determinação do tempo abstrato através do relógio, assim como a do valor abstrato através do dinheiro, fornecem um esquema das mais agudas e seguras repartições e mensurações [...]. A intelectualidade contábil, que vive nessas formas, [...] domina a vida moderna." (p. 615)

O ideal de precisão que a difusão da economia monetária difunde manifesta-se também na organização do tempo. Simmel fala mesmo no "conceito moderno de tempo" (p. 707), que se estabelece progressivamente desde os séculos XV e XVI, quando os grandes relógios das torres passaram a marcar também os quartos de hora. A racionalidade que o dinheiro impõe a tudo o que se deixa trocar por ele é a mesma racionalidade que exige um domínio detalhado e organizado do tempo. Simmel indica como em certas personalidades — cita Nietzsche, Goethe, Carlyle —, que são essencialmente hostis à essa essência contábil do moderno, isto se deixa depreender em um certo anti-intelectualismo, na rejeição das explicações contábeis, econômicas e exatas do mundo e da vida.[21] São pessoas hostis à lógica do dinheiro, e por isso de certo modo hostis ao moderno.

Na *Philosophie des Geldes*, Simmel desenvolve uma análise da cultura nos mesmos moldes em que ela irá aparecer em seus escritos tardios, quando se trata definitivamente da formulação de uma filosofia da cultura. Em 1900, o que ele busca é a constituição de um horizonte analítico e conceitual para uma análise da cultura (entendida como o presente que ele vive).

"*Caso se compare a cultura atual com, digamos, a de há cem anos, pode-se decerto afirmar (mantidas muitas exceções individuais): as coisas que envolvem e satisfazem a nossa vida, aparelhos, meios de transporte, produtos da ciência, da técnica, da arte, cultivaram-se indescritivelmente; mas a cultura dos indivíduos, ao menos nas classes mais elevadas, não avançou de modo nenhum na mesma proporção, e chegou mesmo frequentemente a retroceder.*" (p. 620)

Simmel arrola uma série de fenômenos para fundamentar seu *diagnóstico do presente*. É no século XIX que a cultura objetiva ganha prepon-

---

[21] Cf. G. Simmel, *Philosophie des Geldes, op. cit.*, p. 616; o trecho já se encontra em G. Simmel, *Einleitung in die Moralwissenschaft. Eine Kritik der ethischen Grundbegriffe* (1893), *Gesamtausgabe* vol. IV, organização de K. C. Köhnke, Frankfurt/M, Suhrkamp, 1991, vol. II, p. 108; *Kant und Goethe. Zur Geschichte der modernen Weltanschauung, op. cit.*

Estilo de vida

derância sobre a cultura subjetiva (PhdG, p. 621) — por isso afirmei mais acima o entrelaçamento conceitual de "Neuzeit", "Moderne" e "Gegenwart". A partir do século XIX a ideia de "Bildung" está mais ligada a uma soma e acumulação de conhecimentos e procedimentos do que a um enriquecimento da personalidade propriamente dito, tal como o ideal educativo do século XVIII ainda ansiava. "Discrepância": é assim que o presente é retratado (p. 621). Discrepância é o que caracteriza a relação entre cultura subjetiva e cultura objetiva. Uma das formas que essa discrepância assume é a "relação enigmática entre por um lado a vida da sociedade e seus produtos e, por outro, os produtos fragmentados da existência dos indivíduos" (p. 622). Poder-se-ia dizer que, no contexto da *Philosophie des Geldes*, a sociedade aparece em referência à totalidade e o indivíduo com referência ao fragmento. A relação fragmento-todo é discrepante dado o caráter problemático do processo cultural (basta lembrarmos que na filosofia da cultura Simmel afirma que a cultura é síntese e que a tragédia da cultura implica na quebra do processo da cultura enquanto síntese). Simmel não aceita sem mais que se postule a sociedade como um todo, pois a consciência das fissuras da existência individual atingem a vida social e tornam a ideia da sociedade como um todo discutível. O "estilo do presente" é justamente caracterizado pela tensão entre aspectos universalizantes e individualizantes, indiferenciadores e diferenciadores do dinheiro (e de outras formas e tendências que lhe são correlatas, como o direito e o intelectualismo) (PhdG, p. 612). Na *Philosophie des Geldes*, a única totalidade que Simmel aceita é a concretizada na obra de arte (PhdG, p. 629).[22]

---

[22] É esta a razão pela qual se lhe atribui uma concepção estetizante de sociedade na *Philosophie des Geldes*. Se a sociedade é vista como um todo, ela é vista como uma obra de arte. Um aluno de Simmel afirmou, não a respeito da *Philosophie des Geldes*, mas da *Soziologie*, que, como reza seu título, consiste em "investigações sobre as formas de socialização": "But whoever speaks of forms moves in the field of aesthetics. Society, in the last analysis, is a work of art". A. Salz, "A Note from a Student of Simmel's", *in* K. H. Wolff (org.), *Essays on Sociology, Philosophy and Aesthetics, op. cit.*, p. 236. E ainda: "A obra de arte [...] seria assim apenas um caso especial da produção de formas de relações e de modos de interação, assim como, inversamente, as relações sociais, na medida em que elas se deixam abstrair de conteúdos histórico-concretos, podem ser interpretadas como fenômenos estéticos". E. Lenk, contribuição ao debate em S. Hübner-Funk, "Ästhetizismus und Soziologie bei Georg Simmel", *in* H. Böhringer e K. Gründer (orgs.), *Ästhetik und Soziologie um die Jahrhundertwende: Georg Simmel, op. cit.*, p. 59. No que diz respeito à *Philosophie des Geldes*, basta nos lembrarmos do trecho do seu "Prefácio" citado em "panteísmo estético". Além disso ver especialmente H. Böhringer, "Die 'Philosophie des Geldes' als ästhetische Theorie. Stichworte zur Aktualität Georg Simmels für die moderne bildende Kunst", *in* H. J. Dahme e O. Rammstedt (orgs.), *Georg Simmel und die Moderne. Neue Interpretationen und Materialen*,

No horizonte desse diagnóstico do presente e dessa insipiente filosofia da cultura, Simmel busca precisar o que entende por "estilo de vida":
"O estilo de vida como um todo de uma comunidade depende da relação que se estabelece entre a cultura tornada objetiva e a cultura dos sujeitos." (p. 628)

Há pois um nexo intrínseco entre a teoria do moderno e a filosofia da cultura, aquela expressa no "estilo de vida", esta no processo da cultura. Entretanto é preciso avançar na compreensão do que Simmel entende por "estilo de vida": estilo de vida é uma rubrica sob a qual se entende um arranjo histórico, ou melhor, uma *configuração* histórica, uma configuração sincrônica das relações entre indivíduo e sociedade, entre sujeito e objeto, entre cultura objetiva e cultura subjetiva.[23] O estilo de vida é a categoria que, por assim dizer, "retrata" a realidade de um dado momento, e nesse sentido é um "instantâneo *sub specie aeternitatis*", embora aqui momento seja um momento em um processo de longuíssima duração, que é o processo da cultura, vale dizer a própria história da humanidade. Pois o estilo tem a ver com as qualidades, tendências, disposições, efeitos, atmosferas e afinidades fundamentais dos elementos históricos: o estilo é um fenômeno histórico (PhdG, p. 607). Desse modo, estilo de vida como categoria explicativa do moderno é um instantâneo do presente, entendido como momento do processo da cultura, através do qual se pode — ou ao menos se pode tentar, pois se trata ainda de ensaio — enfrentar a multiplicidade e o movimento que são as características fundamentais desse presente. Por isso, ao analisar os efeitos do dinheiro sobre a vida, Simmel o faz sob a égide do "estilo de vida".

Um dos fenômenos de maior repercussão na configuração do estilo de vida moderno é a divisão do trabalho. Ela é, tanto no nível da produção como do consumo, o fator concreto que explica as origens e a situação atual (1900) da relação de cultura subjetiva e cultura objetiva, portanto do estilo de vida, e desse modo do que será, mais tarde, caracterizado como tragédia da cultura. A análise da divisão do trabalho na *Philoso-*

---

op. cit., pp. 178-82; K. Lichtblau, "Ästhetische Konzeptionen im Werk Georg Simmels", *in Simmel Newsletter*, vol. I, nº 1, verão de 1991, pp. 22-35. Além disso, G. Simmel, *Hauptprobleme der Philosophie, op. cit.*, p. 5. Sobre a obra de arte como totalidade ver G. Simmel, "L'art pour l'art" (1914), *in Zur Philosophie der Kunst*, Potsdam, Kiepenheuer, 1922, pp. 80, 83-4, 86; "Aus dem nachgelassene Tagebuche", *op. cit.*, p. 9.

[23] Pode-se dizer que a questão posta no nível da cultura do dualismo de cultura objetiva e cultura subjetiva, na confluência da teoria do moderno com a filosofia da cultura, é discutida no plano puramente filosófico como dualismo de sujeito e objeto. Veja-se G. Simmel, *Hauptprobleme der Philosophie, op. cit.*, pp. 86 ss.

Estilo de vida

phie des Geldes é relativamente detalhada e aponta para uma série de características e efeitos, que arrolo apenas com fins ilustrativos: a) o produto se faz às custas do produtor; b) os atributos que a divisão do trabalho exige do trabalhador não contribuem para a formação e enriquecimento da personalidade, para uma "configuração harmônica do eu" (p. 628) (pode-se dizer, em negativo, que a divisão do trabalho contribui para uma "configuração dilacerada e fragmentária do eu"); a especialização leva a uma c) perda de sentido; d) autonomia dos objetos; e) perda da totalidade (o oposto é a obra de arte, que se subtrai à divisão do trabalho); f) incomensurabilidade da realização com o realizador, do trabalho com o trabalhador, do resultado com aquele que o fez; g) à especialização da produção corresponde uma difusão do consumo; h) diferenciação da produção e "padronização" do consumo; i) supressão dos meios de trabalho do trabalhador e transformação da força de trabalho em mercadoria; j) os produtos do trabalho tornam-se algo objetivo e estranho ao trabalhador; k) cria dependências várias entre as coisas e homens. Aqui não é o lugar para desenvolver e discutir cada uma dessas dimensões; contudo algumas delas são especialmente significativas para a compreensão da análise do moderno em Simmel.

Com a especialização envolvida na divisão do trabalho, que significa a separação do objeto daquele que o produz, o sentido do objeto não é mais dado por sua *relação* com os envolvidos em seu processo de criação, senão que o sentido dos objetos provém da *relação* que eles estabelecem com outros objetos, provenientes de outras fontes. Há como que a ideia de um mundo das coisas, no qual as coisas atribuem sentido a elas mesmas (PhdG, p. 629).

A obra de arte, por sua vez, representa a oposição extrema à divisão do trabalho e portanto à perda de sentido subjetivo das coisas. "A obra de arte é, dentre todas as obras humanas, a unidade mais acabada, a totalidade que se basta a si mesma" (p. 629). Isto explica o caráter utópico, ou reconciliador, da arte no mundo moderno, no qual nada mais é totalidade, mas só fragmento. A obra de arte se subtrai à lógica da divisão do trabalho:

> "*A arte, por seu lado, não permite que nenhum dos elementos que ela toma para si possuam um significado fora das molduras nas quais ela os insere [...]. Mas essa coesão da obra de arte significa que uma unidade anímica subjetiva se exprime nela; a obra de arte exige apenas um homem, mas o exige por completo e de acordo com sua interioridade mais central: ela justifica isso pelo fato de que sua forma lhe permite ser o mais puro espelho e expressão do sujeito. A recusa completa da divisão do trabalho é tanto causa como sintoma do nexo que*

há entre a totalidade acabada em si mesma e a unidade anímica." (p. 630)

Por isso a grande personalidade de que Simmel fala em suas obras tem como modelo os grandes artistas.[24] A obra de arte é, como todo objeto, o resultado de uma objetivação do sujeito, só que o resultado dessa objetivação é diferenciado, pois é uma unidade que não é comum e essa unidade provém da "interioridade" daquele que a criou. Nos processos usuais de objetivação, nunca a subjetividade se envolve a tal ponto — ou, inversamente, se ela se envolve assim o resultado é uma obra de arte. Neles a divisão do trabalho impede a coesão final, pois dissipa os impulsos que, na concreção da forma, se objetivam na obra. Quanto mais fragmentado é o todo, mais ele se distancia dos sujeitos que contribuem para sua existência.

Se o homem do presente já havia sido caracterizado como "homem do entendimento", agora ele é o especialista:[25] ele contribui a uma parcela cada vez menor do produto final, ao mesmo tempo em que seu saber é cada vez mais especializado. O alargamento do consumo está ligado não só à especialização no nível da produção, mas ao incremento da cultura objetiva, pois "quanto mais objetivo e impessoal é um produto, a tanto mais homens ele é adequado" (p. 631). Como se pode notar, esta é a lógica do dinheiro, que quanto mais impessoal, mais universal é sua equivalência e mais ampla a sua circulação. A divisão do trabalho é a diferenciação da produção que permite a produção em preço e quantidade adequados ao consumo (quanto mais "personalizado" é um produto, mais ele se subtrai à divisão do trabalho e se aproxima da obra de arte). Simmel caracteriza o processo de "diferenciação capitalista" como estágio avançado da divisão do trabalho, caracterizado pela separação do trabalhador dos meios do trabalho e pela conversão da força de trabalho em mercadoria.[26] Não deixa de ser interessante notar como a caracterização do moderno em Simmel assimila elementos significativos da análise marxista. Embora aqui não seja lugar para a discussão da questão, vejamos apenas um exemplo de como elementos da crítica formulada pelo "materialismo histórico" pulsam no interior da *Philosophie des Geldes*:

---

[24] Os livros e ensaios sobre os artistas e filósofos foram indicados no tópico "ensaio".

[25] A crítica à especialização extremada é presente em todos os textos em que Simmel desenvolve sua filosofia da cultura, porque ele vê aí um exemplo muito claro da perda de sentido e da transformação dos meios em fins.

[26] Cf. G. Simmel, *Philosophie des Geldes, op. cit.*, pp. 631, 399; *Soziologie, op. cit.*, p. 232.

Estilo de vida

"A capacidade do trabalho de se tornar mercadoria é portanto apenas um lado do processo enormemente difuso de diferenciação, que extrai da personalidade seus conteúdos singulares a fim de os contrapor a ela como objetos com determinações e movimento autônomos. O resultado deste destino do meio de trabalho e da força de trabalho se mostra finalmente no seu produto. O fato de que o produto do trabalho da época capitalista é um objeto decididamente para si, que possui leis próprias de movimento e que possui um caráter estranho para o próprio sujeito que o produz, assume sua representação mais pungente onde o trabalhador é forçado a comprar o próprio produto do seu trabalho, caso ele o queira possuir. — Este é então o esquema geral de desenvolvimento que vale para muito além do trabalhador assalariado." (p. 632)

Esta ideia é a antecipação daquela em que, no texto sobre o conceito e a tragédia da cultura, Simmel afirmava que o fetichismo da mercadoria, tal como analisado por Marx, era apenas um caso restrito de um fenômeno muito mais amplo.[27] A ideia de Simmel é que a lógica que perpassa o processo de produção não é característica apenas nos limites da produção; pelo contrário, porque ela é uma lógica que perpassa o processo da cultura como um todo é que ela perpassa também o processo de produção de mercadorias.[28] Nesse aspecto Simmel retoma aqui o compromisso assumido e o programa delineado logo de início, no "Prefácio" da *Philosophie des Geldes*:

"Do ponto de vista metódico pode-se exprimir esta intenção básica [do livro Philosophie des Geldes] *do modo seguinte: construir um andar inferior no materialismo histórico,[29] de tal modo que a inclusão da vida econômica nas causas da cultura espiritual se aperceba de seu valor explicativo, mas que*

---

[27] Cf. G. Simmel, "Der Begriff und die Tragödie der Kultur", *in Philosophische Kultur, op. cit.*, p. 213, citado no tópico "cultura". Outras passagens similares: G. Simmel, "Wandel der Kulturformen", *in Das Individuum und die Freiheit, op. cit.*, p. 94; "Philosophie des Geldes" (1901/1902), resenha do próprio autor, *in Philosophie des Geldes, op. cit.*, p. 719.

[28] Como já foi mencionado, Simmel não compartilha a teoria do valor trabalho, senão que desenvolve uma teoria psicologizante do valor, que se exprime na troca. Por isso, para Simmel, a dimensão da circulação é mais expressiva do que a da produção, e consequentemente suas análises detêm-se muito mais na análise da circulação do que da produção.

[29] "Dem historischen Materialismus ein Stockwerk unterzubauen": Simmel é irônico e alude à ideia de infraestrutura.

precisamente aquelas formas econômicas sejam reconhecidas como o resultado de avaliações e correntes mais profundas, de pressupostos psicológicos, metafísicos mesmo. Para a prática do conhecimento é preciso desenvolver isso em uma reciprocidade infinita: para cada interpretação de uma formação ideal através de uma econômica é preciso cumprir a exigência de compreender esta última a partir de sua profundidade ideal; ao mesmo tempo é preciso novamente encontrar a infraestrutura econômica geral para essa profundidade, e assim por diante infinitamente. Nessa alternância e entrelaçamento dos princípios conceitualmente opostos de conhecimento surge a unidade do objeto [...]." (p. 13)[30]

Ora, podemos ver aqui como essa posição frente ao "materialismo histórico" é tributária do modo de conhecimento defendido na formulação da ideia de cultura filosófica (cf. os tópicos "caracterização" e "panteísmo estético"). Simmel explicita aqui, por exemplo, o fundo metafísico que a ideia do "panteísmo estético" supõe e exige. A alternância, entrelaçamento e reciprocidade infinitas nada mais são do que movimento e perspectiva como fundamentos da atribuição de sentido, uma atribuição que nunca é acabada e unívoca. E Simmel só pode falar nessa "reciprocidade infinita" porque, como disse, tudo está em relação com tudo: o mundo de Simmel é um mundo de relações, um tecido que se tece contínua e ininterruptamente.[31]

---

[30] Ver também G. Simmel, "Philosophie des Geldes" (1901/1902), resenha do próprio autor, *op. cit.*, p. 719. Em um de seus últimos livros pode-se ler: "[...] Assim, talvez estas analogias sociológicas contribuam para uma interpretação mais profunda, que supere o materialismo histórico: talvez as transformações da história, de acordo com sua camada verdadeiramente ativa, sejam aquelas das formas sociológicas: como os indivíduos e os grupos se comportam entre si, como o indivíduo em relação ao seu grupo, como as acentuações de valor, os acúmulos, as prerrogativas entre os elementos sociais movem-se para lá e para cá — este é talvez o verdadeiro acontecimento epocal, e se o modo econômico parece determinar a partir de si todas as outras províncias da cultura, a verdade dessa aparência atrativa é que a própria economia é determinada por modificações sociais, que determinam do mesmo modo a partir de si todas as outras formações culturais; é que também a forma econômica é apenas uma 'superestrutura' sobre as relações e transformações da estrutura puramente sociológica, que forma a última instância histórica e que precisa decerto configurar todos os outros conteúdos da vida em um certo paralelismo com os conteúdos econômicos". G. Simmel, *Grundfragen der Soziologie, op. cit.*, p. 20. Veja-se ainda G. Simmel, "Zur Philosophie des Schauspielers (aus dem Nachlaß)", *in Fragmente und Aufsätze aus dem Nachlaß, op. cit.*, p. 263.

[31] Cf. o tópico "panteísmo estético"; além disso G. Simmel, *Philosophie des Geldes, op. cit.*, 120-1.

Estilo de vida

Entretanto, quaisquer que sejam as críticas que se façam a essa relação peculiar com o marxismo, há que se reconhecer a sua originalidade em 1900.[32]

Voltemos à análise que Simmel realiza da divisão do trabalho. Ele diz compreendê-la em seu "sentido mais amplo", incluindo nela a "divisão da produção", a "decomposição do trabalho" e a "especialização" (p. 633). Nesse contexto, ele esboça uma caracterização do século XIX:

---

[32] Pode-se dizer, *cum granum salis*, que Simmel endossa a teoria marxista, deixando contudo de lado a teoria do valor-trabalho e da mais-valia e a luta de classes. Se, com essas exclusões, ainda se pode dizer que sobra alguma coisa, cabe ao Leitor ponderar. Na análise da recepção da obra de Marx em Simmel, caberia investigar o debate e a recepção do marxismo na economia política burguesa da virada do século. Aponto apenas os pontos centrais para essa investigação: 1) Eugen von Böhm-Bawerk, o representante de proa da *Grenznutzentheorie*, foi um interessado e importante (do ponto de vista da recepção) leitor de Marx. Como já foi apontado (por exemplo Brinckmann, *Methode und Geschichte*), Simmel, em sua teoria do valor na *Philosophie des Geldes*, acaba por utilizar a teoria do valor marginal e é possível que Simmel tenha lido Marx também através de Böhm-Bawerk. 2) Em Gustav Schmoller, que representava a "nova" escola, "histórica", da economia política, encontramos um outro ponto de encontro da obra de Marx com Simmel. Schmoller, um dos socialistas de cátedra, promovia no seu "staatswissenschaftliches Seminar" na Friedrich-Wilhelm-Universität zu Berlin regularmente a leitura de Marx. Como se sabe, a primeira versão da *Philosophie des Geldes* foi apresentada justamente nesse seminário. E além disso Simmel era muito próximo de Schmoller, que sempre procurou ajudá-lo na obtenção de uma cátedra. Sobre o tema em geral pode-se ler: R. Aldenhoff, "Kapitalismus Analyse und Kulturkritik. Bürgerliche Nationalökonomen entdecken Karl Marx", *in* W. J. Mommsen e G. Hübinger (orgs.), *Intellektuelle im Deutschen Kaiserreich*, Frankfurt/M, S. Fischer, 1994, pp. 78-94. Aldenhoff mostra como, por exemplo, Tönnies, Weber e Sombart tinham como tema o moderno capitalismo, mas sob a perspectiva de uma história da cultura. Capitalismo e crítica da cultura se entrelaçam nesse contexto. Mas não somente na economia política burguesa deve ser buscada a explicação para a leitura de Marx por Simmel. Como a *Philosophie des Geldes* mostra, essa leitura vem pelo menos desde a década de 1890. E é justamente nesse período que Simmel esteve mais próximo da social-democracia. Desse modo, é bem possível que seja através do contato com elementos da social-democracia que Simmel venha a ler Marx ou ao menos textos do universo marxista. Pois muitos dos elementos marxistas presentes em Simmel são completamente incorporados pela social-democracia alemã. Uma leitura do Programa de Gotha de 1875 mostra isso claramente. Sobre a relação — similitudes e diferenças — de Simmel e Marx pode-se ver: H. Brinkmann, *Methode und Geschichte. Die Analyse der Entfremdung in Georg Simmels 'Philosophie des Geldes'*, op. cit.; D. Frisby, "Introduction to the Translation", *in* G. Simmel, *The Philosophy of Money*, Londres etc., Routledge & Kegan Paul, 1978, pp. 1-49, assim como os textos citados por Frisby; A. Koppel, "Von Marx zu Simmel", *in Für oder Wider Karl Marx. Prolegomena zu einer Biographie*, Karlsruhe, Braun, 1905; J. A. Schad Jr., "The Groundwork of Simmel's New 'Storey' Beneath Historical Materialism", *in* M. Kaern, B. S. Phillips e R. S. Cohen (orgs.), *Georg Simmel and Contemporary Sociology*, op. cit., pp. 297-317. Sobre a teoria do valor cf. o tópico "dinheiro".

"A diferença entre por exemplo a loja de roupas moderna, edificada sobre a mais extrema especialização, e o trabalho do alfaiate, que ia até em casa, caracteriza do modo mais agudo a objetividade crescente do cosmos econômico, sua autonomia suprapessoal em relação ao sujeito consumidor com o qual estava originalmente unido." (p. 634)

Se anteriormente "o consumidor possuía uma relação pessoal com a mercadoria" (p. 633), o cliente era personalizado e o produto que era feito para ele era individualizado, agora a situação é outra. Essa produção individualizada e individualizadora sofre no século XIX um declínio muito rápido e como a divisão do trabalho "separa a personalidade criadora da obra criada e torna esta última dotada de uma autonomia objetiva" (p. 633), o consumidor se vê defronte a produtos que não se adaptam mais a ele, mas sim ele aos produtos. Ele não é mais que uma mera engrenagem em um processo que paira sobre a sua cabeça e sobre o qual ele não tem o menor poder. Mais que isso, a máquina moderna é automática: basta você pôr uma moeda que ela fornece a mercadoria — já no tempo de Simmel proliferavam por Berlim as "Automaten".[33] Que o consumo se dê através das máquinas comprova a tendência apontada por Simmel de que no moderno produção e consumo formam uma só rede. Ao mesmo tempo, o caráter cada vez mais mediado da circulação cria um distanciamento cada vez maior entre produtores e consumidores, propiciando a "fria reserva", "objetividade econômica" e a rapidez que caracterizam o comércio moderno e que encontram nas "Automaten" sua expressão mais acabada (PhdG, pp. 633-6).

Simmel aponta então "três dimensões diferentes" da "diferenciação dos objetos". Eles se diferenciam sincronicamente, uns ao lado dos outros, tal como os encontramos nas lojas e grandes magazines; eles se diferenciam diacronicamente, uns após os outros, como a moda ilustra do modo mais exemplar; e eles se diferenciam em relação ao conteúdo (PhdG, pp. 637 ss.). A primeira dessas dimensões faz com que o indivíduo, devido à especialização crescente, se veja frente a um número cada vez maior e mais diversificado de objetos. Esses objetos aparecem para os indivíduos como um "poder hostil" (p. 638), pois eles se sentem cercados e pressionados

---

[33] "Warenautomaten": máquinas automáticas que fornecem mercadorias. Sintomaticamente *automatos* significa algo como "aquilo que se move por conta própria". Não só a ideia de movimento é essencial para a ideia de "automático" — assim moderno, automático e movimento se entrelaçam sem problemas e convergem no dinheiro —, como o movimento ocorre por conta própria, independente. Simmel caracteriza o fenômeno como "automobilidade dos objetos" (p. 639).

Estilo de vida

até nas "intimidades da vida diária" (p. 637). A moda é o exemplo da diferenciação diacrônica. Por um lado, ela une de modo peculiar duas tendências sociais características: a tendência à diferenciação e mudança e a tendência à igualdade e união. Quem segue a moda — qualquer espécie de moda — quer se diferenciar de segmentos sociais determinados e se igualar a outros. Segundo Simmel, a moda possui um corte de classe e marca diferenças sociais, mas também o compartilhar de uma posição semelhante para aqueles que se utilizam da mesma moda no mesmo tempo. Há uma lógica que explica a diferenciação temporal que a moda exprime: como (diz Simmel) os estratos inferiores buscam imitar os superiores, assim que os primeiros se veem de posse da moda, até então privilégio dos estratos mais altos, estes simplesmente largam-na e criam uma nova moda, reativando novamente o mecanismo de diferenciação. Contudo, no século XIX a velocidade com que as modas são criadas, apropriadas por diferentes segmentos sociais e abandonadas sofre uma aceleração inédita — uma decorrência da "aceleração da velocidade da vida" (PhdG, pp. 696 ss.). Isto está relacionado com o processo crescente de urbanização, pois a tendência à variedade é muito mais forte nas cidades e nos estratos médios que se desenvolvem nas cidades do que nos estratos rurais do campo. A cidade é o *locus* da moda:

> *"As classes e os indivíduos inquietos, impelidos à mudança, reencontram na moda a forma de mudança e contraste da vida, a velocidade de seus próprios movimentos psíquicos."* (p. 640)

À mobilidade externa da moda corresponde a mobilidade interna da psique dos modernos. Nesse sentido, mais uma vez, o moderno significa novas experiências que atingem a própria "natureza" humana. A velocidade das modas é compatível com a velocidade da vida e a aceleração de uma propicia a da outra. Com o incremento de sua velocidade e a sua ampliação a estratos cada vez mais amplos, ela aparece, então, como um poder autônomo, objetivo por si mesmo. Ela reproduz em si a lógica da autonomização dos produtos da cultura que é característica da "Neuzeit" (p. 641; os textos de Simmel sobre a moda já foram indicados).

A terceira dimensão da diferenciação dos objetos não diz respeito às formas como ocorre a diferenciação, se simultânea ou sucessivamente, se sincrônica ou diacronicamente. Essa terceira dimensão do processo de diferenciação, que explode no moderno, diz respeito à *pluralidade de estilos*.

> *"Penso na multiplicidade dos estilos com que os objetos que vemos diariamente se colocam frente a nós — desde a construção de casas até a apresentação de livros, desde as obras plásticas até os jardins e a decoração dos quartos, nos quais o*

estilo Renascença e o Japonismo, o Barroco e o Império, o estilo Pré-rafaelita e a Praticidade realista convivem lado a lado. Isto é o resultado da extensão do nosso saber histórico, que está então em relação recíproca com aquela variabilidade [...] do homem moderno." (p. 641)

Ou seja: no moderno o alargamento do conhecimento histórico possibilita a coexistência e a consciência da diversidade dos estilos. Estes — Simmel percebe muito bem o fenômeno — invadem todos os espaços, da capa dos livros às construções das casas e fábricas (cf. "Georg Simmel e a Berlim do Segundo Império"). Mas isso é decorrência de um olhar distanciado, de uma amplitude de horizonte. O alargamento do saber histórico, que determina a multiplicidade dos estilos, é privilégio de um estágio de grande diferenciação da cultura. Na verdade, o alargamento do saber histórico, nos termos que Simmel tem em vista, é ele mesmo um elemento característico do moderno. Ele está relacionado com a abertura fornecida pelas perspectivas, e assim com o rompimento de um mundo uno.

"Para que o conteúdo da história converta-se numa propriedade é necessária uma capacidade imagética, uma capacidade de imitação da alma que concebe, é necessária uma sublimação interior da variabilidade. As tendências historicizantes do nosso século, sua capacidade incomparável de reproduzir e tornar vivo o que se encontra mais distante — em sentido temporal e espacial — é apenas o lado interior do aumento geral de sua capacidade de adaptação e de sua grande mobilidade. Daí a variedade desconcertante de estilos que são absorvidos, representados e incorporados por nossa cultura." (pp. 641-2)

Por conta dessa sua capacidade de afastar-se, de reconhecer a especificidade e diferença que se sedimentam na história, o homem moderno defronta-se com uma pluralidade de estilos que surgem para ele como entidades autônomas. Desse modo, o homem da cultura, caracterizado na era moderna pela preponderância da cultura objetiva sobre a subjetiva, contrapõe ao indivíduo a diferença dos estilos, a diferença dos objetos uns ao lado dos outros e dos objetos uns após os outros. A diferenciação dos estilos surge, para o indivíduo da virada do século, como uma outra dimensão da diferenciação. Nunca os estilos do passado foram mobilizados de modo tão diverso e simultâneo, foram reelaborados em função dos ideais do momento como no final do século — não custa lembrar que o Historismo arquitetônico constituia em construir com os estilos do passado (neoclássico, neogótico, neobarroco etc.) e ele foi especialmente prolífico nas grandes cidades alemãs: ele é o estilo por excelência dos *Gründerjahren*.

Estilo de vida

O que a passagem do século mostra de novo é que, circulando por uma única rua de uma grande cidade, Simmel podia contemplar as construções mais díspares, que adaptavam os estilos ao sabor do momento. O resultado disso é que a cultura moderna se apresenta como uma variedade de estilos (isto será retomado mais à frente).

Estilo de vida ganha forma na relação que se estabelece entre a cultura subjetiva e a cultura objetiva. É por assim dizer a "proporção" e o "modo" como elas se relacionam que determina o que é o estilo de vida de um momento determinado do processo da cultura. Pode-se dizer que a "transformação das formas da cultura"[34] é a alteração em grande escala e no registro da filosofia da cultura dessa proporção; em um nível menor e no registro da teoria do moderno essas alterações configuram o estilo de vida. Pelo que foi dito, o estilo de vida *moderno* é aquele caracterizado pela preponderância da cultura objetiva sobre a cultura subjetiva, pelo aprimoramento e difusão incomparáveis da divisão do trabalho e suas consequências (PhdG, pp. 649-54, 674).

"Agora, se a configuração atual dessa relação é sustentada pela divisão do trabalho, então essa configuração é também uma derivação da economia monetária." (p. 650)

Em suma, o elemento que sintetiza o estilo de vida moderno, que é o do presente vivido por Simmel, é o dinheiro. Ao afirmar que o estilo de vida é uma "derivação" da economia monetária, Simmel quer indicar os efeitos do dinheiro sobre a vida — o programa da parte sintética da *Philosophie des Geldes*. Economia monetária, dinheiro, especialização, diferenciação, tecnicização, preponderância da cultura objetiva sobre a subjetiva, urbanização, distanciamento, indiferença: são estes os vetores que, em relações recíprocas, dependentes e contínuas entre si, convergem na configuração do estilo de vida enquanto uma "unidade histórica" (p. 651).[35] Essa unidade histórica é descrita mediante três conceitos: "Neuzeit", "Moderne" e "Gegenwart", que buscam circunscrevê-la enquanto um processo histórico em curso.[36]

A *Philosophie des Geldes* não se pretende propriamente uma descri-

---

[34] G. Simmel, *Der Konflikt der modernen Kultur* (1918), *op. cit.*; "Wandel der Kulturformen" (1916), *op. cit.*

[35] Simmel aponta, embora rapidamente, outros estilos de vida, configurados em outras épocas: cf. *Philosophie des Geldes*, *op. cit.*, p. 652.

[36] Não sem razão, portanto, Simmel intercambia, nas edições de 1900 e 1907 da *Philosophie des Geldes*, os termos "homem moderno" e "homem atual". Cf. *op. cit.*, p. ex. p. 782.

ção desse processo histórico, mas quer retratá-lo através de instantâneos; seu objetivo é analisar as *experiências* do moderno.[37] Por isso esses instantâneos mostram que os efeitos do dinheiro se fazem sentir em mais de uma direção.

> *"Assim o dinheiro proporciona aos homens, na medida em que se insere entre os homens e as coisas, uma existência por assim dizer abstrata, livre da consideração imediata das coisas e da relação imediata com elas, sem o que não seriam possíveis outras possibilidades de desenvolvimento de nossa interioridade. Se o homem moderno conquista sob circunstâncias favoráveis uma reserva do subjetivo [...], isto é devido ao fato de que o dinheiro nos poupa em medida cada vez maior do contato imediato com as coisas [...]. Na medida em que o dinheiro é tanto o símbolo como a causa da indiferença e exteriorização de tudo aquilo que se deixa indiferenciar e exteriorizar em geral, ele se torna por sua vez o guardião do mais íntimo, que só pode se desenvolver nos limites mais estreitos."* (pp. 652-3)

As reservas da subjetividade, a preservação e mesmo elaboração de algum espaço íntimo, é decorrente do *distanciamento* propiciado pelo dinheiro, sem o que se consumaria uma espécie de "reificação do espírito" (p. 649) pelo contato e penetração brutal das coisas. Há um "resto não reificável" (p. 652) que, a despeito da preponderância da cultura objetiva, constitui um bastião da individualidade, aquilo que é "específico do Eu" (p. 652). Simmel sublinha aqui uma ideia importante da *Philosophie des Geldes*: o "papel duplo do dinheiro" (pp. 126, 603, 652-3, 663, 667, 675 etc.), como o dinheiro possui uma ambiguidade que lhe é característica e que caracteriza também, justamente por isso, o moderno (o dinheiro só pode possuir um papel duplo de modo tão acentuado, efeitos tão opostos, em virtude de sua indiferença). A ideia de Simmel é que, com o distanciamento, o indivíduo se recolhe para sua interioridade e passa a desenvolvê-la; todas as energias que anteriormente eram dirigidas para o mundo exterior concentram-se agora no mundo interior (daí, por exemplo, o intelectualismo). O dinheiro, por ser indiferente, funcional, formal, quantitativo, por sua característica ser não possuir características, presta-se magnificamente a relações ambíguas. Ele pode levar tanto a um aprimoramento e refinamento dos sujeitos como ao domínio dos objetos. Ambas as possibilidades são tendências inscritas no moderno, dominado pela

---

[37] Simmel destaca claramente este ponto em "Der Begriff und die Tragödie der Kultur", *op. cit.*, p. 217.

Estilo de vida

economia monetária. A preponderância de uma sobre a outra — Simmel é enfático — "não depende do dinheiro, mas sim dos homens" (p. 653).

Os estilos artísticos caracterizam-se pela distância que criam entre nós e as coisas. A arte é sempre uma transformação da realidade,[38] mimese. Mas como caracterizar um estilo determinado?

> "*A significação interna dos estilos artísticos pode ser compreendida como uma consequência do distanciamento diferente que eles estabelecem entre nós e as coisas. Toda arte transforma a amplitude de vista na qual nós consideramos original e naturalmente a realidade. [...] Mas por outro lado toda arte provoca um distanciamento da imediaticidade das coisas [...]. Nos dois lados desta oposição residem sensações igualmente fortes; a tensão entre eles [...] fornece a cada estilo artístico sua tessitura própria.*" (pp. 658-9)

A distância é um modo simbólico de expressar as relações entre o eu e as coisas, os homens, as ideias, os interesses (PhdG, p. 48).

SOBRE A DISTÂNCIA

> "*[...] toda relação entre os homens consiste de elementos de aproximação e elementos de distância [...]*"[39]

Proximidade e distância, aproximação e distanciamento reaparecem continuamente em Simmel, nos mais variados momentos. São formas de expressão que dizem muito acerca de seu modo de conhecimento, acerca do que se quer conhecer e de como conhecer. São mobilizações metafóricas, analógicas e estéticas que dão o tom de sua linguagem.

Há que ter em vista que a própria ideia de cultura filosófica mobiliza a categoria de distância e seus correlatos em seu favor, e a partir dessa mobilização a distância é algo que se espraia por toda a constelação. Isto fica claro quando nos lembramos que as categorias de proximidade e distância são na verdade procedimentos utilizados por Simmel para enfrentar o *caráter relacional* dos fenômenos e da realidade que ele procura in-

---

[38] Não há uma realidade em si, mas somente uma realidade para o sujeito, que a determina enquanto tal. Para uma crítica do Realismo científico e artístico ver G. Simmel, *Philosophie des Geldes, op. cit.*, p. 659.

[39] G. Simmel, *Philosophie des Geldes, op. cit.*, p. 397.

vestigar, ou melhor, escavar. Assim, distância é vista sob o prisma do "panteísmo estético" e de tudo o que ele traz consigo. Ou ainda: proximidade e distância só se tornam categorias significativas em Simmel porque ele desenvolve antes seu "panteísmo estético". É apenas com o modo de conhecimento do "panteísmo estético" que tais categorias tornam-se significativas e eficazes para suas análises.

"[...] o dinheiro, com o incremento de seus papéis, nos põe em uma distância psíquica cada vez maior com relação aos objetos; frequentemente em uma distância tal, que a substância qualitativa do objeto se subtrai completamente de nossa vista. [...] E isto vale não só para os objetos da cultura. Toda a nossa vida é tingida também pelo distanciamento em relação à natureza, forçado pela vida ligada à economia monetária e consequentemente à cidade. Entretanto, a percepção romântica e estética da natureza talvez só tenha sido possível através desse distanciamento. Quem não sabe viver a não ser em contato direto com a natureza pode decerto fruir subjetivamente seus encantos, mas falta-lhe a distância em relação a ela. Uma contemplação verdadeiramente estética só lhe é possível a partir dessa distância e através dela origina-se, além disso, aquela calma tristeza, aquele sentimento de ser nostalgicamente estranho e de um paraíso perdido, que caracterizam o sentimento romântico da natureza. Se o homem moderno trata de encontrar os seus prazeres da natureza mais intensos nas regiões de neve dos Alpes e junto ao Mar do Norte, isto não se deixa decerto explicar apenas pela crescente necessidade de excitação, mas também porque esse mundo inacessível, que na verdade nos afasta, representa a estilização e elevação extremas daquilo que a natureza ainda é, no final das contas, para nós: uma imagem anímica distante, que mesmo nos momentos de proximidade corporal permanece frente a nós como algo inalcançável interiormente, como uma promessa nunca inteiramente cumprida, e responde à nossa entrega mais apaixonada com uma suave estranheza e alheamento. Que somente a Época Moderna tenha desenvolvido a pintura de paisagem — que, enquanto arte, só pode viver em distância com o objeto e fraturando a unidade natural com ele — e que também somente essa época conheça o sentimento romântico da natureza, são as consequências daquele distanciamento da natureza, daquela existência verdadeiramente abstrata a que a vida citadina baseada na economia monetária nos levou. E que precisamente a posse do dinheiro nos permita a fuga na natureza não contradiz isso em nada. Pois*

Estilo de vida

que a natureza só possa ser fruída pelo homem da cidade sob
essa condição, isto introduz — das formas mais variadas e com
as mais variadas ressonâncias — entre ele e ela justamente aque-
la instância que só liga na medida em que ao mesmo tempo
separa."[40]

Eis aqui uma bela passagem, um belo exemplo do *insight* simmeliano. Mas como o *insight* é quase seu método, o que temos de fato é uma
amostra do seu modo de perceber, um modo cuja riqueza não está no
método, mas sim na perspicácia e argúcia da análise. Que o dinheiro propicia o distanciamento, seja dos homens entre si, seja entre os homens e
as coisas, já o sabemos. Faltava demarcar o distanciamento que ele promove entre os homens e a natureza, na verdade um caso particular daquele
último, pois o próprio processo de diferenciação que leva à separação de
sujeito e objeto já havia transformado, há muito, a natureza em objeto. A
aglomeração nas cidades, contudo, dá uma nova dimensão a essa separação, e então surge a nostalgia. A análise de Simmel é colada à experiência
alemã, de onde provém as relações que ele busca estabelecer. Por isso ele
se refere decerto ao Romantismo alemão em sua nostalgia da natureza —
basta lembrarmos figuras tão diferentes como La Motte-Fouqué e Caspar
David Friedrich —, em uma época na qual a vida citadina já vai rompendo os laços que, até há pouco, ainda ligavam a cidade ao campo — sim,
nessa época o único elemento capaz de realizar essa ligação parece ser o
dinheiro.[41] Contudo, Simmel fala em um homem moderno; ao relacionar
Romantismo e moderno ele indica mais uma camada de sua ideia do moderno, tão multifacetada. Em outras palavras, como o moderno é um processo em curso, e o Romantismo um momento desse processo, ele injeta
significados nesse processo, como por exemplo essa percepção da distância que o homem vê agora surgir em relação à natureza.

As experiências do século XIX são de importância fundamental na
constituição do moderno enquanto presente. Por isso Simmel vai buscar,
ainda nesse distanciamento frente à natureza, o sentido do turismo de
massa, cada vez mais visível. Quanto mais longe a vista se perde no horizonte do Mar do Norte, mais inacessível ele se torna. O mesmo ocorre nos
topos dos Alpes. Só no mais distante e mais alto os modernos podem se
satisfazer, e mesmo assim não mais do que momentaneamente. Almejam

---

[40] G. Simmel, *Philosophie des Geldes*, *op. cit.*, pp. 666-7.

[41] Como por exemplo em Novalis, Heinrich von Ofterdingen. Cf. U. Stadler, *Die theuren Dinge: Studien zu Bunyan, Jung-Stilling und Novalis*, Bern/Munique, Franke, 1980.

cada vez mais, numa progressão sem fim. Simmel trata dos dois maiores pontos de afluxo turístico dos alemães de seu tempo — os Alpes até os dias de hoje —, pois a quantidade de pessoas que se movimenta em direção às praias e balneários, aos hotéis e pensões nas montanhas só é comparável à intensidade e sofreguidão com que se arremetem. Simmel ainda escreveu dois textos sobre os Alpes, que ele visitava todos os anos[42] e que serviam de modelo para os quadros de sua mulher.[43] Sim, pois ele é, antes de tudo, um moderno, e muito daquilo que ele vê, vê, antes de tudo, em si mesmo. Também a pintura da paisagem — ele, que escreveu uma "Filosofia da paisagem"[44] — fornecerá elementos para caracterizarmos o moderno: agora não mais o século XIX alemão, mas sim o século de ouro holandês. A Holanda do tempo de Rembrandt e Ruisdael é justamente a dos grandes comerciantes, do dinheiro e da cidade. Foi ela, e o distanciamento do dinheiro, que permitiu a eclosão da natureza-morta na pintura holandesa. A natureza-morta só é possível quando o distanciamento é grande. Do mesmo modo, a paisagem italiana que aparece nos fundos dos quadros é moderna, contemporânea do "egoísmo moderno" a que já me referi. Na Alemanha, com seu desenvolvimento tardio, a paisagem só atinge sua maioridade nos Românticos. Mas então ela vem sempre acompanhada de uma carga simbólica, de um sentimento de solidão, que já percebe o desencantamento atroz do mundo e da vida.[45]

A superposição de camadas, a atribuição contínua de significados ao moderno encontra no presente vivido por nosso autor a "necessidade crescente de excitação" e a "existência verdadeiramente abstrata" que atinge o habitante da cidade grande. Pois quanto mais indiferente ele é, mais necessita ser excitado. Sua vida torna-se "abstrata" porque os processos

---

[42] G. Simmel, "Alpenreisen" (1895), *op. cit.*; "Die Alpen" (1911), *in Philosophische Kultur, op. cit.*, pp. 125-30. Já em "Über Kunstausstellungen", *op. cit.*, de 1890, Simmel aponta o Mar do Norte e os Alpes como os locais aos quais os modernos afluem, na busca de se saciarem.

[43] Paul Ernst relata que Gertrud Simmel pintava "frequentemente paisagens das altas montanhas, com as tonalidades violeta do gelo". Cf. P. Ernst, "Erinnerungen an Simmel", *in* K. Gassen e M. Landmann (orgs.), *Buch des Dankes an Georg Simmel, op. cit.*, p. 140.

[44] Cf. Georg Simmel, "Philosophie der Landschaft" (1913), *in Das Individuum und die Freiheit, op. cit.*, pp. 130-9. Não deixa de ser interessante apontar que o interesse de Simmel pelo tema pode ter sido estimulado pelas atividades da mulher como pintora.

[45] Simmel aborda rapidamente a questão em Georg Simmel, "Florenz" (1906), *in Aufsätze und Abhandlungen 1894 bis 1900, op. cit.*, p. 71. Veja-se ainda G. Simmel, *Goethe, op. cit.*, pp. 185 ss.

Estilo de vida

teleológicos que os sujeitos põem em movimento são tão extensos, os fins últimos tão distantes, que não há mais propriamente um sentido que possa ser mobilizado. Quando ele existe, é o dinheiro, a mais abstrata de todas as coisas; aquilo que separa ao mesmo tempo em que une. O dinheiro é a quintessência da ponte e da porta. A ponte e a porta são, por sua vez, a quintessência do ensaísmo simmeliano.[46]

* * *

Estilo tem a ver com esse distanciamento; estilo de vida diz respeito ao modo como o indivíduo e conjuntos de indivíduos configuram esse distanciamento entre o eu e as coisas, entre o indivíduo e o mundo. Pois estilo de vida impregna também o modo como se dá a relação entre indivíduo e sociedade.

> *"O estilo, enquanto conformação [Formung] genérica do individual, é para este um invólucro, que cria uma barreira e um distanciamento frente ao outro [...]."* (p. 659)

A ideia de distância está presente portanto na definição de estilo de vida em mais de um aspecto. Se por um lado o estilo de vida é o modo de distanciamento entre os indivíduos e o mundo, por outro está inscrito na configuração histórica da relação de cultura objetiva e cultura subjetiva. Ora, esta relação é caracterizada também pela distância, tal como se apresenta na organização das séries teleológicas que os homens põem em movimento para a consecução de seus objetivos.[47] O desenvolvimento e a sofisticação das séries teleológicas é também um processo de distanciamento, de mediação. A ideia de distância ocupa esse lugar estratégico tanto no processo da cultura, tal como elaborado na filosofia da cultura simmeliana, como na teoria do moderno, tal como desenvolvida na ideia de estilo de vida. Distanciamento aparece, então, como mediação. Na filoso-

---

[46] Cf. G. Simmel, "Brücke und Tür" (1909), *in Das Individuum und die Freiheit, op. cit.,* pp. 7-11.

[47] "O homem moderno precisa trabalhar de modo completamente diferente, dispender uma intensidade de esforço completamente diferente do que o homem natural [Naturmensch], ou seja, a distância entre ele e os objetos de seu querer é extraordinariamente muito mais ampla, entre os dois situam-se condições muito mais difíceis. Mas para isso, a quantidade daquilo que ele traz idealmente para perto de si, através de seu desejo, e realmente, através do sacrifício de seu trabalho, é infinitamente muito maior. O processo da cultura — precisamente aquele que desloca os estados subjetivos dos impulsos e gozos rumo à valoração dos objetos — impulsiona uns contra os outros, de modo cada vez mais agudo, os elementos de nossa relação dupla de proximidade e distância frente às coisas." G. Simmel, *Philosophie des Geldes, op. cit.,* p. 50.

fia da cultura isto é bem claro, na medida em que se trata do incremento dos meios. Na análise do estilo de vida moderno, mediação surge como "invólucro", uma espécie de rede que envolve e enreda o sujeito. Estilos artísticos distantes espacial e temporalmente possuem um grande apelo no presente. O que está distante é estimulante para o homem moderno. Ele se encanta com o que está distante e se satisfaz com aquilo que "não tem relação com nossos interesses mais pessoais e imediatos" (p. 660). A causa disto é que ele possui "nervos enfraquecidos", é "cada vez mais sensível aos choques, confusões e desordens que nos atingem da proximidade e do contato mais imediatos com homens e coisas" (p. 660). Por isso ele se distancia do presente, que é o que está próximo, se afundando no distante — épocas de ouro do passado, terras e ilhas paradisíacas nos confins, utopias.[48] Trata-se sempre de uma "fuga no que não é o presente" (p. 660).

A valorização, no presente, do fragmento, do símbolo, do aforismo — como ocorre com Simmel —, do que permanece apenas sugerido, tem a ver com a busca de distância característica do homem moderno, cuja sensibilidade é recolhida, retraída e se encanta com o que é nebuloso, com o que não é inteiramente palpável. (Os simbolismos *fin-de-siècle* são especialmente tributários disso, de uma estética que quer apenas sugerir e que se espraia nas sensações.)

Essa sensibilidade que se sente sempre ameaçada pelos choques, atritos, pelo que está próximo, é o resultado de uma "hiperestesia" (p. 661), de uma hipersensibilidade, que muitas vezes acaba em uma "Berührungsangst" (p. 661), no medo de ser tocado, em que todo e qualquer contato mais imediato é percebido como dor. Para não ser tocado, o moderno *se recolhe no interior*. É essa mesma sensibilidade exagerada que está na base da desorientação que caracteriza o indivíduo moderno. Pois por mais que a interioridade procure, mediante o distanciamento, se preservar, sua condição é instável. Mais que isso, quanto mais se protege, mais se expõe. No presente a "interioridade" e a "espiritualidade",

> "*atordoadas pela pompa ensurdecedora da época da técnica e das ciências naturais, se vingam com um sentimento abafado de tensão e de nostalgia desorientada; como um sentimento de que todo o sentido de nossa existência estivesse a uma distância tão grande, que nós não podemos localizá-la e desse modo corremos sempre o risco de, ao nos movimentarmos, nos afastarmos dele, ao invés de nos aproximarmos [...]. Creio que essa*

---

[48] Ainda reencontraremos a ideia de "ilha" em "Georg Simmel e a Berlim do Segundo Império".

Estilo de vida

inquietação íntima, esse impulso perplexo sob o limiar da consciência, que o homem atual persegue do socialismo a Nietzsche, de Böcklin ao Impressionismo, de Hegel a Schopenhauer (e a seguir em sentido contrário) — provém não só da pressa exterior e do nervosismo da vida moderna, senão que, inversamente, essa pressa e nervosismo são frequentemente a expressão, manifestação e descarga daquele estado interior. A carência de algo definitivo no centro da alma leva a procurar uma satisfação momentânea em estímulos, sensações e atividades externas sempre novas; por seu lado isto nos enreda em uma rede caótica de inconstâncias e atividades infatigáveis, que se manifesta ora como o tumulto da cidade grande, ora como a mania de viagens, ora como a luta selvagem da concorrência, ora como a infidelidade especificamente moderna nos domínios do gosto, dos estilos, dos caráteres e das relações." (p. 675)

A imagem que condensa tudo isto é o labirinto. A vida e o mundo são um labirinto. Quanto mais enredado, mais perdido. O homem moderno corre de um lado a outro, incansável mas exausto, sem nunca encontrar uma satisfação que seja intensa e duradoura o suficiente para fazê-lo parar.[49] O "espírito moderno, carente de oposições",[50] está condenado ao movimento sem fim, ao *perpetuum mobile* (PhdG, p. 711). Um destino análogo ao do dinheiro.

A insatisfação apontada por Simmel, a falta de um centro definitivo, é exatamente o processo cultural interrompido, que não realiza a síntese que lhe seria característica. É porque essa síntese não se realiza, em função da discrepância entre cultura objetiva e cultura subjetiva, que a subjetividade está sempre insaciada — ou nostálgica —, e corre de um lado para o outro, sempre em busca de algo que a satisfaça. Entretanto, essa busca já é de antemão vã, pois a satisfação que o indivíduo moderno almeja não pode ser encontrada em meio a esse caos de estilos e modas — mas apenas em uma correção do processo da cultura.[51]

Simmel chama a atenção para a relação que se estabelece entre a aceleração da velocidade da vida e a necessidade de se tomar decisões ra-

---

[49] Lembre-se que no tópico "panteísmo estético" fiz referência a isto para explicar certos aspectos do procedimento de Simmel.

[50] S. (G. Simmel), "Über Kunstausstellungen", *in Unsere Zeit. Deutsche Revue der Gegenwart*, 2. vol., n° 11, novembro de 1890, pp. 474-80.

[51] Ver G. Simmel, *Schopenhauer und Nietzsche. Ein Vortragzyclus*. Leipzig, Dunker & Humblot, 1907, pp. 220 ss.

pidamente, mas que por isso mesmo não parecem nunca ser decisões definitivas. Vai-se de um polo ao outro porque não se tem tempo. Não há algo que possa mediar os extremos, pois "todas as mediações necessitam de tempo",[52] um tempo que não se possui. Por isso os modernos estão sempre correndo de um extremo ao outro.

O que torna a análise de Simmel especialmente interessante é o modo como ele percebe na superfície da vida a multiplicidade das vibrações da condição moderna, nos pontos mais variados. Seja a vida na cidade cada vez mais frenética, seja a industrialização do turismo — as viagens tornam-se, no século XIX, corriqueiras, facilitadas pela nova mobilidade: viagens de negócios, viagens turísticas, viagens informativas, viagens culturais... —, seja a volubilidade das pessoas que mudam de opinião como de roupa — daí a obviedade do nexo com a moda —; em todos estes fenômenos, que Simmel experimenta em seu cotidiano, ele é capaz de revelar com perspicácia e sensibilidade os traços da condição moderna.[53] Ele os interpreta como cifras, pois o ato de atribuir sentido que ele defende é sempre também um ato de decifração.

Tudo isto conflui na ideia de estilo de vida. Pois estilo de vida não é propriamente um conceito, antes um ponto de aglutinação para o qual as atribuições de sentido apontam. Se se quisesse, poderíamos dizer: o estilo de vida moderno é o *movimento*. Mas isto seria apenas uma meia verdade. Ele é caracterizado pelo movimento — que é o ponto de passagem, cruzamento, intersecção de todos os fenômenos do moderno —, mas ele só ganha corpo como decomposição das camadas do mundo e da vida em que ele se efetiva e que se efetivam nele. Estilo de vida é antes o retrato que se delineia no curso da análise — somos tentados a dizer: é o quadro que se mostra ao final da análise, se a análise não fosse um processo sem fim, se não se tratasse de uma cultura filosófica que acentua os processos em detrimento dos fins e resultados. O caráter de processo e ensaio é visí-

---

[52] G. Simmel, *Soziologie*, *op. cit.*, p. 124.

[53] Vários dos aspectos que Simmel aponta no passo citado foram desenvolvidos em outras ocasiões. A crítica à técnica é recorrente, especialmente nos escritos do complexo "filosofia da cultura". Também a perda de sentido da vida é um tema sempre retomado, seja na filosofia da cultura, seja na teoria do moderno. O socialismo é apontado em variados textos como uma das mais importantes tendências da época (pode-se ver o tópico "presente"). Nietzsche também é discutido em inúmeros textos, já indicados. O mesmo vale para Schopenhauer. Em 1895 Simmel escreveu um ensaio sobre Böcklin. O Impressionismo também aparece esporadicamente em variados textos. O nervosismo, a "intensificação da vida nervosa" é um ponto central do diagnóstico da modernidade nos textos do complexo da *Philosophie des Geldes*. A fidelidade e infidelidade foram abordadas na *Soziologie*. E assim por diante.

Estilo de vida

vel na própria forma que as análises acabam por assumir. Pois a *Philosophie des Geldes* não se encerra em sua última página (como de resto já não havia começado na primeira). Após a conclusão do livro, as variações e desenvolvimentos se sucedem, em objetos por vezes mais próximos, outras vezes mais distantes, mas o nexo comum é sempre cultivado.

A nostalgia, que já vimos na filosofia da cultura, é constituinte do sujeito moderno. Simmel procura entrelaçar o diagnóstico empírico, por assim dizer, da inquietação que se mostra nos comportamentos dos modernos com a "interioridade", com a própria constituição da subjetividade humana que, tanto quanto o exterior, é histórica.[54]

No início estava o distanciamento. Mas ele é apenas uma forma de um "processo duplo" (p. 663) — como sempre, quando parece que vai terminar, Simmel retoma seu objeto sob uma nova perspectiva. Ao distanciamento corresponde a aproximação, uma tendência que é perceptível em variados fenômenos.[55] Só nos tornamos mais próximos do que está distante na medida em que tornamos o que está próximo mais distante. Aproximação e distanciamento estão sempre em processo.

Proximidade e distância não são absolutos e intemporais, mas sim relativos e históricos.[56] O que Simmel procura indicar é que, com o desenvolvimento de meios que levam à diminuição das distâncias exteriores,

---

[54] "Interioridade" é um conceito especialmente entruncado, ainda mais no universo alemão. Aqui indico somente pontos de ataque para o problema: T. Mann, "Deutschland und die Deutschen", em que pretende apresentar, é verdade que em largos passos, "a história da 'interioridade' alemã" (!!) *in Gesammelte Werke*, vol. XI, Frankfurt/M, S. Fischer, 1990, pp. 1.126-48, citação da p. 1146; assim como H. Plessner, *Die verspätete Nation*, 5ª ed., Frankfurt/M, Suhrkamp, 1994. Vejamos uma rapidíssima tentativa de circunscrição do problema: "That subjective, inward Reich established by the philosophy of German idealism and the classic literature of Weimar did not only precede the founding of the political Reich by more than a hundred years, it was for a long time eagerly misunderstood as being itself a political act — that of renouncing politics altogether — and as legitimating a withdrawal from society into the sphere of private life". W. Lepenies, *Between Literature and Science: The Rise of Sociology*, op. cit., p. 203. Poder-se-ia dizer que, depois do fracasso da revolução em 1848, o abandono da política converge na "imigração interior"; o afastamento da realidade se enlaça com o refúgio na interioridade. Disto dá mostras a literatura alemã do período. Veja-se ainda M. Susman, "Erinnerungen an Simmel", *in* K. Gassen e M. Landmann (orgs.), *Buch des Dankes an Georg Simmel*, op. cit., p. 284.

[55] "Distanciamento e aproximação são também no domínio prático conceitos mútuos, cada um supõe o outro [...]." G. Simmel, *Philosophie des Geldes*, op. cit., p. 49.

[56] Cf. G. Simmel, *Philosophie des Geldes*, op. cit., p. 662, citado em "panteísmo estético".

ocorre concomitantemente um aumento das distâncias interiores. As relações do homem moderno parecem distanciar-se crescentemente dos círculos mais próximos e se aproximar dos mais distantes. Por isso ele é, cada vez mais, um *estranho*.[57] "O dinheiro socializa os homens como estranhos."[58]

Nos processos de distanciamento e aproximação é possível perceber o papel duplo do dinheiro. Por um lado, enquanto instância mediadora da troca, ele é um elemento que cria distância; por outro, na medida em que, como equivalente universal, facilita a troca, ele é um elemento que aproxima coisas inicialmente distantes; com sua circulação e linguagem universais, ele reduz drasticamente as distâncias do mundo.

O desenvolvimento da economia monetária traz consigo, a partir da posição mediadora do dinheiro, um implemento considerável dos processos de distanciamento. Pois como foi dito, se aproximação é a contrapartida do distanciamento, se para nos aproximarmos de alguma coisa nos afastamos de outra (o estranho-estrangeiro é o exemplo que se tornou clássico), se o que estava anteriormente distante a economia monetária torna mais próximo, a contrapartida disto é que o que estava próximo acaba se tornando mais distante. Se o dinheiro facilita a inserção das pessoas nos círculos mais distantes (não só espacialmente), ele como que corrói os laços com os círculos mais próximos, como a família (PhdG, pp. 663-4). Pois esta se assentava historicamente em uma comunidade de interesses que a economia monetária desestrutura. Neste ponto, o processo de urbanização é um elemento importante. Que o dinheiro encontre na cidade o seu *locus* privilegiado já foi assinalado. No campo, pelo contrário, a família vê-se muito mais atada por interesses comuns, tais como a terra, a produção agrária etc. Na cidade essa comunidade de interesses se fragmenta, com uma divisão do trabalho que atinge de modo muito mais diferenciado os indivíduos, sem que haja qualquer novo elemento de ligação que substitua laços como aquele representado por uma propriedade comum no campo. O único elemento de ligação é agora o dinheiro. Mas ele serve aos interesses os mais diversos e só conhece a linguagem dos números.

"A circulação do dinheiro cria uma barreira entre as pessoas, na medida em que sempre apenas um dos contraentes recebe realmente o que quer [...], enquanto o outro, que recebe inicialmente apenas dinheiro, precisa ir procurar em um terceiro aquilo que realmente quer." (p. 664, tb. pp. 650-1)

---

[57] Cf. G. Simmel, *Philosophie des Geldes, op. cit.*, pp. 285-91; "Exkurs über den Fremden", *in Soziologie, op. cit.*, pp. 764-71.

[58] H. Böhringer, "Die 'Philosophie des Geldes' als ästhetische Theorie. Stichworte zur Aktualität Georg Simmels für die moderne bildende Kunst", *op. cit.*, p. 182.

Estilo de vida

Se por um lado o dinheiro cria um descontentamento em uma das partes — por já não receber imediatamente o objeto desejado, como em uma troca direta —, reforça um "antagonismo" que já está latente na diversidade dos interesses, por outro lado ele expande incomensuravelmente o círculo das relações, que então, na medida em que ultrapassam a díade, envolvem-se em uma teia cada vez mais ampla.[59]

A primeira determinante apontada por Simmel na análise do estilo de vida moderno é o distanciamento. Se o distanciamento é um elemento que caracteriza esse estilo de vida tendo em vista uma analogia espacial, o ritmo é o elemento que o caracteriza a partir de uma analogia temporal. Simmel quer mostrar como e em que medida o dinheiro ordena o tempo e o espaço. Então, sua questão é agora saber em que medida e como o ritmo — que sempre é movimento — se manifesta em diferentes épocas e culturas ou, em outros termos, como e em que medida o dinheiro influencia o ritmo da vida moderna.

O ritmo marca uma periodicidade que perpassa a existência humana, desde necessidades físicas as mais elementares até o ritmo de dia e noite, determinando formas de vida. O ritmo fornece um "esquema abstrato", que se concretiza dos modos mais variados, mas que está sempre presente:

> "O ritmo satisfaz simultaneamente às necessidades básicas de variedade e de uniformidade, de mudança e de estabilidade: na medida em que cada período consiste em elementos diferentes, na elevação e no abaixamento, em variedades quantitativas ou qualitativas, sua repetição regular causa tranquilidade, uniformidade e unidade no caráter da série. As séries individuais e sociais, objetivas e históricas da vida encontram o seu esquema como que abstrato na simplicidade ou complexidade do ritmo, na pequena ou grande extensão de seus períodos singulares, na sua irregularidade, ou mesmo em sua ausência." (p. 677)

A ambiguidade do ritmo é fundamental, pois em seu papel duplo ele é ao mesmo tempo alteração e regularidade.

Simmel percebe uma lógica que perpassa o processo de desenvolvimento da cultura: a aceleração do ritmo, até que, na cultura moderna, o ritmo é tão acelerado que se torna contínuo — novamente a ideia do *perpetuum mobile*. Ele nomeia um exemplo interessante: a taxa de nascimentos possui uma periodicidade bastante diversa no campo e na cidade. No

---

[59] Cf. G. Simmel, *Soziologie, op. cit.*, cap. 2, "Die quantitative Bestimmtheit der Gruppe", pp. 63-159.

campo há uma periodicidade muito mais definida e que acompanha o ritmo da natureza segundo as estações do ano e consequentemente do trabalho. Já na cidade a periodicidade é muito mais fluida e torna-se cada vez mais contínua. O dinheiro, que está sempre em fluxo contínuo, desempenha um papel significativo na determinação do ritmo, pois a intensificação da economia monetária corresponde à intensificação do ritmo de vida. Aqueles domínios que o dinheiro penetra mais fácil, rápida e profundamente são muito mais atingidos pela aceleração do ritmo do que aqueles que são mais hostis a ele. O contraste entre o campo e a cidade é também aqui ilustrativo: "Se se compara por exemplo a capacidade de circulação da terra com a do dinheiro, percebe-se imediatamente a diferença da velocidade da vida entre as épocas em que um ou outro constituem o eixo do movimento econômico" (p. 709). A circulação da moeda simboliza melhor do que tudo o ritmo do movimento de uma sociedade na qual o dinheiro desempenha um papel fundamental. Por suas próprias características ele é circulante. Como Simmel aponta muito bem, basta comparar o dinheiro com uma propriedade imóvel — a própria linguagem já diz tudo: bens móveis em oposição à bens imóveis — para compreender a radical diferença de velocidade que diz respeito a cada um. Aqui se mostra, mais uma vez, um dos fundamentos para a diferença da velocidade da vida no campo e na cidade, no cultivo da terra e no comércio, no artesanato e na indústria. O exemplo dos objetos passíveis de imposto também é mencionado por Simmel. Historicamente os objetos passíveis de imposto foram progressivamente ampliados e deslocados: inicialmente apenas os bens imóveis eram taxados, a seguir alguns bem móveis (animais, por exemplo), então outros bens imóveis, até que na Época Moderna o principal objeto dos impostos é o que há de mais móvel: o próprio dinheiro recebido como salário ou rendimento (PhdG, pp. 421 ss., 709 ss.).

A vida moderna, com o incremento dos sistemas de transporte e comunicação, com o telefone e o telégrafo, com a iluminação artificial, promove uma aceleração do ritmo que parece romper com sua periodicidade. No tempo de Goethe ainda não havia luz elétrica, mas ele vislumbrava as consequências do trem de ferro. No final do século, Simmel cruza a Europa rapidamente dentro dos trens e pode trabalhar tanto de dia como de noite dentro dos interiores iluminados eletricamente. Os progressos da iluminação em 1900 embaralham os limites de dia e noite e quase não há mais atividade diurna que não possa ser também desempenhada à noite. "Se a cultura, como se diz, domina não só o espaço, mas também o tempo, isto significa que a determinação das divisões temporais não fornece mais um esquema que coage o nosso agir e gozo, senão que estes dependem da relação entre o nosso querer e poder e as condições puramente objetivas de sua realização" (p. 680).

Estilo de vida

O ritmo é visto também sob disfarces. Retomando "Soziologische Aesthetik", Simmel explora os significados da simetria:

"*Pode-se designar o ritmo como a simetria transposta sobre o tempo, assim como a simetria como o ritmo no espaço. [...] Ambos são apenas formas diferentes do mesmo motivo básico. [...] A fim de obter ideia, sentido e harmonia nas coisas, é necessário inicialmente configurá-las simetricamente, igualar as partes do todo entre si, ordená-las simetricamente ao redor de um ponto central. O poder dos homens de dar forma em contraposição ao acaso e desordem da forma meramente natural é simbolizado assim de maneira mais rápida, visível e imediata. A simetria é a primeira prova de força do Racionalismo [...] mesmo a estrutura social indica, por exemplo nas 'centúrias', [...] a divisão simétrica como uma das primeiras tentativas da inteligência de levar as massas a uma forma visivelmente abrangente e dirigível. A disposição simétrica é, como disse, inteiramente de extração racionalista; ela facilita a dominação de muitos e a partir de um ponto. Os impulsos prosseguem mais tempo, com menor resistência e de modo mais calculável através de um meio ordenado simetricamente do que se a estrutura interna e os limites das partes são assimétricos e flutuantes. Quando as coisas e os homens se dobram ao jugo do sistema — isto é, são ordenados sistematicamente —, o entendimento os abarca de modo mais rápido. Por isso tanto o despotismo como o socialismo possuem uma tendência especialmente forte a construções simétricas da sociedade, em ambos os casos porque se trata de uma forte centralização da sociedade, em virtude da qual a individualidade dos elementos, a desigualdade de suas formas e relações precisa ser nivelada ao nível da simetria. [...] As utopias socialistas sempre constroem os pormenores locais de suas cidades ou estados ideais segundo o princípio da simetria [...]. Na Cidade do Sol de Campanella o plano da capital é calculado mecanicamente, assim como a ordenação do dia dos cidadãos e a gradação de seus direitos e deveres. A Ordem dos Telemitas de Rabelais, em oposição a Morus, prega um individualismo tão absoluto, que nesta utopia nenhum relógio é permitido e tudo deve ocorrer de acordo com a necessidade e oportunidade. Mas o estilo do cálculo e a racionalização da vida acabam por atraí-lo, ao ordenar com exatidão simétrica as construções de seu estado ideal.*" (pp. 681-2, grifo meu)

Na medida em que ritmo e simetria são variações de um motivo básico, o que Simmel atribui a um faz também sentido para o outro. O nexo de simetria e ritmo se mostra do modo mais flagrante no ritmo de produção da grande indústria. Lá não só a ordenação dos homens e das coisas obedece a um plano simétrico, como o ritmo do trabalho é bem definido. Ambos, ritmo e simetria, são ordenados pela máquina. O poder da simetria é o poder da dominação por excelência — daí a ideia do Rei-Sol, do *panopticum*, e tanto mais. Ela possui um apelo irresistível, pois propõe uma relação das partes em que tudo parece encontrar seu justo lugar (lembre-se da contraposição de tratado e ensaio). Disto advém também a relação de simetria e sistema, pois o sistema põe tudo de acordo com uma ordem e segundo uma lógica (PhdG, p. 688). À clareza da simetria corresponde, no sistema, a clareza da classificação. A visibilidade, a rapidez e a imediaticidade são também os seus atributos. Assim o nexo de simetria e Racionalismo deixa-se ver mais facilmente.[60] Ele é fundamental, pois o Racionalismo é uma dimensão absolutamente central do moderno (Max Weber, leitor de Simmel). Afinidades do Racionalismo com a economia monetária já foram mencionadas.

Simmel articula a ideia de Racionalismo com simetria, sistema.[61] Ao mesmo tempo, esta tríade é articulada ao moderno, como elementos na determinação do estilo de vida moderno. Assim, o Racionalismo, e o que lhe é correlato, é articulado com o entendimento — já foi dito que o homem moderno é o "Verstandesmensch" —, intelecto, e com o dinheiro. Isto tudo também explica porque o entendimento se dá tão bem com o sistema: quando ele chega, a mesa já está posta. Este procedimento, de ir montando complexos conceituais-*relacionais*, é o procedimento da *constelação*. Esta é, junto ao símbolo e à analogia, a estratégia de conhecimento que Simmel mobiliza.

Ainda no que diz respeito às relações de indivíduo e sociedade, a simetria desempenha um papel de destaque. Ela realiza uma dupla função, desenvolvendo o nivelamento social e a equalização da diferença individual. Em todos os pontos a analogia com o dinheiro é enfática. A simetria estabelece o ponto arquimediano que, no moderno, é ocupado pelo dinheiro. A organização fomentada pela simetria não dá lugar para que a individualidade exponha suas pretensões específicas. Ela é atrativa justamente porque propõe um todo no qual, como tudo está em seu devido lugar, tudo faz sentido. Ela elimina a irracionalidade dos homens, do mundo e das coisas. Por isso ela promove a racionalização da vida em todas as es-

---

[60] Cf. ainda G. Simmel, "Die ästhetische Bedeutung des Gesichts", *op. cit.*, p. 143.

[61] Cf. também G. Simmel, *Soziologie, op. cit.*, pp. 153-4.

Estilo de vida

feras da existência, de valor ou de ação. "A forma rítmico-simétrica se oferece assim como a primeira e a mais simples, com a qual o entendimento torna a matéria da vida como que *estilizável*, dominável e assimilável [...]" (p. 682, grifo meu). Decerto ordenar é dominar. Simetria e sistema atuam violentando seja o sujeito, que não se deixa dobrar naturalmente, seja a natureza, que não se deixa enquadrar sem mais por uma construção que não lhe diz respeito (PhdG, p. 683).

O fascínio do princípio da simetria, do ritmo e do sistema é semelhante ao exercido pela obra de arte. Simmel elabora a analogia:

> "Com eles [a simetria, o ritmo, o sistema] as contingências individuais da existência obtêm uma unidade e transparência que as converte em obra de arte. Trata-se do mesmo encanto estético que a máquina exerce. A praticidade e precisão absolutas dos movimentos, a redução extrema das resistências e atritos, o engrenar harmônico das partes maiores e menores: isto empresta à máquina, mesmo a uma olhada superficial, uma beleza peculiar, que a organização da fábrica repete em medida ampliada e que o estado socialista quer repetir ao máximo." (p. 688)

A simetria é percebida como encanto e como coação, mas o encanto já é ele mesmo um modo de coação, como a coquete muito bem sabe.[62] Mas se a tendência à simetria, sistema e ritmo quer controlar as "contingências individuais", ela opera realmente aquela "racionalização da vida" (p. 682), aquela "sistematização da vida" (p. 689) que Simmel já diagnosticava e que leva à célebre "jaula de ferro". Esse controle do que é contingente, característico do moderno, aparece como um processo de *estilização*.[63] Portanto aqui estilização é algo próximo de padronização, de aplainar o que é diferente e contingente — exatamente o que o dinheiro faz. Estilização é racionalização. O que Simmel faz é ir construindo gra-

---

[62] Cf. os textos de Simmel sobre a coqueteria: "Momentbilder sub specie aeternitatis: Gelbe Kühe — Die Mauer des Glücks — Koketterie" (1901), *in Jugend*, ano VI, vol. II, Munique, 1901, p. 672; "Psychologie der Koketterie" (1909), *in* G. Simmel, *Schriften zur Philosophie und Soziologie der Geschlechter*, organização de H. J. Dahme e K. C. Köhnke, Frankfurt/M, Suhrkamp, 1985, pp. 187-99; "Die Koketterie"(1911), *in Philosophische Kultur*, *op. cit.*, pp. 93-110; *Grundfragen der Soziologie*, *op. cit.*, pp. 59 ss., que é um tema recorrente porque exprime de maneira exemplar a *ambiguidade*. Cf. B. Nedelmann, "Ambivalenz als vergesellschaftendes Prinzip", *in Simmel Newsletter*, vol. II, nº 1, verão de 1992, pp. 36-47.

[63] Ver B. Waldenfels, "Ordnung im Potentialis. Zur Krisis der europäischen Moderne", *in Der Stachel des Fremden*, Frankfurt/M, Suhrkamp, 1990, pp. 15-27.

dualmente, superpondo significados, uma constelação, a constelação do moderno, e a categoria de estilo, ao ser mobilizada, traz consigo uma série de sedimentos, que Simmel vai, ao longo dos textos, decantando. Mas à tendência à simetria contrapõem-se as tendências individualistas, "aristocráticas" (p. 688), que se opõem ao sistema, ao esquema pré-estabelecido, à simetria e ao ritmo. Essas tendências encontram por exemplo expressão no liberalismo, em seu gosto pela assimetria, pela "libertação do caso individual" (p. 689). Essas tendências opostas, anti-individuais — Simmel as denomina "sociais", "supraindividuais", "socialistas" — e individuais serão vistas como tendências caracterizadoras da época.[64] Elas retratam uma tensão essencial que perpassa o moderno. Os dois aspectos são, decerto, inconciliáveis:

> "O indivíduo almeja ser um todo acabado, uma forma com centro próprio a partir do qual todos os elementos de seu ser e agir obtêm um sentido unitário e no qual os elementos se relacionam entre si. Se, em contraposição, o todo supraindividual deve ser acabado em si, se ele deve realizar uma ideia objetiva própria com um significado autossuficiente — então ele não pode permitir aquele acabamento de seus membros [...] A totalidade do todo [...] está em uma luta eterna contra a totalidade do indivíduo." (p. 690)

Esse todo, que tanto o indivíduo como a sociedade almejam, é o todo do qual a arte dá o mais puro exemplo (PhdG, p. 629, já citada, p. 691 etc.). A arte representa o mais universal na forma do mais individual.[65] Isto explica em parte como tanto o indivíduo como a sociedade simmelianos são *construções estéticas*. Já se chamou a atenção para como Simmel elabora suas análises da sociedade como uma obra de arte e como sua concepção de sociedade é análoga à da obra de arte. Por outro lado, sua ideia de indivíduo — não a do indivíduo como ponto de cruzamento dos círculos sociais (desenvolvida em suas primeiras obras e em sua sociologia), mas sim a ideia de indivíduo como personalidade singular e única — é também construída supondo um modelo estético, tanto assim que o indivíduo desenvolve e realiza sua "lei individual" exatamente como a obra de arte configura sua forma, totalidade e regularidade (Gesetzmässigkeit).[66]

---

[64] G. Simmel, "Tendencies in German Life and Thought since 1870" (1902), *in International Monthly*, vol. V, 1902, pp. 93-111 e 166-84; "Soziologische Aesthetik" (1896), *op. cit.* Cf. o tópico "presente".

[65] Cf. G. Simmel, *Einleitung in die Moralwissenschaft, op. cit.*, vol. I, p. 418.

[66] Cf. G. Simmel, "Das individuelle Gesetz. Ein Versuch über das Prinzip der

Estilo de vida 205

A analogia com a arte é portanto um elemento importante nas concepções de indivíduo e sociedade em Simmel. Isto explica porque o uso das analogias com a arte é tão frequente na *Philosophie des Geldes*.[67]

Em que medida o dinheiro se posiciona e o que ele representa nesse conflito entre tendências individuais e supraindividuais? Neste ponto, mais uma vez, mostra-se o papel duplo do dinheiro, em virtude de sua indiferença, da "essência sem essência do dinheiro" (p. 691). Por sua própria natureza o dinheiro está acima, por assim dizer, das diferenças, ele serve a todos e todos se servem dele, assim como todos o servem e ele se utiliza de todos.

> *"Esta é a significação do dinheiro para o estilo de vida: que ele, justamente em virtude de se situar para além de toda unilateralidade, pode se ligar como um membro próprio a qualquer lado. O dinheiro é o símbolo [...] da unidade indizível da existência, a partir do qual o mundo em toda a sua amplitude e em todas as suas diferenças retira sua energia e realidade."* (p. 695)

Uma filosofia do dinheiro põe a descoberto essa dimensão "metafísica" do dinheiro. Como vimos no trecho em que Simmel se posiciona frente ao materialismo histórico, ele quer romper com as determinações materiais, embora isto não signifique que pretenda substituí-las por metafísicas. O que ele quer é romper com a univocidade. Trata-se antes do movimento incessante que vai e volta de uma à outra. Agora, não que o dinheiro seja, ele mesmo, essa realidade de que Simmel fala, não que ele seja essa instância metafísica. Ele é apenas, na modernidade, o seu *símbolo*.[68] Já disse que a filosofia do dinheiro é uma filosofia das formas simbólicas, nomeadamente o dinheiro (caberá a seu aluno Cassirer elaborá-la mais detalhada e amplamente[69]).

Ethik", *op. cit.*; "Gesetzmäßigkeit im Kunstwerk", *in Logos*, vol. VII, 1917-18, pp. 213-23. A ideia de "lei individual", que é central para a obra tardia de Simmel, não será discutida neste trabalho. Ver ainda G. Simmel, *Lebensanschauung, op. cit.*, especialmente cap. 4, "Das individuelle Gesetz".

[67] Cf. o tópico "panteísmo estético". Pode-se ainda ver H. Böhringer, "Die 'Philosophie des Geldes' als ästhetische Theorie. Stichworte zur Aktualität Georg Simmels für die moderne bildende Kunst", *op. cit.*

[68] Sintomaticamente ainda não se escreveu em detalhe sobre o conceito de símbolo na *Philosophie des Geldes*, devido à dificuldade do problema. Cf. o tópico "panteísmo estético".

[69] Não estou sugerindo que Cassirer tenha elaborado sua *Philosophie der symbolischen Formen* a partir de alguma sugestão simmeliana. Como se sabe, o impulso provém antes de Warburg e o livro é uma contribuição às pesquisas do grupo reunido

O terceiro elemento através do qual o dinheiro determina o estilo de vida é a velocidade:

"Há por fim um terceiro fator através do qual o dinheiro ajuda a determinar a forma e a ordenação dos conteúdos da vida. Diz respeito à velocidade do decurso dos conteúdos, velocidade em que as diversas épocas históricas, as zonas do mundo simultâneas e os indivíduos do mesmo círculo se diferenciam. O nosso mundo interior dilata-se como que em duas dimensões, cujas grandezas determinam a velocidade da vida. Quanto mais profundas são as diferenças entre os conteúdos de representação [Vorstellung] — mesmo em um mesmo número de representações — em uma unidade de tempo, tanto mais se vive, e tanto maiores são os pedaços da vida que ficam para trás. O que nós sentimos como velocidade da vida é o produto da soma e da profundidade de suas alterações. Pode-se perceber inicialmente o significado que cabe ao dinheiro no estabelecimento da velocidade da vida de uma época determinada a partir das consequências que a alteração das relações monetárias possuem para a alteração daquele tempo." (p. 696)[70]

O procedimento é analógico: alterações em um domínio trazem como consequência alterações em outro. O estilo de vida é o modo como os conteúdos da vida são organizados.[71] Como Simmel esboça uma teoria da

---

ao redor da Biblioteca ("Kulturwissenschaftliche Bibliotek"). A questão que se coloca é, a meu ver, desenvolver a afinidade eletiva, que se pode muito facilmente perceber, que conflui na preocupação comum de Warburg e Simmel pelo *trabalho no detalhe*. O ponto de encontro, naturalmente, é Goethe.

Ernst Cassirer (1874-1945) foi aluno de Simmel em Berlim em 1894. Cf. H. Paetzold, *Ernst Cassirer — Vom Marburg nach New York. Eine philosophische Biographie*, Darmstadt, Wissenschaftliche Buchgesellschaft, 1995, pp. 4-6; E. Cassirer, "Hermann Cohen, 1842-1918", *in Social Research*, vol. X, 1943, p. 222.

[70] Ver ainda G. Simmel, *Philosophie des Geldes, op. cit.*, pp. 706-7. A ideia já se encontra em G. Simmel, *Einleitung in die Moralwissenschaft, op. cit.*, vol. I, pp. 419-20.

[71] Por isso foi dito mais acima que ele ganha forma na relação que se estabelece entre a cultura subjetiva e a cultura objetiva. Para quem busca algo como uma definição do que Simmel entende por "estilo de vida", esta é a mais próxima a que se pode chegar: o modo como os conteúdos da vida são organizados. Então é preciso ver como Simmel, na filosofia da cultura (onde ele explora em detalhe as relações entre cultura objetiva e cultura subjetiva), trabalha as objetivações dos conteúdos da vida e a relação de "espírito" e "alma" (na *Philosophie des Geldes, op. cit.*, ver especialmente p. 647). O problema não será abordado aqui porque ele exige a discussão da "metafísica" do Simmel tardio, desenvolvida em *Lebensanschauung* e *Rembrandt, op. cit.*

Estilo de vida

experiência subjetiva na qual é a velocidade da troca, superação, superposição das representações que fazemos do mundo, das pessoas, das coisas, de nós mesmos, em suma, de tudo que dá a *intensidade*, a *tessitura* própria que caracteriza a vida do sujeito, seu objetivo é ver em que medida a velocidade com que essas representações se superpõem tem a ver com a velocidade com que o dinheiro circula ou, em outras palavras, com o grau de penetração e difusão da economia monetária.

Neste ponto é preciso ter em vista o enorme desenvolvimento do dinheiro na segunda metade do século XIX, paralelamente ao desenvolvimento das grandes cidades. Até meados do século passado o dinheiro não era tão utilizado como hoje nós imaginamos. Hoje ele já se tornou uma segunda natureza e nada é-nos mais normal do que abrir a carteira para pegar dinheiro. Mas, para o homem da segunda metade do século passado, isso era uma novidade: só então começa a aparecer o dinheiro miúdo, e com isso uma infinidade de coisas que podem ser compradas com ele. Só então o homem passa a andar com dinheiro miúdo no bolso, o que é uma novidade. Antes, ele podia passar dias, ou mesmo semanas, sem pegar em dinheiro; já os modernos não podem passar poucas horas sem o fazer. A gênese dessa *aceleração* está na segunda metade do século passado — e a penetração do dinheiro em pequenas aldeias é muito mais tardia.[72]

---

[72] Como não é possível exemplificar recorrentemente os desenvolvimentos de Simmel acerca das consequências da difusão do dinheiro, seja visto um único exemplo, que sintetiza diversos pontos significativos: "Mediante a industrialização a alimentação popular na Alemanha foi refuncionalizada em vários aspectos. A necessidade vital diária era recebida então não mais em *naturalia*, mas sim através do dinheiro enquanto elo intermediário. A introdução de tal meio exógeno não pode ser minimizada em sua profunda significação para a configuração da vida cotidiana e é equivalente à introdução do fogo, da roda, da impressão de livros ou da máquina a vapor. Como Rudolf Braun acentuou em seus estudos [...], a população foi antagonicamente cindida como que em uma parte sem terras e uma parte proprietária de terras, o que se mostrou no mínimo tão expressivo para a formação social das classes como a posse ou não dos meios de produção. Uma parte das 'classes trabalhadoras', que se desligou da terra e com isso da produção de meios alimentícios, precisou desde então obter toda a alimentação na base da compra com a ajuda de dinheiro, o que, na antiga sociedade agrária, era antes a exceção. O trabalhador assalariado industrial, da cidade grande, que se desligou da velha economia natural, tornou-se dependente do dinheiro no que diz respeito a sua alimentação, mas pôde por outro lado ampliar consideravelmente sua liberdade de consumo no que diz respeito à alimentação e enriquecer sua lista de alimentos. A emancipação em relação a alimentos ligados ao local e à região e o mais das vezes monótonos, assim como da oferta de alimentos em função da religião ou do estrato social e a mudança rumo a novas formas de escolha alimentícia, o surgimento de um novo consumo, estimulado pela propaganda, diminuiu aqui sensivelmente as diferenças entre os estratos sociais e introduziu algo como uma 'democratização na satisfação alimentícia'; ao mes-

O enorme desenvolvimento da circulação de homens, bens, informações e dinheiro, que desempenha um papel absolutamente determinante no mundo "moderno", é um fenômeno do século XIX. Este se caracteriza por um incremento enorme no tráfego marítimo, fluvial, de estradas, de trens, dos sistemas de notícias, de impressão, de jornais,[73] de cartas.[74] Esse incremento fantástico do tráfego exige, claro está, uma concentração enorme de capital, pois a construção de estradas e ferrovias exige grandes investimentos. Os trens, que na Alemanha se desenvolveram de modo especialmente rápido, impuseram um ritmo de movimento e um grau de mobilidade absolutamente inéditos. Eles foram talvez o fator determinante na industrialização do tempo e do espaço.[75] Na Alemanha, além de tudo, eles foram um fator fundamental de integração no tardio processo de unifica-

---

mo tempo a produção agrária também reagiu e contribuiu para a sua comercialização. Também faz parte da refuncionalização do comer e beber o fato de que a camada dos que apenas consomem torna-se dependente dos comerciantes de alimentos que se estabelecem então [...]. Não é mais possível satisfazer as necessidades no mercado semanal dos camponeses. A fundação de associações de trabalhadores consumidores, de estabelecimentos que servem sopas, de bandejões nas fábricas, casas que servem refeições, cozinhas populares, leiterias, cafés populares e mesmo de Schrebergarten podem ser interpretadas como esforços para minimizar as desvantagens dessa nova dependência. Esse processo de mercantilização dos meios alimentícios, que em parte trouxe fenômenos extremamente associais, ocorreu contudo como um todo apenas no último terço do século XIX e não pode ser exagerado. Por volta de 1860 [...] dois terços de todos os pães na Alemanha do norte ainda eram assados nas próprias casas. Mesmo nas paisagens industriais o trabalhador manteve ainda por muito tempo um pequeno pedaço de terra. Somente com as mudanças para as grandes Mietskasernen [enormes prédios de aluguel nas grandes cidades], nos quadros da grande migração interna do leste para o oeste após 1880, é que o dinheiro começou a desempenhar o seu papel dominante na obtenção cotidiana de alimento. Até a fundação do Reich de Bismarck a maioria dos alemães, que moravam no campo ou em pequenas cidades, consumia sobretudo aquilo que era produzido na própria economia doméstica". H. J. Teuteberg, "Zur Frage des Wandels des deutschen Volksernährung durch die Industrialisierung", *in* R. Koselleck (org.), *Studien zum Beginn der modernen Welt*. Stuttgart, Klett-Cotta, 1977, pp. 91-2.

[73] Basta ter em mente o número de revistas e jornais em que Simmel publicou para se ter uma ideia da proliferação das publicações.

[74] Simmel abordou a circulação das cartas em seu "Exkurs über den schriftlichen Verkehr", *in Soziologie, op. cit.*, pp. 429-33. Sobre o desenvolvimento dos correios e do tráfego de cartas no século XIX: na Prússia, por exemplo, em 1842 havia uma média de 1,5 carta *per capita* por ano, em 1853, 3 cartas, em 1872, no Império alemão, de mais de 23 cartas. O tráfego de cartas expandiu-se sobretudo em conjunto com os caminhos de ferro.

[75] Cf. W. Schivelbusch, *Geschichte der Eisenbahnreise. Zur Industrialisierung von Raum und Zeit im 19. Jahrhundert*, Frankfurt/M, Fischer, 1989.

Estilo de vida

ção nacional.[76] Mesmo o tráfego aéreo é implementado no século passado: sobretudo os bancos utilizavam pombos-correio para troca de informações. Justamente no comércio de dinheiro a velocidade das informações torna-se cada vez mais importante e os pombos o meio de transporte mais rápido. Os bancos tornam-se cada vez mais suprarregionais, desenvolvendo mecanismos de crédito, dando origem a literatura e publicações específicas. Também os balões, pouco a pouco, começam a circular. A invenção do telégrafo revolucionou a transmissão de informações e estreitou enormemente as distâncias do mundo. As bolsas o implementaram sem cessar. A importância da circulação de informações proporcionou o maior desenvolvimento dos jornais. Surgem as agências de notícias, os jornais sobre as bolsas — como, na cidade de Simmel, o "Berliner Börsen-Zeitung" em 1855. Em tudo isso temos algumas das manifestações do moderno na época de Simmel. Sim, porque na Alemanha o moderno é um fenômeno do século XIX.[77]

É interessante notar que, com isso que denominei aproximadamente como teoria da experiência subjetiva, Simmel diferencia o real não só em épocas históricas, mas também em domínios — províncias, como ele gosta de dizer — que, embora simultâneos, contemporâneos, possuem uma temporalidade própria, que não necessita, apesar da contemporaneidade, coincidir. Isto significa que, em um mesmo momento, diversos círculos ou diversos singulares experimentam o tempo de modo diverso — ou, dito de outro modo, que o tempo não é absolutamente uno. Ademais, a experiência do tempo subjetivo é uma questão que, por volta de 1900, se coloca de modo muito intenso[78] (basta nos lembrarmos de Proust, para citar um único caso dentre muitos[79]). A *Philosophie des Geldes*, claro está, é também uma contribuição para a compreensão do fenômeno.

---

[76] Célebres são as afirmações premonitórias de Goethe, de que os caminhos de ferro realizariam a unificação nacional que os príncipes alemães não conseguiram. Cf. por exemplo J. P. Eckermann, *Gespräche mit Goethe in den letzzten Jahren seines Lebens*, 3ª ed., Frankfurt/M, Insel, 1987, p. 653.

[77] Mais exemplos e bibliografia em W. Zorn, "Verdichtung und Beschleunigung des Verkehrs als Beitrag zur Entwicklung der 'modernen Welt'"; sobre o desenvolvimento do capital R. H. Tilly, "Zur Entwicklung des Kapitalmarktes im 19. Jahrhundert", ambos *in* R. Koselleck (org.), *Studien zum Beginn der modernen Welt, op. cit.*, respectivamente pp. 115-34; 135-53.

[78] Simmel aborda muito rapidamente a questão do tempo subjetivo em um aforismo da época tardia. Cf. G. Simmel, "Aus dem nachgelassene Tagebuche", *op. cit.*, p. 45.

[79] Para que o nome do romancista francês não seja citado inteiramente em vão, seja lembrada pelo menos uma importante analogia que o liga ao filósofo berlinense: o uso da analogia.

Como a rapidez com que as representações se superpõem é um fenômeno subjetivo, Simmel tenta inicialmente compreender como o aumento da quantidade de dinheiro se relaciona com o aumento da quantidade de representações no nível da consciência individual:

> "O mero aumento da quantidade de dinheiro que se tem à mão aumenta — inteiramente independente de todas as considerações acerca de sua relatividade — a tentação de gastá-lo e causa com isso um aumento da venda de mercadorias, e portanto um aumento, aceleração e multiplicação das representações econômicas. Aquele traço fundamental de nosso ser: permitir psicologicamente que o que é relativo se desenvolva rumo a um absoluto — subtrai da relação entre um objeto e uma quantidade determinada de dinheiro o seu caráter fluido e a fixa em uma adequação objetiva e duradoura. Com isso se origina, assim que um membro da relação se altera, abalo e desorientação. A alteração entre ativo e passivo não se compensa imediatamente em seus efeitos psicológicos. A consciência dos processos econômicos é quebrada na constância de seu decurso até aqui, a diferença frente ao estado anterior faz-se valer [...]. Enquanto a nova adaptação não se completa, o aumento uniforme do dinheiro dá ocasião a sentimentos constantes de diferença e a choques psíquicos, de tal modo que as diferenças, os contrastes entre si das representações em curso se aprofundam e com isso aceleram a velocidade da vida." (p. 697)

Independentemente de quão idealizada é a situação econômica que Simmel tem em vista, o que interessa é que nela aparecem características por assim dizer antropológicas — a necessidade de tornarmos o que é fluido e relativo fixo e absoluto. Como se trata de um momento de alteração nas relações estabelecidas e usuais — o aumento da quantidade de dinheiro —, há desorientação e confusão. Esta situação diferente é sentida pelos indivíduos como *choque*, como uma espécie de ataque do mundo exterior à interioridade. Daí se tratarem de choques "psicológicos", que abalam a subjetividade. Essa experiência do choque é uma das experiências mais significativas vividas pelos modernos.[80] O distanciamento e a indiferença são mecanismos de defesa implementados pelos sujeitos frente a esse mundo hostil. São, ao mesmo tempo, propiciados pelo dinheiro, que demonstra

---

[80] Sobretudo Walter Benjamin e Theodor Adorno procuraram desenvolvê-la no sentido apontado por Simmel. Cf. W. Benjamin, *Gesammelte Schriften*, op. cit., vol. I.2, pp. 612 ss.; T. W. Adorno, *Philosophie der neuen Musik*, Frankfurt/M, Suhrkamp, 1978.

Estilo de vida

assim mais uma vez seu duplo papel. Na medida em que o dinheiro está sempre em circulação, a alteração das situações é algo que ocorre ininterruptamente e contribui de modo decisivo para a superposição das representações na consciência e, portanto, para a aceleração da velocidade da vida, para uma espécie de intensificação da experiência que no entanto é acompanhada por um sentimento de indiferença. Esta é a vida na cidade grande.

Na verdade, a capacidade de movimento do dinheiro é tanto maior quanto mais ele é desprovido de valores substanciais. Quanto mais autônomo ele é, maior sua mobilidade, e isto significa também maior incremento da velocidade da vida. Novamente é nas cidades que vamos encontrar este processo; as bolsas nos fornecem o exemplo típico — Simmel chama nossa atenção para a América do Norte, cuja imagem na Europa é a imagem do dinheiro e da velocidade. Não por acaso Simmel falava no "crescente americanismo da época" moderna:[81] "América" é sinônimo da sociedade regida pelo dinheiro;[82] a velocidade do tráfico financeiro, da enorme quantidade de dinheiro que circula contínua e freneticamente, a enorme variação de riqueza, a facilidade e rapidez da fortuna e da ruína, tudo isto indica, para Simmel, a comprovação da relação do dinheiro com a velocidade da vida.[83] Pois já há muito o dinheiro ultrapassa sua esfera de influência puramente econômica e atinge outras "províncias da vida". Além disso, é claro que uma alteração econômica, como no caso citado o aumento da quantidade de dinheiro, atinge e influencia os elementos envolvidos de modo desigual. Isto significa que os efeitos de uma alteração qualquer para o curso das representações de um sujeito qualquer é variável e mesmo a intensidade com que elas decorrem também varia. Isto promove uma enorme variedade na velocidade da vida.

---

[81] G. Simmel, "Das Geld in der modernen Kultur" (1896), *op. cit.*, p. 190, citado no tópico "dinheiro". A questão do "americanismo" será cada vez mais significativa na Alemanha e terá seu apogeu no período de Weimar (e ainda, posteriormente, no imediato segundo pós-guerra). Ver D. Peuckert, *Die Weimarer Republik 1918-1933*, Frankfurt/M, Suhrkamp, 1982.

[82] Particularidades da história econômico-monetária norte-americana, tais como a emissão de dinheiro antes, durante e depois da guerra de independência, tornam os EUA um exemplo extremamente rico para Simmel. Os detalhes deixo aqui de lado. Cf. G. Simmel, *Philosophie des Geldes*, *op. cit.*, pp. 699-701.

[83] O caráter de jogo da aventura, que em um único instante pode ganhar ou perder tudo, está em sintonia com a vida moderna, que em um único instante vai do tudo ao nada. Testemunha isso a bolsa, em que o caráter de aventura e jogo com o dinheiro, da fortuna ou ruína instantâneas, transparece do modo mais evidente. Veja-se G. Simmel, "Das Abenteuer", *op. cit.*, p. 34.

Instabilidades financeiras significam sempre alterações nas proporções usuais de dinheiro em jogo. Independente de que espécie de alterações ocorrem, Simmel interessa-se pelos efeitos que o rompimento de proporções usuais originam. Tais perturbações são importantes porque estão na origem dos choques que atingem os indivíduos e os círculos sociais. Alterações nas relações usuais significam também o esforço de determinados segmentos na manutenção do *status quo ante* e isto pode significar uma verdadeira luta entre diferentes segmentos sociais na defesa de seus interesses.[84] Também esta espécie de fenômeno atua sobre a "velocidade da vida social" (p. 703).

"A estreita relação do dinheiro com a velocidade da vida mostra-se no fato de que tanto o seu aumento como sua diminuição, através de sua difusão desigual, resultam naqueles fenômenos de diferença que se refletem psiquicamente como interrupções, estímulos e concentrações do decurso das representações [, como] compressão dos conteúdos da vida." (pp. 703-4)

Esta capacidade de concentração, que é característica do dinheiro e que se mostra dos modos os mais variados, está na raiz de sua capacidade de aceleração da velocidade da vida. Mas a relação do dinheiro com a velocidade da vida não se limita a isto. A relação temporal encontra seu complemento necessário na relação espacial.[85] Também no que diz respeito ao espaço o dinheiro desempenha um papel significativo. Os caráteres extensivo ou intensivo da organização do espaço relacionam-se com a lógica do dinheiro: Simmel indica a linha que vai da agricultura à produção industrial como um processo de concentração espacial crescente — não por acaso a indústria é o local privilegiado da divisão do trabalho —, que culmina no comércio de dinheiro. O "centro industrial moderno" (ele já testemunha os grandes complexos industriais na Berlim do Segundo Império) é um "microcosmo" (p. 704), em que todas as inúmeras partes se articulam na produção e em que confluem os mais diversos materiais, provenientes das mais diferentes partes. O espaço torna-se cada vez mais comprimido, relativamente à concentração do dinheiro. Na loja em que o objeto

---

[84] Aqui já estamos no interior da sociologia do conflito elaborada por Simmel. Cf. G. Simmel, *Soziologie, op. cit.*, cap. 4, pp. 284-382.

[85] Aqui estamos nos inícios da sociologia do espaço de Simmel, que será formulada detidamente em um texto de 1903 e incorporada na grande sociologia de 1908. Cf. G. Simmel, "Soziologie des Raumes", *in Jahrbuch für Gesetzgebung, Verwaltung und Volkswirtschaft im Deutschen Reich*, ano XXVII, 1903, pp. 27-71 e *Soziologie, op. cit.*, cap. 9, pp. 687-790.

Estilo de vida

que se comercializa é o dinheiro, chega-se ao máximo da concentração: no dinheiro, os valores podem ser cada vez mais comprimidos — infinitamente —, justamente devido ao seu caráter abstrato (o cheque é o exemplo mais elucidativo, no qual em um pequeno pedaço de papel pode-se condensar todo o valor — toda quantidade — imaginável).

> "O dinheiro, em virtude do caráter abstrato de sua forma, está para além de todas as relações determinadas para com o espaço: ele pode estender seus efeitos ao que está mais longínquo, ele é de certo modo, a todo instante, o ponto central de um círculo de efeitos potenciais. Mas ele também permite o oposto, a condensação da maior soma de valor na menor forma [...]." (p. 704)

Isto significa que ele, em sua abstração, pode estar por toda parte, é capaz de atingir o mais distante, não conhece fronteiras nem limites espaciais. Seu ímpeto de concentração leva também à concentração das ações financeiras e à formação de centros financeiros.[86] O ponto de cruzamento do tráfico de dinheiro é o local para onde se dirige seu impulso de concentração. Inicialmente para o mercado, a seguir para a cidade. O contraste entre o campo e a cidade se reproduz entre a pequena e a grande cidade e ainda mesmo entre as grandes metrópoles. A cidade grande concentra o dinheiro e controla seu tráfego. É na cidade grande, que concentra o dinheiro, que a velocidade da vida será cada vez mais acelerada, onde a mobilidade é cada vez maior.[87] Ela é o cenário do moderno. A "força centrípeta" do dinheiro (p. 705) atrai e condensa tudo na cidade. Os grandes centros financeiros devem sua existência ao "caráter relativo do dinheiro" (p. 705), que busca sempre e cada vez mais um conjunto de objetos frente aos quais ele possa demonstrar seu valor: quanto mais objetos, em quantidade e qualidade, podem ser confrontados com o dinheiro, melhor ele pode demonstrar seu caráter de equivalente universal, e melhor ele pode demonstrar seu poder:

---

[86] A concentração típica do dinheiro se mostra de modo curioso no cheque. Para muitos o dinheiro no banco é uma forma de controle dos gastos, na medida em que o dinheiro não está imediatamente acessível. Por outro lado, a tentação de dispor de quantias enormes e as mais variáveis a um simples toque de caneta leva muitos a gastarem o dinheiro descontroladamente através do cheque. Aqui também se mostra o "papel duplo" do dinheiro, que só pode possuir efeitos tão opostos por ser indiferente (PhdG, p. 667). Indiferença e abstração estão, portanto, relacionadas.

[87] Se, como diz Adorno, o ensaio discute o transitório, o que perece (cf. o tópico "panteísmo estético"), talvez fosse possível relacionar o ensaio como forma com o incremento da velocidade da vida, e assim se estabeleceria um nexo entre o moderno e o ensaio.

"Um barril de trigo tem um certo significado em qualquer lugar, por mais isolado que seja, por maior que seja a diferença de seu preço em dinheiro. Uma quantidade de dinheiro tem contudo significado apenas ao encontrar outros valores. Com quanto mais valores o dinheiro se encontra, tanto mais seguro e justo é o seu valor. Por isso não só 'tudo busca o ouro' — tanto os homens como as coisas —, como também o dinheiro, por seu lado, busca 'a todos', ele procura se juntar a outros dinheiros, a todos os valores possíveis e seus possuidores. E o mesmo nexo vale na direção inversa: a reunião de vários homens cria uma necessidade especialmente forte de dinheiro." (p. 706)

Note-se como Simmel, fiel à ideia do "panteísmo estético", não aceita a causalidade e trabalha sempre interações mútuas. Já mencionei rapidamente o caráter subjetivo da teoria do valor simmeliana. Ele casa perfeitamente com estas tendências do dinheiro, que só ganha firmeza e só pode existir como tal, enquanto equivalente universal, na medida em que é trocado, isto é, passa a ter uma existência suprapessoal, intersubjetiva — em outros termos, poder-se-ia dizer que a teoria do valor subjetivo é compensada pelo dinheiro intersubjetivo. O caráter duplo do dinheiro também se mostra no fato de que não é só a concentração do dinheiro que traz consigo a concentração dos homens, mas também o contrário. A ponto de, nas aglomerações humanas, ele assumir cada vez mais um papel absolutamente essencial e determinante, análogo a um deus. Como o dinheiro é, por sua própria natureza, indiferente, ele é "a ponte e o meio de entendimento mais indicado" (p. 706) entre os homens; por mais diferentes que eles sejam, encontram no dinheiro algo de comum.

O dinheiro tende a concentrar-se progressivamente em locais determinados, que também concentram pessoas e objetos. A cidade é seu primeiro achado e, dentro dela, a bolsa. Esta é o ponto da concentração máxima de dinheiro, pessoas e objetos — mesmo que os três elementos estejam lá presentes apenas de modo simbólico, através de representantes. A bolsa é um fenômeno do século XIX.[88] É no curso do século que ela se estabelece definitivamente e nos moldes em que a conhecemos. No final

---

[88] Veja-se o estudo do jovem Max Weber, "Die Börse", *in Gesammelte Aufsätze zur Soziologie und Sozialpolitik*, organização de M. Weber, Tuebingen, J. C. B. Mohr (Paul Siebeck), 1988, pp. 256-322. O texto de Weber é motivado justamente pelo papel cada vez mais destacado que as bolsas assumem em seu tempo. Para Weber, a bolsa é "uma instituição da *moderna circulação comercial*" (p. 256, grifos de Weber): portanto um fenômeno tipicamente moderno.

Estilo de vida

do século XIX, ela vivencia um grande desenvolvimento e movimenta cada vez mais dinheiro. É por isso que ela surge como um exemplo radical, que condensa em si toda uma tendência da época. Falar da bolsa é falar portanto de seu próprio tempo; nela Simmel encontra reunidos todos os traços que perambulam espalhados pela cidade, cenário da vida moderna:[89] o nervosismo, o movimento, a rapidez, a insegurança...

> *"[...] a bolsa, o centro da circulação do dinheiro e como que o lugar geométrico de todas as avaliações do valor, é ao mesmo tempo o ponto de maior excitação constituinte da vida econômica: a sua oscilação sanguíneo-colérica entre otimismo e pessimismo, a sua reação nervosa ao que é ponderável e imponderável, a rapidez com que cada um agarra a situação momentânea de variação, mas também como a esquece em seguida — tudo isto representa uma aceleração extrema da velocidade da vida, uma mobilidade febril e concentração de suas modificações, em que a influência específica do dinheiro sobre o transcurso da vida psíquica ganha sua visibilidade mais pungente."* (p. 708)

Na bolsa os efeitos e características do dinheiro se mostram de modo mais condensado e depurado. O modo como o dinheiro ordena o espaço e o tempo, mas principalmente a marca mais profunda do moderno, o movimento, deixam-se ver do modo mais flagrante na bolsa. Nelas as reações dos habitantes das cidades são potencializadas e por isso é na bolsa — como não poderia deixar de ser, pois se trata de dinheiro — que o *esquecimento* mais rápida e profundamente se impõe.

---

[89] Neste aspecto basta nos lembrarmos de Zola e seu *L'argent* (publicado em 1891), que apresenta toda a constelação "dinheiro" e no qual, não por acaso, a bolsa desempenha um papel fundamental na composição do romance. Na verdade o ciclo dos Rougon-Macquart fornece interessantíssimo material ilustrativo para uma filosofia do dinheiro, o que naturalmente não posso explorar aqui. A título de exemplo, basta mencionar que Aristide Rougon, aliás Saccard, que irá reaparecer em *L'argent*, já desempenhara um papel especialmente interessante em *La curée* (1871), onde sua atuação como especulador está diretamente relacionada com as transformações urbanas da metrópole parisiense. Também o romance alemão fornece rico material para essas questões; lembro apenas Gustav Freytag, cuja obra mais famosa chama-se nada mais nada menos do que *Soll und Haben* (1855). Como se vê já desde os títulos, o interesse pelo mundo do dinheiro é evidente. Pode-se ver, além dos romances, B. Winklehner, "Das Finanzwesen der Gruenderzeit im Spiegel von Zolas *L'argent*", *in Literatur und Wissenschaft. Festschrift für R. Baehr*, Tuebingen, 1987, pp. 123-35. Não custa lembrar que Simmel esteve próximo dos naturalistas alemães durante a época em que escrevia a *Philosophie des Geldes*. Isto ainda será retomado.

Na medida em que o dinheiro é cada vez mais o centro dos interesses, em que tanto os homens como as coisas tendem a ele, a velocidade que lhe é própria se difunde por tudo, e a velocidade da vida se molda a partir da velocidade do dinheiro.

O papel de intermediador entre produtos e homens, que o comerciante desempenha sob um aspecto subjetivo, o dinheiro desempenha sob o aspecto objetivo. Na figura do comerciante se cruzam o tráfego de produtos e de dinheiro, ele é uma figura da mobilidade desses objetos. Não por acaso a figura do comerciante que sai de seu lugar originário é o modelo da figura do estranho e estrangeiro, caracterizado pela mobilidade.[90] Esta mobilidade que é característica do dinheiro é por assim dizer contagiosa; toda relação em que o dinheiro toma parte adquire por isso uma mobilidade que ela não possuía anteriormente. Quanto mais permeada por dinheiro, tanto mais móveis são as relações, sejam elas puramente econômicas, sejam elas sociais em sentido amplo. A mobilidade do dinheiro lhe permite ser *a ligação de tudo com tudo* e por isso ele é um elemento de enorme potencial unificador. Aqui estamos novamente no universo do "panteísmo estético":

> "*O dinheiro tira as coisas e, em grande medida, os homens
> da inacessibilidade mútua; ele transporta as coisas e os homens
> de seu isolamento originário para a relação, comparabilidade
> e interação [Wechselwirkung].*"[91]

Neste ponto, Simmel articula a relação do dinheiro com suas categorias sociológicas fundamentais. Para Simmel, a sociologia é o estudo das formas de socialização.[92] Estas ocorrem através do fenômeno de interação social (Wechselwirkung). *Wechselwirkung* é o conceito-chave da sociologia simmeliana,[93] desde os escritos da década de 80, passando por seu es-

---

[90] Cf. G. Simmel, *Philosophie des Geldes, op. cit.*, pp. 285-91; "Exkurs über den Fremden", *in Soziologie, op. cit.*, pp. 764-71.

[91] Georg Simmel, "Die Bedeutung des Geldes für das Tempo des Lebens" (1897), *in Aufsätze und Abhandlungen 1894 bis 1900, op. cit.*, p. 224.

[92] Isto já é formulado claramente desde o texto programático de 1894, "Das Problem der Sociologie"; a grande sociologia de 1908 tem por subtítulo, como já lembrei anteriormente, "investigações sobre as formas de socialização". Cf. G. Simmel, "Das Problem der Sociologie", *in Aufsätze und Abhandlungen 1894 bis 1900, op. cit.*, pp. 55 e 57; *Soziologie. Untersuchungen über die Formen der Vergesellschaftung, op. cit.*

[93] Sobre o estatuto da sociologia *stricto sensu* em Simmel não será discutido neste trabalho. Naturalmente esta exclusão tem sua razão de ser. Aqui procuro interpretar Simmel de uma perspectiva que não afina com a tentativa de fixar de modo claro e unívoco o que é sociologia e, consequentemente, o que não é. Procuro antes jogar com

Estilo de vida

crito programático de 1894, "Das Problem der Sociologie", por sua fundamentação mais detalhada no livro de 1908, até os escritos tardios. Na medida em que o dinheiro promove a interação, ele é uma forma de socialização fundamental e ganha extraordinária significação sociológica. Mais que isso, o dinheiro é a forma mais decantada da interação:

> *"Com o dinheiro a capacidade para tais formações [formações que exprimem relações] festeja o seu maior triunfo. Pois a* Wechselwirkung *mais pura encontrou no dinheiro a sua apresentação mais pura. Ele é a concreção do mais abstrato, a formação singular que tem, mais que qualquer outra, o seu sentido no supraindividual [...]."* (p. 137)[94]

É isto que torna a *Philosophie des Geldes* um livro de enorme interesse sociológico, embora não se trate de uma "Sociologia do dinheiro".[95] O dinheiro é o símbolo do moderno no sentido preciso de que ele exprime a infinitude das interações mútuas a partir do qual se tece a trama do todo. E aqui podemos voltar por um instante ao "Prefácio" da *Philosophie des Geldes.* Justamente porque o dinheiro promove interação social e a interação promove o dinheiro é que Simmel pôde formular seu programa:

> *"Compreender a essência do dinheiro a partir das condições e relações da vida em geral [e] inversamente compreen-*

---

a mobilidade e plasticidade que ele mesmo postula para seu pensamento, e nesse sentido uma concepção unívoca e inequívoca do que seja sociologia não faz sentido. Isto não significa, de modo algum, menosprezar o que Simmel entende por "Wechselwirkung", nem desprezar suas contribuições que apareceram sob a rubrica sociológica. Como vimos no tópico "panteísmo estético", a "Wechselwirkung" assume um estatuto muito mais amplo do que o simplesmente "sociológico". Sobre o estatuto da sociologia em Simmel e consequentemente sobre o conceito de "Wechselwirkung", dentre a grande bibliografia pode-se ver com proveito: H. J. Dahme, *Soziologie als exakte Wissenschaft, op. cit.*; M. Steinhoff, "Die Form als soziologische Grundkategorie bei Georg Simmel", *in Kölner Vierteljahrshefte für Soziologie*, ano IV, 1924-25, pp. 214-59; F. H. Tenbruck, "Formal Sociology", *op. cit.*; F. H. Tenbruck, "Georg Simmel (1858-1918)", *in Kölner Zeitschrift für Soziologie und Sozialpsychologie*, ano X, nº 4, 1958, pp. 587-614; A. M. Bevers, *Dinamik der Formen bei Georg Simmel*, Berlim, Dunker & Humblot, 1985. O ponto reaparecerá em "Georg Simmel e a Berlim do Segundo Império".

[94] Simmel exprimiu a mesma ideia em um aforismo, certamente de seu período tardio. Cf. G. Simmel, "Aus dem nachgelassene Tagebuche", *op. cit.*, p. 44.

[95] K. Lichtblau trabalhou bem a questão do estatuto "metadisciplinar" da *Philosophie des Geldes.* Cf. K. Lichtblau, "Zum metadisziplinären Status von Simmels 'Philosophie des Geldes'", *in Simmel Newsletter*, vol. IV, nº 2, inverno de 1994, pp. 103-10. É no "Prefácio" da *Philosophie des Geldes* que Simmel aborda a questão de modo mais claro. Cf. G. Simmel, *Philosophie des Geldes, op. cit.*, pp. 9-14, 57 ss. O tema, de resto, foi abordado anteriormente sob o ponto de vista do "panteísmo estético".

der a essência e a configuração da vida a partir da ação do dinheiro." (p. 11)

Este segundo desafio é o que Simmel toma para si na descrição e análise do estilo de vida moderno. É por se tratar aqui de *relações* que a analogia é um procedimento tão valioso. "Relação" — algo que está implicado no conceito de interação — é, ademais, a palavra sociológica por excelência, o termo mais sociológico que há.[96]

Como o dinheiro implementa e desenvolve as relações, por assim dizer o ato de estabelecer relações, ele desempenha um papel importante naqueles processos psicológicos que estão na base da velocidade da vida. Simmel explorou a questão em um dos textos preparatórios para a *Philosophie des Geldes*:

"*Se nós relacionamos o aumento da velocidade da vida com a riqueza e variedade das representações, é fundamental acrescentar que estas representações não correm através da consciência, singularizadas e centripetamente viradas para si mesmas, senão que elas estão atadas por fios associativos. Quanto mais relações as novas representações (de acordo com seus conteúdos) têm em relação às antigas, tanto mais vivo é o seu papel na consciência. O pressuposto para a riqueza e variedade no interior da vida das representações é a unidade destas, uma interseção e um fundo comum, em que se pode perceber a sucessão de uma à outra e se pode avaliar a distância de uma à outra. Mas essa unidade, através da qual se pode chegar a uma velocidade da vida no sentido apontado aqui, não é fornecida ao curso das representações por um Eu metafisicamente uno. Pelo contrário, ela se constitui na simples* função, *através da qual as representações, seguindo leis psicológicas, se ligam mutuamente; ela não é um laço* substancial *entre elas, mas sim* dinâmico.*"[97]*

Voltamos assim, como a boa circularidade exige, à ideia de cultura filosófica. Esta está ligada, como vimos, a uma unidade enquanto função, como algo móvel e que quer dar conta do movimento.[98] Isto significa que

---

[96] Cf. G. Simmel, *Soziologie*, *op. cit.*, p. 710.

[97] G. Simmel, "Die Bedeutung des Geldes für das Tempo des Lebens", *op. cit.*, pp. 224-5, grifos meus.

[98] G. Simmel, "Einleitung", *in Philosophische Kultur*, *op. cit.*, pp. 19-22, citada integralmente no tópico "caracterização", assim como tudo o que foi dito então e no tópico "panteísmo estético" a esse respeito.

Estilo de vida

a própria ideia de cultura filosófica só pode ter sentido em vista da experiência do moderno, ao mesmo tempo em que ela é uma tentativa de atribuição de sentido a essa experiência.[99]

Simmel pergunta então pela natureza da unidade que está em jogo aqui. Trata-se de uma "hipostase" que conjuga a "interação das partes".[100] Esta unidade é a unidade que compreende o que se diferencia. Voltemos por um instante à filosofia da cultura. Vimos, então, a formulação de Simmel segundo a qual "a cultura é o caminho de uma unidade fechada, passando pela multiplicidade, que se desdobra rumo a uma unidade desdobrada".[101] Ou seja: no texto de 1897 Simmel tem em vista essa concepção de unidade — de inspiração spenceriana, claro está — que é o resultado de um processo de diferenciação. É uma unidade que é, como já discutimos, *síntese*, porque contém em si o que é diferente. "Hipostase", "síntese", "unidade desdobrada", "unidade", são termos diferentes que, em momentos diferentes, são utilizados por Simmel para tentar designar uma mesma ideia, a ideia de uma unidade que é síntese do diferente, que dá conta de um processo de diferenciação, mas mesmo sendo síntese retém em si a diferença. A analogia com o organismo, cuja unidade é uma unidade que só existe tendo em vista a "dependência *funcional* de cada órgão";[102] a analogia com o Estado, que só é uma unidade se esta é entendida como relação funcional das interações que ocorrem entre seus elementos, são mobilizadas para clarificar essa ideia de síntese que conjuga unidade e multiplicidade. Precisamente esta ideia é vista por Simmel como "seguramente uma das ideias mais esclarecedoras da crítica *moderna*".[103] Em outras palavras: trata-se da concepção moderna de unidade, que depende das ideias de função, interação, multiplicidade. Unidade consiste na função — função, aqui, parece dever ser compreendida em sentido próximo ao matemático — em que cada parte da multiplicidade é determinada pe-

---

[99] Em 1900 esta experiência, apesar das idiossincrasias e ambiguidades do moderno, parece ainda constituir algo semelhante a uma totalidade. Com o passar dos anos trata-se cada vez mais de fragmento: tanto de fragmentos da experiência, como as atribuições de sentido são fragmentárias.

[100] G. Simmel, "Die Bedeutung des Geldes für das Tempo des Lebens", *op. cit.*, p. 225.

[101] Cf. o tópico "cultura". O passo provém de G. Simmel, "Der Begriff und die Tragödie der Kultur", *op. cit.*, p. 197, mas é recorrente em diversos textos seus.

[102] G. Simmel, "Die Bedeutung des Geldes für das Tempo des Lebens", *op. cit.*, p. 225, grifo meu. Lembre-se o grande passo da *Soziologie* citado no tópico "panteísmo estético".

[103] G. Simmel, "Die Bedeutung des Geldes für das Tempo des Lebens", *op. cit.*, p. 225, grifo meu.

las outras: *Wechselwirkung* — uma ideia muito próxima, de resto, do uso que Simmel faz da *constelação*:

> "*Assim toda unidade não é por assim dizer solipsística, mas sim uma função da multiplicidade. A unidade se realiza imediatamente apenas junto à multiplicidade. Ela se constitui no objeto como a forma na qual a pluralidade de suas partes vive. Unidade e pluralidade são conceitos complementares não só logicamente, mas também em sua realização. A pluralidade dos elementos produz, através de suas relações mútuas [Wechselbeziehungen], o que denominamos unidade do todo; mas aquela pluralidade não seria imaginável sem esta unidade [...].*"[104]

Este trecho, de uma versão inicial da *Philosophie des Geldes*, não foi incluído na versão final do livro em 1900, nem em sua republicação em 1907. Que Simmel recortava, colava e retrabalhava seus textos já sabemos. Os motivos contudo que levaram à exclusão destes parágrafos publicados em 1897 no texto de 1900 são difíceis de precisar. Talvez Simmel os julgasse por demais redundantes; mas talvez em 1900 Simmel já visse com mais desconfiança essa totalidade, a ponto dela não poder aparecer no texto definitivo a não ser como analogia à totalidade da obra de arte (como vimos mais atrás).[105]

Como quer que seja, a ideia de interação assume, nas relações que envolvem a multiplicidade e a unidade — como indivíduo e sociedade — um papel fundamental. O próprio conceito simmeliano de "sociedade" é decorrente de sua "gnoseologia" do movimento: "sociedade" não é um "Substanzbegriff", mas sim um "Funktionsbegriff".[106] Isto significa: o conceito de sociedade só existe enquanto processo, enquanto *Wechselwirkung* (cf. o tópico "panteísmo estético"). Ele só existe enquanto movimento, mobilidade. Daí o caráter fundamentalmente processual da sociologia simmeliana: como o movimento é aqui fundamental, ele tem sempre em vista processos, e não estados fixos e acabados.

A posição do dinheiro neste processo que envolve unidade e multiplicidade é central. Na medida em que ele é um elemento de ligação — seja

---

[104] G. Simmel, "Die Bedeutung des Geldes für das Tempo des Lebens", *op. cit.*, p. 225.

[105] Em 1892 Simmel afirma que a obra de arte é a reconciliação de indivíduo e sociedade. Cf. G. Simmel, *Einleitung in die Moralwissenschaft, op. cit.*, vol. I, p. 418.

[106] Respectivamente "conceito substancial" e "conceito funcional". Ernst Cassirer escreveu um livro sobre isto, para mostrar como o moderno é caracterizado pela passagem do conceito substancial para o funcional: *Substanzbegriff und Funktionsbegriff*.

Estilo de vida

real, seja ideal —, um ponto de encontro que articula o diferente — os homens e as coisas — em um "amplo cosmos econômico",

"ele contribui portanto para aquela unidade funcional da vida das representações, na qual são perceptíveis a somatória e as diferenças de seus conteúdos singulares."[107]

É também neste sentido que o dinheiro se relaciona com a velocidade da vida, pois o incremento desta está ligado, como disse, à riqueza e diversidade das representações. O dinheiro, com sua mobilidade, propicia a mobilidade das representações.

A discrepância que Simmel assinala tantas vezes entre as culturas objetiva e subjetiva é analisada também sob a perspectiva temporal:

"Na medida em que a existência histórica indica nos graus mais elevados das duas séries: por um lado as formações impessoais, a ordem objetiva e o trabalho, por outro as pessoas com suas características e necessidades subjetivas, produzem-se frequentemente, entre as duas, diferenças consideráveis na velocidade de desenvolvimento."[108]

Por vezes a cultura objetiva se desenvolve com maior rapidez do que a cultura subjetiva, por vezes o contrário. Esses descompassos entre diversas velocidades[109] de desenvolvimento criam conflitos, na medida em que a adaptação de um ao outro é muitas vezes difícil. O direito é, frequentemente, uma dimensão da cultura objetiva que possui uma velocidade de desenvolvimento muito inferior à da cultura subjetiva, de sorte que tensões são inevitáveis. O mesmo ocorre com as religiões, na medida em que se institucionalizam. Por outro lado, muitas vezes o progresso da técnica avança muito mais rapidamente do que a capacidade das pessoas de utilizá-la plena e soberanamente. Esta diferença nos ritmos de desenvolvimento, e as tensões que daí advêm, caracterizam o estilo de vida moderno.

Em todos estes aspectos foi possível perceber como o estilo de vida moderno, influenciado pelo dinheiro, caracteriza-se muito fortemente por um elemento de mobilidade. Simmel procura, ao final da *Philosophie des Geldes*, convergir seus esforços na análise da *imagem de mundo*:

---

[107] G. Simmel, "Die Bedeutung des Geldes für das Tempo des Lebens", *op. cit.*, p. 226.

[108] G. Simmel, "Die Bedeutung des Geldes für das Tempo des Lebens", *op. cit.*, p. 228.

[109] Mencionei anteriormente que diferentes esferas da realidade podem possuir o seu *ritmo próprio*.

*"Uma análise mais detida do conceito de fixidez e altera-
ção mostra uma dupla oposição no modo como ele se efetiva.
Se vemos o mundo a partir de sua substância, chegamos facilmente à ideia de um hen kai pan,[110] de um ser inalterável, que
mediante a exclusão de todo aumento ou diminuição confere
às coisas o caráter de uma fixidez absoluta. Se por outro lado
se observa a conformação dessa substância, então a fixidez é
absolutamente superada nessa configuração, uma forma se
transforma incessantemente em outra e o mundo oferece o es-
petáculo de um perpetuum mobile. Isto é o duplo aspecto da
existência, cosmológico, frequentemente interpretado em seu
caráter metafísico. Entretanto, no interior de uma empiria situada profundamente, a oposição entre fixidez e movimento se
distribui de outro modo. Se nós considerarmos a imagem de
mundo, tal como ela se oferece imediatamente, consideramos
precisamente certas formas, que persistem ao longo de um tempo, enquanto os elementos reais, que as compõem, encontram-
se em movimento contínuo. [...] Por conseguinte a própria realidade está aqui em fluxo infatigável, e enquanto nós, em virtude de uma por assim dizer falta de acuidade visual, não somos capazes de constatar esse fluxo, as formas e constelações
dos movimentos se consolidam no fenômeno de um objeto
duradouro."* (pp. 711-2)

Temos aqui ainda uma outra apresentação dos "instantâneos *sub
species aeternitatis*": as formas de que Simmel fala são configurações momentâneas de um complexo de movimentos, que por assim dizer se con-
gelam na forma — mesmo que aqui o 'momentâneas' possa significar temporalmente mais do que supomos inicialmente. A análise das formas é pois
uma análise de instantâneos paralisados, em suspensão, de um processo
que é captado em um certo momento e no qual a tarefa do investigador é
perceber o movimento que está por detrás da fixidez. Por isso, sua tarefa
requer "acuidade visual", "percepção para o detalhe", "sensibilidade".

Se as formas são cristalizações de processos e portanto de movimentos, temos aqui a chave para lermos a sociologia simmeliana. Se ela é uma
investigação acerca das formas de socialização, ela investiga os modos em
que a socialização, que se dá através de interações, acaba por se cristalizar. A tarefa da sociologia é portanto não apenas analisar as formas enquanto tais como, por detrás delas, perceber como elas são resultados e

---

[110] *Hen kai pan*: o um e o todo; o uno e a totalidade.

Estilo de vida   223

configurações históricas (portanto momentâneas, mesmo que de longa ou longuíssima duração) de processos que, por detrás delas, continuam em movimento.[111] É isto que faz com que o conceito de *interação* ocupe a posição-chave na sociologia simmeliana, pois ele é a "ferramenta" que desvenda por entre as formas os movimentos que nelas confluem e dos quais elas são resultados. Que em virtude de um alcance visual insuficiente não percebamos o movimento que está por detrás das formas, só mostra a importância do microscópio e do telescópio, essas invenções modernas que tornam o que está distante próximo. Por isso Simmel, na *Soziologie* (mas não só lá), utiliza a analogia com estes dois instrumentos em passagens chaves (cf. o tópico "panteísmo estético"). De resto, esta é a tarefa do "sociólogo" comprometido com a ideia de cultura filosófica.

Outro ponto importante no passo citado é que ele aponta, embora rapidamente, para a relação que Simmel busca estabelecer entre a metafísica e a empiria, a realidade histórica. Já chamei a atenção para isso em "caracterização" e "cultura", para o fato de que a constelação de cultura filosófica busca fazer justiça a estes dois momentos. Aqui o metafísico e o empírico aparecem como polos do dualismo da existência, ou tudo é fixo ou tudo flui — o Leitor há de ter percebido que Simmel retoma a ideia do *panta rei* —, ou movimento ou fixidez, em função da *perspectiva* adotada. Mas uma cultura filosófica, não custa lembrar, está comprometida com uma pluralidade de perspectivas, com caminhos diferentes, e não com exclusividades. Há duas "imagens de mundo" relativas a essas duas perspectivas: uma delas relativa à fixidez, à lei eterna e imutável, ao intemporal; a outra ao movimento, ao efêmero, à realidade histórico-concreta. O moderno se caracteriza por essas duas imagens de mundo. Foi justamente isto que Baudelaire também percebeu ao afirmar que "La modernité, c'est le transitoire, le fugitif, le contingent, la moitié de l'art, dont l'autre moitié est l'eternel et l'immuable".[112]

---

[111] Reaparece aqui o jogo de superfície e profundidade, presente na ideia de cultura filosófica.

[112] C. Baudelaire, "Le peintre de la vie moderne" (1859), *in Oeuvres complètes*. Paris, Seuil, 1991, p. 553. Não vou desenvolver aqui a relação com Baudelaire — a cidade como *locus* do moderno etc. — porque este é um tema repetido à exaustão (embora nem sempre além do que já se tornou senso comum). Veja-se: D. Frisby, "Georg Simmels Theorie der Moderne", *in* H. J. Dahme e O. Rammstedt (orgs.), *Georg Simmel und die Moderne. Neue interpretationen und Materialen, op. cit.*, pp. 9-79; D. Frisby, *Fragmente der Moderne: Georg Simmel — Siegfried Kracauer — Walter Benjamin, op. cit.*, cap. 1 e 2; H. R. Jauss, *Literaturgeschichte als Provokation*, 4ª ed., Frankfurt/M, Suhrkamp, 1974, especialmente cap. 1; H. U. Gumbrecht, verbete "Modern. Modernität, Moderne", *in* O. Brunner, W. Conze e R. Koselleck (orgs.), *Geschichtliche Grundbegriffe*, Stuttgart, 1975, pp. 93-131.

Na verdade Simmel elabora uma *escatologia* que compreende o mundo como duração e não duração,[113] como fixidez e movimento (PhdG, pp. 712-4). Este é o dualismo radical que habita o mundo.[114]

---

[113] Aqui se vê claramente a sua proximidade e contemporaneidade a Bergson. Já foi visto como Simmel atribui uma contemporaneidade entre eles (cf. a "Introdução" de *Philosophische Kultur* citada em "caracterização"). Veja-se também: G. Simmel, "Henri Bergson" (1914), *in Zur Philosophie der Kunst*, Potsdam, Kiepenheuer, 1922, pp. 126-45. A relação entre Simmel e Bergson é muito importante, embora até hoje pouco estudada. Pode-se ver F. Léger, *La pensée de Georg Simmel*, Paris, Kime, 1989, que dedica algumas poucas páginas à questão (pp. 324-8). Além disso, veja-se P. Gorsen, *Zur Phänomenologie des Bewusstseinsstroms. Bergson, Dilthey, Husserl, Simmel und die lebensphilosophischen Antinomien*, Berlim, 1966 e por fim R. W. Meyer, "Bergson in Deutschland. Unter besonderer Beruecksichtigung seiner Zeitauffassung", *in Studien zum Zeitproblem in der Philosophie des 20. Jahrhunderts*, organização de E. W. Orth, Friburgo/Munique, 1982, pp. 10-64.

[114] O dualismo é um elemento central no pensamento de Simmel, como o Leitor já deve ter percebido. O que caracteriza o dualismo de Simmel? Trata-se de um dualismo que é na verdade dicotomia, isto é, separação? Não, trata-se, como Landmann percebeu, de "dialética sem conciliação" (cf. M. Landmann, "Einleitung", *in* G. Simmel, *Das individuelle Gesetz. Philosophische Exkurse*, organização de Michael Landmann, Frankfurt/M, Suhrkamp, 1968, pp. 7-29; "Georg Simmel: Konturen seines Denkens", *in* H. Böhringer e K. Gründer (orgs.), *Ästhetik und Soziologie um die Jahrhundertwende: Georg Simmel, op. cit.*, pp. 3-17). O que caracteriza o dualismo de Simmel é que ele só existe inscrito no *movimento*. O que está por um momento em um polo já está no momento seguinte no polo oposto; por isso o dualismo simmeliano só tem sentido frente ao movimento essencial que o caracteriza. Como o dualismo remete à metafísica simmeliana, não será tema deste trabalho. Veja-se em geral os textos sobre filosofia da cultura e metafísica. A título apenas de exemplo aponto algumas de suas configurações (entre parênteses apenas alguns textos em que essas configurações são desenvolvidas): o unir e o separar (cf. "Brücke und Tür", *Philosophie des Geldes*); simetria e assimetria (cf. "Soziologische Ästhetik", *Philosophie des Geldes*); "lei individual" e "lei universal" (cf. "Rodin", "Das individuelle Gesetz"); sujeito e objeto (cf. *Hauptprobleme der Philosophie, Philosophie des Geldes*); pessoal e impessoal (cf. *Philosophie des Geldes*); diferenciado e indiferenciado (cf. *Über sociale Differenzierung, Philosophie des Geldes*); cultura objetiva e cultura subjetiva (cf. textos sobre filosofia da cultura); vida e forma (cf. textos sobre filosofia da cultura e metafísica); Kant e Goethe (cf. *Kant und Goethe*); totalidade e fragmento (*Philosophie des Geldes*); sincronia e diacronia (cf. *Philosophie des Geldes*); natureza e cultura (cf. "Die Ruine"); quantidade e qualidade (cf. *Philosophie des Geldes*); próximo e distante (cf. *Soziologie, Philosophie des Geldes*); cultura masculina e cultura feminina (cf. "Weibliche Kultur"); indivíduo e sociedade (cf. *Grundfragen der Soziologie, Über sociale Differenzierung, Soziologie, Philosophie des Geldes*); interior e exterior (cf. *Soziologie, Philosophie des Geldes*); vida e morte (cf. "Metaphysik des Todes", *Lebensanschauung*); Mais-vida e Mais-que-vida (cf. *Lebensanschauung*); manifestações do "papel duplo do dinheiro" na *Philosophie des Geldes*; na *Soziologie*: publicidade/segredo, individual/social, solidariedade/antagonismo, adaptação/rebelião, liberdade/coação, homem/mulher etc.

Estilo de vida

É só no contexto desta escatologia que o dinheiro aparece em sua plena significação: ele é o símbolo por excelência dessa dimensão móvel e maleável do mundo, dessa imagem de mundo que diz respeito ao movimento:
"Seguramente não há nenhum símbolo mais claro para o caráter de absoluto movimento do mundo do que o dinheiro." (p. 714)

É por isso que Simmel escolhe o dinheiro como objeto de sua filosofia, pois falar do dinheiro é falar de tudo o que se movimenta, quando o moderno é justamente mobilidade. Dado o seu caráter simbólico *exemplar*, o dinheiro permite a Simmel, através do singular, caracterizar o universal (mote 5), precisamente o modo estético de proceder que ele defende no "Prefácio" da *Philosophie des Geldes* (cf. o tópico "panteísmo estético") e que ganha corpo no ensaio como forma.

"O dinheiro não é senão o suporte de um movimento, no qual precisamente tudo o que não é movimento é completamente diluído, ele é por assim dizer actus purus; *ele vive em contínua autoalienação [Selbstentäusserung] a partir de cada ponto dado e forma assim o polo oposto e a negação direta de todo ser-para-si [Fuersichsein]."* (p. 714)

E se a autoalienação é característica do dinheiro, é também característica da vida moderna. Se no Idealismo alemão a ideia de alienação ainda implicava em alguma forma de 'ser para si' em relação ao sujeito, agora não mais. A negação direta de todo 'ser para si' é o 'ser para outro' absoluto: o dinheiro, que é algo que só tem sentido na relação com o que lhe é exterior.[115]

Marx, em um dos seus manuscritos do ano de 1844, afirmara que "a alienação do trabalhador em seu produto significa não só que o seu trabalho torna-se um objeto, uma existência *exterior*, mas também que ele existe *fora*, independente, estranho ao trabalhador e torna-se um poder autônomo frente a ele, de tal modo que a vida que ele empresta ao objeto defronta-se com ele como algo hostil e estranho".[116] É este mesmo fenômeno que Simmel, meio século depois, entende como objetivação e autono-

---

[115] O dinheiro procura sempre e cada vez mais objetos frente aos quais ele possa demonstrar seu valor: quanto mais objetos, em quantidade e qualidade, são confrontados com o dinheiro, com tanto maior perfeição ele demonstra seu caráter de equivalente universal.

[116] K. Marx, "Ökonomisch-philosophische Manuskripte" (1844), *in* K. Marx e F. Engels, *Studienausgabe in 4 Bänden*, vol. II, organização de I. Fetscher, Frankfurt/M, Fischer, 1966, p. 77.

mização dos conteúdos da vida e que, como vimos em sua filosofia da cultura, não se limita à objetivação que é o trabalho (daí sua crítica a Marx, já desde 1900, como vimos acima), mas vale para todas as objetivações. O 'ser para si' de que fala Simmel está relacionado com o enriquecimento da subjetividade, portanto com a superação da discrepância entre as culturas objetiva e subjetiva e com o processo da cultura enquanto síntese. É isto que, em um mundo que encontra no dinheiro o seu símbolo mais perfeito, parece a Simmel algo distante.

Mas ao mesmo tempo em que o dinheiro é o símbolo do movimento, ele é também o símbolo da fixidez. Isto significa que ele é capaz de conjugar em si as duas imagens de mundo que Simmel esboça, baseadas na mobilidade e na fixidez.[117] Pois, na medida em que se deixa trocar pelas coisas as mais variadas, e mesmo por todas as coisas, ele se mostra como algo que permanece fixo e imutável frente à infinidade das coisas que circulam sem parar ao seu redor:

> *"Se por um lado o dinheiro é, enquanto singularidade palpável, a coisa mais fluida do mundo prático exterior, ele é por outro, de acordo com seu conteúdo, a coisa mais estável. O dinheiro permanece como ponto de indiferença e equilíbrio entre todos os seus conteúdos e seu sentido ideal é, como o da lei, dar a sua medida a todas as coisas, sem se medir a si mesmo em relação a elas. [...] Ele exprime a relação que há entre os bens econômicos e permanece estável frente à corrente desses bens [...]."* (pp. 714-5)

Este é o caráter duplo do dinheiro, que caracteriza o estilo de vida moderno. Ele exprime as duas imagens de mundo que Simmel percebe no moderno e que o caracterizam.

Em "Soziologische Aesthetik" (1896), um texto que faz parte do complexo da filosofia do dinheiro, Simmel mostrou como o dualismo se exprime em configurações históricas que são variações de uma forma original, do *Urphänomen* goethiano.[118] Neste texto, Simmel não tinha em

---

[117] O Leitor não deve deixar passar desapercebido o fato de que as duas imagens de mundo, fixidez e movimento são *exatamente* os dois polos do dualismo da filosofia da cultura simmeliana (cf. o tópico "cultura"). É o dualismo de vida — movimento — e forma — fixidez. Por isso o papel que, em 1900, é desempenhado pelo "dinheiro", com o passar dos anos é cada vez mais desempenhado pela "vida". Já apontei anteriormente este ponto.

[118] "Protofenômeno", "fenômeno originário". O termo aparece também, claro está, na *Philosophie des Geldes*, *op. cit.*, por exemplo pp. 27, 31. Veja-se ainda G. Simmel, *Goethe*, *op. cit.*, pp. 56 ss., 255; "L'art pour l'art", *op. cit.*, p. 80.

Estilo de vida

vista as duas imagens de mundo que, poucos anos mais tarde, ele elaboraria na *Philosophie des Geldes*; ele visava, antes, o dualismo que considerava característico de seu *presente*, aquele polarizado nas tendências socialistas e individualistas (cf. o tópico "presente"). Mas a ideia da configuração histórica do dualismo é interessante, pois as duas imagens de mundo que encontram no dinheiro o seu *símbolo* podem ser compreendidas a partir dessa formulação de 1896:

> *"A consideração do agir humano deve o seu encanto sempre renovado à combinação inesgotavelmente variada do retorno constante e homogêneo de poucos motivos básicos e a abundância diversificada de suas variações individuais, em que nenhuma é inteiramente igual à outra. As tendências, os desenvolvimentos, as contradições da história humana deixam-se reduzir a um número surpreendentemente pequeno de motivos originais. O que se afirmou acerca da poesia: que tanto a lírica como o drama consistiriam apenas na conformação diversificada de um número estritamente limitado de possibilidades interiores e exteriores do destino — isto vale para cada domínio da atividade humana; e quanto mais nós abarcamos os domínios, mais se amalgamam o número dos motivos básicos, até que, finalmente, na consideração mais geral da vida, se desemboca quase sempre em uma dualidade. Toda vida surge como luta, compromisso e combinação dessa dualidade em configurações sempre novas. Cada época tende a esse dualismo das direções do pensamento e da vida, no qual as correntes básicas do humano se dirigiriam para sua expressão mais simples, a fim de reduzir a abundância ilimitada de seus fenômenos. Mas aquela oposição vital profunda de tudo o que é humano só se deixa compreender em símbolos e exemplos, e a cada grande período histórico surge uma outra configuração dessa oposição, como seu tipo básico e sua forma original."*[119]

O moderno é a época ou período histórico que Simmel analisa na *Philosophie des Geldes*, e todos os desenvolvimentos e tendências, fenômenos e configurações do moderno deixam-se reduzir às duas imagens de mundo que ele delineia ao final do livro: aquela *representada* pelo movimento e aquela *representada* pela fixidez.[120] Como se trata de uma aná-

---

[119] G. Simmel, "Soziologische Aesthetik" (1896), *op. cit.*, p. 197.

[120] Baudelaire, em suas elucubrações acerca do pintor da vida moderna, afirma que cada passado experimentou o seu próprio presente, o seu próprio sentido de con-

lise de fundo estético (cf. o tópico "panteísmo estético"), Simmel busca apreender a época e as imagens de mundo que lhe são correlatas através do *exemplo* e do *símbolo*. Por essa razão, o dinheiro é considerado o símbolo do moderno, porque nele as duas imagens de mundo convergem do modo mais perfeito. E é também por este motivo que a *Philosophie des Geldes* não é uma análise histórica e sistemática do processo do moderno, mas, antes, um conjunto de exemplos, variações, analogias e símbolos. Através desse conjunto, enquanto uma variedade de "instantâneos", Simmel apresenta *a partir de um modelo estético* — tal como formulado no "Prefácio" da *Philosophie des Geldes* — o *processo do moderno*.

* * *

Isto posto, resta ainda precisar um pouco mais algumas dimensões do moderno estilo de vida. É necessário tematizar a própria categoria de estilo de vida, que é, ela mesma, uma analogia. Um pequeno desvio nos levará ao problema (Simmel, como bom ensaísta, os apreciava).

Na primeira das *Considerações extemporâneas*, escrita logo após o final da guerra e a proclamação do II Reich, encontramos Nietzsche polemizando contra a "cultura" alemã, que de cultura nada tinha: como poderia, aliás, uma cultura ser medida por um êxito militar? Eis

"o erro da opinião pública e de todos os que opinam publicamente, de que também a cultura alemã tivesse triunfado naquela luta. [...] Só pode ser um equívoco quando se fala do triunfo da formação e cultura [Bildung und Kultur] alemãs; um equívoco que se baseia no fato de que, na Alemanha, o puro conceito de cultura se perdeu."[121]

A articulação-chave aqui é que Nietzsche relaciona o conceito de cultura com o presente que ele vive. O conceito de cultura é mobilizado em e para uma crítica do presente. Falar da cultura alemã é falar portanto do presente alemão, mesmo que esse presente se apresente como não cultura: como barbárie. Pois sua caracterização é a de um presente carente de cultura, no qual a própria ideia de cultura se acha comprometida. Nes-

---

temporaneidade, e sua arte foi, então, moderna. "Il y a une modernité pour chaque peintre ancien." Como essa modernidade é múltipla, ou melhor, se renova sem cessar, Baudelaire afirma que a modernidade é o transitório e contingente. Essa modernidade fugidia se contrapõe portanto não a um passado propriamente determinado, mas sim ao eterno, ao que não é transitório, fugidio e contingente. Mas o eterno é o outro do moderno. A escatologia simmeliana é *literalmente* a mesma.

[121] F. Nietzsche, *Sämtliche Werke*, *op. cit.*, vol. I, pp. 159, 163.

Estilo de vida

te contexto, de um conceito de cultura que ganha corpo em uma crítica do presente, ele relaciona cultura e estilo.

"*A cultura é sobretudo a unidade do estilo artístico em todas as manifestações da vida de um povo. Mas uma grande quantidade de saber e conhecimento acumulado não é nem um meio necessário da cultura, nem um sinal de cultura, e em caso de necessidade se dá melhor com o oposto da cultura, a barbárie, que significa: a ausência de estilo ou a confusão caótica de todos os estilos.*"[122]

O conceito de cultura está, tal como em Simmel, ligado à ideia de unidade, de uma síntese. A unidade de Nietzsche tem em vista a totalidade da existência, não como a unidade de uma soma, mas sim como a unidade de uma justa proporção no interior de uma multiplicidade natural; uma unidade que só é possível nos domínios dos diferentes instintos, quando nenhum deles se desenvolve sem limites em detrimento dos outros. Contudo, o nó da afirmação continua sendo a articulação de cultura e estilo. Estilo aparece para Nietzsche como uma categoria capaz de garantir a síntese que a unidade supõe ou exige, como *o registro adequado para dar conta da multiplicidade da existência em uma unidade que não é impositiva.*

Entretanto, o que ele diagnostica é o presente como barbárie: "ausência de estilo" é a incapacidade de um registro que dê conta do que ele quer; "confusão caótica de todos os estilos" é desobrigar o conceito de estilo de sua tarefa sintética.

São exatamente estes mesmos pontos que serão retomados em Simmel: a ideia de uma unidade ideal da cultura e o presente como o oposto dessa unidade; a ideia de uma filosofia da cultura como dimensão da análise do presente. Contudo, interessam-me menos os laços com a filosofia da cultura do que as repercussões de Nietzsche na teoria do moderno de Simmel. Pois também para Simmel o moderno/presente é caracterizado pela confusão caótica de todos os estilos. A realidade com a qual ele se defronta é a "anarquia estilística da Alemanha de hoje".[123] Nesse texto de 1890 ele reproduz, portanto, literalmente o diagnóstico do presente formulado pelo

---

[122] Nietzsche, *Sämtliche Werke*, *op. cit.*, vol. I, p. 163. Ver também vol. I, p. 274, vol. VII, p. 606.

[123] G. Simmel, "Moltke als Stilist" (1890), *in Aufsätze 1887 bis 1890. Über sociale Differenzierung. Die Probleme der Geschichtsphilosophie (1892)*, *op. cit.*, p. 103. Em "Die Krisis der Kultur", uma formulação da filosofia da cultura da época da guerra, Simmel fala na "*ausência de estilo de nossa época*". G. Simmel, "Die Krisis der Kultur", *op. cit.*, p. 60.

jovem Nietzsche em 1872. Esta anarquia de estilos, Simmel não a adjetiva propriamente como bárbara, antes como moderna. O moderno é a multiplicidade de estilos com que o indivíduo se vê confrontado. Pode-se dizer que o diagnóstico de ambos, Nietzsche e Simmel, coincide; contudo o que em um ganha a coloração final de recusa e repulsa do moderno, no outro é tingido por uma resignação que desemboca em uma filosofia da cultura de tendência progressivamente metafísica.[124]

Mas é fundamental vermos o diagnóstico nietzschiano, pois ele é uma antecipação surpreendente do complexo da filosofia do dinheiro:

"Nessa confusão caótica de todos os estilos vive contudo o alemão de nossos dias: e é um problema sério como ainda lhe pode ser possível, com toda a sua instrução, não ter se dado conta disto e ainda mais se alegrar de coração de sua 'cultura' [Bildung] atual. Decerto tudo lhe deveria instruir: cada olhar a suas roupas, seu quarto, sua casa, cada passo pelas ruas de suas cidades, cada vez que entra em um magazine de um comerciante de arte da moda; em meio à vida social ele deveria tomar consciência da origem de suas maneiras e movimentos, em meio às nossas instituições de arte, dos visitantes de concertos, teatros e museus ele deveria tomar consciência da coexistência e superposição grotescas de todos os estilos possíveis. O alemão amontoa ao redor de si as formas, cores, produtos e curiosidades de todos os tempos e de todas as zonas e produz com isso aquela moderna variedade e policromia dos mercados anuais, que os seus sábios [Gelehrten] formularam e contemplaram recorrentemente como o 'moderno em si'; ele próprio permanece calmamente sentado em meio a esse tumulto de todos os estilos."[125]

Se para Nietzsche o "moderno em si" é uma mistura "grotesca", "confusão caótica de todos os estilos", ele o vê nos mesmos espaços que Simmel: nas roupas, no interior, nas cidades, casas, avenidas, magazines,

---

[124] Sobre a relação de tragédia e resignação, que aparece na filosofia da cultura simmeliana, há uma breve menção em G. Simmel, *Hauptprobleme der Philosophie, op. cit.*, pp. 85-6. Ver ainda o final de G. Simmel, "Die Großstädte und das Geistesleben" (1903), *in Das Individuum und die Freiheit, op. cit.*, p. 204.

Curiosamente, a barbárie da cultura detectada por Nietzsche coincide com uma "hipertrofia do sentido histórico" (Nietzsche, *Sämtliche Werke, op. cit.*, vol. VII, p. 640; vol. I, pp. 243 ss.); ou seja, ele, como Simmel, percebe a relação que se estabelece entre pluralidade de estilos, alargamento do saber histórico e moderno.

[125] Nietzsche, *Sämtliche Werke, op. cit.*, vol. I, p. 163.

Estilo de vida

modas, exposições. A ideia do moderno que transparece deste texto é a da grande cidade, movimentada e incansável, variada e múltipla, inesgotável. As análises de Simmel acerca do "estilo de vida moderno" são rearticulações destas percepções nietzschianas, pois ele se debruça sobre os mesmos fenômenos, com seu "olhar psicológico", com sua "lupa psicológica",[126] que o alinham diretamente ao "psicólogo" Nietzsche.

Para este, o homem do mundo moderno, o homem moderno, tem como principal característica a "notável oposição entre um interior, a que não corresponde nenhum exterior, e um exterior, a que não corresponde nenhum interior".[127] Essa separação entre um interior e um exterior, que se constituem e se apresentam como distintos, isto é a ausência de estilo, a discrepância entre cultura objetiva e cultura subjetiva, para falarmos em termos simmelianos. Ora, o "estilo de vida" tem a ver, justamente, com essa configuração histórica entre cultura objetiva e subjetiva. Se a cultura já era, desde a primeira *Extemporânea*, "a unidade do estilo artístico em todas as manifestações da vida de um povo", uma verdadeira cultura deve, pois, "ser em toda efetividade uma unidade viva",[128] unidade de interior e exterior. Para Nietzsche, a cultura só pode "crescer e florescer a partir da vida".[129] Pois é a vida que deve organizar as influências variadas, as necessidades falsas e verdadeiras, os desejos: a vida deve organizar o caos, e não o contrário, como no mundo moderno com o qual Nietzsche se confronta. É a vida que deve dirigir o pensamento, as necessidades materiais e espirituais, o querer. Só assim poderá surgir uma cultura. Será essa uma cultura clássica, uma cultura dionisíaca? "Assim se lhe revela o conceito grego de cultura — em contraposição ao romano —, o conceito de cultura como uma *physis* nova e enriquecida, sem interior e exterior, sem simulação e convenção, da cultura como uma união de vida e pensamento, aparência e querer."[130] Contudo, seu diagnóstico do presente detecta uma situação diametralmente oposta, e por isso Nietzsche converte o presente — o moderno — em barbárie. Já em Simmel não. Ele busca recuperar esse diagnóstico como caracterização de seu tempo, tenta explorar essa caracterização em suas ambiguidades, sem opor-lhe um ideal pré-estabelecido.[131]

---

[126] A expressão é de Simmel: cf. S. Lozinskij, "Simmels Briefe zur jüdischen Frage", *in* H. Böhringer e K. Gründer (orgs.), *Ästhetik und Soziologie um die Jahrhundertwende: Georg Simmel, op. cit.*, p. 242.

[127] Nietzsche, *Sämtliche Werke, op. cit.*, vol. I, p. 272.

[128] Nietzsche, *Sämtliche Werke, op. cit.*, vol. I, p. 274.

[129] Nietzsche, *Sämtliche Werke, op. cit.*, vol. I, p. 326.

[130] Nietzsche, *Sämtliche Werke, op. cit.*, vol. I, p. 334.

[131] É fácil e instrutivo perceber isto, por exemplo, nas posições de Nietzsche e

Tematizar a categoria de estilo não é uma tarefa propriamente fácil, se se tem em vista o contexto em que ela aparece no complexo da filosofia do dinheiro e o sentido que lhe é então atribuído. Tendo presente o antecedente nietzschiano e a discussão do capítulo final da *Philosophie des Geldes*, voltemo-nos para um texto que Simmel publicou no mesmo ano que a *Soziologie*, intitulado significativamente "O problema do estilo".[132] Partindo do universo da arte no qual o conceito de estilo ganha corpo, Simmel busca modelá-lo tendo em vista a situação do presente, o moderno. É por isso que, ao final desse texto, o que Simmel apresenta é uma caracterização do moderno. Ou seja, exatamente o que ocorrera no livro de 1900 (lembre-se que a segunda edição, "aumentada", da *Philosophie des Geldes*, apareceu no ano anterior, 1907).

Abordar o problema do estilo é mergulhar em problemas que ultrapassam em muito os domínios puramente artísticos, pois o estilo é uma categoria que se situa em meio ao conflito entre singularidade e universalidade — nos termos da filosofia da cultura, em meio ao dualismo que habita o mundo.

"Estilo é sempre aquela moldagem que [...] nega a essência e o valor individuais da obra de arte, o seu significado único. Em virtude do estilo a especificidade da obra singular é submetida a uma lei formal universal, que vale também para outras; sua por assim dizer autorresponsabilidade absoluta é dispensada, pois ela compartilha com outras o modo ou uma parte de sua configuração e por isso remete a uma raiz comum que está completamente para além da obra singular — em oposição às obras que se sustentam completamente a partir de si mesmas, isto é, a partir da unidade enigmática e absoluta da personalidade artística e de sua unicidade que se mantém por si mesma." (p. 375)

O estilo é o universal na obra de arte, aquilo que ela compartilha com um conjunto de obras que lhe são semelhantes; o estilo opera assim um nivelamento no conjunto das obras que ele abarca. Em oposição ao estilo está o singular, a grande obra de arte que se situa para além do estilo, porque ela, por suas características próprias, significa muito mais do que qualquer estilo pode lhe oferecer. Essa obra de arte absolutamente singular, que não

---

Simmel acerca do nivelamento social que caracteriza o moderno, já que Nietzsche o recusa por completo e impiedosamente, enquanto Simmel assinala os seus aspectos positivos e negativos.

[132] Simmel, "Das Problem des Stiles", *op. cit.*, pp. 374-84. Nas citações a seguir deste texto indicarei apenas, entre parênteses e após a citação, o número da página.

Estilo de vida

se deixa nivelar ao conjunto das obras, é o produto da grande personalidade, do grande artista — Goethe, Michelangelo, Rembrandt, Botticelli, Beethoven, para seguir os exemplos dados por Simmel. Assim como a personalidade exprime uma individualidade distinta da individualidade social, assim como há uma individualidade qualitativa que se diferencia de uma individualidade quantitativa,[133] o mesmo ocorre, no domínio da arte, na contraposição de estilo e de obra de arte que não se reduz a estilo algum. O estilo é um universal, exprime um *tipo*, por assim dizer, une na variedade e multiplicidade mediante uma lei geral, na justa medida em que aquilo que é subsumido a um estilo determinado compartilha algo de comum e mesmo essencial com tudo aquilo que cai sob a mesma categoria de estilo. Que se fale do estilo dos grandes artistas — "personalidades" — indica justamente que esses artistas alcançam, em suas obras singulares, a expressão do universal. Então a obra de arte é, a um só tempo, singular e universal.

Esta distinção entre universalidade e singularidade é a que se exprime também na diferença entre (obra de) arte e (obra de) arte aplicada. A obra (o objeto) de arte aplicada "existe muitas vezes, sua difusão é a expressão quantitativa de sua utilidade, pois ele serve sempre a um fim" (p. 376, tb. PhdG pp. 540-1). Em outros termos, na medida em que a obra de arte é convertida em estilo e se reproduz, ela perde sua unicidade, sua individualidade radical, sua "aura", como dirá alguns anos mais tarde um aluno de Simmel.[134] Simmel dirá que há duas possibilidades de configu-

---

[133] Cf. G. Simmel, *Grundfragen der Soziologie, op. cit.*, pp. 68 ss.

[134] A questão da obra de arte aplicada é importante para Simmel porque ela coloca em questão a natureza mesma da arte no presente, no qual, devido às novas dimensões do processo de produção e circulação, no caso de reprodução, o que é único torna-se múltiplo. Essa metamorfose torna-se um tema que precisa, então, ser averiguado. Pelo menos por três vezes, em 1907, 1909 e 1911-12, Simmel ministrou aulas sobre "O estilo na arte aplicada" — cf. P. Fechter, "Erinnerungen an Simmel", *in* K. Gassen e M. Landmann (orgs.), *Buch des Dankes an Georg Simmel, op. cit.*, p. 161; *Marbacher Magazin: Siegfried Kracauer 1889-1966*, vol. XLVII, 1988, organização de U. Ott, I. Belke e I. Renz, pp. 11-2. Veja-se G. Simmel, *Philosophie des Geldes, op. cit.*, pp. 9, 361-2; "Der Henkel. Ein ästhetischer Versuch" (1905), que é reelaborado em "Der Henkel", *in Philosophische Kultur, op. cit.*, pp. 111-7; "Psychologie des Schmuckes" (1908), *in Aufsätze und Abhandlungen 1901-1908, op. cit.*, pp. 385-93; "Exkurs über den Schmuck", *in Soziologie* (1908), *op. cit.*, pp. 414-21; "L'art pour l'art", *op. cit.*, p. 81; "Zur Philosophie des Schauspielers", *op. cit.*, p. 432. As questões suscitadas pela arte aplicada serão um tema importante em vários alunos de Simmel, não só Benjamin, mas especialmente Ernst Bloch, e também Kracauer (que, não custa lembrar, era arquiteto de formação). É bem interessante notar que Benjamin caracteriza a "aura" em termos de proximidade e distância. Cf. W. Benjamin, *Gesammelte Schriften, op. cit.*, vol. V.1, p. 560.

ração, ou segundo o "princípio da universalidade", ou segundo o "princípio da individualidade" (p. 377).[135] Mas não há, e isto é o essencial, um juízo de valor que desclassifique aquilo que é configurado mediante o estilo, através do princípio da universalidade.[136] Ambos são igualmente válidos e necessários, pois há certas "necessidades vitais" que só podem ser supridas através do estilo. Como se vê, o paralelismo com o social e o individual é evidente. Que necessidades vitais são essas?

> *"Do fato de que o estilo se dirige (inclusive no espectador) às camadas que estão para além do puramente individual, às categorias amplas do sentimento (sujeitas às leis universais da vida) origina-se o sossego, o sentimento de segurança e imperturbabilidade que o objeto estritamente estilizado nos propicia."* (p. 380)

Mas qual seria o objeto mais perfeito e completamente estilizado? O dinheiro. Por isso é flagrante a semelhança do dinheiro com esse objeto rigorosamente estilizado, por isso ambos são próximos à tranquilidade e segurança que se exprimem do modo mais acabado na ideia de deus.[137] Isto posto, podemos afirmar: a estilização da vida surge como uma estratégia, moderna, que o indivíduo emprega em sua busca de segurança e tranquilidade em meio a um mundo cada vez mais confuso e frenético. Simmel continua:

> *"Dos pontos de excitação da* individualidade, *a que a obra de arte apela tão frequentemente, a vida adentra, perante a forma estilizada, nas camadas mais calmas em que não se sente mais só e onde [...] a legalidade supraindividual da formação objetiva encontra, frente a nós, seu complemento no sentimento de que nós também, por nosso lado, reagimos frente ao supraindividual, frente à lei universal em nós mesmos; e com isso nós nos redimimos da autorresponsabilidade absoluta, do equilíbrio*

---

[135] Aqui se reproduz, em uma outra dimensão, o que Simmel denomina de individualismo quantitativo e individualismo qualitativo. Ver "Georg Simmel e a Berlim do Segundo Império".

[136] Simmel discutiu exatamente esta questão ao analisar a relação da obra de arte com a divisão do trabalho. Cf. *Philosophie des Geldes*, *op. cit.*, pp. 629-31, citado e discutido acima.

[137] "E se se definiu a beleza como uma *promesse de bonheur*, isto também aponta para a igualdade formal-psicológica entre o encanto estético e o do dinheiro; pois em que poderia consistir este encanto, senão na promessa de felicidade que o dinheiro nos deve prover?" G. Simmel, *Philosophie des Geldes*, *op. cit.*, p. 442.

Estilo de vida

sobre a estreiteza da mera individualidade. Esta é a razão mais profunda pela qual as coisas, que nos circundam como fundo ou base da vida cotidiana, devem ser estilizadas." (p. 380)

A estilização é, em um mundo cada vez mais movimentado, inconstante, variável, diferenciado, algo sem o qual os modernos não podem mais viver. É essa estilização que leva Simmel a, na *Philosophie des Geldes*, falar no moderno estilo de vida, entendido como o conjunto das repercussões e efeitos do dinheiro sobre o conjunto da existência.

A questão da estilização transparece, para Simmel, de modo muito claro no *interior burguês*. Ele busca interpretá-lo:

> *"[...] em seu quarto o homem é o principal, por assim dizer o ponto que precisa, para que com isso se origine um sentimento orgânico e harmônico do todo, repousar sobre camadas mais amplas, menos individuais, e se destacar delas. A obra de arte, que pende emoldurada na parede, que repousa sobre o pedestal, que é guardada na pasta, já indica através desse isolamento espacial que ela não se imiscui na vida imediata, como a mesa e o copo, a lamparina e o tapete. [...] O princípio do sossego, que a intimidade familiar precisa exprimir, levou com uma praticidade instrutiva prodigiosa à estilização desse espaço: de todos os objetos de nosso uso são decerto os móveis que suportam mais perfeitamente o cachet de algum estilo. Isto é perceptível ao máximo na sala de jantar, que já por motivos fisiológicos deve propiciar uma descontração, uma saída das excitações e agitações do dia em um bem-estar mais amplo, repartido com os outros."* (pp. 380-1)[138]

Se o interior é o espaço do recolhimento individual, da tranquilidade, e mesmo da soberania do sujeito, que se retira do mundo, ele é também um espaço propício para a estilização. A delimitação do interior é ela mesma um momento da sociologia do espaço simmeliana, assim como a ideia da moldura, que tem por função delimitar espaços.[139] Mas, assim como na sociedade as tendências individualizantes e socializantes nunca

---

[138] Sobre esses "motivos fisiológicos" e suas implicações sociais Simmel escreveu sua sociologia da refeição. Cf. G. Simmel, "Soziologie der Mahlzeit", *op. cit.*

[139] Veja-se a já citada sociologia do espaço simmeliana. Sobre a moldura, G. Simmel, "Der Bildrahmen. Ein ästhetischer Versuch" (1902), *in Zur Philosophie der Kunst, op. cit.*, pp. 46-54. Não se deixe de rever o passo da *Philosophie des Geldes, op. cit.*, p. 630, que foi citado no início deste tópico e que também formula a questão.

se anulam, mas sempre se imbricam e lutam entre si,[140] o mesmo se dá no interior. Ele nunca é completamente estilizado:

"De modo muito peculiar essa exigência de estilo consiste — para o homem moderno — na verdade apenas para os objetos singulares de seu espaço íntimo, mas de modo algum para esse espaço como um todo. A casa, que cada um decora de acordo com seu gosto e suas necessidades, pode ter completamente aquele colorido pessoal, inconfundível, que nasce da singularidade desse indivíduo, e que seria no entanto insuportável se cada objeto concreto revelasse essa individualidade. À primeira vista isto pode parecer muito paradoxal. Mas se consideramos que seja assim, então poderíamos explicar inicialmente porque os quartos que são mantidos inteiramente dentro de um determinado estilo histórico possuem para nós, ao serem habitados, algo de desagradável, estranho, frio — enquanto que aqueles que são compostos de peças singulares de estilos variados, mas não menos rigorosos, segundo um gosto individual [...] podem ser muito mais habitáveis e aconchegantes. Um conjunto de coisas que são completamente de um estilo histórico confluem em uma unidade fechada em si, que por assim dizer exclui de si o indivíduo que a habita; ele não encontra nenhuma lacuna em que a sua vida pessoal, hostil àquele estilo, possa desaguar, ou possa se amalgamar a ele. Mas isto se transforma notavelmente assim que o indivíduo compõe o seu ambiente com os objetos estilizados de modo variado segundo o seu gosto. Com isso eles recebem um novo centro, que não repousa para si em nenhum deles, mas que eles exprimem então através do modo específico de sua reunião; eles recebem uma unidade subjetiva [...]. Este é o estímulo insubstituível mediante o qual nós decoramos nossos espaços com objetos de épocas passadas, e estabelecemos a partir desses objetos — dos quais cada um traz a felicidade calma do estilo, ou seja, de uma lei formal supraindividual — um novo todo, cuja síntese e forma total é, não obstante, de substância inteiramente individual e é adaptada a apenas uma personalidade determinada especificamente." (pp. 381-2)

Essa síntese é nada mais, nada menos do que uma síntese do subjetivo e do objetivo, e assim de sujeito e objeto, cultura subjetiva e cultura

---

[140] "A totalidade do todo [...] está em uma luta eterna contra a totalidade do indivíduo." G. Simmel, *Philosophie des Geldes*, *op. cit.*, p. 690, já citada e discutida acima.

Estilo de vida

objetiva. O espaço do interior burguês — só o burguês (mas sobretudo o membro do "Bildungsbürgertum"[141]) dispõe das condições para possuir e decorar desse modo uma moradia —, que é a configuração espacial-arquitetônica da *intimidade*, "interioridade", surge agora como o espaço no qual Simmel vê uma possibilidade da síntese almejada pelo processo da cultura. Em outros termos, só para estratos sociais muito bem definidos é que isso parece possível. No moderno, uma possível síntese pode apenas ocorrer nesse espaço recôndito, síntese do que é individual e supraindividual, síntese portanto das duas tendências fundamentais que caracterizam a época de Simmel (cf. o tópico "presente"). Se é aqui, no interior burguês, que as discrepâncias e descompassos das culturas subjetiva e objetiva conseguem se afinar, claro está que Simmel tem em vista estratos sociais muito específicos, e que se encontra muito distante das preocupações "sociais" que são perceptíveis em seus escritos da década de 1890, quando, em meio ao Naturalismo, à sociologia, à social-democracia, as tendências "sociais" da época ainda lhe pareciam bem mais viáveis. Agora ele se situa bem longe das massas.[142] Mais que isso, o que parece vir a tona aqui, na descrição do interior, é a própria experiência pessoal de nosso autor, é como se ele estivesse falando de sua própria casa, de seu próprio salão, lugar por excelência da sociabilidade, mas da sociabilidade em pequenos círculos. Em contraposição à movimentação frenética do exterior, à vida movimentada da cidade grande, Simmel se recolhe no "interior" burguês de seu salão. Tapetes persas, porcelana chinesa e japonesa, desenhos de Rodin, gravuras de Kollwitz e a vista para o jardim emolduram o ambiente no qual Simmel vivia e encontrava seus amigos; o ambiente da conversa, modelo da sociabilidade.[143] Em 1900, o espaço da interioridade encontra seus li-

---

[141] Já se assinalou muitas vezes, é verdade que quase sempre em tom crítico e recriminatório, que "Simmel é um representante típico do *Bildungsbürgertum* das grandes cidades alemãs no período do 'fin-de-siècle'". S. Hübner-Funk, "Ästhetizismus und Soziologie bei Georg Simmel", *op. cit.*, p. 46, que é apenas um exemplo, dentre vários, de análise, geralmente de inspiração marxista ou "wissenssoziologisch" (de sociologia do conhecimento), que quer compreender Simmel a partir de sua posição de classe. Só que com isso, via de regra, se joga fora o bebê junto com a água do banho, como se diz em bom alemão.

Sobre esta categoria tipicamente alemã, o *Bildungsbürgertum*, pode-se ver K. Vondung (org.), *Das wilhelminische Bildungsbürgertum. Zur Sozialgeschichte seiner Ideen*, Göttingen, Vandenhoeck & Ruprecht, 1976.

[142] Simmel afirma que é justamente o desenvolvimento da economia monetária que permite a formação de "classes profissionais" que se situam "completamente para além de todo movimento econômico". Ele, como professor e intelectual, ocupa precisamente essa posição de classe. Cf. G. Simmel, *Philosophie des Geldes*, *op. cit.*, p. 416.

[143] Cf. G. Simmel, *Grundfragen der Soziologie*, *op. cit.*, pp. 48 ss; "Soziologie

238   A cultura, o moderno e o presente

mites no interior burguês, na moradia e seus ambientes, em que o indivíduo é soberano.[144] O contraste entre a casa e a rua exprime, aqui, aquele entre interior e exterior.

"O que impele o homem moderno tão fortemente ao estilo é a descarga e o encobrimento do pessoal, que é a essência do estilo. O subjetivismo e a individualidade se aguçaram até a explosão, e nas moldagens estilizadas, desde o comportamento até a decoração domiciliar, há uma atenuação e matização dessa personalidade aguda em direção a um universal e à sua lei. É como se o Eu não pudesse mais se sustentar sozinho ou ao menos não quisesse mais se mostrar e assim procurasse uma roupagem geral, mais típica, em uma palavra: estilizada. Há um pudor muito delicado no fato de que uma forma e lei supraindividuais são postas entre a personalidade subjetiva e o seu entorno humano e objetivo; a manifestação, a forma de vida, o gesto estilizado são barreiras e distanciamentos nos quais o subjetivismo exagerado da época encontra um contrapeso e um invólucro. A tendência do homem moderno de se cercar de antiguidades — portanto de coisas nas quais o essencial é o estilo, as marcas do tempo, a atmosfera geral que as envolve — é decerto não apenas um esnobismo casual, senão que remonta àquela necessidade profunda de dar à vida individual exagerada um complemento de calma amplitude, de legalidade típica. Épocas passadas, que possuíam apenas um estilo, que era por isso evidente, se colocaram frente a essa difícil questão vital de modo completamente diferente. Onde apenas um estilo está em questão, toda manifestação individual cresce organicamente dele, ela não precisa procurar então suas raízes, o universal e o pessoal convergem sem conflitos no que é realizado. O que nós invejamos nos gregos e em certas épocas da Idade Média, sua homogeneidade e falta de problemas, repousa nessa certeza do fundamento geral da vida, isto é, do estilo, certeza essa que conformava a relação do estilo com a produção singular de modo muito mais simples e sem contradições do que para nós, que dispomos de uma grande quantidade de estilos em todos os

---

der Geselligkeit. Vortrag geh. am Begrüßungsabend des 1. Deutschen Soziologentagers in Frankfurt/M, 19. Okt. 1910", *in Frankfurter Zeitung*, 22/10/1910; "Soziologie der Geselligkeit", *in Verhandlungen des 1. Deutschen Soziologentages vom 19-22/10/1910 in Frankfurt/Main*, Tübingen, J. C. B. Mohr (Paul Siebeck), 1911, pp. 1-16.

[144] Isto ainda será explorado em "Georg Simmel e a Berlim do Segundo Império".

Estilo de vida

domínios, de modo que a realização, o comportamento e o gosto individuais estão numa relação eletiva, por assim dizer, solta com o fundamento amplo, com a lei universal, que eles no entanto necessitam. Por isso os produtos de épocas passadas atuam frequentemente com muito mais estilo do que os nossos. Pois denominamos um fazer ou seu produto como sem estilo quando parece se originar apenas um sentimento [Regung] momentâneo, isolado, como que pontual, sem se fundamentar mediante um sentir mais universal, mediante uma norma que esteja acima do casual. Esse elemento necessário, fundamental pode também ser aquilo que denominei como estilo individual. Nos homens grandes e criativos, a capacidade singular jorra de uma profundidade tão abrangente da própria existência, que essa capacidade encontra sua integridade, fundamentação, o seu Mais do que o aqui e agora na própria existência [...]. Aqui o individual é o caso de uma lei individual; quem não é forte o suficiente para isso precisa se manter junto a uma lei universal; se ele não faz isso, sua realização permanece sem estilo — o que, como então se pode compreender facilmente, só pode ocorrer verdadeiramente em épocas de variadas possibilidades de estilo." (pp. 382-3)

A tensão contínua, que se recoloca a cada vez, entre o individual e o supraindividual é uma característica do moderno — como fica claro na contraposição aos gregos.

A estilização é um mecanismo de defesa, característico da Época Moderna, através do qual o indivíduo reage ao subjetivismo extremo de seu tempo.[145] O estilo está diretamente relacionado com a tendência moderna ao nivelamento social,[146] pois na medida em que ele padroniza, ele nivela e massifica. A relação de estilo e dinheiro é bem perceptível nesse aspecto, na medida em que ambos padronizam, nivelam, aplainam as diferenças. Não obstante, é característico que os processos de estilização não se limitem de modo algum aos objetos: mais reveladora até do que a estilização dos objetos é a *estilização dos comportamentos*. É inclusive nesse sentido que Simmel, por um lado, esboça determinados tipos sociais (estilização

---

[145] Cf. o passo já citado acima: "O estilo, enquanto conformação [Formung] genérica do individual, é para este um invólucro, que cria uma barreira e um distanciamento frente ao outro [...]". G. Simmel, *Philosophie des Geldes, op. cit.*, p. 659.

[146] Cf. G. Simmel, *Philosophie des Geldes, op. cit.*, pp. 375 ss.; *Über sociale Differenzierung, op. cit.*, pp. 169 ss.; *Soziologie, op. cit.*, p. 750; *Grundfragen der Soziologie, op. cit.*, pp. 32 ss., 68 ss.

tem a ver com tipificação): o cínico, o aventureiro, o ator, o corretor, o banqueiro, o avaro, o *blasé*, o pobre etc.;[147] enquanto por outro lado sua teoria dos papéis sociais indica também comportamentos e expectativas de comportamentos padronizados. "O 'desempenhar um papel' [...] faz parte das funções que constituem a nossa vida efetiva."[148] Desempenhar um papel é uma parte de nossa individualidade, mas não a individualidade como um todo. Se o papel tem a ver com comportamentos estilizados, está claro que não podemos ter *apenas* comportamentos estilizados: o indivíduo é um ponto de tensões e relações,[149] dentre elas de tendências individualizantes e desindividualizantes. Ao assumir papéis, isto é, comportamentos estilizados,[150] o indivíduo assume, o mais das vezes, papéis que já estão delineados, como por exemplo relativos à profissão, às relações familiares etc. Somos forçados a desempenhar diversos papéis, seja simultaneamente, seja em momentos diferentes, e essa multiplicidade de papéis é um dos pontos de tensão da individualidade moderna, pois se a diferenciação dos papéis está relacionada à diferenciação da própria sociedade, o indivíduo moderno parece estar especialmente sujeito a uma infinidade de papéis.

O desenvolvimento da economia monetária promove e exige uma padronização dos comportamentos em todas as atividades que o dinheiro, de algum modo, alcança.[151] Frente a isso, o indivíduo reage com o

---

[147] Esse elenco de tipos sociais, que Simmel contudo não desenvolve, está relacionado com um tema importante de sua sociologia, a teoria dos papéis sociais ou, em outros termos, do indivíduo como ponto de cruzamento dos diversos círculos sociais. Cf. G. Simmel, *Soziologie, op. cit.*, pp. 456 ss., que retoma *Über sociale Differenzierung, op. cit.*, pp. 237 ss.; *Grundfragen der Soziologie, op. cit.*, p. 55. O tema é, de resto, recorrente nos textos "sociológicos" de Simmel.

[148] Simmel, "Zur Philosophie des Schauspielers (aus dem Nachlaß)", *op. cit.*, p. 244. Não se deixe de notar o sugestivo nexo que Simmel estabelece entre a ideia dos papéis sociais no complexo de sua sociologia e sua "filosofia do ator". Isto significa que para uma compreensão adequada da primeira é necessário correlacioná-la com a segunda. As ideias de Simmel acerca dos papéis sociais não poderão ser desenvolvidas aqui; veja-se por exemplo U. Gerhardt, "Georg Simmels Bedeutung für die Geschichte des Rollensbegriffs in der Soziologie", *in* H. Böhringer e K. Gründer (orgs.), *Ästhetik und Soziologie um die Jahrhundertwende: Georg Simmel, op. cit.*, pp. 71-89.

[149] De modo análogo como, no "panteísmo estético", o singular é um pivô, por assim dizer, de relações, através das quais se pode revelar o universal. Mais sobre isso, no que diz respeito ao indivíduo, em "Georg Simmel e a Berlim do Segundo Império".

[150] O ator é o "estilizador" que coordena diferentes forças em uma unidade. Cf. G. Simmel, "Der Schauspieler und die Wirklichkeit" ("O ator e a realidade", 1912), *in Das Individuum und die Freiheit, op. cit.*, p. 154.

[151] Cf. os passos da *Philosophie des Geldes, op. cit.*, pp. 601-2, já citados acima.

Estilo de vida

distanciamento, com o *recolhimento na interioridade*, já que o exterior está sob o signo do dinheiro (PhdG, p. 416). Contudo, mesmo esse recolhimento à interioridade se faz sob o manto da indiferença frente ao exterior, que toma corpo no caráter *blasé* do indivíduo moderno,[152] indiferença essa que já é, ela mesma, resultado da difusão da economia monetária.

Uma das formas que este recolhimento no interior assume é também a fuga em uma arte redentora,[153] típico de um esteticismo que se propaga no *fin-de-siècle*. Tal recolhimento à interioridade toma a forma do subjetivismo, do individualismo que marca a fundo o indivíduo moderno.[154] É nesse sentido que Simmel afirma, em um passo célebre, que "a essência do moderno é psicologismo".[155] Frente a esse subjetivismo, o gesto, o objeto e o comportamento estilizados são os recursos mobilizados pelo sujeito para evitar a explosão que seria um individualismo absoluto. Estilo é um contrapeso, um mecanismo compensatório na busca de um equilíbrio que não existe.

Simmel fornece elementos que clarificam a relação de cultura e estilo,[156] tal como formulada por Nietzsche. A unidade do estilo está relacio-

---

[152] Cf. G. Simmel, *Philosophie des Geldes, op. cit.*, pp. 280 ss., 332 ss.

[153] Cf. G. Simmel, "Böcklins Landschaften" (1895), *in Aufsätze und Abhandlungen 1894 bis 1900, op. cit.*, pp. 99, 101-2; "Das Problem des Stiles" (1908), *op. cit.*, pp. 383-4; "L'art pour l'art" (1914), *op. cit.*, pp. 84, 86; "Zur Philosophie des Schauspielers", *op. cit.*, pp. 428-9, 432. Cf. também os tópicos "presente" e "Georg Simmel e a Berlim do Segundo Império".

[154] Cf. G. Simmel, "Individualismus", *op. cit.*; *Kant und Goethe, op. cit.*, p. 11.

[155] Cf. G. Simmel, "Rodin", *in Philosophische Kultur, op. cit.*, p. 164.

[156] Em um texto do complexo da filosofia da cultura, de 1909, Simmel afirmava: "O que a civilização grega produziu na política e na ciência, em estratégia e possibilidades de gozo, era uno em seu estilo e sua estrutura era simples o suficiente para ser compreendida por qualquer homem razoavelmente culto. Ele podia sem mais empregar a soma da cultura objetiva para a formação de sua cultura subjetiva e desse modo as duas puderam se desenvolver naquela harmonia, que foi rompida por sua autonomização moderna. Em nossa cultura indescritivelmente múltipla, o pensamento e a capacidade dos indivíduos precipitam-se em formas duradouras, nas quais os resultados da vida individual tornam-se independentes dessa mesma vida; sua variedade priva-se, mediante a falta inevitável de um estilo uno, no mais profundo da apropriação pelo singular. O subjetivismo da vida individual moderna, sua arbitrariedade desarraigada, não é nada mais do que expressão do fato de que essa cultura das coisas (refinada, complicada, dilatada infinitamente), das instituições, das ideias objetivas subtrai ao singular a relação interiormente unitária frente ao todo da cultura e refere esse todo para si mesma". G. Simmel, "Die Zukunft unserer Kultur. Antwort auf eine Rundfrage" (1909), *in Das Individuum und die Freiheit, op. cit.*, p. 92. Isto nos mostra, uma vez mais, como teoria do moderno e filosofia da cultura formam uma só coisa. Além disso, esta mesma

nada com a convergência do individual e do universal.[157] Com a pluralidade de estilos que caracteriza o moderno, a chave que por assim dizer arti-
culava o individual e o universal falha, porque múltipla e portanto variável.
Não há mais uma unidade já dada como que naturalmente, senão que ela
precisa ser elaborada infinitamente, em meio a uma vida que é um labirinto.
Só que esse labirinto, moderno, não possui sua Ariane. A única pista que
o indivíduo moderno possui é ele mesmo, ele vale o que ele é capaz de fazer
valer. Assim como o aventureiro, ele está abandonado a sua própria sorte. Ou ele é criador e soberano, "forte o suficiente" como queria também
Nietzsche, e elabora e cumpre sua "lei individual", ou ele se atrela a uma
lei universal, a uma individualidade que não é mais irredutivelmente única: apenas um homem em meio à multidão, um homem *moderno*.

---

ideia da unidade do estilo como caracterizando a civilização grega, já é apresentada em
um texto de 1888: G. Simmel, "Bemerkungen über socialethischen Problemen" (1888),
*in Aufsätze 1887 bis 1890. Über sociale Differenzierung. Die Probleme der Geschichts-
philosophie (1892), op. cit.*, p. 32.

[157] Veja-se esta formulação em um dos escritos da época da Guerra: "Pois o estilo é sempre uma configuração universal, que proporciona caráter comum a uma série
de produtos singulares, diferentes em relação ao conteúdo. Quanto mais o espírito do
povo [Volksgeist] — utilizando essa expressão problemática apenas por sua concisão
— impregna todas as manifestações de um período em sua unidade característica, tanto mais nos parece pleno de estilo esse período. Por isso séculos passados, que ainda
não estavam carregados com uma tal abundância de tradições e possibilidades que conduzem para os mais variados lados, têm muito mais estilo do que o presente [...]". G.
Simmel, "Die Krisis der Kultur", *op. cit.*, p. 60.

Estilo de vida   243

PRESENTE

"Ele possui uma mentalidade absolutamente singular e sua sensibilidade reage atentamente a cada coisa e a cada ideia. Tudo significa alguma coisa para ele, desde a asa de um jarro até a morte, a tudo se amalgama um sentido novo e tudo remete para além de si mesmo. Ele vive completamente no presente e cada uma de suas correntes mais profundas na arte, na literatura, na estética e na política lhe é afim; ele vive junto à efervescência do presente e, através deste, o passado se torna para ele pleno de sentido. Ele não precisa se exaurir, como os outros filósofos alemães, para compreender o seu tempo."[1] Foi desse modo que um antigo aluno de Simmel se manifestou, em um necrológio escrito em 1918. Ele traz à tona um elemento para compreendermos Simmel, seu embate com o seu presente. Isto é visível não só sob o aspecto puramente biográfico, senão que se condensou em sua obra. Sem dúvida todo texto é, em certa medida, um diálogo e resposta a seu tempo. Mas também é verdade que há gradações, diferenças e ênfases que se podem perceber, e que muitas vezes convém perceber. Seus textos de sociologia, por exemplo, são o esforço de apresentação de uma ciência que é uma ciência da época e que trata de compreender os problemas e inquietações dessa época; a *Philosophie des Geldes* é um amplo diagnóstico do moderno enquanto presente vivido por Simmel; *Probleme der Geschichtsphilosophie* é a tomada de posição frente ao grande tema da filosofia alemã de seu tempo, e esse elemento de contemporaneidade pode ser rastreado ao infinito. Mas há também textos em que a sua própria razão de ser é um acontecimento do presente mais

---

[1] K. Mannheim, "Georg Simmel als Philosoph", *in* E. Karadi e E. Vezer (orgs.), *Georg Lukacs, Karl Mannheim und der Sonntagskreis*, Frankfurt/M, Sendler, 1985, p. 152. E ainda em um outro depoimento: "[...] um de seus alunos me disse que ele, em comparação com os filólogos bobos e os especialistas insensíveis da universidade, exprimia uma abertura para os assuntos artísticos contemporâneos e para os problemas do dia que cativava os jovens, e que ele não só abordava essas coisas nas aulas, mas também conversava sobre o assunto com um ou outro". W. Weisbach, "Erinnerung an Simmel", *in* K. Gassen e M. Landmann (orgs.), *Buch des Dankes an Georg Simmel, op. cit.*, p. 203.

imediato, uma intervenção, uma tomada de posição em um debate do momento. A linha imaginária que classificaria uns textos como do momento, outros não, é tênue demais e móvel o suficiente para que qualquer delimitação unívoca e definitiva fracasse. Os enfrentamentos com os problemas da arte contemporânea, tal como conformados nas obras de seus contemporâneos George, Rodin, Hauptmann, Böcklin; os textos sobre a guerra; o direcionamento de sua filosofia da cultura para o presente; Nietzsche, Bergson, as exposições, o interior, as questões universitárias e estudantis; a prostituição, as mulheres: em todos estes pontos, a que Simmel dedicou ao menos algum escrito, é possível descortinar um embate com o presente, esse tempo entre o passado e o futuro.[2] "O aqui e o agora são o solo no qual ele frutifica."[3] Todos os temas, assim como seu autor, respiram um ar que é absolutamente impregnado pelos perfumes da época.[4]

Afirmei anteriormente que, por razões puramente analíticas, seria interessante desdobrar na análise do presente, na filosofia da cultura e na teoria do moderno o núcleo visado pela ideia de uma cultura filosófica, desde que se tivesse sempre em mente sua unidade, tal como exposta em "caracterização". Vejamos então, embora não de maneira sistemática e sem qualquer pretensão totalizante — o que não faria o menor sentido —, alguns textos de Simmel em que essa visada em direção ao presente é, de algum modo, enfática, e que com isso nos permita melhor compreender a constelação à qual ela pertence e que a articula às outras dimensões.[5] O passo de Mannheim chama a atenção para uma naturalidade peculiar com que Simmel percebe o seu presente — sua "absorção completa no seu ago-

---

[2] Não só nos textos, mas também nos cursos e conferências, encontramos o presente como alvo das interpretações de Simmel.

[3] Assim Simmel se exprimiu acerca de Goethe. G. Simmel, *Goethe, op. cit.*, pp. 188-9.

[4] Sobre a história da Alemanha no período, substrato para a compreensão dos escritos de Simmel, utilizei como referência geral: H. U. Wehler, *Deutsche Gesellschaftsgeschichte*, vol. III: *Von der "Deutschen Doppelrevolution" bis zum Beginn des Ersten Weltkrieges. 1849-1914*, Munique, C. H. Beck, 1995.

[5] Há uma passagem de Simmel especialmente interessante neste contexto: "O conteúdo daquilo que denominamos nosso presente nunca corresponde verdadeiramente ao seu conceito rigoroso. Embora o presente, de acordo com seu conceito, seja apenas a linha divisória entre o passado e o futuro, nós procuramos no que há de inquietante e sinistro de seu desaparecimento uma parada, um apoio, no qual nós construímos a sua imagem a partir de um pedacinho do passado e de um pedacinho do futuro. Frente a esta ambiguidade lógica do presente se posiciona um *sentimento* absolutamente unívoco do presente". G. Simmel, "Stefan George. Eine kunstphilosophische Studie" (1901), *in* G. Simmel, *Vom Wesen der Moderne, op. cit.*, p. 200.

ra"[6] —, e que o individualiza frente a seus contemporâneos. Ele parece ter sido alguém que tinha uma facilidade, ou melhor, uma afinidade muito especial para sentir o "nervo da época",[7] as "inervações", como ele dizia. Isto é importante tanto para sua caracterização como para a compreensão de sua ideia de cultura filosófica.

1. "TENDENCIES IN GERMAN LIFE AND THOUGHT SINCE 1870" (1902)

Temos aqui um texto único no interior da produção de Simmel, pois foi escrito para ser publicado nos EUA como um apanhado da situação espiritual na Alemanha desde o final das guerras de 1870-71, isto é, desde a unificação alemã. Isto mostra, por um lado, que para Simmel a data de 1870 é significativa, que ela demarca uma época e que o presente vivido por Simmel ainda pertence a essa época. Por outro lado, o texto é escrito tendo em vista um leitor específico, ao qual cabe apresentar, em linhas gerais e nas manifestações que parecem ser, para Simmel, as mais significativas, as principais linhas de desenvolvimento da vida alemã, vista sob o viés da contraposição de cultura subjetiva e cultura objetiva. Por isso o texto trabalha a distinção — especialmente prolífica no âmbito alemão — de cultura e civilização. Para nós, entretanto, este texto possui ainda uma outra camada, pois ele deve ser lido como uma variação da análise do estilo de vida moderno empreendida na *Philosophie des Geldes*. É por esta razão que ele, a meu ver, faz parte daquilo que denominei de complexo de textos da filosofia do dinheiro. Não se trata de um ou dois temas ou análises da *Philosophie des Geldes* que são retomados neste texto publicado dois anos após o livro. Trata-se antes de uma outra formulação dos mesmos problemas, tendo em vista um público diferenciado, o fato de ser publicado em outra língua, as dimensões restritas do texto etc. Mas tudo isso só acentua o fato de que se trata, estritamente falando, de uma *variação* daquele complexo de temas. E isto significa que o Leitor deve ter sempre em vista as articulações que se estabelecem entre o que o texto expõe e tudo o que foi dito na seção anterior. Pois, para nós, "Tendencies in German Life and Thought since 1870" só tem sentido se lido através das formulações da *Philosophie des Geldes* e do que lhe é correlato, pois o que interessa, mais

---

[6] Assim Simmel acerca de Stefan George: "Stefan George. Eine kunstphilosophische Studie", *op. cit.*, p. 201.

[7] K. Joël, "Erinnerungen an Simmel", *in* K. Gassen e M. Landmann (orgs.), *Buch des Dankes an Georg Simmel*, *op. cit.*, p. 167.

Presente

do que destacar a dimensão do presente, é mostrar como ela constitui um todo no qual também confluem a filosofia da cultura e a teoria do moderno.

Simmel emoldura esta sua análise do presente, já desde o início, no contexto mais amplo de uma filosofia da cultura. Entretanto, a formulação que se encontra agora ao seu dispor é aquela apresentada em sua recém-publicada *Philosophie des Geldes* e elaborada na década de 1890, e que caracterizei como teoria do moderno. Essa teoria será confrontada com tendências concretas do desenvolvimento alemão. Assim, ele inicia pontuando:

> *"If we desired to characterize with a word the course taken by civilization since about the time of Goethe's death, we might perhaps say that it has been toward developing, refining, and perfecting the material content of life, whereas the culture, the mind, and the morality of men themselves have by no means progressed in the same degree. Implements and means of exchange, machines and social institutions, scientific knowledge and its methods, the constitutions of States, the technical side of every art, and the forms of commerce and of finance have been developed to an unprecedented degree of complexity and effectiveness, and yet no one will assert that mankind has been thereby correspondingly refined, uplifted, and spiritually enriched. The intrinsic worth of material things has advanced much more rapidly than the intrinsic worth of men. It is self evident that there are untold exceptions to this extremely general impression that we have formed of the development of civilization during the last seventy years; but, on the whole, all observers will agree with regard to the increased externalization of life that has come about, with regards to the preponderance that the technical side of life has obtained over its inner side, over its personal values. The various civilized countries, the various fields of interest, intellectual as well as material and the various periods stand in very complex relations to this tendency; and, according to the degree in which they embody it or compel reactions against it, are we enable to determine the character of the intellectual and spiritual conditions of each country and each period."*[8]

---

[8] G. Simmel, "Tendencies in German Life and Thought since 1870", *in International Monthly*, vol. V, 1902, pp. 93-111 e 166-84; aqui pp. 93-4 (compare-se com G. Simmel, *Philosophie des Geldes, op. cit.*, p. 620, citada no tópico "estilo de vida"). A seguir as referências a este texto serão dadas entre parênteses no correr do texto, logo após a citação, indicando a página.

O Leitor já familiarizado com a filosofia da cultura vê como ela é retomada (ou antecipada, se se quiser) em linhas gerais. O incremento radical da cultura objetiva em detrimento da cultura subjetiva é o nó que amarra a análise. O dualismo expresso em cultura e civilização é mobilizado para exprimir essa diferença — uma diferença na velocidade de desenvolvimento —, destacando a crescente preponderância desta última frente à primeira no curso dos últimos 70 anos (estamos em 1902, Goethe morre em 1832). Trata-se agora de indicar de que modo e em que medida a Alemanha repercute a essa tendência — vale dizer, dar conta da especificidade do fenômeno na Alemanha. Pois sendo ela comum a vários países, a sua dinâmica e o seu peso específico podem variar entre eles. Em primeiro lugar, as guerras de 1870-71 assinalam uma nova situação, na medida em que desde então a Alemanha desempenha o novo papel de potência mundial. Isto já é, para Simmel, um indicador da medida da transformação, em que alterações qualitativas redundam em quantitativas. O novo papel desempenhado pela Alemanha leva a que os indivíduos e grupos de indivíduos dirijam esse crescimento de poder e importância para um aprimoramento material da vida, e só em um segundo momento, e de modo muito lento e gradual, isto venha a significar o mesmo no campo dos conteúdos espirituais:

> *"Only through a reaction and a process of gradual transformation do the newly acquired powers become of service in the advancement of finer and more spiritual interests. As a matter of fact, it is to be noticed that the improvement brought about in the last twenty or thirty years in the immediate surroundings of the middle classes, which one may with justice regard as at once the result and the cause of a practical materialism, is nevertheless even now beginning to provide a basis for every kind of aesthetic refinement and for culture generally; the adornment of dwellings, together with the interest that results from this in all the decorative arts, and especially in the industrial arts, that greater care for externals, which nowadays even among German scholars is no longer looked upon as a betrayal of the goods of the spirit, the finer polish acquired by social conventions, the greater amound of travel, — all these are, to quote Karl Marx, 'ideological superstructures', of that increased material well-being, in which the advance of Germany manifested itself as in its initial and most material stage."* (pp. 94-5)

Simmel percebe muito bem o incremento das classes médias, diretamente relacionado com o desenvolvimento das cidades e o grande processo migratório do campo em direção às cidades; os fenômenos que atingem a cultura são vistos em relação com nexos materiais, daí a referência a Marx. Pois se a Alemanha usufrui de um novo *status* político, Simmel vai inicialmente indicar os fundamentos econômicos dessa nova situação, e isto é atribuído ao fantástico desenvolvimento da indústria alemã desde 1870. Técnica é então a palavra de ordem; esse desenvolvimento técnico e suas implicações aparecem como uma subordinação de interesses espirituais a interesses materiais. A crítica de Simmel é formulada nesse contexto: "It is completely forgotten, that *technique* is a mere means to an end [...]" (p. 95). Aqui pulsam os temas já desenvolvidos na década de 90: o *esquecimento*, a transformação dos meios em fins; assim como os elementos que formarão o núcleo da filosofia da cultura dos textos tardios. A apologia e o deslumbramento com a rapidez dos novos meios de comunicação, com o telégrafo e o telefone, com a luz elétrica etc. testemunham a "primazia da técnica" (p. 95) enquanto perda dos fins visados e que atinge mesmo os recantos mais recônditos do conhecimento (vimos que, no texto de 1911, Simmel falará na "primazia dos objetos").

Nas artes em geral Simmel vê uma nova situação, na qual elas estão agora muito mais próximas das tendências da civilização do que anteriormente; essa proximidade é perceptível no enorme interesse que as artes desenvolvem pela técnica. Isto é presente na música (nas questões ligadas ao virtuosismo e à técnica da execução), na pintura (nas questões ligadas aos problemas técnicos da cor e do espaço) e na poesia (nas questões ligadas à própria técnica do verso). Por outro lado, ele chama a atenção para o desenvolvimento das artes industriais e decorativas, apontando para o tema da arte aplicada. Em termos gerais, o interesse das artes pela técnica é visto com bons olhos por Simmel, porque ele não é algo absolutizado, mas na verdade subordinado a "definitive, subjective values" (p. 97). Em outros domínios, entretanto, não é isso o que ocorre. A preponderância geral dos meios sobre os fins é correlata à preponderância das coisas sobre os homens.

Isto é resultado de uma tendência que se mostra também no rápido desenvolvimento da indústria. Os trinta anos que separam Simmel do final da guerra são os anos da transformação da Alemanha agrária no Estado fundado na indústria. E Simmel correlaciona a industrialização com um dos fenômenos que considera dos mais significativos da época, a social-democracia.

> "*The numerical increase in the ranks of the German laborers brought about by the flourishing of these great industries, their aggregation in the large industrial centres, the uplifting of their material and spiritual life through an improvement in their material welfare, which frequently took place quite suddenly, and through the struggle to bring about this impro-*

vement, — all this has united German laborers in the pursuit of a single object, has caused them to entertain the dream of a domination of their class, and has thereby created a popular ideal, such as has not existed in similar intensity and breadth for centuries [...]." (p. 98)

Isto articula o moderno com o presente vivido por Simmel. Também se pode perceber isso no modo como ele vai encarar o "ideal socialista" (p. 98): não simplesmente como algo relativo aos problemas econômicos e mesmo revolucionários (isto é, políticos), senão que se interessa pelos seus "motivos espirituais" (p. 98), para poder compreendê-lo justamente como uma tendência de seu tempo. Essa tendência é o racionalismo, esse traço fundamental do moderno (cf. o tópico "estilo de vida"). A utopia imaginada pelo socialismo é uma utopia racional, construída a partir da centralização, do cálculo, da igualdade, da simetria: o ideal dessa utopia que visa a perfeição é correlato à produção fabril, cuja racionalização também visa a perfeição da produção. Não deixa de ser surpreendente notar a fineza analítica de Simmel, que é capaz de perceber rapidamente as correlações que ligam polos como o socialismo e a indústria. Isto só ocorre porque a análise de Simmel tem em vista algo que caracteriza o tempo de maneira muito mais profunda e que, por isso, se mostra presente em fenômenos aparentemente tão divergentes.[9] A utopia socialista dá forma a uma concepção racional das coisas e busca suprir as demandas dessa lógica. A grande penetração do ideário socialista deve-se não somente ao fato de que ele dá vazão aos imperativos da lógica no plano das demandas objetivas, mas também no campo das demandas subjetivas — como por exemplo a de justiça, diz Simmel. Além disso, é importante perceber que o ideário socialista encontra um terreno propício para sua penetração; as pessoas — e aqui encontramos outro aspecto importante de sua teoria do moderno —, vivendo em uma "nervously excitable and degenerate society" (p. 99), buscam a experiência de novas sensações. Isto explica em parte o interesse de círculos mais amplos, e não somente da classe trabalhadora, pelo socialismo. Apesar disso Simmel considera que, na conjuntura do momento, há uma perda de interesse pelo socialismo.

Pois há um outro "extremely important social impulse" (p. 100) que se movimenta em direção oposta ao socialismo: o individualismo.[10] Simmel

---

[9] Já em "Soziologische Ästhetik" Simmel indica a relação entre socialismo e simetria. Cf. G. Simmel, "Soziologische Ästhetik" (1896), *op. cit.*, pp. 201 ss. Cf. o tópico "estilo de vida".

[10] Socialismo e individualismo são os dois polos que impregnam a época. "O

Presente   251 mostra como suas raízes são já velhas, pois ele remonta à crise do cristianismo enquanto doutrina que dava um sentido final à vida. Frente ao caráter fragmentário da vida humana, a salvação da alma aparecia como uma finalidade última, um sentido último resguardado pelo ideal cristão. "Although Christianity has lost its power over innumerable souls, it has, nevertheless, left in them the yearning for an absolutely final object of all life and action [...]" (p. 101). Isto é o que, precisamente na modernidade, se torna cada vez mais impalpável. Cada vez mais uma finalidade para a vida é algo desconhecido, cada vez mais a vida torna-se algo sem um sentido final (como vimos, a perda de sentido é uma das consequências do domínio dos meios sobre os fins e do crescimento incontrolável da cadeia dos meios). A tendência que Simmel quer apontar é "the idea that there is no final end in life" (p. 101), tal como ela se apresenta em Schopenhauer, que formula de modo claro essa questão — nesse sentido Schopenhauer é um moderno por excelência.[11] A difusão das ideias de Schopenhauer nos anos 60 e os escritos de E. von Hartmann nos anos 70 sedimentam essa sensação de perda de sentido da vida. Nos anos 80, entretanto, Simmel crê ter havido a eclosão de uma tendência atribuidora de sentido: "The lack that man felt of a final object, and consequently of an ideal that should dominate the whole of life, was supplied in the eighties by the almost instantaneous rise of the ideal of social justice" (p. 102). O desenvolvimento das classes trabalhadoras trouxe consigo também a percepção do seu estado miserável de vida. Há então o despertar de uma "consciência social", que tem em vista "novos fins sociais" (p. 102). A isto está ligada também a percepção da sociedade enquanto soma dos grupos sociais e do indivíduo enquanto

---

presente [...] encontrou para aquele dualismo [da vida] a fórmula da tendência socialista e da tendência individualista." G. Simmel, "Soziologische Aesthetik" (1896), *op. cit.*, p. 198. Esses dois polos são também os mesmos que Simmel irá retomar, em 1917, no último capítulo de *Grundfragen der Soziologie*, como característicos dos séculos XVIII e XIX. Voltarei a isto em "Georg Simmel e a Berlim do Segundo Império".

[11] Daí o interesse dos textos de Simmel sobre Schopenhauer e acerca do pessimismo: o pessimismo é um fenômeno que exprime as incertezas da época; Simmel o compreende como cristalização de certas tendências sociais. Cf. G. Simmel, "Zu einer Theorie des Pessimismus" (1900) e "Sozialismus und Pessimismus" (1900), *in Aufsätze und Abhandlungen 1894-1900*, *op. cit.*, pp. 543-51 e 552-9. Ambos os textos pertencem ao complexo da filosofia do dinheiro. Veja-se ainda o passo da *Philosophie des Geldes*, *op. cit.*, p. 675, citado no tópico anterior. Outros textos de Simmel sobre Schopenhauer: *Schopenhauer und Nietzsche. Ein Vortragzyclus*. Hamburgo, Junius, 1990; "Schopenhauers Ästhetik und die moderne Kunstauffassung" (1906), *in Aufsätze und Abhandlungen 1901-1908*, *op. cit.*, pp. 87-107; "Schopenhauer und Nietzsche" (1906), *in Aufsätze und Abhandlungen 1901-1908*, *op. cit.*, pp. 58-68.

ponto de cruzamento dos círculos sociais.[12] A ideia liberal do *laisser aller* não é mais aceitável e o que era em um primeiro momento uma questão social torna-se também uma questão moral.[13] De certa maneira, o ideal socialista obteve, nesse contexto, uma propagação considerável na sociedade alemã, alcançando consideráveis estratos e grupos sociais que se situavam relativamente longe da massa trabalhadora, e isso na justa medida em que supria, de algum modo, a carência de fins e valores últimos.[14] Contudo, isso durou pouco. Rapidamente os estratos altos e médios afastaram-se desse ideal social e, a partir dos anos 90, a ideia de um individualismo toma corpo e compete cada vez mais com o ideal socialista.

A acuidade da percepção de Simmel não deixa de ser surpreendente, pois esse movimento que vai do "socialismo" para o "individualismo" é vivenciado por ele mesmo em suas ideias: nos seus textos da primeira metade dos anos 90 há sem dúvida uma ênfase e defesa do supraindividual, do "social", que vai sendo progressivamente substituída por um individualismo cada vez mais forte. Isto é visível mesmo no complexo de textos da filosofia do dinheiro, em que essa ênfase inicialmente está no "social", mas já na *Philosophie des Geldes* tende para o "individual". Esse movimento captado por Simmel ainda hoje é visto como característico daquele momento histórico.[15]

Ao mesmo tempo, esse ideal socialista é também sustentado por camadas que, embora tenham em vista um ideal individual, acreditam que o socialismo é um estado intermediário, uma "condição instrumental" (p. 104) que permitirá, a partir do nivelamento por ele instituído, a floração de um "individualismo extremo". Isto porque as condições do

---

[12] Estes dois pontos serão trabalhados enfaticamente por Simmel em seus escritos de sociologia. É justamente esse estado de espírito que Simmel assinala nos anos 80 que propiciará um impulso decisivo nas ciências sociais na Alemanha e dará margem às variadas tentativas de criação e institucionalização da sociologia, sobretudo a partir da década de 90. Cf. "Georg Simmel e a Berlim do Segundo Império".

[13] É preciso ter em vista que o processo de unificação alemã e tudo o que daí advém, isto é, a industrialização, urbanização etc., em uma palavra, a modernização, se fez sob os auspícios de uma política dura, antiliberal, de pesado controle através da burocracia de estado, sob a direção de Bismarck.

[14] Há também que considerar que então o socialismo era uma forma de oposição à política oficial de Bismarck: o socialismo significava, na conjuntura, uma opção democrática na monarquia controlada pelo Chanceler de Ferro.

[15] Cf. H. Scheuer, "Zwischen Sozialismus und Individualismus — Zwischen Marx und Nietzsche", *in* H. Scheuer (org.), *Naturalismus. Bürgerliche Dichtung und soziales Engagement*, Stuttgart etc., W. Kohlhammer, 1974, pp. 150-74. Isto será retomado em "Georg Simmel e a Berlim do Segundo Império".

Presente

presente, por mais individualistas que sejam, na verdade não são individualistas o suficiente.

Frente a esse ideal socialista e democrático, Simmel compreende a figura de Nietzsche como sua oposição mais acabada. A crítica de Nietzsche à perda da individualidade, à massificação e ao nivelamento são exemplares, diz Simmel. Nesse contexto, o presente é visto como decadente, como carente de forças e de grandes personalidades, como um tempo dominado por uma moral dos "fracos". Assim, nos anos 90, embasados por essas ideias — cabe lembrar que Nietzsche é visto como expressão exemplar de uma tendência — surge essa valorização extrema do individual, que se sobrepõe a todos os laços e imposições do social (e isto deve ser compreendido tendo em vista o que foi dito acerca de Nietzsche no tópico anterior).

É assim que Simmel caracteriza, em passos decenais esquemáticos, a contraposição das duas grandes tendências da época. Cabe lembrar que aqui, justamente por tratar-se de uma análise do presente, por assim dizer conjuntural, Simmel apresenta um aspecto desse desenvolvimento. No último capítulo de *Grundfragen der Soziologie*, por exemplo, no qual ele trata de "indivíduo e sociedade nas visões de mundo dos séculos XVIII e XIX",[16] tem-se a complementação dessa análise em um lapso temporal mais amplo. De fato, como o processo de desenvolvimento na Alemanha se caracterizou pela rapidez, ele desestruturou de modo muito rápido e ríspido variados valores e modos de vida. Isto teve especial consequência frente a juventude alemã. Simmel pontua o enfraquecimento do princípio da autoridade e uma espécie de emancipação que liberou os jovens a "adorar novos ídolos" (p. 107). A rápida desestruturação das estruturas tradicionais — e isto principalmente nas cidades, que cristalizam a tendência à urbanização — traz uma "nova liberdade" que encantará a "new German youth" (p. 107). A influência marcante da personalidade de Bismarck serve também para enfatizar essa tendência, na qual as forças históricas parecem se encarnar nos grandes indivíduos; a ideia de um socialismo e de uma democracia que se cristalizam em instituições impessoais e em maiorias perde assim completamente seu encanto.

> *"Proceeding from such a state of mind, from an empty individualism, rather desirous than able to accomplish, there has developed among us, in the past few years, a passionate longing on the part of young men for originality, a longing to 'be otherwise' at any cost, for the paradoxical in literature, in art, in criticism, and in social intercourse. In all these phenomena, which are perhaps not so very numerous, but which in virtue*

---

[16] G. Simmel, *Grundfragen der Soziologie, op. cit.*, pp. 68-98.

254   A cultura, o moderno e o presente

of their loud and exceptional character seem to be more common than they really are, the striving is far less after endowing the individuality with a solid content than after an emphasis upon the externals of the individuality, upon difference from others, upon astonishing by contrasting one's self with others." (p. 107)

Simmel faz menção, aqui, às inúmeras tentativas reformadoras que se propagam pela Alemanha no final do século: nova ética, movimentos alternativos, o "Wandervogel" etc. Ele é bastante crítico em relação a individualidade que se desenvolve no final do século. Na verdade trata-se de um individualismo em negativo, na medida em que é exterior, mas que não se justifica a partir do próprio indivíduo enquanto uma substância autônoma — o que diria respeito à ideia simmeliana de "personalidade", "lei individual".

É dessa necessidade e tentativa de diferenciação — um tema de resto tratado por Simmel em vários outros textos já mencionados — que Simmel vai derivar um fenômeno que surge bem próximo a ele: a Secessão. Decerto ele tem aqui em vista o fenômeno geral das "Secessões", mas sua experiência se baseia na Secessão berlinense, da qual ele foi bastante próximo nos seus inícios.

"[...] 'Secession'. This was a name originaly applied to associations of artists in certain large cities, to form which younger men, inspired by the best modern art, allied themselves in order to hold their own exhibitions as distinct from the official displays; for the latter were largely dominated by groups that were behind the age and had become conventional, that followed the taste of the public instead of educating it to an understanding of modern artistic ideas they owe principally to these Secessionists. Now that this word 'Secession' has won a more general signification, and is applied to what is modern, individual, differing above all from the conventional [...]." (pp. 107-8)

Assim, apesar da crítica ao individualismo vazio, Simmel valoriza o caráter pedagógico que a Secessão exprime e imprime. Pois educar é "Bildung", é o verdadeiro processo da cultura que forma uma individualidade rica. Sua crítica se dirigirá às extrapolações da ideia, e isto nos leva novamente a um tópico interessante. Trata-se da crítica à tentativa de transformação da arte aplicada em obra de arte. Na busca de originalidade, o homem moderno transforma seus objetos, tentando impor a eles a marca da sua individualidade. Isto, contudo, resulta em uma falácia, pois esses objetos que deveriam sinalizar a individualidade são produzidos e reproduzidos em massa. Isto é testemunho tanto das contradições da época como de suas transformações e inovações. Nunca anteriormente os objetos se deixaram reproduzir com tanta facilidade, rapidez e amplitude; nunca as tendências supraindividuais se impuseram de maneira tão forte que a necessidade de diferenciação precisasse se manifestar até nos objetos mais simples e corriqueiros. Apesar dos objetos de arte aplicada representarem, aos olhos de Simmel, uma falsa solução para um problema real, eles indicam de modo candente a tensão essencial que perpassa a relação do singular e do universal.

Um outro tema que também se mostra no trecho citado é a oposição entre Secessão e arte oficial. Pois a arte oficial, patrocinada pelo Kaiser — ele mesmo dotado de pretensões artísticas —, é em todos os pontos uma arte tradicional, que quer apenas "embelezar", com gosto duvidoso, e o repúdio e mesmo censura às manifestações não tradicionais é bastante forte.[17] Na Secessão berlinense, assim como já ocorrera com o Naturalismo literário (cf. mais à frente), fica clara a oposição frente à "arte oficial", "was Wilhelm will", como diz um redator da época. O que o Kaiser não quer é que, na literatura, as contradições sociais, políticas e econômicas, que se acentuaram fortemente com a unificação e o desenvolvimento urbano e econômico da Alemanha, sejam tematizados; nas artes plásticas, que tudo o que não seja a apologia da grandeza e missão da Alemanha, da essência germânica, do Reich que acaba de renascer, tudo o que não é representação clara e glorificante da nova nação. As Secessões, que, *nota bene*, ocorrem nas grandes cidades — Berlim, Munique e Viena — como versões alemãs dos "Salons des Refusès", são secessões das academias reais.

Simmel busca confluir em sua análise diferentes manifestações do processo que se desenrola na Alemanha, a fim de poder rastrear as idiossincrasias que caracterizam o seu presente. Desse modo, se a partir de 1870 há um enorme incremento da "cultura externa" (ou objetiva), ele é correlato a uma intensificação dos contrastes sociais, que por sua vez estão relacionados com o crescimento da população, com a formação de grandes massas trabalhadoras, com o êxodo rumo às cidades e com o grande processo de urbanização. Poder-se-ia assim dizer que a Alemanha guilhermina caracteriza-se, para Simmel, como uma sociedade altamente diferenciada (no sentido exposto em por exemplo *Über sociale Differenzierung*), na qual os conflitos (um tema que será amplamente explorado na *Soziologie* de 1908[18]),

---

[17] Veja-se especialmente P. Paret, *Die Berliner Secession. Moderne Kunst und ihre Feinde im kaiserlichen Deutschland*, Berlim, Severin und Siedler, 1981; além disso R. Pfefferkorn, *Die Berliner Secession. Eine Epoche deutscher Kunstgeschichte*, Berlim, Haude & Spenerche, 1972.

[18] Veja-se, por exemplo, no que diz respeito especificamente à Alemanha da época de Simmel, *Soziologie, op. cit.*, pp. 138-9.

256   A cultura, o moderno e o presente

causados pelos diferentes e divergentes interesses dos grupos e classes sociais, ganham um papel cada vez mais significativo.

Dentre os diversos alinhamentos desses interesses, Simmel vai destacar inicialmente o movimento feminista, que foi, na Alemanha da virada do século, relativamente importante.[19] O movimento é visto mais exatamente como uma "interação de forças" (p. 106) ao redor de interesses específicos. Em primeiro lugar ele aponta fatores, que poderíamos dizer sociológicos, que explicam o movimento: com a crescente divisão do trabalho (que é "moderna"), as mulheres das classes mais altas veem-se privadas — ou libertas — de uma série de atividades domésticas que lhes competiam anteriormente e que agora são substituídas por produtos comprados já prontos, máquinas etc. A substituição desses trabalhos caseiros torna-se marcante justo no período assinalado. Ao mesmo tempo, embora libertas de várias tarefas, sua esfera de atuação permanece restrita à esfera da casa e da família, o que, segundo Simmel, acaba por redundar em uma espécie de atrofia de suas forças e capacidades.[20]

> *"The foolish old maid, the mannish and emancipated female, the hyperaesthetic woman, whose sensitiveness borders on perversity, these are the sacrifices made by a civilization that has restrictes the historically established sphere of woman's activity, or has entirely deprived her of it, without at once opening up new fields for her."* (p. 167)

Problemas semelhantes fazem-se presentes nas mulheres das classes médias, que também se empenham pela sua liberação social. Aqui isto significa romper barreiras impostas pelas leis e costumes e, basicamente, conseguir se introduzir no mercado de trabalho: seu objetivo é conseguir uma atividade fora de casa. Já a mulher proletária se vê frente a problemas opostos: ela se insere cedo demais no mercado de trabalho, arca com uma jornada pesada demais, pois ao lado do trabalho na indústria ela ainda

---

[19] Veja-se H. U. Wehler, *Deutsche Gesellschaftsgeschichte*, *op. cit.*, pp. 1.090-7; E. Frederiksen (org.), *Die Frauenfrage in Deutschland 1865 bis 1915.Texte und Dokumente*, Stuttgart, Reclam; H. Sveistrup e A. Zahn-Harnack (orgs.), *Die Frauenfrage in Deutschland. Strömungen und Gegenströmungen 1790-1930*, 2ª ed., Tübingen, Hopfer, 1961.

[20] Na *Philosophie des Geldes*, Simmel aponta o descompasso, decorrente das diferentes velocidades de desenvolvimento, entre cultura objetiva e subjetiva. Aqui, a técnica se desenvolve, mas as mulheres não podem usufruir desse desenvolvimentos na medida em que não há um novo trabalho que elas possam tomar para si. No livro de 1900 Simmel levanta exatamente a mesma questão que neste texto de 1902. Cf. G. Simmel, *Philosophie des Geldes*, *op. cit.*, p. 644.

Presente

cuida da casa e da família. Assim, a independência econômica da mulher das classes inferiores é na verdade um problema, do mesmo modo que a dependência das mulheres das classes médias:

> *"In other words, the woman of the proletariat has not, as has the middle class woman, too little, but on the contrary too much social freedom, — however badly it may stand with her individual freedom. This economically independent activity, which is to the one a course, would be to the other a blessing. Both conditions go back to the same cause, — the present method of industrial production, which has with so mighty a force driven the woman of the proletariat from the home, and has confined the woman of the middle class within it, while her sphere of action is diminished."* (pp. 167-8)

A passagem é interessante porque mostra como Simmel trabalha a "liberdade social" e a "liberdade individual". Ambas são, *nas condições presentes*, como que excludentes, isto é, o incremento de uma implica no enfraquecimento da outra. E, em termos de estratificação social, elas caracterizam segmentos diferentes da população: a mulher proletária, que possui grande liberdade social, pois trabalha e possui uma inserção social fora de casa, em contrapartida não possui praticamente liberdade individual nenhuma, pois é submetida a uma lógica do trabalho que não deixa nenhum espaço para sua subjetividade; enquanto por outro lado a mulher das classes médias possui uma liberdade individual considerável, inclusive em função do seu tempo livre, mas não possui a liberdade social que acompanharia a sua possibilidade de inserção social através do trabalho. Portanto, são as condições de trabalho que estão na base das dificuldades enfrentadas pelas mulheres.

Simmel formula os problemas enfrentados pelas mulheres utilizando a oposição de cultura e civilização. O aspecto de civilização pode ser bem explicado sob o ponto de vista econômico, o que no caso significa: que as atividades econômicas desempenhadas pelas mulheres transcorrem do mesmo modo como os homens as desempenham, isto é, elas realizam as mesmas tarefas e do mesmo modo que os homens. Nesse sentido, ele afirma que esse trabalho feminino não é nenhum ganho para a civilização e que ele possui um "unoriginal character" (p. 168). Trata-se simplesmente de mulheres desempenhando funções masculinas, de acordo com padrões masculinos, e daí a não originalidade. Historicamente isto teve um papel importante, reconhece Simmel, pois significou uma igualdade de direitos frente aos homens e também a asserção de que o trabalho feminino é tão capaz quanto o masculino. Contudo, Simmel tem em vista um caráter mais profundo para a questão feminina. É preciso compreendê-la enquanto

"evolution of a specifically feminine culture; that is to say, they hope that the feminine mind, if it be allowed to work without restraint, will create special problems and supply their solution, — achievements that are impossible to the masculine mind, on account of its psychological structure. All that we now posses of method and of knowledge, rules of commerce, forms of art, kinds of religious life, means of intercourse and of cooperation, have been produced by men. We cannot say that our civilization is, in the true sense of the word, asexual, as it were, neither masculine nor feminine in character; on the contrary, it is rather of a thoroughly masculine character. Almost all of our higher occupations, because they are filled by men, have been made to fit the masculine kinds of achievement, the masculine intelligence, the masculine tension of feeling and will. The result is that they offer no suitable activities and positions for beings as differently organized as women are. In order that women should find such positions, there is need of entirely new analyses and syntheses of the elements that go to make up life."
(p. 169)

A questão feminina transforma-se assim na questão de uma *cultura feminina* — um tema que perpassa a obra de Simmel em variadas ocasiões.[21] Em linhas gerais, a ideia — utopia — de Simmel é que a mulher não se insira simplesmente no mundo dos homens, do qual elas foram excluídas, mas sim que seja possível às mulheres criarem o seu mundo, de modo que o seu poder criador, vale dizer fantasia e criatividade, possa se cristalizar em formas e que isso converta, ao final, em um enriquecimento da cultura e da civilização. A ideia de que seja possível uma cultura "especificamente feminina" é a radicalização extrema da ideia da igualdade das mulheres frente aos homens. Na verdade, no que diz respeito a ocupações e posições, a igualdade é apenas um "estágio de transição" (p. 170), que se desenvolve em direção a uma diferenciação. Se os homens constituíram historicamente uma cultura, Simmel tem claro que se trata de uma cultura masculina, na qual a contribuição da mulher é, pode-se dizer, nula. A ideia radicalizada de uma igualdade de direitos significa portanto a defesa de uma cultura feminina como outra face do existente. Decerto isto supõe, e Simmel o afirma, uma diferença de base entre os sexos: que sua "estrutura psicológica" difere por definição (é isto que lhe permitira, já em

---

[21] Os textos de Simmel sobre a questão feminina foram indicados no tópico "ensaio".

1890, escrever seu texto "Zur Psychologie der Frauen"[22]). Assim, a questão feminina exige a "consideration of the organic differences, spiritual as well as physical, between the sexes [...]" (p. 170). A partir disso, a cultura — seja masculina, seja feminina — é vista como aquele processo específico que envolve sujeito e objeto (cf. o tópico "cultura"). A ideia de "cultura feminina" permite a Simmel explorar o momento utópico de sua filosofia da cultura, pois se trata então de uma cultura radicalmente diferente da existente. Ora, se o existente é a tragédia da cultura, uma cultura feminina, tal como Simmel desenvolve sua ideia, aparece como uma cultura na qual o processo cultural se completa, ao invés de se perder na preponderância dos objetos.[23] Em termos práticos, trata-se de desenvolver e descobrir atividades que são próprias às características femininas, ao invés de, como desde sempre, tentar adaptar as mulheres ao "masculine scheme of things" (p. 169). Simmel aponta alguns exemplos de atividades que talvez fossem extremamente enriquecidas com a participação feminina:

> "A few very slight and fragmentary proofs of this are to be observed, here and there, at least in the domain of art: there are some women writers among us who are not ambitious to write 'like a man', but who are proud of the specifically feminine note. The same thing appears to be true, though it is less easily proved, in the case of women painters. A purely feminine product, possible in its whole significance to women only, a new variety, may, perhaps even a new world of culture, is the highest, and it seems to me, the most spiritualized ideal that has proceeded from the woman movement." (p. 170)

Cito esta passagem especialmente porque ela sem dúvida se refere a experiências sociais muito próximas de Simmel. Sua mulher teve — é verdade que só até o casamento, o que já é em si sintomático — uma carreira

---

[22] Aqui deveríamos rastrear os traços da "Völkerpsychologie" de seu mestre Moritz Lazarus. O texto de 1890 foi, de resto, publicado no jornal de Lazarus. Cf. G. Simmel, "Zur Psychologie dr Frauen", *in Zeitschrift für Völkerpsychologie und Sprachwissenschaft*, vol. XX, 1890, pp. 6-46. Agora em G. Simmel, *Aufsätze 1887 bis 1890. Über sociale Differenzierung. Die Probleme der geschichtsphilosophie (1892)*, *op. cit.*, pp. 66-102.

[23] A ideia de uma cultura feminina é desenvolvida amplamente por Simmel no texto "Weibliche Kultur" (1911), *in Philospohische Kultur, op. cit.*, pp. 219-53. O texto vem logo a seguir de "Der Begriff und die Tragödie der Kultur" e forma uma espécie de complemento a ele. Assim, se uma espécie de resignação pode ser atribuída ao texto sobre a tragédia da cultura, é importante relativizá-la com o potencial utópico e redentor de uma cultura feminina, que contribua para a síntese e unidade do processo da cultura. Ambos os textos formam a seção "Para a filosofia da cultura" de *Philosophische Kultur*.

como pintora.[24] Simmel também foi muito próximo da única mulher a escrever versos para o *Blätter für die Kunst* de George e seu círculo — Gertrud Kantorowicz[25] —, assim como de Ricarda Huch. Em ambos os casos trata-se de poetisas cujas obras buscam valorizar justamente essa "psicologia feminina".

Para poder-se compreender Simmel quando ele fala que é necessário desenvolver e descobrir atividades para as mulheres, é preciso ter em mente que, em 1902, as mulheres estavam completamente excluídas das universidades (como alunas e, obviamente, como docentes), e portanto não podiam se habilitar a qualquer profissão que exigisse formação universitária, do funcionalismo público etc. A ênfase nas diferenças de homem e mulher são decorrentes do conceito simmeliano da vida que, tal como vimos na "Introdução" de *Philosophische Kultur*, significa variedade, multiplicidade. Um dos modos em que isso se exprime é na diferenciação dos sexos:

> *"To explain away the profound generic difference between the masculine and feminine souls is tantamount to depriving life of one of its finest and most powerful attractions; if man is a being whom both nature and civilization have conspired to differentiate, then this masculinizing tendency displayed by women lowers the sum of these differences, and consequently of life itself [...]."* (p. 170)

Daí sua crítica à "masculinização das mulheres" e à "feminilização dos homens" (p. 171). Naturalmente toda esta investida, por assim dizer teórica, na questão feminina supõe também uma inserção de Simmel em um debate prático que lhe é contemporâneo. Simmel assinala a necessidade de se garantir a independência das mulheres no novo código civil, de se abrir as instituições de ensino às mulheres (ele foi um dos primeiros docentes, na Prússia, a aceitar alunas em suas aulas), de se lhes permitir o exercício de profissões várias, de se garantir a mesma remuneração para homens e mulheres para os mesmos serviços (ele critica a "monstrous social injustice" [p. 171] que é a remuneração diferente de acordo com o sexo), de se garan-

---

[24] Sobre a atuação da mulher de Simmel como pintora ver A. Rammsted, "Gertrud Kinel/Simmel — Malerin", *in Simmel Newsletter*, vol. IV, nº 2, inverno de 1994, pp. 140-62. A autora apenas chama a atenção para as possíveis decorrências dessa atividade de Gertrud em Georg; o tema merece portanto ainda ser explorado.

[25] Sobre Gertrud Kantorowicz, com quem Simmel teve uma filha, ver M. Landmann, "Gertrud Kantorowicz", *in Figuren um Stefan George. Zehn Porträts* in *Castrum Peregrini*, ano XXXI, 1982, Heft 151/152, pp. 38-51; "Gertrud Kantorowicz", *in* G. Kantorowicz, *Vom Wesen der griechischen Kunst*, organização de M. Landman, Heidelberg, Lambert Schneider/Lothar Stiehm, 1961, pp. 93-100.

Presente

tir às mulheres a liberdade de trabalho em todos os campos etc. A questão de uma cultura feminina é especialmente interessante porque articula de maneira muito próxima a filosofia da cultura, com toda a sua tendência metafísica, com fatos do cotidiano da época de Simmel, e nos permite assim avaliar mais uma vez os fios que atam sua análise do presente.[26]

Outra tendência que Simmel vai examinar em seu texto é a igreja. Aqui ele deixa transparecer, como nunca, sua posição crítica frente à política partidária alemã de seu tempo. A questão é que, apesar da unificação e da teórica secularização do Estado — ou talvez por isso mesmo —, a defesa de interesses religiosos em geral e da igreja em particular é o ponto de base de um grande alinhamento político na Alemanha guilhermina (ao menos segundo Simmel). No parlamento alemão, o dito "centro", que defende os interesses da igreja, é uma das coalizões mais fortes, quando não a mais forte delas. Isto significa, aos olhos de Simmel, uma deturpação completa (ele diz "anomalia"), na medida em que uma das mais importantes coalizões políticas se estrutura não a partir de bases políticas, mas sim religiosas: na medida em que interesses alemães são decididos não na Alemanha, mas sim em Roma (p. 173).[27] A crítica à igreja católica, com sua pretensão de dominar todas as esferas da vida, é mordaz (e antecipa alguns aspectos da sociologia das religiões de Max Weber). Seus pontos de apoio são a crítica à igreja enquanto instituição e a sua busca em transformar toda a vida em religião.

Simmel também comenta o papel desenvolvido pela igreja protestante. Ela busca se associar de algum modo ao Estado ("Only by association with the State has the Evangelical Church been able to gain that external power and stability of which it had need in order to make head against the great political strength of Catholicism." [p. 175]). Simmel aqui elabora um pouco um tema recorrente em sua sociologia, a relação entre grupos sociais.[28] Inicialmente afirma que "all our social institutions display, in the period that I am describing, the tendency toward centralization" (p. 175).

---

[26] Não custa lembrar que Gertrud Simmel foi uma personalidade de certo destaque no movimento feminista alemão da passagem do século e que Georg Simmel aproximou-se, a partir da atuação de sua mulher, do movimento. Assim se explica, em parte por esses laços puramente biográficos, o seu interesse pela questão feminina.

[27] Na verdade a discussão aqui supõe o conhecimento dos meandros da conhecida "Kulturkampf" (ca. 1871-78), o conflito entre o Estado (em processo de secularização) e a igreja católica, que explode com a fundação do Reich (lembre-se que a Prússia e os Hohenzollern são protestantes). Veja-se H. U. Wehler, *Deutsche Gesellschaftsgeschichte*, *op. cit.*, pp. 889-902.

[28] Cf. Simmel, *Über sociale Differenzierung*, *op. cit.*, *passim*, especialmente caps. 3 e 4; *Soziologie*, *op. cit.*, *passim*, especialmente caps. 2, 8 e 10.

Isto se dá principalmente no âmbito do Estado — trata-se então justamente do processo de unificação que funda o Estado nacional. E, e aí chegamos a um aporte de sua sociologia, via de regra grupos situados no interior de outro(s) grupo(s) mais amplo(s) tendem a assimilar as tendências desse(s) grupo(s) maior(es). Se há então na Alemanha uma grande tendência à centralização, que marca o Estado, isto se difunde por seus inúmeros subgrupos. Na igreja protestante essa tendência à centralização será bastante grande. Simmel concebe esta tendência à centralização como, no fundo, ligada ao socialismo, na medida em que ele é altamente antiliberal, em que busca eliminar as diferenças individuais. Em uma terminologia que já encontramos, Simmel diria que então se busca privilegiar a liberdade social em detrimento da liberdade individual. Simmel vê, pois, uma considerável supressão do liberalismo no interior da igreja, tal como ocorre no Estado. Só que no âmbito do Estado isto é congruente com seus fins (basta lembrar da "política de ferro" do "chanceler de ferro"): "Wherever centralization and uniformity are demanded, the road must lead to externalization" (p. 176). Mas a finalidade da igreja está, em princípio, no polo oposto, já que ela tende à espiritualização. Desse modo Simmel define o caráter dúbio que a religião assume na Alemanha guilhermina, seu atrelamento ao Estado e suas dificuldades.

O que Simmel procura também indicar é que, nos últimos tempos, o sentimento religioso individual, embora venha progressivamente se afastando da igreja, não diminuiu e, pelo contrário, parece crescer. Isto é uma tendência significativa da época: por um lado as questões do sentido da vida e da salvação da alma continuam sendo relevantes, mas por outro as respostas dadas até então mostram-se insuficientes. Segundo Simmel, as correntes intelectuais que, no final do século XIX, tentaram oferecer respostas a essas questões foram reconhecidas em sua incapacidade: tanto o cientificismo como o socialismo não foram capazes de responder às questões suscitadas pela época. É nesse contexto que Simmel indica uma outra tendência que lhe parece especialmente importante:

> "[...] now that life's complexity and constant unrest beget ever growing confusions and bewilderments, the longing in many souls for a profounder unification of life, beyond all the oscillations and the fragmentariness of empirical existence, has again attained to clear conciousness, to an irresistible power. With many natures, at the present time, this longing assumes an aesthetic character. They seem to find in the artistic conception of things a release from the fragmentary and painful in real life, a feeling of them that gives us a hint of the connection between them and the fundamental needs of our souls. Herein, perchance, lies the real reason for the passionate aesthetic in-

terest that such large numbers of persons have suddenly developed [...]. Unless I am deceived, however, this sudden increase in fondness for art will not long endure. The transcendental impulse, desillusioned by a fragmentary science that is silent as to everything final, and by a social-altruistic activity that neglects the inner, self-centred completion of spiritual development, has sought an outlet for itself in aesthetic; but it will learn that this field also is too limited." (pp. 176-7)

Esse *esteticismo* — tanto no sentido que visa a arte como no sentido mais antigo da palavra, ligado à percepção, pois se trata justamente também de novas formas de perceber o mundo — é uma marca profunda da época (basta pensarmos nos *dandys*). O estético surge como uma dimensão capaz de articular, de alguma forma, uma vida cujo sentido é fugidio (os esteticismos *fin-de-siècle* deixam-nos perceber claramente o problema). Contudo o próprio Simmel crê perceber os limites dessa estetização da vida. Daí afirmar:

"One of the greatest hopes that can be based upon the present, with all its confusions and superficialities, lies in just such turnings back to the deepest and profoundest things in life, which are thoroughly religious in character, even though they refuse to have anything to do with the Church [...]." (p. 177)

Simmel detecta o fenômeno — do qual a sociologia é, em certo grau, uma resposta—, da perda de sentido da vida no moderno/presente e a simultânea busca desse sentido metafísico, embora muitas vezes absolutamente crítico em relação à religião institucionalizada.

Os processos de exteriorização e interiorização são visíveis também nos movimentos científicos: se por um lado há um enorme desenvolvimento da ciência, há também, em reação a isso, um forte impulso em tornar a concepção científica do mundo mais espiritual, vale dizer, mais profunda. Daí a crítica ao positivismo, que se opõe a essa busca de um sentido mais profundo das coisas.

Outra tendência importante da época é o "naturalismo". Ele perpassa não só as ciências naturais, mas também as históricas, a filosofia e a arte. O naturalismo é "a thirst for reality" (p. 178): ele não aceita algo universal, pois este, enquanto tal, significa uma soma dos individuais que despoja o individual de suas particularidades. É este que o naturalismo visa, daí sua crítica aos "idealismos", seu interesse pelo "feio" etc.

"For though in their naturalistic stage their mental attitude had not been superficial in the bad sense of the word, yet they recognized, now for the first time, that it was only the su-

perficial, not the deeper, truth of things that was embodied in this exactest possible reproduction of the individual thing. To our spiritual constitution is denied what perhaps may be granted to beings, in some other world, of more highly developed spiritual organs, namely, to experience in the individual phenomenon, with all of its details, the fulness of its reality. To this end, much rather, a certain retreat from the phenomenon is necessary, a transforming of it which renounces the mere reflection of what is given in nature, in order to regain, from a higher point of view, more fully and more deeply its reality." (p. 179)

Aqui vê-se um programa que na verdade vai muito além do Naturalismo. É necessário enfatizar o individual, interessar-se pelos detalhes, pela riqueza e pela multiplicidade. Ou seja, em certa medida a própria ideia de uma cultura filosófica.

O processo de externalização com o qual Simmel caracteriza desde o início as tendências de sua época é bem visível no materialismo que se impôs nas últimas décadas. Segundo essa concepção, os processos materiais são explicados a partir de suas causas materiais e qualquer explicação que procure mobilizar elementos transcendentais (ou espirituais) é descartada. Segundo Simmel, tal materialismo opera a "most extreme externalization of that which is most spiritual" (p. 180), pois até mesmo a consciência é remetida a processos mecânicos que ocorrem no cérebro. Também o cientificismo que impregna o século mostrou-se carente de uma base metafísica: inúmeras noções utilizadas pela ciência, por exemplo, não se esgotam e explicam através de um cálculo material; além disso a ciência não responde aos significados últimos das coisas e dos homens. Em algum ponto as ciências se deparam com os problemas dos valores e a partir de então elas não são capazes de fornecer nenhuma resposta satisfatória. A filosofia, por sua vez, embora tenha se ocupado da teoria do conhecimento, não foi capaz de elaborar uma "new theory of life" que acompanhe os resultados das ciências experimentais modernas. Por isso, para Simmel, a filosofia, apesar de seus esforços, ainda está à espera de uma "great synthesis" (p. 182). É, também, nesse sentido que deve ser entendido o esgotamento da filosofia que mencionei em "caracterização" e que é central para compreendermos a ideia de cultura filosófica.

Nas ciências históricas percebe-se um importante processo de deslocamento de interesses. Agora não interessam mais as grandes narrativas da política externa e dos grandes eventos, dos monarcas e líderes; surge a história das massas e dos conflitos de classe. Interessa agora "the totality of social forms and in their evolutions" (p. 183). Há uma ênfase no aspecto econômico da história, a ponto de a economia política parecer ser a

Presente

ciência que ocupa a posição de liderança dentre as ciências históricas. O que se busca é uma visão da vida em sua totalidade. Aos olhos de Simmel, o materialismo histórico é uma potencialização dessa tendência, na medida em que privilegia a base econômica e crê derivar dela sua superestrutura.

Para Simmel, a grande tendência que perpassa a época que vai da fundação do Estado nacional alemão ao presente é a exteriorização (objetivação). Entretanto, ele também crê que é possível detectar, em aspectos por assim dizer micrológicos, tendências que levam à espiritualização, uma contrapartida a seu ver necessária e fundamental à exteriorização que caracteriza a época. É nesse sentido que ele deixa entreaberta a ideia de uma nova síntese que articule a vida em sua totalidade, e essa ideia implica em um movimento entre os polos de exteriorização e espiritualização. Como se viu em sua filosofia da cultura, trata-se de sua utopia da cultura.

2. GUERRA!

O livro sobre a guerra, *Der Krieg und die geistigen Entscheidungen* (1917), possui claramente um apelo do momento, uma simultaneidade com o grande acontecimento do presente vivido por Simmel que só o título já esclarece por completo. No "Prefácio", ele assinala que entende a reunião dos textos enquanto "documentos do presente".[29] São "interpretações do aspecto interior do destino universal" (p. 3): interpretações, atribuições de sentido no contorno dado em *Philosophische Kultur*. Simmel pretende que suas interpretações sejam lidas tendo em vista o futuro, o que no contexto significa, tendo em vista a posição da Alemanha no mundo posterior à guerra ainda em curso; um futuro que Simmel não viu.

"A transformação interior da Alemanha" é um discurso pronunciado em Estrasburgo em novembro de 1914. Estamos então nos inícios da guerra, deflagrada em agosto, e a situação tanto alemã como europeia é bastante nebulosa, apesar do otimismo que assola o Reich. Simmel pronuncia o discurso em sua nova cidade, onde já estava morando desde alguns meses, devido a sua transferência para a universidade local, onde obteve sua primeira e única cátedra. Trata-se de uma análise de conjuntura, mas isso não impede Simmel de esboçar visadas de longa duração. Pelo

---

[29] G. Simmel, *Der Krieg und die geistigen Entscheidungen. Reden und Aufsätze*, Munique/Leipzig, Duncker & Humblot, 1917, p. 3. O livro reúne dois discursos — "Deutschlands innere Wandlung" (1914) e "Die Krisis der Kultur" (1916) — e dois pequenos escritos — "Die Dialektik des deutschen Geistes" (1916) e "Die Idee Europa" (1915). A seguir as referências a este livro serão dadas entre parênteses no correr do texto, após a citação, indicando a página.

contrário, na análise de Simmel, o presente é impregnado da história que nele conflui e a situação da guerra e de tudo o que lhe é correlato é um desenvolvimento de tendências e problemas que vêm desde antes. Assim, o que é em princípio uma análise de conjuntura termina por se converter em um diagnóstico do presente que é resultado de, ou que incorpora, uma atribuição de sentido à história que ultrapassa em muito os marcos temporais do momento mais imediato.

O significado da guerra para as gerações que a viveram não é, hoje, fácil de mensurar. Mas há um elemento que é central se queremos compreender a sua repercussão imediata: ela foi vista como um marco e um início, e só em consequência disso como um final. Para nós, é muito mais perceptível que ela represente um final, quando se diz que a guerra de 1914 significou o fim do século XIX. Mas esse sentido parece ter sido o mais fraco para seus contemporâneos. Para aqueles que a vivenciaram, a guerra marca em profundidade o tempo, é uma ruptura, mas uma ruptura que se abre para um novo tempo, um futuro novo, inaudito, prenhe de possibilidades, e redentor.

Simmel compara o momento presente com o do ano 1000 e o esperado fim do mundo, quando ninguém sabia se estaria condenado ou redimido. Assim em 1914: os acontecimentos do presente determinam o futuro que se tem frente aos olhos; o que se sabe é que a Alemanha que sairá da guerra será diferente da que nela entrou. Simmel aponta para um componente geracional que vem à tona com a guerra: os jovens não são capazes de perceber a profundidade, o alcance do significado da guerra, pois lhes falta como que um passado que lastreie tal compreensão (são justamente esses jovens, é preciso então dizer, que não voltarão para casa). Por sua vez, os mais velhos, aqueles que "conformaram a sua vida na época que vem desde 1870" (p. 9), encontram-se frente a um "abismo" que separa o passado do futuro, e eles se deparam com uma *decisão*: a de construir uma nova vida em uma nova situação ou de sucumbirem sem orientação nesse novo tempo, pois a Alemanha que emergirá da guerra será outra e os contemporâneos estão frente a uma nova e desconhecida Alemanha.[30] É interessante ver como também aqui, em um outro contexto, a data de 1870 é o divisor de águas e como Simmel entende o tempo que vem desde 1870 como o *seu* tempo, no qual ele se conformou enquanto indivíduo. A discussão é feita sob a base da ideia do Estado nacional; a categoria que está aqui em jogo é: Alemanha. A transformação que ela sofre com a guerra,

---

[30] Note-se como a ideia de decisão já adquire aqui um papel central (como de resto já o indica o título do livro). É portanto na guerra e nas "ideias de 1914" que se devem buscar as raízes do decisionismo radical que aflorará no período de Weimar (e de que Carl Schmitt é o exemplo mais poderoso).

a que contrapõe a "velha" Alemanha, que vem desde 1870, com a futura Alemanha, desconhecida, opera uma nova relação entre o indivíduo e a nação. Enquanto normalmente a diferença distingue os homens entre si, a guerra, "esse tempo grandioso", faz com que "o mais individual e o mais universal" coincidam em uma "unidade de vida" que torna perceptível o "caráter orgânico" do indivíduo e da nação (p. 10). A guerra é um "ponto de virada", a partir do qual se abre a possibilidade de uma "nova organização da vida" (p. 11). Ela desencadeia essa ligação substancial de indivíduo e nação; não que o singular simplesmente adentre no todo, senão que em todos os sentimentos e ideias radica algo dessa totalidade supraindividual, algo que é mais do que a soma dos singulares: há uma "nova relação de indivíduo e totalidade" (p. 11), cujo caráter é difícil de precisar.

Quando um futuro é visualizável, imaginável, isto ocorre porque, de algum modo, ele já está "macroscopicamente" (p. 12) presente no presente. Agora, contudo, trata-se de uma "virada dos tempos", na qual os elementos do futuro não são reconhecíveis no presente. Sentimos a história viver, há um peso do vivido e presenciado que não existe na vida normal: "Mas agora nossa consciência foi elevada ao ponto em que ocorre verdadeiramente a virada e a transformação do definitivamente passado para o novo ainda não nascido, em que nós vivemos verdadeiramente a história, portanto uma parte de um processo universal único, de modo que sabemos que a vida será diferente" (p. 13). Simmel relata aqui a ideia desse tempo pleno, radical, impulsivo, transformador.[31]

Ao mesmo tempo, Simmel é extremamente realista no que diz respeito às perdas ocasionadas pela guerra. Pois mesmo que a Alemanha saia vitoriosa, as perdas são irreparáveis. Não apenas no plano material, mas também espiritual: "o ódio europeu será decerto a herança desta guerra" (p. 14).[32] Maior e mais duradouro — e isto a história veio demonstrar — do que as feridas econômicas.

---

[31] O que foi a experiência dos revolucionários e que W. Benjamin captou muito bem. De resto, o seu "Jetztzeit" está bem próximo desta formulação de Simmel. Cf. W. Benjamin, *Gesammelte Schriften, op. cit.*, vol. I.2, pp. 691-704. Cabe lembrar que "Jetztzeit", muitas vezes considerado um termo de extração benjaminiana, já está presente por exemplo em Nietzsche (cf. F. Nietzsche, *Sämtliche Werke, op. cit.*, vol. I, pp. 690 ss., 780 ss. etc.), e em Simmel já desde a *Philosophie des Geldes*. Cf. G. Simmel, *Philosophie des Geldes, op. cit.*, p. 595.

[32] Simmel está próximo aqui do Benjamin de "Experiência e pobreza", que fala dos construtores, dos novos bárbaros, que constroem a partir do nada. A experiência da guerra, como Benjamin percebeu muito bem, alterou completamente aqueles que a viveram. Cf. W. Benjamin, *Gesammelte Schriften, op. cit.*, vol. II.1, pp. 213-9.

Nesse contexto de crítica e crise, Simmel retoma sua filosofia do dinheiro.[33] Suas teses fundamentais são retomadas: que o dinheiro, de um meio para os desejos e necessidades dos homens, tornou-se um valor final e definitivo em si mesmo, transformou-se de um meio em um fim. Simmel denomina agora "mamonismo" o processo de elevação do dinheiro a algo objetivo e metafísico: "a idolatria do dinheiro e do valor em dinheiro das coisas, inteiramente separado do seu caráter verdadeiramente prático e do que é desejado pessoalmente" (p. 14). E agora, em meio a essa potencialização máxima da crise que é a guerra (cf. p. 25), ele vai repetir literalmente a analogia que já havia explorado no seu primeiro texto dedicado ao dinheiro em 1889:[34]

> *"Assim como o verdadeiramente devoto reza ao seu deus não porque deseje ou espere algo dele, mas sim porque, livre de qualquer motivação subjetiva, ele é deus, o ser absoluto que requer por si mesmo a adoração — também o mamonista venera o dinheiro e o resultado de toda ação expresso em dinheiro, por assim dizer abnegado, em pura veneração."* (p. 15)

Este fenômeno, que encontra nas grandes cidades o seu terreno mais propício, é, aos olhos de Simmel, mais "perigoso" do que todas as consequências práticas e materiais da economia monetária (em uma nota, escrita provavelmente para a publicação do discurso em 1917, Simmel afirma que o mamonismo não arrefeceu com a guerra, pelo contrário). As repercussões de tal mamonismo são perceptíveis nas dimensões as mais variadas. Simmel exemplifica no campo da ciência: há um excesso de do-

---

[33] Parafraseio Koselleck para enfatizar a constelação que articula crítica, crise, guerra e modernidade. Cf. R. Koselleck, *Kritik und Krise. Eine Studie zur Pathogenese der bürgerlichen Welt*, 7ª ed., Frankfurt/M, Suhrkamp, 1992. Para uma interessante leitura que enfatiza as dimensões "políticas" de Simmel ver os seguintes textos de B. Accarino: "Forms of Charity and the Welfare State in the writings of Georg Simmel", *in* Widding Isaksen, Lise e Wearness, Marit (orgs.), *Individuality and Modernity. Georg Simmel and Modern Culture*, Bergen, Sociology Press, 1993, pp. 85-98; "Vertrauen und Versprecehn. Kredit, Öffentlichkeit und individuelle Entscheidung bei Simmel", *in* H. J. Dahme e O. Rammstedt (orgs.), *Georg Simmel und die Moderne, op. cit.*, pp. 116-46; "Il fidanzamento sociale. Sfera pubblica e decisione individuale da Georg Simmel", *in Il Centauro*, 1981, nº 1; "Introduzione all'edizione italiana", *in* G. Simmel, *La differenziazione sociale*, Bari, Laterza, 1982, pp. XI-XXXIII; *La democrazia insicura. Etica e politica in Georg Simmel*, Napoli, Guida, 1982.

[34] Chamaria a atenção do Leitor para: a) o caráter de repetição das ideias que, como vimos, é característico do ensaio; b) o uso da analogia; c) a continuidade que se espraia entre o texto de 1889 e o de 1914-17.

Presente

mínios do trabalho científico e literário que leva a uma especialização demasiada e já sem sentido; há a criação de um "saber supérfluo", de "conhecimentos parasitários" (p. 17), pois não se tem mais em vista a "totalidade da vida" (p. 18) (trata-se exatamente da crítica à especialização tal como aparece nos textos da filosofia da cultura). Assim, a guerra e tudo o que ela significa pontua a necessidade de transformação, a passagem para um novo tempo no qual todos os elementos do passado que são carentes de sentido e valor possam ser enterrados.

A guerra é o acontecimento que criou, para os alemães, uma "situação absoluta" (p. 20), e permitiu-lhes vivenciá-la. Esta situação difere das circunstâncias normais, onde há sempre algo relativo. Frente à guerra tudo isso que é relativo desaparece, os homens veem-se frente a uma "decisão absoluta" (p. 20), que não conhece qualquer meio-termo.[35] Não se trata simplesmente de uma guerra com a França, trata-se sim de uma luta pela existência, trata-se do fato: "deve a Alemanha existir ou não?". A guerra de 14 é diferente de todas as outras guerras modernas, pois o inimigo não tem por finalidade um objetivo de guerra propriamente dito, mas sim a "aniquilação do nosso [dos alemães] futuro" (p. 36).[36]

Aqui, a crítica de Bloch a Simmel se revela inteiramente procedente: ele, que sempre se recusou a definir o absoluto, o incondicionado, agora, sem titubear, apela para a nação como esse absoluto ao qual tudo deve ser sacrificado.[37] No texto de 1916 sobre a crise da cultura, Simmel admite

---

[35] Exatamente o oposto de uma fria decisão através do intelecto. Cf. Simmel, *Soziologie*, *op. cit.*, pp. 125 ss. Cf. tb. o tópico "estilo de vida".

[36] Aqui trata-se da questão da identidade alemã, de caracterizar o que é o alemão enquanto tal, enquanto "tipo" e "povo" (p. 33). Simmel busca diferenciá-lo frente a outros povos, como o inglês, francês, russo etc. O elemento da diferença será a "dialética específica" do espírito alemão (p. 37), que Simmel caracteriza como a "nostalgia dos alemães por aquilo que os completa e que é o seu outro" (p. 39). Isto radica no fato deles sempre buscarem o que é oposto, contraditório ao dado: o que se mostra nos dualismos que ganham corpo na Alemanha: vida e morte, masculino e feminino, bem e mal etc., o que nos permite, ainda, ver como Simmel encarna esses atributos, como seus textos, se se aceita essas colocações suas, são "alemães", pois trabalham sempre, em alguma dimensão, esse dualismo. Tal dualismo é também a nostalgia pelo seu outro, pelo diferente de si, que caracterizaria o alemão, e que faz com que ele vá buscar no que lhe é oposto aquilo que também é seu — assim Simmel explica, com muita sensibilidade, o amor, a atração irresistível (de que ele também foi vítima) dos alemães pela Itália. Sobre este ponto ver também G. Simmel, "Böcklins Landschaften", *op. cit.*, p. 97; "Individualismus" (1917), *in Brücke und Tür, op. cit.*, p. 255.

[37] Cf. M. Landmann, "Ernst Bloch über Simmel", *in* H. Böhringer e K. Gründer (orgs.), *Ästhetik und Soziologie um die Jahrhundertwende: Georg Simmel, op. cit.*, p. 271. Cf. ainda a carta de Simmel a Marianne Weber de 14/8/1914, *in* K. Gassen e M.

que o soldado, no campo de batalha, supera o dualismo básico da cultura. Na guerra Simmel encontra o *tertium* que anula o dualismo. Pois então há uma espécie de reconciliação entre o indivíduo enquanto fim em si mesmo e o indivíduo enquanto membro do todo, entre personalidade e nivelamento. Ou, em outros termos, há a almejada síntese do processo cultural. Em outro momento, Simmel afirma que o "espírito alemão" só se realiza na ação, abrindo as portas para uma justificação da guerra enquanto uma ação e necessidade intrínsecas ao espírito alemão.[38] Nesse contexto, ele não só divide a Europa entre Romanos e Germanos, como parece querer elaborar uma reflexão tendo em vista a justificação da guerra.

É interessante ver como questões teóricas e de princípio são afetadas em sua compreensão pelo fenômeno da guerra — ou essa outra experiência do tempo e da história que lhe é correlata. O fato "guerra" transforma tudo em absoluto: trata-se de uma situação absoluta, que exige decisões absolutas. Esta absolutização impede pela base e de saída qualquer possibilidade de diálogo, acordo, discussão:

> *"Pois a questão: a Alemanha deve ou não existir — não pode ser respondida com o entendimento do sensato [Verstand der Verständigen] e com seus cálculos sempre relativos, e decerto também não com ânimo infantil. Aqui decide sozinha [...] aquela instância mais alta do nosso ser, que Kant denomina 'a capacidade [Vermögen] das ideias' — isto é, a capacidade de compreender um incondicional."* (pp. 20-1)

Travestido nesta roupagem kantiana, Simmel pretende justificar o injustificável: a barbárie da guerra. Ele argumenta que só quem vivencia a

---

Landmann (orgs.), *Buch des Dankes an Georg Simmel, op. cit.*, p. 133. As cartas de Simmel do período são interessantes a esse respeito; vejam-se as endereçadas a Margarete Susman, *in Auf gespaltenem Pfad. Festchrift für Margarete Susman*, organização de M. Schlösser, Darmstadt, Erato, 1964, pp. 308-17. Ernst Bloch (1885-1977) foi aluno de Simmel no período 1908-1911. Após se doutorar em 1908, Bloch vai para Berlim, "lá fiz então amizade com Simmel — naturalmente eu já o conhecia desde antes do doutoramento. Ele era praticamente o único filósofo pelo qual eu me interessava" (E. Bloch, "Erbschaft aus Dekadenz? Ein Gespräch mit Iring Fetscher und Georg Lukacs", *in* R. Traub e H. Wieser [orgs.], *Gespräche mit Ernst Bloch*, 2ª ed., Frankfurt/M, Suhrkamp, 1977, p. 31). "1908-11 Berlim, amizade com Simmel, educação para o olhar para as pequenas realidades (de modo algum permanecendo impressionista)" (E. Bloch, "Lebenslauf", *in* R. Traub e H. Wieser [orgs.], *Gespräche mit Ernst Bloch, op. cit.*, p. 300). Pouco após Bloch se doutorar ele encontra com Simmel em Lugano, e ambos passam os dias em passeios pelas montanhas, recheados de conversas filosóficas.

[38] Cf. G. Simmel, "Individualismus", *op. cit.*

Presente

guerra de dentro (e isto significa: do lado da Alemanha) é capaz de ver que o que está em jogo não são interesses e valores, mas sim o caráter absoluto da situação vivida, que tudo justifica (o argumento de Carl Schmitt ao estado de exceção[39]). Todas as justificações "objetivas" não têm valor, todas as deduções são agora sem sentido. A ideia, o incondicional que justifica a guerra é o mesmo de 1870: em ambos os momentos luta-se pela unidade, pelo Estado nacional, e 1914 é a complementação, a realização dessa ideia de 45 anos atrás. "Uma ideia nos conduziu em 1870: tratava-se da conquista da unidade alemã, a realização final de um sonho idealista" (p. 20). Então se tratava do nascimento, agora da maioridade do "Reich"; o que parecera definitivo em 70 foi somente preparatório, e agora cabe consumar o que então se iniciou.

Pois os anos anteriores à unificação foram anos de impedimento ao desenvolvimento econômico, em que as possibilidades industriais e financeiras foram represadas. "1870 significou a liberação dessas forças alemãs de modo semelhante como 1789 significou a liberação do *tiers Etat*" (p. 23). Simmel elabora essa curiosa analogia na qual aproxima os feitos de unificação alemã aos da Revolução Francesa.[40] Se por um lado isto nos dá a medida da importância atribuída a 1870, por outro mostra a cegueira que aproxima fenômenos tão diferentes em amplitude e significados (além do que, não custa lembrar, a grande modernização posterior às guerras foi em parte considerável financiada com o dinheiro das reparações de guerra pagas pela França).

"O desdobramento da dinâmica econômica foi o que o Reich nos trouxe de *novo* [...]" (p. 23). Simmel articula os dois momentos da Alemanha, 1870 e 1914, como liberação de potencialidades que se encontravam latentes: em 1870 tratava-se de forças econômicas que se encontravam represadas e que, então, puderam vir a se desenvolver plenamente; agora, em 1914, trata-se de potencialidades espirituais. É nesse sentido, de uma *redenção da cultura existente*, que a guerra aparece em toda a sua positividade.

O interessante em um texto como este é que Simmel conjuga elementos de sua análise do moderno e de sua filosofia da cultura, direcionados e desenvolvidos em uma análise do presente, com elementos reacionários do nacionalismo alemão, o que torna sua análise, embora altamente desconfortável, ao mesmo tempo altamente exemplar; ilustrativa de uma, diga-

---

[39] Cf. C. Schmitt, *Politische Teologie. Vier Kapitel zur Lehre von der Souveränität*, 6ª ed., Berlim, Duncker & Humblot, 1993.

[40] No texto "Die Krisis der Kultur" Simmel afirma ser a guerra o acontecimento mais transformador e de maior significado para o futuro desde a Revolução Francesa. Cf. G. Simmel, "Die Krisis der Kultur", *op. cit.*, p. 63.

mos, ideologia que é dominante na Alemanha de 1914[41] e que ganha corpo no que então se denominou de "ideias de 1914".

"A formulação das 'ideias de 1914' é a contribuição da filosofia alemã à Primeira Guerra Mundial. Essas ideias são o documento de seu desejo de não silenciar enquanto as armas falavam. Elas são a tentativa de uma interpretação dessa fala no sentido alemão.// A fim de compreender essa interpretação de um modo justo é preciso fazer presente que, na lógica das tradições nacionais da filosofia europeia do século XIX, era algo óbvio, na Europa como um todo, se colocar à serviço da nação como filósofo na deflagração da guerra e era tarefa da legítima consciência filosófica dar o apoio de que se trata de uma coisa justa. Sobretudo os franceses e alemães, mas também os ingleses, se esforçaram desse modo, e é também de se mencionar que a intenção especial de caráter político e nacional-pedagógico ou mesmo o tom em que esse esforço foi realizado não se deixa diferenciar de modo unívoco de acordo com as nacionalidades. Havia então um chauvinismo erudito tanto na França como na Alemanha e a convicção de que a guerra tem o significado universal, para além do nacional, de uma luta pela salvação do mundo frente à outra nação foi cultivada tanto por filósofos ingleses quanto por alemães."[42]

Porém Simmel, como nota Lübbe, se diferencia das exaltações nacionalistas e das publicações correlatas que afloram em 1914. Seus escritos de guerra não reproduzem a recorrente "Deutschtums-Metaphysik" (algo como uma metafísica nacionalista alemã): são na verdade "reflexões filosóficas sobre o processo de existência que ocorre na guerra".[43] As reflexões de Simmel sobre a guerra são decorrentes de sua teoria da cultura e incorporam assim a sua reflexão sobre o assunto que vem desde o final do século. Como Lübbe se esforça por mostrar — e aqui seria necessário operar contrastivamente, opondo Simmel a outras manifestações da época,

---

[41] O "nacionalismo" de Simmel durante a guerra mostra claramente que ele se via como "alemão" e não como "judeu". Ele corresponde, assim, às descrições do apelo entusiástico das lideranças judaicas liberais, confiantes na assimilação, que chama os judeus alemães às armas para defender a nação. Mais sobre Simmel e a questão judaica em "Georg Simmel e a Berlim do Segundo Império".

[42] H. Lübbe, *Politische Philosophie in Deutschland*, Basel/Stuttgart, B. Schwabe, 1963, pp. 173-4.

[43] H. Lübbe, *Politische Philosophie in Deutschland*, op. cit., p. 219.

Presente

tal como o faz Lübbe —, a reflexão de nosso autor sobre a guerra é diferente da exaltação patriótica que eclode em 1914.

"*Simmel [...] vê a união humana do singular com o todo ao qual ele pertence e do qual ele depende, que ocorre com a deflagração da guerra. Isto parece inicialmente não ser em nada diferente da teoria, desde muito conhecida, do efeito patriótico da experiência da guerra, a união da nação provocada pelo domínio de uma consciência patriótica. Mas de fato a reflexão de Simmel articula-se de outro modo. Seu interesse imediato não é a pátria, mas sim a existência. O seu modo diz respeito a uma filosofia da vida existencial, e não imediatamente patriótica. A preocupação da crítica da cultura era como era possível que o homem existisse enquanto ele mesmo, sob as condições da sociedade moderna, em consideração imediata com o todo de sua existência. A guerra tornou essa preocupação como que sem objeto. O indivíduo, antes perdido em meio aos interesses díspares da vida burguesa que visa o lucro, dissociado devido a reivindicações de caráter heterogêneo, está agora novamente junto a si mesmo, pois há novamente um todo que realiza isso em um sentido mais elementar e mais imediato. Esse todo é decerto a pátria em luta por sua subsistência política. Mas o filósofo da vida louva essa luta como a hora decisiva da reintegração existencial, na qual a existência se recupera da situação de alienação. [...] Em Simmel a guerra é mediatizada a partir do existencial, e não, inversamente, a existência a partir da guerra. Assim se explica que as pontadas nacionais de seu discurso atuem de modo enfraquecido e a solidariedade com a pátria, que elas exprimem, atue de modo menos imediato.*"[44]

No contexto da transformação interna que atinge a Alemanha — note-se que o enfoque que privilegia as transformações internas indica que o essencial do momento não deve ser buscado nos fenômenos exteriores à Alemanha e nem mesmo em sua posição no concerto das nações; trata-se antes do fato de que a guerra é uma consequência, um desenvolvimento de tendências que são internas à Alemanha e que se desdobram na guerra — Simmel mobiliza suas filosofia da cultura e análise da modernidade para articular sua compreensão do presente. Ele mesmo afirma que os "fundamentos filosófico-culturais e histórico-culturais" da sua

---

[44] H. Lübbe, *Politische Philosophie in Deutschland*, *op. cit.*, pp. 220-1.

análise foram apresentados na *Philosophie des Geldes*, para onde remete seus leitores (cf. p. 64).

"Nossa vida sofre — para sublinhar um ponto como simbólico para vários outros — das contradições de uma conduta materialística e estetizante. Talvez o materialismo tenha sido a sombra inevitável inicial daquele impulso econômico — que então chamou com seu contragolpe não menos extremo o refinamento pálido dos estetas. Há uma ligação interna profunda entre o aprisionamento muito próximo às coisas e a distância muito grande que como uma espécie de 'medo de contato' nos coloca no vazio. [... sabe-se] quão pouco a vida deixa-se ordenar pelo caráter meramente material das coisas e pela mera sensação de sua forma. Se pelo menos algum resultado interior da guerra nos é certo, então é esse: de que inúmeros de nós iremos viver de modo mais essencial do que até agora." (pp. 24-5)

Aqui, mais uma vez, Simmel pontua com perspicácia aspectos da época: isto é contudo manipulado em um contexto no qual a guerra aparece como possibilidade de redenção dos problemas existentes e do nascimento de uma nova situação, livre dos antagonismos e contradições anteriores. O que significa: a apologia da guerra se faz com a justificação ou, ao menos, compreensão de sua barbárie. Poder-se-ia dizer: os exames são bem realizados, seus resultados são acurados, o diagnóstico é falho e o tratamento difícil de aceitar.

O final do texto é uma tentativa de compreensão profunda do significado do que Simmel denomina "Wende der Zeit" ("virada da época") — aqui também, como na ideia de cultura filosófica, como na sua proposta de um método micrológico, trata-se de uma "virada" que diferencia radicalmente o antes e o depois (esta é, de resto, a expressão que os alemães utilizam para expressar as transformações de 1989...). Trata-se de uma virada porque o futuro que ela inaugura é fundamentalmente distinto do que a antecede. Como já vimos, a guerra é o marco de um novo tempo, de um novo futuro, e por isso Simmel, desde o "Prefácio", afirma que o alvo de interesse do livro é o futuro. O que impregna este presente pleno e o direciona para o futuro e para sua plena significação é o "ideal de um novo homem" (p. 25). Sua tendência, diz Simmel, já se deixa esboçar em inúmeros "movimentos espirituais" da Alemanha já desde aproximadamente 1880: em Nietzsche, no socialismo, em Wagner, na técnica do trabalho moderno, no renascimento da metafísica e da religiosidade, na configuração estética da vida — todos eles aspectos abordados em "Tendencies in German Life and Thought since 1870", escrito 15 anos antes. Simmel detecta imagens fragmetárias, fugidias, prenúncios — mas não antecipações — desse novo homem. O homem da época de Simmel é o homem que se torna moderno, mas não é de modo algum o homem novo (que seria por assim dizer pós-moderno). Simmel contrapõe o homem do presente, isto é, moderno, ao homem do futuro, novo. No que este se caracteriza, quais são seus atributos e no que ele difere do moderno, Simmel não avança. O homem novo é uma "esperança" e seu tempo é o "futuro" (pp. 26, 28).

Esse homem novo de que fala Simmel não é o homem singular, *in concreto*, mas sim uma "ideia suprassingular" (p. 26), que por isso mesmo condensa em si o futuro. "Nós não sabemos em que sentido ele será diferente e queremos deixar de lado todos os exageros utópicos" (p. 27). Daí a crítica à própria ideia de fim, meta, finalidade.

Aqui, nos escritos de guerra e em meio a elementos reacionários e nacionalistas indiscutivelmente duvidosos, surge a utopia simmeliana de um homem novo (isto será retomado, pouco depois, ao final de *Grundfragen der Soziologie* [1917], em que, após analisar as concepções de indivíduo características dos séculos XVIII e XIX, Simmel acena com a ideia de um novo individualismo). Ela está relacionada com a utopia de um novo conhecimento e este é o resultado de sua ideia de uma cultura filosófica.[45] Aqui, tal como na "Introdução" de *Philosophische Kultur*, trata-se de uma superação crítica do conceito de fim, alvo, objetivo:

> *"[...] aqui não é o conceito de fim o correto: o que está em questão não é algo visado de modo claro, uma imagem determinada, que se realiza de acordo com uma finalidade, mas sim uma riqueza que é impulsionada de dentro, um devir orgânico."* (pp. 27-8)

---

[45] Se assim é, poder-se-ia dizer que a ideia de uma cultura filosófica antecipa de algum modo esse novo homem. Isto se explica pelo conceito forte de indivíduo que essa concepção supõe. Assim, a ideia de uma cultura filosófica exige, para sua realização, um indivíduo móvel e soberano (como vimos mais atrás) capaz de posicionar-se e mover-se livremente por entre as coisas, o mundo e a vida. Isto ocorre, na verdade, na medida em que o indivíduo realiza a sua "lei individual". Assim, na medida em que o indivíduo cumpre sua lei individual, ele se caracteriza como um indivíduo "pleno", de certo modo então próximo a um "novo" indivíduo. Goethe é, como sempre, o modelo visado. Conjuga em si um conhecimento, uma liberdade, uma mobilidade e uma individualidade que são únicos. Para poder-se dizer que são "novos", é necessário então admitir que a ideia simmeliana do "novo", tal como expressa nesta constelação, é, de algum modo, assim como a sua concepção de moderno, descontínua. Ela não está somente no futuro — que seria a sua realização —, mas se deixa entrever, é verdade que de modo muito fragmentário e excepcional, em certas figuras, das quais Goethe é a mais perfeita. Isto necessitaria, decerto, ser melhor trabalhado e aqui só gostaria de apontar para o problema. A discussão da ideia de "lei individual" foge aos limites deste trabalho. Cf. G. Simmel, "Das individuelle Gesetz", *Lebensanschauung, Rembrandt, op. cit.*

Nem o homem, nem o conhecimento que Simmel tem em vista se deixam determinar por essa ideia de finalidade. Trata-se, como o programa de uma cultura filosófica o demonstrou, de uma mobilidade, multiplicidade, ensaio, maleabilidade, infinitude de direções, e não de uma determinação unívoca, acabada ou acabável.

A ambiguidade que caracteriza o texto de Simmel é ao mesmo tempo pobreza, fraqueza, riqueza e força. Ela nos indica um elemento importante não só do pensamento de Simmel, mas ao qual o pensamento de Simmel dá voz. Ambiguidade é um símbolo do moderno — como Simmel percebeu muito bem ao assinalar o caráter duplo do dinheiro — e escamotear o caráter nacional-conservador de seus escritos de guerra é tentar apresentar uma imagem acabada e unívoca. A ideia de uma cultura filosófica, pelo contrário, não aceita mais essas imagens, contra elas, ela levanta a sua *skepsis*. Que Simmel tenha adotado, na guerra, o partido do absoluto, que portanto se elevaria acima de qualquer ceticismo de base, indica os limites históricos — e teóricos — que emolduram seu pensamento. E como ele demonstrou de forma brilhante em sua sociologia do espaço,[46] limites são construídos (e derrubados e mais uma vez erigidos) social e historicamente, e o programa de uma cultura filosófica exige sua análise enquanto tal. É por isso que não há sentido em buscar um Simmel livre da contradição. Suas contradições são contradições de sua época, que não cabe resolver, mas sim compreender e mesmo potenciá-las, para que do choque talvez se possa apanhar o raio efêmero de sua verdade.

A guerra é a possibilidade de surgimento de um "novo homem". Essa ideia parece-me decorrer do individualismo radical de Simmel. Trata-se, poder-se-ia supor, de um novo homem que se realize enquanto indivíduo, tal como Goethe, Nietzsche, Rembrandt; ou melhor, que enquanto indivíduo realize a individualidade tal como ela se exprimiu nessas figuras. Tal ideal de um novo homem, que na verdade é de uma nova individualidade, não está contudo ligado à Alemanha, mas muito mais à Europa — daí Simmel defender a "ideia de Europa", retomando o velho *topos* romântico —; disto decorre que os seus escritos de guerra podem ser lidos de modo muito menos patriótico e muito mais utópico do que uma leitura apressada poderia sugerir.[47] Ao mesmo tempo, é preciso compreender a utopia de um novo homem como utopia da superação do conflito e da tragédia da cultura. Se o presente é trágico, é um tempo de crise que culmina na guerra, essa é a possibilidade de um recomeço.

---

[46] Cf. G. Simmel, *Soziologie*, *op. cit.*, cap. 9, pp. 687-790.

[47] Cf. H. Lübbe, *Politische Philosophie in Deutschland*, *op. cit.*, p. 221.

Presente

O moderno, que é trágico, engendra a guerra, que é a culminação do moderno e a possibilidade de superação dessa existência trágica do indivíduo. É nesse contexto que Simmel avalia a guerra como altamente positiva (p. 61), como possibilidade de uma nova mobilidade que arranque a cultura de sua fixidez, fixidez essa que a transforma em um caos. Neste ponto ele inclusive retoma o velho tema do jovem Nietzsche, a ideia do presente como época sem estilo. Pois isto está ligado à ideia de uma unidade das manifestações da cultura, justamente o contrário do que a cultura experimenta na modernidade. Na verdade a cultura permanece naquele momento da diversidade, sem atingir a unidade múltipla que é o resultado do processo cultural.[48]

A relação com a filosofia da cultura é desenvolvida especificamente no discurso de 1916, "A crise da cultura", agora modelada tendo em vista os acontecimentos do presente. Na verdade, "Die Krisis der Kultur" é uma das inúmeras apresentações da filosofia da cultura simmeliana, que apontei no tópico "cultura". Agora a guerra, como já ocorria no texto de 1914 que vimos acima, é compreendida como a possibilidade de redenção da cultura moderna, e assim tanto do indivíduo como da sociedade e das coisas. A ideia de Simmel é que a guerra potencializa, tornando mais visíveis e candentes, as tendências da época, e o decisionismo que ela traz consigo — em todas as dimensões da vida trata-se de "Entscheidungen", que de resto é a palavra mais repetida no livro[49] — pode ter um caráter reconciliador, no sentido de fornecer elementos para a superação da crise da cultura. O decisionismo, como disse, propaga-se nas "ideias de 1914" e antecipa o decisionismo schmittiano da década de 1920.[50]

Mas esse viés decisionista — que com o "estado de exceção" abre a porta da ditadura — precisa ser contraposto a uma leitura que resgate não só a tomada de partido pelo "absoluto", mas também o fato da guerra ser vista como uma possibilidade de recomeço, em que o processo da cultura possa escapar da lógica fáustica que o determina. A guerra acena com o rompimento desse processo, e portanto com a possibilidade de sua reinstauração sobre novas bases. Simmel, assim, estaria alinhado com aquele Benjamin que fala dos "construtores", que após a guerra constroem a partir

---

[48] Cf. G. Simmel, "Die Krisis der Kultur", *op. cit.*, p. 60. Ver também o tópico "cultura".

[49] A questão do decisionismo ainda está por ser trabalhada. Essas decisões "absolutas" já são mencionadas na *Philosophie des Geldes*. Cf. G. Simmel, *Philosophie des Geldes*, *op. cit.*, p. ex. p. 688.

[50] Sobre isso ver o interessante livro de N. Bolz, *Auszug aus der entzauberten Welt. Philosophischer Extremismus zwischen den Weltkriegen*, Munique, W. Fink, 1989.

de uma tábula rasa. A guerra surge como possibilidade de "transvaloração dos valores":

"Somente sobre a base de uma atitude alterada em relação aos valores, frente às consequências e sustos do mamonismo, torna-se possível para Simmel construir uma sociedade pluralística, diferenciada, sobre a base de valores transvalorados. Este programa contra o mamonismo é a transposição simmeliana do programa nietzschiano em vista do niilismo ocidental, na qual a ideia nietzschiana de niilismo é operacionalizada, sensibilizada por seus estudos sobre o dinheiro, na ideia de mamonismo."[51]

A guerra altera elementos que nos permitem reavaliar o problema da cultura. A preponderância dos meios sobre os fins tem no dinheiro a sua figura máxima. Contudo, com a guerra o dinheiro torna-se enfraquecido; não basta mais possuir dinheiro para comprar o que se quer, e portanto o dinheiro não significa mais tudo, senão que as coisas que ele podia comprar passam a ter novamente seu valor — Simmel exemplifica com os alimentos, que se tornam raros. Esse fenômeno indica para Simmel a possibilidade, como um esboço, de "correção da série teleológica" (p. 56), isto é, da cadeia de meios e fins. Se assim é, a guerra é uma possibilidade de redenção, a porta de uma nova cultura e de um novo homem. Na medida em que os bens passam a ter um valor independente do dinheiro há uma "virada que, por mais simples que pareça, inverte completamente um sentimento do valor econômico — criado através de séculos — do mundo da cultura" (p. 57). O caráter absoluto do dinheiro é quebrado — "Não é mais o dinheiro que possui valor, mas sim as coisas" (p. 57) — e surge o vão da possibilidade de uma nova cultura: de uma nova relação com as coisas, que rompa com o distanciamento, e que convirja na síntese do processo da cultura e portanto em um enriquecimento da subjetividade. Essa subjetividade enriquecida dará lugar ao "homem novo".

3. "REMBRANDT COMO EDUCADOR" (1890)

"Rembrandt como educador" é a resenha do livro homônimo de Julius Langbehn (1851-1907), publicado de início anonimamente e que logo

---

[51] H. J. Dahme, *Soziologie als exakte Wissenschaft, op. cit.*, pp. 263-4, tb. pp. 258 ss.

Presente

se tornou um dos livros mais vendidos da época.[52] O título invoca Nietzsche ("Schopenhauer como educador", nas *Considerações extemporâneas*). A resenha aparece como uma forma de análise do presente, como um modo de enfrentamento com o fenômeno social que é a publicação e enorme repercussão do *Rembrandt como educador* (40 edições em dois anos). Não se trata de uma resenha "científica", mas sim publicada no suplemento dominical do grande jornal prussiano *Vossische Zeitung*. Não propriamente uma resenha e mais um comentário crítico, o texto de Simmel é uma reação imediata ao grande sucesso editorial que dá voz à mitologia nacionalista alemã, agora expressa na glorificação do "germânico" — que então o "germânico" se espelhe em Rembrandt é apenas uma das idiossincrasias que perpassam a obra de Langbehn.

Vejamos o texto de Simmel: "O livro em questão deve ser registrado aqui como uma expressão desse sinal da época, na medida em que o brilho faiscante da forma forma o maior contraste concebível com a falta de clareza e a insignificância do conteúdo".[53] O livro é visto como sinal dos tempos, como algo exemplar, que encarna em si os problemas que se encontram no presente — o predomínio da forma frente ao conteúdo é uma manifestação do vazio que atinge a cultura moderna, com a preponderância dos meios sobre os fins. De que se trata? Simmel afirma sua posição frente a Langbehn de modo a não deixar dúvidas:

> "*Nisto estou portanto completamente de acordo com o autor do* Rembrandt, *no fato de que o estado momentâneo do espírito público, com sua satisfação através da ciência natural e dos interesses sociais, não é mais a base para a arte e para a concepção artística do mundo, tanto quanto se compreenda como arte suas formas e conteúdos usuais. Apenas dois caminhos levam assim a um novo florescimento da arte: ou se prossegue com aqueles interesses na direção que vem sendo seguida até agora e se assume que a nova cultura também produzirá uma arte nova; ou se concede que a arte antiga seja a única arte e então se precisa atarraxar a cultura ao nível anterior — exatamente o que pretende o autor, quando ao invés do interesse*

---

[52] Sobre Langbehn ver F. Stern, *The Politics of Cultural Despair: A Study in the Rise of Germanic Ideology*, Berkeley, University of California Press, 1961; C. Hepp, *Avantgarde. Moderne Kunst, Kulturkritik und Reformbewegungen nach der Jahrhundertwende*, Munique, DTV, 1987.

[53] G. Simmel, "Rembrandt als Erzieher" (1890), *in Vom Wesen der Moderne. Essays zur Philosophie und Ästhetik*, organização de W. Jung, Hamburgo, Junius, 1990, pp. 145-61, aqui pp. 160-1, também p. 146. A seguir as referências à resenha serão dadas entre parênteses no correr do texto, após a citação, indicando a página.

social faz novamente do interesse individual a estrela guia do movimento da cultura, quando pretende pôr no lugar do conhecimento físico-matemático das coisas o conhecimento mítico-metafísico, quando ele ainda posiciona o valor da arte muito acima do da ciência." (p. 155)

Simmel acusa Langbehn de uma concepção conservadora, antimoderna. No texto sobre as tendências alemãs (escrito mais de 10 anos após a resenha do livro de Langbehn), Simmel considera o socialismo como, ao lado do individualismo, uma das grandes tendências da época. No presente que ele então busca retratar e analisar, ambas as tendências são fortes, embora já então ele perceba um enfraquecimento do socialismo. Para o Simmel de 1890, é a tendência socialista que aparece como nova, em contraposição ao velho individualismo. Isto se explica por motivos bem ligados à biografia do nosso personagem. Como se sabe, o início da década de 1890 é o período em que Simmel mais se aproxima da social-democracia alemã, escrevendo para seus jornais oficiais, envolvendo-se em círculos socialistas, engajando-se pelo que ele denominava tendência socialista. Isto vale, *grosso modo*, para a primeira metade dos anos 90; a partir de então ele se torna cada vez mais distante desses ideais, e nos textos do complexo da filosofia do dinheiro sua ideia é, como foi mostrado, aquela da luta incessante entre o social e o individual. Mas em 1890 não.

Ao final do século propaga-se a ideia de que surge uma nova época artística, na qual se contrapõem cada vez mais fortemente as visões de mundo científica e artística — o que se pode explicar por um lado pela crescente autonomização da arte, por outro pelo enorme desenvolvimento da ciência. É esse dualismo que Simmel trabalha em seu texto. Por detrás do que seria essa época artística — a que o *Rembrandt als Erzieher* se alinha — está a ideia de um individualismo forte e redentor:

"O livro [Rembrandt als Erzieher] quer atrair a soma da vida espiritual alemã do momento, que o autor condena por completo, e prescrever os fins e caminhos para uma melhora. Segundo ele, a Alemanha está no caminho da democracia igualadora e da ciência especializada; urge a redenção através do e rumo ao individualismo, através da e rumo à arte. Os interesses artísticos, a visão artística de mundo devem ocupar a posição da ciência; a formação niveladora do entendimento deve e irá ceder lugar à formação individualizadora do sentimento." (p. 146)

Essa vertente artística critica o desencantamento do mundo promovido pela ciência e técnica modernas, e lhe contrapõe um individualismo aristocrático (de sabor nietzschiano). Simmel sai então em defesa da visão de mundo da ciência que, oriunda do entendimento, está relacionada com o nivelamento, a democracia, a massa. Em primeiro lugar, essa visão de mundo não é em nada hostil à arte a à poesia, como quer Langbehn. Só que ela está comprometida com uma *outra* arte, antes ligada às tendências niveladoras do que às aristocráticas. Simmel critica Langbehn não propriamente por defender a arte frente à ciência, mas sim por negar a ciência moderna. Pois a ciência moderna transformou a ideia usual do homem como um ser simplesmente individual, singular, sem história:

> *"A nova concepção sociológica e histórica revolucionou completamente essa ideia; ela compreende o singular como um produto do desenvolvimento histórico de seu gênero, como um simples ponto de intersecção de fios sociais; ela o despe da homogeneidade e autonomia falsas e o dissolve em uma soma de características e forças que nos são compreensíveis a partir da diacronia dos destinos do gênero e da sincronia da sociedade atual. Para o conhecimento, assim como para a moralidade, o singular enquanto tal parece ser cada vez mais indiferente, cada vez mais um mero membro no corpo da sociedade, como ponto de passagem do desenvolvimento social."* (pp. 151-2)

Isto significa que, para Simmel, uma estética e uma arte do presente precisam levar em consideração essa "revolução", o que vale dizer que elas não podem mais se basear e objetivar o puro e simples heroico indivíduo isolado. A arte que, aos olhos de Simmel, cumpre esse programa, ou que pelo menos pareceu cumpri-lo durante algum tempo, foi a arte naturalista (cf. a seguir sobre Hauptmann). Uma estética moderna, para o Simmel de 1890, precisa partir e dar conta dos fenômenos sociais. Ou, em outras palavras, é na medida em que a arte é capaz de tematizar o social que ela se mostra em sua contemporaneidade. Não por acaso a resenha de Simmel é publicada no mesmo ano que seu primeiro livro, *Über sociale Differenzierung*, que trabalha exatamente essas noções de indivíduo e sociedade. Simmel defende enfaticamente uma espécie de "sociological turn", que traz consigo inclusive uma reavaliação dos objetos da arte: a experiência da cidade, dos novos objetos (telefone, telégrafo, iluminação artificial etc.), da indústria etc., em suma, do moderno, é também digna da arte — e é isto que a arte de seu tempo passa a tematizar cada vez mais.

Assim, não é de espantar que na crítica a Langbehn ele assuma, *grosso modo*, a ideia de que o moderno está ligado ao social — daí também o fato de que o seu projeto de uma sociologia enquanto ciência date desse momento de seu percurso intelectual — e as tendências individualistas apareçam então como reacionárias, no sentido de antimoderno (no sentido mesmo do [neo]romantismo conservador alemão). Com o passar dos anos, pode-se dizer que Simmel vai problematizar mais a questão e apontar tanto o socialismo como o individualismo como tendências polarizadoras da época — tal como vimos no texto de 1902.

Também o impacto da ciência, de um conhecimento científico cujo modelo são as ciências naturais, é bastante forte no Simmel de então, e disso deriva a mencionada tentativa de delimitação da sociologia enquanto ciência. Em oposição à ciência, o conhecimento mítico-metafísico que Simmel vê em Langbehn é baseado em intuições desprovidas de fundamento; é um conhecimento que não se submete ao lastro de um método que está na base de uma ciência moderna. É nesse momento e contexto que podemos perceber o apogeu das tendências antiensaísticas e sistemáticas de Simmel.[54]

Na mencionada oposição de interesses individuais e interesses sociais, Simmel toma o partido dos segundos e critica Langbehn por seu aprisionamento aos primeiros. Disto resulta que o desenvolvimento das tendências sociais acabará por realizar transformações de tal ordem que se pode supor uma nova cultura e uma nova arte a ela correlata (otimismo e progresso social-democratas reverberam aqui). Por outro lado, se não se assume essa visão, vemo-nos defronte ao encurralamento da arte contemporânea. Pois (e é isso que está por detrás da discussão) ou se assume uma tendência social — e disso surgirá o Naturalismo, especialmente o teatro de Gerhart Hauptmann — que de algum modo está ligada à ciência (daí a arte buscar retratar a realidade, espelhando-a sem retoques e idealizações), ou a arte não tem possibilidade de desenvolvimento, ou seja, ela permanecerá uma arte nos padrões usuais, como mera repetição da arte existente até então (lembre-se que Simmel irá se engajar pelas artes do momento: o teatro naturalista, a Secessão berlinense, George, Rodin). Nos termos de Simmel: a arte moderna não pode mais se prender às suas formas e conteúdos usuais — como quer Langbehn —, senão que precisa buscar novas formas e novos conteúdos (os exemplos citados dão bem conta disso). Trocando em miúdos, a crítica a Langbehn é que ele é conservador porque não aceita o fato de que, num mundo transformado, a arte pode se modificar e buscar seu lugar e seus modos de expressão de um modo novo. E isto vale não somente para a arte, mas para as diferentes dimensões da vida — para a política, para a família etc. Em todos esses pontos, Langbehn busca realçar o individualismo que se cristaliza, por fim, na figura de uma

---

[54] Veja-se H. Böhringer, "Spuren von spekulativem Atomismus in Simmels formaler Soziologie", *in* H. Böhringer e K. Gründer (orgs.), *Ästhetik und Soziologie um die Jahrhundertwende: Georg Simmel*, *op. cit.*, pp. 105-17.

Presente

autoridade forte, encarnada no grande dirigente, líder, guerreiro, que é da Baixa-Alemanha do qual Rembrandt seria o modelo.[55]

Retomando a primeira citação: o livro de Langbehn é modelar, na justa medida em que amalgama aspectos contraditórios; é o fato de ser contraditório — brilhante na forma, linguagem e exposição, e vazio de conteúdo, incongruente nas ideias e encadeamentos — que o faz retratar de modo tão fiel o seu momento. Um momento que, genericamente, poderíamos caracterizar como ambíguo:[56] a nova Alemanha é tanto a Alemanha do progresso, da industrialização, a nova grande potência europeia (vale dizer mundial), como é também, ao mesmo tempo, na contraditória formação da sua identidade, voltada ao passado medieval glorioso — pois se funda um novo, o segundo "Reich" — que reverbera ainda em traços românticos, na ausência de revolução burguesa e de democracia, no aparato burocrático e tanto mais.[57]

Naturalmente, a posição de Julius Langbehn é de teor conservador: contra as tendências democráticas (expressas nos "interesses sociais"), ele advoga um aristocratismo baseado em grandes personalidades que atuam como lideranças e subordinam as massas. Entretanto, isto se faz sob o dossel da uma estetização, de Rembrandt, de uma "visão de mundo artística", de "interesses artísticos" (p. 146) que são contrapostos à ciência que se torna preponderante.[58] Essa tomada de posição de Langbehn é sua proposta educativa, sua receita para a salvação da Alemanha, e é nesse sentido que ele invoca Nietzsche em seu título.

O fato do livro de Langbehn fazer um enorme sucesso é ele mesmo índice de uma situação cultural específica: na qual os livros são lidos cada vez mais rapidamente (basta nos lembrarmos da aceleração da velocidade da vida) e que portanto são cada vez compreendidos de modo mais imediato, sem reflexão, pois a compreensão adequada do que se diz exige mais esforço e trabalho do intelecto do que estão dispostos a sacrificar os leitores. Por isso o livro é muito mais julgado por sua aparência e forma, do que pela análise de seu conteúdo e sentido.

---

[55] Para se ter uma ideia do tipo e nível da argumentação de Langbehn, seja dito que Rembrandt é visto como essência que sintetiza o germânico porque sua pintura elabora o contraste claro-escuro e as cores prussianas são o branco e o preto.

[56] Ver H. Plessner, *Die verspätete Nation*, op. cit.

[57] Pode-se ver N. Elias, *Studien über die Deutschen*, op. cit.

[58] Sobre os desenvolvimentos das ciências e suas consequências pode-se ver W. J. Mommsen, *Bürgerliche Kultur und künstlerische Avantgarde*, op. cit.; *Der autoritäre Nationalstaat. Verfassung, Gesellschaft und Kultur im deutschen Kaiserreich*, Frankfurt/M, S. Fischer, 1990; F. K. Ringer, *Die Gelehrten. Der Niedergang der deutschen Mandarine 1890-1933*, op. cit.

A questão que ainda subsiste é como explicar o deslocamento das ênfases que testemunhamos em Simmel durante a década de 1890. Isto está, sem dúvida alguma, relacionado com suas experiências na Alemanha guilhermina. Mais à frente procurarei apontar um elemento fundamental para a compreensão de Simmel, a ambiguidade de sua posição, caracterizando-a a partir da questão judaica. Simmel, em sua busca de assimilação, releva, ou busca relevar, sua condição judaica. Isto exprime, naturalmente, um desejo muito forte de assimilação, seja no registro social propriamente dito, seja no interior da universidade, da família, dos círculos de amigos, e mesmo frente a si próprio. Em todos os níveis em que o problema se coloca, ele é conflituoso e Simmel assume uma posição ambígua frente a ele. K. C. Köhnke formulou com muita perspicácia a questão, ao interpretar o deslocamento que podemos perceber em Simmel: do engajamento social para uma sociabilidade de salão, do Naturalismo e da social-democracia para um esteticismo próximo a Stefan George, da sociologia para uma metafísica da vida.[59] Em todos estes deslocamentos, Simmel procura se amalgamar à cultura alemã e como que comprovar sua tese da fusão e assimilação da cultura judaica e dos judeus na Alemanha, vale dizer, de sua própria condição. E isto significa que ele se afasta de tudo o que é de alguma forma conflituoso, que poderia de algum modo por em questão sua situação como *natural* e completamente alemão. Mesmo nisso sua situação, contudo, não deixa de ser ambígua, pois tudo aquilo de que ele se afastou nunca foi questionado a fundo como sendo algo não alemão. Mas o afastamento por si mesmo é um reflexo de um sentimento muito mais profundo e talvez mesmo inconsciente de exclusão, a que correspondia uma exclusão real.

4. O CASO GERHART HAUPTMANN:
O NATURALISMO E O MODERNO
NO INÍCIO DOS ANOS 1890

Escândalo em Berlim.

"Na dupla representação dessa peça para os círculos berlinenses mais intelectuais confirmou-se [...] que o destino das classes permite obter um efeito muito mais profundo no plano estético e dos costumes do que permitiria qualquer representação dos destinos individuais. [...] A polícia permitiu a representação somente em uma associação fechada e proibiu a repre-

---

[59] Cf. K. C. Köhnke, "Georg Simmel als Jude", *op. cit.*, p. 189.

Presente

sentação livre. Em contraposição a isso ela permite que o Residenztheater de Berlim encene ano após ano as mais vulgares farsas francesas, que podem exercer seu efeito educativo sobre o nosso povo mediante a lascívia dos sentimentos sexuais e a centralização encenada de todos os interesses da vida nas satisfações respectivas; no Panoptikum permite-se apresentar ao público, sob a rubrica 'Para quem tem nervos fortes', uma série de figuras de cera representando crimes sangrentos e com isso se estimula o embrutecimento da juventude; o cultivo da luxúria, da crueldade e dos instintos animais no homem são intensificados sistematicamente. Mas uma das maiores obras de arte, apoiada na mais profunda seriedade artística e dos costumes, é subtraída a todos [...]. Esta é a 'educação estética' do nosso povo."[60]

A encenação da peça de Gerhart Hauptmann (1861-1946) *Die Weber* (*Os tecelões*), em Berlim, em 26 de fevereiro de 1892, transformou-se em escândalo público e alvo de acirrados debates, dividindo opiniões. A censura guilhermina proibiu a representação pública da peça; em virtude disso ela foi encenada pela "Freie Bühne", uma associação teatral fundada em 1889, no Neues Theater am Schiffbauerdamm em uma apresentação fechada, só podendo ser vista por "sócios" e convidados.[61] As "Sozialistengesetze" (leis de restrições aos socialistas) já haviam sido, desde 1890, abolidas, mas tudo o que cheirava a "social" era visto com desconfiança, e a peça de Hauptmann foi sumariamente censurada. Ocasião em que o jovem "Privatdozent" publica, em um periódico de esquerda (*Sozialpolitisches Zentralblatt*), sua defesa, quase panfleto, de Hauptmann. Apenas um círculo restrito pôde assistir a peça; a seu público potencial não foi dada nenhuma chance. Esse acontecimento é visto por Simmel como sendo exemplar da situação cultural da Alemanha guilhermina e é isto que o faz se pronunciar a respeito. A ideia de uma educação estética do homem, cuja formulação por Schiller é uma referência sempre retomada na cultura alemã (e especialmente cara ao judeus alemães), é literalmente virada de ponta cabeça pela polícia do Kaiser. O que tem realmente valor artístico e edu-

---

[60] G. Simmel, "Gerhart Hauptmanns 'Weber'" (1893), *in Vom Wesen der Moderne*, *op. cit.*, pp. 165-6. A seguir as referências a este texto serão dadas entre parênteses no correr do texto, após a citação, indicando a página.

[61] Sobre os acontecimentos ligados à encenação da peça pode-se ver G. Schulz, "Naturalismus und Zensur", *in* H. Scheuer (org.), *Naturalismus*, *op. cit.*, pp. 104-5, 119. No Teatro am Schiffbauerdamm iria se alocar, muitos anos depois, o célebre Berliner Ensemble.

cativo, formador, é censurado, enquanto os apelos sensacionalistas e eróticos são tolerados até mesmo nos teatros reais. Não que Simmel vise aqui especialmente criticar alguma espécie de cultura mais "popular" que se espalha pelas cidades, como os museus de cera; não que ele vise criticar especificamente a repetição monótona das peças de segunda categoria vindas de Paris. Mas sim a exclusão e impedimentos sumários de formas artísticas tão ou mais legítimas. A ideia da educação estética, tão profundamente impregnada na alma alemã, é mobilizada, no espírito da *Aufklärung*, na defesa tão intransigente quanto possível de um acontecimento na cultura alemã da virada do século que simboliza do modo mais pregnante tendências da época.[62]

O social e o individual.

"*A peça de Hauptmann 'Die Weber' pertence aos registros do nosso movimento social tanto quanto a fundação de um cartel ou os debates do Verein für Sozialpolitik [Associação para a política social]. [...] Essa obra exprime as correntes profundas que são conformadas e simbolizadas, voluntária ou involuntariamente, em toda manifestação da vida moderna. Na medida em que Hauptmann apresenta a miséria dos tecelões da Silésia nos anos 40 e sua revolta contra os exploradores em seus aspectos mais pungentes, ele seguramente não pensava em promover agitação social e, de acordo com suas declarações pessoais, a relação do tema com os movimentos do dia nunca lhe interessaram, mas exclusivamente o problema poético enquanto tal. Mas nada poderia comprovar mais o poder daqueles movimentos do que precisamente essa declaração, pois ela mostra o quão profundamente a miséria das massas e sua nostalgia de redenção já estão entranhadas nas fontes inconscientes e ocultas da fantasia poética. Em outras épocas, um interesse do artista e do público por esses problemas seria impossível. Que a coação artística da forma, sem qualquer consideração consciente aos movimentos sociais, mesmo assim desemboque neles por conta própria, é uma comprovação mais forte de que seu ím-*

---

[62] A ideia schilleriana de uma educação *estética* é tributária, decerto, de Kant. Interessa destacar que é Kant quem estabelece o nexo entre o belo e o bom no sentido ético. Esse nexo é, como ele diz, de natureza *simbólica*. A "ideia de uma educação estética do gênero humano se baseia na *analogia* de beleza e eticidade". H. G. Gadamer, *Wahrheit und Methode*, op. cit., p. 81, grifo meu. Tudo isto está em profunda relação com o que vimos no tópico "panteísmo estético". Sobre o assunto, e muito mais, ver Gadamer, pp. 80 ss.

Presente

peto penetra tudo do que seria uma poesia tendenciosa. [...] O que é absolutamente novo na poesia de Hauptmann é que não é o destino dos homens singulares que forma o conteúdo da ação, mas sim o destino de classes como um todo [...]." (pp. 163-4)

As tendências socialistas do jovem Simmel mostram-se sem pudor na apreciação da peça da Hauptmann. Se a época é impregnada pelas tensões entre tendências individualistas e socialistas (tal como exposto no texto de 1902 sobre as tendências na Alemanha), não só Simmel se posiciona de modo favorável e mesmo engajado por estas últimas, como também a peça de Hauptmann as expressa, como um símbolo. A ideia de um individualismo qualitativo é contraposta à de uma individualidade quantitativa: a massa, a classe. Estas são, agora, as categorias que atiçam o presente vivido por Simmel e de que a peça é um testemunho dramático. Não lhes interessa mais o destino do indivíduo isolado, mas sim o da classe. O presente — os "movimentos do dia" — é marcado por movimentos sociais que exprimem não mais o indivíduo singular, o "individualismo romântico", mas sim as classes. O agir do indivíduo não é mais compreendido como algo radicado em uma individualidade soberana, mas como a sorte de sua classe, como sua "necessidade social-histórica" (p. 165). Simmel está, na década de 1890, bastante envolvido com o que denomina tendência "social", e a obra de Hauptmann, que dá forma a essas questões, é por isso mesmo atual no sentido mais forte — sobre sua proximidade aos naturalistas será dito mais à frente. Apesar da arte possuir uma autonomia específica, ela é de algum modo permeável ao seu tempo (daí Simmel falar em "fontes inconscientes"). A arte de Hauptmann, que é contemporânea, que é a arte do presente porque exprime uma tendência radical da época, é a explosão do moderno no teatro alemão (de que virá, não custa dizer, Piscator, Reinhard e Brecht). Imbrica-se nela, de modo indissociável, o moderno e o contemporâneo.

5. "A ESCULTURA DE RODIN E A DIREÇÃO ESPIRITUAL DO PRESENTE" (1902)

O título, "A escultura de Rodin e a direção espiritual do presente",[63] talvez como nenhum outro em Simmel, indica o sentido da análise do pre-

---

[63] G. Simmel, "Rodins Plastik und die Geistesrichtung der Gegenwart" (1902), *in* H. Böhringer e K. Gründer (orgs.), *Ästhetik und Soziologie um die Jahrhundertwende: Georg Simmel, op. cit.*, pp. 231-7. A seguir as referências a este texto serão dadas entre

sente: a obra de arte é vista como um símbolo que exprime o presente, a partir dela nos é possível compreender o mundo em que vivemos. Trata-se de um texto de ocasião, não só publicado no suplemento dominical de um diário berlinense, como também produto de uma curta viagem: no verão de 1902 Simmel viaja até Praga e lá pode visitar a grande exposição de Rodin, naquela época ainda não tão conhecido fora da França.[64]

A análise da contemporaneidade de Rodin é uma análise dos problemas de estilo. Simmel assinalou recorrentemente que a história da escultura terminou em Michelangelo, pois tudo o que lhe é posterior é, a seus olhos, mera repetição no plano estilístico. Até Rodin. Este opera, aqui também, uma "virada" (p. 231), que se cristaliza em um estilo novo. Essa virada tem um papel especialmente estratégico no interior do desenvolvimento e da história da escultura, e nesse sentido Rodin é aproximado de uma outra figura altamente significativa para Simmel:

> "*Assim como Nietzsche demonstrou para amplos círculos que a nossa moral, que nós consideramos pura e simplesmente como a moral, é apenas uma moral, ao lado da qual outros modos da moral são possíveis, Rodin comprovou que o estilo classicista, que se considera o estilo em escultura, não é uma forma absoluta, mas sim histórica, ao lado da qual, em outras condições históricas, outras formas têm sua razão de ser.*" (pp. 231-2)[65]

---

parênteses no correr do texto, após a citação, indicando a página. Por ocasião da publicação do texto na França em 1912, o texto recebeu o seguinte título: "L'Oeuvre de Rodin comme expression de l'esprit moderne" (*in* G. Simmel, *Mélanges de Philosophie Relativiste*, Paris, Alcan, 1912, pp. 126-38). Já nessa transposição do título — de que Simmel teve pleno conhecimento — vê-se a equação presente = moderno.

[64] Como é sabido, os textos de Simmel sobre Rodin são pioneiros, no âmbito alemão, na análise da obra do escultor e mesmo subsídio para aquela interpretação que projetou definitivamente Rodin, a de R. M. Rilke. Sobre as análises de Rodin por Simmel, além do texto em questão: "Die Kunst Rodins und das Bewegungsmotiv in der Plastik" (1909), *in Nord und Süd*, 1909, vol. II, pp. 189-96 (este texto, remanejado, deu origem ao texto seguinte); "Rodin" (1911), *in Philosphische Kultur, op. cit.*, pp. 151-65; "Erinnerung an Rodin" (1917), *in Das Individuum und die Freiheit, op. cit.*, pp. 160-4. Além disso, há referências a Rodin em outros escritos sobre arte. Sobre Simmel e Rodin pode-se ver-J. A. Schmoll Gen. Eisenwerth, "Simmel und Rodin", *in* H. Böhringer e K. Gründer (orgs.), *Ästhetik und Soziologie um die Jahrhundertwende: Georg Simmel, op. cit.*, pp. 18-38, discussão pp. 39-43. O texto de Rilke é "Auguste Rodin" (1ª ed, 1903, 2ª edição aumentada, 1907), *in* R. M. Rilke, *Sämtliche Werke*, organização do Rilke-Archiv, vol. V, Frankfurt/M, Insel, 1987, pp. 139-201.

[65] Não somente de Nietzsche Rodin foi aproximado. Em uma carta de Friedrich Gundolf a Stefan George, de março de 1907, pode-se ler: "Simmel, na cátedra, considerou

Presente

A escultura de Rodin realiza essa desnaturalização e historização do estilo, através da qual ele próprio é compreensível. Nesse contexto, na medida em que Rodin dá forma a um novo estilo, ele o faz em referência a uma situação histórica determinada: aquela do "homem moderno" (p. 237).

"*As dificuldades internas mais profundas do século XIX baseavam-se no conflito entre individualidade e regularidade [Gesetzmässigkeit]. O singular não pode renunciar nem a suas unicidade e singularidade baseada em si mesmo, nem à necessidade interna de seu ser e agir, que nós denominamos regularidade [Gesetzmässigkeit]. Mas isto parece insustentável, pois nosso conceito de lei [Gesetz], formado junto à ciência natural e ao direito, incorpora sempre a universalidade, a indiferença frente ao individual, a subordinação do singular a uma norma que vale para todos. Daí a nostalgia [...] daquilo que se poderia denominar lei individual, a unidade de uma forma de vida [Lebensgestaltung] absolutamente pessoal, livre de toda simples universalização, com a dignidade, amplitude e determinação da lei. A escultura moderna permaneceu, onde ela não era naturalista, quase sempre no domínio da lei universal que a arte clássica lhe forneceu e isto agora não lhe permite que se manifeste — nem na forma visível, nem por detrás dela na alma — em sua vida realmente pessoal, única, que brota da própria fonte. Decerto o Naturalismo realizou isto, ele libertou tanto o sujeito como o objeto da coação de uma regra universal e estranha à vida mais interior, mas com isso ele entregou a vida a um acaso, a uma forma momentânea anárquica e sem ideias. Os princípios da forma, que permanecem aqui irreconciliados entre si, formam a unidade da arte de Rodin.*" (pp. 232-3)

Aqui, alguns anos após a defesa do Naturalismo de Hauptmann, passado o seu momento da "engajamento" social, Simmel elabora sua crítica ao Naturalismo como libertação, é verdade, mas uma libertação de fato desprovida de um sentido mais profundo, na medida em que é uma libertação que não é capaz de sedimentar, de alguma maneira, aquele conflito inicial entre o que é individual e o que é supraindividual. É nesse âm-

---

Rodin e George os maiores artistas do século [...]". Stefan George/Friedrich Gundolf, *Briefwechsel*, organização de R. Böhringer e G. P. Landmann, Munique/Düsseldorf, Küpper, 1962, p. 180. A questão da historicidade da moral é o núcleo do livro de Simmel de 1892-3, *Einleitung in die Moralwissenschaft, op. cit.* E a importância de Nietzsche para a análise da moral é discutida no conjunto dos textos sobre Nietzsche, já mencionados.

bito que Simmel irá formular pela primeira vez uma ideia que vai se desenvolver gradualmente com o passar dos anos e que se tornará central em sua obra tardia: a ideia de uma "lei individual".[66] A própria expressão já indica a polaridade, o dualismo que ela busca de algum modo conformar: entre a lei como algo supraindividual e o individual como algo que se subtrai à regularidade, normalidade e igualdade da lei. Sob a base da diferença, do irredutível do indivíduo, surge essa lei de extração distinta, que diz respeito a um indivíduo específico (por isso aqui, em sua primeira aparição, a ideia de lei individual é imediatamente contraposta à de lei universal) mas, ao mesmo tempo, toca a universalidade. Tal lei individual significa uma solução — não mais do que momentânea — para o conflito apresentado por Simmel; o conceito de lei individual surge para explicar e justificar as soluções dadas por Rodin aos problemas (históricos, não custa lembrar) do fazer artístico. E assim esse conceito surge inextricavelmente ligado a um indivíduo específico, determinado. Na medida em que Rodin, conforme sua lei individual, esculpe, a sua obra conforma a sua unidade: por um lado arte, por outro moderna.

Esta formulação inicial da ideia de lei individual permite-nos ainda maiores desenvolvimentos. Simmel fala de uma "nostalgia" por uma lei individual, como algo que, de algum modo, situa-se também no passado, no que já foi e não é mais. Na verdade, isto significa que todo grande criador nada mais faz do que, a seu modo, segundo sua própria lei, configurar sua lei individual. Por isso a ideia de lei individual estará sempre referida às grandes personalidades criadoras (e estas serão exemplares).

A lei universal supõe e exige que o indivíduo não se apresente em sua totalidade, como um todo. Ora, o artista, a "personalidade", é justamente um "todo", e por isso a lei universal não é adequada para ele. A contrapartida disso é que, para Simmel, dignas de análise são justamente as obras dos grandes artistas,[67] porque é neles que a vida do singular conflui com o universal (poder-se-ia ousar: a dialética sem conciliação da vida e das formas encontra um estado de repouso, mas não neutralização e imobilidade). Essas personalidades possuem uma "liberdade absoluta", são

---

[66] Acerca da "lei individual" foi dito rapidamente no tópico "estilo de vida". Ver G. Simmel, "Das individuelle Gesetz", *op. cit.*; *Lebensanschauung, op. cit.*; "Das Problem des Stiles" (1908), *op. cit.*, passim, especialmente pp. 377, 383; além disso os textos citados a respeito em "estilo de vida".

[67] Não só Simmel analisa apenas grandes artistas, como se pronunciou explicitamente sobre a questão. Ver Charles Du Bos, "Lettre dédicatrice à Bernhard Groethuysen", *in* H. Böhringer e K. Gründer (orgs.), *Ästhetik und Soziologie um die Jahrhundertwende: Georg Simmel, op. cit.*, p. 245. Veja-se ainda G. Simmel, "Friedrich Nietzsche. Eine moralphilosophische Silhoutte", *op. cit.*, p. 119, rodapé.

Presente

"homens absolutamente individuais" (p. 233), mas essa liberdade possui um rigor, uma concreção também absolutos, uma liberdade que é também e em mesma medida necessidade.[68] Tal "unidade" se realiza na forma, isto é, na obra de arte singular[69] (e não em princípios abstratos). Na obra de arte "cada existência [Existenz] singular exprime sem restos o todo da existência [Dasein] em uma linguagem singular"[70] (cf. mote 5).

A formulação da ideia de lei individual traz consigo certas reavaliações. Na década de 90 o Naturalismo, em um contexto claramente conservador em termos de arte,[71] aparecia como arte do tempo presente. Agora não mais. Naturalismo e convencionalismo, antes tendências opostas, confluem agora em oposição à "arte verdadeira" (p. 233). A seu tempo, o Naturalismo superava as convenções para dar lugar às tendências sociais da época; agora Rodin, por sua vez, "supera a convenção, sem cair no Naturalismo" (p. 234). Sua forma para tanto é dar voz à "alma subjetiva": quando esta falta, não há arte moderna. E aqui Simmel amarra Rodin e o moderno: "Pois decerto uma das tendências fundamentais da Época Moderna é fazer valer a soberania da alma pessoal frente a toda a existência" (p. 234).[72] Contudo, esta tarefa não se deixou realizar facilmente: o moderno, nos mais variados pontos, mostrou-se mais um aprisionamento do que uma libertação da subjetividade.

A partir daí Simmel esboça uma verdadeira caracterização da arte e de seu sentido na modernidade. Ela sofre a dialética do mais recôndito e do universal.

"As decepções e reveses que a alma experimenta inevitavelmente nos rumos da técnica, da ciência e da constituição

---

[68] Anos mais tarde, Adorno demonstrou isso de modo absolutamente exemplar na "neue Musik". Então, dado o caráter altamente construtivo dessa música, a questão adquiriu uma transparência muito didática.

[69] Simmel desenvolveu especificamente o problema da "Gesetzmässigkeit" na obra de arte. Cf. G. Simmel, "Gesetzmässigkeit im Kunstwerk" (1917), *in Fragmente und Aufsätze aus dem Nachlass, op. cit.*, pp. 211-28.

[70] Simmel, "Das individuelle Gesetz", *op. cit.*, p. 141.

[71] Sobre este ponto pode-se ver D. Pforte, "Die deutsche Sozialdemokratie und die Naturalisten", *in* H. Scheuer (org.), *Naturalismus. Buergerliche Dichtung und soziales Engagement, op. cit.*, pp. 175-6; P. Paret, *Die Berliner Secession. Moderne Kunst und ihre Feinde im kaiserlichen Deutschland, op. cit.*

[72] Isto será retomado enfaticamente por Simmel em seu texto sobre Rodin de 1909-1911, ao afirmar que "a essência do moderno é psicologismo, o vivenciar e interpretar o mundo de acordo com as reações do nosso interior". Cf. G. Simmel, "Rodin", *in Philosophische Kultur, op. cit.*, p. 164. Se assim é, reencontramos aqui a ideia de cultura filosófica, e sua modernidade congênita.

*da sociedade [...] potenciaram a nostalgia pela arte até o inco-
mensurável, até a paixão de inundar todo o nosso meio exterior com arte."* (p. 235)

Simmel articula aqui três pontos importantes. Em primeiro lugar, ele
apresenta a tragédia da cultura como preponderância de uma cultura objetiva sobre a subjetividade; a seguir, aponta a obra de arte como um *locus*
privilegiado, como uma dimensão que se resguarda frente à lógica perver-
sa da cultura. E, por fim, ele detecta o esteticismo *fin-de-siècle*, que nada
mais é do que essa nostalgia insaciável, que no entanto nunca deixa de tentar
se saciar (*omnia habentes, nihil possidentes*, como vimos). Como o mundo exterior se mostra hostil, o indivíduo se recolhe cada vez mais para o
seu interior e o povoa com arte. Daí a significação do *interieur* burguês.
Frente a esse mundo hostil, a arte se fecha sobre si mesma, na busca de
sua forma.[73] A grande arte é na verdade uma instância de sentido em um
mundo cada vez mais sem sentido — ou, nos termos da filosofia da cultura, um mundo onde cada vez mais os meios se transformam em fins e no
qual o processo da cultura é interrompido. Em contraposição a isso, a obra
de arte é unidade (cf. o tópico "estilo de vida"):

*"O verdadeiro milagre da arte plástica é que as proprie-
dades sensíveis-formais da configuração do espaço, do contorno, das cores, seguindo apenas as suas leis e atrações próprias,
revelam ao mesmo tempo até o âmago uma vida interior anímica, discreta [...]. Que estas duas funções do fenômeno: como
imagem puramente sensível e como símbolo e enunciação da
alma, que no mundo real estão completamente separadas e só
ocasionalmente se tocam, são na arte uma unidade, esta é talvez a graça mais profunda que a arte nos oferece, o penhor de
que os elementos da vida em última instância não são tão sem
nexo como a vida quer nos fazer crer."* (p. 235)

Assim, a obra de arte é uma configuração da unidade daquela dialética
sem síntese, uma unidade dos dualismos básicos que afligem os homens
modernos e que Simmel sempre explora em seus textos. Sob a ideia de lei
individual, a arte é capaz de configurar as tendências da época. Isto não é,
claro está, prerrogativa da arte moderna, mas de toda grande arte. A especificidade da obra de arte moderna é que nela essas tendências são consciente e explicitamente postas em evidência (autorreflexão da arte e de seus

---

[73] A arte de Rodin é claramente autorreflexiva. Simmel aponta em vários pontos
do texto elementos concretos desse processo em Rodin.

meios, para falarmos em outros termos). Para Simmel, isto é inclusive decorrente da própria lógica do processo cultural moderno: pois "a fórmula de desenvolvimento do espírito moderno [é] que ele torna consciente para si, individualiza, separa os elementos da vida de sua unidade original indiferenciada, e só após esse processo específico ele reúne esses elementos em uma nova unidade" (p. 236).[74] Os problemas da modernidade começam quando esses elementos não são mais reunidos nessa nova unidade — ou, nos termos da filosofia da cultura, quando aquela circularidade ideal do processo cultural é interrompida. Em contraposição a isso, a obra de arte é o espaço privilegiado de realização dessa união e por isso ela aparece como algo *diferente*. Ela possui sua esfera e sua legalidade próprias — o que Simmel tinha em mente, em sua teoria da cultura, ao falar das "condições atmosféricas próprias a províncias específicas" (cf. o tópico "cultura").

O texto sobre Rodin termina com uma importante reflexão sobre a relação entre o inacabado e fragmentário e a modernidade. Embora ela simplesmente retome análises da *Philosophie des Geldes*, não deixa de ser bastante sugestiva. De resto, e nunca é demais recordar, o que Simmel vai apontar em Rodin, e é característico de sua escultura, são traços do moderno, e que dizem respeito por isso diretamente ao que se disse aqui acerca do ensaio e da ideia de cultura filosófica. Ou, inversamente, poder-se-ia ver em Rodin uma configuração escultórica da ideia de cultura filosófica e do ensaio como forma.

> "*As esculturas de Rodin são frequentemente incompletas, nos graus mais variados, até casos em que a figura se destaca apenas em partes isoladas, em contornos que são difíceis de reconhecer. Dentre os traços característicos do presente um é inconfundível: para nós, frente a um número sempre crescente de valores, o estímulo e a sugestão significam mais do que a realização definida, que não deixa nenhum resto para que nossa fantasia possa complementar. Nós queremos um* minimum *de realidade [Gegebenheit] objetiva que desencadeie em nós um* maximum *de atividade própria. Nós amamos a discrição das coisas, que desdobra em nós todas as forças interpretativas, e sua parcimônia, que só nos permite sentir a sua riqueza através da nossa.*" (p. 237)

---

[74] Lembremo-nos de que, na sua filosofia da cultura, Simmel propusera a seguinte fórmula: "a cultura é o caminho de uma unidade fechada, passando pela multiplicidade que se desdobra rumo a uma unidade desdobrada". Cf. o tópico "cultura".

Temos aqui uma variação do programa delineado na "Introdução" de *Philosophische Kultur*, no qual o sujeito aparece como um atribuidor de sentido, em que as coisas são um elemento a partir do qual o sujeito interpreta e, mobilizando a *fantasia*,[75] cria sentidos. É o sujeito que se move sem cessar em um mundo de coisas, à fantasia cabe atribuir significados. A figura se mostra nos fragmentos, nos pequenos traços. Em *Der Konflikt de modernen Kultur*,[76] Simmel mostra como a vontade de sistema, vontade de acabamento, de algo fechado e sem lacunas é um ideal do Classicismo e não corresponde mais à Época Moderna (que seria "ensaística", como diz Musil). O Classicismo busca na forma perfeita um acabamento que se vê como o ideal absoluto; já o moderno busca justamente quebrar a coação da forma — por isso o Classicismo aparece tantas vezes como bode expiatório dos modernos. Romper a coação da forma: essa é a fórmula que pode explicar Rodin e que marca a mobilidade, plasticidade e variedade do moderno. O homem moderno como o ser dos estímulos e sugestões é o homem da vida nervosa, é o aventureiro que vive o presente. É a sensibilidade, são suas membranas perceptivas que o caracterizam, e é isto que essa escultura traz à tona.

> *"Onde os intérpretes mais recentes da arte veem a essência do seu gozo: no fato de que aquele que a frui repete em si o processo criativo — isto não pode ocorrer de modo mais enérgico do que através do estímulo da fantasia a preencher o incompleto, libertar a forma que ainda está oculta na pedra. Assim, na medida em que nossa própria atividade oscile entre a obra e seu efeito final em nós, ela afasta a obra para a distância que a sensibilidade do homem moderno necessita entre si e as coisas. Pois a sua força e a sua fraqueza é não exigir das coisas sua completude exata, mas somente o ponto de seu estímulo mais forte, o seu extrato mais sublimado, mas somente 'como que à distância'."* (p. 237)

Das esculturas e esboços de Rodin, a análise de Simmel nos traz às ranhuras do homem moderno. A ideia de uma autorreflexão dos meios artísticos no interior do próprio fazer artístico, o papel da fantasia — essa fantasia que improvisa uma filosofia do ato de sentar,[77] que conforma o

---

[75] Lebremo-nos do que Adorno afirmara acerca do ensaio: não há nada que possamos extrair do objeto que não atribuamos, ao mesmo tempo, a ele.

[76] Cf. G. Simmel, *Der Konflikt de modernen Kultur*, *op. cit.*, p. 22.

[77] Friedrich Meinecke narra em suas memórias um encontro com Simmel. "Quando ele [Simmel] chegou eu lhe ofereci a cadeira, mas ele preferiu ficar em pé e começou a im-

ensaio, que baseia a atribuição de sentido —, a "psicologia" do gozo estético, por assim dizer, são tópicos que também demarcam o moderno. Mas mais do que tudo isto, a relação com o moderno se dá na ambiguidade, na aproximação e distanciamento, na necessidade de distância, na mobilidade, em todos estes cumes do moderno que aparecem na discussão da arte via Rodin. Ao caracterizar o estilo de vida moderno na *Philosophie des Geldes*, Simmel retratou exatamente o mesmo fenômeno que ele agora vê expresso na escultura de Rodin:

> "*O que está distante suscita muitas representações [Vorstellungen[78]], que se movem vivamente, e satisfaz com isso nossa necessidade de estímulos variados. Contudo, cada uma dessas representações estranhas e distantes reverbera apenas suavemente, em virtude de sua ausência de relações, em nossos interesses mais pessoais e imediatos e causa assim nos nervos enfraquecidos apenas um tênue estímulo. [...] tornamo-nos cada vez mais sensíveis aos choques, confusões e desordens que nos atingem da proximidade e do contato mais imediatos com homens e coisas. A fuga no não presente é facilitada, proveitosa, de certo modo legitimada, quando ela leva à representação e ao gozo de realidades concretas — que contudo só podem ser sentidas justamente como muito distantes e de modo completamente mediado. Disso advém o encanto do fragmento, da mera sugestão, do aforismo, do símbolo, dos estilos artísticos não desenvolvidos, que é sentido de modo tão vivo atualmente. Todas estas formas, que estão presentes em todas as artes, colocam-nos à distância do todo e da plenitude das coisas, elas nos falam como que 'à distância', a realidade não se dá nelas com uma segurança reta, mas sim como uma sensibilidade que se retrai imediatamente.*"[79]

Isto nos mostra como a arte de Rodin, que apenas sugere — daí a ideia e valorização do torso, da ruína —, que nos oferece apenas fragmentos, exprime ela mesma o moderno, no qual o indivíduo se retrai e mantém tudo à distância. Como disse, o estilo de vida moderno é determinado, nos mais

---

provisar uma filosofia da cadeira e do ato de oferecer uma cadeira." F. Meinecke, *Autobiographische Schriften*, organização de E. Kessel. Stuttgart, K.F. Koehler, 1969, p. 200.

[78] Veja-se o que foi dito acerca da sucessão das representações na configuração da velocidade da vida no estilo de vida moderno no tópico "estilo de vida".

[79] G. Simmel, *Philosophie des Geldes*, *op. cit.*, p. 660. Cf. o tópico "estilo de vida". De igual teor é G. Simmel, "Soziologische Aesthetik", *op. cit.*, p. 211.

variados pontos, pelo desenvolvimento e difusão da economia monetária, e o dinheiro é ele mesmo um poderoso mecanismo de distanciamento. Ao mesmo tempo, o dinheiro é o símbolo do movimento, do *panta rei* heraclitiano. É exatamente isto que nos fornece a ponte para a análise de Rodin que Simmel elabora, anos mais tarde, em sua filosofia da arte, em *Rembrandt*:

> "*A arte de Rodin, tanto quanto ela é original no plano da criação, situa-se sob o signo do* heraclitismo moderno. *Para a* imagem de mundo *assim denominada toda substancialidade e solidez da contemplação empírica tranformou-se em* movimentos [...]. O mundo das figuras de Rodin é [...] precisamente aquele mundo do fluxo/rio absoluto, da superação de toda solidez [...].*"[80]

O *panta rei*, que na *Philosophie des Geldes* exprime a imagem de mundo do movimento e de que o dinheiro é o símbolo, e que agora, na metafísica do Simmel tardio, se exprime no conceito de vida, encontra em Rodin sua configuração escultórica. Também aqui podemos ver, como já mencionei anteriormente, como a posição que em 1900 é ocupada pelo dinheiro é, na metafísica tardia do *Rembrandt* e de *Lebensanschauung* (e textos correlatos), ocupada pelo conceito de vida. O que se exprime em ambos é a ideia de movimento, o núcleo da ideia de cultura filosófica.

E isto nos permite não só enlaçar de algum modo os desenvolvimentos que vão desde a década de 1880 até o final da vida de Simmel, e assim compreender os laços que articulam e ligam a teoria do moderno, passando pela filosofia da cultura, à metafísica de 1916-1918, como também, por outro lado, nos mostra como o que surge tingido pela análise do presente acaba por se converter em elemento da metafísica.

6. PROSTITUIÇÃO

> "*A indignação moral que a 'boa sociedade' manifesta em relação à prostituição é, sob muitos aspectos, matéria de ceticismo. Como se a prostituição não fosse a consequência inevitável de um estado de coisas que essa 'boa sociedade', justamente, impõe ao conjunto da população! Como se fosse a vontade absolutamente livre das mulheres prostituir-se, como se fosse uma diversão para elas! Claro, entre a primeira vez em que o infortúnio, a solidão sem recursos, a ausência de alguma edu-*

---

[80] G. Simmel, *Rembrandt, op. cit.*, pp. 134-5, grifos meus; ver também pp. 134-8.

Presente

cação moral, ou ainda o mau exemplo do ambiente incitam uma moça a se oferecer por dinheiro e, por outro lado, a indescritível miséria em que, de ordinário, sua carreira se encerra, claro, entre esses dois extremos, existe na maior parte do tempo um período de prazer e despreocupação. Mas a que preço e quão breve! Nada mais falso do que chamar de 'garotas de vida alegre' essas infelizes criaturas e entender por aí que elas vivem efetivamente para a alegria: talvez para a alegria alheia, mas não decerto para a delas. Ou acaso se estima que seja uma delícia, noite após noite, em qualquer tempo — calor, chuva ou frio —, bater pernas pelas ruas para oferecer uma presa e servir de mecanismo ejaculatório ao primeiro indivíduo que aparecer, por mais repugnante que seja? Acaso se crê realmente que tal vida, ameaçada de um lado pelas doenças mais infectas, de outro pela miséria e pela fome, e em terceiro lugar pela polícia, acaso se crê que essa vida possa mesmo ser escolhida com esse livre-arbítrio que seria a única coisa a justificar, em contrapartida, a indignação moral?"[81]

Este é um dos textos mais indignados escritos por Georg Simmel. Não por acaso ele apareceu anonimamente. Foi publicado em *Die Neue Zeit*, um dos órgãos oficiais da social-democracia alemã, em janeiro de 1892. Anônimo porque o tema, e o tom, não eram certamente os mais adequados para um "Privatdozent" de filosofia na Universidade Real. Contudo, a prostituição é um tema candente da época, um problema cada vez mais visível, incômodo e perigoso.

A prostituição é um tema central e da ordem do dia na Alemanha guilhermina.[82] A "sexuelle Frage" ("questão sexual") foi tema de debates

---

[81] Anônimo (Georg Simmel), "Einiges über die Prostituition in Gegenwart und Zukunft", *in Die Neue Zeit*, ano X, vol. I, H. 17, 13/1/1892, pp. 517-25; republicado em G. Simmel, *Schriften zur Philosophie und Soziologie der Geschlechter*, organização de H. J. Dahme e K. C. Köhnke, Frankfurt/M, Suhrkamp, 1985, pp. 60-71. Citado aqui segundo a tradução brasileira: "Algumas reflexões sobre a prostituição no presente e no futuro", *in* Simmel, *Filosofia do amor*, São Paulo, Martins Fontes, 1993, pp. 1-2. A seguir as referências a este texto serão dadas entre parênteses no correr do texto, após a citação, indicando a página.

[82] Para se ter uma ideia do problema na Alemanha do Segundo Império pode-se ver o levantamento bibliográfico em H. Sveistrup e A. Zahn-Harnack (orgs.), *Die Frauenfrage in Deutschland. Strömungen und Gegenströmungen 1790-1930*, *op. cit.*, cap. "Prostituition und Mädchenhandel", pp. 318-51 e L. Abrams, "Prostitutes in Imperial Germany, 1870-1918: Working Girl or Social Outcast?", *in* R. J. Evans (org.), *The Ger-*

e polêmicas, discutida em inúmeros livros, panfletos, debates etc. Simmel, em seu curso de pedagogia nos anos de Estrasburgo, reservou uma lição a esse respeito. O último capítulo da *Schulpädagogik* intitula-se "Da educação moral: apêndice sobre o esclarecimento sexual".[83] A "questão sexual" estava balizada principalmente por dois problemas: a prostituição e as doenças venéreas. Pelo menos era assim que os contemporâneos viam o problema. "A prostituição e as doenças venéreas [são] o problema central da questão sexual".[84]

A enorme difusão das doenças venéreas, especialmente a sífilis,[85] é um fenômeno cada vez mais amedrontador e desperta grande preocupação dos médicos, sanitaristas e da população em geral. Estudos da época investigam a difusão da doença e os resultados são assustadores: entre 60 e 70% dos homens solteiros em idade sexualmente madura sofrem ou já sofreram de doenças venéreas. Além disso, por detrás da preocupação com a doença propriamente dita há a preocupação com as próprias ideias de raça e nação:

> "O significativo é que o medo individual de infectação venérea transforma-se em um grande medo de decadência da raça e da nação. Pois as doenças sexuais são consideradas, ao lado dos abortos criminais, cuja grandeza era estimada então em até 500.000 por ano, a principal causa das perdas populacionais e com isso uma ameaça ao poderio mundial alemão."[86]

Isto na virada do século, no momento em que a Alemanha se unifica e se firma no concerto das nações como a grande potência europeia, com

---

man Underworld. Deviants and Outcasts in German History, Londres/Nova York, Routledge, 1988, pp. 189-209.

[83] Cf. G. Simmel, *Schulpädagogik. Vorlesungen gehalten an der Universität Strassburg*, Hrg. v. K. Hauter, Österwieck, Zickfeldt, 1922. Trata-se do curso ministrado no semestre de inverno de 1915-16. Karl (Charles) Hauter foi o último assistente de Simmel em sua cátedra de Estrasburgo.

[84] Iwan Bloch, *Das Sexualleben unserer Zeit in seinen Beziehungen zur modernen Kultur*, Berlim, 1908 (1ª ed. 1907), pp. 340 e 394 *apud* U. Linse, "'Geschlechtnot der Jugend'. Über Jugendbewegung und Sexualität", *in* T. Köbner, R. P. Janz e F. Trommler (orgs.), *"Mit uns zieht die neue Zeit". Der Mythos Jugend*, Frankfurt/M, Suhrkamp, 1985, p. 250.

[85] Só em 1909 Paul Ehrlich sintetiza o "Salvarsan", mas somente em 1942, com a descoberta da penicilina, surge um remédio realmente eficaz contra a sífilis. Ehrlich reaparecerá mais à frente.

[86] U. Linse, "'Geschlechtnot der Jugend'. Über Jugendbewegung und Sexualität", *op. cit.*, p. 251.

Presente

sua expansão imperialista e suas industrialização e urbanização enormes. Esse argumento de uma pretensa "degeneração" torna-se central no combate à prostituição e às doenças venéreas. Ambas, claro está, estão imbricadas, pois é através da prostituição que as doenças proliferam. Simmel aponta, no trecho citado, o nexo entre as duas.

> "Assim não é de se estranhar que por volta da virada do século a prostituição, enquanto representante da contaminação da saúde e dos costumes, tenha sido estilizada na imagem negativa da femme fatale — basta pensar em Alfred Kubin, que em um desenho intitulado 'Salvarsan' (ca. 1910) identifica a mulher como servidora do mal devido à infecção venérea que sai dela. Mas também os locais de encontro com a prostituta na cidade grande — bares, cabarés, salões de dança, teatros de variedade etc. — são proscritos. E finalmente os indicadores estatísticos de uma 'contaminação intensiva da Grande Berlim' por doenças sexuais leva à mitificação da cidade grande como a 'grande puta Babilônia' e a depreciação da civilização moderna como uma 'sifilização'."[87]

Temos aqui o quadro geral no qual a intervenção de Simmel ganha sentido.[88] Pois o texto anônimo de Simmel analisa o problema da prostituição sob a ótica de sua teoria do moderno; em verdade, trata-se de um texto que pertence ao complexo da filosofia do dinheiro. Desse modo, há dois pontos que gostaria de enfatizar: a relação que Simmel estabelece entre dinheiro e prostituição e a relação entre prostituição e cidade grande.

A análise da relação que Simmel estabelece entre o dinheiro e a prostituição é diretamente tributária da *Philosophie des Geldes*.[89] Lá Simmel afirma como o dinheiro é o que há de mais indiferente, sem cor, sem qualidades próprias, impessoal. Por isso ele de certo modo degrada tudo aquilo que se deixa trocar por ele, pois despoja de suas características próprias. A prostituta, ao se prostituir, troca o que possui de mais íntimo e pessoal

---

[87] U. Linse, "'Geschlechtnot der Jugend'. Über Jugendbewegung und Sexualität", *op. cit.*, p. 251.

[88] A prostituição como tema e os problemas relacionados a ela estavam bastante presentes no Naturalismo (pode-se lembrar novamente de Zola). Caso extremo, no contexto alemão, é Oskar Panizza. Cf. G. Schulz, "Naturalismus und Zensur", *op. cit.*, pp. 114-8; H. Scheuer, "Zwischen Sozialismus und Individualismus — Zwischen Marx und Nietzsche", *op. cit.*, pp. 153 ss.

[89] Cf. G. Simmel, *Philosophie des Geldes, op. cit.*, pp. 513-9, onde ele trabalha em profundidade os temas do artigo de 1892.

pelo que há de mais impessoal. Por isso o dinheiro "é de todo inadequado a servir de meio de troca contra um valor tão pessoal [...]. O bem próprio da pessoa humana, o mais sagrado de todos, só deveria poder ser obtido na medida em que quem o procurasse cedesse, por sua vez, sua pessoa e seus valores mais íntimos [...]" (pp. 5-6).[90] Essa é a ideia do amor, que muitos anos depois Simmel procurou desenvolver, já tendo em vista a sua metafísica.[91] Assim como no presente há uma discrepância entre as culturas subjetiva e objetiva, na prostituição há uma discrepância absoluta na troca. Essa discrepância é vista como uma degradação das partes envolvidas na troca:

> *"Como, com demasiada frequência, a distância entre os de cima e os de baixo afunda cada vez mais os de baixo e também rebaixa moralmente os de cima, e como a escravidão degrada não só o escravo mas também seu amo, assim a desproporção entre mercadoria e preço, atestada em nossos dias pela prostituição, significa a depravação não só daquelas que se entregam desse modo, mas também daqueles que disso se aproveitam. Cada vez que um homem compra uma mulher por dinheiro, vai-se um pouco do respeito devido à essência humana; e, nas classes ricas, onde tal prática é cotidiana, é esse fato, sem dúvida, uma poderosa alavanca da presunção que a posse do dinheiro gera, dessa mortal ilusão a respeito de si [...]. Essa total deformação de valores, que cava um abismo cada vez mais intransponível entre o possuidor e a pessoa obrigada a deixar-se comprar, é a sífilis moral que decorre da prostituição e que, como a sífilis propriamente dita, acaba infectando também os indivíduos não diretamente envolvidos nessa causa primeira."* (pp. 6-7)

Os possuidores do dinheiro e das prostitutas são os modernos, aqueles que Simmel já designara como "Infelices possidentes". E aqui se vê como

---

[90] Essa análise da prostituição tendo em vista o dinheiro é anterior ao texto em questão e já encontra lugar no grande texto que Simmel publica na revista de seu mestre Moritz Lazarus dois anos antes. Cf. Simmel, "Zur Psychologie der Frauen", *op. cit.*, pp. 92-3. Também em G. Simmel, *Einleitung in die Moralwissenschaft*, *op. cit.*, vol. II, p. 300.

[91] Conforme os textos de G. Simmel, "Fragment aus einer Philosophie der Liebe", *in Jugend*, Munique, ano XII, vol. I, 1907, pp. 242-4 (assinado: "S.") e "Fragment über die Liebe (Aus dem Nachlass)", *in Logos*, vol. X, 1921-22, pp. 1-54 (retrabalhado e republicado em *Fragmente und Aufsätze*, *op. cit.*, pp. 47-123 com os títulos "Über die Liebe" e "Der platonische und der moderne Eros", pp. 125-45).

Presente

a imagem da sífilis é poderosa nas representações da época. O seu lugar é a cidade. É com a enorme urbanização que a prostituição e as doenças venéreas se difundem sem controle. E a cidade passa a ser então o ponto de cruzamento de todos esses problemas, do mesmo modo como ela é o local por excelência do dinheiro. A cidade é o local da "vida nervosa", dos "nervos enfraquecidos", do distanciamento. Um contemporâneo de Simmel articulou a questão de maneira muito semelhante ao modo como ele o fez no texto sobre as grandes cidades:

> *"A cidade é a depositária típica daquele estado de nervos e dos sentidos da sensibilidade/irritabilidade que caracteriza historicamente a nossa geração; o citadino é o representante típico do nervosismo em sua forma moderna [...]. Onde os sentidos são mais fortemente requeridos, lá cresce o desejo erótico, ele perde o seu decurso periódico em favor de uma vigília constante ou mesmo de um sono aparente mantido desperto por um leve choque."*[92]

Parece haver uma relação entre a vida na cidade, o "crescimento da vida nervosa" detectado por Simmel,[93] e uma intensificação do erotismo. É nesse contexto que surgem várias "revoluções sexuais", "revoluções dos costumes" da época — Simmel discorre sobre o "amor livre" tanto nesse texto sobre a prostituição como em seu texto tardio sobre o amor —, que passam a defender uma nova moral e uma nova política social (são parte dos movimentos reformadores a que Simmel alude em "Tendencies..."). Não por acaso os mais diversos ideários do "amor livre" floresceram na virada do século, não por acaso mesmo Freud escreveu um livro intitulado *A moral sexual "cultural" e o nervosismo moderno*.[94] Trata-se da percepção de que a vida na cidade moderna acarreta alterações nos modos de percepção e de "estilos de vida" que repercutem profundamente na psique e nas pulsões eróticas. A própria cidade é vista como prostituta, como

---

[92] I. Bloch, *Das Sexualleben unserer Zeit in seinen Beziehungen zur modernen Kultur*, *op. cit.*, p. 316 *apud* U. Linse, "'Geschlechtnot der Jugend'. Über Jugendbewegung und Sexualität", *op. cit.*, p. 296.

[93] Cf. G. Simmel, *Philosphie des Geldes*, *op. cit.*, pp. 660, 675 etc.; cf. os tópicos "estilo de vida" e "Georg Simmel e a Berlim do Segundo Império".

[94] Cf. Sigmund Freud, *Die 'kulturelle' Sexualmoral und die moderne Nervosität* (1908), *in Studienausgabe*, vol. IX, Frankfurt/M, S. Fischer, 1989, pp. 9-32. Fico devendo uma análise comparativa deste texto de Freud com o ensaio de Simmel sobre as cidades grandes, pois há inúmeros pontos de contato e complementações muitíssimo interessantes. Os dois textos diferem nas suas datas de publicação em cinco anos.

"grande puta Babilônia", pois corrompe tudo e todos.[95] A cidade, grande e moderna, é o cenário da prostituição.[96] O que os contemporâneos veem relacionado com os problemas sexuais é o que Simmel vê relacionado com a economia monetária e a cidade grande:

"A decadência dos nervos, da sensibilidade humana, a neurastenia e o nervosismo surgem como 'doenças' da época."[97]

*"Também Eduard Heimann (*Das Sexualproblem der Jugend, *Jena, 1913, p. 6) vê o motivo para a sexualização da juventude na 'hiperacelerada velocidade da vida de nosso tempo', que provoca 'a elevada exigência da força nervosa' e 'a necessidade de refresco e distração rápidos'."*[98]

Fácil perceber que todos estes temas estão presentes em Simmel, que afirma que a prostituição, sendo "um produto [...] de nossas condições sociais" (p. 4), só "pode ser corretamente julgada [...] no contexto da situação social e cultural global" (p. 7). Esse contexto é aquele do "moderno estilo de vida", da vida na cidade grande. Mas, para Georg Simmel, cidade grande significa antes de mais nada Berlim.

---

[95] Veja-se H. Bergius, "Berlin als Hure Babylon", *in* J. Boberg, T. Richter e E. Gillen (orgs.), *Die Metropole. Industriekultur in Berlin im 20. Jahrhubdert*, Munique, C. H. Beck, 1984.

[96] Ver "Georg Simmel e a Berlim do Segundo Império", mais adinate; e ainda C. H. Haxthausen, "Eine neue Schönheit. Ernst Ludwig Kirschners Berlinbilder", *in* T. Steinfeld e H. Suhr (orgs.), *In der grossen Stadt. Die Metropole als kulturtheoretische Kategorie*, Frankfurt/M, A. Hain, 1990, pp. 87-90.

[97] Gisela v. Wysocki, *Peter Altenberg. Bilder und Geschichten des befreiten Lebens*, Munique/Viena, 1971, p. 21 *apud* U. Linse, "'Geschlechtnot der Jugend'. Über Jugendbewegung und Sexualität", *op. cit.*, p. 296.

[98] U. Linse, "'Geschlechtnot der Jugend'. Über Jugendbewegung und Sexualität", *op. cit.*, p. 297. E ainda: Willy Hellpach, *Nervosität und Kultur*, Berlin, 1902. Michael Worbs, *Nervenkunst, Literatur und Psychoanalyse in Wien der Jahrhundertwende*, Frankfurt/M, 1983.

Presente

GEORG SIMMEL E A
BERLIM DO SEGUNDO IMPÉRIO

(um *caleidoscópio*, uma *montagem*, mediada)

"Car Berlin n'est pas seulement un monde, c'est une sensibilité."

(Palmier)

A CONFISSÃO

"*O desenvolvimento de Berlim, de uma cidade grande para uma metrópole, por volta da virada do século e nos anos que se seguiram, coincide com o período de maior intensidade e alargamento do meu próprio desenvolvimento. [...] Talvez eu também tivesse realizado algo de valor em outra cidade, mas a obra específica que realizei aqui nestas décadas está indubitavelmente ligada ao meio berlinense.*"[1]

---

[1] G. Simmel, segundo seu filho Hans Simmel, "Auszüge aus den Lebenserinnerungen", *op. cit.*, pp. 247-68.

O SONHO DE SIMMEL

De todos os sonhos que Simmel sonhou, apenas um chegou até nós. Foi relatado por seu filho, assim como, anos antes, o pai contara ao filho o curioso sonho que tivera durante a noite.

"Eu sonhei que haviam descoberto o tempo sintetizado. Inicialmente ele só podia ser produzido aos minutos, exatamente como os diamantes artificiais, que também só se pode obter em cristaizinhos bem pequeninos. Quando, por exemplo, se chega ao metrô e o trem está partindo imediatamente, basta tirar uma caixinha de tempo e riscar um palito de tempo. Então se obtém um minuto e ainda se pode alcançar o trem."[1]

Um sonho como esse só tem sentido para um habitante da cidade grande, completamente envolvido por uma velocidade da vida em contínua aceleração, pela experiência urbana e cotidiana dos transportes públicos. É o sonho de um habitante de Berlim, a cidade grande e moderna.

---

[1] H. Simmel, "Auszüge aus den Lebenserinnerungen", *op. cit.*, pp. 259-60.

A CIDADE, GRANDE E MODERNA

Georg Simmel nasceu em 1º de março de 1858 em uma construção encravada em um dos pontos de maior movimento em Berlim: a esquina de Friedrichstraße com Leipzigerstraße. Mais tarde, ele sempre brincava com o fato de ter nascido no "coração" da cidade, no cruzamento das maiores ruas de comércio. Não havia nada que pudesse exprimir tão bem o quão intimamente ligado ele era a Berlim como o lugar no qual nasceu.

Berlim desenvolve-se muito no curso do século XIX: luz elétrica, novos espaços, prostituição, pobreza, magazines, mercadorias, ruas de comércio, passagens, barulho, dinheiro, política, artes, trens, bondes, automóveis, ideias, exposições, estranhos: tudo isso é novo.[1] Berlim é uma cidade tardia, ainda mais para os padrões europeus: *uma cidade da época burguesa.*[2] "Berlim tornou-se uma cidade grande da noite para o dia, como um especulador feliz."[3]

Em 1868 os muros que separavam a cidade dos arredores são derrubados, simbolizando a queda dos antigos limites da cidade e sua expansão e transformação. Durante o reinado de Wilhelm I (1871-1888) Berlim se industrializa rápida e constantemente. Seu neto Wilhelm II (reinado de 1888 a 1918), grande entusiasta do progresso técnico, estimula a expansão industrial, fortificando a já poderosa indústria metalúrgica, estimulando o desenvolvimento da indústria química e elétrica, reforçando o já célebre quadro burocrático prussiano. "O desenvolvimento da cidade na Alemanha ocorre desde a metade do século XIX sob as condições da sociedade industrial, e precisou então seguir máximas inteiramente novas, sobretudo da economia."[4]

---

[1] Pode-se ver: D. e R. Glatzer, *Berliner Leben 1900-1914. Eine historische Reportage aus Erinnerungen und Berichten*, Westberlin, Das europäische Buch, 1986.

[2] Sobre isto, o sugestivo texto de R. Thiessen, "Berlinische Dialektik der Aufklärung", *in* W. Prigge (org.), *Städtische Intellektuelle. Urbane Millieus im 20. Jahrhundert*. Frankfurt, Fischer, 1992, pp. 142-61.

[3] H. Mackowsky, "Hans Baluschek", *in Kunst und Künstler*, 1, 1902/1903, p. 338 *apud* C. H. Haxthausen, "Eine neue Schönheit. Ernst Ludwig Kirschners Berlinbilder", *op. cit.*, p. 77.

[4] B. Schäfers, "Stadt und Kultur", *in Kölner Zeitschrift für Soziologie und Sozialpsychologie*, Sonderheft 29: Soziologische Stadtforschung, 1988, p. 99.

Uma visada no incremento da população de Berlim permite-nos dimensionar o desenvolvimento da cidade desde 1871, ano da proclamação do Segundo Império:

Ano	População Berlim	População Grande Berlim
1871	826.000	915.000
1885	1.315.000	1.537.000
1895	1.677.000	2.218.000
1905	2.040.000	3.131.000
1919	1.928.000	3.674.000

Dos cerca de 1.700.000 habitantes em 1900, somente 40% eram nascidos na cidade. Isto ilustra o enorme afluxo de pessoas para a capital.[5] "Com a população tão aumentada nas cidades, o comércio varejista se tornou mais lucrativo do que nunca. A multidão de compradores inaugura uma nova forma de comércio, centralizada nas lojas de departamentos, à custa dos clássicos mercados ao ar livre e das pequenas lojas."[6] Com o surgimento das vitrines, as mercadorias passam progressivamente a dominar o cenário das cidades. O dinheiro exerce, cada vez mais, o seu papel de símbolo da época.

A distinção entre Berlim e Grande Berlim, assinalada no quadro, ocorre porque, no plano administrativo, a cidade de Berlim, até a década de 1920, é apenas um pedaço da cidade propriamente dita, que com o crescimento englobou progressiva e continuamente as localidades limítrofes. Na segunda metade do século XIX, Berlim passa pelo processo de transformação de uma cidade-residência a uma moderna aglomeração urbana. O que de início ainda era considerado "subúrbio" e "arredores" passa progressivamente a fazer parte da cidade propriamente dita. É nesse processo que regiões limítrofes, que originalmente não pertencem formalmente à cidade, são rapidamente incorporadas. Daí se falar, por exemplo — para citar apenas localidades em que Simmel morou —, Berlin-Charlottenburg, Berlin-Westend, e assim por diante. Em 1920, ela é a segunda maior cidade europeia em população, depois de Londres. Ao norte, sul e leste de Berlim surgem os bairros operários, enquanto os intelectuais e a burguesia colonizam progressivamente o lado oeste da cidade.

Mas a Grande Berlim é muito diferente de outras grandes cidades

---

[5] Cf. Th. Haronker, "Zum Werk von E. Fuchs", *in* Eduard Fuchs, *Illustrierte Sittensgeschichte*, Frankfurt/M, Fischer, 1988, vol. V, p. 12

[6] R. Sennett, *O declínio do homem público*, São Paulo, Companhia das Letras, 1989, p. 167.

europeias. Mais do que todas, ela é o modelo da cidade moderna. Diferentemente de Paris e Londres, não há partes antigas na cidade, não há bairros adormecidos no passado. Todas as construções antigas são derrubadas para dar lugar ao novo. E apesar das destruições serem uma constante na história da cidade, o período entre 1880 e 1910 foi um dos mais pródigos. Max Osborn escreveu em 1906 um livro intitulado *A destruição de Berlim*, no qual acusava: "Nós, nós mesmos somos os destruidores de Berlim".[7] Para realizar o seu presente, a cidade ignora e rompe com o seu passado. Tudo é novo. Não há velhos habitantes; a maioria são imigrantes que chegam à cidade em um fluxo ininterrupto; grandes massas afluem, para acompanhar e promover o desenvolvimento.

"O que deixava Berlim parecer tão feia, aos olhos do observador culto, era sobretudo a franca modernidade da cidade. Mesmo um guia como o 'Baedeker' daqueles anos notava que a paisagem da cidade de Berlim sofria visualmente desse caráter: três quartos dos prédios seriam verdadeiramente modernos e isto conduziria a uma falta de interesse histórico. Em virtude do crescimento extraordinariamente rápido e muito tardio de Berlim, muitos observadores contemporâneos, como por exemplo Georg Hermann, acreditavam que Berlim estaria 'em processo, em alteração constante e não possui... ainda uma fisionomia'. Huard decreveu a cidade como 'nova, limpa e sem caráter, absolutamente nova, nova demais, mais nova do que qualquer cidade americana, mais nova do que Chicago, a única cidade que pode ser comparada a Berlim no que diz respeito à velocidade assombrosa de seu desenvolvimento'."[8] Curioso é o fato de Huard descrever a cidade como "sem caráter", tal como Simmel descreve o dinheiro: isto nos mostra como a relação, estabelecida por Simmel, era algo prenhe na época.

As causas do crescimento da cidade estão no desenvolvimento dos setores secundário e terciário. Berlim é não só uma metrópole industrial — a maior cidade industrial da Alemanha —, como também política, financeira e cultural. Na passagem do século XIX, é o maior fornecedor e produtor de bens do Reich. Berlim é semelhante à América: ela vive da e na sua atualidade; a própria cidade é de certo modo uma aventura (e mais ainda se pensarmos sua história no curso do século XX). Já então surge o

---

[7] Citado por W.J. Siedler, "Die Tradition der Traditionslosigkeit", *in Preussen. Beiträge zu einer politischen Kultur*, Hamburgo, Rowohlt, 1981, pp. 311-21, que discute mais amplamente a questão.

[8] C. H. Haxthausen, "Eine neue Schönheit. Ernst Ludwig Kirschners Berlinbilder", *op. cit.*, p. 73. As citações no interior da citação provêm de: Georg Hermann, "Um Berlin", *in Pan*, 22/8/1912, p. 1.101; Charles Huard, *Berlin comme je l'ai vu*, Paris, 1907. Deve-se lembrar que Georg Hermann (Georg Borchardt, 1871-1943) escreveu em 29/9/1918 um necrológio de Simmel na *Vossische Zeitung*.

A cidade, grande e moderna

"americanismo", que dominará a época de Weimar. Berlim já é a Chicago da Europa.[9]

O período entre 1875 e 1914 foi um período de ouro no desenvolvimento da Alemanha (grande crescimento da renda nacional e *per capita*). O rápido pagamento das dívidas e reparos de guerra por parte da França trouxe muito dinheiro para Berlim nos anos 70.[10]

Contudo a cidade não possuía uma infraestrutura que acompanhasse o crescimento populacional. Grande parte da população vivia em "Mietskaserne", em apartamentos de um quarto e cozinha com banheiro comunal, sem gás para aquecimento, sem luz elétrica e contando apenas com água. A concentração habitacional é enorme. "Berlin est la cité, au monde, dont la densité de population est la plus dense: 77 habitants par parcelle, et même 110 à Moabit, le quartier ouvrier. (Par comparaison, il y a à Londres 7,9 habitants par parcelle; 38 à Paris, 20 à New York, 38 à Hambourg, 17 à Essen.)".[11] A miséria da população se mostrava na pobreza das habitações. "Berlim era, em vastas partes, uma cidade da miséria social."[12] Paralelamente, a prostituição: ela anda de mãos dadas com a industrialização da cidade, e Berlim se tornou disso o exemplo extremado.[13] Na cidade grande, mais do que mercadoria, a prostituta se transforma em artigo de massa, para a massa. Ela é contemporânea da massa na cidade grande. Ela está por entre a cidade, nas ruas, já que em Berlim os bordéis são terminante e eficazmente proibidos.[14]

---

[9] Berlim é a "Nova York europeia", "a cidade mais rápida do mundo" como ficou conhecida em seus anos de ouro, a década de 1920. Ela é então a Metrópolis que inspira Fritz Lang (o filme foi realizado em Babelsberg, a cidade cinematográfica de Berlim), a cidade grande como máquina em que o dinheiro, as massas, as notícias, os automóveis circulam sem cessar. Ver G. Korff e R. Rürup (orgs.), *Berlin, Berlin. Bilder einer Austellung*, Berlim, Berliner Festspiele, 1988, *passim*, especialmente pp. 135-6.

[10] Para a análise da conjuntura — pois, se em linhas gerais trata-se de uma época de grande desenvolvimento, a análise conjuntural mostra como a época se caracteriza por um revezamento ininterrupto de momentos de crise e momentos de crescimento —, ver H. U. Wehler, *Deutsche Gesellschaftsgeschichte*, vol. III, *op. cit.*, pp. 547 ss.

[11] P. Bertaux, *La vie quotidienne en Allemagne au temps de Guillaume II en 1900*, Paris, Hachette, 1962, p. 139. Ver em geral o cap. II, "La ruée vers Berlin", da parte II.

[12] M. Erbe, "Berlin im Kaiserreich (1871-1918)", *in* W. Ribbe (org.), *Geschichte Berlins*, Munique, C. H. Beck, 1987, vol. II, p. 704. Grande parte destas informações provém do texto de Erbe.

[13] Cf. o tópico "presente"; e ainda: L. Abrams, "Prostitutes in Imperial Germany, 1870-1918: Working Girl or Social Outcast?", *op. cit.*; R. Evans, "Prostituition, State, and Society in Imperial Germany", *in Past and Present*, 70, 1976.

[14] Cf. W. Benjamin, *Gesammelte Schriften, op. cit.*, vol. I.2, pp. 668, 686-8.

"Ville bourgeoise et aristocratique, ville de taudis et de villas, de quartiers misérables et de terrains boisés, ville à l'esprit militaire, mais aussi ville où il y règne sans doute la plus grande liberté de moeurs, ville aux visages multiples et ville sans âme: toutes ces contradictions caractérisent déjà la capitale allemande."[15] Como toda grande cidade, ela também soube promover o enriquecimento à custa da miséria, só que nela tudo ocorreu muito rapidamente. Com uma rapidez análoga, os socialistas conseguiram mobilizar as novas massas da cidade, a ponto de o Chanceler de Ferro precisar decretar as "Sozialistengesetz" (1878-90): proibição dos sindicatos e imprensa operária, assim como do partido socialista. Só com o novo Kaiser as leis foram suprimidas. Mas já desde 1881 há uma retomada política social: aposentadoria, seguro de invalidez, delimitação da jornada de trabalho etc. são a grande realização de Bismark no plano da política interna.

Georg Simmel nasceu e viveu em Berlim até os 56 anos. De 1858 a 1914 ele morou ininterruptamente na capital prussiana. Nesse período, acompanhou as transformações da cidade, e esse processo de transformação foi um elemento central na configuração de sua teoria do moderno, filosofia da cultura e análise do presente, em suma, para a própria ideia de uma cultura filosófica. Sua teoria do moderno é o seu enfrentamento com a cidade em que vivia, suas próprias experiências formam o material que atiça a sua reflexão e a tentativa de apreender conceitualmente as transformações que ocorrem.[16] O que é específico de Berlim serve como impulso e ponte para analisar o que é genérico. E é por isso que me parece ter sentido falar acerca de Georg Simmel e a Berlim do Segundo Império.

Um contemporâneo afirmou que em Simmel o espírito da época parece ter se encarnado como em nenhum outro a seu tempo. Isto já se deixaria antever no próprio local de nascimento do nosso Autor, a esquina de maior movimento no centro de Berlim.[17] E por encarnar o moderno na cidade grande de modo tão próprio é que Joël afirmou, embora em sentido figurado, que seus ouvintes e leitores não poderiam pertencer à cidade pequena.

---

[15] J. M. Palmier, *L'Expressionisme et les arts*, Paris, Payot, 1988, vol. I, p. 28.

[16] Dentre os textos consultados, baseei-me sobretudo em: M. Erbe, "Berlin im Kaiserreich (1871-1918)", *op. cit.*; G. Lohmann, "La confrontation de Georg Simmel avec une metropole: Berlin", *in Critique*, ago.-set. de 1991, t. XLVII, nº 531-532, pp. 623-42.

[17] Cf. K. Joël, "Erinnerungen an Simmel", *in* K. Gassen e M. Landmann (orgs.), *Buch des Dankes an Georg Simmel, op. cit.*, p. 166. Extremamente sugestiva é a descrição e análise da questão por Theodor Lessing, em um capítulo dedicado a Simmel. Cf. T. Lessing, *Philosophie als Tat*, Göttingen, Otto Hapke, 1914, pp. 303-43.

Já nos antepassados de Simmel encontramos elementos importantes na caracterização da cidade grande e moderna. O pai de Simmel, Eduard Maria Simmel, mudou-se de Breslau para Berlim logo após se casar, em 1838. Essa migração rumo à então residência prussiana se inscreve em um processo muito mais amplo de transferência progressiva de novas massas para Berlim. Eduard Simmel, comerciante, foi um dos primeiros a introduzir em Berlim doces finos franceses, e parece ter tido muito sucesso. Ele se torna proprietário de um comércio de chocolates e cria uma marca que até hoje é vendida, com sucesso, por toda a Alemanha: "Felix und Sarotti". Em 1845, seu sucesso é coroado com a nomeação para fornecedor da corte imperial.

Ao desenvolver a ideia do estilo de vida moderno, como uma categoria capaz de configurar a sua teoria do moderno, Simmel aponta para o lugar histórico do moderno estilo de vida: a cidade grande. O maior problema da "vida moderna" está circunscrito no conflito entre indivíduo e sociedade, entre cultura interior e cultura exterior. Trata-se de uma configuração histórica do processo civilizatório, de diferenciação social, de identidade do eu. O que, para o "homem primitivo", foi a "luta com a natureza"[18] visando à autoconservação, para o homem moderno é a tensão entre interior e exterior, individual e supraindividual.

No moderno "atua o mesmo motivo básico: a *resistência do sujeito* a ser nivelado e consumido em um mecanismo técnico-social" (p. 192, grifo meu). O sujeito só se deixa caracterizar por essa resistência frente a um exterior hostil (é por isso que ele se recolhe na interioridade). A questão que se coloca nas cidades grandes, o *locus par excellence* do moderno, é a da relação do individual com o supraindividual. Isto se concretiza e se mostra das mais variadas formas. Trata-se então de investigar, por assim dizer, o tipo de individualidade que a cidade grande e moderna estimula e constitui.

"O fundamento psicológico, a partir do qual o tipo das individualidades da cidade grande se eleva, é a intensificação da vida nervosa, *que resulta da mudança rápida e ininterrupta de impressões internas e externas."* (p. 192)

---

[18] G. Simmel, "Die Großstädte und das Geistesleben" (1903), *in Das Individuum und die Freiheit, op. cit.*, p. 192. O mesmo vale para o que foi citado imediatamente antes. A seguir, nas citações provenientes deste texto, indicarei apenas o número da página, entre parênteses. O texto sobre as cidades grandes foi a contribuição de Simmel para uma série de conferências que acompanhava, no inverno de 1902-1903, a primeira exposição sobre a cidade que ocorre na Alemanha, em Dresden. Ver Howard Woodward, "The First German Municipal Exposition (Dresden 1903)", *in The American Journal of Sociology*, vol. IX, 1904, pp. 433-58, 612-30, 812-31; vol. X, 1905, pp. 47-63.

É essa intensificação que faz com que o moderno seja nervoso, insatisfeito, nostálgico, ansioso, e por isso sempre em movimento. Quando Simmel destaca o tipo das individualidades da cidade grande, ele tem em vista a caracterização de um tipo social determinado, em função do conjunto de experiências a que está sujeito simplesmente pelo fato de viver na cidade grande. Como já vimos, a velocidade da vida está relacionada com processos que ocorrem na consciência. A ideia desenvolvida na *Philosophie des Geldes* é mobilizada tendo em vista a caracterização da cidade grande, pois é nela que o sujeito se vê defronte de uma variedade incomensurável e fugaz de imagens, que se apresentam ininterruptamente à sua consciência:

> *"Na medida em que a cidade grande cria precisamente estas condições psicológicas — à cada saída à rua, com a velocidade e as variedades da vida econômica, profissional e social —, ela propicia, já nos fundamentos sensíveis da vida anímica, no quantum da consciência que ela nos exige em virtude de nossa organização enquanto seres que operam distinções, uma oposição profunda frente à cidade pequena e à vida no campo, com o ritmo que corre mais uniformemente, mais lento e mais habitual de sua imagem sensível-espiritual de vida."* (p. 193)

As condições psicológicas são condições subjetivas, que dizem respeito ao sujeito (muitas vezes, quando Simmel escreve "psicológico", pode-se entender "subjetivo"). Só na cidade as encontramos, a cada vez que saímos à rua, em meio à multidão. A cidade grande estimula enormemente o incremento da velocidade da vida, que anda de mãos dadas com a intensificação da vida nervosa. E sair à rua é, *nota bene*, deixar o interior. A oposição da cidade grande com o campo e a cidade pequena é a oposição entre o mais lento e o mais rápido, entre o mais habitual e o que não se torna nunca habitual, devido à mudança contínua. A oposição entre cidade grande e cidade pequena exprime que a diferença entre elas, ou melhor, o elemento que as diferencia, é de natureza quantitativa. Mas se trata de uma diferença quantitativa que se torna qualitativa. E, quando se fala em cidade grande, é preciso ter em vista que, na Alemanha, o elemento quantitativo é não só explícito como determinante, pois a denominação "cidade grande" é atribuída a toda cidade com mais de 100.000 habitantes, e só a elas.

Porém, mais do que tudo, o que caracteriza a cidade grande é sua relação com o dinheiro. "As cidades grandes são desde sempre o lugar da economia monetária" (p. 193). Esta é a articulação fundamental que Simmel expõe para tratar da cidade grande. É em relação com o dinheiro, e tudo o que o dinheiro exprime, que a sua análise por Simmel ganha sentido.[19] Por isso, tudo o que Simmel elabora na *Philosophie des Geldes* como caracterização do dinheiro, ou que encontra no dinheiro o seu símbolo, pode e deve ser articulado à cidade grande.

Como na Alemanha o processo de industrialização foi espantosamente rápido e os contrastes foram também muito mais fortes, a nova significação do dinheiro foi muito mais enfática. O dinheiro passou, em um espaço de tempo comparativamente muito mais curto, a ter uma significação que poucos anos antes era impensável. O rápido processo de industrialização na Alemanha significa um excepcionalmente rápido e penetrante processo de monetarização de todos os âmbitos da vida, que anteriormente não eram penetrados pelo dinheiro e sua lógica própria.

A conferência "As grandes cidades e a vida do espírito", como o título sugere, articula o exterior e o interior, o individual e o supraindividual. Nesse sentido, ela deve ser compreendida no interior da proposta de uma filosofia do dinheiro.[20] Isto posto, o Leitor percebe facilmente que se trata, para Simmel, de desenvolver alguns pontos do livro de 1900 tendo em vista a cidade grande. Ou, em outros termos, trata-se de investigar o moderno estilo de vida, tal como ele se apresenta nela. Por exemplo, a relação entre o entendimento e o dinheiro, que impregna a vida na cidade grande. Esta possui um "caráter intelectualista" (p. 193), que sobressai especialmente em contraste com a cidade pequena, muito mais orientada em função do ânimo e das relações baseadas nos sentimentos, hábitos e costumes, pelas "camadas inconscientes da alma" (p. 193). O entendimento, por seu lado, é "a mais adaptável de nossas forças interiores" p. (193) e portanto é o mais adequado a uma situação em que tudo está em transformação e movimento contínuos, como na cidade grande:

> *"Assim o tipo do habitante da cidade grande [...] cria um órgão protetor contra o desenraizamento com o qual as correntes e discrepâncias de seu meio exterior lhe ameaçam: ele reage não com o sentimento, mas com o entendimento [...]."* (p. 193)

O racionalismo possui na cidade grande o seu lugar específico, próprio e adequado. O entendimento é "um preservativo da vida subjetiva

---

[19] É por isso que Simmel afirma que "Die Großstädte und das Geistesleben" é uma variação da *Philosophie des Geldes*: "O conteúdo desta conferência, por sua própria natureza, não remonta a uma literatura própria. A fundamentação e apresentação de suas principais ideias histórico-culturais é dada pela minha *Philosophie des Geldes*". G. Simmel, "Die Großstädte und das Geistesleben", *op. cit.*, p. 204.

[20] Cf. G. Simmel, *Philosophie des Geldes*, *op. cit.*, pp. 11-2, cf. o tópico "estilo de vida": compreender como o dinheiro atua sobre a vida e como a vida atua sobre o dinheiro.

diante da violentação da cidade grande" (p. 193). A intensidade e velocidade das imagens e dos impulsos é tão grande, que sem um mecanismo de defesa o indivíduo está ameaçado a como que se desintegrar. A objetividade no tratamento das coisas e dos homens que o entendimento propicia é *adequada* a um mundo no qual prevalece a lógica do dinheiro. Isto explica também o contraste com a cidade pequena e com o campo, em que a penetração de uma economia monetária não é, nem de longe, comparável à cidade grande, e em que há redutos nos quais a lógica do dinheiro não penetrou ainda (estamos na Alemanha do Segundo Império). A objetividade do entendimento e do dinheiro deixa as qualidades individuais de lado, submersas na indiferença, em contraposição a subjetividade e sentimento, que preservam cuidadosamente a diferença e individualidade. O dinheiro e o entendimento nivelam tanto as mercadorias nas lojas como os indivíduos na massa, que só existe na cidade grande.

Em meio à massa, já não interessa mais *quem* compra, entrega, faz, vende. A massa é a garantia da liberdade de ir e vir, fazer e ver: o indivíduo permanece incógnito.

> *"A massa é formada quando vários indivíduos unificam fragmentos de suas personalidades, impulsos, interesses e forças parciais — ao passo que aquilo que cada personalidade é enquanto tal permanece para além desse plano de nivelamento e não penetra na massa [...]."*[21]

Ao imergir na massa, o indivíduo preserva para si áreas inteiras de sua personalidade; só um pequeno fragmento dela é nivelado. A contrapartida do nivelamento é a possibilidade de resguardar um espaço interior absolutamente individual: o indivíduo "reserva" uma "parte essencial de sua personalidade como propriedade privada".[22] Isto é, enquanto *propriedade privada*, o indivíduo tem controle sobre o que ele externaliza e com quem ele quer repartir o uso desse espaço interior.[23] Há aqui, decerto, uma racionalização considerável, pois o espaço da subjetividade é racionalmente delimitado e, portanto, controlado (poder-se-ia pensar

---

[21] G. Simmel, *Soziologie, op. cit.*, p. 180.

[22] G. Simmel, *Soziologie, op. cit.*, p. 184; também *Grundfragen der Soziologie, op. cit.*, p. 34. Neste contexto tem especial interesse H. Arendt, *A condição humana*, Rio de Janeiro/São Paulo, Forense/Edusp, 1981, pp. 48-9.

[23] G. Simmel, na *Philosophie des Geldes*, chama-nos a atenção para as relações existentes entre a propriedade privada, a difusão da economia monetária e a formação da "liberdade individual". Cf. G. Simmel, *Philosophie des Geldes, op. cit.*, pp. 475 ss. Sobre a "liberdade individual", veja-se "individualismo", mais à frente.

em uma transposição da sociologia do espaço simmeliana para o espaço interior[24]).

Na cidade grande tudo é feito por desconhecidos e para desconhecidos. Isto torna a objetividade das transações muito mais fácil, sem as interferências que as relações pessoais, baseadas no conhecimento e portanto no ânimo e sentimento, trazem consigo. Simmel vê o dinheiro e o entendimento, na cidade grande,

> *"em uma interação tão estrita, que ninguém saberia dizer se aquela constituição intelectualística e anímica impeliu inicialmente à economia monetária, ou se esta foi o fator determinante para aquela."* (p. 194)

Aqui Simmel recorre, como de costume, à ideia de interação, com suas circularidade e infinitude características, e que remete à atitude relativista de nosso autor. Em um mundo de relações, não é possível estabelecer univocamente uma relação causal definitiva, pois se trata sempre de efeitos mútuos e múltiplos. "Seguro é apenas o fato de que a forma de vida na cidade grande é o solo mais rico para esta interação" (p. 194). Isto nos mostra, então, como o conceito simmeliano de interação, com seu caráter *funcional*, como o domínio da economia monetária e como o racionalismo são fenômenos *modernos*, que têm lugar na cidade grande.

Ligado a isto estão ainda as ideias de calculabilidade e contabilidade que impregnam a vida na cidade grande. Tudo precisa ser calculável, e com exatidão; assim como o dinheiro exprime todos os valores das coisas, todos os valores qualitativos precisam encontrar sua quantificação.

> *"Mas são as condições da cidade grande que são tanto causa como efeito desse traço essencial. As relações e questões do habitante típico da cidade grande costumam ser tão variadas e complicadas, e sobretudo com a acumulação de tantos homens, com interesses tão diferenciados, suas relações e atividades engrenam-se em um organismo tão complexo, que sem a pontualidade mais exata nas promessas e realizações o todo se esfacelaria em um caos inextricável."* (p. 195)

Uma organização racional não só do tempo, mas também do espaço, é fundamental para que a vida na cidade grande possa fluir.[25] Ela re-

---

[24] Tanto o texto sobre as cidades grandes como a sociologia do espaço foram publicados em 1903.

[25] Simmel fornece exemplos da necessidade irredutível de organização do tempo na cidade grande, mediante o uso dos relógios regulados igualmente (cf. G. Simmel, "Die

quer uma "técnica" própria, esquemas supraindividuais que organizam a variedade e multiplicidade em contínuo movimento. O estilo de vida moderno, que tem lugar na cidade grande, requer essa técnica, que envolve objetividade, exatidão, calculabilidade, pontualidade, praticidade (lembre--se da *estilização dos comportamentos*). Sua contrapartida é que "aqueles traços essenciais e impulsos soberanos, intuitivos e irracionais" (p. 195) são soterrados e impedidos de se manifestarem. Se assim, por um lado, o estilo de vida da cidade grande propicia e promove a impessoalidade, ele dá também lugar a mecanismos de individualização, fazendo justiça ao papel duplo do dinheiro e à ambiguidade que caracteriza o moderno. O papel que o dinheiro desempenha em toda esta trama é a *"função* do dinheiro para o estilo de vida".[26]

"É precisamente a variedade daquilo que o rosto pode *revelar que o torna frequentemente tão enigmático; em geral aquilo que nós* vemos *em um homem é interpretado por aquilo que nós* ouvimos *dele, enquanto o inverso é muito mais raro. Por isso aquele que vê sem ouvir [o surdo, LW] é muito mais confuso, perplexo e inquieto do que aquele que ouve sem ver [o cego, LW]. Há aqui um momento significativo para a sociologia da cidade grande. Nesta o tráfego, em comparação com a cidade pequena, exibe uma preponderância enorme do ver outras pessoas sobre o ouvir. E na verdade não só porque na cidade pequena os encontros na rua ocorrem numa cota relativamente grande com conhecidos, com quem se troca uma palavra ou cujo aspecto reproduz para nós toda a personalidade, e não só a visível — mas sim sobretudo pelos meios públicos de transporte. Antes da criação dos ônibus, trens e bondes no século XIX, os homens não estavam absolutamente em condições de poder ou precisar se contemplar mutuamente por minutos ou mesmo horas sem falar entre si. O tráfego moderno limita cada vez mais as relações sensíveis entre os homens, no que diz respeito à parte preponderante de todas essas relações, à mera percepção do aspecto, e com isso ele precisa situar os sentimentos sociológicos gerais sob pressuposições completamente alteradas. O caráter mais enigmático do homem que só*

Großstädte und das Geistesleben", *op. cit.*, p. 195), e do espaço, mediante, por exemplo, a numeração das casas nas ruas (cf. G. Simmel, *Soziologie*, *op. cit.*, cap. 9).

[26] G. Simmel, *Philosophie des Geldes*, *op. cit.*, p. 665, grifo meu. E não nos esqueçamos de que função, em Simmel, tem a ver com as relações que se estabelecem (cf. o tópico "panteísmo estético").

A cidade, grande e moderna

é visto em comparação com o que só é ouvido (como foi mencionado acima), em virtude do deslocamento mencionado, contribui seguramente para o problema do sentimento moderno da vida, para o sentimento de desorientação na vida como um todo, para o sentimento de isolamento e para que as pessoas estejam rodeadas de todos os lados por portas fechadas."[27]

As condições de vida na cidade grande e moderna criam condições e necessidades específicas de sensibilidade e comportamento. Simmel destacou a influência que as modernas condições de vida deveriam exercer sobre a própria consciência dos homens: "A consciência permanente de uma certa periculosidade [em função do tráfego crescente, LW] deve produzir uma alteração na constituição psíquica dos homens".[28] Em todos estes pontos nos deparamos com uma plêiade de comportamentos estilizados. Não há dúvida de que essa sociologia da cidade grande, de que fala Simmel, é o fruto de suas próprias experiências em Berlim — e também em outras cidades grandes, que ele visitava recorrentemente em uma vida cheia de viagens.[29]

Berlim se destacou em vários aspectos do planejamento urbano e de tráfego. Desenvolveu uma rede ferroviária ampla em que os trens urbanos (Stadtbahn) cruzam a cidade de leste a oeste: um elevado de 12 km, concluído em 1882, corta a cidade do Schlesisches Bahnhof até Charlottenburg. Em 1846 criam-se linhas de ônibus puxados por cavalos; em 1865 linhas de bonde puxados por cavalos; em 1902 circula o último bonde movido a tração animal, todas as linhas já são mecânicas (a vapor) e no mesmo ano inicia-se a eletrificação, que só se completará nos anos 30. A

---

[27] G. Simmel, *Soziologie, op. cit.*, p. 727.

[28] *Apud* M. Landmann, "Arthur Steins Erinnerungen an Georg Simmel", *in* H. Böhringer e K. Gründer (orgs.), *Ästhetik und Soziologie um die Jahrhundertwende: Georg Simmel, op. cit.*, p. 274.

[29] O mais das vezes a obra de Simmel está ligada de modo muito estreito com experiências pessoais, que servem de ponto de partida para sua reflexão. Quem ler a passagem na *Soziologie* em que Simmel analisa a posição da empregada doméstica pode notar claramente como ele parece estar se referindo a experiências vividas em sua própria casa (cf. G. Simmel, *Soziologie, op. cit.*, pp. 262 ss.). Outro exemplo, distinto: a greve nas cervejarias berlinenses em 1894 e o conflito entre os trabalhadores e os empresários ocorre com uma objetividade tamanha, que chama a atenção do nosso autor para o grau de objetivação que os conflitos sociais assumem a seu tempo. Nenhum dos lados age impulsivamente, não há cólera ou raiva, senão que o entendimento, aquela arma poderosíssima na resolução de conflitos, parece ser o único a moldar a situação (cf. G. Simmel, *Soziologie, op. cit.*, pp. 309 ss.).

partir de 1885 uma usina elétrica fornece eletricidade para a cidade e desde então inicia-se a eletrificação e iluminação. Já em 1879 Werner Siemens demonstra seu projeto para eletrificação da rede de transportes, que revolucionará o transporte urbano em Berlim a partir da criação do U-Bahn (metrô). Em 1900 é criado o primeiro trecho eletrificado experimental. Até 1914 o metrô já tem concluídas seis linhas, totalizando 38 km. Em 1899 aparece o primeiro táxi motorizado. Desde 1892 passam a circular os primeiros automóveis pela cidade e a polícia é equipada com apitos para regular o trânsito. No cruzamento Friedrichstraße com Unten den Linden, um guarda ficava constantemente coordenando o movimento. Desde então torna-se cada vez mais forte a ideia do planejamento urbano, em virtude do grande crescimento da cidade e das dificuldades nos transportes, moradia, trabalho e infraestrutura.

As condições de vida na cidade grande e moderna criam condições e necessidades específicas de sensibilidade e comportamento. Os modernos veem muitas imagens, são bombardeados, ao colocarem os pés para fora de casa, com o fluxo enorme das imagens (caberá à televisão trazê-las para o interior). Mas a sua capacidade de atribuir sentido a elas não acompanha a velocidade com que se apresentam à consciência. O modo de experiência da realidade que está então em jogo é radicalmente distinto. Quando um contemporâneo — ou o próprio Simmel[30] — desce ao submundo do metrô berlinense e, algum tempo depois, retorna à superfície, ele se vê defronte de um outro espaço, diverso daquele que deixou ao submergir. Assim o metrô cria uma nova experiência do espaço na cidade, uma experiência em que o espaço é uma coleção de buracos. Ele sobe e desce, ao seu bel-prazer, e a cidade o acompanha, se distendendo e se contraindo. E não se trata apenas do metrô, mas dos modernos meios de transporte em geral: tempo e espaço se industrializam.[31] Trata-se de um novo mundo de imagens. Por isso os modernos as deixam fluir, como se não tomassem conhecimento delas. É isto que ocorre no interior dos meios de transporte públicos. O indivíduo se vê em uma situação de proximidade enorme e relativamente demorada frente a outros, mas são tantos, e a cada vez variáveis, que lhe é impossível manter contato com eles. Eles permanecem estranhos: algo distante que está próximo.[32] E a cidade grande transforma o contato com o estranho na experiência mais corriqueira. Cada passageiro está preocupado com os seus negócios, com a sua

---

[30] Cf. H. Simmel, "Auszüge aus den Lebenserinnerungen", *op. cit.*, p. 259.

[31] Ver W. Schivelbusch, *Geschichte der Eisenbahnreise. Zur Industrialisierung von Raum und Zeit im 19. Jahrhundert*, *op. cit.*

[32] Cf. G. Simmel, "Exkurs über den Fremde", *op. cit.*

A cidade, grande e moderna

vida. Cada um deles se volta para o seu mundo interior, enquanto o exterior corre freneticamente.

Disto também decorre a solidão. Ela ganha, na cidade grande e moderna, novos contornos.

> "[...] o conhecido fato psicológico de que o sentimento de solidão, ao estarmos realmente só fisicamente, raramente surge de modo tão decisivo e penetrante como quando nos sentimos estranhos e sem relações em meio a muitos homens que estão fisicamente muito próximos — como em um grupo social, no trem, na grande multidão na rua."[33]

A cidade proporciona, portanto, um novo tipo de solidão, muito mais intensa, e que não existia anteriormente — na cidade pequena conhecemos as pessoas, elas não nos são estranhas. Os modernos são indiferentes. Neles opera aquele "princípio da indiferença" (cf. o tópico "estilo de vida"). Ele apaga os traços pessoais; estamos sempre envolvidos em uma multidão que é anônima, composta de anônimos. "[...] anônimo[s] e acobertado[s] pela totalidade, até mesmo oculto[s]".[34]

Em meio à multidão na cidade grande cresce a "distância da unidade social em relação aos elementos que a formam", e o indivíduo "se esconde por detrás do grupo".[35] O anonimato e a impessoalização são a contrapartida de uma objetividade característica do moderno. Simmel detecta isto no registro da estilização dos comportamentos e das formas de domínio: a empresa moderna, assim como a fábrica e as grandes lojas, caracteriza-se por uma "técnica impessoal de administração" em que os empregados possuem uma mobilidade relativa mais ampla do que na pequena loja, onde se está sempre sob o controle direto do patrão. Além disso, a grande empresa moderna cria uma categoria social absolutamente nova e característica: o empregado (Angestellte).[36] A ideia da "sociedade anô-

---

[33] G. Simmel, *Soziologie, op. cit.*, pp. 96-7.

[34] G. Simmel, *Soziologie, op. cit.*, p. 113, os plurais foram acrescentados por mim.

[35] G. Simmel, *Soziologie, op. cit.*, pp. 113-4.

[36] Esta nova categoria social, do empregado da indústria e comércio nas cidades grandes, será investigada por um aluno de Simmel: cf. S. Kracauer, *Die Angestellten. Aus dem neuesten Deutschland*, 6ª edição, Frankfurt/M, Suhrkamp, 1993. O livro de Kracauer foi publicado em 1930, pouco mais de onze anos após a morte de Simmel. A categoria que ele procura delimitar é uma categoria nova, mas que Simmel já percebera a seu tempo. No "Prefácio" de seu livro Karcauer afirma: "O material ilustrativo do trabalho foi recolhido em Berlim, porque Berlim, à diferença de todas as outras cidades e paisagens alemãs, é o lugar em que a situação dos empregados se constitui de modo

nima" é precisamente característica do tipo de empreendimento moderno, dominado pela impessoalidade e objetividade. Por outro lado, enquanto o empregado estava em contato direto com o patrão, na pequena loja, podia usufruir, em determinadas condições, das relações pessoais que acabam por se estabelecer. Já na empresa moderna as regras são fixas, e o não cumprimento delas põe em ação um mecanismo diante do qual as relações pessoais não fazem nenhum sentido.[37] É também em função da ausência de caráter e de cor do dinheiro e do intelectualismo que cresce nas modernas cidades o número de profissões com caráter fluido, tais como agentes, comissionados, mediadores de negócios, corretores etc., que aproveitam as inúmeras chances casuais de receber algum dinheiro e, com isso, viver. Simmel percebe o fato, que ainda hoje nos surpreende cotidianamente, de que as pessoas descobrem os mais variados tipos de trabalho e atividade com as quais possam receber algum dinheiro. Esses indivíduos caracterizam-se, além de tudo, por sua mobilidade, maleabilidade, presteza.[38]

Em função do dinheiro e da difusão de uma economia monetária e devido à objetividade e à despersonalização das relações promovidas pelo dinheiro origina-se

> *"uma barreira interior entre os homens, que torna possível contudo a forma de vida moderna. Pois a aglomeração e a confusão do movimento das cidades grandes seria simplesmente intolerável sem aquele distanciamento psicológico. Que alguém se veja cercado por um número tão grande de homens, como a cultura citadina atual promove, com seu movimento comercial, profissional e social, seria completamente desesperador para o homem moderno, sensível e nervoso, caso aquela objetividade do caráter do movimento não trouxesse consigo um limite e uma reserva interiores. A monetarização das relações — explícita ou travestida de mil formas — cria uma distância funcional, invisível, entre os homens, que é uma proteção interior e uma compensação diante da proximidade ameaçadora e dos atritos de nossa vida cultural."[39]*

---

mais extremo" (p. 7). O que separa Simmel de Kracauer são os anos da guerra e do pós--guerra, a inflação.

[37] Veja-se G. Simmel, *Soziologie, op. cit.*, pp. 202-3, 245.

[38] Cf. G. Simmel, *Philosophie des Geldes, op. cit.*, p. 596. Veja-se também o exemplo do "Quatorzième", *in* G. Simmel, "Die Großstädte und das Geistesleben", *op. cit.*, p. 201.

[39] G. Simmel, *Philosophie des Geldes, op. cit.*, p. 664-5. Não há como não se lembrar de "O homem na multidão" de Poe. Segundo W. Benjamin, "Aqui [Berlim, LW], e

O dinheiro cria condições para a vida na cidade grande, não apenas condições objetivas, mas também condições subjetivas, como o distanciamento, "psicológico" e "funcional" (tal distância funcional é algo processual, relacional; cf. o tópico "panteísmo estético"). Por outro lado, a vida da cidade grande cria condições para a vida do dinheiro. Essa via de mão dupla, circularidade da interação, está na base da análise do moderno. O dinheiro opera uma concentração, ele chama tudo para si, possui uma "força centrípeta"[40] que, como um imã, atrai tudo e todos ao seu redor. "Na medida em que a economia de um país é levada cada vez mais ao dinheiro, a concentração de suas ações financeiras dirige-se aos grandes pontos de cruzamento da circulação do dinheiro. A cidade foi, desde sempre, à diferença do campo, o lugar da economia monetária. Esta relação se repete entre as cidades pequenas e grandes [...]".[41] O dinheiro possui essa tendência imanente à centralização, e mesmo no interior da cidade ele se aglomera: nas bolsas, nos bancos, nos mercados. A cidade grande, como ponto de concentração do dinheiro, é também o ponto de maior implemento da divisão do trabalho, da especialização, da criação de novas necessidades e refinamentos, da luta dos homens entre si pela sobrevivência. A cidade, grande e moderna, é o campo de batalha, de prova e de experimentos da moderna individualidade.

A "intensificação da vida nervosa" é a contrapartida da fraqueza dos nervos: o habitante da cidade grande é "cada vez mais sensível aos choques, confusões e desordens que nos atingem da proximidade e do contato mais imediatos com homens e coisas".[42] Ele se distancia como medida de precaução diante dos choques, que na vida moderna são cada vez mais frequentes, são na verdade ininterruptos. Ou melhor: a vida na cidade grande é a superposição contínua de choques. Daí o "medo de ser tocado", e para não ser tocado o moderno se recolhe no interior: seja na sua subjetividade, seja dentro de casa.[43] Um historiador da época anotou o fenômeno: "A vida

---

não em Paris, se compreende como o *flâneur* pôde se distanciar do passeador filosófico e pôde receber os traços do lobisomem, irrequieto e errante em meio ao deserto social, que Poe fixou para sempre no seu 'Homem na multidão'" (W. Benjamin, *Gesammelte Schriften, op. cit.*, vol. III, p. 198). Na verdade parece-me que, mais do que Berlim, a afirmação se aplicaria a Londres, que de resto é o local onde se desenrola a narrativa de Poe. Mas que Benjamin a "situe" em Berlim é significativo para a caracterização da capital do Reich.

[40] G. Simmel, *Philosophie des Geldes, op. cit.*, p. 704.

[41] G. Simmel, *Philosophie des Geldes, op. cit.*, p. 705.

[42] G. Simmel, *Philosophie des Geldes, op. cit.*, p. 660, já citado em "estilo de vida".

[43] Cf. G. Simmel, *Philosophie des Geldes, op. cit.*, p. 675, citado em "estilo de vida".

moderna é [...] especialmente antiestética [unästhetisch], ao levar a perturbações contínuas da concentração espiritual. A pressa infindável, o apito da locomotiva, a campainha do bonde, a inundação permanente por coisas através do correio, o impertinente serviço de notícias dos jornais, o número crescente de contatos [físicos, LW] pessoais pela facilidade cada vez maior do transporte público, tudo isto e muito mais estimula sobretudo o desejo de escapar da escravidão do momento: o desejo de tranquilidade no gozo espiritual, de um calmo mergulho em uma existência cujos momentos solenes não precisem ser perturbados pela brutalidade da luta pela existência, cuja soma possa ser dedicada ao livre voo da imaginação".[44]

Relacionada a essa sensibilidade nova do habitante da cidade grande está um elemento que Simmel julga especialmente característico do homem moderno: o caráter *blasé*.

"Talvez não haja nenhum fenômeno anímico que seja tão específico à cidade grande como o caráter blasé. *Ele é inicialmente a consequência daqueles estímulos nervosos — que se alteram rapidamente e que se condensam em seus antagonismos — a partir dos quais nos parece nascer também a intensificação da intelectualidade na cidade grande. Justamente por isso homens tolos e de antemão espiritualmente sem vida não costumem ser* blasé. *Assim como uma vida desmedida de prazeres torna* blasé, *porque excita os nervos por muito tempo em suas reações mais fortes, até que por fim eles não possuem mais nenhuma reação, também as impressões inofensivas, mediante a rapidez e antagonismo de sua mudança, forçam os nervos a respostas tão violentas, irrompem de modo tão brutal de lá para cá, que extraem dos nervos sua última reserva de forças e, como eles permanecem no mesmo meio, não têm tempo de reunir novas forças. A incapacidade, que se origina assim, de reagir aos novos estímulos com uma energia que lhes seja adequada é precisamente aquele caráter* blasé *[...]." (p. 196)*

---

[44] K. Lamprecht, *Deutsche Geschichte*, volume complementar: Zur jüngsten deutschen Vergangenheit, vol. I, Berlim, 1902, p. 184 *apud* S. Hübner-Funk, "Ästhetizismus und Soziologie bei Georg Simmel", *op. cit.*, p. 48. "Se alguém pode ser visto como um representante típico da época designada por Karl Lamprecht como época da sensibilidade [Reizsamkeit], então o nome de Simmel pode ser nomeado em primeiro lugar." W. Weisbach, "Erinnerung an Simmel", *in* K. Gassen e M. Landmann (orgs.), *Buch des Dankes an Georg Simmel, op. cit.*, p. 204. Sobre Lamprecht ver F. K. Ringer, *Die Gelehrten. Der Niedergang der deutschen Mandarine 1890-1933, op. cit.*, pp. 270-2, 305-6. Simmel, em seu texto sobre a exposição industrial em Berlim (ver mais à frente), cita um volume anterior desta obra de Lamprecht.

O *blasé* é insensível. Assim como o dinheiro, ele não liga para as pequenas diferenças e distinções, para as qualidades individuais (ele é o contrário de Simmel). *Blasé*: fatigado, indiferente, insensível, saturado, lasso. É isso que caracteriza o habitante da cidade, grande e moderna. A quantidade de estímulos com que ele se vê defrontado ao viver na cidade exige-lhe tanto, que ele não é mais capaz de responder adequadamente a eles. Sua indiferença é análoga à do dinheiro:

> *"A esta fonte fisiológica do caráter* blasé *na cidade grande se une a outra, que flui na economia monetária. A essência do caráter* blasé *é a ausência de reação diante das diferenças das coisas, não no sentido de que elas não são percebidas (como pelo estúpido), mas sim de tal modo que o significado e o valor da diferença das coisas, e com isso as próprias coisas, são sentidos como nulos. Elas aparecem para o* blasé *numa tonalidade constantemente parda e opaca, e nenhuma merece ser preferida diante das outras. Esta disposição da alma é o reflexo subjetivo fiel da economia monetária completamente difusa [...]."* (p. 196)

Esta afinidade entre o caráter *blasé* do habitante da cidade e o dinheiro, ou melhor, esta interação, encontra sua realização mais perfeita na cidade grande e moderna.

É interessante destacar que, ao caracterizar esta última, Simmel refere-se explicitamente a Berlim como exemplo. Embora se trate de uma conferência pronunciada em Dresden, e portanto Simmel pudesse nomear a própria cidade como exemplo, ou, caso não o fizesse, pudesse ter nomeado qualquer outra cidade grande moderna, Simmel escolheu como exemplo precisamente Berlim. Isto é um índice da medida em que sua análise é devedora de sua própria experiência individual, de sua própria vida na cidade grande. Os fenômenos que Simmel descreve e analisa são em grande medida fenômenos que ele experimenta.[45]

---

[45] A experiência da cidade grande é a experiência mais completa, ampla e fundamental do moderno. Ela se exprime, por isso mesmo, nas formas as mais variadas: em Baudelaire, em Poe, em Dostoiévski (para nomear apenas alguns numa multidão), assim como em Simmel. Em cada um, a cidade grande é um motivo fundamental e uma experiência única, em que o moderno se exprime. O mundo que Baudelaire tematiza é o mesmo que Simmel. As experiências de Baudelaire na Paris do *Seconde Empire* são equivalentes às de Simmel na Berlim do *Zweite Kaiserreich* — assim como Poe em Nova York/Londres, Dostoiévski em São Petersburgo etc. Um conhecido projeto de W. Benjamin é a ideia da Paris como capital do século XIX. Mais do que tudo, é Baudelaire quem condensa em si a variedade de tudo o que seria desenvolvido no livro das passagens. "Paris, capital do século XIX" é uma proto-história do moderno. Benjamin só pôde

Do mesmo modo como a cidade é o centro da circulação do dinheiro, ela é lugar propício para o *blasé*. A cidade é um local de concentração: de dinheiro, das coisas que são compradas e vendidas, e das pessoas que compram e vendem. Como na cidade grande a concentração é muito grande, exige-se do indivíduo o máximo de seus nervos. O caráter *blasé*, a indiferença diante de tudo e todos, reverte em uma desvalorização de tudo e todos, e por fim no sentimento de depreciação da própria individualidade. Viver na cidade grande supõe sempre estratégias de sobrevivência em meio à concentração — estratégias que são, o mais das vezes, comportamentos estilizados.

"Ao passo que o sujeito se ajusta a esta forma de existência, sua autoconservação perante a cidade grande lhe exige um comportamento não menos negativo de natureza social. A postura espiritual dos habitantes da cidade grande entre si poderia ser designada, do ponto de vista formal, como a reserva. Se o contato exterior contínuo com inúmeros homens devesse produzir outras tantas reações — como na cidade pequena, em que se conhece quase todos que se encontra e se possui uma relação positiva com cada um —, então as pessoas se atomizariam internamente por completo e cairiam em uma constituição anímica completamente inconcebível. Por um lado esta situação

---

perceber essa "Urgeschichte der Moderne" porque ele viveu a experiência da capital do século XX: na Berlim dos anos 20. (Vários autores abordaram a ideia da Berlim dos anos 20 como a efêmera capital do século XX. No nosso contexto, interessa-nos um dos pioneiros, senão mesmo o pioneiro: o aluno de Simmel Ernst Bloch. Cf. Bloch, *Erbschaft dieser Zeit*. Frankfurt/M, Suhrkamp, 1985.) É com base em sua experiência berlinense nos anos 20 do século XX que ele busca a "Urgeschichte", e ela está não na Berlim de 1900 de Simmel (graças a esse movimento, Benjamin pôde reservar a Berlim de 1900 para um *outro* momento: "Infância berlinense por volta de 1900"), mas na Paris de Baudelaire (assim como não está em São Petersburgo, em Londres ou em Nova York). Contudo, no complexo das passagens, Simmel é um personagem importante, embora oculto. Pois ele foi capaz de perceber a mesma "proto-história do moderno", que Baudelaire exprimiu na Paris dos anos 1860, na Berlim de 1900. É isto que explica a proximidade de Simmel com Baudelaire. Sintomaticamente, essa proximidade só fez fortuna quando vista retrospectivamente através das lentes benjaminianas (Cf. os variados trabalhos de D. Frisby, e tudo o que daí advém, que advém, de resto, da moda que é o Baudelaire de Benjamin). Mais importante, me parece, é demarcar a *relativa* contemporaneidade de Paris e Berlim em seus segundos impérios. O meio século da diferença cronológica é o "atraso" alemão, a "verspätete Nation". Ao mesmo tempo, esse meio século é um período de industrialização e desenvolvimento tecnológico que não pode ser negligenciado. Por isso, em tudo o que diz respeito ao aparato tecnológico — e suas repercussões infindáveis na vida interior e exterior —, a Berlim de Simmel é muito mais próxima do moderno do que a Paris de Baudelaire (objeto da *proto*-história do moderno).

A cidade, grande e moderna

psicológica, por outro o direito à desconfiança que possuímos perante os elementos (que tocamos em um contato fluido) da vida na cidade grande, obrigam-nos àquela reserva em virtude da qual passamos os anos sem nem sequer conhecer nossos vizinhos e que frequentemente nos faz parecer frios e sem sentimentos aos habitantes das cidades pequenas." (p. 197)

A reserva do habitante da cidade grande é uma espécie de transposição, no âmbito do comportamento cotidiano e padronizado, da indiferença. Por isso disse anteriormente que o estilo de vida moderno está relacionado com a estilização dos comportamentos.[46] A reserva é um deles.[47] Pois do mesmo modo como não conheço o vizinho, ele não me conhece, e ambos não esperamos que seja diferente. A estilização é profunda e acaba por se tornar como uma segunda natureza. Pois se trata de nada menos do que da autoconservação em um meio hostil, no qual as qualidades só têm validade se quantificáveis. E é a quantidade que demarca a diferença frente ao habitante da cidade pequena. Este não precisa se perder em meio a uma quantidade sem fim de relações, sua estrutura anímica só precisa responder a um número limitado de estímulos, e por isso ele pode responder a praticamente todos eles. Já ao habitante da cidade grande é impossível responder, a não ser a uma parcela muito pequena e selecionada deles, e frente ao resto ele é indiferente, vale dizer, reservado.[48]

Na verdade, a indiferença recobre um espectro mais amplo de sentimentos, que passa pela reserva, aversão, estranheza, antipatia etc. Um amplo matiz forma de fato essa estilização dos comportamentos, enquanto estratégias de vida, enquanto "conformações da vida na cidade grande: o que aparece imediatamente como dissociação é na realidade apenas uma de suas formas elementares de socialização" (p. 198).[49] Foi por isso que mencionei anteriormente o fato de que o dinheiro socializa os homens

---

[46] Exatamente isto foi abordado por H. Arendt sob um viés mais propriamente político: "o comportamento substituiu a ação como principal forma de relação humana". Ver H. Arendt, *A condição humana, op. cit.*, pp. 50-1.

[47] A reserva é um fenômeno que ganha força com o incremento do tamanho do grupo. Quando só há duas pessoas, ela é restrita, mas com a chegada do terceiro elemento ela cresce. Cf. G. Simmel, *Soziologie, op. cit.*, cap. 2, especialmente p. 115.

[48] Este contraste é aparentado àquele, apontado no tópico "dinheiro", entre a dependência e liberdade frente aos fornecedores. Cf. ainda G. Simmel, *Philosophie des Geldes, op. cit.*, p. 396.

[49] Isto foi repetido, *ipsis literis*, na *Soziologie* de 1908, marcando assim os nexos que articulam os textos do complexo da filosofia do dinheiro com os textos do complexo da *Soziologie*. Cf. G. Simmel, *Soziologie, op. cit.*, pp. 290-1.

como estranhos: por um lado ele é uma instância que promove distância, por outro lado ele promove a indiferença.[50]

Além disso, esse amplo leque de sentimentos ligados à indiferença característica do habitante da cidade grande são formas latentes de conflito, que é uma das principais formas de socialização investigadas na sociologia simmeliana.[51]

Assinalei anteriormente que o dinheiro propicia o esquecimento. Simmel, na sociologia dos sentidos, chama a atenção para o fato de que a nossa "capacidade de rememoração"[52] é muito maior para o que é ouvido do que para o que é visto. Se, por outro lado, Simmel afirma que na cidade grande vemos muito e ouvimos pouco, podemos perceber como a cidade grande é o lugar do esquecimento. E se a cidade grande é ainda o lugar do moderno, pode-se perceber como o moderno é um tempo e um espaço de esquecimento.[53]

A decorrência disso é que o moderno vive apenas e sobretudo o presente, ele é um aventureiro.[54] A aceleração da velocidade da vida na cidade grande é tamanha, que o moderno não tem tempo para parar; tudo

---

[50] E, vale a pena notar, se esta estilização dos comportamentos é uma *forma de socialização*, ela é um objeto privilegiado da sociologia em sentido estrito, a quem cabe justamente investigar as formas de socialização. Isto torna a cidade grande um tema sociológico fundamental para Simmel, embora ela seja tratada no complexo da filosofia do dinheiro. Isto só acentua o fato de que as demarcações disciplinares, em Simmel, trazem o mais das vezes mais perdas do que ganhos. As cidades grandes, e em especial as metrópoles cosmopolitas, são a *summa* do moderno. Tudo o que vimos no que precede conflui de certo modo na análise simmeliana da cidade grande, em um texto que se tornou um clássico da sociologia devido à sua recepção pela Escola de Chicago (Small foi colega e Park aluno de Simmel na Universidade de Berlim). Mas o que o tornou célebre e acessível em inúmeras coletâneas e manuais de sociologia foi justamente a sua perdição, pois então o que é o ponto de confluência da filosofia da cultura, do diagnóstico do presente e da teoria do moderno é reduzido à "sociologia urbana", "antropologia urbana" ou algo semelhante. O texto "Die Großstädte und das Geistesleben", que faz parte do complexo da filosofia do dinheiro, só tem sentido sobre o pano de fundo que tentei indicar anteriormente, e que o próprio Simmel, como foi mostrado, fez questão de tornar explícito.

[51] G. Simmel, *Soziologie, op. cit.*, pp. 284-382.

[52] G. Simmel, *Soziologie, op. cit.*, p. 728.

[53] A capacidade de rememoração está relacionada com a oralidade, com ouvir e falar. Se no moderno se ouve menos, há nisso uma perda da experiência. É exatamente neste ponto que seu aluno Benjamin vai retomar suas indicações. Cf. W. Benjamin, *Gesammelte Schriften, op. cit.*, vol. II.1, pp. 213-9; vol. II.2, pp. 438-65. Lembre-se também o que foi apontado acerca da narrativa no tópico "ensaio".

[54] O "aventureiro" de Simmel parece ser a figura análoga ao "flâneur" de Baudelaire.

A cidade, grande e moderna

transcorre tão rapidamente que ele só pode viver aquele momento, e o que passou está perdido. O moderno é indiferente ao passado e ao futuro.

O outro lado dessa estilização dos comportamentos é que "[...] ela garante ao indivíduo um tipo e uma medida de liberdade pessoal" (p. 198). Pois é preciso investigar o "desenvolvimento da individualidade no interior da vida na cidade" (p. 199). Isto supõe, decerto, a retomada da teoria da diferenciação social simmeliana, a análise das "grandes tendências de desenvolvimento da vida social" (p. 198). Interessa que o alargamento dos círculos sociais traz consigo o aumento da liberdade e mobilidade relativa dos membros; os pequenos círculos, em contrapartida, possuem uma "unidade centrípeta" muito mais forte e com isso limitam a liberdade individual de movimento e desenvolvimento. Essa diferença, decorrência da "correlação histórico-universal entre a ampliação do círculo e a ampliação da liberdade pessoal, interior e exterior" (p. 200) — aqui esboçada em um único passo[55] —, se exprime também na contraposição entre cidade grande e pequena:

> "A vida na cidade pequena, tanto na Antiguidade como na Idade Média, impunha ao singular limites de movimento e de relações em direção ao exterior e de autonomia e diferenciação em direção ao interior, no meio das quais o homem moderno não poderia sequer respirar — ainda hoje o habitante da cidade grande sente um pouco dessa espécie de aperto ao se mudar para uma cidade pequena." (p. 199)[56]

Essa liberdade, de que o homem da cidade grande já não pode mais prescindir, é a contrapartida do círculo social amplo no qual ele está inserido; é ela que caracteriza o habitante da cidade grande que, ao ser apenas um em meio à massa, liga-se através de fios muito mais tênues e longínquos ao todo.

> "Pois a reserva e a indiferença mútuas, as condições espirituais da vida dos círculos mais amplos, nunca foram sentidas

---

[55] Cf. G. Simmel, "Die Großstädte und das Geistesleben", *op. cit.*, pp. 198-9; *Soziologie, op. cit., passim*, especialmente pp. 791-863; *Über sociale Differenzierung, op. cit.*, pp. 169 ss.; "Bemerkungen über socialethischen Problemen", *op. cit.*; *Philosophie des Geldes, op. cit., passim*.

[56] Foi isto o que Simmel sentiu ao se transferir, em 1914, de Berlim para Estrasburgo. O período de Estrasburgo não parece ter sido especialmente feliz para Simmel. Ele não perdia uma ocasião para deixar a cidade e ir para Heidelberg, onde ainda alimentava, vários anos após o malogro de sua nomeação, uma esperança de ser chamado a ocupar uma cátedra. Sobre Simmel em Estrasburgo, H. J. Becher, "Georg Simmel in Strassburg", *in Sociologia Internationalis*, vol. XXII, 1984, nº 1/2, pp. 3-17.

*de modo mais intenso em seu resultado para a independência
do indivíduo do que na densa multidão da cidade grande, porque então a proximidade corporal torna a distância espiritual
mais explícita. Decerto é apenas o reverso dessa liberdade se,
sob certas circunstâncias, o indivíduo não se sente em nenhum
lugar tão solitário e abandonado como precisamente na multidão da cidade grande [...]."* (p. 200)

Simmel trabalha, como sempre, proximidade e distância. Não há um
sem o outro, e o que significa aqui distância é ali proximidade. Essa *ambiguidade* da proximidade corporal e distância espiritual, que explica essa
sensação única de estar só em meio a uma infinidade de pessoas, é, ela
própria, uma característica fundamental do moderno (que se exprime também no "papel duplo do dinheiro"). O moderno é ambíguo e a cidade,
grande e moderna, é o local privilegiado da ambiguidade.

A cidade grande é também o lugar do cosmopolitismo. Isto é na verdade uma outra decorrência do ímpeto de concentração que caracteriza a
cidade. Pois concentração traz consigo também difusão. E só assim a cidade grande se converte verdadeiramente em metrópole: na medida em que
o que se concentra nela se difunde para além dela.[57] É isto que Simmel
denomina "magnitude *funcional*" (p. 201, grifo meu), pois consiste em *relações* (cf. o tópico "panteísmo estético"). Nas relações que a cidade estabelece para além de seus limites originais é que se estabelece quais são
verdadeiramente os seus limites, o seu amplo raio de atuação, que reverte
de volta ao núcleo irradiador e dá a sua dimensão verdadeira.

Pois a cidade grande, assim como o dinheiro, não conhece fronteiras. É exatamente isto que faz o seu habitante: romper fronteiras — interiores e exteriores. E isto reverte na própria ideia de liberdade individual:

*"[...] a liberdade individual [...] não deve ser compreendida apenas em sentido negativo, como mera liberdade de movimento e supressão de preconceitos e filisteísmos; o que lhe é
essencial é que a singularidade e incomparabilidade, que por fim
toda natureza de algum modo possui, se exprime na configuração da vida."* (p. 201)

Assim, a cidade grande se torna o lugar da tensão entre o que Simmel
denomina de individualismo quantitativo e individualismo qualitativo:
tanto do indivíduo que é igual e livre como do indivíduo que é diferente e
único (cf. "individualismo", mais à frente). A cidade grande e moderna é

---

[57] Veja-se o que é dito mais à frente acerca das exposições industriais e universais.

também o lugar por excelência da concorrência. A massa que vive nela lhe permite o seu pleno desenvolvimento. Simmel analisa

"[...] a significação formal da concorrência para a síntese da sociedade. Ela consegue inúmeras vezes o que em outras situações apenas o amor consegue: o espreitar dos desejos mais íntimos de um outro, antes mesmo que eles tenham se tornado conscientes. A tensão antagônica frente aos concorrentes aguça no comerciante a sensibilidade fina para as inclinações do público até um instinto quase telepático para as transformações iminentes de seu gosto, suas modas, seus interesses. E isto ocorre decerto não apenas com o comerciante, mas também com quem escreve no jornal, com o artista, o livreiro, o parlamentar. A concorrência moderna, que se caracteriza como a luta de todos contra todos, é também ao mesmo tempo a luta de todos por todos."[58]

Essa mobilidade, que a concorrência tanto supõe como estimula, é concomitante à mobilidade do dinheiro. Não por acaso a concorrência econômica forma a representação usual da concorrência. Se a cidade moderna é o lugar em que a concorrência pode se desenvolver mais plenamente, vale dizer em um espaço cada vez mais amplo, abarcando cada vez mais domínios do mundo e da vida, ela acaba por fornecer um elemento significativo para a compreensão do moderno, tal como Simmel o percebe. Na medida em que a concorrência elabora tal "síntese da sociedade", ela se mostra como uma das "formas de socialização" que a sociologia simmeliana se propõe a investigar. Se A concorre com B por C — tratando-se seja de fabricantes de produtos, seja de namorados —, em outro nexo de relações C concorre com B por A, e assim por diante, em uma teia infinita. Assim se tece a sociedade, em um "tecer de milhares de fios sociológicos".[59] É fácil perceber como o modelo do "panteísmo estético" está aqui presente. O que torna a análise simmeliana especialmente rica e frutífera é, além disso, os nexos micro-macro que são postos sempre à prova. Simmel é o mestre das menores passagens.[60]

Para Simmel, concorrência é tanto a concorrência dos grandes complexos econômicos como a concorrência no interior da família ou das re-

---

[58] G. Simmel, *Soziologie, op. cit.*, p. 328.

[59] G. Simmel, *Soziologie, op. cit.*, p. 328.

[60] As relações micro-macro foram retomadas por seu discípulo N. Elias, que vai buscar no, por assim dizer, micrológico a sócio-gênese dos grandes sistemas (como, por exemplo, o Estado moderno).

lações eróticas. Operando, a um rápido toque de sua pena ("pensando com o lápis na mão"), essas mudanças bruscas de dimensão, Simmel nos mostra a riqueza analítica do "panteísmo estético". A mobilidade que a concorrência evidencia é decerto a mobilidade característica do moderno e que a ideia de cultura filosófica toma para si.

É o próprio Simmel quem chama a atenção para o fato de que há uma afinidade entre a concorrência e o liberalismo, e portanto entre o moderno e o liberalismo.

> *"Quanto mais o liberalismo penetrou nas relações gerais de circulação e nas relações de hierarquia (não só nas econômicas e políticas, mas também nas familiares e sociais, religiosas e amigáveis), ou seja, quanto menos estas relações são pré--determinadas e reguladas por normas históricas gerais, quanto mais elas são abandonadas ao equilíbrio lábil, que se estabelece a cada caso, ou às transposições das forças — então tanto mais a configuração dessas relações irá depender das concorrências contínuas; e o desenlace dessas concorrências depende, por sua vez, na maioria dos casos, do interesse, do amor, das esperanças que os concorrentes, em medida variada, sabem suscitar no ou nos terceiro(s), o ponto central dos movimentos concorrentes. [...] E a conquista deste terceiro, milhares de vezes só é alcançável pelo meio sociológico da persuasão ou convencimento, do melhor preço e oferta, da sugestão ou da ameaça [...] significa tão somente a instituição de uma ligação, desde a ligação momentânea da compra em uma loja até a ligação do casamento."*[61]

Essa ideia do *livre jogo*,[62] que se exprime no liberalismo, é a ideia que Simmel atribui ao próprio moderno, e que o relativismo de sua visão de mundo busca acompanhar. É importante destacar que há portanto um nexo que articula liberalismo e moderno e, se assim é, o moderno é a época burguesa. Mas trata-se de *uma época burguesa que se torna problemática*. Ela é sentida como uma época de crise. A consciência da crise é um dos temas mais fortes e mais presentes na época, e se essa época termina com uma guerra, ela será apenas o "desfecho" dessa crise, sua potencialização máxima.

---

[61] G. Simmel, *Soziologie*, *op. cit.*, p. 329, grifo meu.

[62] O Leitor lembra-se aqui de Nietzsche. A concorrência é análoga ao *agon* da luta homérica.

Excurso rápido e superficial

Há aqui quatro pontos que gostaria de destacar, embora não seja possível abordá-los tão longamente quanto necessário.

Embora tenha evitado propositadamente reduzir Simmel a uma posição de classe (1), já foi dito que o estrato social a que se lhe pode subsumir é o "Bildungsbürgertum" (apesar de sua posição ser matizada). Mas ele é um filho da época burguesa que permanece fiel a ela, embora não perca um momento em apontar as suas idiossincrasias. No interior de sua casa em Westend nós ainda encontraremos a configuração do interior burguês, e as formas de sociabilidade que Simmel adota e privilegia são formas típicas e adequadas a esse ambiente determinado (isto será explorado mais à frente).

"O desafio decisivo no meio cultural burguês e seus valores dominantes, assim como no ideal de uma conduta de vida burguesa ligado a esses valores, vinha do seio da própria sociedade burguesa. A vanguarda cultural, que se formou desde a virada do século, sobretudo nos domínios da arte e literatura, punha no final das contas radicalmente em questão os ideais culturais burgueses, embora ela se movesse no interior da própria estrutura da sociedade burguesa e soubesse utilizar com sucesso as instituições da empresa artística burguesa para os seus fins. A palavra de ordem radical de Friedrich Nietzsche, acerca da 'transvaloração de todos os valores', combinada com a exigência de um individualismo aristocrático do espírito, que acreditava reconhecer o sentido do mundo exclusivamente no aperfeiçoamento intelectual e estético da personalidade em uma ordem cultural como um todo esvaziada de sentido, fornecia à vanguarda cultural argumentos substanciais. Uma cultura pós-burguesa se originou, sustentada sobretudo por um novo extrato de intelectuais flutuantes [freischwebender], que decerto desfrutava do apoio de uma camada, que cresce rapidamente, de mecenas capitalizados, dentre os quais logo também se encontram os capitães da grande indústria. A despeito disso, a vanguarda cultural da ordem capitalista-burguesa, embora dependesse economicamente dessa ordem, mantinha uma distância crítica em relação a ela, e até mesmo uma recusa rude. Para a vanguarda artística, o que valia era a criatividade individual, e não a manutenção dos ideais clássicos tradicionais, e menos ainda os princípios da conduta burguesa de vida. A época burguesa não havia atingido ainda o seu fim definitivo, mas no seu interior se formava uma nova cultura pós-burguesa. O desenvolvimento dessa cultura pós-burguesa, fragmentada em direções as mais diversas, em meio ao meio social da grande burguesia, era um sinal de que o estrato social da burguesia, anteriormente homogêneo, es-

tava decomposto em uma multiplicidade de grupos sociais, que tinham muito pouco em comum entre si. "[63]

Temos aqui os elementos para compreender como o presente era visto como uma época de crise (2), e isto nos leva imediatamente à filosofia da cultura simmeliana. A cidade grande e moderna é o lugar da discrepância da cultura subjetiva e da cultura objetiva,[64] é portanto o lugar do moderno estilo de vida. É a experiência da cidade, que é uma análise do presente, que dá lugar à filosofia da cultura. E se assim é, pode-se dizer que foi somente a partir de suas experiências em Berlim que Georg Simmel elaborou sua teoria do moderno e sua filosofia da cultura.

De maneira natural, pode-se compreender que Berlim fosse o termômetro que indicava a situação geral do novo Império. Tornada capital do Reich, residência dos Hohenzollern, centro econômico e político da "verspätete Nation", os dilemas da Alemanha aparecem em Berlim de modo pungente — basta pensarmos nas massas de trabalhadores e suas condições de vida, ao lado da grande burguesia industrial, da influente burguesia cultural, dos insurgentes estratos médios, sobre os quais pairava a corte e o Imperador. A época guilhermina é um período de transformação, uma transformação que, como já se repetiu inúmeras vezes, foi muito, incomparavelmente rápida. Isto atiçou a mente daqueles que viveram a época. E apesar do fato de o Segundo Império ser uma época de grande desenvolvimento, ele foi marcado por uma alternância muito forte de conjunturas de estabilidade e instabilidade. Isto contribuiu de maneira decisiva para a sensação de instabilidade que impregnava aqueles que a viviam. Isto estimula a consciência de que se vive um tempo de crise, dá lugar a um clima anticapitalista que, no interior dos segmentos sociais burgueses, se exprime na crítica da cultura e da sociedade. Um jurista da época afirmou:

"À sociedade industrial falta, apesar do brilho e da riqueza do desenvolvimento, a estabilidade da sociedade anterior. As formações dos partidos sociais se ligam com as fortes depressões, que se repetem no mercado mundial periodicamente e põem ocasionalmente as grandes classes da sociedade em estado de necessidade... Sob as conjunturas o mais das vezes desfavoráveis do mercado mundial, surge de todos os lados a queixa de um estado de necessidade: uma agricultura necessitada, empresa necessitada, comércio necessitado, companhia de

---

[63] W. J. Mommsen, *Bürgerliche Kultur und künstlerische Avantgarde, op. cit.*, p. 17.

[64] Cf. G. Simmel, "Die Großstädte und das Geistesleben", *op. cit.*, pp. 202-3.

A cidade, grande e moderna

nevegação necessitada, indústria necessitada, estratos médios necessitados, proletariado necessitado, todos imersos em uma polêmica sem fim acerca de quem é o mais necessitado. Mas há realmente um tal estado de necessidade? As listas do imposto de renda não confirmam a suposição de um estado de necessidade... O presumido estado de necessidade se origina, antes, do sentimento de insegurança dos ganhos, em virtude das oscilações das conjunturas em nossa época, ainda em curso, da produção em massa."[65]

Esse estado de insegurança possibilita um fenômeno especialmente característico da época: a crítica da cultura. A desorientação cultural na Alemanha da virada do século, que por um lado prospera economicamente, mas por outro se sente insegura,[66] *fará do conceito de cultura o campo de batalha no qual se tenta explicar o seu momento histórico. Daí as diversas "teorias" da cultura; daí a "cultura" tornar-se o tema de preocupação sempre presente. "Por volta de 1900 'cultura' é a categoria central para dimensionar a realidade social como um todo e ao mesmo tempo uma vazia palavra da moda."*[67] *Um dos pontos que nos mostra como a filosofia da cultura é ao mesmo tempo um diagnóstico do presente é o fato do próprio conceito de cultura ser um "Kampfbegriff" ("conceito de luta"), ele é mobilizado nos contextos e sentidos os mais diferentes e divergentes, dando lugar a um enorme debate acerca da cultura e de sua condição no momento presente, em contraste com o que ela já foi e com o que ela ainda pode ser. Isto se mostra, naturalmente, no próprio texto de Simmel com o qual discuti sua filosofia da cultura. Ele foi publicado em um número "temático" da revista* Logos *(vol. II, 1911-12) dedicado à "cultura". Abre*

---

[65] R. v. Gneist *apud* O. Rammstedt, "Die Attitüden der Klassiker als unsere soziologischen Selbstverständlichkeiten. Durkheim, Simmel, Weber und die Konstitution der modernen Soziologie", *in* O. Rammstedt (org.), *Simmel und die frühen Soziologen. Nähe und Distanz zu Durkheim, Tönnies und Max Weber,* Frankfurt/M, Suhrkamp, 1988, p. 275. Sobre a situação econômica da Alemanha na virada do século: V. Hentschel, *Wirtschaft und Wirtschaftspolitik im wilhelminischen Deutschland. Organisierter Kapitalismus oder Interventionsstaat?* Stuttgart, Klett-Cotta, 1978, especialmente pp. 205 ss.

[66] Lembro o Leitor do sempre mencionado passo da *Philosophie des Geldes, op. cit.,* p. 675, citado no tópico "estilo de vida".

[67] R. v. Bruch, F. W. Graf, G. Hübinger, "Einleitung: Kulturbegriff, Kulturkritik und Kulturwissenschaften um 1900", *in* R. v. Bruch, F. W. Graf, G. Hübinger (orgs.), *Kultur und Kulturwissenschaften um 1900. Krise der Moderne und Glaube an die Wissenschaft,* Stuttgart, F. Steiner, 1989, pp. 9-24, *loc. cit.* p. 12. Ver também W. J. Mommsen, *Bürgerliche Kultur und künstlerische Avantgarde, op. cit.*

o *volume o texto de Simmel "Der Begriff und die Tragödie der Kultur"* (*"O conceito e a tragédia da cultura"); a seguir, outros textos discutem a ideia de cultura, de modo que há uma espécie de debate geral no qual diversos intelectuais são chamados a marcar sua posição: Heinrich Rickert, "Lebenswerte und Kulturwerte" ("Valores vitais e valores culturais"); Gustav Radbruch, "Ueber den Begriff der Kultur" ("Sobre o conceito de cultura"); Wjatscheslaw Iawanow, "L. Tolstoi und die Kultur" ("L. Tolstói e a cultura").*[68] *Será também no contexto desse sentimento de crise que a sociologia como ciência vai tentar se impor como um saber legítimo e adequado para a explicar e compreender a época.*

A época, por fim, acaba por encontrar o seu desfecho na Guerra (3), que é algo que já estava presente desde sempre. O militarismo que caracteriza a época do Segundo Império nunca permitiu que o período que vai do final da guerra de 1870-1871 até 1914 fosse uma época de paz. Muito pelo contrário. Nesse período, uma nova guerra era algo esperado a todo momento; e quando ela é finalmente deflagrada em 1914, não causa surpresa a ninguém — o que mais podia surpreender é como ela demorou tanto para acontecer. A Guerra é a expressão bélica, por assim dizer, para o tempo de crise: sua potencialização máxima e a possibilidade de sua redenção (como se viu em "GUERRA!"). Portanto, não há nenhum acaso no fato de que um dos textos de Simmel acerca da Guerra seja intitulado "A crise da cultura".

O que temos após a Guerra é algo novo (4). É a possibilidade de se criar a partir do nada — tentou-se a revolução, tentou-se a democracia. Se as idiossincrasias da época burguesa foram superadas, ou não, é uma questão que não diz mais respeito a Georg Simmel.

A mobilidade de uma cultura filosófica é ela mesma, por assim dizer, "liberal", e se Simmel usufrui, ele mesmo, de uma mobilidade, ele é ainda um membro do "Bildungsbürgertum", dos estratos burgueses intelectuais e citadinos (lembre-se o que foi dito anteriormente, em "estilo de vida", acerca das relações entre individualismo, liberalismo e assimetria). A própria ideia de cultura filosófica, assim como a atribuição de sentido que ela defende, é tributária dessa ideia do jogo. O jogo é o moderno como movimento, e encontra no dinheiro o seu símbolo. Isto é reforçado pela ideia da ligação, pois se por um lado a interação — enquanto substância da

---

[68] O conceito de cultura faz parte do "espírito da época": A. Warburg, J. Burkhardt, F. Nietzsche, J. Huisinga, O. Spengler, H. Freyer, K. Mannheim, para lembrar apenas alguns, tematizam especificamente o problema.

A cidade, grande e moderna

socialização — é o estabelecimento de uma ligação, por outro o dinheiro é mediador e a instância mediadora por excelência.

Se o moderno se caracteriza por esse *livre jogo*, isto significa que ele é *contingente*. O moderno, objeto da análise de Simmel, não está submetido a uma lei que ele deve cumprir, a uma teleologia pré-estabelecida — pense-se por exemplo em Comte, em Saint-Simon (lei dos três estágios), em Marx (advento da história, do comunismo), Spencer (evolução). O moderno é um processo que não tem ponto de chegada. Ele é análogo ao todo que o "panteísmo estético" simmeliano postula: se desenrola infinitamente.[69] Essa caracterização do *moderno como contingente*, tributária da passagem *moderna* do que era fixo para a mobilidade e maleabilidade, *da substância para a relação*, é um dos pontos fortes da análise de Simmel, condição e ao mesmo tempo resultado de sua ideia de cultura filosófica.[70]

---

[69] Mesmo quando, nos escritos de guerra, Simmel acena com um "novo" homem/ indivíduo, ele se recusa a caracterizá-lo positivamente.

[70] Sobre a contingência ver B. Waldenfels, "Ordnung in potentialis", *op. cit.*; M. Makropoulos, "Modernität als Kontingenzkultur. Konturen eines Konzepts", texto datilografado.

AS EXPOSIÇÕES

Entre 1º de maio e 15 de outubro de 1896, em Treptow, já então um subúrbio a leste de Berlim, realizou-se a Exposição industrial de Berlim, em uma área de 900.000 m². O *cartaz*, tradicional mas significativo, retrata, ao fundo, a silhueta da cidade com suas construções características, que permitem identificar rápida e facilmente que se trata de Berlim; em primeiro plano, uma mão segurando um martelo, como se fosse um missionário empunhando uma cruz, irrompe violentamente das profundezas do solo. A mão é significativa: certamente não se trata da mão de um industrial, mas sim de um trabalhador, em Berlim famosos por suas condições miseráveis de vida. Essa mão sai da profundeza do solo alemão como que para indicar que um novo tempo irrompe, o tempo da grande Alemanha, do "Segundo Império" — Berlim, capital do Reich —, da segunda maior e mais potente economia mundial da época. A cena é emoldurada por duas colunas que têm como capitéis dois ursos, o símbolo da cidade. Ao pé das colunas, de um lado a coruja, simbolizando o conhecimento racional, de outro abelhas: disciplinadas, organizadas, trabalhadoras, incansáveis, produtoras do mel.[1]

A exposição foi inaugurada pelo Imperador com pompa e circunstância;[2] o docente Georg Simmel escreveu um pequeno artigo, que no entanto só foi publicado em um jornal vienense.[3] Trata-se de uma Exposição industrial. Simmel a situa, entretanto, na "família" e na "história das exposições universais" (pp. 167-8). Elas exprimem um fenômeno sociológico recorrente: o fato de que uniões, associações e mesmo acontecimentos perduram para além da necessidade de suas funções e motivos originais. Elas perduram, agora, com a finalidade do *divertimento*. Assim anteriormente

---

[1] O cartaz é reproduzido em *Museums Journal*, "Sonderheft Stadtmuseum Berlin", março de 1996, p. 52.

[2] Cf. N. Elias, *Studien über die Deutschen, op. cit.*, pp. 107 ss.

[3] G. Simmel, "Berliner Gewerbeaustellung", *in Die Zeit*, Viena, 25/7/1896, pp. 59-60; republicado em *Vom Wesen der Moderne, op. cit.*, pp. 167-74. A seguir, nas citações deste texto, indicarei apenas o número da página entre parênteses, após a citação.

As exposições

com certas associações cavalheirescas na Idade Média, assim com os mercados anuais, os legítimos antecessores das exposições universais. E assim ocorre com a exposição berlinense, que Simmel considera uma autêntica exposição universal.[4] Nela, como nas exposições universais, se consagra "a variedade e divergência do que é oferecido, que tem como núcleo definitivo e como colorido característico tão somente o divertimento" (p. 168).[5]

"A estreita vizinhança em que os produtos industriais os mais heterogêneos são comprimidos provoca uma paralisia da capacidade de percepção, uma verdadeira hipnose [...]" (p. 168). A quantidade de impressões a que a consciência é submetida é tamanha, que não lhe é possível apreender as séries de representações (cf. o tópico "estilo de vida"). Também a *memória* não tem capacidade para gerir a armazenagem da quantidade de informações, de tal modo que, ao final, o visitante das exposições acaba por se contentar com uma única ideia: a de que ele está ali para se divertir.[6] O incremento da velocidade da vida no moderno estilo de vida é dependente precisamente desse incremento do número de representações na consciência; na exposição, que condensa em um único espaço a *summa* da época, isto atinge, ou melhor, ultrapassa em muito a capacidade humana de assimilação. *Não se trata mais de choques, como no cotidiano da cidade grande; o indivíduo já está hipnotizado.* A capacidade perceptiva já está há muito paralisada. Mas em meio a essa hipnose, ou justamente favorecida por ela, há algo que permanece ao final, ou melhor, durante todo o tempo em que a consciência é nocauteada: a ideia de que estamos ali para nos divertir. A perda da memória, característica do moderno, atinge nas exposições universais a sua realização mais perfeita.[7]

Há então na exposição um mecanismo que contribui maquiavelicamente para a reiteração ininterrupta do impulso ao divertimento: a cada exposição específica ou a cada demonstração no interior da exposição, é cobrada uma pequena entrada. Com isso, a curiosidade do visitante — o

---

[4] O caráter *nacional* — para muitos absolutamente central na questão, em se tratando da Alemanha de 1896 — não lhe parece absolutamente importante. Ao contrário, ele é completamente eclipsado pelas próprias características universais e universalizantes da exposição.

[5] Curiosamente, o espaço da exposição permaneceu para sempre um espaço de diversão. Após a exposição, o local transformou-se em um parque público, no qual, ainda hoje, resta um telescópio gigante e o observatório construídos na ocasião. Ao lado, um monumento soviético lembra a guerra e a ocupação.

[6] A *diversão* — um ponto importante, que merece ser trabalhado — foi discutida por Simmel sobretudo em Paul Liesegang (Georg Simmel), "Infelices possidentes!", *in Die Zukunft*, vol. III, nº 28, 8/4/1893, pp. 82-4.

[7] Cf. o que foi dito a respeito da memória no tópico "dinheiro".

visitante que percorre sem parar a exposição, de atração em atração, em meio à multidão de visitantes, que tudo visitam para fruir ao máximo tudo o que a exposição lhes pode oferecer — é atiçada a cada passo. Como ele precisa desembolsar algum dinheiro, mesmo que apenas simbólico, para poder ter acesso, a diversão ganha o encanto suplementar de ser uma conquista, pois implica um pequeno e simbólico sacrifício, implica superar pequenos obstáculos para poder usufruir e desfrutar plenamente do divertimento, que se torna assim infinitamente mais saboroso.[8]

"Contudo, todo sentido sutil e sensível se sente violentado e rebaixado pelo efeito massificador do que é oferecido aqui, assim como, por outro lado, não pode ser negado que precisamente tal variedade e colorido das impressões fugazes é adequado à necessidade de excitação dos nervos superexcitados e extenuados. Enquanto a cultura elevada conduz a uma especialização cada vez maior e a realizações cada vez mais frequentemente parciais, a uma delimitação cada vez mais estreita do domínio respectivo — esta diferenciação da produção não corresponde de modo algum a uma do consumo, *muito pelo contrário: parece como se o homem moderno quisesse reparar a si mesmo do caráter parcial e uniforme de seu trabalho na divisão do trabalho dirigindo-se para o lado da recepção e fruição, através da concentração crescente das impressões heterogêneas e através da mudança cada vez mais rápida e variada dos estímulos. A diferenciação das províncias ativas da vida se completa evidentemente mediante a variedade abrangente de suas províncias passivas e receptivas. A impaciência de muitas forças — segundo as quais a alma humana é um microcosmo e a diferenciação do trabalho moderno não garante nenhum desdobramento completo — procura se saciar na variedade, nos estímulos diferenciados, nas contraposições concentradas da recepção e fruição. Nenhum fenômeno da vida moderna responde tão incondicionalmente a essa necessidade como as grandes exposições, em nenhum outro lugar uma variedade tamanha de impressões as mais heterogêneas é reunido de tal modo em uma unidade exterior [...]."* (pp. 169-70)

Simmel percebe as exposições não só como um fenômeno da época, mas como um fenômeno em que a época se revela. Aos nervos enfraque-

---

[8] Sobre o dinheiro e o sacrifício, ver G. Simmel, *Philosophie des Geldes, op. cit.*, cap. 1.

As exposições 343

cidos dos modernos, nada parece ser mais atraente do que essa reunião completa das coisas, essa união peculiar do que é mais variado e diferente, rompendo as relações usuais de proximidade e distância. A exposição reúne as coisas em um labirinto no qual os modernos se perdem com prazer.

Ela parece realizar ainda mais perfeitamente o que a cidade grande promete.[9] Tudo o que a divisão do trabalho separa, a exposição reúne. Assim, ela parece suprir realmente aquela nostalgia tão característica dos modernos. Se na esfera da produção, no interior da fábrica, tudo está racionalmente dividido e ordenado, e mesmo os gestos dos trabalhadores devem seguir "o racionalismo soberano das máquinas",[10] ao saírem para as ruas eles buscam uma compensação para o domínio "frio" da produção. A experiência do trabalho fragmentado parece dar ensejo à vivência frenética e desenfreada do máximo de coisas que se pode alcançar. O que a divisão do trabalho torna fragmentário, o homem moderno tenta reunir novamente na recepção frenética de impressões. Quanto mais, melhor. Exatamente isto Simmel analisou na caracterização do moderno estilo de vida;[11] a exposição universal é então a potencialização, em virtude da concentração, do conjunto de sensações e estímulos que os homens procuram.

Naturalmente não se trata mais de se sentir saciado; a insaciabilidade é parte da condição dos habitantes da cidade grande; mas na exposição essa busca incansável encontra os materiais, por assim dizer, os mais adequados. Pois nela a busca parece não acabar nunca, sempre parece haver ainda algo diferente e novo para ser visto ou experimentado (tudo isto, de resto, perdura perfeitamente nas nossas grandes "feiras" e exposições).

Simmel chama a nossa atenção para o fato de que, na exposição berlinense, "essa imensidão de objetos é produzida em *uma* cidade" (p. 170). A enorme concentração que a economia monetária estimula e realiza dá oportunidade a que essa grande cidade industrial produza, nos seus limites, o que aparece como infinito. É um mundo todo que é feito nessa cidade moderna. Aliás, já então o mundo era pequeno o suficiente para ser ligado rapidamente, sempre que o dinheiro assim o desejasse. Para produ-

---

[9] Naturalmente, a exposição universal ou industrial é um produto da cidade grande, ocorre na cidade grande, é feita para e visitada pelo habitante da cidade grande e supre necessidades que são as do habitante da cidade grande. A cidade grande é o mundo das mercadorias — de que a prostituição dá testemunho pungente, embora decerto não único.

[10] G. Simmel, *Philosophie des Geldes*, *op. cit.*, p. 478.

[11] Veja-se por exemplo a passagem da *Philosophie des Geldes*, *op. cit.*, p. 675, citada no tópico "estilo de vida".

zir o que quer que fosse, as distâncias não pareciam ser grandes o suficiente. O que é produzido em Berlim dá a medida do que é produzido no mundo; e isto não é um arroubo bairrista do filósofo berlinense, mas a constatação — que não deixa de espantá-lo — de que os produtos são (e se não são poderiam ser) realmente os mesmos, seja aqui ou acolá. A exposição de Berlim é assim o reverso perfeito e elucidativo das grandes exposições universais, que maravilharam o século XIX.

> *"As exposições universais têm seu encanto peculiar no fato de que elas formam o centro momentâneo da cultura mundial, de que o trabalho do mundo todo, como em um quadro [Bilde], se concentrou nestes limites estreitos."* (p. 170)

As exposições universais, não se pode esquecer, condensam o mundo trazendo o mundo para dentro de seus limites. De todas as partes afluem os produtos e realizações. A exposição berlinense condensa o mundo expandindo os seus limites para além de tudo. Os produtos e realizações afluem para todas as partes. Isto significa que cidades como Berlim são capazes, por sua própria capacidade de produção, de produzir tudo o que se pode pura e simplesmente produzir (ao seu modo, elas realizam o programa do "panteísmo estético"). Nas exposições se rompem os limites. Como Simmel havia mostrado em relação ao dinheiro, aqui não há mais limites.

> *"Com isso fica aqui claro o que significa uma 'metrópole' e que Berlim, apesar de tudo, é uma delas: uma cidade que fornece ao mundo inteiro a matéria do seu trabalho e que o conforma em todas as formas essenciais que aparecem em algum lugar do mundo da cultura contemporâneo."* (pp. 170-1)[12]

As exposições criam estilos. E criam um estilo que lhes é característico. Certamente elas foram um palco de estímulos e desafios para os construtores.

> *"Uma proporção inteiramente nova entre estabilidade e transitoriedade precisou reinar não só na estrutura oculta, mas também no que é apreciado esteticamente. [...] A maioria das construções, e de modo especial justamente os prédios principais, trazem por completo o caráter de uma criação para a transitoriedade. Porque esse caráter as impregna inequivocamente, elas não atuam absolutamente como frágeis; pois a impressão de fragilidade só se origina onde o transitório deve satisfazer a*

---

[12] Aqui se vê por que não se deve confundir as ideias simmelianas de "cidade grande" e "metrópole".

As exposições   345

pretensão à duração e resistência. No estilo das exposições, a fantasia dos arquitetos pode reinar liberta dessa exigência e po-de assim misturar graça e dignidade de um modo absolutamente próprio. Trata-se da negação consciente do estilo monumental [...]." (pp. 171-2)

As exposições propiciam uma nova arquitetura; e como a arquitetura é uma arte "aplicada", essas conquistas serão ricas em consequências para as artes aplicadas. Essa arquitetura das exposições rompe com um cânone profundamente arraigado, a ideia de que a construção deve durar eternamente. Ela inverte o princípio a seu favor, e faz de sua efemeridade sua riqueza.[13] A construção faz da transitoriedade seu estilo. O transitório parece impregnar o moderno de modo tão forte, que o mais recente já padece de sua antiguidade, e se torna ruína, ou então, para fugir disso, é tão efêmero que antes de envelhecer já não existe mais. Aqui Simmel vê a gênese de uma nova arte, a arte da efemeridade. Com a fantasia liberta, o artista torna-se o pintor da vida moderna. E por isso as exposições são um estímulo à "produtividade estética" (p. 172).

Outro aspecto das exposições é o que Simmel denomina de "qualidade de vitrine das coisas".

"A produção de mercadorias sob o domínio da livre concorrência e com a preponderância média da oferta sobre a procura acaba por levar a que as coisas ofereçam um aspecto exterior atrativo que está para além de sua utilidade. Onde a concorrência chegou ao fim no que diz respeito à utilidade e às características interiores — e frequentemente mesmo antes — é preciso tentar suscitar o interesse do comprador mediante o encanto exterior dos objetos, e até mesmo mediante o modo como estão arranjados. Este é o ponto no qual precisamente a partir do aumento extremo do interesse material e da necessidade mais amarga da concorrência resulta uma virada no ideal estético." (pp. 172-3)

A qualidade de vitrine das coisas é que elas não precisam mais — ou apenas — ser úteis, basta que sejam belas e encantem os compradores. O que conta é o "encanto para o olho" (p. 173) de quem compra. Aliás, o elemento visual ganha cada vez mais importância. Importam as imagens,

---

[13] Aqui tem lugar também o texto de Simmel sobre a ruína, que é a vingança da natureza contra a arquitetura. Cf. G. Simmel, "Die Ruine", *in Philosophische Kultur, op. cit.*, pp. 118-24.

o como aparecem. Vivemos agora em um novo estágio da economia monetária ou do processo da cultura, no qual a concorrência já não diz mais tanto respeito ao "o quê", mas ao "como". Essa qualidade de vitrine dos produtos é semelhante ao que ocorre nas lojas de 50 centavos de que Simmel fala na *Philosophie des Geldes*: ou acabamos comprando porque é barato demais, ou porque é belo demais. E que a beleza se torne um valor no jogo do consumo é que é o significativo. Essa transformação é característica do moderno no presente de Simmel. Disso o "Jugendstil" e a arte aplicada tiraram amplas consequências: sua fortuna e sua ruína.

Se para os orientais, como nota Simmel, o encanto para o olho é algo inteiramente natural, para nós não: ele é algo exterior posto a serviço da venda, e consequentemente da produção de mercadorias. O reclame e os cartazes, e a arte nos cartazes, ilustram exatamente essa mobilização estética em favor da circulação de mercadorias.

Mas, decerto, o mundo das mercadorias não é muito diferente do mundo dos homens:

> "*É absolutamente notável: o objeto singular no interior de uma exposição assinala as mesmas relações e modificações que são próprias ao indivíduo no interior da sociedade. Por um lado rebaixamento pelo vizinho que é qualificado diferentemente, por outro lado destacamento pelas mesmas razões; por um lado nivelamento e indiferenciação mediante um meio homogêneo, por outro a elevação que o singular e isolado experimenta justamente pela somatória das impressões; por um lado o singular é apenas elemento de um todo, apenas membro em uma unidade superior, por outro, ele reivindica contudo a pretensão de ser ele mesmo um todo e uma unidade.*" (pp. 173-4)

O processo de diferenciação das mercadorias é análogo ao dos homens. Se esse processo possui três dimensões (cf. o tópico "estilo de vida"), aqui Simmel tem em vista sobretudo a dimensão sincrônica, de uns ao lado dos outros. E nesse processo está inscrito o individualismo moderno, com suas tendências quantitativas e qualitativas. "Assim as impressões das coisas emolduradas em um quadro, com suas forças mutuamente estimulantes, com suas contradições assim como com suas conformidades, espelham as relações objetivas dos elementos sociais" (p. 174). Tal como Marx no início d'*O capital*, Simmel parece ter percebido com precisão em que medida o mundo dos homens e o mundo das mercadorias se tocam e mesmo se confundem. Mas se o todo é aquele do "panteísmo estético", ele é o todo das infinitas relações. Das mercadorias para os homens e dos homens para as mercadorias, o que chama a atenção de Simmel é sobretudo (mas não unicamente) a mobilização do estético em domínios que anteriormente

As exposições 347

estavam distantes. É esta aproximação que é índice do presente, ou do moderno, se se quiser.[14]

Mas não só as exposições universais e industriais simbolizam e condensam o estilo de vida moderno. Suas características parecem antes estar presentes no fenômeno das exposições em geral. Foi então que Simmel abordou as *exposições de arte*. Em novembro de 1890, uma revista intitulada *Unsere Zeit. Deutsche Revue der Gegenwart* (*Nosso tempo. Revista alemã do presente*) publicou o texto de um certo "S." intitulado "Sobre as exposições de arte".[15] Em acordo com a revista escolhida para a publicação, o texto toma as exposições de arte como um fenômeno específico da época e procura, a partir dele, retratar o seu presente. Já logo de início Georg Simmel, o autor que se oculta sem muito cuidado por detrás de "S.", tematiza contrastivamente o presente, o passado e o futuro. Se o presente é pessimista, ele é decerto otimista em relação ao passado e ao futuro: espera um futuro melhor e idealiza um passado mais belo ou mais moral, uma época de ouro. Mas o presente é sempre um tempo problemático. Se o passado e o futuro são vistos sob luzes tão favoráveis, deixam nisso entrever uma insatisfação com o próprio presente. "Essa glorificação do passado, que fornece às grandes massas o ideal da moralidade, conflui frequentemente nos círculos mais refinados em uma glorificação estética do passado." É por isso que se ouve amiúde que a arte do presente não pode ser comparada com a do passado, que nenhuma escultura do presente pode fazer frente a uma escultura grega. E assim por diante.

Simmel entende que temos aqui um motivo interessante a explorar. Seria mesmo o caso de se buscar tal comparação?

"Em todo caso, não há dúvida de que o caráter da arte moderna tornou-se outro, e que nós devemos ainda estar inseguros se esse caráter pode atingir a mesma altura da obra de arte. E por um lado as exposições de arte são a encarnação e o emblema dessa transformação."

---

[14] O Leitor percebeu decerto como Georg Simmel configura neste texto, que pertence sem dúvida alguma ao complexo da filosofia do dinheiro, as preocupações que, trinta anos mais tarde, atormentarão seu aluno Walter Benjamin. Este retrabalhou as exposições, e reuniu materiais para a discussão. Para desenvolver o tema, portanto, o próximo passo é Benjamin. Veja-se W. Benjamin, *Gesammelte Schriften, op. cit.*, vol. V, especialmente vol. V.1, pp. 50 ss., 64 ss., 232 ss.

[15] S. (Georg Simmel), "Über Kunstausstellungen", *in Unsere Zeit. Deutsche Revue der Gegenwart*, 1890, vol. II, nº 11, novembro, pp. 474-80. As citações a seguir, quando não houver referência, provêm deste texto.

Queixam-se que hoje não há nenhum Michelangelo; Simmel se pergunta se esta é de fato a questão a ser formulada. Ele acena com a possibilidade de que, no presente, que é um tempo próprio e específico, haja uma arte própria e específica dessa época, que não pode ser julgada a partir de uma arte de outra época. O presente é uma época marcada a fundo pela divisão do trabalho, uma época em que a personalidade definida do grande criador, do grande mestre da Renascença, parece não encontrar espaço. Para Simmel, "no mundo moderno o que há de grandioso ocorre por meio das massas e não do singular, a cooperação de muitos tomou o lugar da ação atuante individual e única". Reencontramos aqui o Simmel do início dos anos 1890, com seu partido pelo "social" em detrimento do "individual". O presente é muito mais devedor dos grupos — massa, classe — do que do indivíduo nobre e soberano. O Leitor se lembra da tomada de posição frente ao teatro de Gerhart Hauptmann, ou da crítica a Langbehn, que datam do mesmo momento. Esse posicionamento leva Simmel a acreditar que a arte do presente deve ser procurada antes no conjunto das manifestações artísticas do presente do que em artistas específicos determinados. A moderna exposição de arte dá notícia desse fenômeno. Nela se pode tentar rastrear as forças que, anteriormente unidas no grande artista e na grande obra, agora se dissipam por um conjunto muito mais amplo de personalidades e obras.

"Nenhuma obra de arte singular pode pretender representar a soma do talento existente, o ápice de todos os desenvolvimentos alcançados até então, tal como o fizeram a Capela Sistina ou os túmulos dos Médici. Eis por que é necessário, para se poder conhecer a arte do presente, a reunião do que é distinto, a confluência de todos os mestres possíveis."

É na soma, e não na parcela, que podemos procurar a arte do tempo presente. E é esta soma que a exposição proporciona. A especialização atingiu a arte moderna a tal ponto, que é no conjunto das realizações que se compõe o todo que anteriormente já aparecia na arte do artista singular:

"[...] quem sabe se o caráter mais próprio da sensibilidade artística moderna não é que nós, ao lado de cada personalidade criadora, vemos tantas outras, e cada uma delas contrapõe-se à sua parcialidade, de modo que somente na união do variado realiza-se a sensibilidade característica e verdadeira para a arte de nosso tempo."

Se é assim, as exposições de arte ganham um significado absolutamente próprio, porque é nelas que se reúnem as obras e os artistas da época, e é nelas, e não em obras ou artistas singulares, que podemos apreender de fato a arte do presente. Por isso Simmel afirma que a exposição de arte é tanto uma consequência como uma complementação do processo de especialização que atinge a arte moderna.

"*A parcialidade do homem moderno, na medida em que ele cria, é complementada por sua variedade, na medida em que ele recebe. Quanto menor é o domínio no qual o singular se movimenta ativamente, quanto mais estreitos os limites nos quais ele atrela o seu pensar e querer durante o dia, tanto mais viva se torna a necessidade de, nas horas de repouso e de retomada dos seus interesses, imiscuir-se na enorme abundância das mais variadas ideias e sensações [...]. A especialização de nossa época cria a pressa de uma impressão à outra, a impaciência na fruição, a ambição problemática de condensar no menor tempo possível a maior soma possível de sensações, interesses e prazeres. A variedade da vida na cidade grande, seja na rua, seja no salão, é tanto causa como consequência dessa ambição contínua, e as exposições de arte resumem-na simbolicamente para um domínio mais restrito. Nelas, o que tende segundo o conteúdo para os lados mais diferentes é posto simultaneamente um ao lado do outro no espaço mais limitado; nelas o espírito carente de excitação pode se movimentar agradavelmente, percorrer o mundo dos assuntos artísticos de um polo ao outro no interregno de minutos e se estender por entre os pontos os mais distantes das sensações possíveis.*"

O problema em questão é o todo em um mundo fragmentado por um processo de diferenciação e divisão do trabalho. E assim como o produto final na fábrica é um resultado de uma série de trabalhos parciais, Simmel parece querer entender a arte contemporânea como a soma das diversas obras e artistas. Só o conjunto é capaz de indicar na verdade a situação histórica da arte, dado que nesse mundo fragmentado não há obra ou artista que seja capaz de representá-lo por inteiro — como parece ser o caso do grande artista do passado. Resultado da especialização é a nostalgia do todo. Quando o indivíduo moderno pode se subtrair aos domínios restritos de seu trabalho, ele quer precisamente uma compensação. Ele quer tudo. E busca tudo. A exposição é conveniente. Ela reúne em um único ponto a maior multiplicidade. A convivência simultânea, lado a lado, do que é diferente — diferenciação sincrônica dos objetos (cf. o tópico "estilo de vida") —, dos resultados do processo de diferenciação, é algo que a exposição de arte realiza, na sua esfera específica, do mesmo modo como o grande magazine e a exposição universal. Aliás, sempre se trata justamente de expor o diferenciado. A exposição — de arte, universal ou no magazine — é conveniente justamente por isso: com uma vista-d'olhos, com pouco tempo e pouco esforço alcançamos tudo o que está para ser alcançado. Assim, na esfera do consumo artístico, das mercadorias artísticas, a exposição de arte promete a mesma fruição e gozo que o magazine no consumo das mercadorias.[16] Certa vez, um aluno flagrou Georg Simmel fazendo compras no enorme magazine berlinense "Kaufhaus des Westens":

> *"Também como comprador eu presenciei Simmel uma vez! Eu estava justamente a caminho para ir buscar um bilhete para sua conferência, anunciada para a noite, que deveria ser a sua última em Berlim (inverno de 1917), quando eu o encontrei na 'Kaufhaus des Westens', escolhendo um guarda-chuva. Eu estava indo para comprar o seu espírito [Geist] [isto é, um bilhete para poder assistir à conferência, LW], enquanto ele fazia um sacrifício necessário ao prosaico [Ungeist]. Por detrás de uma montanha de caixas de chapéu, eu espreitava o caso com o maior interesse. Ele deixou lhe servirem uma quantidade grande de mercadorias, mas então escolheu determinada e rapidamente. Por detrás do homem público está, como o seu segredo, o homem privado, assim como por detrás do homem privado pode estar, como seu segredo, o homem público. O corte recíproco de ambas as esferas é sempre comovente, ou mesmo tocante."*[17]

Não deixa de ser curioso que Simmel, morando desde 1914 em Estrasburgo, aproveite uma estadia em Berlim para fazer compras. Pois é na capital do Reich e, mais ainda, no grande magazine de fama internacional, que ele tem a enorme quantidade de mercadorias, a mais ampla diferenciação dos objetos, ao seu dispor. Em um balcão da loja, todos os tipos de guarda-chuva podem ser contemplados com um único olhar sobre o balcão. Ele não só usufrui, mas necessita da multiplicidade de produtos, da diferenciação simultânea dos objetos. Seja no magazine — "Kaufhaus", "casa de compras" —, seja na exposição universal, seja na exposição industrial, seja na exposição de arte.

---

[16] Há uma foto do grande magazine berlinense Wertheim — "Warenhaus" Wertheim, literalmente "casa de mercadorias" Wertheim — no ano 1900: o magazine enorme, descomunal mesmo, como nossos *shopping-centers*, cercado por homens de todos os lados, em um afluxo infindável, em meio ao tráfego da cidade grande. A foto pode ser vista em H. Pleticha (org.), *Deutsche Geschichte*, vol. X, *Bismarck-Reich und Wilhelminische Zeit 1871-1918*, Gutersloh, Bertelsmann, 1993, p. 153.

[17] H. Marcus, "Erinnerungen an Simmel", *in* K. Gassen e M. Landmann (orgs.), *Buch des Dankes an Georg Simmel*, *op. cit.*, p. 275. Hans Simmel afirma que o guarda-chuva é o companheiro inseparável de seu pai.

As exposições

O relato de Marcus aponta, com razão, para a separação do homem privado e do homem público. Em Simmel, esta diferença aparece sob a forma do espaço interior e exterior; os segredos do homem privado estão guardados no espaço interior — seja a subjetividade, seja a moradia — e é nesse espaço que ainda voltaremos a encontrar Georg Simmel, ao discutirmos o interior burguês e as formas de sociabilidade que lhe são próprias. Por outro lado, o homem público é, sobretudo, o professor. Este, e suas aulas, será chamado à vida ao final desta interpretação.

Se os modernos, os habitantes das grandes cidades, procuram o maior número e variedade de sensações, a exposição concentra e propicia um máximo delas.

A exposição concentra em tempo e espaço o múltiplo, os polos mais opostos, aquilo que pode nos apaixonar e aquilo perante o que somos indiferentes, o que achamos triste e o que achamos engraçado, belo e feio, o que valorizamos e o que julgamos sem valor. Ao visitante são oferecidos materiais para todos os sentimentos e todas as sensações. O que mais podemos querer?

Simmel pondera as facilidades que a exposição nos oferece. Como ela apresenta a variedade, nós temos um parâmetro muito mais refinado para nos posicionarmos frente ao que é exposto. Quanto mais variado, mais elementos tem o espírito para não cair em uma parcialidade, por desconhecer o que é diferente. A exposição, assim, facilita e estimula o entendimento e a razão. Frente ao múltiplo, podemos contemplar o singular com mais clareza.

"E não são só as vantagens de um quadro que se destacam frente aos defeitos de um outro; na arte, assim como na vida, frequentemente é preciso que um erro apareça intensamente em algum ponto para que com isso nos tornemos conscientes de sua aparição em um ponto. Só que com isso as perdas podem ultrapassar em muito os lucros. Pois desse comportamento brotam dois dos maiores males na apreciação moderna da arte: o caráter blasé *e a superficialidade. É fácil se manter calmo e frio frente às coisas quando o cérebro está de tal modo esgotado, que não é mais acessível a nenhum calor e nenhum entusiasmo; é fácil se precaver de supervalorizações se não se valoriza mais nada; é fácil criticar o que é ruim quando só se sabe se posicionar criticamente frente ao que é bom. Justamente este caráter* blasé *é tanto consequência como causa daquela necessidade de impressões múltiplas e as mais opostas; pois assim como a satisfação desse desejo embota o espírito, o espírito embotado anseia por estímulos cada vez mais violentos, cada vez mais arrojados. Distingue-se aqui uma estranha contradi-*

ção na vida do espírito. Quanto mais a sensibilidade do homem moderno se torna sutil e nervosa, mais delicada no seu sentir, de modo que ele prefere suportar tintas pálidas e murchas ao invés de cores fortes, pois a vivacidade das cores o fere, assim como os velhos modernos não aguentam mais o barulho de suas crianças."

O aplainamento da vida dos sentimentos é a contrapartida do predomínio do entendimento. O caráter *blasé* é correlato da indiferença que caracteriza o moderno e cujo símbolo é o dinheiro. Simmel varia sobre os temas de sua teoria do moderno. Essa tendência à crítica que também caracteriza os modernos, esse toque de ceticismo — e mesmo cinismo — é o que Simmel, na *Philosophie des Geldes*, denominou de "gosto negativo", a tendência (compulsão?) a "dizer não".[18] O espírito moderno, *blasé*, embotado, carece de emoções fortes. Diante de tudo isto a exposição funciona como um mecanismo adequado, tanto de estímulo como de satisfação.

Trata-se de um processo em progressão: para saciar o espírito são necessários estímulos cada vez mais intensos. O menor deslize, a mais ínfima variação nos afeta; deixamo-nos irritar por infinitamente pouco. Aprendemos a distinguir com uma argúcia cada vez mais espantosa; mas cada vez mais apenas o que está distante e inacessível parece nos satisfazer. O Leitor há de se lembrar que, ao tentar caracterizar a ideia de cultura filosófica, chamei a atenção para o modo como Simmel privilegia as contradições. Ele preserva as contradições na vida do espírito, potencializa as discrepâncias para do choque tentar captar o conhecimento do todo. "Refinamento significa sempre em mesma medida embrutecimento e sutileza da sensibilidade". Conhecemos e valorizamos o que está distante, mas não sabemos apreciar o que está ao nosso lado. Procuramos a natureza, mas só aquela que é imponente. "Mesmo no aspecto corporal a superestimulação dos nervos leva por um lado à hiperestesia, e por outro lado o efeito espiritual doentio de cada impressão leva à anestesia, à sensibilidade diminuída e também doentia." Isto! Na hiperestesia e na anestesia encontramos condensado o moderno. Supersensível e insensível. Entre esses polos perambula o habitante da cidade grande. A alma do homem moderno pulula entre uma e outra.[19]

---

[18] G. Simmel, *Philosophie des Geldes*, *op. cit.*, p. 661; "Soziologische Aesthetik", *op. cit.*, p. 211. Sobre o cinismo moderno, *Philosophie des Geldes*, *op. cit.*, pp. 333-4.

[19] Cf. G. Simmel, *Philosophie des Geldes*, *op. cit.*, p. 675, citado e comentado em "estilo de vida".

As exposições

Entretanto, ao mesmo tempo, "nossa alma não é uma lousa, na qual se pode apagar o que se acabou de escrever, a fim de abrir lugar, *sem deixar rastros*, para algo completamente novo" (grifo meu). Deixar rastros, vestígios de que estivemos ali, é algo que não se pode evitar. A alma é a interioridade. Ela é o domínio que povoamos com o que nos diz respeito. À impessoalidade do mundo exterior, o indivíduo moderno contrapõe a sua interioridade. Nela ele preserva tudo o que é hostilizado no exterior. O interior é o lugar de tudo o que é pessoal: os valores, as experiências, as recordações, os sentimentos. A interioridade é cuidadosamente povoada com eles, o zelo do indivíduo moderno é concentrado como que completamente nessa tarefa, infindável e incansavelmente. E a interioridade encontra, como já foi dito, sua transposição arquitetônico-decorativa no interior da moradia. O morador a povoa com seus objetos, com aquilo que lhe é precioso, com aquilo que conta a sua história, traz as suas lembranças, agrada ao seu gosto. O exterior, por sua vez, em contraposição a tudo isso, é o domínio do dinheiro e da indiferença: "[...] a transação com dinheiro tem aquele caráter de uma relação absolutamente momentânea, que *não deixa nenhum rastro* [...]".[20]

A diferenciação das obras de arte umas ao lado das outras na exposição sofre as consequências da impossibilidade de apagar os rastros. Se uma obra de arte determinada causa em nós uma impressão mais forte, esta se mantém, continua reverberando em nós, e não se deixa apagar imediatamente pela impressão seguinte. Essa impressão permanece guardada, ao menos no "inconsciente". Quando a nova impressão exige seus direitos, acaba por se misturar com os resquícios da impressão antiga. Ocorre então uma "mistura inevitável das impressões, que é a maior inimiga de uma compreensão profunda de cada singular". Na exposição, as próprias condições de visibilidade contribuem para essa mistura das impressões, pois que quase sempre vemos o que está ao lado do quadro que observamos, temos nossa atenção desviada pelo que se encontra ao lado. Isso é um fenômeno geral da diferenciação sincrônica. E não se trata somente dessa interpenetração simultânea de impressões. Simmel pergunta ao Leitor quantos quadros ele é capaz de ver sem se contaminar pelas impressões do que precede; ele chama a atenção para o fato de que nunca estamos absoluta e completamente concentrados apenas na observação do quadro atual, pois após observarmos alguns quadros nossas capacidades de apreensão já estão contaminadas. Se um visitante da exposição declara ser capaz de apreciar a fundo meia dúzia de quadros; um outro algumas dúzias, nenhum deles será capaz de dar conta de toda a multiplicidade

---

[20] G. Simmel, *Philosophie des Geldes*, op. cit., p. 513, grifo meu.

daquilo que se encontra exposto. Estamos condenados à superficialidade. Vemos muito, mas superficialmente; para vermos profundamente, precisaríamos ver muito pouco (lembre-se da diferença do ver e ouvir, já mencionada). Sua reflexão inclui o fenômeno dos museus. Eles compartilham os mesmos problemas que as exposições, pois são de fato uma exposição. Mas têm uma vantagem importante. Aos museus podemos sempre voltar, e se de início somos superficiais, com o passar do tempo e a contemplação repetida das mesmas obras vamos penetrando, gradualmente, em camadas que à primeira vista permaneciam seladas. O museu toma a possibilidade da convivência, de uma certa repetição, a seu favor; "a duração das obras de arte nos museus dá ao espírito que contempla uma certa calma, em comparação com o caráter passageiro da exposição de arte, cuja efêmera vida de oito semanas, após o que as peças se dispersam em todas as direções, transmite ao visitante sua agitação e alvoroço". De certo modo se poderia dizer que os museus, com sua permanência e duração, são algo absolutamente extemporâneo em um mundo em que tudo está em fluxo constante e ininterrupto.

Simmel critica ainda a pobreza da pintura que se apresenta nas exposições, a "pobreza dos motivos pictóricos" que domina a vida das artes plásticas. É importante ter em mente uma cronologia das artes plásticas na Alemanha do Segundo Império.[21] O texto de Simmel é de 1890; só em 1891 começarão a se formar aquelas colônias de artistas de que Worpswede será a mais conhecida. Em 1892 será fundada a Secessão de Munique, enquanto Berlim testemunha, com escândalo, a primeira exposição de Edvard Munch na Alemanha (sua segunda pátria desde essa época até a guerra). Em Berlim, a exposição de Munch será o estopim para a aglutinação dos pintores "modernos", que formarão o "Grupo dos XI" ainda em 1892 e do qual nascerá a Secessão berlinense em 1898. Em 1890, portanto, domina a pintura "realista", tradicional e oficial dos salões reais. É nesse contexto que Simmel fala das exposições de arte, e do pessimismo em relação à arte do presente. Mas se da grandeza dessa arte não se pode esperar muito, há um aspecto em que as exposições e a arte que se mostra nelas é extremamente rica: a "abundância de estilos variados". Assim, aquele

---

[21] Veja-se uma cronologia sucinta mas valiosa em C. Pohl, "Wichtige Ereignisse in deutschen Kunstleben zwischen 1890 und 1918", *in Deutsche Malerei 1890-1918*, Ausstellungskatalog Städtische Galerie im Städelschen Kunstinstitut Frankfurt/M, 1978, pp. 14-9; uma cronologia mais completa em M. Ratchnevsky, "Zeittafel", *in Max Lieberman in seiner Zeit*, Ausstellungskatalog der Nationalgalerie Berlin, 1979, pp. 111-43. Além disso, as obras de P. Paret, *Die Berliner Secession. Moderne Kunst und ihre Feinde im kaiserlichen Deutschland* e R. Pfefferkorn, *Die Berliner Secession. Eine Epoche deutscher Kunstgeschichte*, já indicadas.

As exposições

outro elemento da diferenciação dos objetos que Simmel demarca na análise do moderno estilo de vida surge na exposição de arte: a diferenciação dos estilos. A arte é, decerto, um espaço privilegiado para essa espécie de diferenciação, pois que ela é, em sua gênese, de natureza artística. E é sintomático que seja nesse texto de 1890 que Simmel aponte, pela primeira vez, a diferenciação dos estilos.[22] Ela é uma característica específica da arte *moderna*. E é mediante a pluralidade dos estilos que a arte moderna propicia as impressões de diferença e mudança. Se Simmel procura então apontar a "relação da arte com o espírito público", é devido à posição e às características da arte:

> "Diz-se que, cada vez mais, a atuação da massa ocupa o lugar das grandes individualidades; as tarefas da cultura moderna seriam resolvidas menos pela força da personalidade singular do que pela colaboração de muitos; e o que caracteriza por toda parte a criação de nossa época seria antes as realizações totais do que as realizações originais do singular. A originalidade passou do singular para o grupo ao qual ele pertence e do qual ele empresta o modo de sua atuação. Talvez isto valha também para a arte. Se o singular é pobre em invenção, mesmo para si, em conjunto com os que vêm antes e com os que vêm conjuntamente ele representa decerto um modo de representação peculiar e que se distingue dos outros estilos. O que ele contribui para que se forme um traço artístico característico e determinado e uma concepção não se deixa o mais das vezes verificar, e como em toda parte onde o singular pertence a um grupo, não é fácil delimitar a medida daquilo que ele recebe e daquilo que ele dá. E então é possível que a carência em força individual, relativa unicamente a si mesmo, não contradiga a riqueza dos estilos e das problemáticas as mais variadas. A moderna exposição de arte nos ajuda sobretudo a compreender essa relação do singular com o todo. Ela nos ensina em que medida a pobreza, frequentemente lamentada, a falta de individualidades cunhadas de modo forte se dá bem com a variedade do panorama, na medida em que no lugar da originalidade pessoal surge a abundância das tendências, ideias e modos de expressão que são sustentadas por grupos inteiros e transmitidas ao singular."

---

[22] O outro texto dessa época em que Simmel fala da pluralidade dos estilos, retomando Nietzsche, é também de 1890. Cf. G. Simmel, "Moltke als Stilist", *op. cit.*, citado em "estilo de vida".

Essa apologia do "grupo" em detrimento do indivíduo não irá durar muito. Já em 1893 Simmel escreverá seu texto sobre Böcklin, e já então o pintor surge como uma personalidade individual e mesmo irredutível. A partir daí, embora Simmel não escreva sobre pintura moderna, o passo do "social" para o "individual" já estará dado. Interessa-lhe cada vez mais o artista singular, até os livros de 1913 e 1916 sobre Goethe e Rembrandt. Na arte, a arte moderna será a arte de Stefan George e Auguste Rodin, e eles são, precisamente, grandes personalidades artísticas. Do grupo para o indivíduo temos o arco do individualismo quantitativo para o individualismo qualitativo, do Simmel do início dos anos 90 para o Simmel "maduro", do Simmel "sociólogo" para o Simmel "mais-que-sociólogo", do Simmel esperançoso na assimilação para o Simmel consciente de sua "maldição", e assim por diante.

A exposição, por reunir a variedade, é importante para um pensamento no qual a variedade e multiplicidade surgem como essência do moderno. O texto sobre as exposições de arte é publicado poucos meses depois do texto sobre a psicologia do dinheiro, a primeira formulação do complexo temático ao redor do dinheiro e que conforma a teoria do moderno em Simmel. Nessa teoria, a ideia da variedade e do movimento são, como vimos, essenciais, e dão o tom da própria ideia simmeliana de cultura filosófica. Não seria exagero ver nas exposições um dos estímulos para a elaboração da teoria do moderno e para a tentativa de compreender a vida moderna que se cristaliza na ideia do estilo de vida moderno. Se este dá lugar a três modos de diferenciação dos objetos, na exposição dois deles são fundamentais e aparecem de maneira muito clara. As exposições — e portanto fenômenos cotidianos bastante próximos do habitante da cidade grande[23] — fornecem os materiais para a reflexão acerca do presente, isto é, do moderno. Daí Simmel ainda afirmar:

"Assim, a exposição de arte pertence àquelas instituições e fenômenos que sejam talvez em si desagradáveis e pouco úteis, mas que enquanto sinais do espírito moderno não são mais dispensáveis. Elas nem são tanto as causas da superficialidade e do caráter blasé do juízo artístico, como se as tem acusado, mas sim a consequência de certas condições do espírito público, que se pode lamentar, mas que têm nexos tão profundos, que não se poderia eliminá-las sem alterar por completo o acento

---

[23] Aqui se vê, uma vez mais, como Simmel tem em vista estratos sociais muito específicos. Imagine-se quem, na Berlim de 1890, visitava exposições de arte... As exposições universais, por outro lado, já possuíam um apelo muito mais popular e eram de fato visitadas por massas.

As exposições

da vida sensível moderna. Em poucos outros fenômenos [...]
condensam-se tantos traços característicos da nossa cultura: a
especialização das realizações, a concentração de forças varia-
das no mais estreito espaço, a pressa voadora e a caça emocio-
nante de impressões; a falta de personalidades marcantes, mas
em contrapartida uma grande riqueza em tendências, tarefas,
gêneros estilísticos, que são sustentados por grupos inteiros —
todos estes traços que a moderna exposição de arte nos indica
[...] formam uma imagem em miniatura de nossas correntes
espirituais [...]. Pois a exposição pertence aos símbolos de nos-
sa época de transição, de que somente o futuro pode decidir se
o crepúsculo excitante, incerto, agitado em que vivemos é o
crepúsculo do dia ou o da noite."

A exposição torna-se, desse modo, um elemento fundamental na caracterização do moderno. Moderno que é uma época de transição,[24] e que é sentido por aqueles que o vivem com excitação e incerteza. Aqui, uma vez mais — ou como sempre — os três momentos da filosofia da cultura, teoria do moderno e análise do presente dão o tom da constelação de cultura filosófica. Logo a seguir, quando todas essas ideias assumirem sua forma definitiva, o símbolo do moderno será o dinheiro. Curioso é que, no livro de 1900, recheado dos mais variados exemplos, não haja referências às exposições. Que o "social" tenha se convertido no "individual" não altera em nada a análise da exposição enquanto *locus* da diferenciação e do moderno. Simmel, fiel a si mesmo, nunca põe todas as suas cartas sobre a mesa. Há sempre algo novo, que pode surgir a qualquer instante, como em um gesto mágico.

---

[24] R. Koselleck, em *Vergangene Zukunft, op. cit.*, trabalhou em profundidade essa questão, e fornece ricos substratos para se avançar neste ponto. É disto, também, que nasce a ideia do presente como tempo de crise.

OS NATURALISTAS

Os fios que ligam Georg Simmel ao Naturalismo berlinense, ou melhor, aos naturalistas, são tênues. Entretanto, se o "panteísmo estético" não faz mais do que escavar relações e puxar fios, esses fios são alguns dos poucos elementos que nos permitem posicionar um pouco melhor Simmel no começo dos anos 90. É preciso, inicialmente, nos situarmos um pouco melhor no contexto cultural da época.

"Desde o final dos anos 80, a vida cultural se desligou paulatinamente da ordem social dominante e dos ideais tradicionais de vida burgueses e se estabeleceu como um subsistema autônomo. Os círculos artísticos e intelectuais emanciparam-se progressivamente das premissas ideológicas do pensamento burguês e propagavam com ênfase crescente o princípio da autonomia da arte e da literatura frente aos poderes políticos e sociais. Esse subsistema era sustentado por uma camada comparativamente escassa, mas influente, de artistas, interessados em arte e mecenas, que tomaram para si como a tarefa de sua vida o incremento de novas tendências artísticas ou literárias, enquanto a importância dos mecenas tradicionais, sobretudo do Estado e das municipalidades, decresce comparativamente. O novo extrato que sustentava a cultura, composto de artistas, escritores, mecenas e críticos, não pretendia ter mais nada a ver com o conceito burguês de cultura, de caráter nacional-liberal. Ele considerava a cultura como uma esfera autônoma da realidade social [...]."[1]

Nesse contexto, o Naturalismo literário foi o primeiro movimento, ou momento, a questionar esse conceito de cultura burguês de que fala Mommsen. Foram os naturalistas que, então, mobilizaram pela primeira vez a ideia do "moderno" para justificar o seu distanciamento e recusa dessa cultura tradicional. Neste caso, isto se deu com a transformação da "realidade social" em tema literário.

---

[1] W. J. Mommsen, *Bürgerliche Kultur und künstlerische Avantgarde, op. cit.*, p. 42.

Não se trata apenas do fato de Simmel ter saído em defesa do teatro naturalista de Gerhart Hauptmann (1862-1946), de que *Die Weber* é a obra que permanece até hoje como realização máxima do movimento. Mais ainda do que essa defesa, os naturalistas berlinenses têm em comum com Georg Simmel a experiência da cidade grande, a experiência de Berlim, e essa experiência é tão fundamental para a conformação da arte dos naturalistas como para a arte simmeliana.

O que fazem os naturalistas? Muitos deles compartilham de uma experiência decisiva quando jovens: "Quando eles, nos anos 80, correm ao estudo universitário nas grandes cidades, eles se veem repentinamente confrontados com um mundo desconhecido. Especialmente Berlim, a capital do Reich, os enfeitiça. Aqui eles se sentem cativados pelo ritmo arrebatador e embriagante da metrópole (Halbe), aqui eles se deixam levar pelo 'golpe de onda' da vida pública (H. Hart) e observam admirados: 'Quase não era mais alguém, apenas algo no corpo do povo, na alma do povo' (Hauptmann). Na Berlim de milhões, nessa 'Babel de pecados' (Halbe), eles queriam 'flutuar, lutar, aprender a vencer: ou afundar' [Hauptmann]".[2] A maioria dos naturalistas, oriundos de famílias pequeno-burguesas, vai para Berlim, onde vê e busca suas possibilidades de sucesso. É a experiência da cidade grande, do homem na multidão, do capital, da concorrência, da possibilidade de sucesso ou ruína, que os atrai. É ainda esta mesma experiência que os leva ao socialismo. Pois eles, perdidos em meio à cidade frenética, encontram no socialismo seus semelhantes, os excluídos. A oposição à sociedade burguesa do "Gründerjahre" é o que une os jovens chegados à capital e os socialistas nos anos 80. É a atitude de revolta, que nasce do descobrimento da injustiça social, da miséria dos trabalhadores na cidade grande, nas fábricas, nas minas de carvão, que os une aos socialistas. Essa história, comum a muitos dos naturalistas, pode ser lida nos escritos autobiográficos de Paul Ernst,[3] desde essa época amigo de Simmel. Mas isso não significou um enquadramento partidário dos naturalistas, pelo contrário: as diferenças dos naturalistas com a social-democracia alemã surgiram justamente porque eles queriam uma arte livre demais para poder seguir os trilhos doutrinários de um partido.[4] Além disso a existência dos naturalistas, apesar de sua "solidariedade" aos trabalhadores miseráveis, é muito diferente da deles. E a tensão oriunda dessa diferença vai

---

[2] H. Scheuer, "Zwischen Sozialismus und Individualismus — Zwischen Marx und Nietzsche", *op. cit.*, p. 150.

[3] P. Ernst, *Entwicklungen*, Munique, Claudius, 1966.

[4] Cf. T. Meyer, "Einleitung", *in* Meyer (org.), *Theorie des Naturalismus*, Stuttgart, Reclam, 1984, pp. 8-10.

caracterizar sua posição e seu percurso, "entre socialismo e individualismo". Isto, embora não tenha atingido nunca um matiz tão forte, é também perceptível em Simmel, que do final dos anos 80 a meados dos 90 se situa bem próximo tanto da social-democracia como dos naturalistas.

Com o passar dos anos, na década de 1890, ele se distancia cada vez mais dessas "ligações" (embora as amizades pessoais, como a com Paul Ernst, persistam por toda vida) e se recolhe no "Salon", no espaço do interior e da sociabilidade burguesas. Também nesse percurso Simmel se assemelha ao naturalistas. No curso dos anos 90, os naturalistas afastam-se quase todos do socialismo. Isto se traduz em um individualismo inspirado em Max Stirner e Friedrich Nietzsche. Essa posição, que fica entre opostos e vai de um ao outro, leva a sincretismos de matizes variados, a alianças antes inconcebíveis (do gênero "aristocracia social", "Kaiser socialista" etc.).

Simmel é contemporâneo da jovem geração que se torna leitora de Zola e naturalista, que, nascida por volta de 1860, também almejava dar conta da "totalidade da vida" em toda a sua variedade e em seus aspectos sociais, técnicos e artísticos. Sua matéria básica, por assim dizer, tinha três dimensões principais: a realidade política e social da época industrial, cujos desenvolvimentos impetuosos na Alemanha ela testemunha; a realidade vista sob o prisma das ciências naturais e da técnica, cujo florescer na Alemanha também coincide com sua época; e por fim ela buscava se libertar dos cânones estéticos e artísticos tradicionais, na busca de uma nova arte.[5] "A jovem geração de escritores, nascida por volta de 1860, voltou-se durante os anos 80 para temas que tinham sido até então absolutamente tabu: a situação do trabalhador, a emancipação feminina e a problemática de uma resistência espiritual dos artistas burgueses e dos intelectuais diante dos abusos do capital. Essa geração jovem ainda vivenciou os *Gründerjahre* e as primeiras crises econômicas, experimentou em si mesma a fascinação da cidade grande e o desmoronamento das ligações pessoais como as da família. Aqueles que tinham entre 18 e 28 anos ajustaram contas com a *Gründerzeit*, lutaram contra a autoridade do Estado e da igreja, contra as convenções sociais na família e no casamento, e compreenderam os homens cada vez mais como produto das circunstâncias nas quais eles vivem, e tomaram para si as exigências políticas da social-democracia."[6]

Este corte geracional[7] indica elementos significativos, que podem ser rastreados nas similitudes entre Simmel e esses naturalistas. A recepção de

---

[5] Cf. T. Meyer, "Einleitung", *op. cit.*, p. 3.

[6] D. Pforte, "Die deutsche Sozialdemokratie und die Naturalisten", *in* H. Scheuer (org.), *Naturalismus. Bürgerliche Dichtung und soziales Engagement, op. cit.*, p. 176.

[7] Caberá a um aluno de Simmel elaborar, alguns anos mais tarde, um estudo acerca

Os naturalistas

Marx e do marxismo é sem dúvida um elemento central. Parece difícil qualificar mais detalhadamente as circunstâncias da recepção de Marx por Simmel, mas é certo que desde a década de 90 Simmel se ocupou com Marx ou com o marxismo. Embora muitos dos naturalistas tenham tido contato de segunda mão com Marx, tanto Hauptmann como P. Ernst leram Marx naquela época. A isto está também relacionado o contato com a social--democracia alemã no final do século. Como se sabe, no final da década de 1870 o "Sozialistische Arbeiterpartei Deutschlands" (SAD) — seguindo as diretrizes do Programa de Gotha de 1875 — foi alvo da "Gesetz gegen die gemeingefährlichen Bestrebungen der Sozialdemokratie", que tornou o partido e todos os seus órgãos e atividades ilegais. Durante 12 anos, até 1890, os socialistas alemães viveram na ilegalidade e realizaram todos os seus encontros no exterior. Em 1890, sob os auspícios do novo Imperador, a "Sozialistengesetz" foi abolida e o partido voltou à legalidade; em 1891, sob a liderança de Karl Kautsky (1854-1938) e Eduard Bernstein (1850-1932), estabeleceu-se o Programa de Erfurt e o partido foi renomeado "Sozialdemokratische Partei Deutschlands" (SPD). O seu jornal oficial chamava-se *Die neue Zeit*; editado por Kautsky, congregava os mais significativos expoentes do marxismo no final do século: Friedrich Engels, August Bebel, Bernstein, Paul Lafargue, Karl Liebknecht, Franz Mehring, Schippel, Sorge e muitos outros. A presença dos naturalistas nas páginas do jornal era relativamente frequente; não era só Paul Ernst que escrevia;[8] Simmel também contribuiu quatro vezes para o jornal: seus textos aparecem entretanto sempre sob pseudônimo ou anonimamente.[9] Mais impor-

---

das gerações que se tornará clássico na sociologia: K. Mannheim, "The Problem of Generations", *in Essays on Sociology of Knowledge*, Londres, Routledge & Kegan Paul, 1953, pp. 276-322; ver Simmel, *Soziologie, op. cit.*, p. 462. Karl Mannheim (1893-1947) foi aluno de Simmel em Berlim no período 1912-13. Sobre isto, veja-se D. Hoeges, *Kontroverse am Abgrund: Ernst Robert Curtius und Karl Mannheim*, Frankfurt/M, S. Fischer, 1994, cap. 1.

[8] Para o meio e contexto em Berlim na virada do século; socialistas; "Sozialistengesetz"; Otto Brahm, Arno Holz e Samuel Fischer na *Freie Buehne*, Gerhart Hauptmann e o naturalismo; Ibsen; August Bebel; Wilhelm Liebknecht (pai de Karl, fundador com Bebel do "Sozialdemokratische Arbeiterpartei", redator de *Vorwärts*); Paul Singer e ainda algo mais veja-se P. Ernst, *Entwicklungen*. München, Claudius, 1966, *passim*, sobre Simmel pp. 130, 310 ss.

[9] Os textos são: "Humanistische Märchen", *in Die Neue Zeit*, 1891/92, vol. II, pp. 713-8 (ass.: "H. M."); "Einiges über die Prostituition in Gegenwart und Zukunft", *in Die Neue Zeit*, ano 10, vol. I, nº 17, 13/1/1892, (anônimo); "Weltpolitik", *in Die Neue Zeit*, ano 12, 1893/94, II, pp. 165-70. (ass.: "H. M."); "Professoren-Honorare", *in Die Neue Zeit*, ano 13, 1894/95, I, pp. 170-2 (anônimo).

tante do que o conteúdo propriamente das contribuições é simplesmente o fato de escrever para o jornal, que já indica um certo alinhamento às ideias do partido.

Além disso, Simmel parece ter participado do "Rote Salon" ("Salão vermelho") de Leo Aron. Leo Aron formou, nos anos 90, em Berlim, o "rote Salon", que reunia o grupo intelectual proeminente da social-democracia com intelectuais burgueses, com a finalidade de dissipar desconfianças mútuas. Não é certo, porém provável, que Simmel tenha participado do grupo.[10] Contudo P. Ernst, que pertencia formalmente ao partido, o abandona já em 1896; Georg Simmel, que nunca chegou a tal ponto, por essa época parece já ter outros interesses na cabeça que não o "social".[11]

Outro elemento de peso para os naturalistas dessa geração é o darwinismo social, especialmente o difundido através de Ernst Haeckel (1834-1919)[12] e Wilhelm Bölsche (1861-1939), que teve uma ampla e profunda penetração tanto na social-democracia como no Naturalismo.[13] Esse conjunto amplo de doutrinas que se deixa congregar sob a rubrica do darwinismo social exerceu uma influência muito grande no Simmel da década de 1880, e está por isso muito presente nos textos da década de 1890 e mesmo persiste em alguns aspectos durante toda a vida de nosso Autor.[14]

Devemos a Andrea Orsucci a mais interessante e detalhada investigação acerca dessas influências, ao mostrar em detalhe, embora fragmentariamente, como o livro de Simmel de 1892-3, *Einleitung in die Moralwissenschaft*, incorpora a fundo os desenvolvimentos do evolucionismo

---

[10] Cf. H. J. Dahme, "Soziologische Elemente in Georg Simmels *Philosophie des Geldes*", *in* J. Kintzele e P. Schneider (orgs.), *Georg Simmels Philosophie des Geldes*, *op. cit.*, pp. 56-7, 75-6.

[11] Hans Simmel relata que seu pai votava "'liberal', isto é, 'Freisinnige Volkspartei' [posição aproximada: centro-esquerda, liberal de esquerda, LW] ou, quando o candidato não parecia ter chance alguma, também na Socialdemocracia". H. Simmel, "Auszüge aus den Lebenserinnerungen", *op. cit.*, p. 260. Contudo o filho de Simmel não precisa a época a que se refere; e é bem provável que, quando o filho ainda era bem novo, ele tivesse votado mais à esquerda.

[12] Haeckel será importante também para o "Jugendstil", e indica de maneira muito interessante as continuidades peculiares que vão ligando momentos diferentes do moderno na cultura alemã. Sobre Haeckel e o "Jugendstil", ver J. Mathes (org.), *Theorie des literarischen Jugendstils*, Stuttgart, Reclam, 1984.

[13] D. Pforte, "Die deutsche Sozialdemokratie und die Naturalisten", *op. cit.*, p. 178. Vejam-se os textos de Haeckel e Bölsche publicados em T. Meyer (org.), *Theorie des Naturalismus*, *op. cit.*

[14] Como já mencionei anteriormente, esse é um tema que precisa ainda ser trabalhado.

Os naturalistas

social de seu tempo.[15] Orsucci indica, por exemplo, como Simmel, leitor de Spencer, plagia o inglês, ao citá-lo sem aspas e sem nem sequer mencioná-lo.[16] Inúmeras ideias de Simmel no livro de 1892-3 — o objeto da investigação de Orsucci; o que não significa que não encontremos coisas semelhantes em outros livros — são herdadas do evolucionismo, de Darwin, Spencer e companhia, tais como "transmissão hereditária", "representações herdadas", "experiência do gênero". Em uma outra passagem do livro, Simmel copia literalmente, também sem nomear, a *Origem das espécies*; também Erich Haeckel é "citado" por Simmel variadas vezes.[17]

> *"Concluindo, pode-se dizer que as ideias condutoras das investigações de ciência moral, que Simmel publica em 1892-3, se orientam por pontos de vista que já haviam sido propagados e reconhecidos anos antes por Spencer e Darwin, Hering e Haeckel. A ideia de uma poderosa 'experiência do gênero' que fundamenta o fenômeno moral, de uma transmissão hereditária de resíduos psíquicos e regras éticas atávicas corresponde perfeitamente às especulações acerca da 'hereditariedade funcional' e da 'memória inconsciente' das 'moléculas vitais', tão característica para a biologia dos anos 70, mas que já na década seguinte cai em descrédito."*[18]

A isto cabe acrescentar que Simmel dedicou por duas vezes seus cursos a Darwin, justamente nesse período inicial de sua carreira: no semestre de inverno de 1886-7 ministrou um curso sobre "A teoria de Darwin" e, dois anos depois, no semestre de inverno de 1888-9, um outro "Sobre Darwin". Por outro lado, talvez se possa localizar na biologia da segunda metade do século XIX a gênese da ideia de "vida" que se tornará fundamental para Simmel já na época da *Philosophie des Geldes* e que culmina na metafísica tardia. O Haeckel de 1875, por exemplo, formula um conceito de "vida" que é central para as suas investigações, independentemente

---

[15] A. Orsucci, "Ethik und Biologie in der zweiten Hälfte des neuzehnten Jahrhunderts: Anmerkung zu Simmels *Einleitung in die Moralwissenschaft*", *in Simmel Newsletter*, vol. III, nº 1, verão de 1993, pp. 52-61.

[16] Claro está que o que entendemos hoje por plágio não parece se aplicar à época e contexto em que Simmel escrevia.

[17] Uma olhada no índice de nomes de *Einleitung in die Moralwissenschaft* nos permite ver que Haeckel não aparece; já Darwin e sua "doutrina da luta pela existência" aparece algumas poucas vezes, embora sem dar a dimensão real da influência dessa doutrina na obra do jovem Simmel.

[18] A. Orsucci, "Ethik und Biologie in der zweiten Hälfte des neuzehnten Jahrhunderts: Anmerkung zu Simmels *Einleitung in die Moralwissenschaft*", *op. cit.*, p. 55.

do fato de essa concepção se tornar obsoleta nos anos seguintes. É possível que a atenção de Simmel tenha sido despertada para a ideia de "vida" a partir da biologia, já que ele estava claramente a par da literatura correspondente (isto antes de se interessar por Nietzsche). E, só de passagem, não custa mencionar que Bergson, que formulará um conceito de "vida" extremamente próximo do de Simmel e que por isso desperta o seu interesse e enorme respeito, o formula tendo em vista a biologia.[19] Isto tudo nos permite vislumbrar, embora de modo muito tosco e incompleto, a importância do pensamento biológico para Simmel e mesmo para a gênese da sociologia. Como quer que seja, um estudo que aborde a imensa, fundamental e multifacetada influência do evolucionismo biológico na gênese da sociologia na segunda metade do século XIX ainda está por ser feito.

Já desde a década de 1840 a filosofia alemã se vê confrontada com as relações entre biologia e ciência moral. A obra de Simmel — sobretudo no final dos anos 80 e início dos 90 — reflete esse processo, na medida em que dialoga, aceita, reelabora e critica inúmeras ideias que circulam no debate sobre a questão. *Einleitung in die Moralwissenschaft*, assim o entende Orsucci, pode ser compreendido como um momento nessa relação, característica da segunda metade do século XIX, entre biologia e ética. E os problemas da ética formam um dos núcleos mais consistentes de sua atividade docente.[20]

Retomando nossos fios, cabe dizer que esse interesse pela biologia e sua transposição para um registro "social" é um fenômeno presente e significativo no pensamento da social-democracia na época. E os naturalistas compartilham dessa complexa mistura. É também nesse complexo de temas que emerge o interesse, que cresce gradualmente, pela sociologia. Pois esta torna-se cada vez mais digna de interesse, na medida em que o interesse geral pela sociedade e pelo "social" cresce[21]. Arno Holz (1863-1929), talvez o mais importante dos naturalistas — conhecido, mas não próximo de Simmel — devido a sua ampla e multifacetada obra, em um livro

---

[19] Certa vez Simmel afirmou que Bergson era mais capaz do que ele por ter um conhecimento da biologia que ele, Simmel, não possuía.

[20] Até o final desta interpretação ainda será dito algo acerca de "ética", "ciência moral" e "sociologia".

[21] Naturalismo e sociologia competem na legitimação do conhecimento e do retratar do social (Veja-se W. Lepenies, *Between Literature and Science: The Rise of Sociology*, *op. cit.*). Mas essa competição não me parece, na Alemanha dos anos 1880 e início dos 90, ser forte o suficiente; dada a dificuldade de institucionalização da sociologia, ela não é uma disciplina claramente definida à época do Naturalismo. Quando a sociologia surge na Alemanha, o Naturalismo já está morto. E o que vem depois do Naturalismo pode querer tudo, menos o "social".

Os naturalistas

de 1891 retoma energicamente o programa comtiano (passando ainda por Spencer e Taine): "prosseguir na realização daquela grande ideia de uma ciência única e una, cuja conclusão natural forma a ciência da humanidade enquanto humanidade: a sociologia".[22] Na mesma época, o "Privatdozent" Georg Simmel busca clarificar as ideias e definir claramente a "ciência da sociedade" enquanto estudo das "interações sociais" e das "formas de socialização".[23]

"Arte burguesa e engajamento social"[24] parece exprimir bem o caráter do Naturalismo. Pois definir sua posição social, em uma época de transformação como a da Alemanha no final do século XIX, implicava dar conta de várias ambiguidades. "Em meio a toda crítica não se deve menosprezar a dificuldade que os autores precisaram enfrentar, na época do imperialismo incipiente, na determinação de seu lugar social. Se eles não foram capazes de pôr a descoberto as relações sociais que os determinavam, tomaram o caminho correto em sua virada contra a cultura burguesa 'apolítica' — caminho este que entretanto só foi percorrido resolutamente pelos outros que os seguiram."[25] É nesse sentido que disse, ao tratar de Hauptmann, que ele era o antecessor do grande teatro alemão do início do século XX. Contudo, o próprio Hauptmann foi o primeiro a negar as pretensões político-revolucionárias de suas peças. Mas ele é, sem dúvida alguma, a arte que se contrapôs à arte oficial, burguesa e imperial, dos inícios da época guilhermina. No Naturalismo fica clara a oposição à "arte oficial".[26]

O Naturalismo é um fenômeno extremamente interessante para se analisar o gosto oficial, a política artística do Kaiser, as formas de censura e repressão, as instituições "oficiais" e "alternativas", as relações, alianças, diferenças e confrontos, pois arte e política acabam se encontrando, teimosamente, a cada passo. Ele acaba por dar forma à "luta entre a literatura e a censura, entre a arte e o Estado".[27]

---

[22] A. Holz, *Die Kunst. Ihr Wesen und ihre Gesetze*, Berlim, 1891, p. 90 *apud* T. Meyer, "Einleitung", *op. cit.*, p. 25.

[23] Cf. G. Simmel, *Über sociale Differenzierung* (1890), *op. cit.*, cap. 1; "Das Problem der Sociologie" (1894), *op. cit.*

[24] Subtítulo do livro organizado por Scheuer.

[25] H. Scheuer, "Einführung des Herausgebers", *in* H. Scheuer (org.), *Naturalismus. Bürgerliche Dichtung und soziales Engagement*, *op. cit.*, p. 10.

[26] Cf. o tópico "presente". Também D. Pforte, "Die deutsche Sozialdemokratie und die Naturalisten", *op. cit.*, pp. 175-6. Sobre o Kaiser e a arte: G. Schulz, "Naturalismus und Zensur", *in* H. Scheuer (org.), *Naturalismus, op. cit.*, pp. 102 ss.

[27] G. Schulz, "Naturalismus und Zensur", *op. cit.*, p. 114. O texto aborda esse tema importante no Naturalismo, sua relação tumultuada com a censura imperial.

Na Berlim do Segundo Império se desenvolve uma cultura dupla e uma dupla vida cultural. Por um lado a cultura oficial, encimada pelo Imperador — ele mesmo interessado em arte e artista diletante —, orientada para uma arte tradicional, de epígonos, com traços romantizantes e historicizantes, em literatura, música, artes plásticas e arquitetura. É diante dessa cultura oficial que, pouco a pouco, novas correntes e movimentos vão ganhando lugar, e disso resultará uma vida cultural realmente cindida, por um lado o Imperador, por outro os "modernos".

Este contexto permite-nos apenas esboçar a posição de Georg Simmel. Ele defende o Naturalismo, critica a censura, opõe-se à arte oficial, mantém relações pessoais com naturalistas e círculos próximos aos naturalistas, escreve nas revistas do movimento naturalista, parece estar próximo da social-democracia e escreve no órgão oficial da social-democracia alemã.[28]

O teatro naturalista concentrou-se praticamente em Berlim. Os irmãos Heinrich e Julius Hart (1855-1906; 1859-1930) editam folhetins desde o início da década de 1880 e têm ao redor de si um círculo de jovens poetas em que Arno Holz e Gerhart Hauptmann se destacam. Em 1889 ocorre a *première* de *Vor Sonnenaufgang* que, apesar do escândalo, recebe uma crítica favorável de Theodor Fontane e faz sucesso. Mas com *Die Weber* a situação se polariza e a peça acaba sendo proibida, recebendo a censura explícita do Imperador (cf. o tópico "presente"). Henrik Ibsen (1828-1906), que vivia nessa época em Berlim, é sempre encenado na cidade. Encenar Ibsen significou romper as barreiras do teatro "oficial", que encenava Schiller aos sábados e farsas francesas durante a semana (lembre-se das farpas de Simmel contra o lixo vindo de Paris na sua defesa de Hauptmann). A cidade é, ao lado de Munique, Viena, Leipzig e Dresden, um centro do teatro de língua alemã, não só em função da encenação de peças novas, mas também pelas encenações das antigas. Isto favorece também um grande desenvolvimento da crítica teatral. Em 1883 Adolph L'Arronge (1838-1908) funda o "Deutsches Theater", encenando os clássicos. 1889 é um dos anos mais marcantes do teatro alemão, com a fundação da "Freie

---

[28] Além disso, o Naturalismo tornou-se uma referência sempre constante para Simmel, e ao longo de textos de praticamente toda a sua vida encontramos referência a ele, embora já a partir de meados dos anos 90 essas referências sejam eminentemente críticas. Há decerto uma transformação no conceito de naturalismo. Se no início dos anos 90 o que Simmel quer denominar com Naturalismo é o "movimento" naturalista, já desde aproximadamente 1900 Naturalismo não diz mais respeito a um movimento qualquer, mas uma tendência na arte, que vem desde muito antes, mesmo desde os gregos, em pretender representar a realidade tal como ela é. E como a realidade, diz Simmel, nunca pura e simplesmente é, mas sempre é para alguém, o Naturalismo enquanto tendência ou visão de mundo é alvo de uma crítica constante.

Os naturalistas

Bühne" ("Teatro livre") a partir das ideias de Otto Brahm e Paul Schlenter — ambos colegas de ginásio e juventude de Georg Simmel, Schlenter tradutor de Ibsen —, e a participação de Theodor Wolff, Maximilian Harden e os irmãos Hart. A inspiração veio do "Théatre libre" parisiense, que experimentou grande sucesso na Paris dos anos 1880, encenando dramas naturalistas e que visitou Berlim em 1887. A "Freie Bühne" buscava independência do teatro tradicional, da censura e dos ditames do lucro econômico, e encenava aproximadamente dez dramas modernos por ano. As primeiras peças a serem encenadas, em 1889, foram *Vor Sonnenaufgang*, de Hauptmann, e *Espectros (Gengangere)*, de Ibsen.[29] Brahm,[30] que iniciou a carreira como crítico de teatro, torna-se a seguir diretor e, encenando as peças com acento moderno, passa a ser o principal diretor do Naturalismo, encenando principalmente Hauptmann, Ibsen e Strindberg. Os naturalistas tematizam a cidade grande, o trabalhador e a miséria social; a "Freie Bühne" buscava tematizar a sua época e fugia da censura oficial promovendo encenações privadas. Em 1890 é fundada a "Volksbühne", de orientação social-democrata, que, chegando a congregar 70.000 membros filiados, quer discutir a "questão social" através do teatro. Em 1905 Max Reinhardt (1873-1943) assume a direção do "Deutsches Theater", marcando definitivamente a entrada em cena do moderno teatro alemão. No ano seguinte Reinhardt cria o "Teatro de câmara", um anexo ao "Deutsches Theater", que Edvard Munch, em 1907, decora com o que ficou conhecido como "Friso Reinhardt". A estreia do "Teatro de câmara" ocorre com uma encenação de *Espectros* de Ibsen, com cenário de Munch (1906) — o mesmo programa com que, anos antes, a "Freie Bühne" dava seus primeiros passos.

A partir de 1890 Brahm torna-se redator da revista *Freie Bühne für modernes Leben (Tribuna livre para a vida moderna)*,[31] uma tribuna do

---

[29] Caberia explorar as ligações a partir do caráter burguês do drama ibseniano. Isto significa, dito de maneira muito rápida, que se Ibsen é um dos principais autores do teatro naturalista, há que dimensionar o seu caráter burguês e, com isso, confrontá-lo com as propostas "sociais" desse teatro. É inclusive por isso que a socialdemocracia alemã, após muita discussão e polêmica, acaba por condenar os autores naturalistas, e em sua proposta de uma pedagogia através do teatro e do teatro para o povo acaba por decidir encenar os autores do classicismo teatral alemão: Goethe e Lessing, mas sobretudo Schiller. Veja-se W. J. Mommsen, *Bürgerliche Kultur und künstlerische Avantgarde*, *op. cit.*, p. 13. Sobre o teatro propriamente dito, P. Szondi, *Schriften I*, *op. cit.*

É interessante lembrar, voltando a Ibsen, que *Espectros* é um drama baseado na sífilis (cf. o que foi dito acerca da prostituição no tópico "presente").

[30] Na verdade Otto Abrahamson, 1856-1912. Em 1894 ele assumiu o "Deutsches Theater", e posteriormente o "Lessing-Theater".

[31] A revista teve vários nomes: a partir de 1894 transformou-se na *Neue deutsche*

Naturalismo alemão. O próprio nome da revista aponta para a percepção do presente como moderno e da diferença entre a "vida moderna" e a anterior. É essa vida, marcada pelas tensões entre o "social" e o "individual", que o Naturalismo toma como problema a ser tematizado na literatura e no teatro. A questão feminina faz parte da vida moderna, e o Naturalismo e o "Frauenbewegung" confluem em alguns pontos e momentos; a questão feminina é importante tanto para o Naturalismo como para a social-democracia. Também autores próximos ao Naturalismo alemão, como Ibsen e Strindberg, tematizam a fundo a questão feminina. Ela será, como vimos, também amplamente discutida por Simmel.[32]

Simmel se diferencia dos naturalistas por sua posição intelectual e de classe.[33] Na terra do "Bildungsbürgertum", sua posição como docente universitário — apesar de permanecer um estranho — é muito diferente daquela dos naturalistas. O título de Scheuer, "entre socialismo e individualismo — entre Marx e Nietzsche",[34] é sugestivo, pois pontua justamente as tedências indicadas por Simmel em "Tendencies in German Life and Thought since 1870", e situa o Naturalismo em meio a ambas.

O afastamento do Naturalismo por parte de Simmel, que é ao mesmo tempo um processo visível nos próprios naturalistas, é o movimento que vai do "social" para o "individual", e que em Simmel se caracteriza por uma aproximação de Nietzsche, pelo desenvolvimento do "panteísmo estético" e por um afastamento da sociologia enquanto ciência "exata".[35] Esse momento de transição em Simmel, na década de 1890, deixa-se retratar exemplarmente na defesa de Gerhart Hauptmann em 1892-3 e na de Stefan George em 1898. Temos aqui os polos opostos pelos quais se desenvolve a literatura alemã na época, e Simmel percorre um trajeto que vai de um ao outro.[36]

Rundschau e em 1904 *Neue Rundschau*. Entre 1897 e 1903 Simmel publicou um texto por ano na *Neue Deutsche Rundschau*, depois, na *Die Neue Rundschau*, um artigo em 1905, 1907, 1917 e 1918.

[32] Sobre as relações do Naturalismo com o movimento feminista burguês do final do século ver D. Baensch, "Naturalismus und Frauenbewegung", *in* H. Scheuer (org.), *Naturalismus*, *op. cit.*, pp. 122-49. Sobre o "Frauenbewegung" como uma tendência da época cf. o tópico "presente"; os textos de Simmel sobre o ponto arrolados em "ensaio". Um dos textos importantes de Simmel sobre a "cultura feminina" foi publicado na *Neue deutsche Rundschau* em 1902.

[33] Como nota P. Ernst, "Erinnerungen an Simmel", *op. cit.*, p. 142.

[34] H. Scheuer, "Zwischen Sozialismus und Individualismus — Zwischen Marx und Nietzsche", *op. cit.*, pp. 150-74.

[35] Sobre a sociologia ver mais à frente.

[36] Em 1910 ele diz a P. Ernst: "eu não sou nenhum partidário do naturalismo".

Os naturalistas

Entre esses dois momentos, Simmel passa a colaborar em *Jugend*, que por sua vez congrega também alguns naturalistas, firmando os laços entre os naturalistas e o "Jugendstil". Autores que, em seus inícios, foram naturalistas ou compartilharam algo com os naturalistas tornaram-se, mais tarde, próximos do Jugendstil. Isto ocorreu especialmente em Berlim. Um dos pontos comuns ao Naturalismo e ao Jugendstil é a influência de Darwin, e sobretudo de seu discípulo Ernst Haeckel (1834-1919) — que influenciou também Simmel. "O estilo de segundos [Sekundenstil] do Naturalismo consequente, que quer descrever a realidade com uma exatidão elevada ao máximo, atribui à descrição apenas uma objetividade de primeiro plano, pois na busca da exatidão ele precisa involuntariamente dar um amplo espaço aos estímulos subjetivos da impressão, a fim de alçar o menor detalhe, talvez secundário, à consciência. Como os detalhes meramente registrados não são o sentido do estilo de segundos, senão que só resultam em sentido mediante uma modelação artística, o Naturalismo é — em virtude desse momento artificial, subjetivo e que suporta a impressão — precursor do Impressionismo e se liga ao Jugendstil."[37]

Em seu texto importantíssimo de 1896, "Soziologische Aesthetik", que, ousemos, demarca a "virada" de Simmel da sociologia "exata" para o "panteísmo estético" — isto é, da *Soziologie* para a *Philosophie des Geldes*, de Hauptmann para George —, Simmel tematiza o Naturalismo (enquanto movimento e já tendendo a considerá-lo como uma tendência artística) no interior de sua teoria do moderno. Então lemos:

> "*A significação interior dos estilos artísticos deixa-se interpretar como uma consequência das diferentes distâncias que eles estabelecem entre nós e as coisas. Toda arte altera a amplitude de visão na qual nós nos posicionamos original e naturalmente em relação à realidade. Por um lado ela nos faz compreender melhor a realidade, ela nos põe em relação imediata com o seu sentido mais interior e próprio, por detrás da estranheza fria do mundo exterior ela nos revela o caráter vivo da existência [...]. Mas por outro lado toda arte promove um distanciamento da imediaticidade das coisas, ela permite que a concretude dos estímulos se recolha e estira um véu entre nós e as coisas [...]. Fortes estímulos estão ligados aos dois lados dessa oposição; a tensão entre eles [...] dá a tonalidade própria de cada*

Carta de Georg Simmel a Paul Ernst de 1/1/1901, *in* K. Gassen e M. Landmann (orgs.), *Buch des Dankes an Georg Simmel, op. cit.*, p. 75.

[37] J. Mathes, "Einleitung", *in* J. Mathes (org.), *Theorie des literarischen Jugendstils, op. cit.*, p. 32.

estilo artístico. No Naturalismo, em sua oposição a toda 'estilização' verdadeira, a proximidade dos objetos parece prevalecer inicialmente. A arte naturalista quer extrair de cada pedacinho do mundo sua significação própria, enquanto a arte estilizada põe entre nós e as coisas uma exigência pré-estabelecida de beleza e significação. Toda arte se nutre das impressões imediatas da realidade [...]; ela pressupõe um processo interior e inconsciente de redução, a fim de nos convencer de sua verdade e significação. Na arte naturalista esta redução é concisa e cômoda. Por isso ela não exige uma atividade própria do fruidor que seja muito decisiva e extensa, senão que consume sua aproximação às coisas pelo caminho mais direto. [...] o objeto e a reação subjetiva a ele juntam-se aqui da maneira mais próxima.// Não obstante, o Naturalismo não carece de um estímulo muito delicado da atuação distante das coisas, assim que nós percebemos a predileção com a qual ele procura seus objetos na vida cotidiana, no mais simples e banal. Pois para almas muito sensíveis, a distância peculiar da obra de arte se destaca especialmente da imediaticidade da experiência quando o objeto está bastante perto de nós. [...] Para os nervos delicados, a conformação artística do objeto reside no encanto absolutamente secreto da distância das coisas [...].// Talvez se possa dizer que o sentimento artístico do presente acentua no essencial o encanto da distância, em contraposição ao encanto da aproximação. E ele sabe conseguir isto não só pelo caminho indicado do Naturalismo. Pelo contrário, esta tendência peculiar de deixar as coisas atuarem sobre nós, na medida do possível, à distância, constitui em vários domínios uma marca da época moderna."[38]

Agora, o Naturalismo surge como um dos modos nos quais o estilo e a distância, essas categorias centrais da teoria do moderno simmeliana, se configuram na tentativa de criar uma arte que diga respeito ao presente. Esta solução naturalista está em sintonia com as tendências do moderno, mas não é a única a se apresentar e reivindicar seus direitos.

---

[38] G. Simmel, "Soziologische Aesthetik", *op. cit.*, pp. 209-11.

JUGENDSTIL

Jugendstil, inicialmente um conceito da história da arte, designa a manifestação alemã de um querer artístico que teve o seu auge entre aproximadamente 1890 e 1910 e que, fora da Alemanha, é o mais das vezes aproximado ao Art Nouveau e ao Modern Style; na Alemanha e na Áustria — como o querer artístico aparece vários anos antes da existência do conceito alemão — é semelhante ao estilo secessionista. Ele obtém suas realizações mais perfeitas nas artes aplicadas, na configuração de objetos de uso cotidiano (móvel, porcelana, vidro), na decoração interior (papéis, tecidos), na arte gráfica e nos adornos. Como ele se orienta pela composição acabada, pela unidade da obra de arte total e se centra no indivíduo compreendido como personalidade, tende especialmente ao espaço interior configurado de modo homogêneo, cuja forma expressiva deve também ser perceptível de fora, como p. ex. na arquitetura da residência.[1] Essa ideia da obra de arte total, almejada pelo "Jugendstil", vinha já desde algum tempo. Schopenhauer e Nietzsche indicaram-na, Wagner a teorizou e realizou (não necessariamente nesta ordem). A ideia da obra de arte total é a busca de uma nova unidade, de uma harmonia nostálgica que encontra sua irmã gêmea nas *utopias socialistas.* Já apontei como Simmel aponta o interesse e influência de Schopenhauer e Nietzsche, e mesmo Wagner, na Alemanha guilhermina (cf. o tópico "presente"). Em Nietzsche, as gerações do final do século encontraram o defensor brilhante e intransigente de um individualismo forte, com o qual elas procuravam se defender do individualismo quantitativo, do nivelamento social, que se propaga, progressiva e inexoravelmente, com a difusão da economia monetária e do moderno estilo de vida. Com todos estes fatores o "Jugendstil" quer acertar contas, a seu modo.

É também no "Jugendstil" que encontramos pela primeira vez um interesse novo pelos materiais e suas possibilidades de moldagem e expressão que, passando pelo vidro, pela joalheria, pela cerâmica e pela madei-

---

[1] Os trechos em caracteres diferenciados, quando a proveniência não é indicada, provêm de J. Mathes, "Einleitung", *in* J. Mathes (org.), *Theorie des literarischen Jugendstils, op. cit.,* pp. 5-40, que forneceu amplo material para a caracterização do "Jugendstil".

Jugendstil

ra, culmina na grande arquitetura de vidro e aço que triunfa, como signo do moderno, no final do século. *Muitas vezes baseado em um grande engajamento social, o Jugendstil ensaia uma integração social sob pontos de vista ético-sociais e conhece por isso, ao lado de uma arte elitista e no mais das vezes extremamente cara, variantes mais baratas ou pelo menos mais razoáveis.* No "Jugendstil" encontramos tanto as residências luxuosas como a arquitetura das fábricas e galpões, tanto livros e periódicos caros e exclusivos como acessíveis.

O *individualismo próprio do Jugendstil torna difícil trazer a variedade de sua arte a um denominador comum. Contudo, pode-se reconhecer algumas características gerais que se baseiam em alguns poucos princípios estilísticos comuns. O que é mais evidente é a linha móvel e arrojada, assim como a preferência dada à bidimensionalidade.* Essa linha serpenteante está presente nos objetos, nos móveis, na arquitetura, nos desenhos, projetando tudo sobre a superfície.[2] Há uma forte tendência ao ornamento. Essa linha forte e arrojada tende ao arabesco. Neste, o "Jugendstil" se aproxima do primeiro Romantismo. *A forma ornamental — e isto separa o Jugendstil de todos os fenômenos em que a linha é rebaixada a um ornamento contrário à arte e à função — nunca é um sinal exterior, mas sempre uma vibração viva; nunca um gesto decorativo descompromissado, mas sempre um gesto simbólico que visa afinar-se em uma ordem fundamental; ela é o impulso para compartilhar, vibrando, um conjunto de experiências que pulsam da vida.* Na linha ornamental do "Jugendstil" há reverberações da arte oriental, do japonismo que Simmel também detecta como um encanto da época — justo ele, cuja coleção de porcelana oriental ainda visitaremos. E como no oriente, essa linha e essa bidimensionalidade têm no "Jugendstil" um caráter simbólico, são estilizações e abstrações que procuram simbolizar intemporalidade e duração.[3] Esse gesto simbólico do "Jugendstil" é oriundo, sobretudo, da recepção dos poetas franceses, e marca a sua proximidade com o "Simbolismo". Ao mesmo tempo, liga-o também ao Romantismo alemão.

O Jugendstil é um estilo da crise, o estilo de um tempo de ruptura social, que pode mais facilmente ser compreendido, de modo aproximativo, sob a rubrica da ambivalência.

Do ponto de vista do Jugendstil, os anos por volta de 1890 são anos de crise. A época que caminha para o fim com a demissão do chanceler

---

[2] Veja-se F. Servaes, "Linienkunst" (1902), republicado em J. Mathes (org.), *Theorie des literarischen Jugendstils, op. cit.*, pp. 93-9.

[3] Veja-se E. Schur, "Der Geist der japanische Kunst" (1899), republicado em J. Mathes (org.), *Theorie des literarischen Jugendstils, op. cit.*, pp. 84-92.

Bismarck criou, especialmente na alta burguesia, um sentimento alegre e saturado, em parte chauvinista, simultaneamente a uma má-vontade para com o Estado e uma exteriorização dos critérios estéticos. A tendência a uma representação vazia era amplamente perceptível na arquitetura ecleticamente historicizante, que tendia ao monumental, dos "Gründerjahre", que encobria por completo todas as construções modernas do tráfego, do comércio e da indústria. A representação e a glorificação criaram um estilo de pompa e exagero, que fazia pouco caso de toda funcionalidade objetiva, que maltratava arbitrariamente a tradição e que admitia tudo o que fosse natural apenas na medida em que servisse à encenação da própria pessoa.

Com o início do reinado do Kaiser Wilhelm II o clima espiritual se polarizou. Jovem, dinâmico e realizado pela concentração de poder, tornada possível pela técnica e pela ciência, ele conduziu uma política que impelia à conjuntura econômica permanentemente favorável, que ludibriava na política interna e externa os conflitos represados e que várias vezes levou à beira de uma guerra. Na arte, o Kaiser voltou-se severamente contra o "moderno", que ele acusava de desmedido, presunçoso e secretamente democratizante. As leis imutáveis da beleza, harmonia e estética imputariam à arte aquele consenso educativo que o Kaiser, em virtude de sua graça divina, pensava em perpetuar. A vanguarda artística, que lutava justamente contra uma provincialização nacionalista e buscava superar o positivismo, a ciência e a propedêutica artística, permaneceu em oposição à criação artística oficial. Apesar de diferenças, as Secessões em Berlim (1898), Munique (1893) e Viena (1897) desempenharam sempre o mesmo papel, determinado por sua oposição à arte oficial. *Os movimentos secessionistas levam ao centro do Jugendstil, e a origem das revistas que encarnaram do modo mais puro o Jugendstil está ligada a eles. O que desencadeou a Secessão berlinense foi uma exposição dos quadros de Edvard Munch, que troçavam da concepção artística do Kaiser por meio de uma produção crítica e "não"-bela, e deflagraram um escândalo. Munch, que nessa época vivia em Berlim, tinha contato com o círculo ao redor de Dehmel, Holz, Bierbaum — pessoas que têm uma grande significação para o Jugendstil literário. O centro da arte moderna em Berlim é o atelier de Walter Leistikow que, segundo o modelo do Grupo dos "XX" belga, criou o grupo berlinense dos "XI", a que pertencia também Ludwig von Hoffmann. Leistikow e Hoffmann são, ao lado de Peter Behrens e Otto Eckmann, os artistas mais influentes que traçaram o perfil da revista* Pan, *criada em 1894 em Berlim por Otto Julius Bierbaum e Julius Meier-Graefe.* Pan *realizou pela primeira vez na Alemanha, segundo o modelo inglês (*The Studio*), as ideias do Jugendstil acerca da obra de arte gráfica total.*

O Leitor lembra, decerto, as afirmações de Simmel acerca das secessões no texto "Tendencies in German Life and Thought since 1870". As

Jugendstil

375

secessões exprimem um fenômeno de insatisfação com o tradicional que vai muito além das artes plásticas: tudo o que é "moderno" é "secessionista". Em Berlim, o moderno apareceu, nas artes plásticas, nas exposições de Edvard Munch (1863-1944). Entre 5 e 19/11/1892, Munch expõe em Berlim cinquenta e cinco obras no "Verein Berliner Künstler", provocando um considerável escândalo (escândalo que o alinha na companhia de Hauptmann). Apesar disso, marca profundamente a sensibilidade de certos círculos berlinenses, já abertos às obras de Ibsen e Strindberg. Ele se insere em certos círculos boêmios berlinenses: Munch encontra em Berlim Richard Dehmel, Otto Julius Bierbaum, Strindberg, Julius Meier-Graefe, Max Klinger; e desde então passa a morar, durante longas temporadas e intermitentemente, na cidade.[4] Em reação às críticas à exposição de Munch, Walter Leistikow (1865-1908) organiza o "Grupo dos XI", que se tornará, mais tarde, o núcleo da Secessão berlinense. Ao mesmo tempo, mantém-se próximo dos fundadores de *Pan*, indicando a proximidade dos círculos do "Jugendstil" com a Secessão.

Leistikow realizou o desenho do papel de parede da sala da casa de Sabine Lepsius, que ainda iremos visitar; Ludwig von Hoffmann e Otto Eckmann frequentavam o salão de Sabine para ouvir Stefan George. Georg Simmel, ilustre frequentador do salão e antigo amigo da *salonière*, por essa razão, não só os conhecia pessoalmente, como decerto foi companheiro deles em muitas rodas e conversas. Simmel teve contato também com Richard Dehmel e Arno Holz, embora nunca tenha sido tão próximo. Apesar de tudo, Simmel parece nunca ter escrito para *Pan*, que era uma revista de luxo, cara e por isso de divulgação muito restrita.[5] O grupo ao redor da revista — que além de Meier-Graefe e Bierbaum contava com o círculo boêmio "Schwarzen Ferkels" (Scheebart, Strindberg, Przybyzewski e Munch) — estava, ainda, próximo do grupo da "Freie Bühne". Eckmann, por sua vez, foi um dos pioneiros no desenvolvimento de novos tipos gráficos, que até hoje trazem a marca inconfundível do "Jugendstil". Além disso, ele realizou inúmeras molduras e ornamentos para os textos que

---

[4] Uma rápida cronologia dos principais eventos de Munch em Berlim: 12/1893: nova exposição em Berlim; 1894: nova exposição em Berlim; 1896: ilustrações para *Peer Gynt* e *Les fleurs du mal*; 1902: a Secessão berlinense expõe o "Friso da vida"; 1903: expõe na galeria Cassirer; 1905: expõe na galeria Cassirer; 1904: em Weimar a convite de Kessler; 1906: cenários para peças de Ibsen no "Teatro de câmara" de Reinhardt; 1907: "Friso Reinhardt"; 1908: expõe na galeria Cassirer em conjunto com Cézanne e Matisse. Munch retrata três pessoas de algum modo próximas de Simmel: Kessler, Rathenau, Nietzsche.

[5] Sobre a revista *Pan* ver Karl H. Salzmann, "*Pan*. Geschichte einer Zeitschrift", *in* J. Hermand (org.), *Jugendstil*, Darmstadt, Wissenschaftliche Buchgesellschaft, 1971, pp. 178-208.

surgiam não só em *Pan*, mas também em *Jugend*, em que Simmel escrevia com frequência. Assim, pouco a pouco, começamos a ver Georg Simmel mover-se por uma ampla teia de relações, mais ou menos próximas, mais ou menos intensas.

A ideia da obra de arte gráfica total encontra, no "Jugendstil", sua realização nas revistas e livros. *Dá-se valor não só à unidade composicional de texto e adorno, como também à uma nova configuração das letras. O procedimento, recorrente no Jugendstil, representa a decoração ornamental de um texto literário impresso em letras configuradas artisticamente, com a finalidade de corresponder — mediante a incorporação do texto ou em uma imagem o mais das vezes emoldurada ou em um ornamento [...] — à exigência de beleza textual.*

Os laços com as Secessões são muito estreitos, pois Peter Behrens foi um dos fundadores da Secessão de Munique. Na Baviera, mais distante da censura do Kaiser, a Secessão surge já em 1893, embora não propriamente por motivos artísticos. Um dos membros fundadores da Secessão de Munique foi Georg Hirth, editor do jornal *Münchner Neuesten Nachrichten* (em que Simmel publicou, em 1909, um de seus artigos sobre Stefan George). Hirth fundou, em 1896, aquele que seria o símbolo maior do "Jugendstil": *Jugend. Münchner illustrierte Wochenschrift für Kunst und Leben.* O nome da revista é seu mais enfático programa: juventude, que traz consigo o novo. O semanário *ilustrado* é uma inovação marcante, que o diferencia de todos os seus contemporâneos. Mas se trata ainda de uma revista dedicada à "arte e vida". O título circunscreve por completo o âmbito desse novo, que *une arte e vida*. Uma apologia da arte torna-se mesmo o estilo de vida.[6] O termo "Jugendstil", como se sabe, nasce a partir da revista, como o "estilo da revista *Jugend*". Nela estão presentes, do modo mais acabado, os elementos que caracterizariam o "Jugendstil". Simmel escreveu quase trinta textos, de natureza vária, para *Jugend*, entre 1897 e 1916.[7]

"Juventude" é o programa do semanário *proclamando a alegria de viver e o gozo da vida, a vida livre e a beleza estética; declarando-se contra a resignação, o clima de final dos tempos, a decadência e o cansaço do fin-de-siècle. Jugend atuou formando um estilo; a primeira página variava semanalmente, distinguindo-se das restantes — as revistas que passa-*

---

[6] Veja-se p. ex. Rilke, bem próximo a Simmel: R. M. Rilke, "Über Kunst" (1898-9), republicado em J. Mathes (org.), *Theorie des literarischen Jugendstils, op. cit.*, pp. 78-84.

[7] Infelizmente — devido à proibição de se tirar cópias da coleção de *Jugend* que pesquisei — não posso apresentar uma cópia para mostrar como os textos de Simmel aparecem na revista, envoltos em vinhetas e molduras, por vezes impressos com tipos especiais etc.

vam os anos com sua mesma capa cinzenta — por seu colorido e por sua clara linguagem das formas, apregoando como um cartaz o estilo jovem. A imagem exterior é nova a cada página, em virtude da mudança rápida dos grafismos ornamentais, das vinhetas, molduras e enfeites, a que as letras se adaptavam mediante alterações no número, largura e altura das colunas, com a finalidade de formar uma unidade sempre surpreendente e harmonicamente encantadora de ornamento, decoração, linha e texto.

É interessante notar como os temas do "moderno" estão presentes em *Jugend*: o andar de bicicleta, inclusive para as mulheres; o banho de mar para as mulheres; a liberdade feminina nos cafés berlinenses (há uma série de "Berliner Momentbilder" na revista que tematiza a questão). As exposições de arte são noticiadas a cada número, seja em Munique, Berlim, ou Dresden.

Georg Simmel foi o primeiro professor da Universidade a ir de bicicleta para o seu local de trabalho, o imponente palácio na principal avenida berlinense, "Unter den Linden" ("Sob as tílias"). A bicicleta é, também ela, um símbolo do moderno: ela é individualista e individual, móvel e estimuladora da mobilidade, propicia a possibilidade de ir e vir rapidamente; é uma máquina, que no entanto está submetida ao homem, e não para em pé por si mesma.[8] Hans Simmel conta que seu pai tinha o hábito de passear um pouco de bicicleta com ele, antes de se aprontarem para o jantar. Também jogar tênis é uma atividade moderna, na qual toda a família Simmel se exercita.

O moderno se mostra também no corpo de colaboradores, ilustradores e escritores: é sempre a geração que antecede os "revolucionários" do início do século (na música, Strauss; na literatura, os "impressionistas"; na pintura, os secessionistas, e assim por diante, antecedendo diretamente a geração do modernismo "heroico" dos expressionistas).

Para se ter uma ideia daqueles que participavam de *Jugend*, procurei arrolar alguns nomes mais conhecidos. Dentre os ilustradores Max Slevogt, Bruno Paul, Albert Weisberger, Fidus, Hans Thoma, Arnold Böcklin, Hans Stuck, Lovis Corinth, Otto Eckmann, Max Klinger, Max Liebermann (1847-1935), Ernst Barlach. Como se vê, um espectro variado, desde Thoma até Barlach (que os historiadores da arte já denominam expressionista), passando pelos "simbolistas" (como Böcklin, sobre quem Simmel escreveu) e pelos "secessionistas" (como Liebermann, próximo a Simmel).

---

[8] Veja-se o belo ensaio de Oskar Bie, "Fahrrad-Ästhetik", de 1897, republicado em J. Mathes (org.), *Theorie des literarischen Jugendstils, op. cit.*, pp. 65-8. Bie fala em uma nova "cultura da bicicleta", em que os "novos complexos de sentimentos", que ela propicia, teriam lugar.

Dentre os escritores: Rainer Maria Rilke, Paul Heyse, Otto Julius Bierbaum, Christian Morgenstern, Otto Erich Hartleben, Wilhelm Raabe, Arthur Schnitzler, Richard Dehmel, Selma Lagerloff, Detlev v. Liliencron, Ernst von Wolzogen, Peter Altenberg, Knut Hamsun, Julius Hart, Anton Tchekov, Lev Tolstói, Paul Verlaine, Gabrielle D'Annunzio, Arno Holz, Paul Ernst, Multatuli, Edgar A. Poe, Anatole France, Jules Renard, e muitos outros. Dentre os músicos, apenas Richard Strauss parece ter estado presente. O rol permite ter uma ideia do tipo de produção que escoava pelo semanário e ao lado de quem Georg Simmel publicava seus poemas, aforismos e contos. Poemas, aforismos e contos: em *Jugend* Simmel dá à luz uma produção que não encontramos em nenhum outro lugar. A prosa curta e a lírica são, ademais, as formas predominantes do "Jugendstil" literário.

Um outro periódico importante do "Jugendstil" foi o *Simplicissimus*, fundado quase que simultaneamente a *Jugend*. Aquele, contudo, dedicou-se mais à crítica política, polêmica e satírica. No *Simplicissimus* Simmel publicou um único texto, em 1917.

Inúmeros temas que perpassam o "Jugendstil" são encontrados nas obras de Simmel, embora as ênfases sejam, muitas vezes, distintas. *O Jugendstil exalta até a embriaguez a força do indivíduo livre e independente, mas saboreia ao mesmo tempo, com um regalo narcisista, o prazer na decadência. Ele busca a chave da totalidade do mundo em um conceito vitalista de vida e anseia por uma renovação na e pela arte como projeção de um esboço da vida como um todo; mas é também solipsisticamente enredado em um império de sonhos, em paraísos artificiais [...]. Ele crê na redenção através da beleza e espera por reformas em um recomeço primaveril, enquanto ao mesmo tempo estetiza de modo enérgico a vida e o trabalho, criando portanto uma distância frente à realidade e cultivando um decadentismo irritante e muitas vezes bizarro junto ao luxo e à neurose.* Esse indivíduo do "Jugendstil" é o indivíduo da cidade grande e moderna; o conceito de vida é próximo de Simmel, que o transformará na fundamentação de sua metafísica tardia e que, já desde a *Philosophie des Geldes*, é um ponto de articulação importante para a ideia de movimento que se exprime no dinheiro, e que, ainda, como vimos na "Introdução" de *Philosophische Kultur*, é o conceito que dá sentido ao presente, ou melhor, em que o presente busca sentido. E também a ideia de uma redenção na obra de arte. Mas ao mesmo tempo Simmel mantém distância desse, digamos, "estilo de vida" do "Jugendstil", assim que ele se converte em "dandismo" (cf. "presente").[9] Poder-se-ia dizer: Simmel acata uma certa

---

[9] No âmbito alemão não se pode falar com rigor em "decadência" como um modelo ou ideal artístico, tal como na França (Huysmans), Itália (D'Annunzio) e Ingla-

Jugendstil

estetização, *ma non troppo*: apenas e na justa medida de seu "panteísmo estético". Se perguntado, ele responderia rapidamente: tanta estetização quanto em Goethe! Mas quem ousaria tachar Goethe de decadente? É exatamente isto que marca a diferença e distância de Simmel frente ao "Jugendstil".

Mas distanciar-se significa também se aproximar. Há pontos de aproximação relativa que não se limitam ao cruzamento dos círculos sociais, às relações pessoais que Simmel mantém com inúmeros protagonistas do movimento. *O Jugendstil — inclusive literário — comparte com o Maneirismo a tendência a algo simbolisticamente enigmático e irreal e ao refinamento e super-refinamento estético. Ele liga o querer-viver com a nostalgia da morte enquanto passagem pela vida; elegância exclusiva com o sentimento cósmico de estar ligado a tudo; angústia frente à realidade com a pretensão incondicional de domínio da personalidade livre e forte. As premissas sociais para essa atitude estão dadas na virada do século. A desintegração social destina à arte um espaço livre — legível por exemplo no conflito entre arte e vida, que os irmãos Heinrich e Thomas Mann retrataram em refrações sempre novas —, no qual o insular e paradisíaco, assim como o neurótico-febril e a morbidez do lado escuro da natureza podem se desdobrar. A tendência ao isolamento e encapsulamento de diferentes círculos sociais é típica da época e foi praticada por artistas e literatos exatamente do mesmo modo como pelo Kaiser e pelos Junkers, de tal modo que existiam lado a lado os mais variados estilos de vida e de arte. Vale para o Jugendstil e sua literatura — de modo algum exclusivamente, mas com alguma predileção — que ele estava em mãos de personalidades que eram economicamente independentes em virtude de capital ou rendas e que derivavam sua justificação de sua existência e não de seu enraizamento histórico-social, tal como Georg Simmel mostrou em vários de seus escritos, dentre outros na* Philosophie des Geldes *e nas monografias posteriores sobre* Schopenhauer und Nietzsche *e* Goethe. Há, nos vários elementos levantados aqui, muita coisa que não diz respeito propriamente a Simmel, mas pode-se sentir alguma coisa no ar. Em "Soziologische Aesthetik", Simmel, de maneira muito sugestiva, chama a atenção para o fato de que os esteticismos do final do século são uma reação frente às tendências naturalistas. Os naturalistas, diz ele, procuraram, *grosso modo*,

---

terra (Wilde). No "Jugendstil" o enfastelamento, sadismo, satanismo, cultura do gozo e prazer na decadência são amplamente superados por seu desejo pelo novo, seu ímpeto de renovação. "Exagerando um pouco, o Jugendstil não é — em virtude de sua vontade de renovação — decadente o suficiente para a decadência." J. Mathes, "Einleitung", *op. cit.*, p. 37.

superar as distâncias, a fim de apreender as coisas em sua imediaticidade e proximidade. Este mesmo fenômeno estaria presente também no materialismo, que quer apreender imediatamente a realidade. Em contraposição a essas tentativas de *aproximação*, as tendências do final do século respondem com estratégias de *distanciamento*. A razão disso é que os modernos têm os nervos sensíveis, e a proximidade fere e incomoda. Os modernos sofrem do medo de serem tocados (cf. "estilo de vida"). As *reações* deixam-se ver na pintura (Simmel nomeia a "escola escocesa" — pré-rafaelitas?), na literatura (o processo que vai de Zola ao Simbolismo), no pensamento (o neokantismo e as tendências subjetivistas que se sobrepõem ao materialismo), nas ciências (passa-se a privilegiar as grandes explicações em detrimento do trabalho no pequeno detalhe).[10]

Entretanto, o Leitor há de se lembrar tanto das tendências que pontuam o moderno (cf. "presente"), como das infidelidades dos modernos, que oscilam entre as tendências as mais variadas (cf. "estilo de vida"). Em "Soziologische Aesthetik" Simmel também formula a questão:

> *"Uma época que se entusiasma com Böcklin e com o Impressionismo, com o Naturalismo e com o Simbolismo, com o Socialismo e com Nietzsche, encontra pelo visto o seu encanto extremo de vida na forma da oscilação entre os polos extremos de tudo o que é humano; apenas a forma mais decantada e a proximidade mais rude, os encantos os mais delicados e os mais rudes, podem trazer novos estímulos aos nervos esmorecidos, que oscilam entre a hipersensibilidade e a insensibilidade."[11]*

Creio que a riqueza de Simmel está em ter percebido essa oscilação constante, que permanece indecisa entre esses polos distintos, de maneira que não se pode inclusive atribuir a verdade da época a apenas uma das tendências. A época é o conflito e o movimento que vai de um extremo ao outro.

O texto de Mathes citado aponta para um outro elemento importante na caracterização de Simmel, a situação financeira. Como se sabe, Simmel

---

[10] Cf. G. Simmel, "Soziologische Aesthetik", *op. cit.*, p. 211-2. Ao falarmos de reações, não há como não lembrarmos do tipo reativo nietzschiano, ainda mais porque "Soziologische Aesthetik" é escrito e publicado no mesmo momento em que Simmel se ocupa de Nietzsche. Mas, embora Simmel mantenha distância e uma posição crítica em relação às reações, ele não faz nenhuma menção a uma possível articulação com Nietzsche.

[11] G. Simmel, "Soziologische Aesthetik", *op. cit.*, p. 214. Veja-se também G. Simmel, *Philosophie des Geldes, op. cit.*, p. 675, citada em "estilo de vida".

Jugendstil

permaneceu durante toda a sua vida em Berlim sem ser remunerado como docente, pois no sistema universitário da época apenas os catedráticos eram funcionários públicos; os professores extraordinários e livre-docentes — Simmel foi, na Universidade de Berlim, livre-docente de 1885 a 1900 e professor extraordinário de 1900 a 1914 — não recebiam salário, e contavam apenas com as taxas de matrícula dos alunos para alguns tipos de curso — uma remuneração puramente simbólica. Isto significa que Simmel recebeu seu primeiro salário apenas em 1914, com 56 anos de idade, quando foi nomeado catedrático em Estrasburgo.[12] Até então, ele viveu única e exclusivamente de recursos próprios, oriundos de uma herança que recebeu em 1889 de seu "padrinho". As cartas de Simmel deixam entrever, vez por outra, dificuldades orçamentárias, assim como mostram como, ocasionalmente, Simmel escrevia para jornais e revistas tendo em vista a remuneração; contudo, a herança que ele recebeu foi grande o suficiente para garanti-lo por toda a vida, em condições bastante satisfatórias, pois ele jamais renunciou às suas viagens de férias anuais para a Suíça e Itália.

Mencionei acima a questão da presença feminina nos cafés, tematizada em *Jugend* em uma série de gravuras intituladas "Instantâneos berlinenses". Na verdade não se tratam apenas de cafés, mas de algo que ganha forma com o "Jugendstil": os "teatros íntimos", cabarés e *varietés*. São espaços privilegiados para a boêmia literária e intelectual, para o flerte, para situações picantes — temas que serão desenvolvidos sobretudo no "Jugendstil" vienense (p. ex. Schnitzler, Hofmannsthal, Altenberg etc.). Estes ambientes foram também um dos temas importantes para o Impressionismo na França, e Toulouse-Lautrec, com seus cartazes, é uma das inspirações mais significativas para a gráfica do "Jugendstil" — foram os Secessionistas que trouxeram a arte de Lautrec para Berlim. Um dos motivos que fizeram da Secessão berlinense um dos centros fundamentais das artes plásticas na Alemanha guilhermina, e levaram a Berlim do Segundo Império a se tornar o centro mais importante da vida artística na Alemanha, é que ela nunca se limitou a expor e estimular apenas a arte dos *seus* pintores; pelo contrário, ela se torna um fórum e uma vitrine da pintura internacional. Embora a pintura dos secessionistas esteja infinitamente aquém dos impressionistas de Paris, e de fato a pintura na Alemanha só apresente uma contribuição de peso com os expressionistas (portanto desde aproximadamente 1905), o *espaço* da Secessão é importante, como espaço de debate e circulação de pintores e pinturas.

Esse espaço está também relacionado com o processo de autonomização da arte, e a criação de um mercado artístico propicia que as tendên-

---

[12] Isto será retomado, com a atenção devida, mais à frente.

cias modernas não dependam das subvenções e instituições oficiais que, alinhadas ao Kaiser, defendem uma arte tradicional. O sucesso da Secessão e de tudo o que lhe sucede — e portanto dos expressionistas — depende da existência de certos veículos, como as galerias e revistas, que, sustentados por mecenas e entidades autônomas, rompem com a necessidade do suporte oficial.[13]

Retomando nossos fios. Os cartazes são a ponta de lança a partir do qual decolam as revistas do "Jugendstil", fartamente ilustradas. Os "Instantâneos berlinenses" são cenas mais ou menos próximas de Lautrec. E o cabaré berlinense, que a seguir se difundirá pelas grandes cidades alemãs — sobretudo Munique e Viena —, é produto do "Jugendstil": seu pioneiro, Ernst von Wolzogen (1855-1934), escrevia em *Jugend* junto a Simmel. Seu cabaré, o célebre "Überbrettl", estreou no teatro da Secessão berlinense em 1901. Embora no que diz respeito ao cabaré estejamos longe de Simmel — ao menos não há referências a isto —, ele é um elemento importante se se quer compreender as continuidades entre os diversos movimentos na época guilhermina.[14] Isto é acentuado pelo fato de que, na Alemanha, o "Jugendstil" não é tão definido como o "Art Nouveau", na França, e o "Modern Style", na Inglaterra; isto permite que as continuidades e os imbricamentos do "Jugendstil" com outros "movimentos" sejam muito mais frequentes e profundos.

As contribuições de Simmel para *Jugend* são uma *aventura*. Elas demonstram uma vontade de "jogo" (Spiel) e brincadeira que talvez se pudesse interpretar como uma válvula de escape para as pressões da vida moderna. Essas contribuições se iniciam no mesmo momento em que Simmel parece abandonar suas esperanças na sociologia.[15] Elas são como uma terra intocada, na qual Simmel se liberta, dando vazão às suas qualidades como escritor e poeta; qualidades na verdade "artísticas" (tenha-se em mente a oposição, assinalada anteriormente, entre arte e ciência). Sem

---

[13] "A transposição do princípio capitalista do mercado aos subsistemas burgueses da arte e da empresa cultural literária e musical conduziu a uma dinamização extraordinária da vida cultural." W. J. Mommsen, *Bürgerliche Kultur und künstlerische Avantgarde*, *op. cit.*, p. 43. Neste ponto, basta pensar no papel absolutamente fundamental desempenhado pelos Cassirer.

[14] Assim, Arnold Schönberg ganhava a vida compondo e orquestrando para o cabaré Überbrettl (e já se chamou a atenção para a importância desse trabalho na sua formação), Wedekind inspirou-se no cabaré berlinense, e dele surgiu também Reinhardt. Isto tudo é significativo para se compreender como o "Jugendstil" é um momento essencial no processo que leva às vanguardas "heroicas" que antecedem imediatamente à Grande Guerra.

[15] Isto ainda será abordado em detalhe.

Jugendstil

dúvida, a partir do fracasso da empresa sociológica, Simmel vai se dirigindo progressivamente para a arte e estética. Já desde muito cedo seu plano é dedicar-se à filosofia da arte — buscando suprir a famosa queixa de Schlegel. Em verdade, ele nunca se afastou completamente disso. Mas a partir da *Philosophie des Geldes* — um livro no qual a presença da arte é absolutamente fundamental — as preocupações vão sendo cada vez mais dirigidas para a arte, e dela para a metafísica tardia.[16]

Há vinte e nove contribuições de Simmel em *Jugend*. Vinte e duas delas são *narrativas* e conjuntos de narrativas (contos, "Märchen", fábulas), quatro são poemas e três são conjuntos de aforismos. As narrativas formam, como se vê, a ampla maioria das contribuições (ainda mais porque, em muitos casos, trata-se de um conjunto de mais de uma narrativa); via de regra elas são publicadas em posição de destaque na revista, e muitas vezes é mesmo a primeira contribuição, ocupando a primeira página (e se estendendo, por vezes, também pela segunda página). Essas narrativas são todas fábulas, "contos de fadas" ("Märchen"), cheias de significados alusivos — que, muitas vezes, são difíceis de identificar para um Leitor que esteja fora do contexto. Essas "historinhas" que fazem pensar, escritas com graça e com um fundo de verdade, eram bastante valorizadas por Simmel e indicam a natureza do seu humor.[17]

A primeira contribuição de Simmel para *Jugend* é um poema intitulado "Herbst am Rhein",[18] que é o primeiro texto do número e ocupa uma posição de destaque. É um poema narrativo em três estrofes, com aproximadamente cem versos rimados. Nele o Leitor de Simmel pode rastrear alguns temas que são importantes para nosso autor. Assim, a segunda estrofe se inicia com o verso "Ein psychologisch Abenteuer hatt'ich" ("Eu tive uma aventura psicológica"), que nos remete imediatamente para o texto que Simmel escreve em 1910 intitulado "Philosophie des Abenteuers" ("Filosofia da aventura") e que é republicado em *Philosophische Kultur*. A experiência da aventura é enfaticamente relacionada com o sujeito que a vive, e é por essa razão que Simmel fala em "aventura psicológica". O que o

---

[16] "Pois por volta da virada do século todos nós experimentamos como o interesse sócio-econômico da época se refinou em interesse estético. Era preciso ter visto Simmel naquela época, por exemplo em Florença frente a Botticelli, ou frente aos mosaicos de Ravena, ou ainda frente à pequena arte japonesa, fruindo em uma tal intensidade, que mesmo vê-lo era um prazer." K. Joël, "Erinnerungen an Simmel", *in* K. Gassen e M. Landmann (orgs.), *Buch des Dankes an Georg Simmel, op. cit.*, p. 167.

[17] Cf. H. Simmel, "Auszüge aus den Lebenserinnerungen", *op. cit.*, p. 258. Isto foi mencionado no tópico "ensaio".

[18] G. S. (Georg Simmel), "Herbst am Rhein" ("Outono no Reno"), *in Jugend*, Munique, ano 2, nº 4, 23/1/1897, p. 54.

narrador, em primeira pessoa, conta é sua aventura: um quase flerte com uma jovem às margens do Reno, não sem o tempero da coqueteria (outro de seus temas) tanto por parte do narrador como por parte da jovem: pois a coqueteria é um "jogo". É esse jogo que caracteriza a aventura psicológica do narrador.

Ao falar da natureza da jovem, afirma ser ela "So problematisch, wie ich nie in Städten/ Von zwanzigtausend Seelen hofft' zu finden" ("Tão problemática como eu nunca esperei encontrar/ Em cidades de vinte mil almas"). Como se vê, estamos completamente no interior do complexo da filosofia do dinheiro. É na cidade, grande e moderna, que Simmel esperava encontrar uma jovem tão problemática, pois as jovens das cidades grandes são, como os seus habitantes em geral, portadores de uma vida interior extremamente movimentada. E uma jovem tão problemática não deveria ser encontrada em uma cidade pequena, de vinte mil habitantes. Daí a surpresa do narrador. Pois o que seria normal na cidade grande é extraordinário na pequena cidade às margens do Reno. Este pequeno incidente nos mostra como a produção que se torna pública no semanário muniquense é rica em ligações com o que é publicado em outros periódicos como produção intelectual e "séria" de Georg Simmel. Via de regra, o que aparece em *Jugend* são variações, mais informais, de temas que Simmel trabalha e sobre os quais medita. Na revista "mundana", eles aparecem sob uma forma "mundana": o poema (e nunca se trata de um poema com pretensão de obra de arte, mas sempre de um poema satírico-narrativo), o aforismo (que, muitas vezes, são os inícios de formulações que serão desdobradas em ensaios), e a fábula-Märchen, que tematiza, em um registro por assim dizer lúdico, temas que serão abordados "seriamente" em outros lugares.[19]

Um segundo exemplo é a fábula-Märchen "Jenseits der Schönheit".[20] É o principal texto da edição, ricamente adornado com molduras e ilustrações. A fábula gira em torno de uma "transvaloração dos valores", indicada sobretudo no que diz respeito à beleza. Se, após o título, havia ainda alguma dúvida em relação à referência a Nietzsche, o conteúdo dissipa-a de imediato. Um "amigo" afirma a dificuldade, hoje em dia, de "ter espírito", queixa-se da dificuldade intelectual, moral, individual do pensamento e da ação. Isto porque se trata de uma época em que todos os valores, todas as possibilidades já foram experimentadas — trata-se de uma

---

[19] Esta é a tese que defende O. Rammstedt, "On Simmel's Aesthetics: Argumentation in the Journal *Jugend*", 1897-1906", *op. cit.*

[20] G. S. (Georg Simmel), "Jenseits der Schönheit" ("Para além da beleza") *in Jugend*, Munique, 2. Jg., n° 15, 10/4/1897, pp. 234-5.

Jugendstil

época de *esgotamento*. O "amigo" detecta um movimento do pensamento, no passado, que fez de tudo o que era considerado "certo", "verdadeiro", "moral" (e assim por diante) o seu inverso. Então tratava-se simplesmente de inverter os sinais: "[...] só se precisava pegar apenas uma das afirmações — dos enormes estoques de afirmações das quais os homens dependem — e considerá-la como se tivesse o sentido exatamente contrário, e então tínhamos um homem afortunado". Contudo, hoje, esse procedimento já se esgotou e a simples "inversão-transvaloração" dos valores — antes o sol se movia diante da terra, agora o contrário; antes valia o homem moral, agora o imoralista, e assim por diante — tornou-se inócua, foi assimilada. O homem do presente encontra-se em um beco sem saída, no qual todas as possibilidades já foram utilizadas (lembramo-nos aqui da almejada redenção da vida e da cultura). Diante desse esgotamento do presente apresentado pelo "amigo" — que é na verdade a dificuldade do indivíduo, do singular frente ao universal, de um singular que não quer se deixar submergir na massa, no "sempre-igual" —, o narrador passa a comentar as suas afirmações. Se é verdade que os valores foram já todos invertidos — a verdade não é o verdadeiro, o bom é de fato o mal etc. —, ele se depara, repentinamente, com um valor ainda virgem: "Pare! Não há ali um ideal que ainda não foi destronado, um valor ainda não transvalorado? A beleza?!". Sim, a beleza é, segundo o narrador, o único valor que ainda não foi realmente transvalorado (apesar de existirem homens que só se apaixonam por mulheres feias e pintores que só pintam o feio). Apesar de a verdade, a sabedoria e a moral terem se mostrado como valores não absolutos, o ideal da beleza permanece intocável, "irradiante e imaculado, um mar de brilho que paira por toda parte onde está a alma e onde as coisas não estão". Curiosa essa contraposição da alma com as coisas, e de um mundo que permanece imaculado só onde ele ainda não foi contaminado pelas coisas... O apaziguamento do mundo, a resolução do eterno conflito entre o individual e o geral só poderá ser resolvido com a inversão do ideal da beleza; o ideal da feiura aparece como a redenção em um mundo no qual todos os valores foram transvalorados e no entanto o homem não conseguiu a paz perpétua — seja consigo mesmo, seja com os outros homens, seja com a natureza. Assim, "para além da beleza" significa um mundo novo, a possibilidade de redenção. Entretanto, o narrador — "G. S." — não deixa de assinalar essa reconciliação com *ironia*, esse procedimento de distanciamento tão característico da época. Talvez porque o narrador saiba, ou tema, que essa transvaloração do ideal da beleza ou não seja factível, ou seja falsa...

Um demônio precisou descobrir a beleza, para que ela nos fizesse perder o gosto pela vida. Oh doce ideal da feiura, embelezador da vida!

Com que satisfação interior nossos olhos perceberiam o mundo, com que harmonias imperturbáveis ela encheria os nossos ouvidos, se nós nos orientássemos pela nostalgia da feiura completa, ao invés da nostalgia da beleza completa! Então não haveria mais nenhuma dissonância entre ideal e realidade, na qual nós precisássemos ferir nossos ouvidos para ouvir, então nós não leríamos mais nenhuma exigência não cumprida por entre as linhas do mundo, então nós veríamos o desenvolvimento natural dos homens e das coisas se aproximar contínua e calmamente de seus ideais, seguros de que o que ainda não foi alcançado hoje o será amanhã. Uma paz calma e saciada reinará sobre o mundo, se não se avaliasse mais os fenômenos segundo os sonhos errantes da beleza, mas sim segundo a incondicionalidade clara do feio; não lhes será mais exigido o que eles, numa obstinação que não se quer submeter, não querem conceder, senão que eles se converterão em seu sentido unívoco. Só então, quando nós não estragarmos mais as coisas mediante a exigência impertinente da beleza, senão que construímos nossos ideais tão brandamente, que a realidade tem lugar neles; quando nossas peregrinações interiores admitirem a sacralidade do feio e a feiura do sacro — então o mundo nos pertencerá verdadeiramente e nós fruiremos do teatro, no qual a realidade não fica mais por detrás dos ideais, senão que, por vezes, mesmo o ideal fica por detrás da realidade. —// Só quando o ideal da feiura se tornar nossa norma e medida de todas as coisas, a superfície ao invés da profundidade, a aridez ao invés da abundância, a dissonância ao invés da consonância — só então a tragédia irreconciliável da exigência de beleza dará lugar à adaptação orgânica da alma ao seu mundo e haverá felicidade sobre a terra e bem-aventurança aos homens. —// Profundamente atingido pela consagração do novo evangelho e com o desejo impulsivo de se tornar seu primeiro mártir, nosso amigo se levantou e se pôs diante do espelho.[21]

"Jenseits der Schönheit" é uma retomada, em chave irônica, de *Jenseits von Gut und Böse*, que já era, como diz seu subtítulo, o "prólogo de uma filosofia do futuro". Os leitores de Nietzsche encontram aqui uma crítica muito familiar aos valores, aos "preconceitos dos filósofos".[22] Sim, porque a filosofia simmeliana se deixa penetrar pela grande empreitada nietzschiana, pelo questionamento do valor dos valores.[23] É pura e simplesmente com isso que Simmel joga em seu texto — um texto que, diga-se de

---

[21] G. S. (Georg Simmel), "Jenseits der Schönheit", *op. cit.*, p. 235.

[22] Veja-se F. Nietzsche, *Sämtliche Werke*, *op. cit.*, vol. V, pp. 15 ss. Não será possível desenvolver aqui este ponto da proximidade em relação a Nietzsche.

[23] Cf. G. Deleuze, *Nietzsche e a filosofia*, *op. cit.*

passagem, coincide temporalmente com o seu estudo de Nietzsche e com seus primeiros textos a respeito.[24] Ao mesmo tempo, transforma as suas inquietações intelectuais em uma pequena fábula, transpondo-as para uma outra chave, um outro tipo de escrita e um outro público. Teria Simmel pretensões literárias?

O Leitor tem portanto aqui, embora de modo apenas fragmentário, uma ideia do tipo de coisa que Simmel deixa publicar em *Jugend*. Mas antes de abandonarmos por completo as publicações na revista, vale a pena retomar o final de um pequeno texto, publicado no mesmo ano que a *Philosophie des Geldes*, no qual Simmel anunciou publicamente que não era um poeta. Ele decerto percebeu que outros eram melhores do que ele.[25] Isto é importante porque disse, mais acima, que em *Jugend* Simmel dá vazão à sua, por assim dizer, face poética, e que isso ocorre em um momento de reorientação nas suas preocupações — na sua vida, nos seus interesses e na sua carreira —, no qual ele abandona o projeto de uma sociologia, do início dos anos 90, em favor de algo que tende, cada vez mais, para a arte (e, depois, para a metafísica). Esta tendência rumo à arte se manifesta, dentre outros modos, na atividade "literária" em *Jugend*. Contudo, essas contribuições nunca tiveram um peso relativo considerável, se tivermos em vista o conjunto da produção escrita de Simmel. Por isso, o texto no qual ele afirma que não é um poeta é muito significativo. Ele demarca o campo no qual Simmel se movimenta, as possibilidades que ele vê para si mesmo. Se ele não é poeta, o que ele pode ser?

Escrito em primeira pessoa, o autor — um certo "G. S." — nos faz uma confidência. Ao que parece, não era difícil para os seus contemporâneos estabelecer a autoria do texto. Se ele não é o relato fidedigno de um acontecimento em meio a uma de suas viagens anuais pelos Alpes, ao menos assim parece. O cocheiro que o conduzia narra-lhe uma lenda, ou talvez mesmo um relato verídico, mas já perdido há muito no tempo (que lembra a *Schwarze Spinne* de Gotthelf). Simmel relata então o efeito que a narrativa causou:

> "*A história consumou uma fatalidade em mim. Eu acreditava então ser um poeta. E aqui eu fui contraposto a uma matéria que já trazia em si a obra poética, assim como a explo-*

---

[24] "Jenseits der Schönheit" é publicado em abril de 1897, enquanto "Friedrich Nietzsche. Eine moralphilosophische Silhouette" veio à luz em 1896.

[25] Cf. G. S. (Georg Simmel), "Momentbilder sub specie aeternitatis: Spuren im Schnee — Blüthenverschwendung — Wenig Kuchen — Kein Dichter — Der Tornisten", *in Jugend*, Munique, ano 5, 1900, vol. II, p. 828; republicado parcialmente em Simmel, *Vom Wesen der Moderne, op. cit.*, pp. 9-10.

são libera as energias condensadas na pólvora. Mas como quer que eu a tenha captado, eu não consegui desenvolver esse destino condensado em um único segundo em uma obra de arte. A imagem da mulher me dominava cada vez mais, a imagem da mulher que, no momento em que aniquilava o seu inimigo, a cujo amor ela se opunha, só então pôs a descoberto o seu próprio sentimento, que estava até então acobertado pelo ódio — onde a chama que agarrava sua alma oscilava como uma chama que consumia o seu corpo. Eu sentia sem parar esse momento atroz, no qual céu e inferno se encontraram em seu coração, ele não me largava, e eu não conseguia ir além dele, não conseguia conformar a sua confusão na beleza de uma simples imagem. Ele se contrapunha a mim como um poder hostil e acabado, que eu não podia dissolver para formar a partir de suas forças uma obra de arte. Então eu vi: a realidade é forte demais para mim — *eu não era um poeta* — *não era poeta!"*[26]

Não sendo poeta, Simmel contentou-se em ser *filósofo*. Mas um filósofo a seu modo: sem renunciar às artes do ensaio, do passeio, da tentativa, do escavar, da procura e da aventura.

Ao afirmar que não é poeta, ele se afasta da literatura, mas não se aproxima da ciência. Permanece numa posição peculiar e ambígua, ele permanece um estranho. Como estranho, faz uso da maleabilidade que é sua prerrogativa.[27] Na constelação de cultura filosófica, Simmel encontra — ou cria — um espaço próprio, no qual pode usufruir, produtivamente, de sua ambiguidade. Ele a põe a seu serviço. Por isso, mesmo não sendo poeta, a arte será, para sempre, o espelho que reflete a sua própria figura. Todos os seus ensaios tendem à obra de arte. No duplo sentido de que eles acabam por considerar os seus objetos como obras de arte, como, por outro lado, almejam tornar-se eles próprios, os ensaios, obras de arte.

A narrativa confessional contribui ainda para explicar o problema do interior. *A realidade é forte demais para mim.* O que faço então? Retiro-me para o interior.

---

[26] G. S. (Georg Simmel), "Momentbilder sub specie aeternitatis: Spuren im Schnee — Blüthenverschwendung — Wenig Kuchen — Kein Dichter — Der Tornisten", *in Vom Wesen der Moderne, op. cit.*, p. 11.

[27] Cf. G. Simmel, *Soziologie, op. cit.*, pp. 764 ss.

Jugendstil

O INTERIOR

1. PRÓLOGO

Com o "Jugendstil" se cristaliza uma nova cultura ligada à moradia. A casa, e tudo o que está dentro dela, passa a ser objeto do seu interesse. Assim o "Jugendstil" se desloca para o interior, para o interior burguês, que por sua vez é o espaço do salão, da sociabilidade em pequenos grupos. A ideia da obra de arte total reúne a arquitetura e a decoração interior em um todo único — de que o Nietzsche-Archiv em Weimar dá o exemplo magnífico. Com o "Jugendstil", a decoração dos ambientes interiores passa a ser regida pela ideia da obra de arte: decorar, e tornar aconchegante e agradável, é ao mesmo tempo tornar moderno e individual: é tornar o interior mesmo uma obra de arte.[1] Com isso, o "Jugendstil" promove a transformação do artista em artista aplicado.[2]

Henri van de Velde (1863-1957) é em todos os aspectos uma figura exemplar para compreendermos o interior burguês que nos interessa. Desde 1889 Velde é membro do grupo dos "XX" em Bruxelas, que como vimos inspirou as alianças entre os pintores berlinenses que culminaram na criação da Secessão. Em 1891 ele participa, enviando móveis, da Exposição Internacional de Arte de Dresden, e a partir de então marca sua entrada na Alemanha, começando por decorar casas em Berlim. Van de Velde permanecerá então na Alemanha durante longos anos. Logo de início estabelece contato com Harry conde Kessler, que se torna um dos seus grandes amigos e entusiastas. Um dos primeiros projetos comuns é a realização de uma edição de luxo do *Zarathustra*, em que Velde assume os trabalhos de produção gráfica. Já então, a ideia da obra de arte total é o núcleo que impulsiona sua arte: arquitetura, móveis, talheres, louças, luminárias, em suma,

---

[1] Ver a título de exemplo Otto Julius Bierbaum, "Gedanken über Buchausstattung" (1897-1898), *in* J. Mathes (org.), *Theorie des literarischen Jugendstils, op. cit.*, pp. 68-73.

[2] Não por acaso a linha direta vai de van de Velde à Bauhaus. Veja-se C. Hepp, *Avantgarde. Moderne Kunst, Kulturkritik und Reformbewegungen nach der Jahrhundertwende*, Munique, DTV, 1987, pp. 159-78.

tudo o que diz respeito à casa e ao que está dentro dela. Inclusive as roupas: em 1898 ele cria novos trajes femininos; em 1900 publicará o texto "Die künstlerische Hebung der Frauenkleidung" que, como diz o título, transforma a roupagem feminina em obra de arte. Já em 1898 *Dekorative Kunst* — um dos órgãos do "Jugendstil", revista fundada por Julius Meier-Graefe e na qual Simmel publicará, em 1908, seu texto sobre "O problema do estilo" — dedica um número especial a van de Velde. A revista tinha como subtítulo "revista ilustrada de arte aplicada". Arte aplicada é uma questão da época, e o interior se mostra como um lugar especialmente propício para sua difusão, dada a grande variedade de objetos que encontram nele o seu lugar. Meier-Graefe, que vive em Paris, cria a loja de arte "Maison moderne", decorada por van de Velde. "Maison moderne" exprime o moderno estilo de vida, o modo de morar e de viver. No mesmo ano, van de Velde decora a galeria "Keller und Reimer" em Berlim.[3]

Em 1900, van de Velde transfere sua firma de artes decorativas para Berlim. Em 1901, Kessler media o contato de van de Velde com Elisabeth Förster-Nietzsche; é também ele quem recomenda van de Velde ao Grão-duque de Sachsen-Weimar — o Grão-duque, engajado, queria fazer Weimar, a cidade do Classicismo alemão, renascer, mas agora sob o signo do moderno.[4] Nesse projeto, van de Velde desempenhará um papel central.[5] Já em 1902 é fundada a "Kunstschule" de Weimar, planejada e dirigida por Velde. Em 1904, visando remodelar a escola de artes, van de Velde apresenta os planos de uma escola de artes aplicadas — "Kunstgewerbeschule" —, que será inaugurada em 1907, seguindo um projeto seu (da "Kunstgewerbeschule" nascerá a "Bauhaus"[6]). Uma das ideias centrais de

---

[3] A bibliografia ao final indica alguns títulos sobre van de Velde, sobretudo os textos de K. J. Sembach, "Henry van de Velde. Ein europäischer Künstler in seiner Zeit", *in Museums journal*, n° 1, ano 7, janeiro de 1993; K. J. Sembach e B. Schulte (orgs.), *Henry van de Velde. Ein europäischer Künstler seiner Zeit*, Colônia, Wienand, 1992. Sobre van de Velde, Kessler, arte aplicada e "Jugendstil" ver L. Müller, "Impressionistische Kultur. Zur Ästhetik von Modernität und Großstadt um 1900", *op. cit.*, pp. 63-6.

[4] O federalismo, na Alemanha do Segundo Império, demonstrou ser um fator importante na liberalização da vida cultural, criando variados centros irradiadores pelo Reich e possibilitando um raio de ação mais livre para os artistas. Muitas vezes, tendências que encontravam resistência em um local migravam para outro centro; o que em Berlim podia encontrar resistência devido à vigilância do Kaiser, encontra em outro lugar condições mais propícias para se desenvolver. Disto deriva a importância de centros como Weimar, Darmstadt etc., para não se falar, é claro, de Munique.

[5] Veja-se K. J. Sembach, *Arte Nova. A utopia da reconciliação*, Colônia, Benedikt-Taschen, 1993, pp. 120-39.

[6] Sobre o assunto ver os materiais elaborados pelo Bauhaus-Museum de Weimar.

van de Velde desenvolvida na escola, o "trabalho conjunto do artista, artífice e fabricante [Kuenstler, Kunsthandwerker und Fabrikant]", deita raízes profundas e será incorporado, a seguir, no programa da Bauhaus de Gropius. Em diversos aspectos, a remodelação posterior da escola, quando van de Velde se vê forçado a abandonar (por razões políticas) a direção e indica Gropius como substituto, será tributária de sua formulação original — não só aquilo o que, com os anos, assume a rubrica do "funcionalismo" aparecia inicialmente como "praticidade realista",[7] como também o impulso reformador da vida é o mesmo.

Morando em Weimar, van de Velde realiza, ao par de suas atividades na escola, outros trabalhos. O principal deles é a remodelação completa do Nietzsche-Archiv, em 1903. Sob a sombras do grande inspirador nasce a obra de arte total, em que a própria vida se torna a obra de arte, emoldurada pela casa, decorada em todos os seus objetos: torneiras, maçanetas, móveis, quadros, livros, o piano, a lareira ou o forno, os candelabros, relógio... Van de Velde, ao defender o "novo estilo" presente em suas obras, mobiliza uma ideia do moderno que se situa na continuidade dos pintores da vida moderna Guys, Degas e Lautrec.[8] Em Lautrec, ademais, parece ser possível perceber mais facilmente, em seus cartazes — os cartazes que inspirarão o "Jugendstil" e que, utilizando a técnica litográfica, abrem novas possibilidades para a reprodutibilidade técnica da obra de arte[9] — uma espécie de transição rumo ao "Art Nouveau".

---

[7] G. Simmel, *Philosophie des Geldes*, *op. cit.*, p. 641, citado e comentado em "estilo de vida".

[8] Cf. Henri van de Velde, *Vom neuen Stil. Der Leienpredigten*, II, Teil, Leipzig, 1907, p. 70 *apud* L. Müller, "Impressionistische Kultur. Zur Ästhetik von Modernität und Großstadt um 1900", *op. cit.*, p. 64.

[9] Veja-se W. Benjamin sobre a litografia: *Gesammelte Schriften*, *op. cit.*, vol. I.2, pp. 436 ss., 474 ss., vol. V.2, pp. 946-8. A técnica é o problema da época; e por isso a arte (e também a vida) se depara tanto com ela, que não tem como fugir a um posicionamento frente à técnica: seja a arte contra a técnica, seja mobilizando a técnica a ser favor. "O Jugendstil é a segunda tentativa da arte de enfrentar a técnica. A primeira foi o Realismo. Nele o problema se apresenta, maior ou menor, na consciência dos artistas. Eles foram perturbados pelos novos procedimentos da técnica de reprodução. [...] No Jugendstil o problema já havia enquanto tal sucumbido à repressão [Verdrängung]. Ele não se compreende mais como ameaçado pela técnica concorrente. Tanto mais agressivo resultou o enfrentamento com a técnica, que permanece oculta nele. Seu retorno aos motivos técnicos resulta da tentativa de os estilizar enquanto ornamento." Benjamin, *Gesammelte Schriften*, *op. cit.*, vol. V.2, p. 692; tb. vol. I.2, p. 660. Os problemas da reprodutibilidade técnica estão diretamente relacionados ao debate acerca da arte aplicada. Como pode a arte ser feita industrialmente? Trata-se de um debate da época: Werner Sombart escreveu "Problemas da arte aplicada no presente", Friedrich Naumann "A

O interior

As atividades de van de Velde durante sua estada em Berlim, entre 1900 e sua mudança para Weimar — mesmo após a mudança ele visitava frequentemente a capital do Reich —, delineiam certos círculos sociais muito próximos a Georg Simmel. Van de Velde fez sucesso em Berlim por volta de 1900-1902, onde foi acolhido com curiosidade e simpatia. A arte decorativa de van de Velde permite-nos imaginar como seria o interior dos salões frequentados por Simmel, como por exemplo o de Sabine Lepsius (retratado rapidamente por E. R. Curtius em um passo que ainda será citado); e mesmo de sua própria residência. Sabine Lepsius, pintora e casada com um pintor secessionista, pintava também porcelanas no estilo "Jugendstil".[10] Também os editores e *marchands* Paul e Bruno Cassirer — Bruno morava em Westend, o bairro dos intelectuais onde Simmel e seus amigos moravam — tinham um mobiliário confeccionado por van de Velde. É difícil estabelecer como teriam sido os laços entre Simmel e van de Velde, sobre o que falta qualquer relato. Muito provavelmente Harry conde Kessler apresentou um ao outro; de qualquer modo o contato ocorreu tendo em vista os movimentos da arte "moderna" em Berlim por volta de 1900. Vejamos então uma passagem dos diários de Kessler:

Berlim, 19 de janeiro 1903
À tarde na casa de Liebermann com Simmel e Vandevelde; discussões sobre a fundação do clube.[11] Liebermann e Simmel disseram-me cada um por si com quase as mesmas palavras que a finalidade deveria ser organizar aqueles poucos homens de cultura que vivem entre os bárbaros. Sobretudo contra a arte oficial, contra a Siegesallee. Positivamente: algo como l'Art pour l'Art. Liebermann pensa como modelo o Athenaeum em Londres.[12] Antes de Simmel e Vandevelde chegarem, L. dava as últimas pinceladas em seus jogadores de polo. Ao mesmo tempo falava animadamente: "A pintura é toda ritmo. Por isso é também um absurdo quando

---

arte na época da máquina", "Arte aplicada e política social", e os exemplos — é apenas disso que se trata — seriam por demais numerosos. No tópico "estilo de vida" indiquei os textos de Simmel a respeito. Nos anos 20 o tema tornou-se um lugar absolutamente obrigatório do debate da crítica artístico-cultural. Já na virada do século, a questão se coloca também na perspectiva de uma democratização da arte e do gosto: "arte para o povo". Veja-se, por exemplo W. Nerdinger, "Riemerschmids Weg vom "Jugendstil" zum Werkbund", *in* Nerdinger (org.), *Richard Riemerschmid. Vom "Jugendstil" zum Werkbund. Werke und Dokumente*, Munique, Prestel, 1982, pp. 13-26.

[10] Expostas no Berliner Kunstgewerbemuseum.

[11] Trata-se da fundação do "Deutschen Künstlerbundes" ("Liga dos artistas alemães"), que transcorreu em 16 de dezembro de 1903 em Weimar.

[12] *The Athenaeum. Literary and critical journal.* Londres, 1828-1921.

alguém diz que o quadro é mal desenhado, mas bem pintado. Um quadro não pode de modo algum ser mal desenhado e bem pintado. Isso tudo é uma coisa só, porque a pintura é ritmo, nada além de ritmo. Se esta linha aqui é diferente, então esta cor precisa também ser diferente." Em oposição a Simmel ele vociferou contra Wagner, de modo bastante ríspido e grosseiro. Ele não lhe concede nada; "nem mesmo a arte". Também a Klinger. A este ele concede apenas que seja artista. "Veja, há artistas e há leões de chácara. Tá, Klinger não é um leão de chácara." Simmel encarregou-se de formular de modo conveniente o ponto de vista de "l'Art pour l'Art" para os convites de adesão. — Liebermann voltou hoje à ideia, como outro dia, de que as molduras precisam isolar o quadro; a obra de arte não poderia ultrapassar as molduras. Ela precisaria, como diz Simmel, permanecer uma ilha em meio à vida. Parece-me que aqui há uma discordância profunda na concepção de arte. Em L. e Simmel uma renúncia a dar forma à própria vida. Arte em princípio como uma fuga da vida. Romantismo. Mas é possível polemizar, isto é, se é possível realizar na prática a outra alternativa. — Enquanto discutíamos, o jovem Kardoff chegou.[13]

Este texto é importante porque é um dos únicos relatos que nos permitem, muito fragmentariamente, vislumbrar as relações de Simmel nos meios artísticos berlinenses. Simmel parece ter tido um papel de destaque na criação do "Deutscher Künstlerbund". Mas o texto do conde Kessler, entreabrindo a porta do atelier de Liebermann na Pariser Platz, no centro de Berlim, mostra-nos Simmel em meio à sua roda de amigos e nos dá uma ideia do seu círculo de relações sociais. Anos depois, Simmel escreveria um texto especialmente sobre a questão da "l'art pour l'art".[14] Já desde então trata-se da questão da arte e da vida, que está no núcleo de todas as tentativas do moderno que Simmel presencia em Berlim: no Naturalismo, no Impressionismo, no "Jugendstil", no Expressionismo. O tema da "moldura" da obra de arte já foi mencionado, inclusive com referência ao interior.[15] A "ilha" ("Die Insel") é, ela mesma, uma ideia nietzschiana e se torna o título de uma das principais revistas do "Jugendstil", e da editora que nasce desse empreendimento.

---

[13] B. Zeller, "Aus unbekannten Tagebücher Harry Graf Kesslers". Texto sem referências, pp. 18-9. Como se trata de um texto de diário, a escrita é livre. As falas de Liebermann em dialeto berlinense foram traduzidas normalmente. Lieberman = Max L.; Wagner = Richard W.; Klinger = Max K.; Vandevelde = Henri van de Velde.

[14] Cf. G. Simmel, "L'art pour l'art", *op. cit.*

[15] Cf. o tópico "estilo de vida". O texto de Simmel é "Der Bildrahmen. Ein ästhetischer Versuch" (1902), *op. cit.*, além de diversas passagens em outras obras.

O interior

Note-se que a oposição à arte oficial — "Siegesallee" — é um elemento central na aglutinação dos círculos em que Simmel parece mover-se (lembre-se de sua defesa de Hauptmann). O "Deutsche Künstlerbund", fundado em 1903 em Weimar, tem como objetivo combater a política artística oficial (do Kaiser); em 1904 há a primeira exposição em Weimar. Por hora interessa apenas marcar a proximidade de Simmel e Henri van de Velde. O conde é o mediador, quem leva Velde para Weimar, o grande cosmopolita e defensor das artes.[16] O "Künstlerbund", que nasce das discussões em Berlim, irá, a seguir, reunir sobretudo os pintores "modernos" de toda a Alemanha, principalmente no eixo Berlim-Munique. Que Liebermann discuta com van de Velde indica como os "movimentos" — melhor seria: momentos — do processo das vanguardas artísticas se interpenetram.[17] E isto é especialmente significativo no que diz respeito a Georg Simmel. Pois não se trata aqui de atribuir e pintar um Simmel "simbolista", "naturalista", "impressionista", "secessionista", "expressionista" ou "do estilo Jugend". Trata-se, pelo contrário, de mostrar como elementos os mais diversos, que encontram lugar e são formulados por esses momentos da vanguarda artística alemã, e em particular berlinense, estão também presentes, de modo variado e lábil, em Simmel. Na medida em que essas vanguardas tematizam a seu modo o seu tempo, elas compartilham algo com Simmel. São essas afinidades, eletivas, que devem ser sugeridas e delineadas. Trata-se de expor os materiais, e deixá-los falar, seja em suas reticências, seja em suas ressonâncias e reverberações, seja em suas formulações mais diretas.

O "Jugendstil" difunde um novo, moderno estilo de vida. Por isso essa arte encontrou um campo tão fértil na arte aplicada, em todos os objetos com que o homem se confronta em seu cotidiano: na porcelana, nos móveis, nas joias, na arquitetura, nas vestimentas, nos tecidos, na decoração etc. Pois se tratava de um novo estilo de vida que se queria mostrar em

---

[16] Não cabe aqui avançar sobre a rica vida e personalidade de Kessler; sobre isso pode-se ver: Harry Graf Kessler, *Künstler und Nationen. Aufsätze und Reden 1899-1933*, Frankfurt/M, Fischer, 1988; *Tagebuch eines Weltmannes*, Eine Austellung des Deutschen Literaturarchivs im Schiller-Nationalmuseum Marbach am Neckar. Marbacher Kataloge; B. Zeller, "Aus unbekannten Tagebücher Harry Graf Kessler" (texto sem referências); H. v. Hofmannsthal e H. G. Kessler, *Briefwechsel 1898-1929*, organização de H. Burger, Frankfurt/M, Insel, 1968.

[17] Adorno assinala a "unidade de Jugendstil e Impressionismo" (referindo-se respectivamente à Alemanha e França). T. W. Adorno, "Im Jeu de Paume gekritzelt", *in Gesammelte Schriften*, Frankfurt/M, Suhrkamp, 1970 ss., vol. X.1, p. 325. O texto de Adorno fornece ricos aportes para as tematizações que esboço aqui, que caberia melhor explorar. Fica a indicação.

todos os domínios da vida, de modo a poder estabelecer as relações de vida e arte em um outro (novo) plano (*Jugend* deixa isto bem claro em seu subtítulo[18]). O moderno se encontra em todos os espaços: no broche, no vestido, no sofá, no quadro, na luminária. A vida é cercada por todos os lados por esse novo sentimento, que se concretiza nos objetos, e isto acaba por caracterizar e configurar o modo de vida. Interessante em van de Velde, e no "Jugendstil" em geral, é a unidade de arquitetura, mobiliário e objetos artísticos (inclusive roupas), pois tudo na verdade se interpenetra na tentativa de criar uma unidade de vida e arte. O caso de François Haby fornece um exemplo interessante. Cabeleireiro da "moda", vale dizer "moderno", na Berlim de 1900, o espaço de seu salão é completamente organizado/ decorado por van de Velde. Assim, cortar no salão de Haby simboliza impregnar a vida até no mais prosaico — o corte do cabelo — com a vestimenta do moderno. Naturalmente cortar com Haby é uma moda,[19] que por sua vez, como Simmel afirma (cf. o tópico "estilo de vida"), é uma das formas de diferenciação dos objetos, assim como a diferenciação no plano dos estilos em meio a pluralidade de estilos que caracteriza o moderno.

A ideia do clube de artistas e amigos da arte, que o conde Kessler registrou em seu diário e que parece ter nascido nas discussões no atelier de Max Liebermann, mobilizou profundamente Georg Simmel. Como vimos, ele foi encarregado de redigir um convite oficial, enviado a várias personalidades com o intuito de captar adesões. Em uma carta a seu amigo Stefan George ele tenta expor o plano e ganhar a colaboração do poeta.

Westend em Berlim, 24/2/1903
Caro amigo,
Muito me alegro em ter a oportunidade de lhe oferecer um augúrio de vida e de ideias. Pelo anexo Você vê do que se trata — uma empreitada à qual me liguei porque espero dela um núcleo cultural, tal como nós amargamente precisamos; pois diariamente torna-se mais claro que vivemos em meio a bárbaros. O comitê inicial constitui-se de Liebermann, L. von Hofmann, conde Kessler e eu mesmo. Nós endereçamos o mesmo convite a uma série de personalidades, assim como a Você, que no essencial já es-

---

[18] Veja-se, por exemplo, a apresentação da revista em seu primeiro número: G. Hirth e F. von Ostini, "Jugend" (1896), republicado em J. Mathes (org.), *Theorie des literarischen Jugendstils*, *op. cit.*, pp. 148-9.

[19] Haby é, ademais, o cabeleireiro oficial do Imperador. Que o Imperador, hostil à arte moderna, corte seus cabelos em um salão que é um dos monumentos da decoração moderna é apenas uma das idiossincrasias do moderno na Alemanha do Segundo Império.

tão engajadas. Personalidades das mais diversas orientações, na arte e no pensamento, e mesmo aquelas que são os seus antípodas na arte, como Hauptmann e Dehmel. Mas nós acreditamos que aqui o maior rigor no que diz respeito à pureza e independência das ambições estéticas deveria estar ligado à maior generosidade no que diz respeito aos caminhos e estilos. Nós pesamos cuidadosamente se, apesar dessas oposições, poderíamos pedir a sua participação, à qual nós imputamos um enorme valor pessoal e programático, a tal ponto de termos renunciado a uma personalidade que nos teria sido muito valiosa por muitos motivos exteriores, em virtude de ela ter se manifestado em relação à sua pessoa de modo muito inamistoso. Se por um lado isto nos pareceu inadmissível, nós consideramos a oposição de direcionamentos objetivos no interior desse clube não como um empecilho, mas sim como algo indispensável. Dos cerca de 20 membros do comitê eu ainda lhe indico: Klinger, Wölfflin, Mommsen, Lichtwark, Vandevelde, Richard Strauss. Trata-se justamente de, em meio à preponderância ameaçadora da arte oficial e filisteia, erigir um símbolo visível para a reunião daqueles para quem a independência e a autonomia da arte é cara e que sentem a paixão pela arte da humanidade. Parece-me que seria uma contradição interna, se Você não participasse. — [...][20]

O clube é uma aglomeração motivada pela barbárie da vida cultural, da vida cultural *oficial*, patrocinada pelo Kaiser. Diante dessa cisão profunda que marca a Berlim do Segundo Império (e que se irradia por todo o Reich), todas as forças acabam por se alinhar ou de um lado, ou de outro. E Simmel não tem a menor dúvida quanto ao lado em que deve se posicionar, assim como não tem dúvida de que as diferenças de posição devem ser relevadas em vista de um ideal superior, representado pelo clube.

---

[20] Carta de Georg Simmel a Stefan George de 24/2/1903, *in* M. Landmann (org.), "Briefe Georg Simmels an Stefan George und Friedrich Gundolf", *in* H. J. Dahme e O. Rammstedt (orgs.), *Georg Simmel und die Moderne, op. cit.*, pp. 434-5. E ainda esta carta de Simmel a Ricarda Huch: "Since art has nothing to do with the division of labor, but always creates a totality, the artist will never have a fundamental relationship to 'associations', *in* which a totality can only come about through the cooperation of many. [...] I myself confess openly that I only joined [...] the organisation against resistance and second thoughts. But the artistic and cultural state of emergency in Berlin — where the major forces in public life crush us with barbarism and the worst art — is so great that I was not able to resist the plan to support the seattered initiatives for something better, no matter how imperfectly it may be realized". Carta de Georg Simmel a Ricarda Huch de 5/3/1903 *apud* O. Rammstedt, "On Simmel's Aesthetics: Argumentation in the Journal *Jugend*, 1897-1906", *op. cit.*, pp. 137-8. Vejam-se ainda alguns elementos da sociologia dos grupos simmeliana, que não poderei explorar aqui. Cf. G. Simmel, *Soziologie, op. cit.*, pp. 248-9, rodapé.

A tal ponto que até mesmo Stefan George, o mais recluso e exclusivo dos "modernos", deve ser cooptado para o projeto. E Simmel, o único do grupo que mantinha *também* relações com essa outra facção, é o encarregado de tentar sensibilizá-lo (sobre Simmel e George ver mais à frente).

As diversas personalidades que são mobilizadas no clube nos indicam, mais uma vez, os círculos sociais nos quais Simmel se move: Max Liebermann, Ludwig von Hoffmann, Henri van de Velde, Harry conde Kessler, Max Klinger, Richard Strauss, Richard Dehmel, Theodor Mommsen, Heinrich Wölfflin, Alfred Lichtwark...

A questão do clube nos põe diretamente em meio ao problema da arte oficial *versus* arte moderna. Para tanto é instrutivo vislumbrar os antecedentes que levam à ideia de se fundar um clube. "O desgosto difuso em relação à política artística prussiana veio à tona de forma explosiva em 1903, quando se evidenciou que as repartições públicas, sob influência do Imperador, tentaram prejudicar os secessionistas na preparação de uma exposição sobre a pintura alemã contemporânea por ocasião do Congress of Arts and Sciences em St. Louis. Inicialmente as instâncias prussianas responsáveis tinham solicitado — em vista da contribuição do Império Alemão na última Exposição artística internacional em Paris ter sido um grande fracasso —, em acordo com os governos de todos os outros Estados da federação, a nomeação de um júri independente, que deveria assumir a seleção para a exposição em St. Louis, ao invés de deixar a seleção, como tinha sido até então, ao cargo da Allgemeine Deutsche Kunstgenossenschaft, que tinha fama de privilegiar a quantidade em lugar da qualidade e que estava em pé de guerra com a Secessão. Por obra de von Werner, que protestou imediatamente junto a Wilhelm II, essa decisão foi contudo reconsiderada. O público, não sem razão, supôs que havia aí a mão de Wilhelm II. Em consequência disso, irrompeu uma tempestade de indignação na opinião pública. A Secessão retirou, sob protesto, as obras que havia arrolado para a exposição, e Harry conde Kessler fundou imediatamente em Weimar, a despeito de uma intervenção prussiana junto ao Grão-duque, o Deutscher Künstlerbund, como uma organização paralela à Allgemeine Deutsche Kunstgenossenschaft [...]."[21] Como se vê, a "barbárie" de que Simmel fala na carta a George refere-se ao próprio Imperador e sua defesa da arte tradicional, pois foi nas artes plásticas que a tensão entre o

---

[21] W. J. Mommsen, *Bürgerliche Kultur und künstlerische Avantgarde, op. cit.*, pp. 53-4. Anton von Werner (1843-1915), pintor "realista" de retratos, batalhas e cenas históricas, foi professor de pintura de Wilhelm II e representava as ideias tradicionais do Imperador. É digno de nota o fato de que Georg Simmel não consta como protagonista na história oficial do acontecimento, embora tenha desempenhado, ao que parece, um papel importante na organização do "clube".

O interior

gosto oficial da corte e os dissidentes foi mais pungente.[22] O regime imperial se exprimia principalmente em uma arquitetura monumental, mas também na escultura e pintura.

A "Siegesallee" — "alameda da vitória", mencionada no diário do conde Kessler — simboliza a tensão que marca as relações entre a arte oficial, patrocinada pelo Imperador, e os movimentos "alternativos", as divergências artísticas e culturais. A "Siegesallee" foi um presente de Wilhelm II aos berlinenses; uma alameda ornada em ambos os lados por estátuas, no Tiergarten (grande parque no centro de Berlim), representando todos os príncipes da dinastia reinante, os Hohenzollern, inaugurada pelo Imperador em dezembro de 1901. Ela é o símbolo de uma arte pomposa e glorificante, enaltecedora do caráter e das virtudes da nação "vitoriosa", que rápida e jocosamente foi rebatizada pelos berlinenses de "Puppenallee" ("alameda das bonecas"). O discurso do Kaiser na ocasião da consagração da alameda é elucidativo acerca do lugar que é atribuído à arte pelo Imperador e por todos aqueles que o seguem:

"Se a arte, como ocorre frequentemente nos dias de hoje, nada mais faz do que apresentar a miséria de modo ainda mais horrível do que ela já é, então com isso ela ofende o povo alemão. O cultivo dos ideais é ao mesmo tempo o maior trabalho da cultura, e se queremos ser e permanecer um modelo para os outros povos, é preciso que todo o povo colabore nisto. E se a cultura deve realizar plenamente as suas tarefas, então ela precisa penetrar até as camadas mais inferiores do povo. Ela só pode fazer isso se a arte lhe ajudar, se a arte a eleva, ao invés de rebaixá-la ao esgoto."[23]

A arte que rebaixa ao esgoto é o Naturalismo, as tendências sociais que retratam de algum modo a miséria. Mas é também a pintura da Secessão, que não segue "a lei da beleza e o sentimento para a estética e a harmonia".[24] O que o Kaiser quer é uma espécie de realismo amaciado

---

[22] A exposição que originou toda a polêmica foi um evento paralelo da Exposição universal de St. Louis em 1904. Georg Simmel foi convidado a participar de um outro evento paralelo, o Congress of Arts and Sciences of the St. Louis World's Fair (setembro de 1904), mas não realizou a viagem (foi nessa mesma ocasião que M. Weber realizou sua viagem aos EUA).

[23] Discurso de Wilhelm II em 18/12/1901 *apud* C. Hepp, *Avantgarde. Moderne Kunst, Kulturkritik und Reformbewegungen nach der Jahrhundertwende*, op. cit., p. 47.

[24] Wilhelm II *apud* W. J. Mommsen, *Bürgerliche Kultur und künstlerische Avantgarde*, op. cit., p. 52.

que tematize as glórias e triunfos da nação: cenas de guerra, retratos de heróis, paisagens que elevam o espírito, cenas pitorescas da vida dos camponeses, e assim por diante.

Esta tensão entre a arte oficial e a arte "moderna" já havia levado, em 1898, à fundação da Secessão berlinense. No teatro, Ibsen, Hauptmann, Strindberg e Wedekind encenam suas peças, e os cabarés dão seus primeiros passos.

As ocasiões de reorganização e embelezamento da cidade forneciam amplas possibilidades de expressão para essa arte, em que predomina, até 1900, o "historismo", que é a cópia dos estilos do passado — gótico, romântico, renascentista, barroco — atualizado na chave da ostentação. Já desde o início do século XIX (pense-se em C. F. Schinkel, em tudo emblemático no que diz respeito a Berlim) a tarefa dos arquitetos é atualizar os estilos do passado, fruto do orgulho nacional, nas construções do presente. "Como seus meios de expressão clássicos e classicizantes também eram utilizados por outros, o Estado [e isto vale sobretudo para a Prússia, LW] estava em apuros no que dizia respeito à sua autorrepresentação. O que o salvava ocasionalmente era como que destinar canonicamente os diversos estilos disponíveis a tarefas determinadas: igrejas e prefeituras em estilo gótico (sempre com torre!), mais raramente também em estilo românico; estações de trem à Renaissance; prédios oficiais e da administração em variedades classicizantes: pomposos para as Residências [reais], pobres para as escolas e casernas; óperas, teatros e outros lugares festivos em estilo barroco."[25] As grandes residências burguesas — "Villas" — recorrem também a toda essa gama de estilos, que, como vimos, Nietzsche e Simmel, cada um a seu modo, detectaram. Só pouco a pouco novas tendências se fazem notar, como o "Jugendstil" e os antecedentes da "Neue Sachlichkeit". Então, sobretudo com o "Jugendstil", a arquitetura e a arte aplicada passam a andar juntas, em companhia da industrialização: o artista vira técnico, o engenheiro, artista.

Na pintura, o gosto oficial é bem testemunhado na pompa e circunstância de pinturas históricas, como a proclamação do Reich em Versalhes.[26] Na escultura, trata-se principalmente de decorar as grandes construções, como o Berliner Dom e o Reichstag.

---

[25] M. Kraus, "Hier baut der Staat", *in L'80. Zeitschrift für Politik und Literatur*, n° 19, agosto de 1981, p. 30, *apud* C. Hepp, *Avantgarde. Moderne Kunst, Kulturkritik und Reformbewegungen nach der Jahrhundertwende, op. cit.*, p. 55. Ver também W. J. Mommsen, *Bürgerliche Kultur und künstlerische Avantgarde, op. cit.*, pp. 32-6.

[26] Na época, Adolf von Menzel é considerado o maior pintor alemão desde Dürer!

O interior

Em maio de 1898, sessenta e cinco artistas criam a "Berliner Secession", como um protesto contra a arte oficial, liderados por Max Liebermann e Walter Leistikow. A recusa de um quadro de Leistikow pelo júri da "Grande exposição de arte berlinense" forneceu o pretexto definitivo para os secessionistas. Rompendo com os antigos estilos e com o realismo quase fotográfico dominante, defendem a livre escolha dos temas e formas livres de expressão. A exposição da Secessão obtém grande sucesso de público (um quarto dos quadros expostos foi vendido) e foi o antecedente preparatório para a grande pintura que iria se manifestar, alguns anos depois, na cidade. No mesmo ano Bruno e Paul Cassirer abrem o seu "Salão de arte" em Berlim, onde organizarão, ininterruptamente, importantes exposições de artistas alemães e estrangeiros. Os Cassirer inauguram o salão com uma mostra de Liebermann, Meunier e Degas. Com a Secessão, são atraídos outros pintores para a cidade, como Max Slevogt (1868-1932) e Lovis Corinth (1858-1925).[27] Contudo os conflitos no interior da Secessão levam à criação, em 1910, da "Neue Secession", agrupada ao redor de Max Pechstein, que assume a pintura dos expressionistas. Não só "Die Brücke", mas também Marc, Kandinsky e Klee expõem então na Secessão. Em 1913 uma nova divisão na Secessão leva à criação da "Freie Secession", mas então já estamos às vésperas da Guerra. Nos anos que a antecedem, Berlim já se firmara como um dos grandes centros da moderna pintura europeia.

Não só por sua amizade com Max Liebermann — que, com sua longa vida, marcou profundamente a vida artística berlinense —, Georg Simmel foi próximo da Secessão berlinense. Um pintor de menor calibre da Secessão, Reinhold Lepsius, foi durante anos a fio um dos seus grandes interlocutores em assuntos de arte e, casado com Sabine Graef, uma velha amiga de Simmel, constituiu o salão que Simmel frequentou e no qual realizou a arte da conversação em pequenos grupos, que tanto prezava. Em verdade, pode-se dizer que o ambiente artístico da Secessão berlinense, antes de suas cisões, é um dos principais ambientes no qual Simmel vive em Berlim.

2. ATO ÚNICO

Devemos a um aluno de Georg Simmel, Walter Benjamin, a análise do interior burguês. Ele o analisa também tendo em vista o "Jugendstil".

---

[27] Os três costumam ser considerados os maiores representantes do que seria um Impressionismo na Alemanha. Lembremos, provincianamente, que Corinth foi o professor de Anita Malfatti, em seu período de estudos em Berlim.

A oposição entre o espaço da vida e os locais de trabalho aparece pela primeira vez para o homem privado. O espaço da vida constitui-se em interior. O escritório é o seu complemento. O homem privado, que no escritório leva em conta a realidade, pede ao interior para ser mantido em suas ilusões. Essa necessidade é tanto mais urgente, quanto ele não pensa em estender as suas reflexões acerca dos negócios para reflexões acerca da sociedade. Na configuração de seu mundo interior, ele reprime ambas. Dele evadem as fantasmagorias do interior. Este representa para o homem privado o universo. Nele, ele reúne o distante e o passado. Seu salão é um camarote no teatro do mundo.

Excurso sobre o Jugendstil. O abalo do interior consuma-se na virada do século no Jugendstil. Certamente ele parece, de acordo com sua ideologia, trazer consigo a perfeição do interior. A apoteose/transfiguração da alma solitária surge como o seu fim. O individualismo é sua teoria. Em van de Velde a casa surge como expressão da personalidade. O ornamento é nessa casa o mesmo que a assinatura na pintura. O significado real do Jugendstil não se manifesta nessa ideologia. Ele representa a última invectiva da arte, sitiada em sua torre de marfim pela técnica. Ele mobiliza todas as reservas da interioridade. Elas encontram sua expressão na linguagem mediúnica das linhas, na flor enquanto emblema da natureza vegetativa, nua, que se opõe ao meio ambiente armado tecnicamente. Os novos elementos da construção de ferro, as formas de suporte, ocupam o Jugendstil. Ele se esforça, no ornamento, para devolver essas formas à arte. O concreto lhe promete novas possibilidades de configuração plástica na arquitetura. Por volta dessa época, o centro de gravidade real do espaço da vida translada-se para o escritório. O que foi despojado de realidade [entwirklichte] cria na moradia o seu lugar. Solness, o construtor traz os resultados do Jugendstil: a tentativa do indivíduo, em poder concorrer com a técnica com base em sua interioridade, leva ao seu ocaso. [...]

O interior é o refúgio da arte. O colecionador é o verdadeiro ocupante do interior. Ele toma para si a apoteose/transfiguração das coisas. Cabe-lhe o trabalho de Sísifo de, mediante a sua posse das coisas, despi-las de seu caráter de mercadoria. Mas ele lhes atribui apenas o valor do amor, em vez do valor de uso. O colecionador sonha não só com um mundo passado ou distante, senão que sonha ao mesmo tempo com um mundo melhor, no qual os homens na verdade são munidos de tão poucas das coisas de que precisam como no mundo cotidiano, mas as coisas estão livres da servidão de serem úteis.

O interior é não só o universo do homem privado, mas também seu estojo. Morar significa deixar rastros. No interior eles são acentuados. Inventam-se colchas e fronhas, caixas e estojos em abundância, nos quais

O interior

se imprimem os traços dos objetos de uso cotidiano. Também os traços do morador imprimem-se no interior.[28]

Em resposta e em contraposição à vida frenética da cidade, grande e moderna, o indivíduo recolhe-se no interior, de que a moradia decorada é a configuração concreta. No interior do "Jugendstil" temos o momento de *crise* do interior. Neste, o interior é elaborado em seus mínimos detalhes, e em todos eles a mão e o olhar do habitante procura deixar suas marcas.

Van de Velde, ao procurar incrustar na residência a personalidade — e não nos iludamos: Lloyd Wright e a Bauhaus queriam o mesmo —, apenas leva ao extremo uma tendência que por um lado vem já de longe, por outro também já está presente por toda parte, e não só na residência que ele decora. Na versão francesa do texto, Benjamin ainda explicita o que se contrapõe ao interior: exterior da cidade grande. Simmel vê a cidade protegido pelo interior aconchegante — física e espiritualmente — da moradia. Hans Simmel fala sobre o apartamento dos Simmel em Westend: "Havia uma ampla vista do balcão do apartamento [...]".[29] Mas o que ele vê?

"*O que... permanece lá fora... é o ameaçar da cidade, a fúria monstruosa não dos elementos, mas sim das indústrias, o poder, que a tudo invade, do moderno tráfego econômico, o mundo das empresas, do trabalho tecnificado e das massas, que aparecem aos homens do Jugendstil como um ruído caótico, sufocante e generalizado.*"[30]

Pois os modernos temem o contato, mais que isso, o contato é sentido como dor. E, além disso, os choques com que a vida moderna atiça, instiga e atordoa os habitantes da cidade seriam insuportáveis, se após algum tempo o habitante não pudesse adentrar no interior. É exatamente isto que torna único o homem na multidão de Poe: ele nunca adentra o interior, ele é quase um monstro. O narrador, por mais insistente que seja,

---

[28] W. Benjamin, *Gesammelte Schriften*, *op. cit.*, vol. V.1, pp. 52-3, e também 67-9; T. W. Adorno e W. Benjamin, *Briefwechsel 1928-1940*, Frankfurt/M, Suhrkamp, 1994, pp. 138 ss.

[29] H. Simmel, "Auszüge aus den Lebenserinnerungen", *op. cit.*, p. 259.

[30] D. Sternberger, "Jugendstil. Begriff und Physiognomik", *in Die Neue Rundschau*, 45. Jg., 1934, p. 260 *apud* W. Benjamin, *Gesammelte Schriften*, *op. cit.*, vol. V.2, p. 683. Benjamin critica a visada de Sternberger porque considera que "nenhum fenômeno histórico é compreensível somente através da categoria da fuga; essa fuga sempre está impregnada daquilo de que se foge" (p. 683). Dolf Sternberger, aluno de Adorno, provavelmente participava dos seminários que o jovem Adorno ministrava sobre Simmel nos inícios dos anos 30 na Universidade de Frankfurt/M.

nunca pode alcançá-lo, porque em algum momento ele precisa descansar. E descansar significa adentrar o interior, de onde ele saíra ao começar sua aventura. Sim, porque sair à rua, na cidade grande e moderna, é sempre uma aventura: tudo é imprevisível, tudo pode acontecer.

Sternberger afirma que "a obra mais verdadeira do Jugendstil é o lar [Heim]. Mais exatamente: a casa [Einfamilienhaus]".[31] Trata-se da casa que cada um constrói como quer, cuja decoração é a configuração arquitetônico-decorativa da individualidade. O "Jugendstil" cria o interior aconchegante, seja o quarto privado, seja a sala de estar, em que ocorre a sociabilidade dos pequenos grupos.

Benjamin rastreou os antecedentes do interior. "Em uma prefiguração do Jugendstil Baudelaire esboça 'une chambre qui ressemble à une rêverie, une chambre véritablement *spirituelle*... Les meubles ont des formes allongées, prostrées, alanguies. Les meubles ont l'air de rêver; ont les dirait doués d'une vie sonambulique, comme le végétal et le minéral'."[32] É exatamente isso: o "Jugendstil" quer transformar o quarto em um sonho, algo verdadeiramente espiritual, no qual o indivíduo se recolhe, protegido das confusões e do barulho da vida moderna. Nisto ele se mostra como uma forma magnífica do estilo de vida moderno, da tensão entre o indivíduo e a sociedade. Que os modernos não se sintam em casa e à vontade em nenhum lugar — ou, como foi dito, que o dinheiro socialize os homens como estranhos — é tão somente o reverso da busca do interior. Quanto mais estranho o exterior, maior a necessidade de um interior familiar. "Pendant que l'art cherche l'intimisme... l'industrie marche de l'avant."[33]

Até mesmo o Zarathustra de Nietzsche busca o interior: "Diess suchen nach *meinem* Heim: oh Zarathustra, weisst du wohl, diess Suchen war *meine* Heimsuchung, es frisst mich auf./ 'Wo ist — *mein* Heim?' Darnach frage und suche und suchte ich, das fand ich nicht. Oh ewiges Überall, oh ewiges Nirgendwo, oh ewiges — Umsonst!".[34]

---

[31] D. Sternberger, "Jugendstil. Begriff und Physiognomik", *op. cit.*, p. 264 *apud* W. Benjamin, *Gesammelte Schriften*, *op. cit.*, vol. V.2, p. 683. Aqui já está claro que se trata, mais uma vez, de estratos sociais muito específicos. Não é uma casa qualquer, muito menos de uma "Mietskaserne", da moradia de um trabalhador.

[32] W. Benjamin, *Gesammelte Schriften*, *op. cit.*, vol. V.2, p. 687. O texto de Baudelaire provém de *Le spleen de Paris* ("La chambre double").

[33] Octave Mirabeau, *in Figaro*, 1889 *apud* W. Benjamin, *Gesammelte Schriften*, *op. cit.*, vol. V.1, p. 284.

[34] "Esta procura da *minha* casa: oh Zarathustra, tu bem sabes, esta procura foi a *minha* prova, ela me devora./ 'Onde está — a *minha* casa?' É o que pergunto e procuro, procurei mas não encontrei. Oh eterno 'por toda parte', oh eterno 'em parte alguma', oh eterno — inutilmente". F. Nietzsche, *Sämtliche Werke*, *op. cit.*, vol. IV, pp. 340-1.

O interior

"A eclosão do moderno na literatura e, incluído nele, do Jugendstil, está inextricavelmente ligada à ampla difusão da filosofia de Nietzsche nos anos por volta de 1890. Sem um olhar mais acurado para os compromissos da crítica cultural, com que Nietzsche encarrega os homens do futuro contra a insignificância moral do presente cientificizado, exteriorizado e alienado, são recebidos sobretudo os tópicos que simulam uma transformação do campo de relações sociais. O surgimento do *Übermensch*, o êxtase da vida e a liberdade da vida em relação aos fins, a libertação frente à tradição e a criação de novos valores, a arte como a tarefa verdadeira e atividade metafísica da vida: em suma, encontra-se digamos em *Also sprach Zarathustra* — uma obra cuja leitura pode ser pressuposta em todos os autores do Jugendstil — um catálogo quase completo dos temas do Jugendstil."[35] Em verdade, não se trata apenas do "Jugendstil" que é influenciado profundamente por Nietzsche. Todos os movimentos que, em algum momento da Alemanha do Segundo Império, pretenderam exprimir o moderno, foram, cada um a seu modo, devedores de Nietzsche; todos mobilizam Nietzsche a seu favor. Assim foi com os Secessionistas, com o "Jugendstil", nos fins do Naturalismo, com o Expressionismo. O fio condutor é a ideia de "vida". Se é Nietzsche quem a reabilita, ela impregna a cultura da época; é, como disse Simmel, aquele conceito que exprime a época.[36]

Mencionei anteriormente como o "Jugendstil" se interessa pelos novos materiais, pelo vidro e pelo aço, e a importância que ele dá às novas possibilidades de manufatura e indústria. As conquistas técnicas da era industrial, da época do dinheiro, são implementadas por ele. "Não apenas no interior da técnica e das máquinas, mas também no interior do desenvolvimento artístico, essa exposição [a Exposição universal de 1851 em Londres, LW] trouxe resultados em cujos efeitos nós vivemos até hoje... Agora nos perguntamos se o movimento, que conduziu... à fabricação de uma construção monumental em aço e vidro, não teria também se feito notar na configuração dos aparelhos. Em 1851 essa pergunta não se colocava. E no entanto havia muito para ser percebido. No interior dos primeiros decênios do século XIX a indústria de máquinas na Inglaterra despiu os aparelhos das formas supérfluas de adorno, a fim de poder fabricá-los mais facilmente por meio de máquinas. Com isso se originaram, especialmente para os móveis, uma série de formas completamente simples, mas absolutamente construtivas, extraordinariamente razoáveis, que hoje nós come-

---

[35] J. Mathes, "Einleitung", *op. cit.*, p. 39.

[36] Veja-se G. Simmel, *Schopenhauer und Nietzsche*, *op. cit.*, pp. 45, 56, *passim*; a "Introdução" de *Philosophische Kultur*; *Der Konflikt der modernen Kultur*, *op. cit.*, pp. 3-10.

çamos novamente a considerar. O móvel absolutamente moderno de 1900, que se afasta de todo ornamento e que insiste na linha pura, liga-se imediatamente àqueles sólidos móveis de mogno, levemente vibrantes, de 1830-50. Mas em 1850 não se percebia que já se estava a caminho de novas formas básicas."[37] A sensibilidade de então estava mais afinada com os desenvolvimentos historicistas. Mas hoje achamos os móveis do "Biedermeier" próximos aos do "Jugendstil". Simmel já nos mostrou a importância das exposições no que diz respeito ao moderno estilo de vida.

Na Alemanha, a situação é mais pungente. Como a industrialização é muito mais tardia, a percepção das formas industriais é concomitante com a industrialização propriamente dita. E isto ocorre, historicamente, no "Jugendstil". É ele quem vive as possibilidades da técnica, é ele quem testemunha a reprodutibilidade das coisas, é para ele que a arte aplicada se torna uma questão.

Simmel percebe como o número de objetos com os quais os modernos se veem confrontados, em sua vida cotidiana, adquiriu no curso do século XIX uma dimensão antes absolutamente insuspeita — processo de diferenciação dos objetos. "O processo de objetivação dos conteúdos da cultura, que [...] promove entre o sujeito e suas criações uma estranheza sempre crescente, desce então até as intimidades da vida cotidiana. Os apetrechos da moradia, os objetos, que nos envolvem seja para uso, seja para ornamento, ainda eram, nas primeiras décadas do século XIX relativamente de uma grande simplicidade e durabilidade [...]."[38] Mas esses objetos proliferam, diferenciam-se nas três dimensões apontadas — uns ao lado dos outros, uns após os outros e no plano dos estilos — e ganham uma autonomia cada vez maior. A dona de casa moderna sente-se aprisionada no "cuidado da casa e de seus componentes",[39] a tal ponto de sentir-se dominada pelos objetos que compõem o seu ambiente. "O sentimento de ser esmagado pelas exterioridades/formalidades, com as quais a vida moderna nos rodeia, é não apenas a consequência, mas também a causa pela qual elas [exterioridades/formalidades] se contrapõem a nós como um objeto autônomo. O mais impressionante é que essas coisas, múltiplas e que se aglomeram, nos são no fundo indiferentes",[40] isto é, não são essenciais para nós. Assim se completa a inversão dos meios em fins. E o sen-

---

[37] J. Lessing, *Das halbe Jahrhundert der Weltausstellungen*, Berlim, 1900, pp. 11-2, *apud* W. Benjamin, *Gesammelte Schriften*, *op. cit.*, vol. V.2, pp. 685-6.

[38] G. Simmel, *Philosophie des Geldes*, *op. cit.*, p. 637.

[39] G. Simmel, *Philosophie des Geldes*, *op. cit.*, p. 638.

[40] G. Simmel, *Philosophie des Geldes*, *op. cit.*, p. 638.

O interior

timento de se encontrar perdido em meio a um mundo de coisas, em que as coisas parecem fazer mais sentido (ou pelo menos nos querem fazer crer) do que as pessoas. Esse é o mundo do homem moderno, do habitante da cidade grande. Se ele se refugia no interior, é para escapar do confronto com os objetos.

Mas o interior é, também ele, povoado de objetos. Os modernos precisam transformar esse interior em algo que tenha significado para eles. O interior precisa ser a marca da individualidade. A casa é o que diferencia os homens, pois é na casa que ele pode exteriorizar a sua diferença e unicidade, pondo aqui uma poltrona, ali o retrato dos pais, acolá um enfeite. Vejamos como Simmel pontua a questão:

"De modo muito peculiar essa exigência de estilo consiste — para o homem moderno — na verdade apenas para os objetos singulares de seu espaço íntimo, mas de modo algum para esse espaço como um todo. A casa, que cada um decora de acordo com seu gosto e suas necessidades, pode ter completamente aquele colorido pessoal, inconfundível, que nasce da singularidade desse indivíduo, e que seria no entanto insuportável se cada objeto concreto revelasse essa individualidade. À primeira vista isto pode parecer muito paradoxal. Mas se consideramos que seja assim, então poderíamos explicar inicialmente por que os quartos que são mantidos inteiramente dentro de um determinado estilo histórico possuem para nós, ao serem habitados, algo de desagradável, estranho, frio — enquanto aqueles que são compostos de peças singulares de estilos variados, mas não menos rigorosos, segundo um gosto individual [...] podem ser muito mais habitáveis e aconchegantes. Um conjunto de coisas que são completamente de um estilo histórico confluem em uma unidade fechada em si, que por assim dizer exclui de si o indivíduo que a habita; ele não encontra nenhuma lacuna em que a sua vida pessoal, hostil àquele estilo, possa desaguar, ou possa se amalgamar a ele. Mas isto se transforma notavelmente assim que o indivíduo compõe o seu ambiente com os objetos estilizados de modo variado segundo o seu gosto. Com isso eles recebem um novo centro, que não repousa para si em nenhum deles, mas que eles exprimem então através do modo específico de sua reunião; eles recebem uma unidade subjetiva [...]. Este é o estímulo insubstituível mediante o qual nós decoramos nossos espaços com objetos de épocas passadas, e estabelecemos a partir desses objetos — dos quais cada um traz a felicidade calma do estilo, ou seja, de uma lei formal supraindividual — um novo todo, cuja sín-

tese e forma total é, não obstante, de substância inteiramente
individual e é adaptada a apenas uma personalidade determi-
nada especificamente."[41]

Mas se o moderno refugia-se em um interior povoado de objetos, esses objetos são objetos produzidos em e para a massa. Por isso ele busca a arte, como mecanismo de diferenciação e individualização. Só a obra de arte é individual, única. Nesse processo ele chega ao objeto de arte aplicada. E é na arte aplicada — arte *e* indústria ou arte *ou* indústria? — que o "Jugendstil" encontra seus limites. Isto se exprime em uma certa tensão com que se pode tentar caracterizar o "Jugendstil". Ele declara (sem pudores) a transformação da arte em produto industrial, isto é, transforma a arte em artigo de consumo, a ser exposto nas vitrines e nos magazines, disponível como qualquer outra mercadoria. Há motivos do "Jugendstil" que se originam de formas técnicas.[42] Trata-se de extrair sua verdade da contradição: do fato de que o homem do "Jugendstil" quer ser exclusivo, pessoal e individual, e se recolhe, fugindo dos choques da cidade grande, isto é dos choques da propagação da economia monetária, dos choques das mercadoria, se recolhendo no interior. Mas como é esse interior?

"Se alguém entra em um quarto burguês dos anos 80, a impressão mais forte, apesar de todo o 'aconchego' que ele talvez irradie, é que 'você não tem nada a procurar aqui'. Você não tem nada a procurar aqui — pois aqui não há nenhum lugar no qual o habitante já não tenha deixado o seu traço: as quinquilharias nas prateleiras, os crochês sobre as poltronas, as transparências nas janelas, o guarda-fogo frente à lareira. Um belo verso de Brecht ajuda a avançar bastante aqui: 'Embaralhe os traços!', reza o refrão no primeiro poema da *Cartilha para habitantes da cidade*. No quarto burguês tornou-se hábito o procedimento oposto. E inversamente o 'intérieur' obriga o morador a adotar o máximo de hábitos, hábitos que dizem mais respeito ao 'intérieur' no qual ele vive do que a ele mesmo. Qualquer um que ainda tenha conhecido a situação absurda na qual cai o habitante desses aposentos de pelúcia, se alguma coisa da casa se quebrava. Mesmo o seu modo de ficar bravo — e essa emoção, que começa a extinguir pouco a pouco, podia ser representada de modo virtuosístico — era sobretudo a reação de um homem de quem se havia embaralhado 'o traço de seus dias terrenos'."[43] Assim como o explica a importância do veludo:

---

[41] G. Simmel, "Das Problem des Stiles", *op. cit.*, pp. 381-2.

[42] Cf. W. Benjamin, *Gesammelte Schriften*, *op. cit.*, vol. V.2, p. 692.

[43] W. Benjamin, *Gesammelte Schriften*, *op. cit.*, vol. II.1, p. 217.

O interior

"Il a une préférence marquée pour le velours et la peluche qui conservent l'empreinte de tout contact".[44]

Não há propriamente nenhuma descrição do interior da casa de Simmel, mesmo porque ele se mudou numerosas vezes durante sua vida em Berlim.[45] Uma cartografia das moradias de Simmel em Berlim mostra uma marcha para o oeste. Do centro da cidade, onde nasceu, ele vai rumando, a cada nova mudança — ele sempre viveu em casas alugadas —, cada vez mais para o oeste, até que, já antes da virada do século, ele mora em Westend. Westend é afastado, "distante", uma área nova que está em processo de colonização, em que moram pessoas de alto poder aquisitivo, como industriais e profissionais liberais, ou do meio cultural (como por exemplo Bruno Cassirer, os Lepsius), e ainda vários professores (Simmel, Jastrow, Willamowitz-Molendorf etc.). O recolhimento no interior exprime-se também na geografia da cidade. Ir morar em Westend é uma forma de distanciamento. O bairro fica distante, quase isolado, nos fins da cidade. Se, como Simmel sempre enfatiza, aproximar-se de algo é também, ao mesmo tempo, se afastar de outra coisa, na medida em que ele vai morar cada vez mais para o oeste de cidade ele se afasta cada vez mais das regiões mais pobres, dos bairros operários. Assim como Simmel, com o passar dos anos, vai se afastando das tendências "sociais", de qualquer tipo de engajamento, e tende cada vez mais para uma "metafísica", a topografia das suas mudanças pela cidade exprime, pelos seus endereços, um movimento análogo. Para voltar de Westend para a cidade, é preciso uma longa caminhada até Spandau, de onde se pega o trem que vai até o centro. O interior das residências, como dizia, nunca foi descrito. O único relato a respeito, muito sucinto, mas mesmo assim bem interessante, provém de Margarete Susman, uma aluna de Simmel que se tornou uma de suas melhores e mais próximas amigas[46] — ele, que parece ter sempre exercido um certo encanto nas pessoas com quem convivia.

"[...] Quando, pouco antes disso, entrei pela primeira vez em sua casa, senti-me cercada por uma atmosfera que eu, até então, não tinha conhecido, e que também nunca mais reencontrei. A impressão de suas aulas, assim como de sua personalidade, tinha sido grande. E então eu conheci um modo de vida absolutamente novo: aquela cultura extremamente refinada, que se manifestava em tudo o que Simmel era e em tudo que o rodeava.

---

[44] W. Benjamin, *Gesammelte Schriften*, *op. cit.*, vol. V.1, p. 68.

[45] E, curiosa e contrastivamente, durante os seus quatro anos em Estrasburgo ele morou sempre na mesma casa.

[46] Margarete Susman (1872-1966), também von Bendeman, aluna desde 1900 e grande amiga de Simmel.

Era a cultura do começo do século, que Simmel personificava como poucos e de um modo que lhe era próprio; uma cultura que apenas uma década mais tarde, na Primeira Guerra, deveria sucumbir. O grande e alto escritório no rés do chão, com vista para o jardim, era coberto com preciosos tapetes persas antigos. Quadros dos grandes mestres e muitos desenhos de próprio punho de Rodin estavam pendurados nas paredes. Por toda parte, em vitrines e descobertas, havia vasos e taças de arte oriental, figuras de Buda escolhidas, das quais uma ainda hoje está em meu quarto. Naquela época eu me sentia estranha, mas maravilhosamente tocada. Quase no meio da sala ficava um grande piano de cauda preto, com uma coberta chinesa preciosamente bordada, pois Simmel também colecionava antigos tecidos preciosos. Em todos os anos de nossa amizade, eu nunca vi esse piano, que praticamente dominava a sala, aberto, e nunca ouvi ninguém tocá-lo. E no entanto Simmel deve ter tocado frequentemente, e mesmo praticado intensivamente, caso contrário ele não poderia, como fez muitas vezes, ter tocado a quatro mãos com importantes pianistas. [...] Eu nunca vou esquecer o perfume peculiar que se sentia ao entrar na casa de Simmel [...]."[47]

Fritz Jacobs, um sobrinho de Simmel que morou durante dois anos na casa em Westend, deixou um relato no qual chama a atenção para as mãos que vemos na fotografia a seguir[48] e para o interior da moradia.

"Seus dedos particularmente grosseiros eram na verdade ágeis e habilidosos e se tornavam graciosos e francamente belos, quando ele pegava em ambas as mãos uma peça de sua pequena coleção de taças chinesas em forma de mão e apalpava afetuosamente as formas, uma alegria a que ele se permitia frequentemente e da qual ele me deixava, muitas vezes, participar. Sua fina sensibilidade para formas e cores manifestava-se especialmente quando ele se dava o prazer de, numa hora livre, montar uma natureza-morta: sobre o seu piano de cauda preto (no qual ele, ocasionalmente, tocava de maneira extremamente delicada) ele colocava um belo pedaço de tecido, punha em cima um vaso chinês branco ou colorido e o enchia, com muito bom gosto, com belas flores, a maioria rosas; e ficava radiante, quando a combinação das cores resultava em um deleite para seus olhos [...]"[49]

---

[47] M. Susman, "Erinnerungen an Simmel", *in* K. Gassen e M. Landmann (orgs.), *Buch des Dankes an Georg Simmel, op. cit.*, pp. 279-81.

[48] As mãos ocupam um papel importante na atuação de Simmel como professor; veja-se mais à frente sobre Simmel na cátedra.

[49] F. Jacobs, "Erinnerungen an Simmel", *in* K. Gassen e M. Landmann (orgs.), *Buch des Dankes an Georg Simmel, op. cit.*, p. 269. Entre nós, coube a G. Cohn chamar a atenção para as mãos de Simmel: G. Cohn, *Crítica e resignação*, São Paulo, T. A. Queiroz, 1979, p. 45.

O interior

Georg Simmel em 1918[50]

A natureza-morta sobre o piano, cuidadosamente montada, é sinal daquele distanciamento da natureza de que só os verdadeiramente modernos possuem. É porque a natureza é tão distante, que ela se torna uma necessidade tão forte para Simmel — e para o habitante da cidade grande

---

[50] Reproduzido de K. Gassen e M. Landmann (orgs.), *Buch des Dankes an Georg Simmel*, *op. cit.*, p. 224 bis; foto Dührkoop, Berlim.

em geral —, a ponto de ele precisar sempre viajar. As férias de Simmel são intocáveis. Seu filho relata que, como as férias escolares não coincidiam, em Berlim, com as férias universitárias, seu pai decidiu não matriculá-lo na escola e educá-lo em casa, privadamente, simplesmente para não ter suas férias prejudicadas.[51] As viagens aos Alpes, quando Simmel empreendia grandes caminhadas por entre as montanhas, parecem ser uma compensação imprescindível aos meses que passa em Berlim. Ou então, se não os Alpes, a Itália.[52] Também o interior deve ser compreendido nesse contexto, como um espaço equivalente, no interior da cidade grande, ao isolamento e paz que os Alpes propiciam.

Como vimos ao tratar das exposições, o interior é o lugar por onde deixamos rastros, porque no exterior, dominado pelo dinheiro e pela indiferença, não é possível deixar rastros. Com o "Jugendstil" e seus objetos, o homem perde seus elementos de orientação, mesmo no interior do quarto. Disso deriva a tentativa de Benjamin de compreender o caráter burguês do movimento. "No Jugendstil a burguesia começa a enfrentar as condições, ainda não de sua dominação social, mas de sua dominação sobre a natureza. [...] O Jugendstil é um progresso na medida em que a burguesia se aproxima dos fundamentos técnicos de sua dominação da natureza; e um regresso na medida em que ele perde a capacidade de encarar o cotidiano [...]. A burguesia sente que não tem mais muito tempo de vida, e por isso mesmo ela se quer jovem."[53] É assim que Benjamin desmascara o sentido do "jovem" no "estilo da juventude". E a burguesia alemã é mesmo, a seu modo, jovem; e será essa a juventude que morrerá na guerra.[54]

Voltemos à citação inicial de Benjamin. O habitante do interior é o solitário, aquele que Simmel diz ser o habitante da cidade. Pois sua solidão é a solidão em meio à multidão. Isto lhe dá motivos para se recolher no interior, onde ele encontra o aconchego e o calor que o exterior lhe nega. Se ele precisa se diferenciar em meio à multidão, ele está em meio à luta do individualismo quantitativo e do individualismo qualitativo, cujo cenário fornece a cidade grande (cf. mais à frente sobre o "individualismo").

A linha móvel, arrojada e serpenteante do "Jugendstil" encontra na flor seu modelo e seu objeto. Sua "linguagem mediúnica", fazendo uso de suas prerrogativas simbolistas, converte a flor em símbolo, justamente a flor que está posta sobre o piano, enquanto natureza-*morta*. O "Jugendstil"

---

[51] Cf. H. Simmel, "Auszüge aus den Lebenserinnerungen", *op. cit.*, pp. 252-3.

[52] Veja-se o que é dito, mais à frente, sobre as cidades como obra de arte.

[53] W. Benjamin, *Gesammelte Schriften*, *op. cit.*, vol. V.2, pp. 694-5.

[54] Os jovens que morrem nas trincheiras do Marne e em Verdun são, sobretudo, os expressionistas.

vive em meio à tensão das flores que se querem inocentes com as flores do mal. Daí ser necessário compreender "a vida das flores no Jugendstil: das *Fleurs du mal* traça-se o arco que passa pelas almas das flores de Odilon Redon até as orquídeas com que Proust adorna o erotismo de seu Swann. [...] De fato, o Jugendstil descreve duas linhas diversas. A da perversão vai de Baudelaire até Wilde e Beardsley; a hierática passando por Mallarmé até George. Uma terceira linha delineia-se por fim mais fortemente, a única que em certos lugares escapa aos territórios da arte. É a linha da emancipação que, partindo das *Fleurs du mal*, de que se origina o *Diário de um desaparecido*, liga com as alturas do *Zarathustra*".[55] Aqui Benjamin mapeia toda uma constelação, que cabe decompor cuidadosamente em uma infinidade de relações.[56] Mas o que diria Simmel acerca das flores?

"Sim, o individualismo da sensação moderna de beleza chega tão longe, que não se gosta mais de reunir flores em buquês, especialmente as modernas flores cultivadas: elas são deixadas sozinhas, são embrulhadas avulsas. Cada uma é em tal medida algo por si mesmo, elas são individualidades estéticas, que não se deixam ordenar em uma unidade simétrica. Em troca, as flores do campo, menos cultivadas [...], formam os buquês mais encantadores."[57]

---

[55] W. Benjamin, *Gesammelte Schriften, op. cit.*, vol. V.2, pp. 690-1.

[56] Isto extrapola, em muito, o que posso oferecer aqui. Mas gostaria apenas de mencionar, aventureiro, alguns desdobramentos da afirmação de Benjamin — que, diga--se de passagem, nem ele acabou por desenvolver e desdobrar. É necessário buscar algumas analogias, algumas correspondências em outros contextos, para podermos pensar Simmel. Apresento apenas uma linha de aproximação (viável?). Assim, o simbolismo de Redon encontra paralelo no de Böcklin. A *Recherche* de Proust no *Der Tod des Vergil* de Broch. Broch é uma ponte importante, porque elaborou uma análise, em tudo pertinente para o nosso contexto, de "Hofmannsthal e sua época", na qual os parâmetros de análise são (1) a cultura da época como estilo e ausência de estilo e (2) o ornamento do Jugendstil. Com Hofmannsthal voltamos, ao nível das relações pessoais, a George e Simmel. Com Böcklin, à Itália como o outro da Alemanha. Com Broch temos, no *Vergil*, a experiência do tempo subjetivo do moderno estilo de vida (o antecedente é Schnitzler: o "Jugendstil" em Viena); nos *Schlafwandler* temos — pense-se na análise do uniforme empreendida por Broch logo no início da trilogia — fragmentos simmelianos. Stefan George será abordado logo à frente. Nietzsche é, como já está claro, o elo que liga os diversos momentos/movimentos da época. E as flores, em Simmel, só encontramos nos arranjos sobre o piano no interior de sua sala, ou então, adornando seus textos em *Jugend*, onde ele deixou publicar, em 1897, uma fábula sobre as rosas ("G. S." [Georg Simmel], "Rosen. Eine soziale Hypothese", *in Jugend*, Munique, ano 2, 12/6/1897, pp. 390-2). A transformação das *Fleurs du mal* em *Blumen des Bösen* se dá pelas mãos de George. E com Dostoiévski voltamos à cidade: de São Petersburgo a Berlim.

[57] G. Simmel, "Soziologische Aesthetik", *op. cit.*, pp. 207-8.

* * *

Se, como disse Benjamin, o colecionador é o verdadeiro habitante do interior, é preciso examinar Simmel enquanto colecionador, e retomar as menções que seu sobrinho e sua amiga fazem à sua coleção. Há no colecionador algo, uma transposição da neurastenia do habitante da cidade grande.[58] O verdadeiro colecionador é obcecado.

"Anos passavam e sempre novas gerações de estudantes passavam por Simmel, quando o acaso nos juntou mais uma vez. Foi em um negociante de tapetes onde ele, assim como eu, procurava por tapetes nos fardos que vinham de Constantinopla. Eu ainda me lembro como meu coração batia quando levantei os olhos e estava diante dele. Nós começamos então a conversar, e então eu conheci um outro Simmel, o esteta, o amigo das artes, o homem que colecionava cerâmica japonesa, os potinhos de laca vermelha e as porcelanas uni chinesas, tecidos orientais e bronzes preciosos. O armário com as coloridas porcelanas chinesas, de quem o Dr. Herzfeld se despede em meu romance Die Nacht des Dr. Herzfeld, *e cuja propriedade tanto me invejaram, não está comigo, mas sim eu o vi na casa de Simmel, com toda a escala de cores das peças azul profundo, cor de sangue de boi, cor de berinjela, verde-maçã e cor de luar, que ele não se cansava de observar e comentar com as palavras mais sutis e melhor escolhidas. Vê-lo pegar um potinho japonês nas mãos e sentir como ele o afagava com os olhos e com os dedos nervosos era um prazer para todos os que sabem o que significa mergulhar em um objeto de arte. Na conversa ele sabia descrever admiravelmente, com umas poucas palavras, as peculiaridades últimas de uma cor, de uma forma ou o imponderável de um esmalte. Eu ainda me lembro de como ele falava, diante de alguns vidros romanos que eu possuía, sobre a relação do apreciador da arte com o esfacelamento no tempo, com a ruína. Ele não conseguia se separar de um Burnus [manto com capuz dos beduínos, LW] de seda, de tão fascinado que estava pelo cheiro variado do tecido. Ele viajava realmente bastante e lhe trazia uma alegria infinita procurar coisas para suas coleções. Ele escolhia demoradamente e com muito gosto. Seus alunos japoneses, que conheciam sua predileção, juntaram para ele no Japão potinhos de laca vermelha. Aqueles pequenos potinhos vermelhos, com figuras douradas laqueadas, a maioria provindos do século XIX e nos quais os noivos bebem o vinho de arroz na cerimônia de casamento; e o seu desejo era falar, um dia, o mais fundamental e delicado acerca dessas coisas. 'Meu trabalho',*

---

[58] Simmel apresenta o habitante da cidade grande como neurastênico em "Soziologische Aesthetik", *op. cit.*, p. 214.

O interior

disse ele, 'não é trabalho de sapateiro. Eu preciso de estímulos. Eu não fico sentado o dia inteiro na escrivaninha, mas nada me estimula mais do que procurar e remexer em busca dessas coisas, que despertam em mim emoções artísticas.'"[59]

Fiel ao japonismo da época, Simmel encantou-se desde cedo com a arte oriental. Em outro contexto, ele afirmou que "[...] o raro encanto dos velhos materiais consiste em que, sobre todas as oposições das cores, os destinos, raios de sol e sombra, a umidade e a aridez comuns e de tantos anos foram levadas a uma unidade e reconciliação de outro modo inalcançável [...]".[60] A coleção reconcilia, de algum modo, os objetos que são estranhos entre si, das mais diversas proveniências, com as mais diversas histórias, vindos dos tempos os mais distantes e vários. Com esses objetos, Simmel compunha o interior de sua casa e sonhava com um mundo melhor. A coleção e a decoração do interior se tornam uma atividade importante na vida de Simmel. Ao viajar, ele procura novas peças, trazendo para o interior o que encontra do lado de fora e distante. E estes objetos se tornam, então, estímulo para o pensamento.

O elemento neurótico e apaixonado — os dois parecem se imbricar — do colecionador deixa-se ver em um depoimento e em uma tirada espirituosa:

"Na conversa subsequente, que dizia respeito à sua coleção, ele narrou ainda a seguinte história. Um colecionador vê uma bela peça que gostaria de adquirir, pois ela iria preencher uma lacuna em sua coleção. Como o possuidor não pensa em absoluto em vendê-la, o colecionador diz por fim: 'A peça faz parte da minha coleção. Só ela a torna completa; é como se só na minha coleção a peça fosse de fato ela mesma. Se portanto o Senhor não quer vender a sua peça para mim, então eu tenho de lhe dar de presente toda a minha coleção!'. Enquanto Simmel narrava isto, sentia-se que ele partilhava do sentimento daquele colecionador."[61]

A coleção é uma configuração do todo do "panteísmo estético", um conjunto por princípio infindável de relações. A própria coleção é uma obra de arte em segunda potência, composta de uma infinidade de obras. O que faz da coleção uma coleção é a relação que se estabelece entre as infinitas peças. A coleção, como a obra de arte, é algo absolutamente individual, e feita por um único homem.

---

[59] G. Hermann, "Erinnerungen an Simmel", in K. Gassen e M. Landmann (orgs.), *Buch des Dankes an Georg Simmel*, op. cit., pp. 164-5.

[60] G. Simmel, "Rom. Eine ästhetische Analyse", op. cit., p. 307.

[61] H. Marcus, "Erinnerungen an Simmel", in K. Gassen e M. Landmann (orgs.), *Buch des Dankes an Georg Simmel*, op. cit., p. 274.

Hans Simmel descreveu um pouco a coleção de seu pai. Especialmente interessante é como Simmel a considerava algo vivo, possuidor de uma unidade, como a obra de arte, mas ao mesmo tempo em constante transformação. E o modo como ele vende a coleção faz sentido à luz da história que ele narrou a H. Marcus.

"Não sei exatamente quando ele realmente começou a se interessar pela arte do leste asiático e a adquirir tais peças. Nós possuíamos seguramente já antes de 1900 algumas belas xilogravuras coloridas, e aproximadamente nos últimos doze anos antes da Guerra a 'coleção japonesa' desempenhou um papel não desprezível no seu pensamento e no de toda a família. Como em tudo a que ele abria espaço em seu pensamento e dedicava tempo, também este interesse estava em estreita relação com o seu trabalho vital. [...] A arte do leste asiático era para ele o exemplo mais evidente de que nossa arte era apenas uma forma da grande arte da humanidade. [...] Assim o aprofundamento na arte do leste asiático foi para meu pai um elemento de sua filosofia relativista [...].// O tempo que meu pai dedicava a colecionar e os meios que ele punha à disposição impunham naturalmente ao todo limites estreitos. Ele adquiriu aos poucos uma gaveta cheia de coisas japonesas, algumas figuras de bronze e porcelana, alguns netsuke *(pequenas figuras de marfim), provavelmente não mais do que uma dúzia de xilogravuras coloridas e uma boa meia centena de 'Pöte', isto é, cerâmica japonesa e porcelana chinesa. A cultura extraordinariamente alta que se exprimia na porcelana chinesa monocromática o impressionava cada vez mais. E também, embora de outro modo, as 'bowls' japonesas tocavam-lhe o coração. As formas irregulares, nas quais se imprime de modo ainda perceptível a mão do artista, a delicadeza e em certa medida irregularidade dos esmaltes e dos* craquelées *eram sempre uma nova fonte de estímulo e prazer para ele. A parte mais singular da sua coleção eram as taças de* sake, *das quais ele, no final, tinha mais de 100 [...].// Progressivamente a coisa foi tão longe, que meu pai conhecia todas as peças que circulavam pelos antiquários alemães e de Paris. Muitas ele não comprava, por serem de valor artístico menor, algumas eram também muito caras para ele. A coleção começou a se tornar, enquanto um conjunto fixo, pouco interessante para meu pai. 'Ela não é mais viva, se ela não se altera mais.' Assim, certo dia, ele vendeu-a a um apreciador mais jovem, que tinha mais possibilidades de viagem e maiores meios — um acontecimento muito significativo para a relação de meu pai com os objetos pelos quais ele se interessava e dos quais ele se rodeava. Algumas peças da coleção, principalmente as porcelanas chinesas monocromáticas, ficavam visíveis, por detrás de portas de vidro, na estante de livros de mogno. A maioria delas preenchia duas divisões da grande estante de mogno. Muito frequentemente uma delas — mais*

raramente algumas — era retirada, observada, apalpada e vista à luz do sol, mostrada para visitas [...]."[62]

Ao que uma das frequentadoras do interior da casa dos Simmel acrescentou: "Era bonito vê-lo girar delicadamente nas mãos uma taça japonesa ou chinesa, moldada de modo não totalmente regular, e admirá-la de todos os lados".[63]

A tirada espirituosa a que fiz menção faz parte das lembranças de Simmel de Karl Berger. Simmel valorizava anedotas, pequenas histórias, fábulas, tiradas, *mots de esprit*,[64] sempre mobilizadas ou como modo de conhecimento (cf. o tópico "ensaio") ou como procedimentos de salão.[65] Trata-se "da história de um francês, que visitava repetidamente um amigo, a fim de desfrutar de sua coleção. A cada vez, o número de peças diminuía, e a qualidade aumentava. Por fim só havia três peças, depois duas, depois uma — e finalmente nenhuma! À pergunta espantada do amigo, veio a resposta, acompanhada de um movimento de mão resignado: 'Rien du tout'. Toda a coleção de uma única peça foi 'sublimada'. Só se possui eternamente o que desaparece...".[66]

---

[62] H. Simmel, "Auszüge aus den Lebenserinnerungen", *op. cit.*, pp. 260-1.

[63] M. Susman, "Erinnerungen an Simmel", *op. cit.*, p. 287.

[64] É nesse sentido que se deve entender suas contribuições em *Jugend*, os aforismos, as fábulas (lembre-se do último parágrafo da "Introdução" de *Philosophische Kultur*) etc.

[65] Cf. G. Simmel, *Grundfragen der Soziologie, op. cit.*, p. 63; cf. mais à frente sobre o salão.

[66] K. Berger, "Erinnerungen an Simmel", *in* K. Gassen e M. Landmann (orgs.), *Buch des Dankes an Georg Simmel, op. cit.*, p. 245.

STEFAN GEORGE

O valor da amizade entre George e Sabine e Reinhold Lepsius parece incalculável — tanto para o poeta como para o casal de pintores berlinenses, e também para muitos outros, que devem precisamente a esta ligação — afetuosa e confiante, baseada em adoração e estima e que durou quase dois decênios — algo de decisivo para suas existências espirituais. Em 14 de novembro de 1897 Stefan George recitou pela primeira vez na casa dos Lepsius. Diante de um círculo de convidados seletos ele leu poemas, sobretudo do Jahr der Seele. *Dentre os ouvintes estavam Lou Andreas-Salomé e Rainer Maria Rilke; Luise Dernburg; Otto Eckmann e sua mulher Mascha, a irmã de Lily Braun; Karl Gustav Vollmoeller e sua irmã Mathilde; Richard Moritz Meyer, o historiador da literatura; Conrad e Margarethe Ansorge; Gertrud e Georg Simmel; Gertrud Kantorowicz; Botho Graef; Karl Wolfskehl; Ernst Hardt e Marie von Bunsen, que a 9 de janeiro de 1898 retratou na* Vossische Zeitung:

"Era um fim de tarde em novembro, massas cinzas e indeterminadas de casas, escuras silhuetas de homens apressados, o branco das luzes incandescentes e um céu que morria verde-amarelado, um daqueles momentos misticamente belos que a cidade grande, para aqueles que têm nervos para isso, proporciona. Nosso anfitrião era o mais fino e sutil pintor de retratos de Berlim. Nós nos sentamos nas poltronas florentinas incrustadas, com brocados desbotados, nos ambientes opacamente iluminados com candeeiros disfarçados. Homens conhecidos estavam presentes. Só se falava em um tom abafado. Então, de uma porta lateral, deslizou para dentro um homem, que se sentou, após uma reverência, junto à opaca luz amarelada. Atrás dele um bordado japonês dourado escuro, não muito longe galhos de louro e flores alaranjadas em um vaso de cobre. — Ele recitou com uma voz baixa e homogênea, com uma acentuação discreta e sutil. Volta e meia seu acento renano perturbava. Embora eu conhecesse a maioria dos poemas, não foi fácil seguir os encadeamentos incomuns de ideias e imagens. Mas cada vez mais nós fomos hipnotizados, enlaçados pela atmosfera. Ao final ele se levantou, declamou ainda uma poesia e levantou pela primeira vez os olhos: pálpebras opacas, um pouco vermelhas, pupilas escuras, fixas, não muito grandes. Então ele abaixou a cabeça e se foi. Só aos poucos começamos a falar, aos sussurros."

Sob a impressão da leitura Rilke enviou a George já em 29 de novembro os versos:

> *Wenn ich, wie Du, mich nie den Märkten menge*
> *Und leiser Eisamkeit Segen suche, —*
> *Ich werde nie mich neigen vor der Strenge*
> *Der bleichen Bilder in dem tiefen buche.*

> *Sie sind erstarrt in ihren Dämmernischen*
> *Und ihre Stirnen schweigen Deinen Schwüren,*
> *Nur wenn des Weihrauchs Wellen sie verwischen*
> *Scheint ihrer Lippen Lichte sich zu rühren.*

> *Doch, dass die Seele dann dem Offenbaren*
> *Die Arme breitet, wird ihr Lächeln lähmen;*
> *Sie werden wieder die sie immer waren:*
> *Kalt wachsen ihre alabasterklaren*
> *Gestalten aus der scheuen Arme Schämen.*

Richard Moritz Meyer escreveu, ainda antes do aparecimento do Jahr der Seele *e antes da primeira leitura de George na casa dos Lepsius, sobre o novo círculo de poetas ao redor de Stefan George. Sua atenção foi chamada pelo ensaio de Hofmannsthal sobre as poesias de George e ele se dirigiu a Hofmannsthal em 11/1/1897:*

"Sua resenha de St. George no Zeit *chamou minha atenção pela primeira vez para as belas obras de seu grupo, nas quais me aprofundo e para as quais eu também faço — com cuidado — propaganda. [...] Até agora só tive acesso às* Blätter für die Kunst *e a* Hängenden Gärten. *Poderia lhe pedir cordialmente a informação de como posso obter as suas poesias restantes, assim como as de George?"*

Para uma segunda leitura também Harry conde Kessler foi convidado. Ele anotou em seu diário a 4/12/1898:

"Récita de Stefan George na casa da Sra. Lepsius. A face é mais dura e ossuda do que eu teria suposto segundo o retrato de Stöving; a maxila e o crânio possuem algo de brutal em sua amplitude e poder. Por outro lado ele lê com uma voz que oscila entre uma espécie de ronco e o tom nasal de um pregador, mas ritmicamente não é feia. Ele iniciou sua declamação: inicialmente lemos da obra de um irmão falecido, que nos olhava dos sonhos: Richard Perls. No som nasal como no começo de um sermão. Durante a récita junto a Ludwig v. Hoffman, que abriu ontem sua exposição em Keller u. Reiner, simultaneamente a uma exposição de Monet, Renoir, Pissaro."

Georg Simmel e a Berlim do Segundo Império

Nessa época Sabine Lepsius começou a pintar um retrato de Stefan George, que permaneceu inacabado.

"*No outono de 1898 ocorreram as sessões de retrato que Stefan George me proporcionou. Esbocei um retrato enorme na forma de um tríptico, no qual no centro estava a figura de George por inteiro, atrás dele uma arquitetura que se parecia com a Villa Aldobrandini em Roma. Os dois campos à direita e à esquerda eram cheios com garotos nus, músicos, e figuras femininas que tocavam harpa. George pensava então que os efebos deveriam tocar flauta, em vez de violinos...*

Este trabalho, inacabado, originou-se em um atelier vazio fora de nossa casa, no qual só havia um cavalete, um banquinho de pintura e algumas cadeiras. George vinha para as sessões com grande pontualidade e submeteu-se aos deveres de modelo com uma paciência vergonhosa."[1]

Assim vamos reencontrando, aos poucos, os círculos sociais pelos quais Simmel circula. O salão de Sabine Lepsius é o grande irradiador da poesia de George em Berlim, onde as récitas ocorriam com certa regularidade, mas abertas apenas para um grupo de convidados muito restrito e exclusivo, submetido à seleção do poeta. A descrição que Marie von Bunsen oferece do interior da casa dos Lepsius, ou melhor, da sala, o lugar privilegiado da sociabilidade burguesa em pequenos grupos — seria impossível imaginar um círculo como esse em um dos cafés berlinenses —, mostra-nos um espaço requintado, que ainda reencontraremos. A poesia de George não é somente uma poesia da interioridade, ela é recitada no interior, um lugar no qual tanto a poesia como o poeta estão protegidos, envoltos por uma atmosfera que lhes é familiar.

Ao que parece, o contato entre Simmel e Stefan George (1868-1933) foi mediado por Max Dessoir,[2] um colega da universidade que já desde 1894 demonstrava interesse pela poesia de George e trabalhava na sua divulgação. George, em suas temporadas em Berlim, na maior parte das

---

[1] B. Zeller, W. Volke e G. Hay (orgs.), *Stefan George 1868-1968, der Dichter und seine Kreis*. Eine Ausstellung des Deutschen Literaturarchivs im Schiller-National-museum Marbach a.N., 1968, pp. 143-5. As referências no interior do texto, que atestam as proveniências das citações, foram deixadas de lado. Do poema de Rilke fico devendo uma tradução.

[2] Cf. F. Wolters, "Erinnerungen an Simmel", *in* K. Gassen e M. Landmann (orgs.), *Buch des Dankes an Georg Simmel, op. cit.*, p. 194. Por ocasião da récita de 14/11/1897, Simmel já mantém relações com George, como atestam suas cartas a ele de 11 e 12/11/1897. As cartas que se preservaram encontram-se em M. Landmann (org.), "Briefe Georg Simmels an Stefan George und Friedrich Gundolf", *op. cit.*

Stefan George

vezes durante o inverno, morava na casa dos Lepsius, em Westend, a poucas quadras da casa de Simmel.

À primeira leitura parece que Simmel não se sentiu especialmente tocado pelos versos de George. *Somente quando se encontrava sozinho nos bosques de Arven, nos Alpes, para aonde havia levado os poemas, é que, repentinamente, em um pôr do sol, o seu ouvido interior se abriu para a nova arte; e dessa compreensão inicial ele escreveu o seu texto*[3] "Stefan George. Eine kunstphilosophische Betrachtung", publicado em fevereiro de 1898. A seguir Simmel viaja à Itália, em março está em Napoli, em abril encontra-se com George em Roma — dessa estada em Roma nascerá o texto sobre "Roma. Uma análise estética", publicado no mesmo ano. Simmel e George convivem na cidade eterna, e discutem o texto do pensador sobre o poeta. George argumenta: "Não há uma única linha nesses poemas que não tenha sido vivida".[4] Curioso, como o *topos* da poesia como vida é utilizado com tanta frequência, como ele invoca um poder persuasivo que se quer definitivo. Mas em se tratando de George, ele dá simplesmente o *tonus* da conversão da vida em arte.

Simmel a detecta já desde o seu primeiro texto sobre George. Ao longo da vida escreverá três deles: o mencionado "Stefan George. Eine kunstphilosophische Betrachtung" (1898), em 1901 "Stefan George. Eine kunstphilosophische Studie", e por fim, em 1909, "Der Siebente Ring". Como os títulos indicam, os textos de Simmel são escritos sempre como uma "filosofia da arte".

A arte de George é estilização e distanciamento, mas ambos enquanto procedimentos inscritos na própria tendência de desenvolvimento da lírica moderna.

> *"Essa fundamentação baseada no caráter suprassubjetivo do sentimento, este conter-se e reservar-se em relação aos seus próprios ímpetos imediatos, parece-me ter se tornado o princípio indubitável da arte desde o Goethe tardio, e se realiza de fato apenas na lírica de Stefan George."*[5]

Tal lírica é resultado de um procedimento de afastamento, distanciamento e reserva.[6] O eu-lírico contempla seus próprios sentimentos — en-

---

[3] F. Wolters, "Erinnerungen an Simmel", *op. cit.*, p. 196.

[4] Cf. F. Wolters, "Erinnerungen an Simmel", *op. cit.*, p. 197.

[5] G. Simmel, "Stefan George. Eine kunstphilosophische Betrachtung" (1898), *in Aufsätze und Abhandlungen 1894 bis 1900, op. cit.*, p. 290.

[6] Assim, o que o Naturalismo tem de proximidade, George tem de distância. Cf. o trecho de "Soziologische Aesthetik" citado ao final de "os naturalistas".

quanto material do fazer poético — como objetos a distância. Há uma separação muito clara de sujeito e objeto. Os sentimentos do eu-lírico são objetivados, ganhando então a dimensão "suprassubjetiva". Como os sentimentos estão a distância, o eu-lírico usufrui de uma mobilidade e maleabilidade muito maior para os trabalhar e moldar. Disso nasce a lírica de George.[7] (É em virtude dessa mesma lógica do distanciamento e de uma subjetividade reservada que se afirma que a lírica de George é "fria", "gélida".)

Essa poesia é diferente de tudo o que a antecede:

> *"Talvez se possa exprimir isto do seguinte modo: enquanto anteriormente a expressão e excitação do sentimento imediato, que domina o eu como um todo, costuma ser a finalidade da lírica, para a qual a forma artística é o meio, nessa nova direção o sentimento torna-se um meio para a finalidade da arte."*[8]

Se assim é, a lírica de George consuma uma transformação frente à lírica tradicional.[9] Para o sentimento poder ter se tornado um meio, ele precisou ser objetivado. O sentimento é esteticizado nos seus fundamentos. Ele precisa transformar-se em uma "forma suprassubjetiva".[10] Ou seja: ele é *estilizado*.

> *"Parece-me que aqui, pela primeira vez, a lírica, de acordo com seus fundamentos, atingiu o estágio de* l'art pour l'art *e abandonou o estágio de* l'art pour le sentiment.*"*[11]

---

[7] Sobre a lírica não cabe aqui aprofundar. Veja-se H. Friedrich, *Estrutura da lírica moderna (da metade do século XIX a meados do século XX)*, São Paulo, Duas Cidades, 1978. Lembre-se que George é o tradutor de Baudelaire e dos poetas franceses, e que conviveu em Paris com Mallarmé, Verlaine etc.

[8] G. Simmel, "Stefan George. Eine kunstphilosophische Betrachtung", *op. cit.*, p. 290. Também G. Simmel, "Stefan George. Eine kunstphilosophische Studie" (1901), *in* G. Simmel, *Vom Wesen der Moderne, op. cit.*, p. 197.

[9] A poesia de George é o "antiNaturalismo" por excelência, porque ela estiliza os sentimentos antes de os tomar como objeto da lírica; enquanto no Naturalismo os sentimentos já seriam convertidos em lírica (cf. Simmel, "Stefan George. Eine kunstphilosophische Betrachtung", *op. cit.*, pp. 294-5). Assim, em 1898 Simmel critica o Naturalismo, que ele ainda louvava em 1892; e agora é George quem realiza a arte do presente, vale dizer moderna: através do distanciamento e da reserva.

[10] G. Simmel, "Stefan George. Eine kunstphilosophische Betrachtung", *op. cit.*, p. 291.

[11] G. Simmel, "Stefan George. Eine kunstphilosophische Betrachtung", *op. cit.*, p. 291.

Romper com *l'art pour le sentiment* é romper com todo e qualquer romantismo e subjetivismo, é assumir o caráter objetivo da arte — no caso decorrente da objetivação completa dos sentimentos. *L'art pour l'art* é (literalmente) isso: a arte por si mesma, a autonomia da própria arte. Autonomização é distanciamento.[12] A poesia de George realiza, de modo muito mais profundo do que no Naturalismo, aquela autonomização da cultura e recusa do ideal burguês. Arte pela arte passa a significar, então, a criação de um outro universo (por isso ela se relaciona com o interior), de uma esfera que está completamente desligada e autonomizada da realidade cotidiana. Ainda mais porque a realidade com a qual George se defronta é a realidade da civilização industrial e técnica, de uma cultura objetiva preponderante. A poesia e arte são um mundo outro, um mundo *belo*.[13]

George é um grande artista[14] porque ele realiza até o fim algo que é essencial na obra de arte: sua independência, o fato de que ela consuma um mundo no interior das molduras que a limitam. Ao mesmo tempo, a objetivação e estilização que a arte elabora tornam o poeta o senhor do mundo, possuidor de uma "soberania absoluta"[15] (assim como, em outro contexto, o indivíduo no interior). A arte de George, verdadeira arte pela arte, é pura "idealidade", desconectada que está de todos os "supor-

---

[12] George, nas introduções aos volumes das *Blätter für die Kunst*, defende a "kunst für die kunst" e polemiza com o Naturalismo e sua "falsa concepção da realidade". Cf. Stefan George, "Blätter für die Kunst [Einleitungen und Merksprüche]", *in* J. Mathes (org.), *Theorie des literarischen Jugendstils, op. cit.*, p. 121.

[13] É disto que se origina a tensão, característica em George e seus seguidores, entre o "saber" e a "arte". O tomar partido pela arte implica, para eles, necessariamente uma recusa radical de tudo o que é "saber", isto é, "ciência". Isto, como se pode perceber, está em íntima relação com a mobilização da ideia da arte pela arte. Tal recusa caracteriza, em certa medida, as tensões nas quais a sociologia está envolvida na sua tentativa de formalização enquanto ciência, entre a literatura e ciência (Veja-se em detalhe W. Lepenies, *Between Literature and Science: the Rise of Sociology, op. cit.*, parte 3). Mas, no que diz respeito a Georg Simmel, a questão não se coloca propriamente, pois que ele, de bom grado, em sua concepção de cultura filosófica, se situa muito mais próximo da arte do que de qualquer ciência (basta lembrar o "Prefácio" da *Philosophie des Geldes*, citado e comentado no tópico "Panteísmo estético", e tudo o que foi dito então).

[14] "Simmel, na cátedra, nomeou Rodin e George os maiores artistas do século [...]." Carta de Friedrich Gundolf a Stefan George de março de 1907, *in* S. George e F. Gundolf, *Briefwechsel*, Munique/Dusseldorf, Helmut Küpper (Georg Bondi), 1962, p. 180. Não deixa de ser interessante o fato de que Simmel mantém relações pessoais com os dois artistas que ele considera os maiores artistas do século.

[15] G. Simmel, "Stefan George. Eine kunstphilosophische Betrachtung", *op. cit.*, p. 292.

tes históricos".[16] É por essa razão que Simmel afirma que, na arte desse período, o sentimento abandona a sua juventude, mas não para envelhecer, mas sim para tornar-se intemporal.

Trata-se, também aqui, de uma "virada",[17] uma virada que traz a poesia alemã ao moderno, tal como delineado no complexo da filosofia do dinheiro: George, em sua lírica, consuma a "indiferença estética frente ao sentimento imediato".[18] E é também por isso que George é o artista do presente, que faz uma arte do presente. Na mesma medida em que o sentimento deixa de ser imediato e torna-se mediado, torna-se ele mesmo meio, ele é estilizado.

No texto de 1901, Simmel já vai afirmar que a relação de George com o seu presente é diferente. Agora George rompe definitivamente com o seu presente, ele assume inteiramente sua intemporalidade. De fato a poesia de George corresponde à pintura de Böcklin, da qual Simmel afirmou: "Um sie kein Ort, noch wen'ger eine Zeit."[19] Não por acaso ambos são denominados "simbolistas". A poesia de George se situa fora do tempo e do espaço. Ela se diferencia porque não se utiliza do presente e do momento:

> *"Em George [...] o estado de agregação do sentimento, a sensação completa da existência ao redor dos elementos, palavras e ideias singulares do poema parece irromper desses mesmos elementos, palavras e ideias, em vez de passar pela graça e elevação do momento."[20]*

A poesia de George é extemporânea. Mas ela não encontra a sua extemporaneidade em um outro tempo, mas sim fora do tempo.

A amizade que unia George a Simmel o unia também a Gertrud Simmel.[21] As reuniões a três, na casa dos Simmel, eram especialmente preza-

---

[16] G. Simmel, "Stefan George. Eine kunstphilosophische Studie", *op. cit.*, p. 214.

[17] G. Simmel, "Stefan George. Eine kunstphilosophische Betrachtung", *op. cit.*, p. 293; "Stefan George. Eine kunstphilosophische Studie", *op. cit.*, p. 197.

[18] G. Simmel, "Stefan George. Eine kunstphilosophische Betrachtung", *op. cit.*, p. 295.

[19] Epígrafe ao texto de Simmel, "Böcklins Landschaften", *op. cit.*; cf. o tópico "panteísmo estético". Há também os versos de Poe, em "Dreamland": "Out of Space/ out of Time".

[20] G. Simmel, "Stefan George. Eine kunstphilosophische Studie", *op. cit.*, p. 202.

[21] Gertrud Simmel (7/3/1864-20/7/1938). 1889-90: estada em Paris, estuda pintura na Académie Julien (junto com Sophie, futura sra. Heinrich Rickert). 1890: casamento com Georg Simmel. 1891: nascimento do filho Hans. Com o pseudônimo de Marie Luise Enckendorff publicou: *Vom Sein und Haben der Seele. Aus einem Tagebuch*,

Stefan George

das por este, pois lhe parecia que a três a conversação atingia a sua mais pura combinação. Mas o núcleo dos encontros permanecia a relação Simmel-George. *Um motivo para a atração residia no fato de que ambos tornavam-se mutuamente produtivos. Talvez eles nunca tenham confessado que o sentido secreto daquelas noites não consistia, para os dois, apenas no intercâmbio espiritual, mas sim também no que os encontros desempenhavam no próprio desenvolvimento e na obra de cada um.*[22] No final dos anos 90 e no início do século XX, as conversas noturnas na casa de Simmel eram estimulantes para ambos. *Simmel e George eram opostos, mas justamente essa tensão produzia uma centelha.*[23] Em Nietzsche ambos encontram o antecessor comum — Simmel entra em contato com George exatamente no momento em que começa a se ocupar mais seriamente com Nietzsche, no momento em que se afasta das tendências socialistas de época e se aproxima das tendências individualistas.[24]

Landmann tentou apontar as influências de George em Simmel. Segundo ele, George como que concretiza, para Simmel, o impulso rumo à ideia da personalidade irredutível, do ideal da distinção, da "lei individual". O conceito de vida de Simmel, e mais ainda, a ideia de uma "lei individual", personificada sobretudo no artista, na grande personalidade — Goethe sempre foi o modelo de Simmel —, é sedutor para os poetas do final do século. Simmel definira pela primeira vez a ideia de "lei individual" tendo em vista Auguste Rodin; mas na mesma época afirma serem Rodin e George os maiores artistas do século. A ideia da "lei individual" vale também para George.

Nietzsche é a inspiração, ou influência, que paira sobre os desenvolvimentos artísticos e intelectuais que, de algum modo, estão próximos de Simmel. *Nietzsche contrapõe às tendências igualitárias de sua época o ideal da distinção e de nobreza. Enquanto essas tendências despersonalizam e quantificam, para ele o gênio permanece a finalidade e a força motriz da*

1906; *Realität und Gesetzlichkeit im Geschlechtsleben*, 1910; *Ueber das Religiöse*, 1919; *Kindschaft zur Welt*, 1927. Deixou ainda um manuscrito de novelas não publicado. Cf. C. Mueller, verbete "Simmel, Gertrud", *in* Ursula B. Meyer e Heidemarie Benneut-Vahle (orgs.), *Philosophinen Lexikon*, Aachen, ein-Fach, 1994, pp. 285-8.

[22] M. Landmann, "Georg Simmel und Stefan George", *in* H. J. Dahme e O. Rammstedt (orgs.), *Georg Simmel und die Moderne, op. cit.*, p. 148.

[23] M. Landmann, "Georg Simmel und Stefan George", *op. cit.*, p. 149.

[24] Cf. G. Simmel, "Tendencies in German Life and Thought since 1870", *in International Monthly*, 5, 1902, pp. 93-111, 166-84. Trata-se do momento no qual Simmel abandona o seu projeto de uma sociologia e ruma em direção à ideia do que, posteriormente, se denominará cultura filosófica.

história. Nietzsche pretende superar aristocraticamente a sociedade do presente. Simmel acolhe esse impulso. Mas enquanto em Nietzsche esse impulso ganha um acento "imoral", Simmel procura traduzi-lo em uma nova ética, na qual ele emprega a fórmula da "lei individual", oriunda de Schleiermacher. Simmel acredita que uma ética adequada ao grau de individualização de nossa época não é uma ética que prescreve de fora uma norma para tudo e regras para cada ação singular. Antes, cada vida vigorosa traz em si mesma sua lei própria, única. Quem permanece fiel a essa lei, deve e pode se apresentar por vezes acima da obrigatoriedade universal. Não se trata de uma lei jurídica para situações determinadas, senão que ela conduz a vida como um todo. Somente na lei individual radica a unidade do estilo das ações que se desenvolvem temporalmente. Todas elas são, ou ao menos elas devem ser, expressão de algo de comum e encontram um critério de sua moralidade, se e na medida em que refletem o princípio de uma pessoa.[25]

O conceito de vida, do qual a ideia de uma "lei individual" em Simmel depende, é de natureza metafísica. Ele vai sendo formulado progressivamente na obra de Simmel, e na década de 1910 seus escritos assumem uma coloração puramente metafísica, quando o conceito de vida consolida definitivamente o *status* de conceito articulador fundamental.[26] Nessa concepção metafísica, a ideia de lei individual aparece como uma "lógica", por assim dizer, que tanto permite o desenvolvimento da personalidade, acima das tendências niveladoras da época, como por outro lado fornece uma justificativa para as tendências diferenciadoras. Seguir sua lei individual é, na verdade, ser fiel a si mesmo, e aquele que é fiel a si mesmo nada

---

[25] M. Landmann, "Georg Simmel und Stefan George", *op. cit.*, p. 150. Sobre Schleiermacher ver mais à frente, em "individualismo".

[26] A metafísica do Simmel tardio vai ganhando seus contornos definitivos aproximadamente a partir de 1910 e pode ser rastreada nos textos até a morte de Simmel, culminando com seu último livro, que é a sua metafísica. Veja-se sobretudo G. Simmel, *Hauptprobleme der Philosophie* (1910), *op. cit.*, cap. 4, pp. 113-77; "Zur Metaphysik des Todes", *in Logos*, vol. I, 1910, pp. 57-70; no entremeio dos vários textos de *Philosophische Kultur* (1911), *op. cit.*; "Das individuelle Gesetz. Ein Versuch über das Prinzip der Ethik", *in Logos*, vol. IV, 1913, pp. 117-60; "Das Problem des Schicksals", *in Die Geisteswissenschaften*, vol. I, 1913-14, pp. 112-5; como o pano de fundo do *Rembrandt*, *op. cit.*; "Der Fragmentcharakter des Lebens. Aus den Vorstudien zu einer Metaphysik", *in Logos*, vol. VI, 1916-17, pp. 29-40; "Vorformen der Idee", *in Logos*, vol. VI, 1916-17, pp. 103-42; e por fim *Lebensanschauung. Vier metaphysische Kapitel*, Munique/Leipzig, Dunker & Humblot, 1918.

Uma análise que dê conta da metafísica simmeliana deve poder enfrentar a questão da semelhança — ou não — da ideia do "Dritte Reich" em Simmel com a do "Neue Reich" de George.

mais faz do que cumprir sua lei individual. A unidade de uma vida que cumpre sua lei individual é a unidade do *estilo*. Ela como que realiza, no seu âmbito individual, a tão almejada síntese do processo da cultura. Pois se o presente foi caracterizado como ausência de estilo ou confusão de estilos, a lei individual é a redenção e reconciliação desse tempo.

Naturalmente, o embate entre as tendências niveladoras e as tendências diferenciadoras, entre a individualidade qualitativa e a individualidade quantitativa, tem na cidade grande o seu palco. E essa tensão é a tensão essencial do moderno. Se por um lado as massas cumprem a lei universal, por outro a personalidade cumpre a sua lei individual. Todas as tendências que, de algum modo, se contrapõem ou criticam a massificação, encontram em Nietzsche, e na ideia simmeliana da lei individual, um poderoso ponto de apoio e justificação.

O distinto, enquanto figuração oriunda da crítica nietzschiana,[27] pode ser inserido no contexto da recepção e influência da moral de Nietzsche, a que poucos ficaram imunes nos anos que vão de 1880 a 1914. Tanto Simmel como George são leitores de Nietzsche; e o contato de Simmel com Nietzsche se intensifica na segunda metade dos anos 90, exatamente quando entra em contato com George. É em 1896 que Simmel escreve seu primeiro texto mais alentado sobre Nietzsche. Nele, Simmel expõe e discute o "distanciamento aristocrático" defendido por Nietzsche, a crítica ao quantitativo, a defesa da maior diferenciação. O "individualismo" (ou "personalismo") privilegia a "natureza distinta".[28] A ideia da distinção converge no que Simmel, já desde *Philosophie des Geldes*, portanto desde a época de seus primeiros contatos com George, denomina "ideal da distinção". Ele parece se aplicar ao poeta com perfeição:

> "*O sentido social da distinção: a posição excepcional frente a uma maioria, o isolamento do fenômeno singular na sua circunscrição autônoma, que seria imediatamente destruída pela invasão de algum elemento heterogêneo — fornece decerto o tipo para todos os usos do conceito. Um modo absolutamente específico da diferença entre os seres forma o suporte exterior do valor da distinção: a diferença acentua aqui por um lado a exclusão positiva da possibilidade de ser confundido, da redução a um mesmo denominador, de 'se rebaixar'. Por outro lado a diferença não pode sobressair demais, a ponto de fazer o dis-*

---

[27] Cf. p. ex. F. Nietzsche, *Sämtliche Werke, op. cit.*, vol. V, pp. 205 ss.

[28] G. Simmel, "Friedrich Nietzsche. Eine moralphilosophische Silhouette", *op. cit.*, pp. 119, 123, 127 respectivamente.

*tinto sair de sua satisfação de si mesmo, de sua reserva e aca-
bamento interior, e transferir sua essência para uma relação com
um outro, mesmo que se trate apenas de uma relação dos distintos. O homem distinto é o homem absolutamente pessoal,
que no entanto reserva inteiramente a sua personalidade. A
distinção representa uma combinação absolutamente única de
sentimentos de diferença, que tocam a comparação, com a recusa orgulhosa de qualquer comparação."[29]*

Esta descrição se coaduna perfeitamente com o que ocorre com George — basta pensarmos nas récitas na casa dos Lepsius. O ideal da distinção encontra cada vez mais dificuldade de se impor onde o dinheiro passa a regular todas as transações. Quanto mais o dinheiro domina a vida, mais difícil é manter a distinção, pois o dinheiro nivela e 'rebaixa', equivale tudo a tudo (cf. o tópico "dinheiro"). Não por acaso os círculos sociais e indivíduos que pretendem preservar a distinção parecem ser hostis ao dinheiro. Esta é uma palavra que não aparece em George. O ideal da distinção é indiferente aos valores quantitativos. Nisto ele se encontra com o ideal estético da obra de arte,[30] que é única. O distinto, no limite, quer transformar a sua própria vida em obra de arte.

Se, por um lado, George reivindica a autonomia da esfera artística, por outro lado ele busca também transpô-la para a própria existência individual. Daí a recusa a tudo o que é burguês, aos padrões burgueses da conduta de vida. A recusa de tudo o que é "social" não se limita, em absoluto, à literatura, senão que é convertida em estilo de vida. É isso que explica o exclusivismo e a formação do grupo de admiradores e, mais tarde, do "Kreis" ("Círculo"). Seja na poesia, seja na vida, trata-se sempre de uma volta, por assim dizer, à individualidade. No mundo do dinheiro, isto só pode ser possível como uma volta à interioridade.

O distinto é esquivo, reservado. Ele é indiferente: ele é um habitante da cidade grande, *blasé*. Simmel escreve a George: "Você difama Berlim,

---

[29] G. Simmel, *Philosophie des Geldes, op. cit.*, p. 535. Ver ainda *Soziologie, op. cit.*, pp. 274, 308, 313, 315; *Schopenhauer und Nietzsche, op. cit.*, cap. VIII, pp. 303-38; "Nietzsche und Kant", *op. cit.*, pp. 15-23. A isto se poderia acrescentar que "a sociedade equaliza em quaisquer circunstâncias, e a vitória da igualdade no mundo moderno é apenas o reconhecimento político e jurídico do fato de que a sociedade conquistou a esfera pública, e que a distinção e a diferença reduziram-se a questões privadas do indivíduo". H. Arendt, *A condição humana, op. cit.*, p. 51.

[30] Cf. G. Simmel, *Philosophie des Geldes, op. cit.*, p. 537. Cabe também relacionar o ideal da distinção com a aristocracia e nobreza. Cf. G. Simmel, *Soziologie, op. cit., passim.*

mas onde você tem mais leitores e amigos do que aqui?".[31] No texto sobre as grandes cidades e a vida do espírito pode-se ler:

"E isto conduz a, em sentido estrito, individualização espiritual dos atributos anímicos, que a cidade, em função de sua magnitude, propicia. Há uma série de causas para tanto. Inicialmente a dificuldade em fazer valer a própria personalidade nas dimensões da vida na cidade grande. Onde a intensificação quantitativa de significação e energia chega ao seu limite, apela-se à singularização qualitativa a fim de, mediante a excitação da sensibilidade para a diferença, ganhar para si de algum modo a consciência do círculo social. O que leva então finalmente às mais tendenciosas esquisitices, às extravagâncias típicas da cidade grande como o exclusivismo, o capricho, a pretensão, cujo sentido não está mais absolutamente nos conteúdos dessas condutas, mas sim apenas na sua forma de ser diferente, de se salientar, e com isso de se tornar notado — para muitas naturezas por fim o único meio, através do desvio pela consciência dos outros, de preservar para si alguma espécie de autovalorização e a consciência de que ocupa um lugar."[32]

Essa necessidade de individualização, característica da cidade grande, encontra no interior o seu refúgio. É certo que ela não se limita ao interior, mas nele ela consegue, assim como George no salão dos Lepsius, reinar. No final do século, o "dandy" no registro estético e o "snob" no registro social são a encarnação mais perfeita dessa figura. Em certa medida, é uma figura característica dos simbolismos do final do século, e que perdura até Proust.[33] *Devedor exclusivamente do programa dos Simbolistas franceses* [que conheceu pessoalmente em Paris, LW], *o simbolismo propagado por Stefan George e seu círculo reflete a situação muito mais rica em conflitos da Alemanha guilhermina. Os traços simbolistas, significativos para o Jugendstil, evidenciam-se assim de modo pregnante. George encarna o princípio exclusivo e aristocrático da liderança espiritual e o gesto de poder do mágico e sacerdote de uma arte que afasta de si de modo*

---

[31] Citado por M. Landmann, "Georg Simmel und Stefan George", *op. cit.*, p. 158. A frase deixa transparecer como Simmel aprecia a cidade.

[32] G. Simmel, "Die Großstädte und das Geistesleben", *op. cit.*, p. 202. Este mesmo texto, que como já mencionei pertence ao complexo da filosofia do dinheiro, é visto por Landmann em relação com George. Cf. Landmann, "Georg Simmel und Stefan George", *op. cit.*, pp. 158 ss.

[33] Lembre-se da citação de Benjamin que falava das flores de Swann.

430   Georg Simmel e a Berlim do Segundo Império

implacável toda concepção naturalista da realidade e 'todo o estatal e social'. Enquanto o Simbolismo em Viena quer conhecer o 'nervoso', o inconsciente tal como configurado antes de sua entrada na consciência e com isto, como por exemplo Hofmannsthal, determina, em perfeito paralelismo a George, o poeta como mágico da linguagem, George acentua a 'afetação/dissimulação', o momento artístico-artificial que também é familiar ao Jugendstil. O rigor da nova exigência de beleza encontra-se com o Jugendstil desde o objeto. A distância brusca em relação ao emprego da linguagem na Alemanha guilhermina pertence à arte da proteção. A nova linguagem procura, de modo semelhante ao Jugendstil, a palavra valiosa, simbolista, o mais das vezes obscura e enigmática.[34]

A recusa e afastamento de tudo o que é "social" é uma das marcas mais fortes da poesia de George, e da poesia ela se propaga para o próprio modo de vida do poeta e de seus seguidores.[35] O social é a massa, e nada está mais distante de George. O exclusivismo está entranhado na época, e via Nietzsche marca sua presença nos variados movimentos: "para os conservadores ele é um impulso central; para os simbolistas e neoclassicistas uma atitude, para os expressionistas uma visão".[36]

O aristocratismo está ligado à transformação da vida em arte, um tema que surge claramente em uma passagem de uma carta de George a Hofmannsthal:

"Você escreve uma frase, meu querido amigo: 'ele pertence por inteiro à vida, não à arte' que eu gostaria de considerar quase como blasfêmia. Quem não pertence absolutamente a nenhuma arte pode pretender pertencer de algum modo à vida? Como?"[37]

Seria falso, em louvor ou censura a George, Hofmannsthal e aos movimentos que figuram sob os nomes de Simbolismo e Neorromantismo, dos quais eles emergem, atestar o que eles próprios teriam decerto atestado: que eles preservavam o belo, enquanto os naturalistas se resignaram diante da devastação da vida no industrialismo. O abandono do belo per-

---

[34] J. Mathes, "Einleitung", *op. cit.*, pp. 36-7.

[35] Cf. W. Lepenies, *Between Literature and Science: The Rise of Sociology*, *op. cit.*, pp. 203 ss., especialmente pp. 258 ss.

[36] C. Hepp, *Avantgarde. Moderne Kunst, Kulturkritik und Reformbewegungen nach der Jahrhundertwende*, *op. cit.*, pp. 69-70.

[37] Carta de Stefan George a Hugo von Hofmannsthal *apud* T. W. Adorno, "George und Hofmannsthal. Zum Briefwechsel: 1891-1906", *in Gesammelte Schriften*, *op. cit.*, vol. X.1, p. 203.

Stefan George

mitiria manter mais fortemente a sua ideia do que a conservação aparente de uma beleza arruinada. Inversamente não há nada em George e Hofmannsthal que seja tão efêmero como o belo que eles celebram: o objeto belo. Ele tende à arte aplicada.[38] Adorno percebe como no próprio belo que George, o esteta, eleva às alturas, o que resta é tão somente a beleza dos objetos — é preciso ter aqui em vista a "diferenciação dos objetos" de que Simmel falava[39] —, uma beleza que se realiza, a seus olhos, pouco afeitos às artes outras que não a sua própria poesia, muito mais nos objetos da arte aplicada, isto é, na arte do "Jugendstil", do que, digamos, na pintura dos impressionistas franceses — justo ele, tão próximo de Paris e seus poetas. Essa beleza dos objetos é especialmente prolífica na poesia de George, em que a descrição de objetos é frequente. (Isto se deixa ver, também, em um texto de Simmel como "Der Henkel".) Um trecho de uma carta de George a Hofmannsthal, de 1896, citada por Adorno, exemplifica o ponto: "Pode-se perceber em vários lugares na nossa Alemanha uma nostalgia de uma arte mais elevada após décadas de um esforço puramente corpóreo ou mesmo científico. Essa nostalgia vem desde a pintura som poesia passando pela arte dos adornos e arquitetura até progressivamente a moda e a vida." Aqui, novamente, vida e arte se encontram. Mas a arte que a vida encontra não é a arte da obra de arte, mas sim do objeto de arte aplicada. Uma visita a um museu de arte aplicada do "Jugendstil" atesta isso de modo muito mais forte e claro do que qualquer explicação verbal: a quantidade de objetos que se tornam objetos da arte, o refinamento e cuidado da fatura, e a beleza que de tudo resulta mostram-nos a natureza da beleza que está aí em jogo e a natureza da vida que se rodeia desses objetos. "A depravação na arte aplicada atingiu com as coisas os indivíduos: arte aplicada é a marca da beleza emancipada."[40] Emancipada porque a beleza se autonomizou, como as formações objetivas de que Simmel fala em sua filosofia da cultura, e assume a sua "Eigengesetzlichkeit" e se torna, por fim, hostil aos homens. Os objetos que sofrem esse processo são literalmente os objetos de arte aplicada, que decoram o interior burguês tardio. Essa lógica do processo da cultura, tal como analisado por Simmel, atinge na arte aplicada sua realização mefistofélica. Pois enquanto a arte, por mais distante que se situe, ainda é produto de *um* homem, como diz

---

[38] T. W. Adorno, "George und Hofmannsthal. Zum Briefwechsel: 1891-1906", *op. cit.*, pp. 228-9.

[39] Cf. G. Simmel, *Philosophie des Geldes*, *op. cit.*, pp. 630 ss.; cf. o tópico "estilo de vida" e, logo atrás, o que foi dito das exposições.

[40] T. W. Adorno, "George und Hofmannsthal. Zum Briefwechsel: 1891-1906", *op. cit.*, p. 229.

Simmel, e dá portanto notícia do estado da subjetividade no moderno — basta lembrar, por exemplo, as análises de Rodin por Simmel —, a arte aplicada, por seu lado, tem seu modelo na produção industrial. Dela só se pode esperar que seja barata, fácil de encontrar, fácil de repor e produzida em massa. E portanto deixa de ser arte. Se assim é, a confluência de vida e arte mostra sua face verdadeira: como confluência de vida e algo que não é arte. Desse modo se potencializa, na contradição, a união de vida e arte que George, e o "Jugendstil", buscavam.[41] Seja lembrado, apenas, o ceticismo com que Simmel via o esteticismo extremado da época.[42]

Se Landmann tem razão, a própria vida de George surge como um impulso à filosofia da vida de Simmel; o que George viveu — o ideal da distinção, a lei individual — Simmel teria elevado à filosofia. E, portanto, a metafísica tardia de Simmel seria profundamente influenciada por George. Isto justificaria a dedicatória que Simmel antepôs às novas edições de *Die Probleme der Geschichtsphilosophie*. Enquanto na edição original, de 1892, pode-se ler: "dedicado à minha mãe", as edições posteriores do livro (1905 e 1907), que foi completamente remodelado, trazem a dedicatória "ao poeta e amigo Stefan George". Primeiro poeta, e só depois amigo: o culto da personalidade de George está presente até na dedicatória de Simmel, que nunca foi discípulo.

Um ponto que me parece significativo na relação entre Simmel e George é a escrita. Como se sabe, George almeja realizar uma reforma na língua alemã, cujo sinal exterior é a abolição das maiúsculas (em alemão, todo substantivo é escrito com maiúsculas, como um nome próprio), a abolição quase que completa da pontuação (quando ela não é completamente abolida, é ao menos subvertida) e a escrita em letras de forma "estilizadas". Na virada do século, Simmel escreve como George, adotando a escrita do poeta, um modo "moderno" de escrever. Simmel escreve como George, mas só no âmbito privado. George, por seu lado, escreve a seu modo tanto no âmbito privado como no público. Entretanto, Simmel jamais escreveu um artigo segundo o modo de George. Isto demonstra uma fratura, demarca muito mais claramente o âmbito íntimo, a interioridade, o interior. E a variação no uso dessa escrita demarca, ainda, a proximidade e a distância de Georg Simmel em relação a Stefan George.[43] Adorno perce-

---

[41] Seja dito, *en passant*, que isto não é algo exclusivo do *fin-de-siècle* e do esteticismo (burguês, se se quiser). Em vários momentos das vanguardas do século XX esse ímpeto reformador da arte quis reformar também e em mesma medida a vida.

[42] Cf. variados pontos no tópico "presente".

[43] Segundo D. Frisby, que remete a "observadores da época", Simmel imitava Stefan George no modo de vestir-se. Cf. D. Frisby, "Georg Simmels Theorie der Moderne", *op. cit.*, p. 41; *Fragmente der Moderne*, *op. cit.*, p. 83.

Stefan George

beu como a letra estilizada de George é a transfiguração da letra em arte aplicada; é a transfiguração do que era arte — a letra natural e absolutamente individual — em arte aplicada — a letra estilizada, de forma, e não individual.[44]

Por outro lado, Landmann também procurou detectar influências de Simmel em George.[45] Uma delas seria a defesa e apologia de Rembrandt. Em um verso de "Nordischer Meister",[46] George alude às discussões noturnas com Simmel sobre Rembrandt. Em um outro poema de *Stern des Bundes*, há referências à filosofia da vida simmeliana. Em poemas de *Das neue Reich*, assim como de *Stern des Bundes*, George reproduz, em linguagem própria, a filosofia da cultura de Simmel. No *Siebente Ring*, assim como em *Stern des Bundes* e em alguns escritos em prosa nas *Blätter für die Kunst*, George parece elaborar a tensão entre indivíduo e sociedade em alguns moldes dados por Simmel.

O que levou George a Simmel foi o conhecimento extraordinário de Simmel em todas as coisas de arte.[47] Contudo, com o passar dos anos, os pontos de divergência parecem se ampliar. Em sua sociologia do conflito, Simmel assinalou o fato de que, quando as partes se entendem, quando surge um conflito entre elas ele tende a ser mais forte, precisamente porque anteriormente as partes se entendiam.[48] Algo assim parece ter ocorrido entre o poeta e o pensador, como Wolters os denominou com um certo prazer. Embora não tenha presenciado os encontros particulares entre George e Simmel, ele destacou também a presença *da terceira participante nas conversas, Gertrud, a mulher de Simmel, que como escritora assinava Marie-Luise Enckendorff: uma mulher de grande cultura e de talento filosófico próprio, com a qual George, em virtude da profundidade de seus sentimentos, permaneceu em contato por anos a fio, quase mais próximo dela do que de Simmel.*[49]

---

[44] Cf. T. W. Adorno, "George und Hofmannsthal. Zum Briefwechsel: 1891-1906", *op. cit.*, p. 230.

[45] Cf. M. Landmann, "Georg Simmel und Stefan George", *op. cit.*, pp. 153-60.

[46] Uma poesia do livro de George *Der Siebente Ring*. Aqui não poderei reproduzir em detalhe a argumentação rica de M. Landmann (no texto citado), neste caso e nos seguintes, pois ela exige apresentar os textos de George, de difícil tradução. Justamente o livro mencionado de George foi motivo para o último escrito de Simmel sobre George: Simmel, "Der Siebente Ring" (1909), *in Zur Philosophie der Kunst, op. cit.*, pp. 74-8.

[47] F. Wolters, "Erinnerungen an Simmel", *op. cit.*, p. 195.

[48] G. Simmel, *Soziologie, op. cit.*, cap. 4.

[49] F. Wolters, "Erinnerungen an Simmel", *op. cit.*, p. 196.

O relato do filho de Simmel também enfatiza a amizade do casal pelo poeta. "[...] Stefan George. Ele vive então todo ano, durante dois ou três meses de inverno, em Berlim, e nessa época ele nos visitava regularmente uma noite por semana. Ele era amigo dos meus pais, dos dois em mesma medida. [...] Também os Lepsius eram bem seus amigos; na casa deles ele recitava, de vez em quando, para círculos mais amplos. Na nossa casa ele era, quase sempre, o único convidado."[50] Hans Simmel reitera como a relação entre seus pais e George não era livre de tensões, pois os Simmel mantinham um certo distanciamento da idolatria almejada por George, e além disso havia uma série de assuntos que eram absolutamente impróprios para a conversação: tudo o que, mesmo de longe, lembrasse algo de "social". "[...] as conversas com Stefan George evitavam certos temas. Os domínios nos quais elas frutificavam eram contudo amplos o suficiente. Era, por assim dizer, a palavra, escrita e falada, de todos os tempos; Platão, Dante, Goethe, Nietzsche e seus mundos, e muito, muito mais."[51]

Os anos idílicos da relação de Simmel com George, se é que se pode falar assim, parecem ter sido aqueles ao redor da virada do século.[52] O episódio do clube dos artistas, em 1903, quando Simmel escreve a George solicitando sua adesão, quase levou ao rompimento, inclusive para a surpresa de Simmel.[53] Ele parece não compreender por que o poeta dá tanta importância ao assunto, já que lhe foi garantida a prerrogativa da escolha em se alinhar, ou não, à empreitada. A carta de Simmel, assustada, como de quem pôs tudo a perder por muito pouco e sem o saber, testemunha o valor que ele dava à amizade e à afeição a George.[54] Mas talvez ele não tenha entendido que, ao convidar — apenas convidar — George, ele estava rompendo uma linha imaginária, mas sempre respeitada, que mantém

---

[50] H. Simmel, "Auszüge aus den Lebenserinnerungen", *op. cit.*, p. 254.

[51] H. Simmel, "Auszüge aus den Lebenserinnerungen", *op. cit.*, p. 255.

[52] Veja-se H. J. Seekamp, R. C. Ockenden e M. Keilson, *Stefan George. Leben und Werk. Eine Zeittafel*, Amsterdã, Castrum Peregrini, 1972.

[53] Em uma carta a seu marido Reinhold, Sabine Lepsius relata a 22/5/1903: "Ontem Stefan George estava novamente magnífico e ele é a cada momento tão ele mesmo que é muito compreensível que ele só queira estar com homens com os quais ele não precisa vestir nenhuma máscara. [...] A exigência de Simmel para que ele entre naquele Clube *quase* provocou novamente o seu rompimento com Simmel. Felizmente ele mudou de opinião. — É horrível que ele seja tão facilmente suscetível [...]". Citada em B. Zeller etc. (orgs.), *Stefan George 1868-1968, der Dichter und seine Kreis.*, *op. cit.*, p. 145.

[54] Cf. carta de Georg Simmel a Stefan George de 4/3/1903, *in* M. Landmann (org.), "Briefe Georg Simmels an Stefan George und Friedrich Gundolf", *op. cit.*, pp. 436-7.

Stefan George

o poeta absolutamente separado e distante de tudo o que é mundano. George só se permite publicar seus livros, em tiragens restritas, fora do comércio,[55] ou oferecer récitas exclusivíssimas.[56] Mesmo os periódicos que George e seu "círculo" criam (*Blätter für die Kunst* e *Jahrbuch für die geistige Bewegung*) são publicações restritas. Segundo M. Landmann, com o passar dos anos a posição de líder assumida por George torna as relações com seus antigos amigos problemática. Com o culto de "Maximin", com o grupo de jovens que se reúne ao redor do mestre — de poeta ele passa a ser mestre —, George e os seus tornam-se cada vez mais distantes dos seus amigos do final do século. Não é somente de Simmel que George se afasta, mas também dos Lepsius, que após 1910 quase não mantêm mais contato com ele.

Contudo a relação de Simmel com George não se perde por completo, e até 1910 eles ainda mantêm contatos pessoais. Em 1911 Gundolf parece tentar evitar que ambos se encontrem em Heidelberg. Contudo, em 1914, após estar instalado em Estrasburgo, Simmel pede a Gundolf para dizer a George que em sua nova casa há um agradável e tranquilo quarto de hóspedes à espera de George.[57] Mas nessa época o poeta já não tem interesse em Simmel; pelo contrário, parece encarar com sarcasmo o seu antigo companheiro de conversas nas noites invernais de Berlim.[58]

---

[55] Em sintonia com o exclusivismo de que fala Simmel no trecho citado acima de "Die Großstädte und das Geistesleben" (*op. cit.*, p. 202), os livros de George não são publicados para o público, só devem ser lidos por alguns poucos eleitos, capazes de os apreciar. Por isso eles não são encontráveis no comércio. Os escritos de George, assim como os periódicos que ele cria com seus amigos, "são impressos para um círculo de leitores convidados". G. Simmel, "Stefan George. Eine kunstphilosophische Betrachtung", p. 287.

[56] As cartas de Simmel a George indicam o exclusivismo das récitas, que têm um número pré-fixado de ouvintes convidados e onde a porcentagem de mulheres é definida cuidadosamente, como que para não ultrapassar o limite do suportável. Simmel, que foi encarregado de convidar Lou Andreas-Salomé para a récita de 14/11/1897, pede permissão a George para levar consigo um jovem poeta, admirador de seus versos: Rainer Maria Rilke. Cf. Carta de Simmel a Stefan George de 12/11/1897, *in* M. Landmann (org.), "Briefe Georg Simmels an Stefan George und Friedrich Gundolf", *op. cit.*, p. 431.

[57] Cf. F. Gundolf, "Erinnerungen an Simmel", *in* K. Gassen e M. Landmann (orgs.), *Buch des Dankes an Georg Simmel, op. cit.*, p. 144

[58] As conversas noite adentro ficaram registradas na poesia de George, como por exemplo no poema, já mencionado, "Nordischer Meister" em *Der siebente Ring*. O sarcasmo posterior de George ganhou corpo na quadrinha "Der Weisheitslehrer" de *Das neue Reich*. Cf. M. Landmann, "Georg Simmel und Stefan George", *op. cit.*, pp. 153, 164. Apesar de tudo, por ocasião da morte de Simmel, sua mulher recebeu uma carta de condolências de George.

Esse afastamento progressivo de George em relação aos seus antigos companheiros deixa-se ver de forma emblemática em dois acontecimentos. Em primeiro lugar no rompimento com Gundolf, em última instância porque este resolve se casar, e isto é encarado como uma traição por George, que exige dedicação exclusiva. Pois o seu exclusivismo possui também este outro sentido. E, por fim, no exílio voluntário de George, que abandona a Alemanha e morre no exterior. Onde? Na Suíça *italiana*.

A Itália é símbolo da relação entre Simmel e George. Em 1898, no auge de sua amizade, os dois se encontram na Itália. Já em 1903, imediatamente após o convite de Simmel para que George participe do "clube dos artistas", Simmel tira longas férias na Itália (março a outubro de 1903) e insiste calorosamente para que George o vá visitar em uma daquelas "pequenas cidades montanhosas italianas, onde ainda se sente a Idade Média e que ainda não são dominadas pela febre do turismo: Siena, Assisi, Arezzo, Cortona etc.".[59] George, contudo, guarda distância.

Em 1907, Gundolf escreveu ao mestre contando o elogio que Simmel fez, em sala de aula, aclamando George e Rodin como os dois grandes artistas do século. Contudo, ao distinto as comparações não agradam, e ser nomeado ao lado de alguém não é propriamente o que George deseja. Em suas lembranças de Rodin, Simmel afirmou, louvando o escultor: "pois falta-lhe claramente qualquer redenção através de uma ideia religiosa".[60] Temos aqui o ponto no qual os dois grandes artistas se separam. O que se tornou a força e soberania de Rodin, converteu-se, no curso de um exclusivismo e de um ideal de distinção elevado ao extremo, em culto e religião. "Maximin" é a transfiguração da ideia de uma redenção religiosa,[61] cultuado na poesia de George e em meio ao "círculo" como um deus.[62] O culto ao jovem, precocemente imolado, converte-se em atestado de fidelidade, religiosa, e ao culto da personalidade do poeta soma-se o culto do belo garoto, em um ambiente em tudo hostil às mulheres.

Otto M. Carpeaux pontua exatamente estes aspectos, interessantes para nós: "[...] a missão de cultura estética [...] recebeu novo conteúdo,

---

[59] Carta de Georg Simmel a Stefan George de 24/2/1903, *in* M. Landmann (org.), "Briefe Georg Simmels an Stefan George und Friedrich Gundolf", *op. cit.*, p. 435; também a carta de 4/3/1903, p. 437.

[60] G. Simmel, "Erinnerungen an Rodin" (1917), *in Das Individuum und die Freiheit*, *op. cit.*, p. 163.

[61] Cf. G. Simmel, "Der Siebente Ring" (1909), *in Vom Wesen der Moderne*, *op. cit.*, p. 220.

[62] Segundo W. Kraft, *Stefan George*, Munique, Text + Kritik, p. 126, este é o motivo do afastamento entre George e Simmel.

Stefan George

mais definido, como se fosse mensagem religiosa. E George alegou, com efeito, ter recebido uma revelação divina. Por volta de 1906 morreu em Munique um adolescente que estava em relações com George. O poeta, glorificando-o nos poemas dedicados a 'Maximin', conseguiu estabelecer uma espécie de culto ao defunto que teria sido a encarnação da beleza — // '... der Leib vergottet und der Gott verleibt.'// 'Incarnação do deus', 'divinização do corpo' — as expressões já são de um culto, de um rito. E não se trata de menos. O grupo de George fôra, até então, um círculo de estetas, admirando o grande poeta e todos os grandes poetas capazes de conferir um novo sentido estético à civilização. Agora, tudo mudou: o grupo transformou-se em 'Kreis', 'Círculo' com maiúscula, espécie de ordem religiosa; os poetas e literatos 'georgianos' agora são diáconos e acólitos, venerando a George como fundador de uma nova religião [...]".[63] O fundador de uma nova religião é o líder de que Simmel fala em sua *Soziologie*, assim como o "Kreis" é como uma sociedade secreta.[64]

A hostilidade às mulheres parece ter se retraído em relação a uma aluna dileta de Simmel, Gertrud Kantorowicz.[65] Alguns alunos de Simmel aproximaram-se de George. Mas Fräulein Kantorowicz parece ter sido especial para George, pois ela foi a única mulher que o poeta permitiu publicar versos nas *Blätter für die Kunst*, sob o pseudônimo de Gert Pauly.

Ela foi introduzida nos encontros na casa dos Lepsius por Simmel, que pediu humildemente a George que a deixasse assistir a uma das récitas, já que não só o número de convidados era controlado, como a presença

---

[63] O.M. Carpeaux, *História da literatura ocidental*. 2ª edição, revista e atualizada, Rio de Janeiro, Alhambra, 1978, vol. VII, p. 1938.

[64] Veja-se o que diz Simmel acerca do prestígio e carisma do "líder": G. Simmel, *Soziologie, op. cit.*, pp. 163 ss.; e sobre a sociedade secreta G. Simmel, *Soziologie, op. cit.*, cap. 5.

[65] Gertrud Kantorowicz (1876-1945), aluna, amiga e amante de Simmel, com quem ele teve uma filha, Angi, nascida em 1908 em Bologna. Traduziu, por iniciativa e com a ajuda de Simmel, a *Évolution créatrice* de Bergson, assim como os sonetos de Michelangelo. Em 1904 doutora-se em Zurique com a dissertação "Ueber den Meister des Emmausbildes in San Salvatore in Venedig". Em 1942 foi deportada para Theresienstadt, onde morre em 1945. Não há maiores informações acerca de seu relacionamento com Simmel, inclusive porque ele permaneceu secreto, a filha do casal foi mantida a distância e Simmel nunca se permitiu — ou melhor, nunca quis — vê-la. Veja-se: M. Landmann, "Gertrud Kantorowicz", *in* G. Kantorowicz, *Vom Wesen der griechischen Kunst*, organização de Michael Landman, Heidelberg, Lambert Schneider/Lothar Stiehm, 1961, pp. 93-100; Waltraut Schwarz, *in Bologna Incontri*, novembro de 1980, II (não me foi acessível); K. Ledermann, "Esther in Freundschaft — Zu ihren 50. Geburtstag und zwanzigjährigen Im-Lande-sein", *in Simmel Newsletter*, vol. IV, nº 1, verão de 1994, pp. 78-91.

de mulheres não poderia ultrapassar o limite do tolerável.[66] Mas desde então Gertrud Kantorowicz passou a fazer parte do grupo dos eleitos e, mais que isso, respeitada por George.

Em 22/10/1902, quando Stefan George realiza uma leitura na residência de seu editor Georg Bondi, Fräulein Kantorowicz já faz parte do grupo. *Foram convidadas cerca de 80 pessoas para a leitura, dentre elas Karl e Hanna Wolfskehl, [Melchior] Lechter, [Friedrich] Gundolf, Lothar Treuge, Gertrud Kantorowicz, Sabine Lepsius, Karl Joël, Georg Simmel e Kurt Breysig. George leu, dentre outros, as 'Zeitgeschichten', que mais tarde foram recolhidas no* Siebenten Ring *e que já haviam sido publicadas nos volumes cinco e seis das* Blätter, *e o poema 'Der Preusse', de que só se conservou um fragmento.*[67] Lechter, sempre responsável pela programação gráfica dos livros de George — algo que ganha autonomia com o "Jugendstil" —, desenhou o convite para a reunião.[68] Em cartas do final do século, ao agradecer os exemplares que George lhe envia, Simmel louva a produção gráfica dos livros por Lechter.[69]

Nessas récitas, o que se exercita é um tipo muito próprio de sociabilidade, uma sociabilidade inteiramente adequada ao interior. Sabine Lepsius afirmou:

> *"Criamos para nós uma ilha em meio a esse turvo Spree [rio que corta Berlim, LW], e ela atraiu então todo um grupo. Foi assim que George conheceu, em nossa casa, meu amigo de infância Georg Simmel e sua mulher, minha amiga, que por mais de vinte anos permaneceu fielmente dedicada a mim. Também a amiga de Simmel Gertrud Ka[ntorowicz], de quem George publicou alguns poemas nas* Blätter für die Kunst *sob o nome de Gert Pauly."*[70]

---

[66] Cf. cartas de Georg Simmel a Stefan George de 11/11/1897 e 12/11/1897, *in* M. Landmann (org.), "Briefe Georg Simmels an Stefan George und Friedrich Gundolf", *op. cit.*, pp. 430-1.

[67] B. Zeller etc. (orgs.), *Stefan George 1868-1968, der Dichter und seine Kreis*, *op. cit.*, p. 142.

[68] "Os livros de poemas de Stefan George produzidos por Melchior Lechter — *Das Jahr der Seele* e *Der Teppich des Lebens und die Lieder von Traum und Tod. Mit einem Vorspiel* — são o exemplo mais acabado do Jugendstil esteticista." J. Mathes, "Einleitung", *op. cit.*, p. 23.

[69] Cf. cartas de Georg Simmel a Stefan George de 1/12/1899 e 7/11/1900, *in* M. Landmann (org.), "Briefe Georg Simmels an Stefan George und Friedrich Gundolf", *op. cit.*, pp. 432-3.

[70] S. Lepsius, "Erinnerungen an Simmel", *in* K. Gassen e M. Landmann (orgs.), *Buch des Dankes an Georg Simmel*, *op. cit.*, p. 198.

Uma *ilha*: este verdadeiro *topos* da utopia é um dos símbolos mais expressivos do final do século. Ela representa um espaço para e da interioridade, que permanece preservado em meio a um mundo de confusões e atabalhoamentos. A ideia da ilha, ligada ao "Jugendstil", que remete ao isolamento, remete também à solidão, que é, como se viu, uma experiência atiçada pela cidade grande e moderna.[71] Mas a ilha significou também esse espaço intocado, no qual todos os nossos personagens vão se encontrar: o salão.

---

[71] A solidão é, além disso, um dos importantes temas presentes na pintura (principal caso: Munch) e na poesia. Isto assume um papel preponderante no Expressionismo (isto explica em parte a proximidade dos expressionistas em relação a Munch), e serão sobretudo os poetas expressionistas que tematizarão a solidão. Basta pensar em Werfel ("Fremde sind wir auf der Erde Alle"; "Niemals im Andern, nie im Ich zu Hause!"), Trakl e Benn.

O SALÃO

O salão e a reunião em pequenos grupos é a forma de sociabilidade própria do interior. Se, como disse Benjamin, o interior representa todo um universo para o seu habitante, ele o provê de um tipo muito próprio e adequado de relações sociais. Para o moderno, o salão, forma e local da sociabilidade, torna-se "um camarote no teatro do mundo".[1]

A sociabilidade no interior se dá através do salão ou dos pequenos grupos. O Salão é um fenômeno da Época Moderna europeia. É um espaço de conversação e ao mesmo tempo uma instituição social. Ele conjuga uma exclusividade e um espaço público próprios; é um espaço no qual indivíduos iguais usam da palavra e criam com isso uma publicidade específica.

Na Alemanha, o termo francês "Salon" quer designar, por volta de 1800, o "Gesellschaftszimmer",[2] o lugar de estar em sociedade; a relação entre o Salão e a sociabilidade é portanto "semântica" e na Alemanha o termo já se enraíza com o sentido do espaço da sociabilidade, da sala de estar. "Formulado de modo muito vago, o Salão é uma sociabilidade livre, espontânea, cujo fundamento é formado pela conversação sobre temas literários, artísticos ou políticos."[3]

Há uma analogia muito rica entre o Salão e a sociabilidade na corte, pois ambos possuem um fim em si mesmos: a própria sociabilidade. A estrutura quase familiar do Salão é análoga à da corte. O Salão é "matriarcal", enquanto a corte, reunida ao redor do monarca, "patriarcal"; há uma espécie de oposição e complementaridade entre eles. "Ambos estilizavam sua liberdade mediante a etiqueta; ambos sublimavam sua sociabilidade através da arte, música, teatro e literatura".[4] Principalmente no fato de que ambos, a sociedade do salão e a sociedade da corte, originam-se com o

---

[1] Cf. a citação de W. Benjamin que orientou o que foi dito anteriormente acerca do interior.

[2] P. Wilhelmy, *Der Berliner Salon im 19. Jahrhundert (1780-1914)*, Berlim/Nova York, W. de Gruyter, 1989, p. 19.

[3] P. Wilhelmy, *Der Berliner Salon im 19. Jahrhundert (1780-1914)*, op. cit., p. 25.

[4] P. Wilhelmy, *Der Berliner Salon im 19. Jahrhundert (1780-1914)*, op. cit., p. 28.

estado absolutista e ambos se esvaecem com o fim das monarquias, percebe-se a sua proximidade.

Os primeiros salões berlinenses, nos anos 80 do século XVIII, têm contudo um caráter compensatório, pois Frederico o Grande não mantém uma corte em Berlim nesse período. O Salão procura então suprir as necessidades culturais e sociais que a corte deixava de preencher.[5] Aqui retomamos o tema de Berlim como cidade da época burguesa. Esta é a época do "Salon"; e ele depende de valores que só podemos denominar "burgueses".

Berlim, inverno de mil novecentos e seis para sete... O casal de pintores Reinhold e Sabine Lepsius convidou-me para visitá-los à noite: eu deveria conhecer Stefan George. Os Lepsius moravam no velho Westend, na Kastanien-Allee. Era um bairro dos anos noventa habitado por intelectuais. Simmel, Wilamowitz, Roethe moravam nas proximidades. Casas de tijolos, sem ornamentos. Mas quando se atravessava a entrada dos Lepsius, estava-se em uma outra atmosfera. A grande sala de estar tinha um papel de parede "esboçado" por Leistikow: folhagens de castanha-da-índia, do verde ao ferrugem sobre fundo marrom. Um sofá fundo, baixo, revestido com seda amarela. Às vezes sentava-se ali a bela Sra. Siemon, antiga esposa de Otto Eckmann; o artista que esboçou o "7" estilizado sobre a Woche *de Scherlschen (naquele tempo tudo devia ser estilizado). Ela era uma das filhas do general von Kretschman, cujas cartas da guerra dos anos setenta (1903) causaram sensação. Muitos anos mais tarde eu deveria ver Otto Braun, filho de sua irmã Lily Braun, neste sofá. Ele vestia o uniforme de couraceiro e estava impaciente para voltar ao campo de batalha, onde caiu vítima da ofensiva da primavera de 1918. Há ainda quem se lembre de seus apontamentos admiráveis (Aus dem Leben eines Frühvollendeten, 1919)? Junto às cartas do jovem de Marwitz, eles pertencem aos mais belos legados da juventude que a Primeira Grande Guerra ceifou. Também o filósofo Georg Simmel, que era visto como "destruidor" e cujas aulas eram frequentadas pelos melhores estudantes de Berlim — viam-se em sua sala de aula os mesmos rostos que no colóquio de Wölfflin —, podia ser encontrado frequentemente nos Lepsius. Com ele vinha quase sempre Gertrud Kantorowicz, sublime tanto por sua inteligência como por sua bondade; venerando George tanto quanto Simmel. O salão de Simmel (Margarete Susman poderia tê-lo descrito) possuía uma atmosfera completamente diferente. Lá era o lugar de se "causer" filosoficamente. Groethuysen era* facile princeps. *Mas também o estético ocupava lá uma posição de des-*

---

[5] P. Wilhelmy, *Der Berliner Salon im 19. Jahrhundert (1780-1914)*, *op. cit.*, p. 28.

taque. Simmel colecionava vasos chineses e rendas antigas. Ele foi também um dos primeiros que se engajou por George publicamente.[6]

Ao atravessarmos, com Curtius, o limiar da porta da casa dos Lepsius, passamos do exterior para o interior, entramos em uma outra atmosfera. Os ruídos da rua permancem lá fora. A sala, o local da sociabilidade, é o interior burguês, mas não o interior tradicional. A época de Simmel é a época em que a burguesia e seus valores se dissolvem progressivamente.[7] O que encontramos na morada dos Lepsius é o moderno — pois, como Benjamin mostrou, o "novo" tornou-se "moderno"[8] —, um interior decorado, é verdade, mas decorado segundo um padrão muito diferente dos interiores da época. O seu padrão é dado pelo papel de parede desenhado por Leistikow, o pai da Secessão berlinense. Eckmann, por seu lado, é o grande inovador da tipografia do "Jugendstil", além de autor de uma enorme produção gráfica, que vinha à luz em *Pan* e *Jugend*.[9] Essa simbiose da Secessão com o "Jugendstil" é em tudo característica desse momento da virada do século em Berlim.

Na topografia dos salões berlinenses vê-se a marcha para o oeste. O salão de Sabine Lepsius (1864-1942), inicialmente em Charlottenburg (oeste), posteriormente em Westend (extremo oeste), é o salão berlinense situado mais a oeste da cidade. Este talvez seja um indicador da "modernidade" do salão, que acompanha o estilo de vida de Westend.[10] Havia, como disse Hans Simmel, como que um "circulo de amigos de Westend", e por entre

---

[6] E. R. Curtius, *Kritische Essays zur Europäischen Literatur*, Frankfurt/M, S. Fischer, 1984, pp. 138-9.

[7] "[...] o Jugendstil; em outras palavras o estilo no qual a velha burguesia dissimula o pressentimento das próprias fraquezas" (W. Benjamin, *Gesammelte Schriften*, *op. cit.*, vol. III, p. 394). O "Jugendstil" realiza uma "regressão da realidade social na realidade natural e biológica", que para Benjamin é um "sintoma de crise". Assim, seria possível rastrear no "Jugendstil" a crise da época. Da crise da época para a "crise da cultura" (assim um texto de Simmel) só é necessário um pequeno, minúsculo passo.

[8] "O Jugendstil aparece como o produtivo mal-entendido em virtude do qual o 'novo' tornou-se 'moderno'." W. Benjamin, *Gesammelte Schriften, op. cit.*, vol. I.2, p. 681.

[9] Otto Eckmann (1865-1902) já estava, portanto, morto à época em que o futuro grande romanista Curtius penetra o salão dos Lepsius. Eckmann foi professor na Escola de Arte aplicada de Berlim e um dos mais importantes artistas do estilo "floral" do "Jugendstil" e, além de ter esboçado inúmeros tipos, teve também ampla atividade no desenho de móveis, objetos de ferro e cerâmica etc. O "7" que ele desenhou para a revista *Die Woche*, simbolizando os sete dias da semana, foi célebre em seu tempo.

[10] Cf. P. Wilhelmy, *Der Berliner Salon im 19. Jahrhundert (1780-1914), op. cit.*, pp. 366-7.

O salão

todos eles se podia vislumbrar um pouco da cultura do moderno na Berlim do Segundo Império.

Mas Curtius traz ainda às suas lembranças o grande acontecimento da época, que dizimou tanto a juventude como o estilo da juventude, a Guerra. Ela é o marco definitivo, a separação dos tempos, e demarca o fim da época de Simmel, que morre pouco antes do final da Guerra (cf. as lembranças de M. Susman, citadas anteriormente). Sim, Curtius não frequentou apenas o salão de Sabine, mas também o de Simmel. Pois se por um lado os Simmel eram *habituées* do salão de Sabine, possuíam também o seu, mas em tudo diferente.

O salão de Sabine Lepsius foi um dos grandes salões berlinenses da época guilhermina. Ele é um dos locais privilegiados para vislumbrarmos Simmel, o tipo de sociabilidade no qual ele está envolvido e os círculos sociais com os quais ele está em contato.

Sabine Lepsius, Graef em solteira, conheceu Georg Simmel desde muito jovem, pois Georg era colega de colégio de seu irmão Botho, que se tornou posteriormente arqueólogo.[11] Eram filhos do pintor Gustav Graef

---

[11] "[...] Como eu fui amiga de Simmel desde os meus doze anos, tentarei retratar aqui a impressão de sua personalidade, tanto quanto ela pode ser evocada em poucas páginas [...]. Como era amigo e colega de ginásio de meu irmão mais velho Harald, Georg Simmel vinha quase que diariamente à minha casa e transferiu rapidamente sua amizade a meus pais. Mais tarde, ele se ocupou profundamente de mim e introduziu-me em domínios da ciência que, até então, eram distantes para mim, pelo que lhe sou grata por todos os tempos. Eu pude participar da festa por ocasião de sua habilitação na Universidade de Berlim e tive, na ocasião, toda a razão em estar orgulhosa de meu amigo de juventude.// Na sua juventude ele permaneceu longe da sutileza autossuficiente, que mais tarde, na minha opinião, prejudicou sua espiritualidade. Contudo não me cabe avaliar, quando a obra de uma vida possui tal significação, e por isso me limito a recordar as muitas conversas instrutivas e esclarecedoras que ele teve comigo, e a lembrar o efeito que o seu espírito exerceu sobre mim. Entretanto, ele também recebeu atentamente o estímulo que vinha de minha casa, no que dizia respeito às questões de arte, e reconheceu agradecido o que significou para ele a primeira experiência da atmosfera particular de uma família de artistas, sem opiniões feitas e sem banalidade. E mesmo, quando conheceu Reinhold Lepsius, deixou-se guiar completamente por ele no reinos das artes. [...] Se eu, mesmo quando criança ou jovem, tive uma relação puramente espiritual com ele, e mesmo muito imatura para perceber o universo de bondade que havia em Georg Simmel, mais tarde eu reconheci que fazer bem espiritual e animicamente e a dedicação sem limites aos seus amigos eram parte de sua vida. Ele, cada vez mais exigido profissionalmente, sempre tinha tempo para sua amigas e amigos, especialmente se tocados por algum infortúnio, no que ele se diferenciava da maioria dos homens. Embora sua mãe fosse ciumenta e o tiranizasse com o seu amor, só lhe permitindo os amigos por algumas horas, ele compartilhava o destino dos amigos, procurava ajudar e apaziguar, embora agisse singularmente com uma cautela alusiva que mantinha toda a franqueza mais ousada à distância. [...] Mas fora esses distanciamentos, ele era absolutamente caloro-

(1821-1895) e Franziska (1824-1893). Franziska, a seu tempo, possuíra seu próprio salão. Sabine estudou inicialmente música, mas com o tempo acabou por se inclinar para a pintura.[12] Em 1892 ela casou-se com Reinhold Lepsius (1857-1922), filho do renomado egiptólogo Richard Lepsius. Reinhold, pintor profissional, participou da Secessão berlinense em seus inícios. Simmel dedicou a primeira edição da *Philosophie des Geldes*, em 1900, "Aos amigos Reinhold e Sabine Lepsius".[13] A partir da metade dos anos 90 Sabine criou um salão, "que possuía um caráter elitista e almejava um nível intelectual especialmente elevado",[14] que perdurou até aproximadamente 1910. Os Lepsius moravam perto de Simmel, inicialmente em Charlottenburg (Kantstrasse 162), posteriormente em Westend (Ahornallee 31). Simmel frequentou o salão de Sabine durante toda a sua duração; os laços de amizade que ligavam sua casa à dos Lepsius nunca se esmoreceram. Petra Wilhelmy conseguiu rastrear uma lista de frequentadores do Salão, que reproduzo a seguir, um pouco ampliada:

1. Lou Andreas-Salomé, a famosa amiga de Nietzsche e Rilke, posteriormente de Freud. O casal Andreas frequentava também a casa dos Simmel. Simmel parece ter tido relações mais próximas com ela, pois foi ele o encarregado de convidá-la para a récita de George na casa dos Lepsius em 1897.

2. Conrad Ansorge, pianista e compositor, acompanhado da esposa Margarethe.

3. Marcus Behmer, artista gráfico.

4. Editha Blass, escritora e pintora.

---

so, e por isso sua capacidade de amar ficou protegida da insensibilidade do coração em favor do intelecto [...]. Ele significava para seus amigos mais por sua alma fiel do que por sua espiritualidade sinuosa." S. Lepsius, "Erinnerungen an Simmel", *in* K. Gassen e M. Landmann (orgs.), *Buch des Dankes an Georg Simmel, op. cit.*, pp. 198-9.

[12] Sabine Lepsius escreveu suas memórias, *Ein Berliner Kunstlerleben um die Jahrhundertwende*, Munique, G. Müller, 1972, onde se pode encontrar detalhes sobre sua vida e seu círculo; além de um livro sobre sua amizade com Stefan George: *Stefan George. Geschichte einer Freundschaft*, Berlim, Die Runde, 1935. Já vislumbramos o quadro de Stefan George que ela começou a pintar.

[13] Cf. G. Simmel, *Philosophie des Geldes, op. cit.*, p. 8. "Há pouco ocupei-me de sua [Simmel] *Philosophie des Geldes*. Certamente ela não é dedicada gratuitamente a Reinhold e Sabine Lepsius; não por acaso ela se originou naquela época em que Simmel pôde se 'aproximar' do círculo ao redor de George." Carta de W. Benjamin a T. W. Adorno de 23/2/1939 *in* T. W. Adorno e W. Benjamin, *Briefwechsel 1928-1940*, organização de H. Lonitz, Frankfurt/M, Suhrkamp, 1994, pp. 405-6.

[14] P. Wilhelmy, *Der Berliner Salon im 19. Jahrhundert (1780-1914), op. cit.*, p. 715. As informações sobre o salão de Sabine foram extraídas do livro magistral de Wilhelmy.

O salão 445

5. Georg Brandes, historiador da literatura dinamarquês, famoso por ser um dos primeiros divulgadores da obra de Nietzsche. Brandes morou, na virada do século, vários anos em Berlim.[15]

6. Otto Braun, filho de Lily Braun, que era amigo de um dos filhos do casal Lepsius. Provavelmente Lily Braun, a grande e famosa socialista e feminista, frequentava também o Salão.

7. Otto Broicher, conselheiro judiciário, acompanhado da mulher Charlotte, escritora.

8. Marie von Bunsen (1862-1942), escritora e ela própria *salonière* (foi dela que tivemos a descrição da récita de George na casa dos Lepsius, citada em "Stefan George").

9. Ernst Robert Curtius (1886-1956), o célebre romanista, aparentado dos Lepsius, que nos descreveu o salão dos Lepsius.

10. Wilhelm Dilthey, catedrático de filosofia na Universidade de Berlim. Dilthey não parece ter sido uma presença constante no salão.

11. Otto Eckmann, artista aplicado, já mencionado, acompanhado da esposa Mascha, irmã de Lily Braun.

12. August Endell (1871-1925), arquiteto, e esposa. Um dos mais importantes arquitetos do "Jugendstil", célebre pela decoração do atelier fotográfico "Elvira" em Munique. Endell decorou também, em 1901, o cabaré "Überbrettl" em Berlim.

13. Karl Foerster, botânico.

14. Stefan George, frequentou a casa dos Lepsius no período 1896-1910, que era o centro de seus contatos em Berlim.

15. Botho Graef, irmão de Sabine, arqueólogo e amigo de Simmel.

16. Friedrich Gundolf, historiador da literatura e escritor, discípulo de Stefan George e amigo de Simmel.

17. Maria Marchesina Guerrieri-Gonzaga, amiga de Sabine.

18. Kurt Hahn, pedagogo.

19. Oskar Hahn, industrial, com sua esposa Charlotte. Pais de Kurt Hahn.

20. Ernst Hardt, poeta e escritor, pertencia ao círculo das *Blätter für die Kunst* de S. George. Com a esposa Polyxene.

21. Else Hartleben. Irmã do escritor Otto Erich Hartleben, que talvez também frequentasse o Salão. Casada com o arqueólogo Ferdinand Noack.

22. Lili Hensel, uma amiga de infância de Sabine, neta de Fanny Hensel, nascida Mendelssohn-Bartoldy.

---

[15] Veja-se R. Thiessen, "Berlinische Dialektik der Aufklärung", *op. cit.*, pp. 142-3.

23. Hugo von Hofmannsthal, poeta, esteve presente uma única vez, durante uma leitura de George. Conhecido e admirador de Simmel.[16]

24. Ludwig Justi, na época ainda estudante, posteriormente historiador da arte e diretor da Nationalgalerie.

25. Bertha, condessa Kalckreuth, nascida condessa Yorck von Wartenburg.

26. Gertrud Kantorowicz, filósofa e historiadora da arte, amiga e aluna de Georg Simmel; amiga de Stefan George, escreveu para as *Blätter für die Kunst*.

27. Léonie, condessa Keyserling, irmã do filósofo Hermann, conde Keyserling. Tanto Léonie como o Conde, sobretudo, eram amigos dos Simmel.

28. Ludwig Klages, grafólogo e psicólogo, ligado a Stefan George, frequentou o Salão somente uma vez para uma leitura de George.[17]

29. Käthe Kollwitz, artista plástica, com seu marido, médico, frequentavam raramente o Salão de Sabine. Conhecida de Simmel, que possuía obras suas.

30. A família Krigar-Menzel, do sobrinho do pintor Adolf Menzel.

31. Melchior Lechter, artista plástico, amigo de Stefan George, elaborava a produção gráfica de suas obras. Próximo a Simmel.

32. Theodor Lessing, escritor, próximo da família Lepsius e provável frequentador do Salão. Amigo de Simmel.

33. Richard M. Meyer, professor de história da literatura (citado no tópico "ensaio").

34. Ferdinand Noack, professor de arqueologia, na época ainda estudante.

35. Rudolf Pannwitz, filósofo e escritor, era professor das crianças Lepsius e de Hans Simmel, filho de Georg e Gertrud Simmel. Aluno e amigo de Simmel.

---

[16] Através de Hugo von Hofmannsthal (1874-1929), que visitava Kessler e van de Velde em Weimar, tecem-se as relações com o "Jugendstil" em Viena, para onde Simmel viajava com frequência, o mais das vezes para proferir palestras, além de ter publicado relativamente bastante em periódicos vienenses. Hofmannsthal sempre foi um leitor atento e entusiasta de Simmel, como se pode ver por sua correspondência. As relações entre Hofmannsthal e Stefan George ilustram no mais profundo as riquezas e idiossincrasias do "simbolismo" literário em língua alemã. Hofmannsthal publicou e participou da redação das *Blätter für die Kunst*, o órgão oficial de George e seus amigos. Seu programa era reconciliar a poesia e a vida. Cf. H. v. Hofmannsthal, "Poesie und Leben", *in* J. Mathes (org.), *Theorie des literarischen Jugendstils, op. cit.*, pp. 140-7.

[17] Sobre as diferenças entre Klages e Simmel ver A. Rammstedt, "'Instinktarmer Intellektualismus'. Zu graphologischen Analysen der Handschrift Georg Simmels", *in Simmel Newsletter*, vol. IV, nº 1, verão de 1994, pp. 41-58.

O salão

36. Walther Rathenau, industrial e escritor, posteriormente ministro do exterior na República de Weimar, apreciava o Salão de Sabine, mas esta não o apreciava e acabou por afastá-lo. Rathenau foi o primeiro a comprar um quadro de Edvard Munch na Alemanha e acabou também sendo retratado por ele (retrato de 1907).

37. Georg Reicke, poeta e escritor, vice-prefeito de Berlim, com a esposa Sabine, pintora.

38. Rainer Maria Rilke, poeta, amigo de Simmel, foi por este introduzido no salão, por ocasião de uma récita de Geroge.

39. Hermann Schmalenbach, filósofo, aluno de Simmel, foi professor particular das crianças Lepsius.

40. Oskar A. H. Schmitz, escritor.

41. Rudolf Siegel, sobrinho de Reinhold Lepsius, compositor e maestro.

42. Georg e Gertrud Simmel.

43. Heinrich Simon, editor da *Frankfurter Zeitung*, e sua esposa Annemarie. Simmel publicou no jornal de Simon.

44. Kurt Singer, musicólogo. Aluno de Simmel.

45. Ferdinand Springer, livreiro.

46. Rudolf Stumpf, pintor, professor de história da arte.

47. Margarete Susmann, escritora, aluna e amiga de Simmel.

48. Hugo von Tschudi, historiador da arte, diretor da Galeria Nacional, ligado a Max Liebermann e os Secessionistas berlinenses.[18]

49. Karl Gustav Vollmoeller, escritor, pertencia ao círculo de George.

50. Mathilde Vollmoeller, pintora, irmã do precedente.

51. Werner Weisbach, professor de história da arte, casado com uma parente de Sabine. Amigo de Simmel.

52. Karl Wolfskehl (1864-1942), poeta, pertencia ao círculo de George, com a mulher Hanna (1878-1946). Amigo de Simmel.

53. Gustav Roethe, professor universitário e também morador de Westend.

---

[18] Tschudi era altamente engajado pela arte moderna. Era diretor da Nationalgalerie e responsável pela aquisição dos quadros dos pintores modernos — secessionistas — e dos estrangeiros —, sobretudo os impressionistas. As aquisições dos museus foram sempre alvo de polêmicas acaloradas, pois havia sempre fortes defensores da arte oficial, que não concordavam em absoluto com a compra e exposição de obras "modernas", ao lado das persistências xenófobas, que criticavam sem cessar a compra de quadros de artistas estrangeiros (sobretudo dos franceses, que produziam a grande pintura). Mesmo o Imperador nunca escondeu seu descontentamento com a gestão de Tschudi, e isso acabou por culminar na demissão do diretor em 1909, em função das críticas e protestos que causou ao comprar um lote de quadros de pintores franceses.

54. Kurt Breysig (1866-1940), historiador, amigo de Simmel.
55. Cyrill Scott, compositor inglês.[19]

Naturalmente, as dificuldades em recompor o quadro de frequentadores de um Salão, de que faltam registros, é difícil; esta reconstrução nos permite, contudo, perceber a diversidade dos frequentadores. O Salão é um elemento interessante para se vislumbrar as círculos sociais e intelectuais por entre os quais Georg e Gertrud Simmel circulavam. Embora, no conjunto dos salões levantados por Wilhelmy, Simmel só apareça como frequentador do salão de Sabine, há um entrelaçamento muito grande dos frequentadores pelos vários salões; e é possível que Simmel frequentasse ocasionalmente outros deles. Assim, por exemplo, Simmel frequentava as leituras organizadas pela "Gesellschaft der Blätter für die Kunst", onde ele se encontrava com o casal Karl e Hanna Wolfskehl, o artista gráfico Melchior Lechter, o pintor Ludwig von Hoffmann, Friedrich Gundolf, o poeta Lothar Treuge, Gertrud Kantorowicz, os filósofos Karl Joël, Kurt Breysig, Sabine Lepsius e seu irmão, o arqueólogo Botho Graef, e o príncipe Sturdza.[20] Seria necessário cruzar os frequentadores dos diferentes salões, para desse modo obter uma espécie de topografia da Berlim na virada do século; naturalmente sobretudo da Berlim burguesa. Pois é esse o segmento social que se realiza nos salões.

Mas Simmel vivia essa sociabilidade nos salões não apenas em Berlim. Viajando incessantemente, mantinha laços sociais em diversas outras cidades. Em Heidelberg, por exemplo, o casal se incorporava às reuniões na casa dos Weber, cuja vista para o Neckar encantava Georg Simmel, enquanto a conversa de Simmel encantava a Sra. Max Weber.[21] E o mesmo que ocorria em Heidelberg pode ter ocorrido em Göttingen e Friburgo, em Viena e Paris, embora os relatos não tenham chegado até nós.

---

[19] "Com os anos o círculo ao redor de Sabine e Reinhold Lepsius se ampliou e alterou. Ludwig Justi, o diretor da galeria Nacional, o desenhista Marcus Behmer, Walther Rathenau, Heinrich Simon, o fundador do *Frankfurter Zeitung*, Wilhelm Dilthey, Gustav Roethe, Kurt Breysig, Rudolf Pannwitz podiam ser encontrados nos famosos Jours na Kantstrasse ou, posteriormente, em Westend, assim como aqueles que chegaram à casa do casal através de George: Melchior Lechter, Friedrich Gundolf, Cyrill Scott, Hugo von Hofmannsthal e Ludwig Klages." B. Zeller etc. (org.), *Stefan George 1868-1968, der Dichter und seine Kreis.*, *op. cit.*, p. 146.

[20] Cf. A. Rammstedt, "'Instinktarmer Intellektualismus'. Zu graphologischen Analysen der Handschrift Georg Simmels", *op. cit.*, p. 43.

[21] Cf. M. Weber, *Max Weber. Ein Lebensbild*, Munique/Zurique, Piper, 1989, pp. 373, 476. Sobre Heidelberg, veja-se H. Treiber e K. Sauerland (orgs.), *Heidelberg im Schnittpunkt intellektueller Kreise. Zum Topographie der 'geistigen Geselligkeit' eines 'Weltdorfes': 1850-1950*, Opladen, Westdeutscher, 1995.

O salão

Sim, o salão é o local da sociabilidade burguesa, de uma sociabilidade muito própria, que Georg Simmel, em sua sociologia, formulou de maneira muito singular.

"Considerando a partir das categorias sociológicas, eu designo portanto a sociabilidade como a *forma de jogo [Spielform] da socialização* e como — *mutatis mutandis* — se comporta em relação a sua concretude determinada de acordo com conteúdos, assim como a obra de arte se comporta em relação à realidade."[22] Então essa sociabilidade no salão quer ser, ela mesma, arte.

O problema que se coloca então é: "que medida de significação e acento é permitida ao indivíduo enquanto tal no e em relação ao círculo social? Na medida em que a sociabilidade, em suas configurações puras, não tem nenhum fim objetivo, nenhum conteúdo e nenhum resultado; que ela repousa enquanto tal por assim dizer fora do momento sociável, ela está posta inteiramente sobre as personalidades [...]. Mas precisamente pelo fato de que aqui tudo está posto sobre as personalidades, estas não podem absolutamente ser acentuadas individualmente. [...] É por isso que, na sociedade, o sentimento do tato é de tamanha importância, porque ele conduz a autorregulação do indivíduo em sua relação pessoal com o outro [...]".[23]

A sociabilidade é vista como um espaço no qual a cultura objetiva não penetra, é mesmo o espaço próprio à cultura subjetiva, na qual os indivíduos só contam pelo que eles são "espiritualmente"— "riqueza e posição social, sabedoria e fama, capacidades excepcionais e méritos do indivíduo não desempenham nenhum papel na sociabilidade",[24] ou ao menos não devem desempenhar, caso contrário a "forma social artística da sociabilidade"[25] se veria completamente comprometida. É um espaço no qual o dinheiro não penetra.

Para não perturbar a forma artística da sociabilidade, também os elementos mais pessoais e individuais dos envolvidos precisam ficar fora do âmbito da sociabilidade: seus problemas, suas dificuldades, seus sofrimentos — pois alguém já disse que no sofrimento todos são irredutivelmente diferentes. A sociabilidade é um espaço por assim dizer ideal, uma esfera autônoma que o tato e a discrição devem preservar de qualquer influên-

---

[22] G. Simmel, *Grundfragen der Soziologie, op. cit.*, p. 53. A relação de "interação" e "jogo" já está dada desde a *Philosophie des Geldes, op. cit.*, p. 59.

[23] G. Simmel, *Grundfragen der Soziologie, op. cit.*, pp. 53-4.

[24] G. Simmel, *Grundfragen der Soziologie, op. cit.*, p. 54.

[25] G. Simmel, *Grundfragen der Soziologie, op. cit.*, pp. 54 e 56.

cia perturbadora.[26] Ela é a sociedade transformada em arte: no interior de suas molduras, o que vale é o jogo de seus elementos, são as relações que se estabelecem e se desenrolam. Na sociabilidade os indivíduos aparecem em sua "pura humanidade".[27]

"Pode-se falar portanto em um *limiar* inferior e superior *da sociabilidade* para os indivíduos. Tanto no momento em que estes direcionam o fato de estarem juntos a um conteúdo e fim objetivo, como no momento outro, onde o absolutamente pessoal e subjetivo do singular surge sem reservas, a sociabilidade não é mais o princípio central e formador, mas no máximo um princípio formal e exteriormente mediador."[28]

A sociabilidade é, por assim dizer, despojada de "interesses", e é isto que Simmel quer dizer quando afirma que ela é uma mera *forma*, despojada de *conteúdos*. E é na qualidade de forma — a sociologia é a ciência que investiga as formas de socialização — que ela é um *jogo*.

"Pois forma é o se-determinar-mutuamente, o interagir dos elementos, mediante o que eles formam justamente uma unidade."[29] Isto vale, na mesma medida, para o obra de arte e a sociedade. A sociologia simmeliana depende e se interessa pelas formas, por assim dizer, os "conteúdos" interessam-lhe apenas quando conduzem a formas.[30]

"É isto que explica a analogia entre a arte e o jogo. Em ambos, as formas, que a realidade da vida desenvolve, fundam impérios autônomos em relação à vida; isto dá a eles sua profundidade e sua força, o fato de que eles são, desde sua origem, carregados de vida, e onde eles são esvaziados de vida tornam-se artificialidade e brincadeira [Künstelei und Spielerei] — só que o seu sentido e essência radica justamente naquela virada não conciliatória, com a qual as formas, produzidas da finalidade da vida

---

[26] Parece haver uma espécie de atitude ensaística que relaciona o ensaio ao tato, e que portanto permitiria relacionar o que é dito aqui acerca da conversação e do salão com o ensaio — que, de resto, está próximo da conversa e da carta, que requerem as qualidades da sociabilidade: "esprit de delicatesse", "esprit de finesse", "esprit de conduite", "esprit de replique", "courtoisie", "desinvolture", "esprit de detail". Cf. L. Rohner, *Der deutsche Essay, op. cit.*, p. 678.

[27] G. Simmel, *Grundfragen der Soziologie, op. cit.*, p. 56.

[28] G. Simmel, *Grundfragen der Soziologie, op. cit.*, p. 56.

[29] G. Simmel, *Grundfragen der Soziologie, op. cit.*, p. 52. Um discípulo de Simmel, Norbert Elias, veio a esmiuçar este ponto, tirando daí seu conceito de "figuração".

[30] Cf. G. Simmel, *Grundfragen der Soziologie, op. cit.*, pp. 48-9. O tema remete à delimitação da sociologia enquanto investigação acerca das formas de socialização; remete portanto ao projeto simmeliano de uma sociologia, tal como formulado em 1894 em "Das Problem der Sociologie" e como desenvolvido na *Soziologie* de 1908. Isto não poderá ser discutido aqui em detalhe.

O salão

e da matéria da vida, se desligam destas e se tornam elas mesmas o fim e a matéria de sua mobilidade autônoma, e só recebendo daquelas realidades precisamente aquilo que pode se encaixar na nova legalidade e ser absorvido na vida própria àquelas formas."[31]

Essa *analogia* entre a arte e o jogo, considerando a sociabilidade como jogo, nos leva novamente àquela imagem da sociedade como obra de arte.

A sociabilidade como *forma* e *jogo* é sempre um movimento de aproximação e afastamento. "Quando é que se fala de jogo e o que está implícito nisso? Certamente de início o ir e vir de um movimento que se repete constantemente — pense-se em certos ditos como 'o jogo de luz' ou 'o jogar das ondas', em que há um constante ir e vir, ou seja, um movimento que não está ligado a uma finalidade última."[32] Sua finalidade é o próprio movimento. O jogo é, por assim dizer, autorreflexivo. Ao mesmo tempo, como mostra Gadamer, "o jogo aparece então como um automover-se que por seu movimento não pretende fins nem objetivos, mas o movimento como movimento, que quer dizer um fenômeno de redundância, de autorrepresentação do estar-vivo. [...] A função de representação do jogo é que no final esteja não um algo qualquer, mas aquele movimento de jogo definido e determinado. O jogo, em última instância, é portanto a autorrepresentação do movimento do jogo.// Posso acrescentar de imediato: tal definição do movimento do jogo significa ao mesmo tempo que o jogar exige sempre aquele que vai jogar junto".[33]

Segundo Simmel, a sociabilidade possui uma "estrutura democrática", justamente porque se trata sempre de um "jogar junto", de uma interação em que o que vale é a relação e que, portanto, exige fundamentalmente a participação dos envolvidos, e essa participação é regulada de tal modo — pelas "regras do jogo", poderíamos dizer, isto é, o tato e a discrição —, que todos usufruem e contribuem igualmente para a sociabilidade. Mas Simmel aponta, imediatamente a seguir, que essa estrutura democrática da sociabilidade só se realiza quando ela ocorre no interior de

---

[31] G. Simmel, *Grundfragen der Soziologie, op. cit.*, p. 51. Como o Leitor percebe, temos aqui o mesmo fenômeno da autonomização das formas que encontramos na filosofia da cultura simmeliana. É preciso, portanto, incorporar, na análise da sociologia simmeliana, os andamentos específicos da filosofia da cultura, a fim de dimensioná-la de modo mais adequado ou, em outros termos, de explorar a constelação de cultura filosófica.

[32] H. G. Gadamer, *A atualidade do belo. A arte como jogo, símbolo e festa*. Rio de Janeiro, Tempo Brasileiro, 1985, p. 38. Gadamer, como sempre, fornece rico e instigante material para a reflexão. Simmel também utiliza o vai e vem das ondas como exemplo de jogo: G. Simmel, *Grundfragen der Soziologie, op. cit.*, p. 67.

[33] H. G. Gadamer, *A atualidade do belo, op. cit.*, pp. 38-9.

uma camada social, quando os elementos que estão nela envolvidos pertencem a uma mesma camada. A sociabilidade exige uma espécie de liberdade individual, individualidade quantitativa, igualdade. Valores que, como Simmel aponta, são característicos do século XVIII (cf. mais à frente sobre o "individualismo"). "Tal igualdade se origina aqui mediante a supressão por um lado do que é absolutamente pessoal [o que corresponde ao que Simmel denomina 'individualismo qualitativo', LW], por outro lado do que é absolutamente objetivo, portanto daquilo que se encontra na socialização como o seu material [isto é, 'conteúdo', LW] e do que ela se despe em sua configuração enquanto sociabilidade."[34]

Se a sociabilidade é em certa medida uma conversão da vida em arte, ou ao menos uma aproximação disso, por outro lado Simmel não tem ilusões de que se trata aqui de algo *artificial* — de um paraíso artificial: "A sociabilidade cria, se se quiser, um mundo sociológico ideal: pois nele [...] a satisfação do singular depende completamente de que o outro também esteja satisfeito [...]. Mas esse mundo da sociabilidade, o único no qual é possível, sem atritos, uma democracia dos que têm os mesmos direitos, é um mundo *artificial*, construído por seres que desejam criar entre si aquela interação absolutamente pura, que não é desequilibrada por nenhum acento como que material".[35] É sobretudo por isso que a sociabilidade ocorre apenas no salão: pois somente no interior é possível esse ambiente, essa atmosfera protegida, na qual é possível *construí-la*. No exterior, ela seria completamente sufocada. Por um lado, no exterior não há a homogeneidade dos membros, o elemento por assim dizer "intraclassista" do qual a sociabilidade depende — entre diferentes classes essa sociabilidade torna-se impossível[36] —; por outro lado, o exterior é o ambiente da indiferença e da competição, da concorrência que a economia monetária estimula e da qual depende, absolutamente não regulada por critérios como o tato e a discrição — o Leitor há de lembrar que a lógica do dinheiro é "fria" e o homem que faz negócios "sem coração" (cf. o tópico "estilo de vida") — e completamente desequilibrada pelo acento material do dinheiro.

A sociabilidade é o jogo, a forma de socialização, a interação em que todos agem como se todos fossem iguais. É nesse sentido que ela pode assumir a forma do *livre jogo*.

Mas é um paraíso artificial justamente porque esse modo de sociabilidade não tem como se realizar no moderno, em que, em função da di-

---

[34] G. Simmel, *Grundfragen der Soziologie, op. cit.*, p. 57.

[35] G. Simmel, *Grundfragen der Soziologie, op. cit.*, p. 57.

[36] Cf. G. Simmel, *Grundfragen der Soziologie, op. cit.*, p. 57.

O salão

visão do trabalho e do processo de diferenciação social, por um lado, e do desenvolvimento de uma individualidade interior, por outro, os indivíduos são diferentes demais para serem iguais — e, basta lembrarmos a ideia de distinção, eles não querem ser iguais. Essa sociabilidade só é possível no interior (mas não por muito tempo: os salões se extinguem). Ela é uma forma adequada ao interior e se realiza, assim, no salão da moradia. A sociabilidade exige, em sua satisfação que atinge a todos em mesma medida, uma espécie de *simetria* que é oposta à assimetria "liberal" do mundo exterior, que se exprime na concorrência.

Enfatizar o jogo e o caráter de jogo da sociabilidade é o modo que Simmel encontra para compreendê-la enquanto *dinâmica de relações*.

A coqueteria enquanto exemplo de jogo e sociabilidade[37] permite-nos ver como o jogo e a sociabilidade aí envolvidos se aproximam dos atores e do teatro. A coqueteria, enquanto *arte* de se aproximar e de se afastar, de prometer e insinuar, dar e negar, só se realiza quando os protagonistas jogam um com o outro. A mulher coquete depende por completo do homem com o qual se mostra coquete. Nisto se percebe bem como o jogo é "jogar com": são relações.

"Em que medida a sociabilidade consuma a abstração das formas sociológicas de interação — que do contrário são significativas mediante o seu conteúdo — (que como que gravitam ao redor de si mesmas) e lhes empresta um corpo de sombras, torna-se evidente no suporte mais amplo de toda a coletividade humana, a *conversa*. Aqui, o decisivo se exprime na experiência absolutamente banal: que na seriedade da vida os homens falam por causa de um conteúdo, que eles querem comunicar ou sobre o qual eles querem se entender; mas na sociabilidade o falar torna-se o próprio fim, mas não em um sentido naturalístico, como na falação, mas sim como a *arte* de se conversar, com suas próprias leis artísticas. Na conversa puramente sociável o seu assunto é apenas o suporte indispensável do encanto que desdobra a troca viva da fala enquanto tal. Todas as formas com as quais essa troca se efetiva: o conflito e o apelo a normas reconhecidas pelas duas partes; a conclusão da paz mediante o acordo e a descoberta de convicções comuns; o receber agradecido do que é novo e o contornar daquilo sobre o que não se pode esperar nenhum entendimento —

---

[37] A coqueteria é um tema caro a Simmel. Veja-se: G. Simmel, *Grundfragen der Soziologie, op. cit.*, pp. 59-61; "S." (Georg Simmel), "Momentbilder sub specie aeternitatis: Gelbe Kühe — Die Mauer des Glücks — Koketterie", *in Jugend*, Munique, 6, 1901, II, p. 672; "Psychologie der Koketterie", *in Schriften zur Philosophie und Soziologie der Geschlechter, op. cit.*, pp. 187-99; "Die Koketterie", *in Philosophische Kultur, op. cit.*, pp. 93-110.

todas estas formas de interação pela conversa, que de outro modo estão à serviço de inúmeros conteúdos e finalidades da comunicação humana, têm aqui seu significado em si mesmas, ou seja, no encanto do jogo de relações que elas estimulam entre os indivíduos, ligando e separando, vencendo e sendo vencido, dando e recebendo. [...] Para que esse jogo mantenha-se satisfeito na mera forma, nenhum conteúdo pode ganhar um peso próprio: assim que a discussão se torna objetiva, ela não é mais sociável [...]."[38] Assim, o assunto propriamente da conversa é absoluta e necessariamente secundário, desde que ele seja adequado, isto é, forneça um substrato sobre o qual a sociabilidade pode se realizar por meio da conversa. "Assim a sociabilidade talvez ofereça o único caso em que o falar possui, legitimamente, seu fim em si mesmo."[39]

É exatamente essa conversa que encontramos nos salões que Simmel frequentava, seja na casa dos Lepsius, seja em sua própria casa. Rudolf Pannwitz, que como vimos frequentava tanto a casa dos Lepsius como a dos Simmel, fala das "grandes conversas" que ocorriam na casa dos Lepsius. "Simmel era um orador, mas também alguém que aproveitava primorosamente a fala do outro para realimentar a torrente da própria fala."[40]

Há um relato de Hans Simmel que descreve o tipo de conversação que Simmel procurava entabular.

"Além do mais, todas as conversas que meu pai mantinha, com quem quer que seja, eram instrutivas [belehrend], mas não propriamente escolares [lehrhaft]. Embora ele fosse muito receptivo ao humor e ao dito espirituoso, ele não apreciava uma conversação na qual as anedotas se sucediam sem parar e a conversa banal sobre a bisbilhotice pessoal e do dia era-lhe absolutamente contrária. Toda conversação com ele tinha algo de objetivo, embora ele fosse além disso um bom 'confessor', procurado frequentemente pelos jovens em busca de conselho e de interlocução. O ideal da conversa era, para meu pai, o da conversa goethiana: todos os que vinham a ele deveriam contar das suas vivências e observações, trabalhos e experiências. A esse novo material objetivo ele atava suas próprias considerações e ideias. Ou, por outro lado, a conversa se engrenava a partir de um problema, novo ou velho, apresentado por meu pai, seja simplesmente para instruir alguém, seja para clarificar a si mesmo acerca de coisas e questões nas quais ele estava trabalhando no momento. Essas conversas

---

[38] G. Simmel, *Grundfragen der Soziologie*, op. cit., pp. 61-2.

[39] G. Simmel, *Grundfragen der Soziologie*, op. cit., p. 63.

[40] R. Pannwitz, "Erinnerungen an Simmel", *in* K. Gassen e M. Landmann (orgs.), *Buch des Dankes an Georg Simmel*, op. cit., pp. 235, 237.

O salão

eram, por essa razão, muito frutíferas para todos. Se ele falava, acerca de um contato com alguém, que 'Nós conversamos algumas horas sobre bons assuntos', isto era a expressão da maior satisfação. [...] Embora meu pai fosse um mestre na conversação, as 'discussões' no sentido usual da palavra não o interessavam. O mais das vezes era-lhe indiferente encontrar pontos de discrepância e refutar opiniões divergentes. Aquelas palavras e opiniões dos outros, às quais ele podia acrescentar algo a fim de alargar, enriquecer e aprofundar a conversa — isto era o essencial e interessante para ele. Ele esperava que o ouvissem atentamente; mas ele também ouvia com prazer; pequenas objeções que não estimulavam a conversa como um todo, mesmo quando corretas, deixavam-no impaciente — mas observações paralelas, que trouxessem um novo ponto de vista construtivo, ele as aceitava com prazer e vivamente, indiferentemente ao fato de elas corresponderem ao seu ponto de vista ou ao do outro."[41]

O que encontramos aqui é exatamente aquele ideal da conversa próprio à sociabilidade do salão. No Salão, os indivíduos se realizam na arte da conversação, e é isso que Simmel espera das conversas que mantém. É interessante notar como a "conversa" de Simmel é o elemento central de uma razão comunicativa que se exerce nos Salões.[42] Esta é, decerto, um elemento central no processo histórico de sua constituição, no século XVIII, e que o impregna até o final. O Salão é um lugar em que os indivíduos atuam, desdobrando a sua personalidade. Ele é, para dizermos como Simmel, um local no qual o cultivo, e portanto os ideais da cultura, pode se desdobrar.

A comprovação de que o modelo da sociabilidade e da conversa no salão provém das experiências pessoais de Simmel é dada por Margarete Susman:

"Eu nunca vou esquecer o perfume peculiar que se sentia ao entrar na casa de Simmel: uma mistura de cheiro de maçãs selecionadas e de cigarros muito finos. As reuniões na casa de Simmel, os 'Jours' semanais, eram realizados completamente no espírito de sua cultura comum. Os 'Jours' eram uma criação sociológica em pequena escala: a de uma sociabilidade cujo sentido era o cultivo do individual em mais alto grau. Lá a conversa tinha uma forma, na qual ninguém podia trazer as suas peculiaridades, problemas e necessidades, que, desprendida do peso do pessoal, pairava em uma atmosfera de espiritualidade, de amabilidade e de tato.

---

[41] H. Simmel, "Auszüge aus den Lebenserinnerung", *op. cit.*, pp. 253-4.

[42] Gadamer chama a nossa atenção para o fato de que o jogo é um "fazer comunicativo", o que é fácil de entender se tivermos sempre em mente que "jogar" é sempre "jogar com". Cf. H. G. Gadamer, *A atualidade do belo, op. cit.*, p. 40.

Seguramente, Simmel tirou da experiência dessa sociabilidade seleta o capítulo magistral de sua 'pequena Sociologia' sobre a conversa. Só raras pessoas, distintas pelo espírito ou mesmo pela beleza, tomaram parte nessa sociabilidade."[43]

Uma sociabilidade que supõe, de maneira muito clara, o tato e a discrição, mecanismos próprios de estilização dos comportamentos, sem os quais essa sociabilidade não tem como brotar. Isto não significa que a conversa exclua o debate e a polêmica, pelo contrário. Eles permanecem válidos, desde que os conteúdos que estão em jogo não se tornem os fins da conversação e disputa, mas sim um elemento apenas que desenvolve e alimenta o jogo.[44]

A sociabilidade nos pequenos círculos é característica do interior burguês. Ela é uma derivação do velho hábito da leitura à noite. Simmel sempre leu em casa, na companhia da mulher e do filho: sobretudo Goethe, mas também Shakespeare, Rilke, George, Dante, Verlaine...

Quando a família se abre, são convidados alguns poucos amigos. Max Dessoir relembrou as conversas a três, ele, Simmel e Paul Ernst, quando se discutia acerca da ciência social.[45]

Segundo Rudolf Pannwitz, "Simmel precisava de duas coisas: ficar sozinho e pensar sozinho, e o elemento poliforme da sociabilidade".[46] O interior é o espaço no qual essas duas necessidades são supridas. Pannwitz afirma que, para preservar a primeira necessidade, nunca houve grande sociabilidade na casa dos Simmel. Lá teria sido impossível fomentar um Salão de grande porte. A sociabilidade fica restrita ao pequeno grupo. Três, quatro, cinco pessoas parecem ser o número ideal para Simmel. Ele menciona com especial gosto o "Plauderabend",[47] os encontros noturnos dedicados à conversação. Tais encontros, inclusive, parecem só se realizar plenamente à três:

---

[43] M. Susman, "Erinnerungen an Simmel", *op. cit.*, p. 281.

[44] Cf. G. Simmel, *Grundfragen der Soziologie*, *op. cit.*, p. 62. No mesmo trecho, Simmel fala que duas conversas que, externamente, podem parecer absolutamente iguais, podem se distinguir como sociais ou não, se uma delas é apenas um "jogo funcional" que não tem relação a fins e se a outra se prende a fins e conteúdos determinados.

[45] Cf. M. Dessoir, "Erinnerungen an Simmel", *in* K. Gassen e M. Landmann (orgs.), *Buch des Dankes an Georg Simmel*, *op. cit.*, p. 208.

[46] R. Pannwitz, "Erinnerungen an Simmel", *op. cit.*, p. 234.

[47] Assim na carta de Georg Simmel a Stefan George de 13/11/1898, *apud* M. Landmann (org.), "Briefe Georg Simmels an Stefan George und Friedrich Gundolf", *op. cit.*, p. 432.

O salão

Westend em Berlim, 28/4/1901
Caro amigo,
Minha mulher acaba de me dizer o quão difíceis lhe são, atualmente, as expedições empreendidas sozinho. Estamos longe de querer lhe sacrificar, e portanto, se lhe é demasiado incômodo nos visitar amanhã sozinho, então o Sr. Gundolf está assim amigavelmente convidado a acompanhá-lo.

Eu admito francamente: a tonalidade incomparável, absolutamente pessoal, absolutamente íntima de nossas noites à três seria inalcançável na presença de uma quarta pessoa, mesmo quando essa quarta é tão simpática como o Sr. Gundolf. Só que eu iria também entender se o fato de vir sozinho viesse a lhe causar um pouco de incômodo físico, que apagaria o valor da visita. Assim, eu lhe peço para decidir inteiramente de acordo com seus critérios.

Como sempre,
o seu
Simmel[48]

Assim, ele pede a George que vá sozinho, sem levar Gundolf, para que as conversas permaneçam no *equilíbrio perfeito* das três pessoas (o casal Simmel e George). Essa é a dimensão apropriada do convívio entre eles, como naquelas discussões sobre Rembrandt ou quando Simmel falava, e George ouvia com enorme interesse, sobre porcelana japonesa.[49] Apesar de concordar com a vinda da quarta pessoa, o tom da carta não deixa nenhuma dúvida acerca do caráter de absoluta concessão e do quão extraordinário e prejudicial isso seria. Em outra ocasião, ao escrever para Rilke, convidando-o para o chá, já avisa de antemão o pequeno grupo que ele encontrará ao chegar: apenas Simmel e sua mulher, Lou Salomé e seu marido.[50]

"Que eu saiba, Simmel nunca frequentou a 'sociedade'. A variedade de seus interesses e a atmosfera de sua casa deixa-se melhor concluir pelo fato de que ele gostava de convidar isoladamente pessoas espirituosas para conversas inteligentes em sua casa. Eu me lembro de ter visto lá, dentre outros: Stefan George, Martin Buber, Käthe Kollwitz, Heinrich Wölfflin,

---

[48] Carta de Georg Simmel a Stefan George de 28/4/1901, *apud* M. Landmann (org.), "Briefe Georg Simmels an Stefan George und Friedrich Gundolf", *op. cit.*, pp. 433-4.

[49] Cf. E. Landmann, *Gespräche mit Stefan George*. Dusseldorf/Munique, H. Kuepper, 1963, p. 28.

[50] Cf. carta de Georg Simmel a Rainer Maria Rilke de 20/1/1898, *in Buch des Dankes an Georg Simmel*, *op. cit.*, p. 119.

Adolf Goldschmidt, o ainda jovem Friedrich Gundolf, o psiquiatra Hugo Liepmann, e o mais frequentemente Ignaz Jastrow [...]."[51] Encontramos sempre essa oscilação, por vezes um grupo maior e o salão propriamente dito, por outras o pequeno grupo, mais íntimo. Na *Soziologie*, ao discutir o caráter quantitativo dos grupos, Simmel abordou a questão do tamanho do grupo para que se possa falar em "sociedade" no sentido da "sociabilidade moderna". Pois se convidamos um ou dois amigos, não se pode falar em "sociedade" (sempre no sentido de "estar em sociedade", no sentido de se formar um grupo de sociabilidade), mas quando se convida trinta a situação é outra. "As três circunstâncias: as relações do anfitrião com cada um dos convidados; as relações dos convidados entre si; e o modo como cada participante sente subjetivamente todas essas relações formam a base sobre a qual o número de participantes determina então se se trata de um grupo [Gesellschaft] ou de um mero estar junto — seja de tipo amigável, seja em função de interesses objetivos determinados."[52] De qualquer modo, quanto mais pessoas presentes, menos íntimo é o ponto de encontro dos interesses de cada um com os dos outros. Assim, a sociabilidade que ocorre nos encontros a três, nos pequenos grupos, ou no grande salão são de natureza bastante distinta.[53] Mas Simmel se interessa, seja no salão, seja nas conversas a três, seja nos pequenos grupos, pela sociabilidade enquanto arte.[54]

"Nos primeiros dias de dezembro de 1910 comemoramos festivamente o último dia da estada de George na casa de Gertrud Ka[ntorowicz]. A atmosfera de 'sociedade íntima', como George a denomina, tinha sempre o seu centro no anfitrião, e quando nos encontramos nos aposentos de Gertrud Ka[ntorowicz], iluminados por velas, sentamos mais juntos do que de costume, de tal modo que o brilho de um saltava facilmente para outro, e o fluido de um ser para outro foi sentido tão fortemente, como se fosse uma corrente, que unisse a essência dos amigos entre si."[55] Do pe-

---

[51] F. Jacobs, "Erinnerungen an Simmel", *op. cit.*, pp. 269-70.

[52] G. Simmel, *Soziologie, op. cit.*, p. 89; sobre o ponto, pp. 88 ss.

[53] Caberia desenvolver o papel desempenhado pelo comer e beber em grupo, pois se trata de um poderoso mecanismo de unificação. Sobre o ponto, além da *Soziologie*, sobretudo G. Simmel, "Soziologie der Mahlzeit", *op. cit.*

[54] Isto não significa que Simmel afirme que a sociabilidade, enquanto jogo, deva romper os laços com a realidade, o que, nos termos do Simmel tardio (*Grundfragen der Soziologie* é publicado em 1917), significa laços com a *vida*. "Se a sociabilidade rompe completamente os fios que a ligam com a realidade da vida e nos quais ela fia um tecido estilizado absolutamente diferente, então o seu jogo se torna uma brincadeira [Spielerei] com formas vazias [...]." G. Simmel, *Grundfragen der Soziologie, op. cit.*, p. 66.

[55] S. Lepsius, "Erinnerungen an Simmel", *in* K. Gassen e M. Landmann (orgs.),

queno grupo faziam parte Sabine e Reinhold Lepsius, Gertrud Kantorowicz, Stefan George e Georg Simmel, e quando muito mais uma ou duas pessoas. Para Marianne Weber, a presença de Simmel no círculo dos amigos, das conversas animadas, ficou marcada para sempre: "Ele encantava a nós, mulheres, tanto por sua profundidade de pensamento como por sua proximidade humana e amigável. Tínhamos contato com ele, podíamos conversar com ele, nos sentíamos inteligentes em sua presença".[56]

Em um pequeno texto publicado em *Jugend*, intitulado "Tout comprendre c'est tout pardonner",[57] Simmel retrata uma reunião que poderia muito bem ter ocorrido em um salão no qual ele estivesse presente, em sua casa ou na dos Lepsius. É uma narrativa (fictícia?) sobre um grupo em uma reunião social e sobre a conversa entre as pessoas.

Simmel retira-se para o salão. O recolhimento exprime uma nostalgia de algo que não é mais característico de seu tempo. Em sua época, os salões estão acabando, já acabaram. O salão é a forma literária de Fontane, e Fontane é o escritor da Berlim pré-moderna, das formas de sociabilidade anteriores à rápida industrialização.[58] Apesar de seu tom crítico, ele permanece preso à aristocracia. Aliás, o salão, burguês, mantém uma sociabilidade que é aristocrática, e se entrelaça com este outro estrato que, se lhe é contemporâneo no Segundo Império, dá seus últimos suspiros. Historicamente, a forma de sociabilidade, enquanto emancipada dos conteúdos, apenas como "forma de convivência com o outro e para o outro",[59] consolida-se em um processo que vem desde a Idade Média — Simmel aponta as associações cavalheirescas — e que se sedimenta em estratos aristocráticos. A sociedade da corte é que leva à essa emancipação das formas, essa autonomização da sociabilidade enquanto mero jogo. A sociabilidade, Simmel acaba por reconhecer, é um fenômeno do *Ancien Régime*.[60] É por

---

Buch des Dankes an Georg Simmel, *op. cit.*, p. 200. Compare-se com o que diz Simmel em *Soziologie*, *op. cit.*, p. 91.

[56] M. Weber, "Erinnerungen an Simmel", *in* K. Gassen e M. Landmann (orgs.), *Buch des Dankes an Georg Simmel*, *op. cit.*, p. 214.

[57] "G. S." (Georg Simmel), "Moralische Unterhaltungen II. Tout comprendre c'est tout pardonner", *in Jugend*, Munique, ano 7, 1902, vol. I, p. 378.

[58] Sobre Fontane, veja-se P. Demetz, *Formen des Realismus: Theodor Fontanes. Kritische Untersuchungen*, Munique, C. Hanser, 1964, especialmente sobre a conversa no salão, pp. 128 ss. E ainda W. J. Mommsen, *Bürgerliche Kultur und künstlerische Avantgarde*, *op. cit.*, pp. 37-8.

[59] G. Simmel, *Grundfragen der Soziologie*, *op. cit.*, p. 65.

[60] Neste texto de Simmel (*Grundfragen der Soziologie*, cap. 3, mas também na *Soziologie*) encontramos *in nuce* a sociologia de um de seus discípulos, Norbert Elias.

isso que burguesia e aristocracia formam um imbricamento peculiar no salão do Segundo Império. H. Böhringer foi capaz de formular os diversos elementos que estão aqui em jogo de modo bastante sugestivo:

"*No primeiro salão impressionista, no ateliê de fotografia de Nadar, estava o 'Boulevard des Capucines' de Monet, uma vista do ateliê de Nadar para o movimentado* boulevard. *Assim Simmel descobre a cidade grande: como uma paisagem atravessada de luz vista da janela aberta do salão. A luz e as cores invadem o cinzento século XIX. Mas ao mesmo tempo Simmel ainda cultivava o salão, a conversa espirituosa, a sociabilidade, sua virtude do tato e* je-ne-sais-quoi. *Groethuysen comparou Simmel com Diderot que, por mais movimentadas, múltiplas e adiantadas que suas ideias pudessem ser, continuava sendo um homem do* ancien régime.*"*[61]

Esta tensão parece ser essencial para compreendermos Simmel, e muito da sua sensibilidade característica parece proceder desta situação *ambígua*. Sua fortuna foi saber converter essa ambiguidade em característica própria do moderno, e tornar-se assim, ele mesmo, um moderno. Mas essa ambiguidade permanece, sempre, em tensão. Simmel, apesar de apontar a falência da cultura burguesa — por exemplo, "tragédia" e "crise" da cultura, busca de um "novo" homem, "novo individualismo" —, permanece preso ao universo burguês. O salão e a sociabilidade que lhe é correlata são formas burguesas. E, com o fim da era burguesa que o final de século testemunha e que a Guerra consuma, essa sociabilidade acaba. Isto está, também, em relação com a vida e a morte dos salões. "A questão da fun-

---

Há uma linha muito clara que vai desse texto a *Über den Prozess der Zivilization* e *Die höfische Gesellschaft*. Comprovação disso (ao lado, é claro, da leitura das obras) é que o capítulo 3 do *Was ist Soziologie?* de Elias — "Spiel-Modelle", "Modelos de jogo" — é literalmente um desenvolvimento do jogo, tal como Simmel o desenvolve em sua sociologia. Aqui, como sempre, trata-se apenas de chamar a atenção para a questão.

[61] H. Böhringer, "Simmels Impressionismus", *op. cit.*, pp. 152-3. — O recolhimento no salão e a vista para a cidade a partir do salão fazem com que Simmel apreenda a cidade moderna de modo seletivo. A pobreza dos grandes bairros operários, os conflitos de classe, as relações de trabalho, a política, tudo isto é deixado de lado por nosso Autor. Um intérprete da pintura expressionista da cidade grande afirma o mesmo acerca de E. L. Kirschner: "O modo como Kirschner representava Berlim naqueles anos [1911-1915, LW] era seguramente seletivo. E é do mesmo modo seguro que Kirschner não estava seriamente interessado em tornar-se um cronista da vida citadina em todas as suas variantes. [...] Ele evitou a pobreza amedrontadora, as moradias miseráveis, as oposições das classes; ele ignorou a cidade como lugar de trabalho". C. H. Haxthausen, "Eine neue Schönheit. Ernst Ludwig Kirschners Berlinbilder", *op. cit.*, p. 95.

O salão

ção dos salões no começo do século XX foi discutida pelas próprias *salonières*, por exemplo no interessante ensaio de Sabine Lepsius [...] sobre 'A extinção dos salões' (1913). A tendência à 'extinção', especialmente dos salões berlinenses, é um sintoma da cesura que separa a época das massas do século XX, veloz e esportiva, da época clássica do individualismo e do 'Bildungsbürgertum'."[62]

A morte dos salões é uma decorrência do novo estilo de vida. Entre 1890 e 1914 há vinte e oito grandes salões em Berlim; entretanto, a sociabilidade nos salões tem seus dias contados. Após a Guerra, não há mais espaço para eles: a difusão e proliferação da vida cultural, o fim da monarquia, os novos valores que subjugam os valores que confluíam nos salões, tudo acaba por retirar o solo sobre o qual ele floresceu. A aceleração da velocidade da vida, a inserção profissional das mulheres, que agora já podem estudar — antes as mulheres encontravam no salão um espaço de autonomia e socialização —, o americanismo, os clubes, cabarés, cafés, a inflação, os esportes: tudo isto impede que os salões renasçam das cinzas da Guerra.[63] Sabine Lepsius parece, em sua "teoria" dos salões, inclusive se inspirar em seu amigo Georg Simmel, ao falar do elemento feminino que domina o salão — o tema da "cultura feminina" em Simmel — e ao valorizar o "jogo" como elemento lúdico no salão.[64]

O salão vive sua agonia no tempo de Simmel. Sabine Lepsius foi uma das últimas *salonières* alemãs, quando escreveu um ensaio, em 1913, sobre o envelhecimento e a obsolescência crescentes dessa velha forma de sociabilidade.[65] Sabine pôde testemunhar o fenômeno em seu próprio salão. George, seu principal convidado, exigia um "recolhimento" e uma "exclusividade" que não permitiam mais a abertura de um salão. O que era salão torna-se cada vez mais restrito, mais privado, mais exclusivo. Há uma transformação do salão em um espaço de um grupo pequeno demais, de uma sociabilidade cada vez mais interior. A vida moderna, na cidade grande, com o tempo contado e com as novas possibilidades de emprego do tempo livre, leva a uma desvalorização das experiências que têm lugar no salão, sobretudo da conversa, que é sua alma.[66] Simmel detectou, por

---

[62] P. Wilhelmy, *Der Berliner Salon im 19. Jahrhundert (1780-1914)*, op. cit., p. 5.

[63] Cf. P. Wilhelmy, *Der Berliner Salon im 19. Jahrhundert (1780-1914)*, op. cit., pp. 376-81.

[64] Georg Simmel também o faz: G. Simmel, *Grundfragen der Soziologie*, op. cit., pp. 59, 63.

[65] S. Lepsius, "Ueber das Aussterben der 'Salons'", *in März. Eine Wochenschrift*, ano 7, vol. III, 1913, pp. 222-34.

[66] Veja-se V. v. Heyden-Rynch, *Europäische Salons. Höhepunkte einer versunke-*

sua vez, não propriamente a extinção dos salões, mas o desaparecimento da conversa — ele, cujo modelo da conversação foi sempre Goethe, e que tinha as *Gespräche mit Goethe* sempre ao alcance das mãos.[67] Na *Philosophie des Geldes*, Simmel afirma que o predomínio da cultura objetiva sobre a cultura subjetiva deixa-se mostrar também na conversação. Embora atualmente (1900) as formas de expressão linguística e a quantidade de assuntos tenham se ampliado consideravelmente em comparação com o final do século XVIII (a época de ouro do salão berlinense), a conversação tornou-se muito mais desinteressante e boba.[68]

Já desde o tempo da universidade Simmel estabelece um círculo de relações que estará na base de seus círculos de sociabilidade posteriores. A ligação com a casa dos Graef é nesse ponto fundamental. Os Graef tinham três filhos, Harald, Botho e Sabine. Botho foi colega de ginásio de Simmel, e através dele ele entrou em contato com o resto da família. Os três filhos tornaram-se seus amigos por toda a vida. O pai dos Graef era um pintor de retratos relativamente famoso em Berlim. Sabine estudava pintura, e em suas aulas conheceu e fez amizade com Gertrud Kinel. Foi na casa dos Graef que Georg Simmel a conheceu, e algum tempo depois ela se tornou sua mulher. Sabine, por sua vez, casou-se com Reinhold Lepsius. Hans Simmel narra: *"Sabine Graef e minha mãe [Gertrud Simmel] eram além disso às vezes as únicas mulheres de um grupo de jovens interessados espiritualmente, que se intitulavam 'die Zugellosen' ['os desenfreados, libertinos']. Sua libertinagem se constituía no fato de que discutiam, tomando café, todas as questões atuais da história do espírito e da literatura. Lá estavam portanto Harald e Botho Graef; [Otto] Brahm, que posteriormente tornou-se diretor do Lessingtheater em Berlim; [Paul] Schleuter, literato e tradutor de Ibsen; Hoffory, uma figura genialmente doida, que deve ter sido o modelo do Eilert Lövborg na* Hedda Gabler *de Ibsen; meu pai [Georg Simmel], Reinhold Lepsius, pintor retratista, filho do grande egiptólogo e noivo de Sabine Graef; Johannes Lepsius, irmão do anterior, que segundo a opinião de meu pai, manifesta ocasionalmente, era o maior e mais multifacetado talento de todo o grupo."*[69]

---

nen weiblichen Kultur, Munique, Artemis & Winkler, 1992, pp. 180-3. "Weibliche Kultur" é o nome do texto de Simmel sobre a "cultura feminina".

[67] Assim, como vimos, narra o filho Hans: H. Simmel, "Auszüge aus den Lebenserinnerungen", *op. cit.*, p. 268

[68] Cf. G. Simmel, *Philosophie des Geldes*, *op. cit.*, pp. 620-1.

[69] H. Simmel, "Auszüge aus den Lebenserinnerungen", *op. cit.*, p. 251. Os colchetes são de minha responsabilidade.

O salão

O Leitor reencontra aqui os laços naturalistas de Simmel, pois Brahm é o fundador da "Freie Bühne" e Schleuter o elemento de ligação com Ibsen, que no final do século viveu longos períodos em Berlim e, claro está, foi uma das grandes molas impulsionadoras do Naturalismo berlinense.[70]

Ao lado do salão e da sociabilidade em pequenos grupos, há um outro fenômeno que é extraordinariamente significativo no que diz respeito a Simmel e a sociabilidade que tem lugar no interior da moradia. Trata-se do *Privatissimum*, um seminário que Simmel conduzia não na Universidade, mas na sua própria casa, embora se tratasse de uma atividade regular da Universidade. O *Privatissimum* de Simmel, na tradição dos salões, comporta aquilo que foi o lema do salão de Catherine Marquise de Rambouillet (1588-1665): "ce sera la fusion entre le savoir e le savoir vivre".[71] O lema é especialmente significativo quando se tem em vista que se trata de uma sociabilidade que almeja se tornar uma obra de arte. O conhecimento e a vida se fundem como algo que se realiza tanto "teoricamente" (pense-se na "filosofia da vida"), como "praticamente" (na sociabilidade). Se assim é, também neste aspecto essa sociabilidade é uma forma redentora da cultura.[72]

"Meu pai teve por muitos anos, o mais das vezes no semestre de inverno, um *Privatissimum* sobre variados domínios da filosofia, repetidamente sobre filosofia da arte. De um grande número de inscritos ele escolhia entre dez e doze, a maioria já no final do curso ou mesmo pessoas que já tinham se doutorado. Sentava-se ao redor da mesa aberta, mas antes, por cerca de vinte minutos, se conversava na sala de estar e então as pessoas tomavam uma xícara de chá [...]."[73] Os seminários em casa reunem, a uma só vez, a sociabilidade do salão e a aula para os alunos que se destacam, em uma mistura única e inesquecível para todos aqueles que tiveram o privilégio de participar. Hans Simmel conta como muitos dos alunos que frequentaram os *Privatissima* acabaram por se tornar amigos próximos de Simmel: Bernhard Groethuysen,[74] Martin Buber,[75] Ernst Grad-

---

[70] Sobre este ponto em especial, ver F. e P. Bertaux, "Berlin 1880 bis 1890 — Hauptstadt des Naturalismus", *in* H. Kühn (org.), *Preussen — Kein Spree-Athen*, Hamburgo, Rowohlt, 1981, pp. 250-64.

[71] *Apud* P. Wilhelmy, *Der Berliner Salon im 19. Jahrhundert (1780-1914)*, *op. cit.*, p. 13.

[72] Sobre o caráter redentor da sociabilidade sobretudo o parágrafo final do texto: G. Simmel, *Grundfragen der Soziologie*, *op. cit.*, p. 68.

[73] H. Simmel, "Auszüge aus den Lebenserinnerungen", *op. cit.*, p. 255.

[74] Bernhard Groethuysen (1880-1946) foi aluno e amigo de Simmel em Berlim.

[75] Martin Buber (1878-1965) foi aluno e amigo de Simmel em Berlim.

mann, Gertrud Kantorowicz, Ernst Bloch. O chá, servido por Gertrud Simmel, como uma autêntica *salonière*, antecedia às explanações, que, embora o mais das vezes coubessem a Simmel, comportavam também apresentações dos outros participantes.

Em uma "Lettre dédicace à Bernhard Groethuysen", Charles du Bos apresentou uma descrição do *Symposium*, numa autêntica analogia ao banquete platônico:

"[...] la première fois nous nous rencontrâmes à Berlin. Non point [...] au sein des rumeurs de la ville, mais dans la lointaine retraite de l'extrême Westend, où, multiples, se croisent les paisiles avenues, dans cette maison de la Wesen Allee où Simmel rassemblait alors tous les fils de sa méditation. Non moins que le poète, le philosophie a ses bois sacrés [...]. Je revois ce Symposium qui se renouvelait chaque semaine: arrivé à Berlin de la veille, j'y figurais en ce temps-là le seul Français, accueilli par Simmel avex la simplicité la plus libérale, et bien que je n'eusse pas le moindre titre d'aucune sorte, dans ce Seminar tout privé, et que Simmel tenait chez lui pour éviter les intrusions. Je revois la longue table, Simmel à un bout, sa femme à l'autre, sept ou huit auditeurs, pas plus. Symposium de telle nature que nous ne pouvons plus espérer jamais participer à rien d'analogue; l'esthétique en fournissait le départ, mais, tout de même que montent, impalpables, les sinueuses fumées de votre cigarette et de ma pipe, imprévisibles et inévitables à la fois, de la parole de Simmel [...]. Sur la table, au centre du cercle, tout ensemble matière et instrument du prodige, un seul objet: une grande photographie de quelque chefd'oeuvre de l'art. La sagesse de Simmel voulait que toujours le point d'appui fut solide, universallement reconnu des meilleurs juges, soustrait à toute contestation. [...] Simmel parlait sans notes, et l'intimité de la circonstance, la crainte aussi de rompre ou seulement de suspendre par le bruit le plus léger ce subtil et tout puissant enchantement, retenait les auditeurs d'en prendre."[76]

Evitar as intrusões! Assim se justifica o seminário em casa: mantendo distância de tudo o que é indesejável. Para tanto, não há lugar mais adequado do que o interior da moradia. Na universidade, não há controle que seja suficientemente eficiente; mas em casa, o próprio refúgio do homem moderno, Simmel pode estar seguro de que tudo vai transcorrer tranquilamente. A isto se acrescenta o lugar distanciado da casa, em Westend. O

---

[76] C. du Bos, "Letre dédicace à Bernhard Groethuysen", *in* H. Böhringer e K. Gründer (orgs.), *Ästhetik und Soziologie um die Jahrhundertwende: Georg Simmel, op. cit.*, pp. 244-5.

O salão

Privatissimum une a sociabilidade dos pequenos grupos com a atividade intelectual que era privilégio da aula; nele a aula atinge a sua forma ideal: a aula se converte em conversa, uma conversa entre eleitos e distintos que são capazes de saber ouvir o professor e o estimular.

Os relatos continuam, e como aqui não se trata de nada mais do que um caleidoscópio, é importante dar-lhes voz. Agora a Edith Landmann: *"Em 1901 Simmel anunciou seus exercícios de estética. Inscrições pessoalmente. Com o coração palpitando, subi as escadas de seu apartamento, naquele tempo ainda situado na Kantstrasse. Depois de uma curta espera em um vestíbulo, fui introduzida em uma grande sala, onde Simmel estava sentado defronte a uma escrivaninha enorme, em cuja largura ele me disse para sentar. Então ele me perguntou porque eu tinha ido. Eu disse que eu queria estudar estética. 'Então', disse ele, e pegou um lápis com o qual começou a brincar. 'Veja, eu tenho um filho que tem agora 13 anos, e ele me disse que quer estudar astronomia. À minha pergunta admirada: por que justamente astronomia, ele me respondeu: ah, as estrelas são tão belas.' Então eu lhe disse que durante todo o meu tempo de universidade eu tinha em vista me aproximar dos segredos do belo, do lado subjetivo, na medida em que eu estudava psicologia, e do lado objetivo, na medida em que estudava história da arte. E que também estava trabalhando em uma dissertação, com o professor Meumann em Zurique, com quem eu queria me doutorar, com o título de 'Análise da contemplação estética'. Ele não disse muita coisa, achava que já havia inscrições demais, e como ele tencionava dar as aulas em sua casa, ele só podia aceitar dezesseis participantes, por razões de espaço. Ele me manteria informada. Para minha grande surpresa, fui aceita.// Os participantes se sentavam ao redor de uma mesa imensa, em cuja cabeceira de cima Simmel se sentava, na outra a Sra. Simmel. Dos participantes, eu me lembro de Gertrud Kantorowicz e do Sr. Fechheimer. Alguns deles, inclusive eu, liam seus trabalhos, mas eu não tinha a impressão de que Simmel se dedicasse muito a isso; seu interesse parecia ser mais expor para um pequeno círculo seus próprios esforços estéticos recentes, especialmente sobre arte japonesa, de que ele era colecionador. Como se podia constatar na volta para casa, de modo algum todos estavam de acordo com ele. Mas sempre ficava a impressão de um grupo seleto; uma impressão que era ainda mais forte no* Jour, *que ocorria no primeiro domingo do mês. Lá eu fiquei com uma grande impressão da Sra. Simmel, do modo como ambos se tratavam. Lá eu vi Luise Dernburg e Karl Joël, de quem posteriormente, na Basileia, tornei-me mais próxima, um dos defensores contra o positivismo e o materialismo da época e de quem a Sra. Simmel disse ser a salvação do mundo. Uma noite, em meio a alguns poucos convidados atrasados, surgiu uma figura alta, vestida de preto, que evidentemente não esperava encontrar ainda outros convidados, e diante de quem nos despedimos imediatamente: era George."*[77]

A aluna percebeu a semelhança do que ocorria nos "exercícios" com os autênticos *jours*, quando Gertrud Simmel assumia decididamente seu papel de *salonière*, sem o que não se pode falar propriamente em salão. O papel desempenhado pela mulher é precisamente "central": o Salão é o local da emancipação feminina.[78] Nele as mulheres possuem um lugar próprio, necessário e insubstituível. Talvez o salão tenha sido, por isso, um dos estímulos para que Simmel pensasse acerca de uma "cultura feminina".[79]

Até mesmo a periodicidade, o "jour fixe", essa condição característica do *Salon*, é cumprida na casa dos Simmel. Mas não se trata de um salão como nos Lepsius, que, apesar de restrito, é muito mais amplo e aberto. Friedrich Gundolf frequentava ambas as casas por volta de 1902. Ao que parece, o salão de Sabine Lepsius se reúne a cada quatorze dias; com a mesma periodicidade, ou a cada três semanas, há reuniões na casa dos Simmel. Gertrud Simmel realiza, na época, um desenho de Gundolf, que parece não ter agradado a Simmel... Quando, no inverno, há uma interrupção nas reuniões do salão de Sabine Lepsius, Gundolf visita os Simmel mais frequentemente, para o jantar. "Tive então horas tão belas e plenas com Simmel..."[80]

Simmel utilizava o *Privatissimum* para desenvolver seus temas prediletos, e assim a própria coleção, isto é, o que está no interior e é a própria individualidade do morador, torna-se tema das aulas. O círculo restrito é o ambiente ideal para Simmel, seja para a discussão, seja para a apresentação do que lhe é mais caro. A filosofia da arte, que é o que ele mais preza e aquilo a que ele mais quer se dedicar, é muito mais um tema dos *Privatissima* do que dos grandes cursos na Universidade.

---

[77] E. Landmann, "Erinnerungen an Simmel", *in* K. Gassen e M. Landmann (orgs.), *Buch des Dankes an Georg Simmel*, *op. cit.*, pp. 209-10.

[78] Lembre-se que, na virada do século, as mulheres não podiam votar nem frequentar a Universidade. Só no finalzinho do século XIX foi permitido às mulheres frequentar os ginásios, e sua entrada na Universidade só foi permitida, na Prússia, em 1908. Simmel, desde muito cedo, defendeu a abertura da Universidade para as mulheres e as deixava assistir seus cursos.

[79] Será o salão o resultado, ou ao menos os inícios, de uma "cultura feminina"? Ou de uma "psicologia das mulheres"? Caberia investigar em que medida os textos de Simmel sobre a "essência" da mulher não indicam as condições de existência e as qualidades do salão. As referências são os textos de Simmel sobre as mulheres, sobretudo Simmel, "Weibliche Kultur", *in Philosophische Kultur*, *op. cit.*, pp. 219-53.

[80] Carta de Friedrich Gundolf a Stefan George de 26/1/1902, *in* F. Gundolf, "Erinnerungen an Simmel", *in* K. Gassen e M. Landmann (orgs.), *Buch des Dankes an Georg Simmel*, *op. cit.*, p. 143.

O salão

A chegada de George é também sensacional. Ele, ao chegar, expulsa todos os outros, que, no final das contas, não são dignos de sua companhia. Vestido de preto.

Também Karl Berger nos propiciou um relato das reuniões do *Privatissimum*: "*[...] Simmel sempre sabia apresentar uma obra original adequada ou uma reprodução, junto às quais suas frases sugestivas ficavam comprovadas de modo irrefutável e seus ouvintes se deixavam enriquecer sem protesto e agradecidos pela plenitude de suas ideias. Tinha-se a sensação de que elas nasciam naquele momento, tocadas em um instrumento, manuseado virtuosisticamente, de um espírito único sobre a caixa de ressonância dessa pequena plateia. Em uma tal relação, absolutamente pessoal, entre professor e alunos, nasciam em Simmel as ideias que continuavam a agir, assim como uma pedra atirada na água faz círculos e mais círculos.// Após a aula ter terminado e de uma pequena pausa para descanso, íamos à sala para o chá e o convívio social. Frequentemente havia sobre o piano de cauda, para nossa alegria particular, uma natureza-morta, sempre variada, montada com extremo refinamento estético: um antigo vaso chinês, de cerâmica ou bronze, com orquídeas ou algo diferente. Então, quase imperceptivelmente, Simmel conduzia a conversa para os domínios que lhe eram especialmente significativos [...]*".[81] Reencontramos, novamente, o interior com suas flores cultivadas. Mas não só: reencontramos também as ideias *in statu nascendi*, tal como no ensaio. Também Kurt Singer relata o *Privatissimum*: "*O mais impressionante e estimulante realizou-se no inverno de 1907/1908 em sua casa em Westend. O número de participantes era limitado a doze [...]. Dentre os ouvintes, de quem eu melhor me lembro é o barão Otto von Taube. De vez em quando participava algum convidado, uma vez Bernhard Groethuysen, uma outra Martin Buber. Nós nos reuníamos na sala, onde a Sra. Simmel se sentava sob uma grande reprodução de Botticelli, com uma dignidade graciosa e nos oferecia chá, em meio a obras de arte do leste asiático, rendas e livros, para os quais a palavra 'seletos', que Simmel gostava de usar, parecia ser exatamente apropriada. Então Simmel lia para nós, na mesa comprida da sala de jantar, capítulos de sua filosofia da arte [...]*".[82] O relato mostra como o interior e a palestra e discussão são impensáveis um sem o outro. Tra-

---

[81] K. Berger, "Erinnerungen an Simmel", *in* K. Gassen e M. Landmann (orgs.), *Buch des Dankes an Georg Simmel, op. cit.*, pp. 246-7. Berger descreve detalhadamente uma aula de Simmel em sua casa sobre a arte do leste asiático, articulando o motivo da coleção com o da aula em casa.

[82] K. Singer, "Erinnerungen an Simmel", *in* K. Gassen e M. Landmann (orgs.), *Buch des Dankes an Georg Simmel, op. cit.*, pp. 296-7.

ta-se de um tipo de aula e sociabilidade que só tem sentido nesse lugar, e se fosse em outro seria outra coisa — como a aula na Universidade. Aliás, a filosofia da arte, dentre todos o tema mais caro a Simmel, é muito mais adequado para a aula em casa do que para a aula na universidade.

Por fim, um último relato de um membro do "Sonntagskreis", que se reunia em Budapeste ao redor de um outro aluno dileto de Simmel, Georg von Lukács. Bela Balazs, que apresentou a sua *Estética da morte* no *Privatissimum* de Simmel,[83] descreveu assim sua primeira impressão ao penetrar no interior da moradia de Simmel — pois penetrar no interior da moradia significa, na mesma medida, penetrar no âmago das preocupação do filósofo berlinense:

"Finalmente tive a oportunidade de examinar de perto homens que emanavam estética e simbolismo, uma sutileza espiritual, uma hiperformação, e mesmo de conviver com eles junto a Simmel, em seu seminário privado de 'Filosofia da arte'. Ele dava o seminário em seu apartamento e só aceitava dez pessoas, além de sua mulher e de uma jovem doutora. Antes nós tomávamos chá e éramos modernos. [...] Simmel é um homem extremamente inteligente, com uma impressão maravilhosamente sutil... Ele diz coisas sutis e surpreendentes.... Nunca vi ninguém explicar tão bem um quadro... Como se um sexto sentido tivesse crescido: foi assim que se alargou o círculo do Impressionismo nesta época."[84]

---

[83] Béla Balázs (pseudônimo Herbert Bauer). Nasceu em 1884 em Szeged (Hungria). Estudos em Budapeste, Berlim — aluno de Simmel de 1905 a 1906 — e Paris. Trabalhou como dramaturgo, poeta e ensaísta. Um dos organizadores do Sonntagskreis, que se reunia em sua casa. Participa da Revolução Húngara e é membro do governo na República dos Conselhos. Depois da Revolução Húngara de 1919 emigra para Viena; em 1926, para Berlim; a partir de 1932 é professor na Academia de Cinema de Moscou; em 1946 retorna a Budapeste, e em 1949 morre em Budapeste. Sob influência de Simmel escreveu em 1907 uma *Ästhetik des Todes*. Ver H. H. Diederichs, W. Gersch e M. Nagy, "Bela Balazs 1884-1949", *in* Béla Balázs, *Schriften zum Film I: 'Der sichtbare Mensch'. Kritiken und Aufsätze 1922-1926*, organização de H. H. Diederichs, W. Gersch e M. Nagy, Munique, C. Hanser, 1982, pp. 13-20.

[84] Béla Balázs, *Diários*, publicados em Budapeste em 1982, anotação de 28/11/1906 *apud* E. Karadi, "Georg Simmel und der Sonntagskreis", *in Simmel Newsletter*, vol. V, nº 1, verão de 1995, p. 46.

O salão

IMPRESSIONISMO, EXPRESSIONISMO

No final do século XIX e início do século XX a ponte entre a impressão apreendida fisiologicamente e a experiência da cidade grande foi estabelecida sobretudo através do conceito de "estímulo", "sensação" [Reiz]. Enquanto conceito central para a transcrição do clima do mundo da vida da cidade grande, ele ocupa uma posição mediadora entre a estratégia estética do Impressionismo e a característica constitucional mais importante que é atribuída à cidade grande pelos seus intérpretes: seu nervosismo crônico. A guia discursiva paralela das fórmulas "cultura impressionista" e "época do nervosismo" torna-se o centro das reflexões da estética, da sociologia e da fisiologia da cidade grande por volta de 1900. Em 1880, o médico nova-iorquino George Beard, especialista em neuropatologia e eletroterapia, publicou sua interpretação da "neurastenia" como "doença" característica "da época" moderna e com isso pôs em marcha uma maquinaria de discussões e publicações que em curto tempo deixou atrás de si os limites da América, assim como o entendimento intramédico acerca da ideia da doença. [...] Como a "neurastenia" foi importada como carga secundária do "americanismo", ela era uma rubrica ideal para embrulhar no plano da reflexão os riscos do progresso tendo em vista a "natureza" psico-física do homem. Sobretudo a circulação acelerada do dinheiro e das mercadorias, a concentração da comunicação através do telégrafo e do telefone, assim como a industrialização do tempo e do espaço mediante os modernos meios de transporte, preparam o terreno, sobretudo na cidade grande, para a neurastenia que se tornou cotidiana, para o "nervosismo" da linguagem cotidiana. Na Alemanha, o seu horizonte de associações cruza-se com aquele da "sensibilidade" que o historiador leipziguiano Karl Lamprecht mobilizou — logo após a virada do século, em sua Deutsche Geschichte *de orientação psicológico-social — como uma categoria neutra, não patológica, para a compreensão da "vida anímica moderna" do passado recente e do presente imediato. A interpretação do nervosismo não foi em geral idêntica ao seu diagnóstico como sintoma de decedência cultural. A tese de que ela seria um fenômeno de transição a um grau civilizatório superior, um fenômeno secundário inevitável na origem de um novo tipo de saúde, de uma evolução da constituição fisiológica do homem moderno, desempenhou um papel considerável.*[1]

Esse quadro aponta para uma série de elementos que já encontramos no curso desta interpretação. Müller elabora um quadro muito interessante para situarmos Georg Simmel. Todos os temas arrolados por Müller pulsam em Simmel, são elaborados por ele e confluem na teoria do moderno/filosofia da cultura/análise do presente. O paralelismo é tão rico, que vale a pena retomar ponto por ponto.

1. O conceito de "Reiz" é exatamente o mesmo que Simmel desenvolve nos textos do complexo da filosofia do dinheiro. Embora ele tenha sido vertido, aqui, sistematicamente como "estímulo", há uma gama de sentidos, significativos, que residem na ideia: "sensação", "estímulo", "comichão", "encanto", "irritação". Todos eles são altamente significativos para a teoria do moderno simmeliana, pois em todos eles vibra o que Simmel quer apreender no habitante da cidade grande. Müller mostra que essas ideias estão presentes na experiência da cidade grande, tal como ela é percebida por diversos intérpretes — dentre eles o pintor impressionista.

2. O "americanismo" da época foi muito bem percebido por Simmel (como já foi assinalado). A ideia de Simmel dos "nervos enfraquecidos", da "intensificação da vida nervosa" é um tema candente de sua época, que ele passa a explorar desde a segunda metade da década de 1890. Nesse sentido, é fácil perceber como a análise do presente converte-se em teoria do moderno.

3. Os riscos do progresso são, como Simmel sempre aponta, vistos sob a ideia do predomínio da cultura objetiva sobre a cultura subjetiva.

4. No que diz respeito ao dinheiro e ao movimento, estamos no núcleo da análise simmeliana. É justamente isto que marca a sua individualidade: o núcleo a partir do qual ele parte.

5. K. Lamprecht foi citado justamente "ilustrando" a análise de Simmel e, ao mesmo tempo, testemunhando como os problemas abordados por Simmel são problemas do seu presente.

6. Por fim, cabe lembrar que a ideia do presente como um estado de transição tendo em vista um futuro que é *novo* foi tematizada especificamente ao discutirmos os escritos de guerra de Simmel.

Essa proximidade que se pode detectar entre as análises de Simmel, que convergem na cidade grande, e o Impressionismo, mencionado por Müller, apontam para um nexo interessante a explorar. Para tanto, vale

---

[1] L. Müller, "Impressionistische Kultur. Zur Ästhetik von Modernität und Großstadt um 1900", *in* T. Steinfeld e H. Suhr (orgs.), *In der grossen Stadt, op. cit.*, pp. 49-50.

voltar a Müller para perceber o que significou a recepção do Impressionismo na Alemanha:

"*A recepção do Impressionismo francês começou no universo alemão por volta de 1890, e muito rapidamente ela se tornou o ponto de cruzamento do debate sobre o valor estético das imagens vindas de Paris com a elaboração, no plano da reflexão, da modernidade técnico-industrial. O conceito de Impressionismo se libertou dos quadros, em companhia dos quais ele fora importado; na verdade se dissociou completamente da pintura e tornou-se na virada do século uma plataforma discursiva do debate acerca da modernidade como um todo. O crítico de arte Karl Scheffler ensaiou em 1903 uma determinação da 'visão de mundo impressionista' em* Zukunft, *e em 1907 o aluno de Dilthey, Richard Hamann, apresentou um estudo de diagnóstico da época que se tornou o cume sintético das peregrinações do conceito:* O Impressionismo na vida e na arte. *Ele se tornou um livro rico em influências, uma tentativa abrangente de teorização da 'cultura impressionista' enquanto epifenômeno dos três grandes elementos dinâmicos da civilização moderna: a economia monetária, o tráfego e a cidade grande. O 'estilo de vida' e o 'estilo da arte' são embaralhados por entre os gêneros. O mais tardar com essa tentativa de fixação do Impressionismo como estilo da época moderna, a universalização discursiva do conceito tornou-se uma característica das reflexões de diagnóstico da época nos folhetins, revistas e brochuras de crítica da cultura.*"[2]

O elemento indiscutivelmente central, e original, é que o que era "simplesmente" um modo de pintar converte-se em chave explicativa da época. Os fenômenos e o modo como o pintor impressionista pinta são modernos, e por isso o Impressionismo ganha uma atualidade radical em um meio no qual o enfrentamento com o moderno torna-se progressiva e inexoravelmente o tema de discussão.

Para Simmel, o Impressionismo é um fenômeno, dentre vários outros, que exprime o estilo de vida moderno e no qual o estilo de vida moderno se exprime. Simmel relaciona explicitamente, em uma passagem que o Leitor há de se lembrar, o Impressionismo com a vida na cidade grande,

---

[2] L. Müller, "Impressionistische Kultur. Zur Ästhetik von Modernität und Großstadt um 1900", *op. cit.*, p. 47.

com o nervosismo, com o estilo moderno de vida.[3] Simmel conhecia o Impressionismo francês devido, por um lado, às ligações que a Secessão berlinense mantinha com os pintores franceses — tanto os pintores berlinenses se relacionavam com os pintores de Paris e expunham nos seus salões, como a exposição dos franceses era uma constante nas exposições da Secessão —; por outro lado, devido à atuação dos Cassirer, responsáveis por várias mostras de pintura francesa na capital do Reich e engajados pelo Impressionismo e pelos seus equivalentes na Alemanha. Simmel estava próximo dos Cassirer, que por sua vez também estavam ligados à Secessão berlinense.

Os laços sociais existentes entre Simmel e a Secessão berlinense e os Cassirer são praticamente infindáveis. A Secessão foi fundada por Liebermann, que já encontramos conversando com Simmel em seu ateliê. Paul Cassirer, membro da *Sezession*, decora sua galeria com van de Velde; seu primo Bruno mora em Westend, vizinho de Simmel e dos Lepsius. Reinhold Lepsius é um dos pintores da Secessão, embora não dos mais expressivos. O conde Kessler, de resto, é uma figura sempre presente nesses círculos. Desde a segunda exposição da Secessão, em 1900, foram convidados artistas estrangeiros, que desde então passam a participar regularmente das mostras. Assim, os impressionistas franceses, Cézanne, van Gogh, Gauguin, os pontilhistas, e muitos outros, são expostos continua e ininterruptamente em Berlim entre 1900 e a eclosão da Guerra. Nisto os Cassirer tiveram também um papel fundamental. Os Cassirer trazem, com suas lojas e exposições, a pintura, sobretudo francesa, para Berlim.[4]

No livro de Hamann, Simmel é explicitamente apontado como *o* filósofo do Impressionismo na vida e na arte.[5] Mas é preciso reconhecer que as análises de Hamann, que são decorrentes da transposição do Impressionismo para essa nova chave, caracteristicamente alemã, são devedoras no mais alto grau justamente das análises de Simmel, da *Philosophie des Geldes*. Isto significa, de fato, que Simmel elabora anteriormente (o livro

---

[3] G. Simmel, *Philosophie des Geldes*, *op. cit.*, p. 675, citado em "estilo de vida". Não por acaso esta passagem se encontra nas páginas da *Philosophie des Geldes* em que Simmel tematiza a cidade grande e que se desdobrarão no texto de 1903, "Die Großstädte und das Geistesleben".

[4] Sobre a Secessão e os Cassirer ver: G. Bruehl, *Die Cassirers streiten für den Impressionismus*, Leipzig, Leipzig, 1991; P. Paret, *Die Berliner Secession. Moderne Kunst und ihre Feinde im kaiserlichen Deutschland*, *op. cit.*; R. Pfefferkorn, *Die Berliner Secession. Eine Epoche deutscher Kunstgeschichte*, *op. cit.* Bruehl lista as exposições do "Salão de Arte Cassirer".

[5] Cf. R. Hamann, *Der Impressionismus in Leben und Kunst*, Colônia, M. Dumont-Schaubergschen Buchhandlung, 1907, pp. 136, 217.

de Simmel é de 1900, o de Hamann de 1907, o ano da segunda edição da *Philosophie des Geldes*) o conjunto dos problemas que, a seguir, são lidos em chave impressionista, sem contudo considerá-los sob essa chave, sem realizar tal transposição. Isto tem decerto sua razão de ser. Para Simmel, trata-se mais do fato de que o moderno estilo de vida se exprime no Impressionismo, assim como em variadas outras formas e manifestações, mas não que o Impressionismo condense em si todos os traços do moderno, ou ao menos os essenciais. Como vimos, o símbolo do moderno é o dinheiro; o moderno é mobilidade.

Ao rotulá-lo de impressionista, pela primeira vez, em 1907, Hamann atribui a Simmel um registro que ele evitou conscientemente. Pois não se trata, em Simmel, de uma "filosofia do Impressionismo". Denominá-lo "impressionista" é uma atribuição posterior, que se utiliza da transposição germânica do fenômeno. Pois não há, na pintura, nada que possa ser comparado com o Impressionismo francês. Se o pintor impressionista foi, a seu tempo, o pintor da vida moderna, seus contemporâneos alemães não o foram. Não há propriamente um Impressionismo alemão, nem berlinense. Os pintores que ocupam posição semelhante, os ditos "impressionistas alemães", sintomaticamente nunca tiveram a cidade como tema de trabalho.[6] Em contrapartida, Berlim será um dos grandes temas do expressionismo alemão. Ele, que privilegia temas da cidade grande, encontra em Berlim um campo próprio e rico, onde viveram Georg Heym (1887-1912), Gottfried Benn (1886-1956), Oskar Loerke (1884-1941). Graças a eles Berlim se torna, nos anos que antecedem a Guerra, um centro literário. Mais que isso, o Expressionismo é, "na Alemanha, a primeira arte realmente da cidade grande, e por isso encontrou o seu centro lógico em Berlim".[7]

"Même si on ne peut cerner la naissance exacte du mouvement [o Expressionismo, LW] il ne fait aucun doute qu'il s'est constitué à partir

---

[6] Exceção pode-se considerar Lesser Ury (1861-1930), em um desenho como "Am Bahnhof Friedrichstrasse" (1888). "As imagens da cidade de Ury, dos anos 1888-9, podem ser consideradas as mais antigas representações da moderna cidade grande na Alemanha. Ao mesmo tempo elas formam o prenúncio de um tema que ocupou sobretudo os expressionistas antes da Primeira Guerra. Todas as características sociais e técnicas da vida moderna — iluminação artificial, tráfego, atividade e ao mesmo tempo isolamento do singular — são realisticamente presentificadas para o expectador mediante o corte consciente de tempo e espaço e podem, além disso, ser compreendidos em sentido geral como metáforas da cidade grande." *Museums Journal*, "Sonderheft Stadtmuseum Berlim", março de 1996, p. 49.

[7] J. Hermand, "Das Bild der 'grossen Stadt' im Expressionismus", *in* K. R. Scherpe (org.), *Die Unwirklichkeit der Städte. Großstadtdarstellung zwischen Moderne und Postmoderne*, Reinbeck, Rowohlt, 1988, p. 65.

d'influences précises: la réaction à l'Impressionisme qui s'amorce avec les Fauves, Gauguin, Matisse, la découverte à Berlin des ouevres de Munch, la rencontre entre plusieurs artistes allemands et les toiles d'Ensor, les expositions berlinoises qui von populariser les oeuvres françaises qui constituent alors l'une des réactions les plus violentes à l'esthétique antérieure. Berlin acquiert déjà le rôle qu'il conservera pratiquement jusqu'à l'avènement du nazisme: celui de carrefour de l'avant-garde européene. C'est à Berlin qu'eurent lieu les expositions les plus décisives du début du siècle et surtout que se rencontreront les courant français, allemand, soviétique et italien. Apollinaire y sera invité, comme Marinetti, par la galerie *Sturm*. Son directeur, Walden, fera connaître aussi bien les groupes allemands que les groupes étrangers. L'exposition futuriste qu'il organisa révéla aux jeunes artistes allemands une série d'expériences dont ils sauront tirer profit. La revue *Sturm* jouera un rôle tout aussi important que la galerie par la publication de manifestes, futuristes, notamment, et par la défense farouche de l'art d'avant-garde. Les expositions réunirent Franz Marc, Kandinsky, Chagall, Matisse, Gauguin, les premiers cubistes, les soviétiques Larionov e Gontacharova. [...] Dès 1910, les toiles de Braque, Picasso, van Dongen, Rouault étaint exposées an Allemagne. Delaunay séjourna à Berlin, de même que Kokoschka, Kandinsky et Chagall."[8]

É somente com o expressionismo, sobretudo Kirschner (1880-1938), que a cidade grande torna-se, na pintura alemã, tema de representação, como já o fora no Impressionismo francês.[9] Contudo, quando Kirschner se muda de Dresden para Berlim (1911) e pinta os seus grandes quadros sobre a cidade (a maioria deles no período de 1911 a 1915), Simmel já se encontra completamente retirado no interior. Sua produção ilustra a questão: em 1913 vem à luz o *Goethe*, em 1916 o *Rembrandt*, e paralelamente a isso os estudos da metafísica tardia.

Simmel diria que o Impressionismo é moderno porque é a (primeira) transposição do movimento na pintura, do movimento que é a base do moderno. Se Baudelaire fez da passante anônima o tema de sua poesia, se os impressionistas fizeram dos passantes da cidade grande, e a própria cidade, o tema de sua pintura, Simmel faz do indivíduo na cidade grande e moderna o tema de sua reflexão. Só nesse sentido a aproximação é rica e pregnante. Mas tornar Simmel um "impressionista"[10] é, a meu ver, des-

---

[8] J. M. Palmier, *L'Expressionisme et les arts*, *op. cit.*, pp. 14-5.

[9] Veja-se p. ex. C. H. Haxthausen, "Eine neue Schönheit. Ernst Ludwig Kirschners Berlinbilder", *op. cit.*, pp. 71 ss.

[10] A etiqueta foi retomada recentemente por D. Frisby, *Sociological Impressionism. A reassesment of Georg Simmel's Social Theory*, Londres, Heinemann, 1981.

considerar a ideia de cultura filosófica.[11] Será na gênese dessa atribuição que encontraremos os elementos que a podem desvendar.

"Georg Simmel foi sem dúvida o fenômeno de transição mais significativo e mais interessante de toda a filosofia moderna [...] ele é o verdadeiro filósofo do Impressionismo."[12]

A ideia da transição é interessante, porque ela supõe na verdade o que vem depois como o verdadeiro. Ela é utilizada pelo aluno Lukács para caracterizar Simmel: ao afirmar que Simmel é o filósofo da transição, Lukács quer dizer, de fato, que ele, Lukács, é o filósofo do tempo posterior, o filósofo que alcança a verdade que permanecia ainda oculta para o filósofo da transição.

Mas, além disso, ocorre que Lukács compreende mesmo o Impressionismo dos pintores franceses como transição, como algo que não possui sua verdade em si mesmo, mas apenas naquilo que lhe sucede: ele é "o preparador de um novo classicismo", e Simmel é então "um Monet da filosofia, a quem até agora não sucedeu nenhum Cézanne."[13]

O argumento fala, isto é, se compromete por si mesmo.[14] Entretanto, Cézanne só pôde ser visto como "pós-impressista", como alguém que foi além do Impressionismo, *a posteriori*. Isto nos permite ver em que medida essa atribuição faz sentido, o que ela quer pôr em evidência e o

---

[11] Se fosse o caso de insistir nas analogias com os movimentos artísticos, seríamos obrigados a atribuir a Simmel um dos poucos rótulos que ainda não lhe foram atribuídos: cubista. Pois a tentativa de uma análise que quer ver o seu objeto sob diversas perspectivas é cubista. O perspectivismo simmeliano está mais para cubismo do que para impressionismo.

[12] G. Lukács, "Georg Simmel", *in Pester Lloyd*, 2/10/1918, republicado em K. Gassen e M. Landmann (orgs.), *Buch des Dankes an Georg Simmel, op. cit.*, pp. 171-2.

[13] G. Lukács, "Georg Simmel", *op. cit.*, p. 173. Simmel prepara, claro está, o classicismo do aluno Lukács — o que este critica em Simmel. Ou, em outros termos, Simmel não atinge o almejado "novo classicismo" porque não elabora um *sistema*. Aqui retornamos, pois, ao ensaio.

[14] Não cabe aqui, claro está, nos envolvermos em tudo aquilo que dará lugar ao "debate do Expressionismo" que, me parece, está nas entrelinhas da crítica a Simmel. Bloch, em um livro cheio de significados para nós, afirmou que: "Agora Lukács [...] põe em dúvida em Cézanne até mesmo a substância pictórica, e fala dos grandes Impressionistas em geral (e portanto não apenas dos Expressionistas) como da decadência do ocidente". E. Bloch, *Erbschaft dieser Zeit, op. cit.*, p. 269. Não se pode esquecer que, de tudo isto, Lukács extrairá, alguns anos mais tarde, a destruição da razão, e Simmel figurará, então, na ilustre companhia de todos os demônios irracionais, inclusive do maior deles, Hitler.

que ela quer jogar para a sombra. É exatamente isto que H. Böhringer percebeu, e que torna a sua discussão muito superior aos outros que tentaram atribuir o rótulo a Simmel:

> *"Simmel não escreveu sua 'filosofia impressionista' muito antes do que Ernst Stadler e Georg Heym compuseram seus poemas expressionistas. O Impressionismo ainda estava vivo, enquanto categoria difusa de crítica da cultura e denominação de um 'estilo final' individualista-subjetivista, ao tempo em que ele já pertencia há muito ao passado na pintura francesa."*[15]

Há portanto descontinuidades, sincronias e diacronias que estão aqui em jogo e que é preciso considerar. Elas tornam a atribuição da etiqueta impressionista a Simmel problemática. O que não significa que ambos, Simmel e os impressionistas franceses, não tivessem uma sensibilidade comum para o que era o moderno.

Mas em se tratanto de sincronias, diacronias e descontinuidades é interessante perceber os laços de Simmel com o Expressionismo. Pois se em 1910 a filosofia ainda parece ser impressionista, os pintores já são expressionistas.[16]

Como já apontei anteriormente (cf. os tópicos "cultura" e "estilo de vida"), Simmel analisa a "transformação das formas da cultura" como chave para a análise, no âmbito de sua filosofia da cultura, da história de longa duração. Em "Die Krisis der Kultur" (1916) e sobretudo em *Der Konflikt der modernen Kultur* (1918) ele busca detectar certas tendências que caracterizam o seu presente tendo em vista esta chave. Em contraposição a todas as transformações da cultura até então — em que sempre se tratava de uma "nostalgia por uma nova forma",[17] que acaba por se sobrepor à anterior —, o presente parece caracterizar-se por uma hostilidade frente ao "princípio da forma" em si mesmo. Não se trata, pois, de substituir uma forma característica a um determinado período por uma nova forma, mas sim de romper com a própria ideia da forma. Para Simmel, isto é um índice da própria desintegração da ideia de cultura, resultante do estágio avançado do processo de diferenciação social, divisão do trabalho e especialização, que resultou na tragédia da cultura, na discre-

---

[15] H. Böhringer, "Simmels Impressionismus", *in* W. Schmidt-Biggemann (org.), *Disiecta membra. Karlfried Gründer zum 60. Geburtstag*, Basileia, Schwabe, 1989, p. 151.

[16] O termo "Expressionismo" foi utilizado pela primeira vez por ocasião da 22ª Exposição da Secessão berlinense, em 1911, para designar os quadros de alguns jovens pintores franceses expostos na ocasião (dentre outros Braque, Picasso, Derain, Dufy).

[17] G. Simmel, *Der Konflikt der modernen Kultur*, *op. cit.*, p. 10.

pância crescente entre cultura subjetiva e cultura objetiva e no moderno estilo de vida. É nesse quadro que Simmel procura, então, analisar alguns fenômenos específicos de seu presente e, ao analisar a arte, depara-se com o Expressionismo.

"Se não me engano, o sentido do Expressionismo é que a mobilidade interior do artista se prolonga de modo absolutamente imediato, tal como ele a experimenta, na obra ou, falando de modo mais preciso, como a obra."[18]

Nesse sentido, o pintor expressionista é o pintor da vida moderna — como já apontei a respeito de Kirschner e a cidade grande —, pois o moderno é justamente essa mobilidade, interior e exterior.[19] Contudo, o expressionista — e este é o ponto do distanciamento de Simmel — não criaria uma forma.

O que parece definir o Expressionismo frente a outros modos de expressão artística é seu caráter *imediato*.

"Eu gostaria de imaginar a criação do pintor expressionista (e analogamente de todas as outras artes, que não se deixam exprimir tão facilmente) em uma pureza absoluta, de tal modo que sua mobilidade anímica se ligue à mão que segura o pincel — assim como o gesto exprime a mobilidade interior, o grito a dor —, que seus movimentos obedeçam tal mobilidade sem resistência, de modo que a composição que finalmente está na tela é a precipitação imediata da vida interior, sem permitir que entre nada de exterior e estranho em seu desdobramento."[20]

Se é assim, o Expressionismo é realmente a pintura moderna, que diz respeito ao estilo moderno de vida. Só que Simmel não se contenta com isso. Na verdade, o moderno estilo de vida é a luta incessante entre as tendências individuais e supraindividuais;[21] assim como a cidade grande é o

---

[18] G. Simmel, *Der Konflikt der modernen Kultur, op. cit.*, p. 11.

[19] Cf. G. Simmel, "Rodin", *in Philosophische Kultur, op. cit.*

[20] G. Simmel, *Der Konflikt der modernen Kultur, op. cit.*, p. 12. Também G. Simmel, "Die Krisis der Kultur", *op. cit.*, p. 50. Simmel joga aqui com a contraposição ao Impressionismo, em que entraria algo de exterior e estranho para a conformação do resultado final.

[21] Cf. (dentre outras formulações) G. Simmel, *Philosophie des Geldes, op. cit.*, p. 690: "A totalidade do todo [...] está em uma luta eterna contra a totalidade do indivíduo". Citado e discutido em "estilo de vida".

Impressionismo, Expressionismo

campo de batalha do individualismo qualitativo e do individualismo quantitativo.[22] O pintor expressionista só pinta — assim parece a Simmel — o individual; sua pintura, enquanto expressão imediata da sua subjetividade, é absoluta e unicamente individual. Simmel critica no Expressionismo o fato de que ele não configura uma forma. Esta parece ser o registro do supraindividual (assim como o *estilo*), ou melhor, da síntese, na obra, do individual e do supraindividual. Assim, a arte expressionista exprime perfeitamente, e do modo mais pungente, o individualismo qualitativo; mas isto à custa de negligenciar por completo as tendências supraindividuais que são em mesma medida modernas e estão em luta incessante contra aquele individualismo.

Disto Simmel tira seu posicionamento crítico em relação ao Expressionismo.[23] A sua análise é precisa, mas ele não tirou dela todas as suas consequências. O Expressionismo é o registro do *choque* — literalmente o que Simmel percebeu, a *imediaticidade*. Mas ele não foi adiante: que o interior do sujeito, do pintor expressionista, é de fato uma *reação ao exterior*, e portanto articula em um registro próprio o conflito de indivíduo e sociedade.[24] Embora isto estivesse à frente de Simmel, ele parece não ter percebido: o pintor expressionista pinta a cidade grande, as experiências da cidade grande. Isto é tanto mais surpreendente quando vemos que Simmel detectou, com sua "precisão sismográfica" (como diz Gadamer), a "mobilidade anímica" que está no centro da pintura expressionista, e que é justamente a "vida do espírito" na cidade grande. Por isso, apesar de sua distância do Expressionismo, Simmel elabora experiências que são as experiências dos expressionistas. O Expressionismo é o descobridor da cidade grande e dos modos de vida na cidade grande[25] — exatamente o que Simmel tematiza em sua teoria do moderno.

Na filosofia, Georg Simmel preparou o terreno para o novo modo de pensar. Embora ele de fato não tenha criado nenhum sistema autônomo, e antes tenha se mantido continuamente cético em relação àquele tipo

---

[22] Cf. G. Simmel, "Die Großstädte und das Geistesleben", *op. cit.*, p. 204, citado mais à frente em "individualismo".

[23] Cf. G. Simmel, *Der Konflikt der modernen Kultur, op. cit.*, pp. 13-4.

[24] Exatamente neste ponto Adorno dá continuidade à análise de Simmel: a música do expressionismo como documento, como registro dos choques. Cf. T. W. Adorno, *Philosophie der neuen Musik, op. cit.*; assim como minha dissertação *Aufklärung musical. Consideração sobre a sociologia da arte de T. W. Adorno na "Philosophie der neuen Musik"*, dissertação de mestrado, FFLCH-USP, 1991.

[25] Para se ter uma ideia da relação do Expressionismo com a cidade, e portanto da pertinência de Simmel, ver: T. Anz e M. Stark (orgs.), *Expressionismus. Manifeste und Dokumente zur deutschen Literatur 1910-1920*, Stuttgart, J. B. Metzler, 1982.

de teoria do conhecimento e dos costumes do passado, mostrou-se infinitamente rico em instintos ao trabalhar os conceitos de "forma", "eu", "vida". Tanto na cátedra, dando aulas, como em seus livros, escrevendo, ele tornava viva novamente, do modo mais impetuoso, a matéria do pensamento. De certo modo ele deixava a materia filosófica se anunciar por si mesma; ele desaparecia com sua pessoa por detrás dos processos da intuição criadora. Também ele punha — não eticamente, mas sim dinamicamente — o homem novamente no centro de suas funções cerebrais.[26] Assim Huebner situou Simmel nas tendências que deram lugar e sustentaram o Expressionismo nos anos anteriores à Guerra. Mas a experiência da cidade grande, da *vida nervosa*, é apesar de tudo muito mais significativa. E Simmel é o grande pioneiro na análise da cidade e de suas inter-relações com a vida do espírito. Há portanto, mesmo que subterrânea, uma forte ligação de nosso autor com a arte expressionista alemã — não só a pintura, claro está, mas também a lírica e os dramas —, sobretudo aquela anterior à Guerra. O conceito de "vida", ao mesmo tempo, é o verdadeiro *ostinato* do movimento,[27] e encontra em Simmel um de seus mais importantes formuladores no período na Alemanha.[28] "Consciência da crise em um mundo transformado: alienação, perda da orientação e busca da or-

---

[26] F. M. Huebner, "Der Expressionismus in Deutschland" (1920) *in* T. Anz e M. Stark (orgs.), *Expressionismus. Manifeste und Dokumente zur deutschen Literatur 1910-1920*, *op. cit.*, p. 7.

[27] Veja-se por exemplo G. Martens, *Vitalismus und Expressionismus*, Stuttgart etc., W. Kohlhammer, 1971.

[28] Como já disse, o conceito de vida é o conceito central da metafísica do Simmel tardio, digamos a partir de 1910 — o momento em que o Expressionismo toma forma. Veja-se a título de exemplo a "Introdução" de *Philosophische Kultur* citada integralmente em "caracterização". Como Simmel sempre frisou, cabe a Nietzsche ter introduzido o conceito de vida no debate da época, e é por isso que Nietzsche, mais que tudo e todos, é o ponto no qual convergem todos os movimentos do final e do início do século. Não custa lembrar, além disso, que Simmel colaborou de modo decisivo na divulgação da obra de Bergson na Alemanha, não só escrevendo sobre o assunto, como também encarregando as suas duas principais alunas-amigas, Margarete Susman e Gertrud Kantorowicz, de traduções das obras do filósofo parisiense (as quais ele coordenou e colaborou). Textos de Simmel sobre Bergson: "Henri Bergson" (1914), *in Zur Philosophie der Kunst*, *op. cit.*, pp. 126-45; "Bergson und die deutsche 'Zynismus'", *in Internationale Monatsschrift für Wissenschaft, Kunst und Technik*, 9, 1915, pp. 197-200. G. Kantorowicz traduziu *L'évolution créatrice*, M. Susman, *Introduction à la métaphysique*. Cursos de Simmel sobre Bergson: WS 1911-12: "Principais linhas da filosofia do século passado (de Fichte a Nietzsche e Bergson)"; WS 1912-13: "Filosofia dos últimos cem anos (de Fichte a Nietzsche e Bergson)"; WS 1914-15: "Filosofia dos últimos 120 anos, de Fichte a Bergson, incluindo uma introdução sobre a filosofia de Kant". WS= semestre de inverno; SS= semestre de verão.

dem", assim como a busca de um "novo homem"[29] é uma rubrica que diz respeito tanto ao Expressionismo, como pode ser articulada tendo em vista Georg Simmel.

Também o Expressionismo foi "eclosão de uma juventude" que buscava uma nova forma e um novo homem, novos valores absolutos. Simmel procura o mesmo, como mostram os escritos de guerra; e detecta a juventude que busca tudo isso em *Der Konflikt der modernen Kultur*. Em que medida as utopias de Simmel e dos Expressionistas coincidem? Segundo os expressionistas, "o homem precisa novamente se 'desobjetivar', se desligar da sociedade administrada, ver novamente o mundo das coisas, determinado pela técnica e pela indústria, como seu vizinho, a fim de conceber a si mesmo como centro do mundo. Mediante a própria transformação ele transforma o mundo".[30] Se assim é, estamos no interior da filosofia da cultura simmeliana, que a seu modo elabora o mesmo diagnóstico do presente.

O tema da sexualidade, que Simmel aborda no texto sobre a prostituição, é na verdade um tema caro à época e amplamente tematizado sobretudo pelos expressionistas. Isto está diretamente relacionado com os diversos movimentos de reforma da passagem do século. Não por acaso, também, a *Pedagogia escolar* de Simmel tem seu capítulo final dedicado ao "esclarecimento sexual". E o leitor das publicações expressionistas se vê rapidamente confrontado com um grande número de textos sobre o assunto, para não lembrar dos quadros de "Die Brücke".

Outro elemento presente na virada do século e que encontra ressonância em Berlim são os movimentos alternativos, de reforma da vida, que estabelecem a vida em comunidades. O caso dos irmão Heinrich e Julius Hart é ilustrativo. Já desde o final do século vivem em uma comunidade num apartamento na cidade, formando o que denominaram "Neue Gemeinschaft" ("Nova comunidade"). Colônias de literatos e artistas tornam-se então comuns — basta lembrar a colônia de artistas em Mathildenhöhe em Darmstadt, monumento do "Jugendstil"; ou o grupo de pintores em Worpswede[31] —; a dos irmão Hart & Cia. comprou as instalações de um antigo sanatório em um dos lagos berlinenses e abriu a suas portas a to-

---

[29] T. Anz e M. Stark (orgs.), *Expressionismus. Manifeste und Dokumente zur deutschen Literatur 1910-1920*, *op. cit.*, pp. 115 ss.

[30] O. F. Best, "Einleitung", *in* O. F. Best (org.), *Theorie des Expressionismus*, edição revista, Stuttgart, Reclam, 1994, p. 7.

[31] A pintura de Worpswede, autêntica pintura ao ar livre, é o que há de mais próximo ao Impressionismo na arte alemã. O que, de resto, nos mostra o abismo que a separa da francesa.

dos os interessados. Lá se vivia em comunidade, tudo deveria ser comum. Assim a própria vida deveria se tornar uma obra de arte, uma obra de arte total. Dentre os frequentadores da comunidade passaram Paula Modersohn-Becker, Henry van de Velde, Magnus Hirschfeld, Theodor Herzl, Martin Buber, Gustav Landauer, Erich Mühsam. Simmel, em *Der Konflikt der modernen Kultur*, faz referência aos esboços de reforma ética que tomam corpo nessas tentativas.[32] Contudo, o texto é muito rápido, como se Simmel quisesse se esquivar de abordar mais profundamente a questão. Ao que parece, pelo menos algumas dessas tentativas de reforma não estavam muito longe de seus olhos. O vegetarianismo, a vida ao ar livre, o "Wandervogel", o nudismo, as comunidades "socialistas", o movimento feminista, a nova pedagogia, a questão do amor livre, são todas tentativas de reforma da vida (lembre-se do célebre "Monte Verità" em Ascona). Todos são temas candentes na época; mas o único ao qual Simmel dedicou um pouco mais de atenção foi à questão das mulheres.[33] Isto também em parte porque, quando a maioria desses movimentos eclode, Simmel já está afastado, retirado no interior. O que explica sua distância em relação a essas manifestações é o mesmo fenômeno que explica sua distância em relação ao Expressionismo. Apesar disso, há algo a relatar. Simmel mesmo foi, durante certa época, vegetariano.[34] Por ocasião da fundação da "Gesellschaft für ethische Kultur", Simmel parece ter sido próximo, pois inclusive escreveu na revista da sociedade (*Ethische Kultur. Wochenschrift für sozial-ethische Reformen* [*Cultura ética. Semanário para as reformas ético-sociais*]). E, antes de morrer, doou seu corpo à Faculdade de medicina de Estrasburgo, para pesquisa.

---

[32] Simmel faz referência sobretudo à "Nova ética", que estabelece a crítica às normas sociais. Assim, o casamento e a prostituição são dois dos grandes alvos dessa crítica. Reencontramos então, aqui, os laços que ligam o antigo texto sobre a prostituição, de 1890, ao texto publicado em 1918, no ano da morte de Simmel. Cf. G. Simmel, *Der Konflikt der modernen Kultur*, op. cit., pp. 22 ss.

[33] Esse conjunto de temas é abordado de maneira extremamente rica por Gunther Roth em sua introdução à biografia de Max Weber escrita por Marianne Weber. Simmel, inclusive, desempenha um papel significativo, em função de seu debate com a Sra. Weber acerca das questões femininas (o *Goethe* de Simmel foi dedicado a ela por esse motivo). O que nos impede de abordar a questão mais a fundo em Simmel é justamente o fato de que sua viúva *não* escreveu, como o fez a Sra. Weber, a biografia do marido. Veja-se G. Roth, "Marianne Weber und ihr Kreis", *in* M. Weber, *Max Weber. Ein Lebensbild*, op. cit., pp. IX-LXXII.

[34] E abandonou a prática com a justificativa de que se "sentia tão improdutivo quanto uma vaca". Cf. M. Landmann, "Arthur Steins Erinnerungen an Georg Simmel", *in* H. Böhringer e K. Gründer (orgs.), *Ästhetik und Soziologie um die Jahrhundertwende: Georg Simmel*, op. cit., p. 274.

Há ainda outras conjecturas berlinenses que ligam, embora de modo frágil, Simmel e os expressionistas. Em 1895, ele escreveu um texto sobre Böcklin, uma figura a seu modo significativa no processo pictórico que acaba por levar ao Expressionismo de Berlim ("Die Brücke"). Assim, por exemplo, a pintura de Otto Müller foi influenciada por Böcklin e o "Simbolismo" que ele exprimia, e em certos pontos dá continuidade a ele (Müller era primo de Gerhart Hauptmann). Há laços entre a pintura de 1910 e a das décadas finais do século anterior. Uma tela como "O julgamento de Paris" (1911-12), de Müller, conjuga, e de modo original, esse "Simbolismo" — plenamente expresso em Böcklin — com elementos fundamentais da fatura expressionista de Dresden-Berlim.[35]

É também significativo — sempre a título de exemplo — que o manifesto do grupo "Brücke" de 1906 tenha sido impresso em uma tipografia tipicamente "Jugendstil". Também em Nietzsche os laços se estreitam, tão presente em Simmel como nos artistas expressionistas (e não só nos pintores) e no "Jugendstil". A própria denominação do grupo, "Brücke", foi inspirada pelo *Zarathustra*.

"*As obras dos anos iniciais 1905 e 1906 movem-se nos trilhos do Jugendstil, então em seu auge. Determinante é o princípio da bidimensionalidade e uma linearidade ornamental é predominante. Contudo, em oposição ao Jugendstil característico, em relação ao qual os artistas se orientavam no início, pode-se constatar neles, já nos primeiros trabalhos, uma certa dureza e primitivismo que contradizem a bela linearidade do Jugendstil clássico. Nisto residia o ponto de partida para uma nova linguagem formal. Desde o início tratava-se de uma arte natural de uma força expressiva elementar. De acordo com esse objetivo, os jovens artistas buscaram os seus modelos. Cada exposição que eles viam em Dresden ou em suas viagens a Berlim significava um novo impulso. Sucessivamente eles absorveram a pintura de Vincent van Gogh, Paul Gauguin, dos pontilhistas Paul Signac e George Seurat, mas também a arte do norueguês Edvard Munch, então especialmente influente na Alemanha, e finalmente — principalmente — do 'fauve' parisiense Henri Matisse.*"[36]

---

[35] É assim que certas obras de Böcklin aproximam-se de Munch e do Expressionismo, como por exemplo o seu ciclo "Krieg" ("Guerra").

[36] L. Grisebach, *Brücke. Aufbruch der Moderne in Dresden und Berlim*, Munique/Zurique, Piper, 1991, pp. 25-6.

Essas exposições que os jovens artistas de Dresden viam em Berlim eram as organizadas pelos Cassirer, ligados tanto à Secessão como ao Jugendstil, ou nas próprias exposições da Secessão; e Simmel esteve próximo de tudo isto. Também através de Harry conde Kessler há laços de proximidade, pois o conde Kessler foi membro (passivo) do grupo "Brücke". O grupo organizou, entre 1905 e 1913, setenta exposições próprias, além de ter participado em outras trinta. Não seria impossível que Simmel tivesse visitado algumas delas. Há também que notar os interiores pintados pelos expressionistas, na grande maioria das vezes cenas nos ateliês. Mas são interiores, como o do "Jugendstil": o "estilo" é absolutamente outro, mas como no "Jugendstil" trata-se de decorar e criar um interior agradável, que é ao mesmo tempo o símbolo de um modo novo de vida. E, por fim, Botho Graef, amigo de Simmel desde o tempo de ginásio e irmão de Sabine Lepsius, era proprietário de pelo menos um grande quadro de Kirschner ("Artistin", 1910). O marido de Sabine, Reinhold, era um pintor (menor) da Secessão berlinense, e isto indica ainda que havia uma certa sensibilidade para a pintura dos jovens expressionistas nos círculos em que Georg Simmel frequentava na Berlim dos últimos anos do Segundo Império.

É importante lembrar que, além de tudo, as aulas de Simmel em Berlim eram um compromisso quase que obrigatório para vários expressionistas.[37] Ernst Blass[38] lia seus poemas, depois publicados na *Fackel* de Karl Kraus, para Rudolf Kayser[39] nas escadas da Universidade de Berlim, enquanto ia para a aula de Simmel.[40] Hardekopf era ligado a Kraus, Simmel, Kubin, Grosz e tantos outros que frequentavam o café. Kurt Hiller também se deixou influenciar, e profundamente, por Simmel.[41]

---

[37] Cf. T. Anz e M. Stark (orgs.), *Expressionismus. Manifeste und Dokumente zur deutschen Literatur 1910-1920*, *op. cit.*, p. 196; G. Martens, *Vitalismus und Expressionismus*, *op. cit.*, p. 196.

[38] Ernst Blass (1890-1939), berlinense, estudou na Universidade entre 1908 e 1913, quando ouvia Simmel; na mesma época já escrevia literatura e teoria da literatura (sobretudo lírica) expressionistas.

[39] Rudolf Kaiser (1889-1964), crítico literário e jornalista ligado ao Expressionismo.

[40] E. Blass, "Das alte Café des Westens", *in* P. Raabe (org.), *Expressionismus. Aufzeichnungen und Erinnerungen der Zeitgenossen*, Olten/Friburgo i.B., Walter, 1965, p. 41. Sobre o Café des Westens, também conhecido como Café Grossenwahn, não poderei me alongar. Nas coletâneas citadas sobre o Expressionismos encontra-se amplo material sobre o café e seus círculos de frequentadores, e portanto para uma sociologia da boêmia — não foi possível descobrir se Simmel frequentava o café, embora seja bem possível que o fizesse.

[41] Veja-se em geral os textos sobre Berlim em P. Raabe (org), *Expressionismus*.

Pelos círculos expressionistas circulava ainda Kurt Wolff que, tornado editor, editaria parte considerável dos modernos de então — inclusive Georg Simmel.[42]

No interior destas conjecturas, não se pode deixar de lado a importância que Simmel teve para Wilhelm Worringer, que foi, na época, um dos maiores defensores dos expressionistas. Worringer narrou, com emoção, suas lembranças de Simmel, muitos anos depois de um "encontro" em um museu parisiense, que se tornou decisivo para o então ainda estudante de história da arte. Não fosse Simmel, diz Worringer, ele jamais teria se tornado o historiador da arte de vital importância, que com *Abstraktion und Einfühlung* rompeu os limites da história da arte de sua época. Um livro que ele deve muito mais a Simmel do que a qualquer outro.[43]

Seria talvez o caso de tentar delimitar, mesmo que de modo muito diluído, os limites que separam Simmel das tendências e dos momentos do moderno já desde o Expressionismo. Disse, anteriormente, que o ambiente da Secessão berlinense era um dos principais no qual poderíamos encontrar Simmel. E isto em um sentido amplo. Um aluno afirmou que "[...] na sua compreensão e julgamento de assuntos artísticos ele foi fortemente influenciado por Reinhold Lepsius, com quem ele discutia muito [...]".[44] Os secessionistas, de modo geral, permaneceram fiéis à sua arte e não apreciaram os expressionistas, quando eles, pouco a pouco, foram chegando a Berlim e expondo nas exposições da Secessão. Dessa fidelidade, inclusive, nasceram as secessões na Secessão.

"Por ocasião da exposição [da Secessão berlinense, LW] de 1910, as diferenças, que cresciam pouco a pouco, explodiram publicamente. A recusa de obras enviadas por vinte e sete jovens membros da associação levou a

---

Aufzeichnungen und Erinnerungen der Zeitgenossen, op. cit., pp. 15-58, 111-34, 192-244. E, de Kurt Hiller, "Erinnerungen an Simmel", *in* K. Gassen e M. Landmann (orgs.), *Buch des Dankes an Georg Simmel, op. cit.*, pp. 257-62. Hiller (1885-1972), ademais, foi um dos responsáveis pela cunhagem do termo "Expressionismo".

[42] Cf. K. Wolff, "Vom Verlegen im allgemeinen und von der Frage: wie kommen Verleger und Autoren zusammen", *in* P. Raabe (org.), *Expressionismus. Aufzeichnungen und Erinnerungen der Zeitgenossen, op. cit.*, pp. 282-94. Fico devendo um aprofundamento sobre as relações editoriais de Simmel, que seriam um fio condutor interessante na composição dos círculos sociais. Wolff editou o *Rembrandt*, o maior sucesso editorial de Simmel.

[43] Como o relato é relativamente comprido, não o reproduzo aqui, apesar do interesse. Veja-se W. Worringer, *Abstraktion und Einfühlung. Ein Beitrag zur Stilpsychologie.* 14ª edição, Munique/Zurique, Piper, 1987, pp. 8-14.

[44] W. Weisbach, "Erinnerungen an Simmel", *in* K. Gassen e M. Landmann (orgs.), *Buch des Dankes an Georg Simmel, op. cit.*, p. 203.

um rompimento da Secessão. Sob a liderança de Max Pechstein a juventude expressionista se retirou da associação e proclamou a 'Neue Secession' ['Nova Secessão'] separatista. Em 15 de maio de 1910 o grupo se apresentou ao público na Galeria Maximilian Macht com a 'Exposição de arte dos rejeitados'."[45] Poucos anos depois, em 1914, uma nova divisão cria a "Freie Secession" ("Secessão Livre"), e logo depois disso a Guerra acaba com tudo.

A sociologia simmeliana, que sempre dedicou um interesse enorme aos grupos, fornece amplos materiais para se analisar a unidade e o processo de diferenciação no interior dos grupos.

> "O interesse na diferenciação é mesmo grande o suficiente para produzi-la na prática mesmo onde não há verdadeiramente nenhum motivo para isso. Assim, pode-se perceber que associações — desde corporações legislativas até comitês de diversão —, que possuem fins e pontos de vista inteiramente comuns, após algum tempo se separam em frações, que se comportam entre si como se a associação que abarcava a todos como que induzisse a tendências radicalmente diferentes."[46]

Mas Simmel, em seus exemplos, sempre evitou mencionar explicitamente fenômenos que estavam próximos *demais* de si mesmo.

* * *

Tratar-se-ia de examinar, para cada uma das configurações históricas consideradas, de um lado as homologias estruturais entre campos diferentes, que podem ser o princípio de encontros ou de correspondências que não devem nada ao empréstimo, e do outro lado as trocas diretas, que dependem, em sua forma e em sua própria existência, das posições ocupadas, em seus campos respectivos, pelos agentes ou as instituições que lhes dizem respeito, portanto, da estrutura desses campos, e também das posições relativas desses campos na hierarquia que se estabelece entre eles no momento considerado, determinando todas as espécies de efeitos de dominação simbólica.[47] O programa de Bourdieu é interessante, se fosse possível sempre determinar as posições em meio aos campos, elas mesmas,

---

[45] K. Teeuwisse, "Berliner Kunstleben zur Zeit Max Liebermanns", *in Max Lieberman in seiner Zeit*. Ausstellungskatalog der Nationalgalerie Berlin, 1979, p. 85.

[46] G. Simmel, *Grundfragen der Soziologie, op. cit.*, p. 38. O tema é recorrentemente trabalhado nos escritos sociológicos de Simmel.

[47] P. Bourdieu, *As regras da arte. Gênese e estrutura do campo literário*. São Paulo, Companhia das Letras, 1996, p. 227.

Impressionismo, Expressionismo

ao que parece, em meio às estruturas. Se o todo de Simmel é uma teia, ela é a do labirinto. Em meio ao labirinto, não me parece apropriado falar em estruturas, pois que o labirinto é de fato sem forma, ou tem todas as formas, e não aceita uma estrutura que de algum modo, qualquer que seja ele, o enquadrasse. Assim como a mobilidade que Simmel postula para si nos impede, se lhe quisermos ser fiéis, de amarrá-lo numa posição ocupada em um campo. E afinal, qual deles seria?

A estratégia não é a mais adequada para Simmel porque, ao enquadrá-lo, o situamos num registro que de fato não dá conta de sua posição, tanto por sua mobilidade, como por seu caráter de estranho.[48]

Se assim é, só nos resta puxar os fios do todo tecido por Simmel. Buscando as interações, de uma a outra, desta outra a uma próxima e assim infinitamente, delineando a cada momento um desenho que pede para ser investigado, mas que no momento seguinte já se desfez em uma nova configuração.

---

[48] É por isso que bons livros fracassam, em maior ou menor grau, diante de Simmel. Se generalizam, perdem Simmel, ou ao menos o que o torna especialmente interessante. Assim, por exemplo, F. K. Ringer, *Die Gelehrten. Der Niedergang der deutschen Mandarine 1890-1933*, *op. cit.* e W. Lepenies, *Between Literature and Science: The Rise of Sociology*, *op. cit.*

O INDIVÍDUO COMO PONTO DE CRUZAMENTO DOS CÍRCULOS SOCIAIS

"[...] a individualidade específica é garantida pela combinação dos círculos, que em cada caso pode ser um outro. Assim, pode-se dizer que a sociedade se origina dos indivíduos, e que o indivíduo origina-se de sociedades."[1]

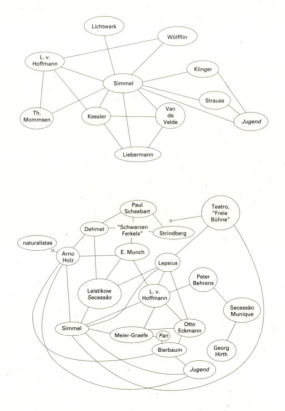

Georg Simmel como ponto de cruzamento das relações sociais

---

[1] G. Simmel, *Soziologie, op. cit.*, 485.

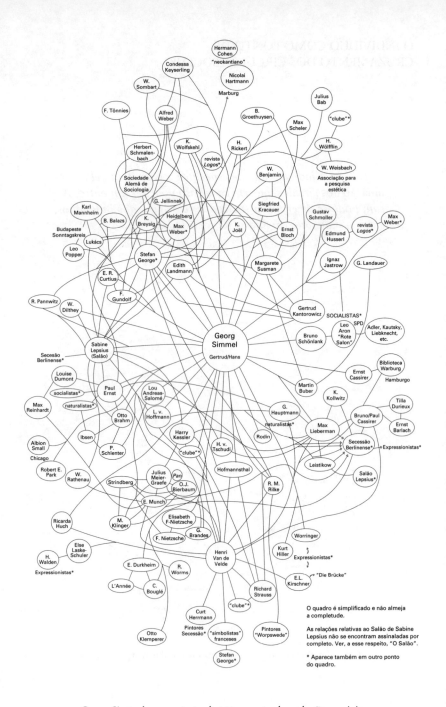

Georg Simmel como ponto de cruzamento das relações sociais

INDIVIDUALISMO

Indivíduo e sociedade não são somente um dos pontos básicos da sociologia simmeliana, são antes polos fundamentais da própria ideia de cultura filosófica. Por isso a tensão que caracteriza a relação de indivíduo e sociedade é tematizada nos registros os mais variados, descoberta nos objetos os mais diversos, e perpassa como um baixo contínuo tanto a filosofia da cultura e a teoria do moderno, como a análise e diagnóstico do presente. No texto sobre a vida do espírito nas cidades grandes, Simmel abordou o problema:

"Na medida em que se pergunta pela posição histórica das duas formas de individualismo, que são providas pelas relações quantitativas da cidade grande: a independência individual e a formação do modo pessoal e específico, a cidade grande ganha um valor completamente novo na história universal do espírito. O século XVIII encontrou o indivíduo em ligações violentadoras, que se tornaram sem sentido, de tipo político e agrário, corporativo e religioso — limitações que coagiam os homens como que a uma forma não natural e a desigualdades há muito injustas. Nesta situação surgiu o grito por liberdade e igualdade — a crença na completa liberdade de movimento do indivíduo em todas as relações sociais e espirituais, que permitiria evidenciar imediatamente em tudo o seu núcleo nobre e comum, como a natureza o teriam semeado em todos e como a sociedade e a história o teria apenas deformado. Ao lado desse ideal do liberalismo cresceu no século XIX, por um lado através de Goethe e do Romantismo, por outro através da divisão econômica do trabalho, a ideia de que os indivíduos, libertos das ligações históricas, querem apenas se distinguir uns dos outros. Agora o suporte de seu valor não é mais o 'homem universal' em cada singular, mas sim precisamente a unicidade qualitativa e irredutível. Na luta e nas escaramuças mútuas destes dois tipos de individualismo, a fim de determinar o papel dos sujeitos no interior da totalidade, transcorre a história interior e exterior de nossa época. A função da cidade grande é fornecer o lugar para o conflito

e para as tentativas de unificação dos dois, na medida em que as suas condições peculiares se nos revelam como oportunidades e estímulos para ambas. Com isso as cidades grandes obtêm um lugar absolutamente único, prenhe de significações ilimitadas, no desenvolvimento da existência anímica; elas se mostram como uma daquelas grandes formações históricas em que as correntes opostas que circunscrevem a vida se juntam e se desdobram com os mesmos direitos."[1]

Simmel distingue duas formas de individualismo: uma delas diz respeito à "independência individual", ao que ele chama o mais das vezes de "liberdade individual" e toma a forma de um individualismo quantitativo; a outra, o "modo pessoal e específico", diz respeito a um individualismo qualitativo e está relacionada com a especificidade, a diferença/distinção do indivíduo. Para Simmel, é na cidade grande e moderna que estas duas formas de individualismo se encontram e lutam entre si em um conflito infindável. A cidade grande assume sua importância não só como centro do dinheiro, mas como lugar da luta entre estas duas forças. O individualismo quantitativo é característico do século XVIII, o século XIX promove o individualismo qualitativo. Mas ambos confluem na cidade grande, que lhes oferece condições privilegiadas de desdobramento: a livre concorrência liberal, relacionada ao individualismo quantitativo, e a divisão do trabalho, relativa ao individualismo qualitativo. A autonomia do indivíduo resulta da libertação dos laços que o atavam a instituições como o Estado e a Igreja. Sua ideia matriz é a da liberdade diante dos poderes históricos, a que corresponde também uma igualdade de todos os indivíduos entre si. Frente ao despotismo do monarca, aos direitos da nobreza, a dominação da Igreja, "surge o ideal da mera liberdade do indivíduo; pois se aquelas ligações que coagem as forças da personalidade em trilhos não naturais caíssem, então todos os valores exteriores e interiores

---

[1] G. Simmel, "Die Großstädte und das Geistesleben", *op. cit.*, p. 204. O conjunto de temas relativo ao individualismo é tratado por Simmel sobretudo nos seguintes textos: G. Simmel, "Die beiden Formen des Individualismus" ("As duas formas do individualismo") *in Das freie Wort*, Frankfurt, ano 1, 1901-2, pp. 397-403; "Goethes Individualismus" ("O individualismo de Goethe") *in Logos*, vol. III, 1912, pp. 251-74, retomado em *Goethe, op. cit.*, cap. 5; "Individualismus" (1917), *in Brücke und Tür, op. cit.*, pp. 251-9; "Das Individuum und die Freiheit" ("O indivíduo e a liberdade") *in Das Individuum und die Freiheit, op. cit.*, pp. 212-9; *Soziologie, op. cit., passim*, especialmente pp. 811 ss.; *Philosophie des Geldes, passim*, especialmente pp. 375 ss.; *Über sociale Differenzierung, op. cit.*, pp. 169 ss., 237 ss.; como as repetições são recorrentes, limitei-me aqui sobretudo ao quarto capítulo de *Grundfragen der Soziologie*.

[...] poderiam se desenvolver [...]".[2] Pois os homens são naturalmente iguais e livres; a fim de se tentar amenizar a tensão entre liberdade e igualdade apelou-se para a fraternidade.

O individualismo qualitativo, aquele do século XIX, compreende o indivíduo como algo absolutamente único, marcado por sua especificidade. Ele só pôde se desenvolver depois que o individualismo do século XVIII fez da igualdade e da liberdade valores universais, atributos de todos os indivíduos. Esse individualismo do século XVIII, quantitativo, estava muito estreitamente relacionado com o desenvolvimento da economia monetária, tal como analisada na *Philosophie des Geldes*. O Leitor há de se lembrar da relação que se estabeleceu entre dinheiro, intelectualidade e a lei universalizante do direito; do fato de o dinheiro ser "comum" e igualar tudo e todos, operar o nivelamento. Tal nivelamento, essa lei universalizante, transforma todos os indivíduos em iguais. Mas ao mesmo tempo o desenvolvimento da economia monetária foi o solo fértil para que se estabelecessem as diferenças. O moderno, sob o signo do dinheiro, é a época dos dois individualismos. O presente na cidade grande é a época do embate das duas tendências — as mesmas tendências que, em "Tendencies in German Life and Thought since 1870", eram denominadas "social" e "individual".

"Assim que o Eu estava suficientemente fortalecido no sentimento da igualdade e universalidade, ele procurou novamente a desigualdade, mas apenas a desigualdade que se punha a partir do interior. Depois de consumada a libertação por princípio do indivíduo dos grilhões enferrujados das corporações, do estamento de nascença e da igreja, esta libertação avança no sentido de que os indivíduos assim autonomizados querem se distinguir também uns dos outros: não se trata mais de ser em geral um singular livre, mas sim de ser um singular determinado e não intercambiável."[3]

A tendência moderna à diferenciação leva a um processo que vai caracterizar a *Neuzeit* e que atinge no século XIX o seu ápice: "o indivíduo procura a si mesmo".[4] Ele procura se diferenciar na própria individualidade. Mas essa busca supõe o que lhe antecede: o individualismo quantitativo do século XVIII, que encontra expressão na Revolução Fran-

---

[2] G. Simmel, *Grundfragen der Soziologie*, op. cit., p. 76.

[3] G. Simmel, *Grundfragen der Soziologie*, op. cit., pp. 91-2. Vê-se aqui como este texto de 1917 repete a argumentação da *Philosophie des Geldes* de 1900 (cf. "estilo de vida").

[4] G. Simmel, *Grundfragen der Soziologie*, op. cit., p. 92.

Individualismo

cesa, na filosofia de Kant e Fichte, nos fisiocratas, em Rousseau.[5] Esse é o individualismo da livre concorrência, que tem como questão a relação de liberdade e igualdade. Nele as qualidades individuais são deixadas de lado, em favor de um nivelamento dos membros da sociedade. Ele promove a *lei universal*, que é correlata ao homem universal.

Portanto esta tendência à individualização conduz historicamente [...], passando pelo ideal da personalidade autorresponsável e completamente livre, mas esssencialmente igual, a um outro ideal: da individualidade que é em sua essência mais profunda incomparável, individualidade que é chamada a preencher um papel que só é preenchível por ela. Esse ideal já soa no século XVIII em Lessing, Herder e Lavater [...]. Esta forma do individualismo ganha sua primeira configuração acabada em uma obra de arte: no Wilhelm Meister. *Pois nos* Anos de aprendizagem *é esboçado pela primeira vez um mundo que está posto inteiramente sobre a particularidade individual de seus indivíduos e que se desenvolve e organiza através desses indivíduos [...]. Por mais que as figuras possam se repetir na realidade, o sentido interior de cada singular permanece no fato de que cada uma delas, em última instância, é distinta da outra, apesar de estarem tocadas pelo destino, e de que o acento da vida e do desenvolvimento não repousa no que é igual, mas sim no que é absolutamente particular. Este novo individualismo encontrou o seu filósofo em Schleiermacher. Para ele a tarefa ética é precisamente aquela em que cada um representa a humanidade de um modo específico. Certamente cada singular é um "compêndio" da humanidade como um todo, e mesmo uma síntese das forças que formam o universo, mas este constitui o material que é comum a todos em cada um em uma configuração completamente única [...]. A grande ideia histórico-universal segundo a qual não só a igualdade dos homens, mas também a sua diversidade seria uma exigência ética, foi convertida por Schleiermacher no pivô de uma visão de mundo: mediante a representação de que o absoluto vive somente na forma do individual e de que a individualidade não é uma limitação do infinito, mas sim sua expressão e reflexo, ele radicou o princípio social da divisão do trabalho no fundamento metafísico das coisas. É certo que esta diferenciação, que penetra nas profundezas últimas da natureza individual, tem facilmente um traço místico-fatalista [...]. Por essa razão ela precisou permanecer estranha ao claro racionalismo da época do Iluminismo, ao passo que foi recebida pelo Romantismo, com o qual Schleiermacher estava em relação estreita. O Romantismo foi talvez o canal mais*

---

[5] Cf. G. Simmel, *Grundfragen der Soziologie, op. cit.*, p. 75.

amplo para esse individualismo, através do qual ele influenciou a consciência do século XIX — pode-se denominá-lo individualismo qualitativo em oposição ao quantitativo do século XVIII, ou individualismo da unicidade [Einzigkeit] em oposição ao da particularidade [Einzelheit]. Assim como Goethe lhe forneceu a base artística, Schleiermacher a metafísica, o Romantismo lhe forneceu a base do sentimento, da vivência. Após Herder (em quem também se deve procurar uma fonte do individualismo qualitativo), os românticos foram os primeiros a se aprofundar na singularidade, unicidade das realidades históricas. [...] É nesse sentido que Novalis deixou seu "um espírito" se metamorfosear em espíritos infinitamente estranhos e disse que ele "como que está em todos os objetos que ele contempla, e sente as sensações infinitas, simultâneas de uma pluralidade harmoniosa". Mas sobretudo: o romântico vivencia no interior de seu ritmo interno a incomparabilidade, o privilégio, o se-contrastar-frente-ao-outro qualitativo e penetrante de seus elementos e momentos, vê mesmo esta forma de individualismo entre os elementos constitutivos da sociedade. [...] A alma romântica sente intensamente uma série sem fim de oposições, das quais cada uma, no momento em que é vivida, surge como um absoluto, algo acabado, autossuficiente, para no próximo instante ser superada, e ela só frui inteiramente o Selbst [si mesmo, "self", LW] de cada um na alteridade de um diante do outro. "Quem está grudado a apenas um ponto não é nada mais do que uma ostra racional", diz Friedrich Schlegel. A vida do romântico traduz na sucessão prometeica de suas oposições de disposição e tarefa, convicção e sentimento, a simultaneidade da imagem da sociedade, na qual cada singular só encontra o sentido de sua existência, a existência individual não menos do que a social, mediante sua distinção frente ao outro, mediante a unicidade pessoal de seu ser e suas atividades.[6]

É clara a importância deste passo para a compreensão de Simmel. Ele amarra uma série de elementos muito importantes no mapeamento não só de sua ideia de indivíduo, ou sociedade, mas também para a sua própria caracterização. Como o Leitor decerto percebeu, imúmeros pontos já abordados são aqui condensados. Vejamos os mais importantes.

O ideal da cultura de Simmel está relacionado a esse individualismo qualitativo, no qual o processo da cultura enquanto cultivo se realiza. Se a cultura, por seu lado, está imersa em uma tragédia, na qual a síntese que ela almeja não consegue se realizar, isto está relacionado com os paradoxos do individualismo no moderno: com o fato de que as tendências

---

[6] G. Simmel, *Grundfragen der Soziologie, op. cit.*, pp. 92-6.

Individualismo

quantitativas e qualitativas estão em conflito contínuo (Onde? Na cidade grande).

O individualismo qualitativo atinje seu acabamento em uma obra de arte. Isto indica em que medida a arte é tanto um modelo como uma redenção.[7] Na obra de arte o conflito de indivíduo e sociedade, de algum modo, se reconcilia. Também não por acaso trata-se de Goethe. É ele quem, antes de todos, percebe os paradoxos da liberdade e individualidade.[8] Por isso o *Wilhelm Meister* fornece o modelo mais adequado do processo da cultura. Trata-se então, no *Meister*, de um modelo feliz do processo da cultura, dado que não há tragédia, mas sim cultivo: o indivíduo procura e acha a si mesmo.[9] Os anos de apreendizado são anos de "Bildung", anos de cultura; os anos de peregrinação são anos de passeio, de percurso de um caminho: como o ensaio, como a cultura filosófica.

O indivíduo vale enquanto particularidade, enquanto aquilo que só ele é capaz e que o diferencia de todos os outros. Simmel contrapõe o indivíduo quantitativo, o ser genérico do século XVIII, de Fichte — "Um ser racional precisa decerto ser um indivíduo, mas não este ou aquele determinado"[10] —, ao "novo individualismo", qualitativo, de Schlegel.

A concepção de indivíduo do século XVIII tem em vista um indivíduo abstrato, genérico e universal, fazendo tábula rasa das particularidades que singularizariam cada um deles. A transformação dessa concepção na concepção "romântica", que em contraposição à anterior não dá importância ao caráter abstrato-universal do indivíduo, em benefício de sua irredutibilidade e unicidade, é visível no processo que vai das Luzes e do idealismo clássico alemão à filosofia romântica.[11] E Simmel, justamente, interpreta essa passagem como a mudança da ênfase quantitativa (na concepção das Luzes) para a concepção que privilegia os aspectos qualitativos do indivíduo. Aqui se entrelaça sua ideia da tragédia da cultura, pois que esta

---

[7] A redenção pela arte assume contornos ainda mais dramáticos quando se lembra que, como diz Simmel, a "grande massa" não compreende em absoluto o essencial da arte. Daí Simmel falar na "profunda tragédia social da arte". Há um "abismo intransponível" entre as massas e a compreensão da arte. O resultado disso é que, apesar da tarefa educativa e de esclarecimento do filósofo, a arte permanece um domínio para poucos. Cf. G. Simmel, "Der Schauspieler und die Wirklichkeit", *op. cit.*, p. 153.

[8] Cf. G. Simmel, *Grundfragen der Soziologie, op. cit.*, p. 78.

[9] Cf. o tópico "cultura"; veja-se Simmel, *Goethe, op. cit.*, pp. 151 ss.

[10] Citado por G. Simmel, *Grundfragen der Soziologie, op. cit.*, p. 94.

[11] Três visões diferenciadas desse processo podem ser vistas em: K. Löwith, *Vom Hegel zu Nietzsche, op. cit.*; N. Hartmann, *A filosofia do idealismo alemão*. Lisboa, Fundação Calouste Gulbenkian, 1976; G. Lukács, *El asalto a la Razón*, México/Buenos Aires, Fondo de Cultura Económica, 1959.

compreende precisamente o domínio universal do quantitativo (no modelo simmeliano clássico que é o dinheiro) em detrimento do qualitativamente diferenciado, ou melhor, o trágico processo de conversão do qualitativamente distinto em pura quantidade indiferenciada. O "novo individualismo" romântico traz consigo, portanto, aquilo que para Simmel é essencial: o qualitativamente distinto. Ele é um gesto contra a indiferença.[12] Daí a grande importância que essa concepção de indivíduo assume para Simmel.[13]

Contrastivamente, se voltarmos a um texto de Simmel do início dos anos 90, quando ele sai em defesa do teatro naturalista de Gerhardt Hauptmann, o encontramos a louvar em Hauptmann sua "ruptura completa com o Romantismo". Isto em 1892: então Simmel não está interessado na "personalidade", mas sim nas "classes". Trata-se de uma "luta contra o individualismo romântico",[14] e então Simmel toma o partido do individualismo quantitativo.

Se Schleiermacher é filósofo do Romantismo, será precisamente nele que Simmel encontrará a ideia que se tornaria a pedra de toque de sua metafísica tardia: a ideia de uma "lei individual" — que, como já vimos, se contrapõe à "lei universal". Isto mostra como ele se alinha claramente em uma ideia de individualismo que, se deve tanto ao individualismo do século XVIII como ao do século XIX, está de fato muito mais próxima deste do que daquele.

E o Leitor há de ter notado como o que Simmel descreve — e cita — em Novalis é nada menos do que o *panteísmo* que ele reivindica para si mesmo na qualidade de "panteísmo estético". Reatamos aqui, desse modo, a circularidade — infinita, diga-se de passagem — que é característica da constelação em estudo. A alma simmeliana é romântica — não por acaso Simmel afirmou a afinidade da aventura com o "espírito romântico".[15] O

---

[12] Cf. o que foi dito acerca da indiferença e de sua relação com o dinheiro e o estilo de vida moderno em "dinheiro" e "estilo de vida".

[13] Vimos mais atrás, ao comentar o início de *Philosophische Kultur*, como Simmel, no seu programa de uma "cultura filosófica", tem necessidade de um conceito de indivíduo extremamente forte. Cf. S. Kracauer, "Georg Simmel", *op. cit.*, p. 210; M. Landmann, "Georg Simmel: Konturen seines Denkes", *op. cit.*, p. 7.

[14] G. Simmel, "Gerhardt Hauptmanns 'Weber'", *op. cit.*, p. 165 para todas as citações. Cf. o tópico "presente".

[15] Cf. G. Simmel, "Das Abenteuer", *op. cit.*, pp. 34-5. A aventura exige um indivíduo forte, decidido. Note o Leitor que no trecho citado acima (G. Simmel, *Grundfragen der Soziologie*, *op. cit.*, pp. 92-6), Simmel afirma que o Romantismo fornece a "vivência" individual que é fundamental para esse novo individualismo. É exatamente essa mesma vivência que dá lugar à aventura. Mesmo o "encanto da aventura" está "na forma aventureira de sua vivência", na "intensidade e tensionamento" com que se sente a vida.

Individualismo

mundo de relações do relativismo simmeliano precisa ser escavado nos românticos alemães, em Schlegel e Novalis. O que Simmel fala acerca da "vida do romântico" nada mais é do que uma formulação outra de sua "lei individual".[16]

O individualismo do século XVIII é liberal. O do século XIX é anti-liberal e hostil ao nivelamento causado pelo dinheiro. Se o individualismo quantitativo corresponde à economia monetária, o qualitativo é em vários pontos hostil a ela. Por isso ele propicia uma espécie de "recusa" ou "distanciamento" da realidade exterior, que surge impregnada pelo dinheiro.[17] Se o dinheiro promove o entendimento e aplaina os sentimentos, os românticos querem percorrer o caminho inverso.[18] O cultivo de si, o desenvolvimento da personalidade, encontra poucas chances no exterior. Por isso ele se volta para o interior. Há uma relação entre o individualismo qualitativo e o refúgio na interioridade, a exploração da interioridade (esta parece ser uma chave interessante para explorar a psicologia e psicanálise).

A contrapartida do universal no particular (cf. mote 5) é que o particular contém em si um mundo. Isto será explorado pela alma romântica: "O ser humano só é então realmente indivíduo se ele não for apenas um ponto no mundo, mas sim ele próprio um mundo [...]".[19] Simmel aqui quase que parafraseia o aforismo de Schlegel. Trata-se, claro está, de Goethe. Mas se o "panteísmo estético" simmeliano é de extração goethiana, a relação que se estabelece entre panteísmo e individualismo parece ser em

---

[16] Para comprovar basta ler "Das individuelle Gesetz. Ein Versuch über das Prinzip der Ethik", *op. cit.* Como disse, a metafísica de Simmel não pode ser discutida aqui.

[17] Esta seria a chave para se pensar um "(neo)romantismo anticapitalista" em Simmel. Uma versão preparatória deste texto continha um tópico intitulado "Simmel e o Romantismo", em que retomava a crítica, de extração lukacsiana, ao "irracionalismo" *fin-de-siècle*. Creio hoje (1996), contudo, que para se empreender uma análise desse tipo acaba-se forçado a uma redução e uma simplificação caras demais das questões envolvidas. Na verdade todas as tentativas desse tipo de análise, de inspiração na sociologia do conhecimento, mostraram-se até hoje insuficientes diante de um Simmel que é mais multifacetado do que essa vertente crítica pode aceitar. Assim, a crítica ao neorromantismo (etc.) de Simmel só é possível sobre um Simmel outro, monolítico, que não é o Simmel que se procura aqui. Materiais para a análise fornecem: G. Lukács, *El asalto a la Razón*, *op. cit.*; H. J. Lieber, *Kulturkritik und Lebensphilosophie. Studien zur Deutschen Philosophie der Jahrhundertwende*, Darmstadt, Wissenschaftliche Buchgesellschaft, 1974; M. Löwy, *Para uma Sociologia dos intelectuais revolucionários*. São Paulo, LECH, 1979; F. K. Ringer, *Die Gelehrten. Der Niedergang der deutschen Mandarine 1890-1933*, *op. cit.*

[18] Cf. a crítica ao dinheiro, por exemplo, em Novalis: cf. U. Stadler, *Die theuren Dinge: Studien zu Bunyan, Jung-Stilling und Novalis*, Berna/Munique, Franke, 1980.

[19] G. Simmel, *Goethe*, *op. cit.*, pp. 161 e 253.

Simmel da mesma natureza que em Goethe. O Leitor há de lembrar-se do passo já citado: "Na produtiva visão de vida do artista *panteísmo e individualismo* não são mais oposições exclusivas, mas sim os dois aspectos de uma e mesma relação [...]".[20] Se voltarmos agora por um instante à "Introdução" de *Philosophische Kultur*, veremos que lá Simmel opunha panteísmo e individualismo no plano da metafísica/filosofia tradicional; o que ele quer dizer com isso é que, em sua atitude espiritual em relação ao mundo e à vida, tal oposição não faz mais nenhum sentido. A cultura filosófica simmeliana, em sua virada, rompe com essa diferença entre panteísmo e individualismo, exatamente como, segundo Simmel, fez Goethe. Assim, a ideia simmeliana de cultura filosófica é, em certa medida, uma retomada de Goethe, e, se assim é, o individualismo simmeliano é próximo ao de Goethe, o que vale dizer: é antes qualitativo que quantitativo. O sujeito do ato de atribuição de sentido de que Simmel fala, e mesmo sua posição de filósofo comprometido com a ideia de cultura filosófica, é devedor desse individualismo. Contudo seria uma enorme ingenuidade supor que nosso Autor os delimitasse exclusivamente e tomasse logo partido por um em detrimento do outro.

O problema necessita ser tratado no interior da constelação de cultura filosófica, o que significa que é preciso incorporar a reflexão realizada seja no complexo da filosofia do dinheiro, seja no complexo da sociologia.

Na *Philosophie des Geldes* Simmel vai discutir a "relação entre a economia monetária e o princípio do individualismo", o "significado do dinheiro para o desenvolvimento da individualidade",[21] e então se pode ler:

> "O *caráter dos negócios comerciais — que por um lado está em estreita relação com o avanço da economia monetária, e por outro com o alargamento das relações, com o ultrapassamento dos grupos restritos que se contentam com si mesmos [...] — revela em quão estreita correlação estão a economia monetária, a individualização e o crescimento dos círculos sociais.*"[22]

O comerciante é o ser móvel por excelência. Ele vai e vem para realizar suas trocas. Sai de seu círculo social restrito e penetra em outros, oferecendo seus produtos. Ele se diferencia assim tanto frente ao seu cír-

---

[20] G. Simmel, *Goethe*, *op. cit.*, p. 169, grifos meus, citado e discutido em "panteísmo estético".

[21] G. Simmel, *Philosophie des Geldes*, *op. cit.*, pp. 18, 469. O capítulo 4 do livro, pp. 375-481, é dedicado à questão.

[22] G. Simmel, *Philosophie des Geldes*, *op. cit.*, p. 470.

culo como frente aos outros. Os homens que comerciam, que trocam, supõem algo de comum, no que eles são iguais entre si: o dinheiro — "o dinheiro como suporte das relações impessoais entre os homens e portanto da liberdade individual".[23] O dinheiro apaga as diferenças, e a livre concorrência do individualismo do século XVIII é a de uma economia monetária desenvolvida (para não falar da indústria, que necessita os trabalhadores livres para venderem sua força de trabalho). Sem esta o liberalismo seria inconcebível.

O caráter móvel do dinheiro está portanto em correlação com o alargamento dos círculos sociais, da comunidade primitiva à cidade grande e moderna. Quanto mais dinheiro, mais amplo os círculos, maior a velocidade da vida e tudo o mais que configura o moderno estilo de vida. "[...] o dinheiro, com sua mobilidade absoluta, cria o laço que liga a maior expansão do círculo com a autonomização das personalidades".[24] Autonomização da personalidade é a independência individual, liberdade individual, individualismo quantitativo. Mas o dinheiro não promove simples e unicamente esta forma de individualismo. Ele tanto liga como separa: ao ligar ele equaliza os indivíduos, ao separar ele os diferencia (é inclusive neste sentido que se disse, ao início, que a cidade grande promove as duas formas de individualismo). É por esse motivo que, na *Philosophie des Geldes*, Simmel chama-nos a atenção para o *caráter duplo do indivíduo*, que é *ao mesmo tempo* um elemento no todo social e um todo em si mesmo.[25] Ou seja: *o indivíduo é um polo de tensões e relações*.

Afirmar isto significa compreender o indivíduo no interior da rede de relações do "panteísmo estético". Naquela ocasião citei uma passagem da *Philosophie des Geldes* em que Simmel afirmava que a totalidade do todo está em luta eterna com a totalidade do indivíduo.[26] Se é assim, o indivíduo como polo de *relações* conjuga de certo modo as questões suscitadas pelas duas formas de individualismo. É também a partir dessa ideia que fazemos a ponte com a sociologia de Simmel e podemos compreender

---

[23] G. Simmel, *Philosophie des Geldes*, op. cit., p. 18.

[24] G. Simmel, *Philosophie des Geldes*, op. cit., p. 473.

[25] Isto é tematizado em variados pontos. Foi citada anteriormente uma passagem do texto sobre a exposição industrial berlinense que trata exatamente da questão. Veja-se ainda G. Simmel, *Goethe*, op. cit., p. 161, citada logo acima; *Philosophie des Geldes*, op. cit., pp. 475, 690, *passim*; *Soziologie*, op. cit., pp. 218, 227-8, *passim*; *Grundfragen der Soziologie*, op. cit., p. 37; "Individualismus", op. cit., pp. 252-3; "Philosophie der Landschaft", op. cit., p. 132; *passim*.

[26] Cf. G. Simmel, *Philosophie des Geldes*, op. cit., pp. 690-1, citado em "panteísmo estético" e "estilo de vida".

a ideia do papel social do indivíduo, vale dizer do indivíduo como ponto de cruzamento dos círculos sociais.[27] A questão dos grupos sociais é um dos pontos centrais da sociologia simmeliana, desde 1890, e articula o complexo da *Philosophie des Geldes* com o da *Soziologie*.

Isto tudo significa que o conceito de indíviduo com o qual Simmel trabalha incorpora o próprio desenvolvimento do conceito, e comporta seus elementos quantitativos e qualitativos. Pensar um sem o outro seria impossível. De fato, eles exprimem o caráter processual da análise de Simmel ou, se se quiser, suas variadas perspectivas. O que, por outro lado, não significa que, à sua época, o conceito de indivíduo que Simmel procura deva responder mais às questões de um individualismo qualitativo do que às questões de um individualismo quantitativo. Isto, de resto, não causa espanto em um filósofo que, desde seu afastamento da social-democracia nos inícios dos anos 90, estava muito mais preocupado com obras de arte do que com a implementação de um regime democrático num estado autoritário. Mas voltemos ao indivíduo romântico:

> *Essa concepção [romântica, LW] e essa tarefa do indivíduo aponta de maneira clara em sua virada puramente social para o estabelecimento de um todo superior a partir dos elementos assim diferenciados. Quanto mais peculiar a realização (mas também as necessidades) do singular, tanto mais urgente é a complementação recíproca, e tanto mais alto se eleva o organismo total acima dos membros envolvidos na divisão do trabalho, organismo este que cresce a partir desses elementos e que medeia e inclui as suas ações e reações que se interpenetram umas nas outras. A particularidade dos indivíduos exige um poder constituinte que indique ao singular o seu lugar, mas com isso ele também passa a dominá-lo. Por isso esse individualismo (limitando a liberdade ao seu sentido puramente interior) converte-se facilmente em tendências antiliberais e forma assim a contrapartida perfeita ao individualismo do século XVIII, que não poderia chegar de nenhum modo consequente, a partir de seus indivíduos atomizados e considerados por princípio como indistintos, à ideia de uma totalidade enquanto um organismo formado a partir da unificação dos diferentes membros. Se este, por seu lado, conserva intactos os elementos livres e iguais, é exclusivamente em virtude da lei que paira sobre todos, cujo significado é limitar a liberdade de cada um tanto quanto ela possa coincidir com a liberdade de todos os outros; uma lei cujos padrinhos eram a legalidade de uma natureza construída mecanicamente e a concepção de lei do*

---

[27] Veja-se sobretudo G. Simmel, *Über sociale Differenzierung*, *op. cit.*, cap. 5, pp. 237-57; *Soziologie*, *op. cit.*, cap. 6, pp. 456-511.

direito romano. A configuração social e concreta da vida escapa pelos dois lados desse individualismo, pois ela não é a soma dos singulares iguais e isolados, senão que ela só se alça a partir das interações dependentes da divisão do trabalho e se sobrepõe aos singulares como uma unidade que não se acha pro rata *no singular.*

A *doutrina da liberdade e igualdade é o fundamento histórico-espiritual da livre concorrência, a doutrina das personalidades diferenciadas é o fundamento da divisão do trabalho. O liberalismo do século XVIII pôs o indivíduo sobre seus próprios pés, e ele podia ir tão longe quanto eles o levassem. A teoria deixava a constituição naturalmente dada das coisas cuidar do fato de que a concorrência ilimitada dos singulares conduzisse a uma harmonia de todos interesses, e que o todo estava na sua melhor posição na inclinação brutal à vantagem individual. Esta é a metafísica com a qual o otimismo natural do século XVIII justifica socialmente a livre concorrência. Com o individualismo do ser-outro, do aprofundamento da individualidade até a incomparabilidade do ser, assim como da realização a que se é chamado, encontrou-se também a metafísica da divisão do trabalho. Os dois grandes princípios, que atuaram conjunta e inextricavelmente na economia do século XIX: a concorrência e a divisão do trabalho — surgem assim como projeções econômicas dos aspectos filosóficos do indivíduo social ou, inversamente, este surge como as sublimações daquelas formas economicamente reais de produção. Ou ainda, de modo mais correto e fundamentando a possibilidade dessa relação de mão dupla: ambos os princípios nascem de uma daquelas profundas transformações da história, que nós não podemos conhecer a partir de seu motivo e essência verdadeiros, mas somente a partir dos fenômenos que elas produzem como que na mistura com as províncias singulares, determinadas conteudisticamente, da vida.*

Decerto as consequências que a concorrência ilimitada e o isolamento dos indivíduos em função da divisão do trabalho causaram para a cultura interior desses indivíduos não os deixa propriamente aparecer como os multiplicadores mais apropriados dessa cultura. Mas talvez haja acima da forma econômica das ações conjuntas dos dois grandes motivos sociológicos — os únicos que se realizaram até hoje — ainda uma forma mais elevada, que seja o ideal encoberto da nossa cultura. Mas eu preferiria acreditar que a ideia da personalidade pura e simplesmente livre e a ideia da personalidade pura e simplesmente única ainda não são as últimas palavras do individualismo; que o trabalho da humanidade inventará cada vez mais formas mais variadas com as quais a personalidade se afirmará e comprovará o valor de sua existência. E se em períodos felizes essas multiplicidades se coordenaram em harmonias, então mesmo a sua contradição e luta naquele trabalho não é apenas um obstáculo, se-

não que o exorta a novos desdobramentos das forças e o conduz a novas criações.[28]

Simmel insere sua filosofia da cultura no registro de sua "sociologia filosófica". Os mesmos temas da filosofia da cultura vibram aqui, vistos agora a partir da perspectiva do desenvolvimento histórico e filosófico do conceito de indivíduo. Se a divisão do trabalho é um tema desenvolvido sobretudo no que circunscrevi analiticamente como teoria do moderno, ela é substrato ao mesmo tempo da filosofia da cultura, e agora da "sociologia filosófica". Os fios que ligam todas elas entre si estão sendo sempre, continuamente tecidos e puxados. De fato, uma visão do todo é impossível. O todo é o conjunto das relações, que nunca se deixam apanhar por completo, porque estão sempre em processo. A tragédia da cultura que caracteriza o presente ganha na análise do individualismo, e portanto na análise da sociedade, a dimensão histórica que já era anunciada desde o início. Temos aqui, como sempre, não mais do que uma *configuração* da constelação de cultura filosófica.

A utopia do novo homem[29] — a cidade grande é o lugar dessa utopia — é a utopia de um novo individualismo, que significa em mesma

---

[28] G. Simmel, *Grundfragen der Soziologie, op. cit.*, pp. 96-8.

[29] A utopia simmeliana aponta para uma "virada das leis universais para as leis individuais" (G. Simmel, "Das individuelle Gesetz", *op. cit.*, p. 152). O "novo" individualismo que Simmel espera — equivalente ao "novo" homem que poderia surgir após a guerra —, relativo a uma redenção da cultura (uma nova "síntese"), supõe também uma nova ética. É nesse sentido que deve ser compreendida a crítica à ética prevalecente, de moldagem kantiana, e a tentativa de definir as possibilidades de uma nova ética. Isto aparece no texto de 1913, "Das individuelle Gesetz", no capítulo final de *Hauptprobleme der Philosophie* (1910), e por fim em *Lebensanschauung* (1918). Note-se como o termo que Simmel usa — "virada" — é o mesmo que ele utiliza para demarcar a transformação da filosofia que significa a sua ideia de cultura filosófica. A utopia simmeliana localiza Simmel em uma época de transição. O Leitor se lembra como Simmel, ao falar das exposições de arte, caracterizou o seu presente como uma época de transição; R. Koselleck (cf. R. Koselleck, *Vergangene Zukunft, op. cit.*) demonstra em seus estudos como a "Neuzeit" é vista, sobretudo desde a Revolução Francesa, como esse tempo de transição. Trata-se de um tempo em que as transformações se acumulam e se sobrepõem umas às outras, um tempo que é visto como tempo de transição entre o passado e o futuro. Neste aspecto é perceptível o momento utópico da "Neuzeit", que visa um futuro diferente. Isto vale tanto para o livro sobre a guerra como para o final da pequena sociologia; sintomaticamente textos do período da guerra. A guerra acentuou fortemente a ideia de que o presente é um tempo de transição entre o passado e o futuro. Em Simmel o presente=moderno é compreendido como diferente do passado, autônomo em si mesmo, mas também como passagem para um futuro utópico. E nesse aspecto ele não é propriamente resignado. A ideia da "Neuzeit" como tempo de transi-

medida uma nova liberdade e uma nova singularidade, e portanto também uma nova sociedade.

Mas não convém falar mais acerca dessa utopia. A cada vez que se tenta caracterizá-la, limita-se na verdade o que ela poderia ser. Nesse sentido os homens, para Simmel, são algo absolutamente único: são *vida*, a possibilidade de criação.

ção é mais facilmente compreensível se entendemos a "Neuzeit" a partir, *grosso modo*, da Revolução Francesa (cf. R. Koselleck, "Das achzehnte Jahrhundert als Beginn der Neuzeit", *in* R. Herzog e R. Koselleck (orgs.), *Epochenschwelle und Epochenbewußtsein*, Munique, W. Fink, 1987, pp. 269-82). Desde então trata-se de um tempo novo altamente maleável, e todo o século XIX é perpassado por revoluções, revoltas, protestos etc. Isto o caracteriza em sua transitoriedade. Por outro lado, na Alemanha, a fundação do Reich, em 1871, já significa o nascimento de uma nova era, de um novo tempo, de um novo Estado, de uma nova realidade. E é, também por isso, uma época de transformações. A rapidez das transformações no curso do século indica o caráter variável da época; a rapidez das transformações na Alemanha unificada acena também com um novo tempo. Assim, mesmo o novo tempo, que já é o Reich, é velho, pois a aceleração da velocidade da vida torna mesmo a última moda já obsoleta. Como disse Lepenies: "Como nenhuma outra época moderna [*Neuzeit*], a modernidade surge, marcada pela Revolução Francesa e pela Revolução Industrial, caracterizada por sua nova relação em relação ao tempo" (W. Lepenies, *Das Ende der Naturgeschichte. Wandel kultureller Selbstverständlichkeiten in dem Wissenschaften des 18. und 19. Jahrhunderts*, Munique/Viena, Hanser, 1976, p. 9). Posto este problema da transição entre o passado e o futuro, Hannah Arendt oferece um texto que me parece interessante para ser elaborado tendo em vista Simmel. Seu texto "Prefácio: A quebra entre passado e futuro" (*in* H. Arendt, *Entre o passado e o futuro*, 2ª edição, São Paulo, Perspectiva, 1979, pp. 28-42) é assustadoramente análogo à "Introdução" de *Philosophische Kultur*. O ponto de ligação entre eles é W. Benjamin. Por outro lado, é a guerra que está por detrás tanto do texto de H. Arendt como da utopia de Simmel. Mas aqui já especulo muito mais do que convém.

A CIDADE COMO OBRA DE ARTE

Em contraposição à cidade grande e moderna, palco da luta entre indivíduo e sociedade, cenário do moderno estilo de vida, Simmel situa a cidade antiga.[1] Não a cidade na Antiguidade, mas sim a velha cidade que perdura no presente, numa temporalidade absolutamente única e específica, numa esfera atemporal em que passado e presente se tocam a cada instante. Sua realização mais perfeita é Roma, a cidade eterna.

A velha cidade é um fenômeno raro. Sua temporalidade é a temporalidade da obra de arte: uma temporalidade única. Roma é a cidade eterna, Florença a cidade em que o passado penetra no presente. Como vimos em "panteísmo estético", o todo que se configura na obra de arte configura a beleza na justa medida em que, na obra de arte, os distintos elementos singulares são postos em uma determinada relação entre si, na qual brota a beleza, que não é atributo de nenhum dos elementos singulares enquanto isolados, mas só no relacionamento entre eles é que surge a beleza. Parece que, segundo Simmel, há três modos, por assim dizer, em que a beleza aparece. Em primeiro lugar na natureza, onde o acaso pode fazer com que distintos elementos se configurem de tal modo que o resultado seja belo: "a linha das montanhas, a cor dos mares, a ramificação das árvores"[2] são configurações casuais de elementos, e são belos. A obra de arte, por outro lado, é uma configuração de elementos que busca consciente e propositalmente a beleza, é um fazer humano, uma objetivação do espírito cuja finalidade é criar uma formação objetiva bela — pouco importando o que então se considera como belo. O terceiro modo é quando obras humanas, configuradas tendo em vista fins completamentes outros que não a beleza, tornam-se belas em virtude do acaso. São formações que se situam entre a beleza própria da natureza e a beleza própria da obra de arte.

---

[1] Cf. G. Simmel, "Rom. Eine ästhetische Analyse" (1898), *in Aufsätze und Abhandlungen 1894 bis 1900, op. cit.*, pp. 301-10; "Florenz" (1906), *in Aufsätze und Abhandlungen 1894 bis 1900, op. cit.*, pp. 69-73; "Venedig" (1907), *in Aufsätze und Abhandlungen 1894 bis 1900, op. cit.*, pp. 258-63.

[2] G. Simmel, "Rom. Eine ästhetische Analyse", *op. cit.*, pp. 301-2.

"Praticamente só as velhas cidades, que cresceram sem um plano pré-concebido, oferecem à forma estética tal conteúdo [a beleza, LW]; aqui as configurações — que provêm de finalidades humanas e que só surgem como encarnação do espírito e do querer — apresentam, mediante a sua reunião, um valor que se situa inteiramente para além dessas intenções e que se acrescenta a elas como um opus supererogationis."[3]

As velhas cidades — o contrário de Berlim — são um acaso feliz, e disto nasce a sua beleza única. É por isso, inclusive, que não causa surpresa quando se afirma que a cidade moderna é feia.[4] As velhas cidades, em que, ao longo dos séculos e das gerações, o novo vai se superpondo ao velho e resulta em uma mistura aleatória, encontram por vezes, como em Roma, aquela "distância ampla e no entanto reconciliada entre a casualidade das partes e o sentido estético do todo".[5] Em Florença, a arquitetura, a paisagem, a pintura, o homem, o céu, as flores, os ciprestes e as crianças que brincam são uma coisa só: não há oposição de natureza e espírito, e "na medida em que a tensão entre natureza e espírito se dissolve, origina-se a atmosfera [Stimmung] estética, o sentimento de estar frente a uma obra de arte".[6]

O segredo da obra de arte é o todo. Em Roma persistem as épocas, os estilos e as personalidades as mais variadas.

"[...] a significação de cada obra de arte cresceria quanto mais múltipla é a pluralidade de suas condições, de seu material, de seu círculo de problemas, e quanto mais estrita, forte e unitária é a unidade na qual ela [a obra de arte, LW] é capaz de os circunscrever. Junto à tensão entre a pluralidade e a unidade das coisas que a obra de arte traz à visão e à sensibilidade poder-se-ia medir o seu valor estético. Neste sentido Roma é uma obra de arte da maior ordem."[7]

A unidade do todo composto é o que transforma a velha cidade em obra de arte. Não me parece despropositado lembrar que essa unidade diferenciada parece ser semelhante àquela unidade de que Simmel falava em

---

[3] G. Simmel, "Rom. Eine ästhetische Analyse", *op. cit.*, p. 301.

[4] Cf. A. Endell *apud* L. Müller, "Impressionistische Kultur. Zur Ästhetik von Modernität und Großstadt um 1900", *op. cit.*

[5] G. Simmel, "Rom. Eine ästhetische Analyse", *op. cit.*, p. 302.

[6] G. Simmel, "Florenz", *op. cit.*, p. 70.

[7] G. Simmel, "Rom. Eine ästhetische Analyse", *op. cit.*, p. 303.

sua filosofia da cultura — no processo que vai de uma unidade indiferenciada, passando por uma multiplicidade diferenciada rumo a uma unidade diferenciada. Se assim é, o "panteísmo estético" simmeliano encontra aqui mais uma dimensão. A ideia da unidade diferenciada, enquanto resultado de um processo de diferenciação — que Simmel rastreia nos mais diversos aspectos e dimensões — é ela mesma de extração estética e tem na obra de arte o seu modelo. Daí se afirmar que, para Simmel, a sociedade é vista como obra de arte. Mas não só a sociedade. A cada vez em que Simmel visa o todo, o modelo que tem em vista é a obra de arte. E é por isso que o "panteísmo estético" ocupa um lugar tão significativo na constelação da cultura filosófica.

Roma, a velha cidade, é o local da reconciliação. É somente nela que Simmel vê a possibilidade de que o dualismo que perpassa o mundo e a vida, as oposições mais inflamadas, que sujeito e objeto se reconciliem. Em Florença temos uma configuração próxima à da ruína.[8] Se a oposição entre espírito e natureza, na arquitetura, acaba com o domínio do espírito sobre a natureza na construção, a ruína é a vingança da natureza sobre o espírito. Em Florença essa luta encontra uma solução única, na reconciliação de ambos. A reconciliação que Roma e Florença realizam é uma reconciliação *sub specie* estética. Ela é uma *experiência estética*. E como experiência ela radica no indivíduo. É por essa razão que Simmel afirmou, em uma bela carta a Edmund Husserl, que "Florença é a 'minha terra', a pátria da minha alma, tanto quanto nossa alma tem uma pátria. Claro que não só a cidade, mas sim a cidade em sua paisagem".[9]

Essa ideia da redenção pela arte,[10] já assinalada, encontra nas cidades velhas o modo o mais peculiar e significativo: a cidade é o lugar onde os homens vivem. Se a cidade é obra de arte, ela é quase algo mais que a arte,[11] é quase como se a vida se transformasse, ela mesma, em arte. Isto significa, nos termos de Simmel, que a vida cumpre sua lei individual, exatamente como a obra de arte segue sua legalidade específica.[12]

---

[8] Cf. G. Simmel, "Die Ruine", *in Philosophische Kultur, op. cit.*, pp. 118-24.

[9] Carta de Georg Simmel a Edmund Husserl de 12/3/1907, *in* K. Gassen e M. Landmann (orgs.), *Buch des Dankes an Georg Simmel, op. cit.*, p. 85.

[10] Cf. G. Simmel, "Florenz", *op. cit.*, p. 69; "Venedig", *op. cit.*, p. 263.

[11] Cf. G. Simmel, "Venedig", *op. cit.*, p. 263.

[12] Há três domínios que são dominados pela "Eigengesetzlichkeit": o da lei individual, o da obra de arte, o das objetivações do espírito na época trágica. Que a lei individual e a obra de arte cumpram sua legalidade própria indica um pouco em que medida a lei individual simmeliana não acaba por querer transformar a própria vida em uma obra de arte (de que Goethe é o modelo).

Se as velhas cidades são o outro das cidades modernas, ou em termos mais específicos, se Roma e Florença são o outro de Berlim, aqui nos defrontamos uma vez mais com a Itália como o outro da Alemanha — esse típico e autêntico *topos* do pensamento alemão, que Simmel não só percebeu como viveu e que assinalei em "Guerra!". Assim, ao tratar de Florença, Simmel afirma: "À paisagem de Florença falta tudo o que é simbólico, que os Alpes e a charneca, a floresta e o mar possuem. Ela não significa nada, ela é o que ela pode ser".[13] A arte do norte (a oposição norte-sul significa Alemanha-Itália) é simbólica — a isto está dedicado o *Rembrandt* —, enquanto a arte do sul simplesmente é.

A relação de Simmel com as cidades velhas atinge em Veneza uma feição curiosa. Veneza é de fato uma mentira, apenas uma máscara, uma cidade artificial, em que as pontes não são pontes, em que as ruas não são ruas, em que o ano não possui estações.

"Provavelmente não há nenhuma cidade cuja vida se consume completamente em uma velocidade. Nenhuma espécie de animal ou veículo arrasta o olho perseguidor em velocidades variadas; as gôndolas possuem inteiramente a velocidade e o ritmo do homem que anda. E isto é a causa verdadeira do caráter 'onírico' de Veneza que, desde sempre, se sente."[14]

Na verdade Simmel não compreende Veneza porque a compreende bem demais: porque percebeu que seu ritmo é humano, e ele, um habitante da cidade grande, não pode ficar distante da vida acelerada dos modernos. Se Roma e Florença são cidades-obras de arte, e enquanto obras de arte redimem os modernos, são o outro da cidade grande e moderna, Veneza é o outro em uma outra dimensão: como cidade dos homens e do ritmo dos homens, e não do dinheiro.

---

[13] G. Simmel, "Florenz", *op. cit.*, p. 71.

[14] G. Simmel, "Venedig", *op. cit.*, p. 261.

SOCIOLOGIA

Desde seu primeiro livro, *Über sociale Differenzierung*, publicado em 1890, Simmel se destacou no âmbito ainda amorfo, mas cada vez mais nítido, da nova ciência que deveria dar conta da sociedade. Nos anos 90 a sociologia parece, definitivamente, ganhar força e conseguir se firmar como ciência.[1] Só então a sociologia parece ter se libertado de uma crença no progresso, no dever-ser da sociedade, e pôde se concentrar na sociedade enquanto fenômeno do presente. Desse modo a sociologia que nasce nos anos 90 é uma ciência do tempo presente, vale dizer do moderno.

A sociologia é, na verdade, o que está por detrás da metamorfose operada por Simmel — mas não só — da "ética" em "ciência moral". Este é o propósito do livro de 1892-1893, *Einleitung in die Moralwissenschaft*. O que era tradicionalmente tratado, no registro da filosofia, como ética, passa a ser tratado no registro de uma ciência social, e a ética, vista então em sua historicidade, transforma-se em moral. Temos aqui uma estratégia claramente definida visando à constituição de um espaço novo, o espaço da sociologia.[2] Esse processo de historização da ética pode ser rastreado, no que diz respeito a Simmel, na "Völkerpsychologie" de Lazarus e Steinthal. Esse misto de psicologia social, etnografia, história e sociologia já tinha deixado claro que aquilo que a filosofia considerava como "ética" é algo histórico, variável em tempo e espaço. A partir daí, a passagem da "ética" para a "ciência moral" de que fala Simmel já está delineada. Uma vista-d'olhos no livro de 1892-3 nos mostra rapidamente que os temas tratados são os mesmos que a filosofia tratava sob a rubrica da

---

[1] Cf. O. Rammstedt, "Die Attitüden der Klassiker als unsere soziologischen Selbstverständlichkeiten. Durkheim, Simmel, Weber und die Konstitution der modernen Soziologie" e H. J. Dahme, "Der Verlust des Fortschrittsglaubens und die Verwissenschaftlichung der Soziologie. Ein Vergleich von Georg Simmel, Ferdinand Tönnies und Max Weber", ambos *in* O. Rammstedt (org.), *Simmel und die frühen Soziologen. Nähe und Distanz zu Durkheim, Tönnies und Max Weber*, Frankfurt/M, Suhrkamp, 1988, pp. 222-74 e 275-307.

[2] Isto foi mostrado com virtuosismo por W. Lepenies em *Between Literature and Science: The Rise of Sociology*, *op. cit.*

ética; contudo o tratamento puramente filosófico já não parece, ao nosso autor, satisfatório.

A presença da ética como tema do jovem Simmel é bastante destacada. Em 1884 e 1885, Simmel apresenta como temas para suas provas de habilitação (livre-docência) na Friedrich-Wilhelms-Universität zu Berlin temas relacionados à ética. Em 1886, Simmel resenha a *Allgemeine Ethik* (*Ética geral*) de Steinthal. Mais importante e significativo do que isto parecem ser os cursos que ministra na universidade no período que vai do início de sua careira docente até a publicação da obra de 1892-3:

1. SS 1885: "Sobre a ética kantiana" ("A filosofia de Kant")
2. WS 1885/86: "Elementos de ética"
3. SS 1886: "Kant"; "História da ética"
4. SS 1887: "Ética"
5. SS 1888: "Kant"; "Ética"
6. SS 1889: "Trechos selecionados de Kant"
7. WS 1889/90: "Ética"
8. SS 1890: "A filosofia de Kant"
9. WS 1890/91: "Ética"
10. SS 1891: "A filosofia de Kant"; "Ética"
11. WS 1891/92: "Problemas da ética social"
12. SS 1892: "A filosofia de Kant"
13. WS 1892/93: "Exercícios sobre a filosofia prática de Kant"

O grande número de cursos dedicados a Kant se explica tanto pelo fato de Simmel ter se doutorado com uma tese sobre Kant, como por Kant fornecer as bases para a discussão da ética e da "ciência moral" que Simmel tem em vista — sem falar, claro está, que a filosofia universitária alemã da época era absolutamente dominada pelo filósofo de Königsberg.

Se a ética é assim um dos temas principais do jovem Simmel, ela não é tratada contudo no registro usual da filosofia, mas sim já tendo em vista o "social". Isto já é facilmente perceptível em um dos primeiros textos de Simmel "Bemerkungen über sozialethischen Probleme", publicado em 1888.[3] Nos seus primeiros trabalhos sociológicos, ele tenta conceber sociologicamente e de modo novo princípios ético-sociais, tais como individualidade, igualdade e dever, a partir dos processos de diferenciação social e psíquica. Com isso ele objetiva tornar esses princípios válidos para uma explicação sociológica. Como Simmel toma como ponto de partida ques-

---

[3] G. Simmel, "Bemerkungen über sozialethischen Probleme" (1888), *in Aufsätze 1887 bis 1890. Über soziale Differenzierung. Die Probleme der Geschichtsphilosophie (1892)*, *op. cit.*, pp. 20-36.

tões éticas, o singular, o destinatário dos princípios e normas éticas está no centro de seus interesses sociológicos. Este ponto de referência permanece constitutivo no desenvolvimento de sua sociologia.[4] Já desde o seu primeiro livro, *Über sociale Differenzierung*, de 1890, Simmel demonstra que o seu círculo de preocupações não é a filosofia pura, mas sim aquilo que, com o passar dos anos, será a sociologia. A obra de 1892-3 dá continuidade a isso.

Há ainda um outro ponto que é significativo no contexto. No período imediatamente posterior à abolição da "Sozialistengesetz" (outubro de 1890), que permitem novamente a existência do partido socialista e de agremiações e publicações socialistas, os "problemas sociais" tornam-se um tema candente, que será amplamente discutido. Nesse contexto, a "moral", enquanto um elemento de ligação da sociedade, aparece como uma rubrica adequada para a discussão do "social".[5] Inicialmente a ética/ciência moral e, a seguir, a sociologia, são as rubricas através das quais Simmel elabora suas análises do "social" e das relações entre o social e o individual.

Buscando reconstruir o interesse pelas ciências sociais que, desde os anos 1890, forma o pano de fundo e possibilita a institucionalização da disciplina "sociologia" e a propagação do pensar sociológico, K. C. Köhnke pesquisou os grêmios estudantis de ciências sociais, que tiveram uma grande difusão nos anos 90.[6] O maior deles, e talvez o mais influente, foi fundado em Berlim em 1893. Nele Georg Simmel, Max Weber e Ferdinand Tönnies — para nomear apenas aqueles três que são considerados os "pais" da sociologia alemã — foram, mais de uma vez, palestrantes. Além disso, como demarca Köhnke, tais grêmios formam os primeiros quadros institucionais nos quais a sociologia encontra espaço e legitimação na Alemanha.[7]

Berlim é um local especialmente interessante porque na capital do Reich os conflitos políticos e sociais aparecem de maneira muito mais clara, e aguda, e se pode assim perceber alguns nexos que, no nascimento da sociologia, articulavam interesses e percepções políticas com o social, e

---

[4] H. J. Dahme, *Soziologie als exakte Wissenschaft*, *op. cit.*, p. 335.

[5] Cf. Rammstedt, "Die Attitüden der Klassiker als unsere soziologischen Selbstverständlichkeiten. Durkheim, Simmel, Weber und die Konstitution der modernen Soziologie", *op. cit.*, p. 285.

[6] K. C. Köhnke, "Wissenschaft und Politik in den Sozialwissenschaftlichen Studentenvereinigungen der 1890er Jahre", *in* O. Rammstedt (org.), *Simmel und die frühen Soziologen*, *op. cit.*, pp. 308-41, que é a fonte para tudo o que é dito aqui a esse respeito.

[7] Assim, os sociólogos que iriam formar, em 1909, a "Deutsche Gesellschaft für Soziologie" ("Sociedade alemã de sociologia"), já haviam se encontrado, dez anos antes, nos círculos dos grêmios estudantis de ciências sociais.

Sociologia

como o "social" torna-se um foco privilegiado de discussão e interesse em virtude de uma realidade político-social.

Assim, nos grêmios a relação, ambígua, entre política e ciência encontra um espaço próprio, no qual as próprias ideias de política e ciência, e de suas relações, são postas em questão. Estas questões, contudo, podem ser rastreadas com muito mais eficácia em um "sociólogo" como Max Weber do que em Georg Simmel, que é em tudo "diferente" (um "estranho"); contudo há elementos da conjuntura histórico-política que são ricos em consequências para as possibilidades e interesses em uma ciência social, e que, portanto, formam o pano de fundo no qual Simmel vê a possibilidade de sua inserção efetiva na academia. A sociologia é, para o Simmel da primeira metade dos anos 90, o mecanismo de inserção social que lhe parece permitir sair de uma posição indefinida — um judeu com interesses variados — rumo a uma posição claramente definida — catedrático de sociologia. O projeto, como se sabe, fracassa, mas os investimentos de Simmel foram enormes.

O período conhecido como "Neue Kurs" ("Novo curso"), após a demissão de Bismarck pelo jovem Imperador (1890) e a supressão da "Sozialistengesetz" (1878-1890), com o novo chanceler Caprivi (1890-94), período que sintomaticamente foi também chamado de "Império social", caracterizou-se pelas tentativas de reformas, grandes esperanças políticas e sociais, desenvolvimento econômico e cultural. Nesse momento há uma espécie de simbiose, ou ao menos tentativa de simbiose, entre política e ciência, e a ciência que parece fornecer elementos para a reforma do Estado — pense-se em Max Weber e o "Verein für Sozialpolitik", ou em um texto como "O Estado nacional e a política econômica"[8] — é a ciência social, logo sociologia. Não é de se espantar que, em tal conjuntura, os mencionados grêmios estivessem altamente politizados, e houvesse uma demanda considerável de conhecimento, que recaía sobre os ainda-não-mas-em-via-de-se-tornarem-sociólogos. A questão "social" mostrava as insuficiências do liberalismo e exigia um novo tipo de conhecimento que fosse capaz de oferecer uma compreensão mais matizada da realidade que viviam. Alguns grupos, que tradicionalmente se alinhavam com os liberais, passam, pouco a pouco, a buscar um alinhamento mais reformista, algo

---

[8] Desnecessário dizer que aqui não poderei discutir a questão sob o prisma de Weber, no qual os nexos políticos são infinitamente mais definidos do que em Simmel. Veja-se, só a título de exemplo: M. Weber, "Der Nationalstaat und die Volkswirtschaftspolitik", *in Gesammelte Politische Schriften*, 5ª edição, Tübingen, J. C. B. Mohr (Paul Siebeck), 1988, pp. 1-25; W. J. Mommsen, *Max Weber und die deutsche Politik 1890 bis 1920*, 2ª edição, Tübingen, J. C. B. Mohr (Paul Siebeck), 1974.

como um liberalismo de esquerda que encontra ressonância sobretudo nos profissionais liberais. A demanda de um conhecimento *social* vem tanto dos jovens estudantes, como desses profissionais liberais. A ideia é que "em contraposição à política de interesses industriais e agrários, em contraposição à luta de classes e à revolução deveria haver um *esclarecimento social*",[9] que no âmbito universitário se concretizou nos grêmios, no âmbito extrauniversitário em associações como, por exemplo, o "National-soziale Verein" de Friedrich Naumann.

O grêmio na Universidade de Berlim foi especialmente ativo e liberal, promovendo palestras e debates e permitindo a presença de mulheres (lembre-se que, na Prússia, só foi permitido o acesso das mulheres à universidade em 1908). Os temas foram os mais variados, mas sempre em relação com problemas do presente; também foram convidados os mais diversos profissionais. Os detalhes da vida e atividade do grêmio escapam ao nosso contexto; interessa-nos a presença de Simmel, que pronuncia em 7/12/1894 uma conferência sobre a "Psicologia do socialismo".[10] O presidente do grêmio é um aluno de Simmel. Outros cientistas, com quem Simmel estava unido por laços pessoais, também proferem palestras no grêmio: Max Weber, Ignaz Jastrow; Gustav Schmoller deveria tambem ser um dos palestrantes, mas poucos dias após a conferência de Simmel o grêmio, devido a uma manobra política de um outro grêmio antissemita, é temporariamente dissolvido (Köhnke mostra como a percentagem de judeus no grêmio estudantil de ciências sociais de Berlim era elevada). O grêmio também comportava uma grande porcentagem de socialistas, o que nos indica, embora de modo tênue, os laços que ligam o universo do jovem Simmel à social-democracia.

"Simmel had begun his sociological career in the 1890s by believing he was modernizing Kant; in view of evolution, Darwinism and socialism as determinating factors of modernity, Kant would have to be reformulated in that sense: 'since we can no longer twist things around our ideals, we must conversely attempt to modify our ideals according to reality as it has been recognized' and he demands new 'standards of value'. Simmel had adressed this in *Social Differentiation*, and energically advocated it in *Introduction to the moral sciences* for the educated middle classes, as well as

---

[9] Köhnke, "Wissenschaft und Politik in den Sozialwissenschaftlichen Studentenvereinigungen der 1890er Jahre", *op. cit.*, p. 310.

[10] O tema é bastante presente nos textos do complexo da filosofia do dinheiro. Em 1900 Simmel publicou um texto intitulado "Sozialismus und Pessimismus"; em "presente",[9] chamei a atenção para o fato de que o "socialismo" é visto por Simmel como uma das mais importantes tendências da época.

Sociologia

for workers in several articles in the social-democratic newspapers *Vorwärts* and *Die Neue Zeit*. The neo-kantian as Darwinist-socialist — this was probably identical to sociology for Simmel at that time./ After 1896, this changed. Sociology, once (around 1892) the modern science *per se*, now becomes secondary for Simmel."[11]

Simmel se posicionou bastante cedo, e de modo enfático, acerca da sociologia, buscando delimitá-la claramente. "Seu engajamento por essa nova ciência foi tão forte e tão acentuado, que ele foi, a seu tempo, manifestamente considerado como o verdadeiro fundador e [...] representante mais eminente da sociologia (alemã)."[12] Isto ganha forma em seu texto programático de 1894, "Das Problem der Sociologie", no qual busca delimitar a nova ciência — na época até mesmo o termo não havia se naturalizado na língua alemã, e se escrevia como em francês — e fornecer propedeuticamente algumas possibilidades de desenvolvimento. Na sua tentativa de delimitação da sociologia — a "determinação do seu lugar no sistema das ciências"[13] —, Simmel recusa para ela o papel de uma nova ciência que englobaria as outras ciências do homem já existentes; pelo contrário, trata-se de uma ciência que tem por objeto um conjunto bastante claro de fenômenos. Daí vir a falar em "sociologia como ciência exata": seu objeto são as *formas de socialização*, as *interações sociais*.[14] Desde 1894 até a pequena sociologia da 1917, Simmel sempre vai procurar apresentar uma delimitação propedêutica da sociologia.[15] A sociologia, enquanto "exata", situa-se entre as questões de teoria do conhecimento, que se situam por assim dizer aquém da sociologia, e as questões metafísicas, que se situam além da sociologia.[16]

---

[11] O. Rammstedt, "On Simmel's Aesthetics: Argumentation in the Journal *Jugend*, 1897-1906", *op. cit.*, p. 132. As citações de Simmel no interior do texto de Rammstedt provêm de: G. Simmel, "Rudolf Eukens Lebenanschauung", *in Vossische Zeitung*, 14, 21 e 28/6/1891, suplemento dominical n° 24, pp. 1-3; n° 25, pp. 3-6; n° 26, pp. 4-8.

[12] J. Weiss, "Georg Simmel, Max Weber und die 'Soziologie'", *in* O. Rammstedt (org.), *Simmel und die frühen Soziologen, op. cit.*, p. 39.

[13] G. Simmel, *Soziologie, op. cit.*, p. 9.

[14] Para a análise da ideia de "sociologia como ciência exata", o trabalho de H. J. Dahme, *Soziologie als exakte Wissenschaft. Georg Simmels Ansatz und seine Bedeutung in der Gegenwärtigen Soziologie, op. cit.*, vol. II.

[15] Assim tanto em "Das Problem der Sociologie", como no primeiro capítulo, "O problema da sociologia" — repetindo portanto o título do texto programático de 1894 —, da *Soziologie* (*op. cit.*, pp. 13-62), como no primeiro capítulo, "O domínio da sociologia", de *Grundfragen der Soziologie* (*op. cit.*, pp. 5-32).

[16] Cf. G. Simmel, *Soziologie, op. cit.*, pp. 39-40; *Grundfragen der Soziologie, op. cit.*, pp. 29-30.

1894 é um ano-chave nos esforços sociológicos de nosso Autor. Célestin Bouglé, um aluno de Durkheim que se torna amigo de Simmel, entabula uma correspondência entre Paris e Berlim muito esclarecedora para acompanharmos os desenvolvimentos das ideias de Simmel acerca da sociologia. Assim, em uma resposta a Bouglé datada de 15/2/1894, Simmel diz que "em relação à sua pergunta acerca da direção dos meus trabalhos, eu respondo que me dedico por inteiro a estudos sociológicos e por um tempo determinado não irei decerto penetrar nenhum outro domínio, sobretudo o da filosofia moral".[17] Note-se, especialmente, a distinção que está aqui em jogo, entre *filosofia* e *sociologia*. Àquela cabe a filosofia moral, à esta a ciência moral. Mas, em 1894, não se trata mais nem mesmo de ciência moral, mas propriamente de "sociologia". Bouglé, que visita Simmel em Berlim em abril-maio de 94 e assiste às suas aulas de sociologia, escreve a um amigo, o filósofo Elie Halévy: "Simmel a fait une leçon de principe sur la définition de la sociologie (étroite ou formelle). Il désire la publier, il la rédige en ce moment, et va l'envoyer en Angleterre, en Amérique, en France, en Allemagne aussi. Il voudrait qu'elle paraît au même moment (septembre) dans des différentes Revues".[18] Na busca de divulgação, recepção e repercussão para a sua concepção de sociologia, Simmel parece não ter economizado as forças que estavam ao seu dispor. Exemplo disso é o empenho na publicação *simultânea* de seu texto programático de 1894, "Das Problem der Sociologie", no maior número possível de periódicos. Na verdade, seu o objetivo é que o mesmo artigo aparecesse simultaneamente em todas as línguas de repercussão: em alemão, francês, inglês, italiano e russo.[19] O texto apareceu nas seguintes versões:

"Das Problem der Soziologie", *in Jahrbuch für Gesetzgebung, Verwaltung und volkswirtschaft im Deutschen Reich*, ano 18, n° 4, 1894, pp. 1301-7.

"Le problème de la sociologie", *in Revue de métaphysique et de morale*, 2, 1894, pp. 497-504. Tradução de Célestin Bouglé.

---

[17] Carta de Georg Simmel a Célestin Bouglé de 15/2/1894, *apud* H. J. Dahme e D. P. Frisby "Editorischer Bericht", *in* G. Simmel, *Aufsätze und Abhandlungen 1894 bis 1900*, *op. cit.*, p. 585. Sobre Bouglé, o amigo de Simmel que pertencia ao círculo ao redor de Durkheim, ver W. P. Vogt, "Un durkheimien ambivalent: Célestin Bouglé, 1870-1949", *in Revue Français de Sociologie*, XX, 1979.

[18] Carta de Célestin Bouglé a Elie Halévy, data desconhecida (ca. 4/1894), *apud* O. Rammstedt, "Editorischer Bericht", *in* G. Simmel, *Soziologie*, *op. cit.*, p. 880.

[19] Sobre o projeto simmeliano e a publicação dos textos, ver O. Rammstedt, "Program und Voraussetzung der *Soziologie* Simmels", *in Simmel Newsletter*, vol. II, n° 1, verão de 1992, pp. 3-21.

Sociologia

"The problem of sociology", *in Annals of the American Academy of political and social Science*, 6, 1895, pp. 412-23.

"Problema sociologii", *in Naucnoe Obozrenie*, 1899, n° 3, pp. 534-42. Tradução (para o russo) de P. Berlin.

"Il problema della sociologia", *in Riforma sociale*, Fascículo 7, Ano 6, 1899, Série 2. Tradução de Alfredo Bartolomei.[20]

Entretanto, como se pode ver, Simmel não conseguiu a publicação simultânea que pretendia, pois só foi possível publicá-lo em 1894 na Alemanha e na França. Apesar disso, publicado em cinco línguas, Simmel conseguiu um feito considerável. Tanto mais que considera o texto de "grande valor" e "a coisa mais fecunda que eu já escrevi", como relata a Bouglé.[21]

Como mencionei anteriormente, a sociologia surgia, para o Simmel da época, como uma possibilidade de inserção profissional, e seus esforços na delimitação da ciência precisam ser compreendidos na mesma medida como esforços pela sua institucionalização. E isto significa, ainda, o esforço para obter uma posição acadêmica, uma *cátedra*. Isto fica claro na carta a seguir, endereçada a Friedrich Althoff, um alto funcionário do ministério da cultura prussiano e responsável pela política universitária — no caso: responsável pela criação e distribuição dos cargos docentes e cátedras:

> *Berlim, 3 de março de 1895*
> *Lützowplatz 12*
> *Muito Prezado Sr. Conselheiro!*
> *Eu tomo a liberdade de apresentar a V. Exa. dois novos trabalhos de minha autoria, que seguem em anexo, para os quais eu gostaria de solicitar o Vosso interesse amigável, pelo menos para um deles, sobre o "Problema da Sociologia". A Sociologia ganha cada vez mais lugar nas Universidades e é decerto apenas uma questão de tempo para que ela seja reconhecida oficialmente por toda parte. Assim, talvez não seja insignificante para o estabelecimento interior e exterior da ciência o fato de que eu, como espero e como me foi assegurado, tenha conseguido colocar no lugar da falta de clareza e da confusão do conceito da Sociologia um complexo novo e claramente delimitado de tarefas específicas. Neste semestre eu tive a satisfação de manter até o final o interesse de um número*

---

[20] Na verdade a tradução italiana é uma versão atualizada do texto, na qual Simmel inseriu partes do seu ensaio de 1898, "Die Selbsterhaltung der socialen Gruppen".

[21] Nas cartas de Georg Simmel a Célestin Bouglé de 22/6/1895 e 27/11/1895 *apud* O. Rammstedt, "Editorischer Bericht", *op. cit.*, p. 880.

relativamente considerável de ouvintes em um curso dado exclusivamente nesta proposta.

Na mais alta consideração de Vossa Excelência, agradecidamente,
Simmel[22]

A carta é clara o suficiente para prescindir de maiores explicações acerca das intenções do signatário.

Já desde 1892-3, paralelamente à divulgação de sua concepção de sociologia, Simmel planeja fundar uma revista dedicada à jovem ciência.[23] Se por um lado a iniciativa não avança — ele sempre se queixa, nas cartas da época, que "Das Problem der Sociologie" não tem a repercussão que esperava[24] —, ela aponta para uma estratégia muito semelhante àquela que, nas mãos de Durkheim, se torna o grande aglutinador de uma concepção de sociologia na França, e que certamente não foi um fator menor no fato de que esta concepção triunfa sobre as outras com que concorria.[25]

Assim, seria também o caso de procurar investigar a proposta sociológica simmeliana no interior de um processo de concorrência, no qual Simmel busca ganhar para a *sua* concepção de sociologia — que é uma

---

[22] Carta de Georg Simmel a Friedrich Althoff de 3/3/1895 *apud* M. Landmann, "Bausteine zur Biographie", *in* K. Gassen e M. Landmann (orgs.), *Buch des Dankes an Georg Simmel, op. cit.*, pp. 23-4.

[23] Cf. a carta de Georg Simmel a Lester Ward de 23/2/1893, citada em O. Rammstedt, "Program und Voraussetzung der Soziologie Simmels", *op. cit.*, p. 14.

[24] O Leitor talvez se lembre da carta de Simmel a Moritz Lazarus de 5/11/1894, citada no tópico "dinheiro", na qual ele diz ao antigo professor que tem grandes expectativas em relação ao texto de 1894.

[25] Mais tarde, quando Simmel volta a se empenhar decisivamente na criação de uma revista, não será mais uma revista de sociologia. Ela se chamará *Logos* e terá por subtítulo: "Revista internacional para a filosofia da cultura". Sobre o papel de Simmel na revista e a sua importância, ver de R. Kramme, "Brücke und Trost? Zu Georg Simmels Engagement für den 'Logos'", *in Simmel Newsletter*, vol. III, n° 1, verão 1993, pp. 64-73; "Philosophische Kultur als Programm. Die Konstituierungsphase des Logos", *in* H. Treiber e K. Sauerland (orgs.), *Heidelberg im Schnittpunkt intellektueller Kreise. Zum Topographie der 'geistigen Geselligkeit' eines 'Weltdorfes': 1850-1950*, Opladen, Westdeutscher, 1995, pp. 119-49; *Simmel in Logos-Kreis*, Bielefeld/Estrasburgo, 1988, que não me foi acessível; "'Kulturphilosophie' und 'Intentionalität' des Logos im Spiegel seiner Selbstbeschreibungen", *in* R. Bruch, F. W. Graf e G. Hübinger (orgs.), *Idealismus und Positivismus. Die Grundspannung in Kultur und Kulturwissenschaften um 1900*, Wiesbaden, F. Steiner, 1993; e ainda M. Bezrodnyj, "Die russische Ausgabe der internationalen Zeitschrift für Kulturphilosophie 'Logos' (1910-1914)", *in* H. Treiber e K. Sauerland (orgs.), *Heidelberg im Schnittpunkt intellektueller Kreise, op. cit.*, pp. 150-69.

Sociologia

dentre as várias que buscam se legitimar nos últimos anos do século XIX — a legitimidade da ciência sociológica, e consequentemente da disciplina científica e acadêmica (e talvez, como consequência de tudo isto, um posto regular na Universidade).[26]

Justamente porque a sociologia reivindica para si um conhecimento da época, o estudo da sociedade enquanto fenômeno presente, há uma série de cientistas que, em processos que envolvem alianças e rivalidades, concorrência e cooperação, buscam legitimar a sua concepção do que seria a sociologia. Apenas na Universidade de Berlim, K. C. Köhnke procurou delimitar, à época de Simmel, quatro diferentes concepções do "social" e da ciência que o deveria abarcar e estudar: de Wilhelm Dilthey, de Moritz Lazarus, de Gustav Schmoller e de Georg Simmel.[27]

É ainda nesse contexto que se deve avaliar o amplo círculo de alianças que Simmel procura estabelecer. Em Paris, com Émile Durkheim e o grupo ao seu redor (Bouglé, que vai a Berlim estudar com Simmel, é o intermediário), nos Estados Unidos com Small (que foi colega de Simmel, quando estudou em Berlim,[28] e que envia seu aluno Robert Park para ir estudar com ele nesta mesma cidade[29]), e, ainda em Paris, com René

---

[26] Sobre a sociologia da concorrência simmeliana, ver G. Simmel, *Soziologie, op. cit.*, pp. 323 ss.

[27] Cf. K. C. Köhnke, "Four Concepts of Social Science at Berlin University: Dilthey, Lazarus, Schmoller and Simmel", *in* M. Kaern, B. S. Phillips e R. S. Cohen (orgs.), *Georg Simmel and Contemporary Sociology*, Dordrecht etc., Kluwer, 1990, pp. 99-107.

[28] Albion Small (1854-1926) foi colega de Simmel enquanto estudante na Universidade de Berlim. Foi o fundador do departamento de Sociologia da University of Chicago em 1892. Estudou em Berlim em 1880 e tornou-se então amigo de Simmel. Sempre que viajou posteriormente para a Alemanha, Small visitou Simmel e correspondeu-se amplamente com ele. Além disso, Small mandou vários dos seus estudantes de Chicago para estudar com Simmel, dentre eles Charles Ellwood, Edward Hayes, Howard Woolston. Em 1895 Small fundou o *The American Journal of Sociology* e traduziu vários artigos de Simmel para o jornal, que foi o responsável pela difusão do pensamento de Simmel nos EUA (entre os vols. II e XVI do *AJS* há quinze textos de Simmel, além de uma resenha da *Philosophie des Geldes*). Ver: D. N. Levine, "Howard Woodhead — An American Correspondent on Simmel", *in Simmel Newsletter*, vol. III, nº 1, verão de 1993, p. 74.

[29] Robert E. Park (1864-1944) foi aluno de Simmel no período 1899-1900. Sobre Park em geral e inclusive sobre a influência de Simmel, ver R. Lindner, *Die Entdeckung der Stadtkultur*, Frankfurt/M, Suhrkamp, 1990. Além disso, D. N. Levine, E. B. Carter, E. M. Corman, "Simmels Influence on American Sociology", *in* H. Böhringer e K. Gründer (orgs.), *Ästhetik und Soziologie um die Jahrhundertwende: Georg Simmel, op. cit.*, pp. 175-228. Park, figura capital da sociologia norte-americana, sempre considerou a influência e a importância de Simmel; graças aos seus esforços o livro de Spykman sobre Simmel foi publicado em 1925. Em uma carta de Park a Gordon Lang, da University

Worms.[30] Há também ligações verdadeiramente multinacionais, que se deixam ver pela história das traduções dos textos de Simmel e pelo enorme número de estrangeiros que afluem às suas aulas — russos, húngaros, poloneses, japoneses, mas também americanos, espanhóis, franceses, italianos (austríacos e suíços são considerados alemães...).[31] E, é claro, não se pode esquecer o processo, vale dizer a história, do desenvolvimento da sociologia no interior da Alemanha.[32]

O reconhecimento no exterior funciona para Simmel como um poderoso trunfo na disputa no interior da Alemanha pela hegemonia na concepção e programa da sociologia. Seja dito, *en passant*, que o mesmo ocorria com seus colegas em Paris: a aproximação entre Simmel e Durkheim (nascidos no mesmo ano) foi extremamente interessante para o fundador de *L'Année*, porque dava legitimidade para sua empreitada. Por isso Durkheim faz questão de publicar Simmel em sua revista. E, na medida em que sua posição parece-lhe assegurada, não há mais interesse na aliança com Simmel, que passa mesmo a ser um adversário na concorrência pela definição do programa da nova ciência. Assim, na resenha da *Philosophie des Geldes* que Durkheim publica em *L'Année*, o livro de Simmel recebe a qualificação, fantástica, reconheçamos, de "speculation batard".[33]

Mais ou menos na mesma época em que Simmel publica em *L'Année sociologique*, há um posto vago de professor extraordinário na área

---

of Chicago Press — que publicaria o livro de Spykman —, de 8/7/1924 pode-se ler: Simmel "was written [...] the most profound and stimulating book in Sociology [...] that has ever been written". Citado *apud* Lindner, *op. cit.*, p. 84.

[30] Worms, fundador da *Revue Internationale de Sociologie*, fundada em 1892, e do "Institut International de Sociologie", criado dois anos mais tarde, buscou apoio de Simmel em suas empreitadas, pedindo textos e colaborações. O mesmo se deu com Durkheim por ocasião da fundação de *L'Année Sociologique* (1896). Nos Estados Unidos, *The American Journal of Sociology*, fundado em 1895, também teve desde o início a participação de Simmel.

[31] Ainda não foi feito um estudo sistemático sobre os alunos de Simmel, um tema que, sem dúvida, traçará um quadro muito rico de alianças, filiações, fidelidades, rebeldias, esquecimentos, vontade de ocultar as ligações e rompimentos.

[32] Apenas a título de exemplo, dentre uma ampla bibliografia, pode-se ver: I. Gorges, *Sozialforschung in Deutschland 1872-1914*, 2ª edição, Frankfurt/M, A. Hain, 1986; R. König, *Soziologie in Deutschland*, Munique, C. Hanser, 1987; D. Käsler, *Die frühe deutsche Soziologie 1909 bis 1934 und ihre Entstehungsmillieus. Eine wissenschaftssoziologische Untersuchung*, Opladen, Westdeutscher, 1984.

[33] Cf. E. Durkheim, "Philosophie des Geldes", *in L'Année Sociologique*, vol. V, 1900-1901, pp. 140-5. Não é possível, aqui, aprofundar as questões que o relacionamento entre Simmel e Durkheim, dois judeus no nascimento da sociologia, suscita.

Sociologia

de ética na Universidade de Berlim. Simmel, que já tem sua *Einleitung in die Moralwissenschaft* publicada, não é nomeado para o posto, mas sim Max Dessoir, que se dedica à estética e não à ética. A não nomeação de Simmel para a vaga pode ser explicada por sua origem judaica, mas também por sua proximidade à social-democracia, por participar do grêmio estudantil de ciências sociais de Berlim e escrever em jornais social-democratas. Na ocasião um certo A. Bernhardi[34] escreveu um texto a respeito, onde se pode ler:

"Simmel tornou-se mais conhecido como sociólogo, e ele vê decerto na sociologia a tarefa de sua vida. Também aqui o seu trabalho mostrou-se de grande alcance e signficação, em primeiro lugar pelo esclarecimento genial das tarefas e dos problemas. Sabe-se que hoje se trabalha muitíssimo com a palavra sociologia. Mas uma observação mais detalhada mostra imediatamente que cada pesquisador entende algo diferente sob essa palavra. A sociologia não tinha uma tarefa autônoma nas formulações anteriores. [...] Simmel crê então que mediante a análise do conceito de sociedade é possível estabelecer aqui uma ciência absolutamente nova. [...] Para nós, estudantes, interessa mais do que a atividade de Simmel como docente. Ao lado dos cursos sobre ética e sociologia ele teve um enorme sucesso com seus cursos sobre variados domínios da história da filosofia. [...] Simmel é [...] um homem moderno. O seu modo de tratar filosoficamente os problemas, com cujas soluções a sociedade atual se embate, é único. [...] E essas ideias são apresentadas em uma forma consumada. Simmel é um orador brilhante. [...] Ele procurou analisar a luta de classes atual não como promotor de um ou outro lado, mas sim seguindo fielmente seus princípios científicos. Nisto ele encontrou decerto muitas verdades, que, expostas fora de seu contexto, poderiam deixá-lo aparecer como um grave revolucionário. Ele se ocupou profundamente até mesmo com a 'concepção materialista da história', a ponto de atrever-se a afirmar que ela seria até hoje a primeira e única tentativa de uma investigação metodicamente segura do desenvolvimento histórico, embora ela não possa ainda ser suficiente."[35]

A medida exata da proximidade de Simmel com a social-democracia alemã é difícil de precisar. Mas o contexto social no qual a sociologia como ciência parece ganhar, pela primeira vez, impulso na Alemanha guilhermina — basta pensar nos "socialistas de cátedra", nos "cristãos-so-

---

[34] Trata-se provavelmente de um pseudônimo; a autoria do texto chegou mesmo a ser atribuída a Simmel, mas atualmente parece que já não mais.

[35] A. Bernhardi, "Der Fall Dessoir", *in Der Sozialistische Student*, outubro de 1897, n° 7, pp. 103-6, *apud* Köhnke, "Wissenschaft und Politik in den Sozialwissenschaftlichen Studentenvereinigungen der 1890er Jahre", *op. cit.*, pp. 328-9.

ciais" e nos grêmios — parece indicar uma relativa proximidade da ciência com a política. Se a nação colocou os temas sociais, de algum modo, na ordem do dia, coube também à incipiente ciência da sociologia os tomar como desafios e buscar fornecer, dentro dos limites da ciência que ela mesma se impôs, respostas, soluções e esclarecimentos.

Estes limites, inclusive, estavam sujeitos às instabilidades conjunturais diante das quais a sociologia procurava se articular. Muitos mostraram como a sociologia na Alemanha oscilou continuamente entre a proximidade e o afastamento da política. Na época de Simmel, essa proximidade foi mesmo condição de possibilidade para o investimento na delimitação e institucionalização da disciplina. Só no período de Weimar a diferenciação institucional levou também a uma dissociação dos próprios cientistas perante os grupos organizatórios políticos.[36] Isto significou que, sobretudo até a guerra, a "sociologia" na Alemanha estava imbuída de laços muito fortes com o presente ("político") que vivia.[37] Sem a menor sombra de dúvida, isto é muito mais válido (e visível) para alguém como Max Weber do que para Georg Simmel. Mas a linha geral, a conjuntura à qual a sociologia precisa se agarrar em sua busca de legitimação, parece ser aceitável.

"A sociologia clássica alemã [refere-se a Simmel, Tönnies e Weber, LW] foi decerto caracterizada pela tentativa de desenvolver uma teoria abrangente da origem e transformação da cultura e da sociedade burguesas. Ela pretendia ser uma teoria geral da socialização e ao mesmo tempo oferecer uma contribuição central para a autocompreensão do moderno. Os conceitos básicos de comunidade e sociedade, alma e forma, racionalidade em relação a fins e racionalidade em relação a valores são configurados de tal modo, que a teoria da ação social e das relações sociais pode responder às complexas questões do diagnóstico da época. O motivo que dá o tom é proporcionar clareza acerca das ambivalências e das perspectivas da modernização cultural e social. Este entrecruzamento de construção teórica e diagnóstico da época explica os traços incomuns: a) a reflexão acerca das tradições precedentes do direito natural e da economia política, da filosofia da história e do positivismo, nas quais o moderno era ele mesmo o tema; b) o interesse nas patologias, paradoxos e crises dos desenvolvimentos sociais; c) a unidade de sociologia e teoria da socieda-

---

[36] Cf. J. Habermas, "Soziologie in der Weimarer Republik", in Texte und Kontexte, Frankfurt/M, Suhrkamp, 1991, p. 188. Aqui não posso avançar acerca da história da sociologia na Alemanha.

[37] Seguindo Simmel, pode-se dizer que quando ela se autonomiza, assume sua legalidade própria e se desprende das conjunturas políticas e sociais, que de início ainda a determinavam.

de, que significa a integração das investigações demográficas e sociológicas em sentido estrito em um quadro teórico que compreende ao mesmo tempo o estado e a economia, o direito e a cultura, e mesmo a formação da consciência dos indivíduos; d) considera as perspectivas sistemática e histórica como engrenadas; e) o correspondente desprezo da pesquisa de campo empírica em favor de uma empiria histórico-científica; e finalmente f) a unidade de teoria e metateoria, e portanto a autorreflexão e autolegitimação contínuas, metodológicas e teórico científicas do próprio trabalho. Max Weber oferece, com o seu programa de pesquisas direcionado para a explicação do Racionalismo ocidental, o maior exemplo de uma teoria da sociedade que conjuga todos estes elementos de modo convincente.// Após a morte de Max Weber esses elementos se autonomizam."[38]

Pelo simples fato de Habermas subsumir Simmel na rubrica "alma e forma" vê-se em que medida a empreitada simmeliana precisa ser domesticada para caber no esquema analítico proposto.[39] Isto é índice não só da generalização que Habermas tem em vista; antes, indica como subsumir Simmel à sociologia significa, já desde o início, uma limitação brutal do sentido de sua empreitada. Apesar disso, o nexo entre construção teórica e o diagnóstico da época — que em Simmel não diz respeito simplesmente à sociologia, mas a algo mais amplo, que extrapola a sociologia — é essencial para a sociologia, em sua luta por reconhecimento.

Simmel, nos anos 90, envolve-se portanto profundamente com a sociologia. Em 1894, no mesmo ano em que publica seu texto-programa, é fundado, em Paris, o "Institut International de Sociologie" e se realiza seu primeiro congresso. Segundo Tönnies, foi René Worms (o fundador do Instituto) quem "chamou" a ambos, ele e Simmel.[40] Em 1895, Simmel torna-se "advising editor" do recém-fundado *The American Journal of Sociology*. No mesmo ano, pleiteia e consegue fazer sua esposa sua assistente na Universidade.[41] Em 1896, entra em contato com Durkheim, através de Bouglé. Em 1899, assume a vice-presidência do "Institut Interna-

---

[38] J. Habermas, "Soziologie in der Weimarer Republik", *op. cit.*, pp. 192-3.

[39] O Leitor percebe como as rubricas que recobrem tanto Tönnies — "comunidade e sociedade" —, como Weber — "racionalidade em relação a fins e racionalidade em relação a valores" — são muito mais adequadas para eles, contemplam muito mais o sentido de seus esforços, do que no caso da rubrica atribuída a Georg Simmel. Que, aliás, preferiria falar em "espírito e forma", deixando a "alma e as formas" para seu discípulo — é verdade que brilhante — von Lukács.

[40] Cf. F. Tönnies, "Der Soziologen-Kongress in Paris (1894)", *in Soziologische Studien und Kritiken*, vol. I, Iena, G. Fischer, 1925, pp. 127-32.

[41] Cf. K. C. Köhnke, "Der junge Simmel zwischen Positivismus und Neukantianismus? Ein Vortrag", *in Simmel Newsletter*, vol. I, n° 2, 1991, pp. 131-2.

tional de Sociologie".[42] Paralelamente a isso, e a sua considerável produção de livros e artigos, Simmel se aplica com afinco na carreira docente. Eis o rol de seus cursos que tiveram por objeto a sociologia:[43]

1. [WS 1886/87: "A teoria de Darwin"]
2. WS 1888/89: "Problemas da ciência social"; ["Sobre Darwin"]
3. SS 1889: "Capítulos de psicologia"
4. WS 1889/90: "Problemas da ciência social"
5. SS 1894: "Sociologia"; "Exercícios de sociologia"
6. WS 1894/95: "Sociologia"
7. SS 1895: "Psicologia social"; "Exercícios de sociologia"
8. WS 1895/96: "Sociologia"
9. SS 1896: "Psicologia social"
10. WS 1896/97: "Sociologia"
11. SS 1897: "Psicologia social"
12. WS 1897/98: "Sociologia"
13. WS 1899/1900: "Sociologia (com especial considerção às formas do Estado)"
14. SS 1900: "Psicologia dos fenômenos sociais"
15. WS 1900/1901: "Ética e filosofia social (com destaque para os problemas vitais do presente)"
16. SS 1901: "Psicologia geral"; "Sociologia, com destaque para as formas do Estado"; "Exercícios de sociologia como complemento às aulas"
17. WS 1901/1902: "Ética e filosofia social"
18. SS 1902: "Sociologia, com destaque para os problemas sociais do presente"
19. WS 1902/1903: "Ética, com aplicações na filosofia social e do direito"
20. SS 1903: "Psicologia geral"; "Sociologia, com destaque aos problemas sociais do presente"; "Exercícios de sociologia como complemento às aulas"
21. WS 1903/1904: "Sociologia, com destaque aos problemas sociais"; "Exercícios de sociologia, como complemento às aulas"
22. SS 1904: "Psicologia social"

---

[42] De acordo com O. Rammstedt, "Program und Voraussetzung der Soziologie Simmels", *in Simmel Newsletter*, vol. II, nº 1, verão de 1992, p. 17, não por interesse propriamente na sociologia, mas sim como um modo de oposição a Durkheim.

[43] Incluo os cursos sobre "psicologia" porque o que Simmel entende por psicologia é de fato "psicologia social" e tem relação direta com sua sociologia (cf. G. Simmel, *Soziologie, op. cit.*, pp. 625 ss.); também sobre Darwin, uma influência importante no jovem Simmel no que diz respeito ao social; e sobre filosofia social.

Sociologia

23. WS 1904/1905: "Elementos de psicologia como ciência humana"
24. SS 1905: "Sociologia como teoria das formas da sociedade"; "Exercícios de sociologia"
25. WS 1905/1906: "Psicologia geral (com excursos de psicologia social)"; "Exercícios de sociologia"
26. SS 1906: "Introdução à filosofia, com destaque à filosofia da sociedade e da história"; "Exercícios de sociologia"
27. WS 1906/1907: "Sociologia como teoria das formas da sociedade"
28. SS 1907: "Exercícios de sociologia"
29. WS 1907/1908: "Filosofia da cultura, com destaque para os aspectos sociais e estéticos"; "Exercícios de sociologia baseados no livro sobre diferenciação social"
30. SS 1908: "Elementos de psicologia"; "Sociologia"
31. WS 1908/1909: "Ética e problemas de filosofia social"
32. SS 1909: "Psicologia geral"; "Exercícios de ciência moral"
33. WS 1909/1910: "Sociologia"; "Problemas da cultura moderna (Indivíduo e sociedade, a questão feminina, o desenvolvimento dos estilos na arte)" (inclusive arte aplicada)
34. SS 1911: "Introdução à filosofia (com destaque à filosofia social)"
35. WS 1911/12: "Sociologia geral"
36. WS 1914/15: "Sociologia"
37. WS 1917/18: "Sociologia"

A lista nos mostra como Simmel, durante toda a sua carreira docente, ministrou cursos de sociologia. Naturalmente o esforço desprendido por Simmel nos anos 90 foi grande o suficiente para assegurar-lhe um lugar de destaque na incipiente ciência (mesmo após sua declaração, que ainda encontraremos, de que não tinha mais interesse na sociologia). É por essa razão que ele ocupa uma posição fundamental na criação da "Deutsche Gesellschaft für Soziologie" ("Sociedade alemã de sociologia", DGS). Fundada em 1909, com sede em Berlim, teve como núcleo nove fundadores: F. Toennies (presidente), Georg Simmel, W. Sombart, H. Beck, A. Ploetz, Ph. Stein, A. Vierkandt, V. Mayer e M. Weber (tesoureiro). A DGS nasce das discussões sobre sociologia, do clima político e científico que assinalei, das ideias envolvidas na política social, das iniciativas dos "socialistas de cátedra" etc. (e também em função dos debates e dissidências havidas no "Verein für Sozialpolitik").

Em 14/10/1909 Simmel é eleito, juntamente com Sombart e Tönnies, dirigente da DGS. Imediatamente se iniciam os preparativos para o primeiro "Deutsche Soziologentag" ("Congresso alemão de sociologia"). Weber defende a realização do congresso em Berlim, capital do Reich, ao que Simmel se opôs, afirmando que a Universidade de Berlim era hostil à sociologia e não veria com bons olhos um congresso em que ele, Weber e Sombart participassem com destaque. Simmel sugere então a realização do congresso em Frankfurt-am-Main.[44] O congresso se realiza, então, em Frankfurt entre 19 e 22 de outubro de 1910. Coube a Georg Simmel proferir a conferência de abertura, "Soziologie der Geselligkeit" ("Sociologia da sociabilidade"). O texto da conferência foi publicado nos anais do congresso, e em 1917 Simmel fez dele um capítulo de *Grundfragen der Soziologie* (discutido em "O salão").

Em 1911, Simmel recebe o título de doutor *honoris causa* da Universidade de Friburgo. Na certidão do título, ele consta como "fundador da ciência da sociologia", um dos motivos pelo qual lhe foi auferida a distinção. Mas já em 1912 há uma cisão na diretoria da sociedade em função de tomadas de posição no que se chamou de "Werturteilstreit"[45] e em 1913 Simmel, Weber e Alfred Vierkandt retiram-se da direção de DGS (eles defendiam a absoluta "neutralidade de valores na ciência"). No dizer de Max Weber, a diretoria da DGS é um "Salon des Refusées",[46] e isto acaba por isolá-la. A consequência é, então, a demissão de toda a diretoria. Simmel escreveu uma carta, justificando a sua demissão:

> *"My interests and the direction of my work have turned so completely toward pure philosophy and have alienated me from sociology with a radicalism that has surprised even me, that my remaining in a leading position of the society seems inwardly dishonest."*[47]

---

[44] Veja-se M. Weber, *Briefe 1909-1910* (*Gesamtausgabe* vol. II/6), organização de M. R. Lepsius e W. J. Mommsen, Tübingen, J. C. B. Mohr (Paul Siebeck), 1994, p. 448. Sobre o papel fundamental de Simmel na fundação da DGS, ver M. Weber, *Briefe 1909-1910*, *op. cit.*, pp. 44-5; e em geral toda a correspondência de Weber que trata da DGS.

[45] Da polêmica originou-se o célebre texto de Max Weber "Der Sinn der 'Wertfreiheit' der soziologischen und ökonomischen Wissenschaften" ("O sentido da neutralidade axiológica nas ciências sociais"). Este texto foi publicado originalmente na já mencionada revista *Logos* (vol. VII, 1917-18), ao lado do texto de Simmel sobre a "Gesetzmäßigkeit im Kunstwerk". Na ocasião, Weber assinalou, em nota de rodapé, que o texto teve sua origem nas discussões, em 1913, no "Verein für Sozialpolitik".

[46] Carta de Max Weber a Franz Eulenburg de 27/10/1910, *in* M. Weber, *Briefe 1909-1910*, *op. cit.* em outra carta a Eulenburg, de 31/10/1910, Weber fala de Simmel, Toennies, Sombart e de si próprio como "refusées", em referência ao "Salon des Refusées" parisiense de 1863. Os organizadores da edição das cartas de Weber assinalam em pé de página: "Em sentido figurado essa expressão aparece para Weber como denominação para um grupo de Privatdozenten, professores titulares e professores extraordinários que até então não tinham sido elevados a catedráticos" (M. Weber, *Briefe 1909-1910*, *op. cit.*, pp. 656-9).

[47] Carta de Georg Simmel ao comitê executivo da DGS/ Hermann Beck (?) de

Tendo Simmel aceitado participar da fundação da sociedade em 1909 e da direção em 1910, quando teria ocorrido tal mudança radical de interesses? Em verdade, essa "virada" da sociologia para a filosofia data de muito antes, desde aproximadamente 1896, quando Simmel publica "Soziologische Aesthetik" e formula a ideia do "panteísmo estético". No registro das publicações de Simmel, isto se deixa ver no fato de que ele, tendo publicado "Das Problem der Sociologie" e não tendo percebido o impacto que esperava que o texto causasse, vai abandonando progressivamente a ideia e programa da sociologia e retoma a ideia, já exposta no texto de 1889, de uma filosofia do dinheiro (cf. o tópico "dinheiro"). Para dimensionar essa "virada" em Simmel, vale retomar sua correspondência com Célestin Bouglé. Em uma carta de 1896 ele diz:

> "A julgar pelo sucesso exterior de minhas aulas, meus esforços sociológicos não permanecem inúteis. Certamente é uma tarefa difícil educar os estudantes ao olhar sociológico, de que tudo depende e que é capaz de distinguir ao mesmo tempo no fenômeno social singular a forma social e o conteúdo material. Mas uma vez que se possui esse olhar, então os fatos sociológicos não são mais tão difíceis de encontrar."[48]

O Simmel que encontramos aqui está engajado com a sociologia, a ponto de utilizar mesmo a expressão "fato sociológico", como a querer sinalizar para um missivista próximo a Émile Durkheim a proximidade das nascentes sociologias francesa e alemã.[49] Nesse momento, a proximidade é um elemento importante para os dois lados, como reconhecimento mútuo. Uma carta de Durkheim a Bouglé de dezembro de 1896,[50] nos mostra que Simmel aceita participar de *L'Année sociologique* e enviará o seu texto "Die Selbsterhaltung der Gesellschaft" para ser publicado na revista.[51] O texto, em tradução de E. Durkheim, foi publicado no primeiro número

---

11/10/1913 *apud* L. A. Scaff, "Weber, Simmel, and the sociology of culture", *in The Sociological Review*, vol. XXXVI, nº 2, 1988, p. 20.

[48] Carta de Simmel a Celestin Bouglé de 22/11/1896, *apud* O. Rammstedt, "Editorischer Bericht", *op. cit.*, p. 882.

[49] Cf. W. Gephart, "Soziologie im Aufbruch. Zur Wechselwirkung von Durkheim, Schaffle, Tönnies und Simmel", *in Kölner Zeitschrift für Soziologie und Sozialpsychologie*, ano 34, 1982, pp. 1-25.

[50] Cf. E. Durkheim, *Textes*, Paris, Minuit, 1975, vol. II, p. 394.

[51] Na verdade trata-se do texto "Die Selbsterhaltung der socialen Gruppe. Sociologische Studie", publicado em 1898 no *Jahrbuch für Gesetzgebung, Verwaltung und Volkswirtschaft im Deutschen Reich* (ano 22, 1898, pp. 589-640).

da revista com o título "Comment les formes sociales se maintiennent".[52] Simmel, por ocasião do lançamento da revista de Durkheim, publicou duas resenhas em duas das mais importantes revistas de ciências sociais na Alemanha.[53] Contudo, Simmel não ficou nem um pouco satisfeito com seu texto em *L'Année*, pois Durkheim fez inúmeros cortes, sem sua concordância. Então, as diferenças começam a surgir, e uma vez engrenado o programa durkheimiano, Simmel torna-se um concorrente perigoso, que é preciso desqualificar o mais rápido e profundamente possível. Disto se originam as críticas vindas de Paris.[54] Vejamos agora esta outra carta a Bouglé, escrita apenas três anos depois da carta citada logo acima:

> *"I am sorry to say I cannot furnish the report for which you ask for the Paris congress. You should not forget that the* sciences sociales *are not my subject. My sociology is a wholly specialized subject of which I am the sole practitioner in Germany, and in regard to the other social sciences, which is what the congress is concerned with, I am only a layman and am thus in no position to offer a report on them. In general it somewhat saddens me that abroad I count only as a sociologist — whereas I am a philosopher, see in philosophy my life's task and practise sociology really only as a sideline. Once I have done my duty by it by publishing a comprehensive sociology — which I expect to happen in the course of the next few years — I shall probably never return to it."[55]*

---

[52] *In L'Année Sociologique*, vol. I, n° 1, 1898, pp. 71-109. O texto, seja dito de passagem, foi publicado no mesmo ano pelos amigos de Chicago: "The Persistence of Social Groups", *in The American Journal of Sociology*, vol. III, n° 5, pp. 662-98, n° 6, pp. 829-36, vol. IV, n° 1, pp. 35-50, em tradução de A. W. Small.

[53] Georg Simmel, resenha de *L'Année sociologique*, organização E. Durkheim, ano 1, 1896/97, Paris 1897 *in Jahrbuch für Gesetzgebung, Verwaltung und Volkswirtschaft im Deutschen Reich*, ano 22, pp. 1.044-5 e resenha de *L'Année sociologique*, organização de E. Durkheim, professor em Bourdeaux, primeiro ano, 1896/97, Paris, 1898, Alcan, *in Zeitschrift für Sozialwissenschaft*, I, pp. 338-9.

[54] A questão é abordada rapidamente em O. Rammstedt, "Editorischer Bericht", *op. cit.*, que cita C. Gulich, "Georg Simmel bei *L'Année sociologique*. Historische Rekonstruktion eines wissenschaftlichen Netzwerkes anhand der Korrespondenzen (1896-1898)", Vortragsmanuskript, 1990, que não me foi acessível mas é certamente de interesse, dado que a correspondência de Simmel ainda não se encontra publicada.

[55] Carta de Simmel a Celestin Bouglé de 13/12/1899, *apud* W. Lepenies em *Between Literature and Science: The Rise of Sociology*, *op. cit.*, p. 243; também em O. Rammstedt, "Editorischer Bericht", *op. cit.*, p. 892. Lepenies cita a carta via W. Gephart (org.), *Verlorene und gefundene Briefe Georg Simmels an Célestin Bouglé, Eugen Diederichs, Gabriel Tarde*, um manuscrito inédito (1982) que (também!) não me foi acessível.

Sociologia

O Leitor percebe certamente a importância desta declaração de Simmel: ele não é sociólogo, mas sim filósofo. *Quem* é o filósofo, nós já sabemos (cf. o tópico "caracterização"). E então a sociologia se converte em um momento, em um arranjo da constelação de cultura filosófica.

A grande sociologia que Simmel promete só será publicada quase nove anos depois, em 1908. Isto mostra como ela é uma dívida para com o projeto dos anos 90. Se olharmos a composição do livro publicado em 1908, podemos constatar que:

1) o capítulo 1 da *Soziologie* é uma reformulação do texto de 1894, "Das Problem der Sociologie", e tem inclusive o mesmo título que o artigo programático de 1894;[56]

2) o capítulo 3 é uma versão de um texto escrito em 1895 e publicado em 1896 nos EUA, intitulado "Superiority and subordination as subject-matter of sociology";

3) o capítulo 6 é tomado quase que literalmente do capítulo 5 de *Über sociale Differenzierung* (1890);

4) o capítulo 8 é uma versão do texto "Die Selbsterhaltung der socialen Gruppe", de 1898;

5) o capítulo 10 é tomado quase que literalmente do capítulo 3 de *Über sociale Differenzierung* (1890).[57]

Se não é correto afirmar que o livro publicado em 1908 foi escrito na década de 1890, em compensação é verdade que ele é um mero desdobramento do programa que Simmel fixou então.

Sobre o caráter extemporâneo da *Soziologie* de 1908, a correspondência com Heinrich Rickert também fornece um material significativo. Em 1901 ele anuncia ao amigo: "eu pretendo começar [a preparar, LW] uma *Sociologia* bem extensa (uma obrigação que não me é muito simpática, mas inevitável)".[58] A ideia da obrigação é decisiva aqui: pois se trata de uma dívida de Simmel para com seu passado, portanto para consigo mesmo, e na mesma medida uma dívida para com a ciência que ele um dia acreditou ser seu destino. O lamento por ter de se dedicar à *Soziologie* faz sentido porque os planos de Simmel não passam pela sociologia: "Já há algum tempo o meu principal interesse é a filosofia da arte e estou ansio-

---

[56] Com a peculiaridade de que, agora, a "Sociologie" já se tornou "Soziologie".

[57] Algumas informações acerca da composição da *Soziologie* foram dadas no tópico "ensaio".

[58] Carta de Georg Simmel a Heinrich Rickert de 28/5/1901 *in* K. Gassen e M. Landmann (orgs.), *Buch des Dankes an Georg Simmel, op. cit.*, p. 100.

so para organizar minhas ideias a esse respeito".[59] Mas enquanto não traça o quadro do programa que apresentou em 1894, ele não se dedica ao que lhe interessa verdadeiramente: "Agora eu me afundo na *Sociologia* e estou impaciente para terminá-la — o que decerto levará alguns anos —, para então dedicar-me à filosofia da arte. Esta irá então consumir o que me resta de vida".[60] O elemento central em todas essas afirmativas é a ideia da dívida a ser resgatada com o passado (isto é: 1894). Uma carta a Georg Jellinek expõe claramente a questão:

"Estou plenamente convencido de que o problema que eu formulei para a sociologia abre um novo e importante campo de conhecimento, de que a teoria das formas de socialização enquanto tais, na abstração de seus conteúdos, realmente apresenta a síntese almejada de tarefas e conhecimentos imensos e fecundos. Essa convicção e o fato de que eu frequentemente a expus enfaticamente me obrigam a comprová-la, e por isso a tornar suficientemente clara a exequibilidade e a fecundidade da ideia, exatamente o que procuro fazer. Pois nada me resta a fazer, em razão da moral científica, a não ser escrever com o tempo uma grande sociologia — da qual, de resto, os trabalhos sobre a 'Selbsterhaltung' e sobre 'Superiority' etc. já são partes. Eu não precisaria fazer isso, se outros tivessem assumido o problema, se outros se encarregassem da execução, após eu ter traçado as linhas básicas. São apenas as circunstâncias que me obrigam a fazer eu mesmo tudo, e isto não faz absolutamente parte das minhas inclinações e predisposições científicas. Minha natureza é mais descobridora de caminhos do que construtora, e há muito tenho vontade de percorrer os caminhos em muitos outros domínios. Eu poderia, creio, ser muito mais fecundo e valioso neles do que se eu escrevesse uma sociologia detalhada, cujas outras partes não teriam em princípio nada de novo e com a qual eu me sinto obrigado somente em função da coerência científica das asserções e exigências que eu formulei certa vez."[61]

---

[59] Carta de Georg Simmel a Heinrich Rickert de 28/5/1901, *op. cit.*

[60] Carta de Georg Simmel a Heinrich Rickert de 8/5/1905, *in* K. Gassen e M. Landmann (orgs.), *Buch des Dankes an Georg Simmel, op. cit.*, p. 102. Cf. também H. Simmel, "Auszüge aus den Lebenserinnerung", *op. cit.*, p. 253.

[61] Carta de Georg Simmel a Georg Jellinek de 15/7/1898 *apud* O. Rammstedt, "Editorischer Bericht", *op. cit.*, pp. 891-2

Dez anos depois, a grande *Soziologie* estará escrita, e Simmel terá cumprido suas obrigações de consciência.

Uma natureza "mais descobridora de caminhos do que construtora" é o modo como ele diz ser mais ensaísta do que sistemático — inclusive de maneira bem clara, ao opor "caminho" e "construção". E essa diferença vem à tona precisamente quando se trata da sociologia, pois Simmel percebe que esta, para sua fundamentação completa, exige o sistema, a que ele é renitente. A sociologia se torna, para Simmel, um domínio contraditório, ao qual ele se vê amarrado por uma dívida moral, mas que exige dele algo que ele não lhe pode dar. Essa tensão é essencial em vários aspectos. Ela perpassa os dois livros de sociologia de ponta a ponta. Em ambos, o primeiro capítulo formula as pretensões sistemáticas, que com o curso dos livros vão se diluindo cada vez mais. É esta mesma tensão que está na base da história da recepção da sociologia simmeliana, e a cinge de maneira radical. Ou Simmel foi lido sistematicamente, e com isso a riqueza de suas análises, muito pouco sistemáticas, e mesmo assistemáticas, se perde, ou então o contrário: as análises são brilhantes, mas não há nenhum sistema que ordene e dê sentido a elas, e por isso elas não servem para nada.[62]

Os frutos que nascem e os compromissos assumidos em sua tentativa de definição e institucionalização da sociologia enquanto ciência e disciplina perduram decerto até o final de sua vida. É isto que explica a publicação da grande *Soziologie. Untersuchungen über die Formen der Vergesellschaftung* em 1908 e da pequena *Grundfragen der Soziologie (Individuum und Gesellschaft)* em 1917.

O projeto da sociologia de Simmel é abandonado, na segunda metade dos anos 90, em favor da ideia de uma "cultura filosófica".[63] É isto que exprime o fato de que há interpenetrações entre uma e outra. Alguns elementos da sociologia do início dos anos 90 são incorporados na ideia de cultura filosófica; assim como, nos textos sociológicos posteriores, elementos da ideia de cultura filosófica penetram na sociologia. Há contudo um núcleo duro na concepção de sociologia que não se dissolve — e não se deixa dissolver — em uma cultura filosófica. Trata-se da ideia da "sociologia como ciência exata", que precisa ser localizada tanto na delimitação

---

[62] É quase desnecessário dizer que não cabe, aqui, uma discussão da recepção da obra de Simmel, nem mesmo em sua vertente sociológica — o que, no contexto desta interpretação, não faria nenhum sentido.

[63] Embora esta expressão não surja senão mais tarde. Em 1896 Simmel fala, como vimos, em "panteísmo estético", e logo a seguir, nos textos do complexo da filosofia do dinheiro, o termo equivalente é "relativismo".

da ideia de uma ciência sociológica como, por outro lado, na questão da "Ortbestimmung der Philosophie" (cf. "panteísmo estético").[64]

Mas decerto a ideia de cultura filosófica usufrui das conquistas trazidas pela sociologia simmeliana. Assim, sobretudo com o conceito de "Wechselwirkung" — basta retomar o depoimento autobiográfico de Simmel citado no tópico "panteísmo estético" —, que foi eleborado inicialmente nos limites, ou melhor, tendo em vista a ciência da sociologia.[65] A ciência "exata", que a sociologia precisa ser, busca um conceito de verdade que Simmel, ao final, considera por demais insuficiente; ele o abandona em busca de uma outra ideia de verdade. Em seu "relativismo", Simmel quer se libertar de uma ideia muito estreita, unívoca e exclusivista de verdade (cf. o tópico "panteísmo estético"). Isto remonta à diferença, que apontei anteriormente, entre sociologia e ensaio.

Um momento em que as dificuldades, que Simmel acaba por encontrar na sua concepção da sociologia como uma ciência exata, transparecem de maneira bastante elucidativa é no capítulo final de *Grundfragen der Soziologie (Individuum und Gesellschaft)*. Trata-se então de um exemplo (exemplo no sentido do "panteísmo estético") do que, em 1917, Simmel denomina "sociologia filosófica". Diz o título do capítulo: "Indivíduo e sociedade nas visões de mundo dos séculos XVIII e XIX (Exemplo de sociologia filosófica)".[66] Nele Simmel discute os dois tipos de individualismo, qualitativo e quantitativo, sob a rubrica da sociologia. Contudo, a discussão que empreende aí é exatamente a mesma que ele já empreendera nos textos do complexo da filosofia do dinheiro, então sob a rubrica de sua concepção própria de filosofia. Com isso a questão da delimitação "exata" da sociologia fica completamente desguarnecida. Eu diria que se trata antes de uma possibilidade, ou se se quiser: uma perspectiva da ideia de cultura filosófica, que incorpora em si tudo aquilo que anteriormente era visto sob a delimitação da sociologia em sentido estrito, ou melhor, "exato". Se assim é, ou pode ser, a ideia de cultura filosófica, já presente desde a segunda metade dos anos 90, toma para si as conquistas da sociologia, projeto simmeliano da primeira metade dos anos 90, mobilizando-as e atualizando-as em seu proveito. Fato é que, após a *Philosophie des Geldes*, a sustentação de uma sociologia enquanto ciência exata ou, em

---

[64] Os primeiros capítulos das duas sociologias, *Soziologie* e *Grundfragen der Soziologie*, são dedicados à elucidação do lugar da sociologia, vale dizer, da sociologia como ciência "exata".

[65] Cf. G. Simmel, "Anfang einer unvollendeten Selbstdarstellung", *op. cit.*, p. 9, citado em "panteísmo estético".

[66] G. Simmel, *Grundfragen der Soziologie*, *op. cit.*, pp. 68-98.

Sociologia

outra formulação, a sustentação do programa formulado em 1894 em "Das Problem der Sociologie", parece ser cada vez mais sem sentido, incorporada que é pelo registro muito mais amplo, lábil e maleável da ideia de uma cultura filosófica (que aparece então sob a rubrica de "relativismo").

A ideia de uma cultura filosófica explode a ideia de uma sociologia como ciência "exata". Em ambos os casos, trata-se de uma "Ortbestimmung", da "determinação do lugar": no "Prefácio" da *Soziologie* Simmel fala da "determinação do lugar [da sociologia, LW] no sistema das ciências",[67] na *Philosophie des Geldes* na "determinação do lugar da filosofia",[68] e é exatamente esta a questão que Simmel discute na "Introdução" de *Philosophische Kultur* (cf. "caracterização"). Pois a determinação do lugar da filosofia, ou em outros termos, a própria concepção de cultura filosófica, incorpora o conhecimento atribuído à sociologia, a tal ponto que a descaracteriza. Isto se comprova no âmbito de questões do individualismo. Se, inicialmente, este problema estava circunscrito a um enfoque sociológico, e naturalmente as relações do todo e do singular estão no centro da jovem ciência, já no complexo da filosofia do dinheiro — portanto já desde 1889, mas sobretudo desde a segunda metade dos anos 90 — esse âmbito de questões é deslocado para o terreno da filosofia — filosofia, bem entendido, em nova chave: como cultura filosófica. O argumento definitivo para comprovar o que afirmo é o conceito de "Wechselwirkung" (interação), tal como discutido em "panteísmo estético". Lá foi citado o trecho autobiográfico em que Simmel afirma que o conceito de interação nasce de suas preocupações sociológicas, mas que já na época da *Philosophie des Geldes* ganha uma dimensão muito mais ampla do que aquela que lhe era atribuída inicialmente. A sociologia acompanha o movimento de seu principal conceito. Enquanto ele é restrito, a sociologia como ciência estrita, isto é, "exata", se legitima; mas na medida em que o conceito de interação rompe com seus limites iniciais, a sociologia se desintegra.

Assim, a tentativa, efetuada por Simmel, de delimitar a ciência e a disciplina é dinamitada por ele mesmo. Quando, na pequena sociologia de 1917, Simmel oferece três exemplos de sociologia — sociologia geral, sociologia pura ou formal, sociologia filosófica —, ele, com isso, rompe os limites da posição da sociologia no quadro das ciências, posição essa que ele mesmo havia definido. A sociologia enquanto ciência exata e portanto sistemática é inserida em um ensaio muito mais amplo e lábil de abordagem das relações entre, digamos, individualidade e cultura. Ela é mobilizada em favor de uma cultura filosófica, e assim seus objetos e seus pro-

---

[67] G. Simmel, *Soziologie, op. cit.*, p. 9.

[68] G. Simmel, *Philosophie des Geldes, op. cit.*, p. 9.

cedimentos são postos lado a lado com inúmeros outros objetos e com um procedimento de interpretação que já não está mais preocupado com o fato de estar, ou não, fazendo sociologia.

Parece ser possível relacionar o distanciamento de Simmel de uma concepção exata de sociologia com a crescente influência de Nietzsche em seu pensamento.[69] Essa influência seria fundamental para subsidiar a "passagem", por assim dizer, do projeto da sociologia na primeira metade dos anos 90, para uma abordagem já tributária do "panteísmo estético" (e portanto no registro de uma cultura filosófica), que é formulado inicialmente no texto de 1896, "Soziologische Aesthetik", que faz parte do complexo da filosofia do dinheiro. Exatamente no mesmo ano, 1896, Simmel publica seu primeiro texto de envergadura sobre Nietzsche: "Friedrich Nietzsche. Eine moralphilosophische Silhouette".[70] E Nietzsche é o antissociólogo por excelência.[71]

A questão da sociologia em Simmel precisa ser vista então sob dois ângulos. O primeiro deles é aquele da primeira metade da década de 1890. Tratava-se, então, de delimitar uma ciência que parecia encontrar ressonância em um momento muito determinado da conjuntura alemã. Ligado a isto está a tentativa de Simmel de conseguir um meio que lhe possibilite uma legitimação acadêmica e social: firmando-se como o grande sociólogo alemão, aquele que foi capaz de delimitar claramente a nova ciência e traçar o seu programa. Tivesse Simmel obtido uma cátedra de sociologia

---

[69] Cf. K. Lichtblau, "Das 'Pathos der Distanz'. Präliminarien zur Nietzsche-Rezeption bei Georg Simmel", *op. cit.*, p. 235.

[70] Em uma carta a Hugo Münsterberg de 10/3/1897 Simmel fala de um "convite urgente", por parte de Elisabeth Förster-Nietzsche — a irmã —, para que ele vá a Weimar. "It is to be assumed that this invitation is connected with the fact that Elisabeth Förster-Nietzsche had discharged Koegel and Steiner as coeditors of the Nietzsche edition in Spring of 1897 and was intending to initiate a Nietzsche Foundation" (O. Rammstedt, "On Simmel's Aesthetics: Argumentation in the Journal *Jugend*, 1897-1906", *op. cit.*, p. 139). Simmel, que havia publicado em 1895 uma resenha da biografia que Elisabeth escreveu do irmão, e em 1896 um ensaio relativamente amplo sobre Nietzsche, parece ter sido sondado por Elisabeth para trabalhar na edição das obras de Nietzsche e no que seria o futuro Nietzsche-Archiv. É de se supor que Simmel tenha tido o "privilégio" — exclusivo apenas dos mais íntimos de Elisabeth — de visitar e passar alguns momentos com o filósofo doente. Como quer que tenha sido, Simmel nunca trabalhou no Arquivo nem colaborou com qualquer edição das obras de Nietzsche.

[71] Para dar apenas um exemplo da crítica nietzschiana à sociologia ver F. Nietzsche, *Sämtliche Werke*, *op. cit.*, vol. VI, pp. 138-9. Sobre o assunto ver especialmente H. Baier, "Die Gesellschaft — ein langer Schatten des toten Gottes. Friedrich Nietzsche und die Entstehung der Soziologie aus dem Geist der Decadence", *in Nietzsche Studien*, vol. X/XI, 1981/82, pp. 6-22, "Diskussion", pp. 23-33.

Sociologia

no final do século passado, provavelmente ele teria se mantido muito mais preso à ideia de sociologia como ciência "exata", nem que fosse por mera obrigação docente.[72] O outro ângulo é aquele que dá conta do desenrolar posterior dos fatos. A sociologia converte-se em uma perspectiva que é mobilizada, dentre outras, pela ideia de cultura filosófica.

Contudo, o esforço feito nos primeiros anos foi tamanho que, mais tarde, ele rende ainda frutos tardios. Simmel não só ministra ainda cursos de sociologia, ele tem uma dívida a saldar. Lendo o pouco que restou de sua correspondência, percebe-se como ele necessita saldar o programa do texto de 1894. Quando escreve sua grande sociologia, ele o faz explicitamente tendo em vista suas preocupações de 1894, que não são mais as suas preocupações em 1908. A *Soziologie*, ao menos no âmbito pessoal, é um livro absolutamente extemporâneo. O que explica sua realização é nada menos do que a própria metafísica simmeliana. Simmel elabora a ideia da "lei individual". Ela implica que o indivíduo cumpra uma lei que lhe é absolutamente própria, e só a ele. Cumprir sua lei individual significou, para Simmel, dar uma resposta às questões que ele formulou e deixou em aberto.[73] O programa de 1894 foi executado em 1908, resgatando uma dívida com o passado, reconciliando o indivíduo com sua lei individual. Contudo, ele não ficou imune à ideia de cultura filosófica. É isso que explica o fato de que ambas as sociologias, de 1908 e 1917, sejam um conjunto de *excursos* e *exemplos*, mas nunca um todo sistemático.[74]

---

[72] Não custa lembrar que a primeira cátedra de sociologia na Alemanha foi conferida a um aluno de Simmel, Hans Freyer, em 1925 em Leipzig. Em função dessa nomeação Freyer sentiu a necessidade de escrever um livro que, por um lado, atestasse a sua proficiência na matéria, e por outro delimitasse de uma vez por todas a ciência. Disto nasceu *Soziologie als Wirklichkeitswissenschaft. Logische Grundlegung des Systems der Soziologie*, Leipzig/Berlim, B. G. Teubner, 1930. O título já diz tudo: "ciência", "fundamentação lógica", "sistema".

[73] G. Simmel, "Das individuelle Gesetz. Ein Versuch über das Prinzip der Ethik" (1913), *in Logos*, vol. IV, 1913, pp. 157-8. Como já mencionei, o modelo da personalidade que cumpre sua "lei individual" é Goethe. Assim, em *Dichtung und Wahrheit* encontramos a explicação para a necessidade de Simmel em concluir o que deixara inacabado: "Procure dar uma continuidade em tudo na tua vida"; "O mais feliz dos homens é aquele que consegue unir o fim de sua vida com o começo." Citado através de W. Benjamin, *Gesammelte Schriften, op. cit.*, vol. II.2, p. 730.

[74] Este é, ademais, o núcleo a que se podem remeter todas as críticas que se fizeram, desde então, à sociologia simmeliana.

"JUDE", ENTRE A "EMANCIPAÇÃO"
E A "ASSIMILAÇÃO"

A relação de Simmel com o judaísmo sempre despertou interesse e há inclusive trabalhos que abordam a questão.[1] Essa relação parece cercada por ambiguidades; entretanto, como a própria relação dos judeus com a Alemanha é marcada por ambiguidades, talvez seja interessante pesquisar qual o seu estatuto e em que medida tais ambiguidades, elas mesmas características do moderno, podem ser explicadas.

1.

Georg Simmel via o judeu como assimilado na Europa da passagem do século, pois considerava que os elementos judeus já estavam consideravelmente entranhados na cultura europeia. Certa vez, ao ser indagado por um aluno sionista, teve a oportunidade de, em duas cartas, expressar suas ideias a esse respeito, naquilo que se tornou o mais significativo documento de suas relações com o judaísmo, já que ele evitou persistentemente pronunciar-se sobre o tema. Diz Simmel:

"O perigo da absorção não ameaça de modo algum os judeus; pelo contrário, encontram-se no estádio da judaização da Europa. Se examinarmos isso com uma lupa psicológica, encontraremos elementos 'judeus' no sangue de todos os povos de cultura e essa judaização do não judeu corre paralela a europeização dos judeus. Quanto mais os judeus se assimilam,

---

[1] Cf. J. Habermas, "Der deutsche Idealismus der jüdischen Philosophen", *in Philosophisch-politische Profile*, 3ª edição revista, Frankfurt/M, Suhrkamp, 1981, pp. 39 ss.; W. Benjamin, "Juden in der deutschen Kultur", *in Gesammelte Schriften, op. cit.*, vol. II.2, pp. 807 ss.; P. Gay, "Begegnung mit der Moderne. Die deutschen Juden in der Wilhelminische Kultur", *in Freud, Juden und andere Deutsche*, Munique, DTV, 1989, pp. 115 ss.; H. Liebeschütz, *Von Georg Simmel zu Franz Rosenzweig. Studien zum jüdischen Denken in deutschen Kulturbereich*, Tübingen, J. C. B. Mohr (Paul Siebeck), 1970. Esta discussão acerca de Georg Simmel e o judaísmo foi publicada inicialmente, com o título "Georg Simmel e o judaísmo entre a emancipação e a assimilação", na *Revista Brasileira de Ciências Sociais*, nº 27, ano 10, fevereiro de 1995, pp. 73-92.

tanto mais eles se assimilam a si mesmos, e o momento da maior assimilação dos judeus coincidirá com o momento de sua maior influência enquanto elemento psíquico. [...] europeus e judeus encontram-se em uma profunda ligação cultural. Eles são indivisíveis [...]."[2]

O resultado desses dois processos complementares é uma integração que se supõe perfeita: com a crescente globalização da cultura, a integração do judeu na Europa parece-lhe já assegurada. Simmel matiza o problema de modo interessante ao falar de uma "judaização do não judeu", indicando que a cultura judaica não somente é penetrada e diluída pela cultura europeia (isto é, cristã), senão que a própria cultura europeia passa a incorporar elementos da cultura judaica. O resultado dessa via de mão-dupla é uma (suposta) verdadeira integração do judeu na sociedade europeia de sua época.[3] Mas, ao mesmo tempo, Simmel também tinha consciência das dificuldades históricas da assimilação do judeu na Alemanha, pois certa vez afirmou:

"[...] as realizações que os judeus empreenderam sob situações tão difíceis dentre os povos germânicos são devidas ao seu otimismo indestrutível [...]."[4]

Além disso, é impossível não remeter à própria situação vivida pelo "judeu" Simmel — já seu pai havia se deixado batizar[5] — em Berlim:[6]

---

[2] S. Lozinskij, "Simmels Briefe zur jüdischen Frage", *op. cit.*, pp. 242-3.

[3] É interessante assinalar que Simmel pensa na cultura europeia como um todo e não na sociedade alemã em particular, o que supõe que ele não considera as diferenças da situação do judeu nos diferentes países europeus. Para falar de outro modo: ele considera que a situação do judeu na Alemanha é semelhante à situação do judeu, digamos, na França, o que já nos fornece um bom material para discussão. A ideia de Europa vem, como se sabe, do primeiro romantismo alemão, principalmente de Novalis e Schlegel. O tema percorre todo o século XIX e adentra no nosso século como um tópico de discussão quase obrigatório. No que diz respeito a Simmel ver "Die Idee Europa", *in Der Krieg und die geistigen Entscheidungen, op. cit.*

[4] G. Simmel, "Zur einer Theorie des Pessimismus" (1900), *in Aufsätze und Abhandlungen 1894 bis 1900, op. cit.*, p. 543.

[5] Isaak Simmel, avô de Georg Simmel, nasceu na aldeia judaica de Dyhernfurth, na Silésia. Seu pai Eduard Simmel (1810-1874) nasceu em Breslau e entre 1830 e 1835 fez-se batizar católico em Paris e, adotando uma fórmula muito comum dentre os judeus batizados, passou a assinar desde então Eduard Maria Simmel. Casou-se em 1838 com Flora Bodstein, de confissão evangélica. Georg nasceu em 1858.

[6] Pode-se tentar explicar o fato de Simmel ter uma visão assimilada do judeu pelo fato de morar em uma metrópole, a Berlim da passagem do século, grandiosa e cosmopo-

apesar dos inúmeros esforços para conseguir um cargo regular e remunerado como professor ordinário, foi sempre repudiado devido a sua "raça". Embora usufruísse de um notável e extraordinário sucesso "mundano" — o que poderia contribuir para explicar sua visão da integração do judeu na sociedade europeia —, sua carreira acadêmica foi completamente marcada (ou seja, prejudicada) pelo fato de ser judeu (isto é, de ter ascendência judaica), e em Berlim Simmel jamais teria conquistado a cátedra. Max Weber, seu amigo, certa vez comentou uma situação análoga que se encaixaria perfeitamente na situação vivida por Simmel:

"A vida acadêmica está, portanto, entregue a um acaso cego. Quando um jovem cientista nos procura para pedir um conselho, com vista à sua habilitação, é-nos quase impossível assumir a responsabilidade de lhe aprovar o desígnio. Se se trata de um judeu, a ele se diz com naturalidade: lasciate ogni speranza. [...] Com base em tal experiência, creio possuir visão penetrante para compreender o imerecido fado de numerosos colegas para os quais a fortuna não sorria, e ainda não sorri, e que, devido aos processos de seleção, jamais puderam ocupar, a despeito do talento de que são dotados, as posições que mereceriam."[7]

---

lita. Sobre este aspecto, veja-se: G. Simmel, "Die Großstädte und das Geistesleben", *op. cit.*; J. Schutte e P. Sprengel (orgs.), *Die Berliner Moderne 1885 bis 1914*, Stuttgart, Reclam, 1988; *Berlin um 1900*. Katalog der Austellung der Berlinischen Galerie in Verbindung mit der Akademie der Künste zu den Berliner Festwochen 1984. Utilizando o seu próprio pensamento, poderíamos dizer que, na cidade dominada pelo quantitativo, o qualitativo — o ser judeu — acaba se dissolvendo no número. Por outro lado, a presença judaica em Berlim era acentuada: na passagem do século aproximadamente 5% da população da cidade era composta por judeus. Cf. B. Katz, *Herbert Marcuse and the Art of Liberation*, Londres, NLB, 1982, p. 15; Bildarchiv Preußischer Kulturbesitz (org.), *Juden in Preußen. Ein Kapitel deutscher Geschichte*, Dortmund, Harenberg, 1981, p. 343 (para números de 1925); G. Scholem, "Zur Sozialpsychologie der Juden in Deutschland 1900-1930", *in Judaica 4*, organização de R. Tiedemann. Frankfurt/M, Suhrkamp, 1984, pp. 230 ss.; A. Ehmann, R. Livne-Freudenthal, M. Richarz, J. H. Schoeps e R. Wolff, *Juden in Berlin 1671-1945. Ein Lesebuch*, Berlim, Nicolai, 1988, p. 127; J. H. Schoeps (org.), *Neues Lexikon des Judentums*, Gutersloh/Munique, Bertelsmann, 1992, pp. 69 ss.

[7] Max Weber, "Wissenschaft als Beruf" (1917/1919), *in Gesamtausgabe*, vol. XVII, organização de W. J. Mommsem e W. Schluchter, Tübingen, J. C. B. Mohr (Paul Siebeck), 1992, pp. 77, 79-80. Os organizadores acrescentam em uma nota de rodapé: "No Reich alemão cientistas de ascendência judaica não tinham impedido seu acesso a uma carreira acadêmica, contudo só raramente eles eram considerados na ocasião de uma nomeação para o cargo de professor ordinário". Dado o esforço que Max Weber fez para conseguir uma nomeação para Simmel em Heidelberg e o fracasso da emprei-

Que Simmel só tenha conseguido sua nomeação como professor ordinário na Universidade de Estrasburgo (sintomaticamente uma cidade junto à França), uma Universidade completamente fora dos mais importantes círculos de influência e prestígio, é a contrapartida da impossibilidade de conseguir um posto em uma universidade importante como Berlim, Munique ou Heidelberg (nesta última Simmel fez uma tentativa frustrada de ingresso em 1908[8]). Decerto Simmel não foi o único, no âmbito universitário prussiano, a sofrer com os problemas da discriminação e do antissemitismo. Basta mencionar o caso do médico judeu Paul Ehrlich, que ganhou o Prêmio Nobel em 1908 devido a suas pesquisas sobre a sífilis e o sistema imunológico. Ehrlich também foi impossibilitado de obter um "Ordinariat" na Prússia e teve sua carreira bloqueada até 1914, quando obteve o "Ordinariat" na recém-fundada Universidade de Frankfurt-am-Main, um ano antes de falecer. Como se vê, um caso semelhante ao de Simmel.[9]

"Simmel não tinha temas judaicos (ao que eu objetaria: ainda assim Sombart compreendia o 'Excurso sobre o estranho/ estrangeiro' na Sociologia como retrato do judeu). Talvez por isso [Hermann] Cohen tenha desprezado Simmel e dito a um estudante que desejava ir de Marburgo a Berlim: 'Mas o que você pode aprender lá?!' Embora nascido em um meio assimilado e de pais já batizados, Simmel tinha em si — no que ele formava uma exceção entre aqueles de sua camada — movimentos e hábitos linguísticos especificamente judeus, e na verdade judeus--orientais, e isto também, e não somente sua origem judaica enquanto tal, foi uma razão pela qual ele só obteve a cátedra tão tardiamente."[10]

---

tada, não é impossível concluir que o "caso Simmel" tenha sido uma das experiências que levaram Weber a esse diagnóstico.

[8] Isto será retomado mais à frente. Veja-se também Hans Simmel, "Auszüge aus den Lebenserinnerungen", *op. cit.*, p. 256.

[9] A Universidade de Frankfurt-am-Main, que foi fundada a partir de recursos privados e teve assim desde o início grande autonomia, fugiu à regra dos impedimentos antissemitas até a ascensão do Nazismo e tornou-se, durante os anos 1910-20, um porto seguro para os intelectuais judeus que não tinham possibilidade de inserção acadêmica em outras universidades. Sobre este ponto ver: P. Kluke, *Die Stiftungsuniversität Frankfurt am Main 1914-1932*, Frankfurt/M, 1972; W. Schivelbusch, *Intellektuellendämmerung. Zur Lage der Frankfurter Intelligenz in den zwanziger Jahren*, Frankfurt/ M, Insel, 1982, cap. 1.

[10] M. Landmann, "Ernst Bloch über Simmel", *in* H. Böhringer e K. Gründer (orgs.), *Ästhetik und Soziologie um die Jahrhundertwende: Georg Simmel, op. cit.*, pp. 270-1.

Esta passagem de Ernst Bloch — aluno dileto de Simmel, de quem se manteve próximo até a eclosão da guerra, quando o nacionalismo de um e o pacifismo de outro colidiram irremediavelmente — é rica em sugestões. Ao comentar traços pessoais de Simmel, como seus modos de movimento, gesticulação e mesmo sua própria presença física, além de seus hábitos linguísticos, Bloch nos sugere uma abordagem interessante. Em princípio, porque mostra como não foi somente a "raça" judaica que impediu Simmel de alcançar o pleno reconhecimento acadêmico, pois que tal "raça" não é algo abstrato, senão literalmente incorporado na pessoa de Simmel, estigmatizando-a de modo indelével.[11]

O próprio Simmel, embora evite (se consciente ou inconscientemente não é possível especular aqui) tematizar especificamente a questão judaica, não pode deixar de citá-la no correr de sua obra. No belo "Excurso sobre a sociologia dos sentidos" da grande *Soziologie* de 1908 podemos ler:

> *"As sensações do olfato subtraem-se à descrição por palavras em uma medida completamente diferente do que aqueles outros sentidos [a visão, a audição, LW]; elas não se deixam projetar no plano da abstração. Tanto menos oposições do pensamento e da vontade encontram as antipatias e simpatias instintivas que se alinhavam naquela esfera olfativa que rodeia os homens e que, por exemplo, seguramente são sempre ricas em consequências para a relação sociológica de duas raças que vivem no mesmo território. A recepção do negro na boa sociedade da América do Norte parece já excluída devido à atmos-*

---

[11] No contexto de um pensamento que não poderá ser aqui reconstituído, Max Horkheimer afirmou: "Os escritores modernos nos dizem que o impulso mimético da criança, sua insistência em imitar tudo e todos, inclusive seus próprios sentimentos, é um dos meios de aprendizagem, particularmente naqueles estádios primitivos e quase inconscientes do desenvolvimento pessoal que determinam o futuro caráter do indivíduo, seus modos de reação e seus padrões de comportamento geral. O corpo inteiro é um órgão de expressão mimética. É através dessa faculdade que um ser humano adquire sua maneira especial de rir e chorar, de falar e julgar. Só nas fases mais avançadas da infância essa imitação inconsciente se subordina à imitação consciente e aos métodos racionais de aprendizagem. Isso explica por que, por exemplo, os gestos, as entonações de voz, o grau e a espécie de irritabilidade, o modo de andar, em suma, todas as características pretensamente naturais de uma chamada raça parecem persistir por herança muito tempo depois que as causas ambientais tenham desaparecido. As reações e os gestos de um negociante judeu bem-sucedido refletem às vezes a ansiedade sob a qual viveram seus ancestrais; pois os maneirismos de um indivíduo são menos fruto da educação racional do que vestígios atávicos devidos a tradição mimética". M. Horkheimer, *Gesammelte Schriften*, organização de A. Schmidt. Frankfurt/M, S. Fischer, 1991, vol. VI, p. 124.

"Jude", entre a "emancipação" e a "assimilação"

fera corporal do negro e a frequente e obscura aversão de judeus e germanos entre si já foi atribuída à mesma causa."[12]

Esta passagem nos mostra como o autor dessas linhas tinha, sem dúvida alguma, consciência do amplo espectro do problema do judeu na sociedade alemã, a ponto de detectá-lo numa área tão recôndita como aquela interpretada por uma sociologia do olfato.[13] Por outro lado, o fato de Werner Sombart interpretar o "Exkurs über den Fremden" ("Excurso sobre o estranho/estrangeiro") como retrato do judeu não pode a ninguém surpreender, dado seu claro e crescente antissemitismo.[14] Na verdade é o próprio Simmel quem invoca o judeu como uma figura significativa do estranho/estrangeiro. Vale retomar algumas linhas desse texto:

"No conjunto da história da economia, o estranho/estrangeiro aparece por toda parte como comerciante e respectivamente o comerciante como estranho/estrangeiro. Tanto quanto no essencial domina uma economia dirigida às próprias necessidades ou uma economia que troca seus produtos em um círculo espacialmente estreito, não é necessário nesse círculo nenhum comerciante intermediário. Um comerciante só entra em questão para aqueles produtos que são obtidos inteiramente fora do círculo. A não ser que algumas pessoas viagem para o estrangeiro, a fim de comprar essas necessidades — e então neste caso

---

[12] G. Simmel, *Soziologie, op. cit.*, p. 733. É digno de nota o fato de Simmel assinalar essas duas manifestações e, ao mesmo tempo, não se posicionar criticamente diante delas.

[13] A quem estranhar tal ideia de uma "sociologia do olfato", como tantos outros enfoques inusitados, comuns em Simmel, convém lembrar que ele era movido pelo esforço "de tornar completamente visível o tecido das relações sociais". S. Kracauer, "Georg Simmel", *op. cit.*, p. 211.

[14] Veja-se: W. Sombart, *Die Juden und das Wirtschaftsleben*, Leipzig, Duncker & Humblot, 1911; *Die Zukunft der Juden*, Leipzig, Duncker & Humblot, 1912; *Deutscher Sozialismus*, Charlottenburg, 1934; W. Krause, *Werner Sombarts Weg von Kathedersozialismus zum Fachismus*, Berlim, 1962. Já que Sombart foi citado, vale a pena contrapor à ideia de Simmel de uma assimilação e integração do judeu na Europa a opinião de Sombart, que traz *in nuce* e de modo exemplar a posição dessa figura capital da sociologia alemã da primeira metade do século: "Assim, o resultado a que a nossa investigação sempre nos reconduz a partir de variados caminhos só pode ser este: uma completa assimilação, uma fusão completa com os povos europeus não foi conseguida até agora pelos judeus, e eles provavelmente nunca a conseguirão, pois pelo visto a diferença de sangue entre eles e as raças 'arianas' é demasiado grande". W. Sombart, *Die Zukunft der Juden, op. cit.*, p. 52. Há, naturalmente, inúmeras passagens de semelhante conteúdo; não cabe aqui discutir o antissemitismo de Sombart.

eles são no outro território justamente os compradores 'estranhos/estrangeiros' —, *o comerciante* precisa ser *estranho/estrangeiro, não há a possibilidade de existência de nenhum outro. Esta posição do estranho/estrangeiro torna-se mais consciente quando ele, ao invés de novamente deixar o lugar de sua atividade, nele se fixa. Pois em inúmeros casos isto também só lhe será possível se ele puder viver do comércio intermediário. [...] O comércio sempre pode acolher mais homens do que a população primária e ele é, por isso, o terreno indicado para o estranho/estrangeiro, que de certa maneira penetra como supranumerário em um círculo em que as posições econômicas já estão na verdade ocupadas. A história dos judeus europeus fornece o exemplo clássico. O estranho/estrangeiro, justamente por sua natureza, não é um proprietário de terra — entendendo-se terra não somente no sentido físico, mas também na transmissão de uma substância vital que está fixada em um lugar (senão espacial, pelo menos ideal) do círculo social. Inclusive nas relações mais íntimas de pessoa a pessoa, o estranho/estrangeiro pode ostentar todas as possíveis atrações e significações; ele é contudo, na medida em que é sentido como estranho/estrangeiro, em relação ao outro o não 'proprietário de terra'. Aquela dedicação ao comércio intermediário — e muitas vezes, como uma sublimação do comércio, como comércio de dinheiro — proporciona ao estranho/estrangeiro o caráter específico da* mobilidade. *Nesta mobilidade, na medida em que ela se realiza no interior de um grupo delimitado, vive aquela síntese de proximidade e distância que constitui a posição formal do estranho/estrangeiro: pois o que é pura e simplesmente móvel entra ocasionalmente em contato com* cada *elemento singular, mas não é com* nenhum *deles organicamente ligado através da fixidez do parentesco, do local e da profissão.*"[15]

---

[15] G. Simmel, *Soziologie, op. cit.*, pp. 765-6. Já desde a *Philosophie des Geldes* a compreensão do fenômeno do "estranho/estrangeiro" é objeto das preocupações de Simmel. É assim compreensível que inclusive nesta obra anterior a figura do judeu já desempenhe um papel importante na análise desse fenômeno. Cf. G. Simmel, *Philosophie des Geldes, op. cit.*, pp. 286-7. Cabe notar que Simmel reproduz acriticamente a moeda corrente do judeu como comerciante. Hoje a pesquisa histórica desmentiu esse mito: na maioria das vezes em que o judeu assumiu o papel de comerciante, foi porque ele foi forçado a isto, já que os impedimentos legais que o atingiam impossibilitavam-no de exercer outras atividades.

"Jude", entre a "emancipação" e a "assimilação"

Simmel mostra desse modo como o judeu europeu se fixa historicamente em sua posição de "outsider", ao mesmo tempo em que o "estranho" enquanto "aquele que não é possuidor de terras" é a transfiguração do judeu da Diáspora. Quando o judeu isolado se aglutina e acaba por constituir um grupo, acaba surgindo o gueto.[16] A posição do estranho/estrangeiro é a daquele que, inserido em um círculo, permanece sempre exterior a ele, porque seus atributos não são os mesmos daqueles que caracterizam o círculo. "A unidade de proximidade e distância, que toda relação entre homens contém, resulta aqui em uma constelação, que pode assim ser formulada do modo mais curto: a distância no interior das relações significa que o próximo está distante, mas o 'ser estranho/estrangeiro' significa que o distante está próximo."[17] A relação do judeu com o grupo no qual ele procura se inserir é, pois, na Alemanha, historicamente dificultada, como atesta este relato apresentado pelo próprio Simmel:

"[...] no caso dos estranhos/estrangeiros do campo, da cidade, de raça etc. o que está em jogo não é algo individual, mas sim uma origem estrangeira, que é ou poderia ser comum a muitos estranhos/estrangeiros. Por isso em geral os estrangeiros não são sentidos como indivíduos, mas sim como um tipo determinado; o momento da distância não lhes é menos geral do que o da proximidade. Esta forma está na base p. ex. de um caso tão específico como o do imposto medieval sobre os judeus, tal como ele foi cobrado em Frankfurt e também em muitos outros lugares. Enquanto o imposto que era pago pelos cidadãos cristãos variava de acordo com a fortuna e a situação de cada um, o imposto para todo judeu era estabelecido de uma vez por todas. Tal fixidez era devida ao fato de que o judeu tinha sua posição social como judeu e não como detentor de conteúdos materiais específicos. Em matéria de impostos, todo outro cidadão era o possuidor de uma determinada fortuna e seu imposto poderia seguir as alterações desta última. O judeu, contudo, enquanto pagador de impostos, era em primeiro lugar judeu e, por isso, recebia sua posição enquanto contribuinte como um elemento invariável [...]."[18]

O contraste entre este quadro, cujas persistências atingem os mais variados matizes e nuances na Alemanha guilhermina, e aquele descrito

---

[16] Cf. G. Simmel, *Soziologie*, *op. cit.*, pp. 744-5.

[17] G. Simmel, *Soziologie*, *op. cit.*, p. 765.

[18] G. Simmel, *Soziologie*, *op. cit.*, p. 770.

por Simmel acerca da judaização da Europa é agudo. Entre esses dois polos viveu Georg Simmel, e talvez na sua necessidade de assimilação ele tenha tentado apagar as marcas indeléveis da condição do judeu na Europa.

2.

Esta constelação de problemas nos indica de modo claro que a relação de Simmel com o judaísmo necessita ser pensada e analisada no quadro mais amplo da situação do judeu no processo de emancipação e assimilação na Europa ou, mais precisamente, é necessário compreender a "via alemã" da emancipação e assimilação dos judeus. Um quadro genérico do desenvolvimento da situação do judeu na Europa, e especialmente na Alemanha, permitirá compreender melhor as posições de Simmel.[19]

Na Idade Média e no período da ordem estamental baseada no privilégio, os judeus eram uma parte discriminada da população. Como povo que assassinou o deus cristão, os judeus eram considerados inferiores e por essa razão excluídos de grande parte da vida social. Não podiam produzir bens de consumo, pois eram impedidos de trabalhar no campo e não podiam possuir manufaturas. Uma pequena minoria possuidora de capital estabeleceu-se como banqueiros, indispensáveis para o financiamento dos monarcas absolutistas; alguns poucos judeus, não tão ricos mas mesmo assim possuidores de recursos consideráveis, compravam uma "Schutz- und Geleitbrief" (cartas de proteção) e podiam assim trabalhar como comerciantes, embora sem poder possuir um estabelecimento oficial de comércio. A maioria dos judeus, contudo, estava condenada a uma existência quase que clandestina, pois não havia ocupação que pudessem exercer legalmente. Frequentemente objeto da perseguição dos cristãos, os judeus eram forçados a retirar-se sempre para o interior de sua comunidade, o

---

[19] A literatura sobre o tema é imensa e não cabe aqui uma discussão detalhada. Três bons trabalhos que fornecem uma visão geral do problema, documentação e bibliografia são: W. Grab, *Der deutsche Weg der Judenemanzipation 1789-1938*, Munique, Piper, 1991; Bildarchiv Preußischer Kulturbesitz (org.), *Juden in Preußen. Ein Kapitel deutscher Geschichte*, op. cit.; A. Ehmann, R. Livne-Freudenthal, M. Richarz, J. H. Schoeps e R. Wolff, *Juden in Berlin 1671-1945. Ein Lesebuch*, op. cit. Além desses títulos, ver: J. Katz, *Emancipation and Assimilation*, Westmead, Gregg International, 1972; J. Toury, "Der Eintritt der Juden ins deutsche Bürgertum", *in* H. Liebeschütz e A. Paucker (orgs.), *Das Judentum in der Deutschen Umwelt 1800-1850*, Tübingen, J. C. B. Mohr (Paul Siebeck), 1977, pp. 139-242; S. Jersch-Wenzel, "Die Herausbildung eines 'preussischen' Judentums" e A. Herzig, "Die Juden in Preußen im 19. Jahrhundert", ambos em P. Freimark (org.), *Juden im Preußen — Juden in Hamburg*, Hamburgo, H. Christians, 1983, pp. 11-31 e 32-58.

"Jude", entre a "emancipação" e a "assimilação"

único lugar onde encontravam um espaço para si mesmos (lembre-se o que Simmel disse acerca do gueto).

Somente em 1750 o rei prussiano Friedrich II estabeleceu um "Generalreglement" para os judeus, que no entanto tinha em vista, na verdade, regulamentar a vida e as possibilidades dos judeus a partir dos interesses do Estado. O regulamento fixava e ordenava em categorias a discriminação de que os judeus eram vítimas, sempre tratados como diferentes e vistos em função de sua utilidade.[20] O desenvolvimento da economia a partir da segunda metade do século XVIII implementa a livre concorrência, que passa a ditar o ritmo da vida econômica e altera a forma tradicional das relações sociais, possibilitando e exigindo uma nova organização dessas formas. Sobretudo um processo de secularização invade todos os domínios da vida social e, inserido no grande processo da "Aufklärung", tende a considerar cada vez mais a religião algo restrito à esfera privada. Consequentemente, na esfera pública, a ideia de uma igualdade dos direitos dos indivíduos ganha cada vez mais força. Assim, atrelada por um lado ao processo de desenvolvimento do capitalismo, por outro lado sustentada pelo ideário igualitário iluminista,[21] a emancipação dos judeus começa a dar seus primeiros passos. É interessante notar que esse processo de emancipação — e que possibilita a paulatina assimilação do judeu na sociedade — traz como contrapartida um processo de "desjudaização", ou seja, os judeus, ao terem a possibilidade de começar a se inserir na sociedade como um todo, saem ao mesmo tempo da comunidade fechada em que viviam, regida pela tradição e pelas leis rituais, e este processo de socialização, de inserção gradual na sociedade, coincide com um afrouxamento dos laços comunitários e tradicionais que sustentavam os judeus enquanto segregados (daí Simmel falar na europeização do judeu).

No Império Habsburgo, o Kaiser Joseph II promoveu na década de 1780 um processo de normalização da situação do judeu, que tinha em vista transformá-lo em um súdito normal, passível de todos os deveres — e consequentemente direitos — de um súdito do Império. Aqui a emancipação foi vista como um passo necessário para o fortalecimento do Estado e do poder do monarca; mesmo assim pesadas restrições ainda atingiam os judeus. Quando, anos mais tarde, o processo de emancipação atinge a Prússia, as medidas de Joseph II valeram como exemplares. Por ocasião da Revolução Francesa, que estabelece definitivamente na França a igual-

---

[20] Pode-se ver uma versão reduzida do "Reglement", *in Juden in Berlin 1671-1945. Ein Lesebuch, op. cit.*, pp. 34-8.

[21] Cabe mencionar no âmbito alemão e no que diz respeito ao processo de emancipação dos judeus os nomes de Gotthold E. Lessing e Moses Mendelssohn.

dade de direitos, os judeus alemães ainda viviam em um estado de grande discriminação. Nos territórios alemães, os judeus só conseguiram uma igualdade de direitos através das conquistas napoleônicas, que estenderam os frutos da Revolução até as novas áreas conquistadas. Foi assim que os judeus conseguiram, especialmente nas regiões junto à França, uma emancipação mais efetiva — o que explica, por exemplo, o fato de que o pai de Karl Marx tenha podido ser juiz, embora para isso tenha sido necessário se deixar batizar.

Por outro lado, todo o processo de emancipação que se desenvolve desde o final do século XVIII é acompanhado *pari passu* pelo movimento contrário de um florescimento do antissemitismo, que especialmente na Alemanha, associado ao nacionalismo, deu muitos frutos no correr dos séculos XIX e XX. A oposição clássica de "Aufklärung" e Romantismo pode ser expressa nos polos emancipação e antissemitismo — embora obviamente tenha havido muito no romantismo que não fosse conservador —, na medida em que a "Aufklärung" lutou incessantemente pela igualdade de direitos e o romantismo alemão, em algumas de suas correntes, expressou sem cessar um crescente antissemitismo. Não cabe aqui remontar todo o curso do antissemitismo no decorrer dessa época; basta lembrar que ele esteve profundamente encarnado na sociedade alemã e no "deutsche Geist" e expressou-se em figuras como Fichte, Brentano, Achin von Arnin, Kleist, Savigny, La Motte-Fouqué, Schleiermacher, Clausewitz e muitos outros.

Na Prússia, o processo de emancipação foi desde o início lento e truncado, limitado e inseguro. Os avanços eram sempre sujeitos a retrocessos posteriores; muitos dos direitos obtidos pelos judeus restringiam-se a regiões determinadas e até mesmo a judeus determinados (por exemplo, só aqueles que possuíam as "Schutzbriefe"); de qualquer modo, o acesso profissional a cargos executivos, jurídicos, pedagógicos e militares permaneceu, quando não explicitamente interdito, informalmente impossibilitado.[22]

As dificuldades para a inserção dos judeus na sociedade alemã e austríaca podem ser explicadas, a partir de um enfoque comparativo, pelo fato de o mundo germânico ter se caracterizado pela ausência de revolução burguesa, especialmente em contraste com a França, Holanda e Inglaterra, ou de um processo de independência tal como ocorrido nos EUA. Nestes países, o impulso revolucionário ou de oposição ao Antigo Regime levou à consolidação dos direitos civis que, ancorados na ideia de democracia, esta-

---

[22] Para uma visão geral das dificuldades do processo de emancipação, veja-se por exemplo R. Erb e W. Bergmann, *Die Nachseite der Judenemanzipation. Der Widerstand gegen die Integration der Juden in Deutschland 1780-1860*, Berlim, Metropol, 1989.

beleceram de modo eficaz a igualdade de direitos e a possibilidade de integração social do judeu. Desde a independência proclamada em 1581, tiveram os judeus em Holanda um porto seguro e no correr do século XVII Amsterdã ficou conhecida como a "Jerusalém holandesa", tamanho o número de judeus que buscaram abrigo em terras holandesas. Na Inglaterra, desde a época de Cromwell os judeus obtiveram uma igualdade de direitos; na América do Norte, a constituição de 1787 assegurava a igualdade de todas as confissões; na França, a igualdade dos judeus foi proclamada em 1791. Em todos estes casos a possibilidade de assimilação e integração social dos judeus efetivou-se enquanto parte de um processo muito mais amplo, que tinha em vista a democratização da sociedade, a superação da ordem de privilégios do Antigo Regime e o estabelecimento de uma igualdade de direitos que transformasse todos os súditos em cidadãos.

Na Áustria e Alemanha, o processo seguiu um caminho totalmente diverso, a tal ponto de se poder falar em um "deutsche Weg" ("via alemã"). Os lentos passos do processo de igualdade social foram sempre ditados pelo poder absolutista que, mais ou menos esclarecido até onde iam seus interesses, tinha sempre em vista a manutenção do *status quo*. Assim, o processo de emancipação do judeu no mundo alemão seguiu o peculiar caminho que permitiu, *grosso modo*, uma libertação econômica — pois as dificuldades que vinham da Idade Média foram pouco a pouco superadas e os judeus puderam passar a exercer atividades econômicas — que era contrabalançada pela persistência de uma segregação social. Isto explica, por exemplo, o fato de que muitos judeus atingiam um considerável sucesso econômico e permaneciam contudo segregados socialmente, e disso origina-se a busca do judeu bem-sucedido por um reconhecimento social. Como a fórmula de Heine celebrizou, o batismo era a condição necessária (mas nem sempre suficiente) para ser admitido socialmente e ele foi utilizado amplamente — como pelos pais de Simmel. Entretanto, deixar-se batizar ainda significava tão somente uma transformação no que dizia respeito à religião; a origem étnica judaica permanecia sempre descoberta.[23] Daí o caráter de uma solução aparente e na verdade falsa; os movimentos nacionalistas alemães sempre ignoraram a distinção de um judeu batizado. Como a história veio a mostrar posteriormente, o batismo realmente não passou de uma acomodação parcial e temporária.

---

[23] Essa distinção entre credo e raça é a pedra de toque não só do antissemitismo, mas de toda a oposição, mesmo informal, à assimilação. Sem entrar na discussão da própria ideia de raça, cabe lembrar um dito austríaco do final do século, que expressa bem a distinção e a indiferença ao batismo: "Was der Jude glaubt, ist einerlei — in der Rasse liegt die Schweinerei". (Aproximadamente: "Tanto faz no que o judeu crê — a porcaria está é na raça".)

Naturalmente, o processo de emancipação dos judeus na Alemanha está atrelado ao próprio desenvolvimento da sociedade alemã e em especial ao processo de desenvolvimento do capitalismo.[24] Como se sabe, o capitalismo exige que o trabalhador seja livre e igual para poder vender sua força de trabalho. Nas décadas de 1850 e 60, o processo de igualdade formal dos cidadãos na Áustria e na Alemanha parece consumar-se, e a fundação do Reich em 1871 traria consigo, finalmente, a igualdade de direitos dos judeus e, principalmente, sua inserção social.[25] Embora não caiba aqui uma discussão das transformações na Alemanha, é relevante lembrar que todo esse processo desenrolou-se por assim dizer "de cima para baixo", com a manutenção das mesmas estruturas de poder que dominavam a sociedade. Tal manutenção da ordem de dominação viria a caracterizar o processo de assimilação do judeu. Um exemplo disso é que, na Alemanha, a relação entre Estado e Igreja persiste, e desse modo a religião judaica permanece como algo "estranho" à sociedade.[26] Embora os judeus

---

[24] Sobre este ponto em particular veja-se as três já clássicas obras de G. Lukács, "Über einige Eigentümlichkeiten der gesellschaftlichen Entwicklung Deutschlands", *in Die Zertörung der Vernunft*, Berlim, Aufbau, 1955, pp. 31-74; H. Plessner, *Die verspätete Nation, op. cit.*; R. Dahrendorf, *Gesellschaft und Demokratie in Deutschland*, Munique, Piper, 1965. E para uma visão específica do segmento intelectual no interior desse processo F. K. Ringer, *Die Gelehrten. Der Niedergang der deutschen Mandarinen 1890-1933, op. cit.*

[25] "Embora a constituição do Reich alemão consolidasse formalmente a igualdade jurídica e política dos judeus, havia uma profunda contradição entre a lei escrita e a lei que valia na realidade, entre o dever e o ser, entre a moralidade e o costume." W. Grab, *Der deutsche Weg der Judenemanzipation 1789-1938, op. cit.*, p. 29. E ainda: "Esta igualdade jurídica [da constituição de 1871, LW], que se impôs até então também em outros países da Europa ocidental, não correspondeu contudo na Alemanha a uma igualdade de direitos no domínio social, onde a discriminação dos judeus continuava. A oposição da burocracia, por exemplo, dificultava aos judeus o acesso a cargos públicos, sobretudo ao serviço do Estado. Uma cátedra em uma universidade só lhes foi conferida em casos excepcionais. Os judeus também não podiam ser oficiais da ativa. A posição de um oficial de reserva, que era ligada a um alto prestígio social na sociedade militarmente impregnada do Reich, permaneceu-lhes interdita. Embora os contatos sociais nos âmbitos profissional, político e cultural tenham avançado, os encontros pessoais e sociais entre judeus e não judeus continuaram bastante limitados". Bildarchiv Preußischer Kulturbesitz (org.), *Juden in Preußen. Ein Kapitel deutscher Geschichte, op. cit.*, p. 245.

[26] A fundação do Reich em 1871 foi a formação de uma unidade, uma totalidade diante da qual o judeu, enquanto "estranho" e "estrangeiro", permanece exterior e, portanto, ameaçava a existência dessa totalidade. Ele se torna assim um centro aglutinador de medo e desconfiança. Está criado então o círculo vicioso em que esse objeto de desconfiança é cada vez mais estranhado e cada vez mais perigoso, acabando por se tornar "inimigo" ("Feind"). É o próprio Simmel quem aproxima o "Fremde" dos "innere Feinde" ("inimigos internos"). Cf. Simmel, *Soziologie, op. cit.*, pp. 765, 298 ss., 330 ss.

"Jude", entre a "emancipação" e a "assimilação"

se sentissem, em sua maioria, "alemães" — o exemplo claro é a tomada de posição da maioria dos órgãos de representação judaica quando da declaração de guerra em 1914, chamando os judeus, enquanto alemães, às armas —, eles não eram considerados alemães pela sociedade. Apesar do sucesso empresarial que inúmeros judeus atingiram, a ascensão a posições de comando nos domínios econômico, político e militar era interdita. E quando, na Alemanha, os judeus foram atacados, não surgiu nenhum Zola que escrevesse seu "J'accuse" (isso supondo que um judeu pudesse, na Alemanha, ser um oficial do exército como Dreyfus).

Dada a impossibilidade de inserção em inúmeras carreiras, os judeus dirigiam-se para as profissões que surgiam ou que se expandiam, tal como na imprensa, nos meios culturais, como médicos e advogados etc. Isto está em relação com o "amor pela cultura" que caracterizaria os judeus, na expressão de um dos campeões da sociologia francesa, ele mesmo um judeu. Em *Le suicide. Étude sociologique*, publicado em 1897, pode-se ler:

"Mas se o judeu consegue simultaneamente ser muito instruído e ter pouca tendência para o suicídio, é porque a curiosidade que revela tem uma origem muito particular. É uma lei geral o fato de as minorias religiosas se esforçarem por terem conhecimentos superiores aos das populações que as rodeiam, a fim de poderem defender-se melhor contra os ódios de que são alvo ou simplesmente em consequência de uma espécie de emulação. [...] O judeu procura portanto instruir-se não com o fim de substituir os preconceitos coletivos por noções refletidas, mas simplesmente para estar mais bem armado para a luta. Trata-se para ele de um meio de compensar a situação de desvantagem em que a opinião o coloca e, por vezes, a lei. E como, por si só, não pode fazer nada contra a tradição que conservou todo o vigor, sobrepõe esta vida intelectual à atividade habitual sem que a primeira incida sobre a segunda. Eis donde provém a complexidade da sua fisionomia. Primitivo em certos aspectos, é um cerebral e requintado em outros. Acumula deste modo as vantagens da forte disciplina que caracteriza os pequenos grupos de outrora às vantagens da cultura intensa que é um privilégio das nossas grandes sociedades atuais. Tem toda a inteligência dos modernos, sem partilhar o desespero destes."[27]

---

[27] E. Durkheim, *O suicídio*. pp. 152-3, 4ª edição, Lisboa, Presença, 1987. Não é desprezível a linguagem bélica utilizada por Durkheim, ainda mais se lembrarmos que, no contexto francês, a situação dos judeus era enormemente mais favorável do que na Prússia.

Da instrução resulta a formação profissional. As profissões eram, sem dúvida, vistas como um meio de assimilação social e a educação altamente valorizada. Isto explica o fato de que os judeus, que na Alemanha representavam aproximadamente 1% da população, ocupavam cerca de 10% das vagas em ginásios e universidades do Reich por volta de 1880. Tudo isto contribui também para explicar o percurso profissional de Simmel, que tencionava, inicialmente, ser advogado. Sabe-se que o processo de industrialização traz consigo um considerável — quando não enorme — processo de urbanização e de fluxo do campo para a cidade. É no interior desse processo que os estratos médios judeus se consolidam definitivamente.[28] Os judeus da cidade assumiram cada vez mais os valores alemães como próprios, deixando de lado as tradições judaicas, ao mesmo tempo em que cresciam, no interior da sociedade, as manifestações antissemitas.[29] Na virada do século, os judeus alemães consideravam-se, em sua grande maioria, alemães judeus; o amor e dedicação à pátria eram vistos, inclusive, como forma de demonstrar a assimilação ao "Deutschtum", à alma alemã: o cidadão é antes de tudo alemão, só no âmbito privado da sua confissão ele é judeu. Disto nasceu a fórmula "cidadãos alemães de confissão judaica", que denominava a mais importante congregação dos judeus na Alemanha guilhermina ("Central-Verein deutscher Staatsbürger jüdischen Glaubens").

---

[28] "Tanto quanto dispomos de estatísticas precisas, pode-se ver a força extraordinária deste deslocamento das aldeias e pequenas cidades rumo as grandes cidades: na Prússia, por exemplo, em 1867, 70% dos judeus viviam na primeira categoria; sessenta anos mais tarde eles eram apenas cerca de 15%." G. Scholem, "Zur Sozialpsychologie der Juden in Deutschland 1900-1930", *op. cit.*, p. 232. Sobre o aspecto profissional da questão: em 1907, de cem judeus economicamente ativos, 50% trabalhavam no comércio e 21% na indústria, e apenas 7% em profissões livres. O caso da família de Simmel é interessante e não deixa de se enquadrar no esquema, já que o pai tinha uma fábrica de chocolate na década de 1870, conjugando aparentemente indústria e comércio; já o filho se dirige para uma carreira intelectual, o que não deixa de sinalizar um desejo e uma busca de uma assimilação mais completa, saindo do estigma das profissões "judaicas". As profissões liberais (especialmente médicos e advogados) eram as mais visadas.

[29] "[...] o antissemitismo alemão foi um modo de se opor, ou antes, de se subtrair às coações da época, coações que transformaram tanto a Alemanha como as outras nações industriais no século XIX: a especialização, a mecanização, a repressão dos impulsos naturais e o crescente ritmo da vida cotidiana, os perigos de uma moral sem deus, a revolução socialista e o niilismo cultural; o antissemitismo foi, em poucas palavras, um protesto irracional contra o mundo moderno." P. Gay, *Freud, Juden und andere Deutsche, op. cit.*, p. 42. Embora P. Gay aponte fatores interessantes para entender o fenômeno, ele peca em generalizações, deixa de lado muito das manifestações históricas específicas do fenômeno antissemita e acaba banalizando a ideia, a ponto de justificá-la. Sobre o antissemitismo no meio acadêmico, que diz mais diretamente respeito a Simmel, veja-se F. K. Ringer, *Die Gelehrten, op. cit.*, pp. 127 ss.

"Jude", entre a "emancipação" e a "assimilação"

"A emancipação significou para os judeus ao mesmo tempo oportunidade e crise, como só hoje podemos ver mais claramente. A tarefa mais importante consistia em manter ou redefinir a identidade judaica em um mundo transformado. Com isso postulou-se também para a Prússia um problema básico da história judaica desde o início da emancipação: não se podia mais persistir no isolamento tradicional, era necessário se integrar na sociedade moderna para poder ter um futuro. Ao mesmo tempo, era preciso resolver o difícil problema de encontrar uma nova identidade judaica a partir de relações substancialmente diferentes. Justamente na Prússia a pressão para uma adaptação foi, para os judeus, especialmente forte, enquanto por outro lado os inícios de uma nova autoconsciência judaica impôs-se de modo mais forte do que em qualquer outro lugar. Os judeus da Prússia não formavam decerto a esse respeito nenhuma unidade. Entre, por um lado, os ortodoxos e, por outro, os primeiros sionistas, ficava a grande maioria da população, que viveu a assimilação como uma oportunidade e como uma história bem-sucedida e se sentia resolutamente 'prussiana' — ou melhor, 'alemã'. [...] Apesar da experiência do antissemitismo, a maioria dos judeus alemães não pôs em questão a via da assimilação."[30]

Só uma minoria realmente pequena dos judeus alemães não compartilhava essa posição nos primeiros anos do século, nomeadamente aqueles influenciados por Theodor Herzl e seu livro *Der Judenstaat* (1896) e, por outro lado, os pouquíssimos judeus ortodoxos que preferiam viver e identificar-se como judeus e não como alemães. Contudo os sionistas eram, em sua maioria, estudantes originários da Europa do Leste, eram os assim chamados "Ostjuden".[31] E esse forte sentimento de pertença à nação alemã, de uma "bem-sucedida simbiose entre alemães e judeus", que ex-

---

[30] Bildarchiv Preußischer Kulturbesitz (org.), *Juden in Preußen. Ein Kapitel deutscher Geschichte*, op. cit., pp. 38, 256. E ainda: "O que os judeus alemães fizeram pela cultura alemã no quarto de século entre a coroação de Wilhelm II e o início da Primeira Grande Guerra, fizeram-no muito mais como alemães do que como judeus" (P. Gay, *Freud, Juden und andere Deutsche*, op. cit., p. 115). E também: "Os judeus de Berlim sabiam muito bem que eles eram alemães, mas tinham também a sensação de que os outros alemães não o sabiam" (*idem*, pp. 204-5).

[31] Sobre este ponto, e também para um depoimento pessoal extremamente lúcido de todo o processo na passagem do século, veja-se G. Scholem, *Von Berlin nach Jerusalem. Jugenderinnerungen*, Frankfurt/M, Suhrkamp, 1977.

plica o entusiasmo com que os judeus alemães foram imediatamente à luta em 1914, a fim de defender a "Vaterland" e honrar a "Fahne" (a "pátria" e a "bandeira"). E esse fenômeno nos permite compreender o entusiasmo completamente "assimilado" de Simmel durante a guerra e seus escritos reunidos em *Der Krieg und die geistigen Entscheidungen* (1917).[32] Os Ortodoxos e Sionistas eram os dois extremos da população judaica alemã; a grande massa situava-se entre esses polos e se considerava alemã. A sua identidade era construída por eles mesmos como alemães de confissão (isto é, no âmbito privado) judaica. Mas isto só indica um aspecto da questão. Por outro lado, é necessário ver se a construção da identidade alemã que os alemães cristãos faziam incluía — ou não — os judeus como alemães, tão alemães quanto eles, ou se se tratavam de alemães "diferentes" ou de "segunda classe". Considerar somente a autoimagem que os judeus alemães tinham ou procuravam ter de si mesmos pode levar a uma compreensão deslocada da realidade vivida pelo judeus do Reich.[33] Ao mesmo tempo, é interessante tentar compreender como a própria população judaica, principalmente a situada nos centros urbanos, se estratificava em diferentes segmentos. Sem dúvida alguma o segmento mais importante, tanto pelo seu volume como pelo papel que representou, era o que poderíamos compreender como os estratos médios judaicos. G. Scholem caracteriza-os como grandemente afastados de toda a substância do "Judentum", embora este ainda persista, como que em resíduo, por detrás da imagem do alemão (que é a autoimagem que esse estrato tem de si mesmo). Essa camada social é, por assim dizer, a cristalização social daqueles segmentos que passam cada vez mais a encarar a religião como um fenômeno exclusivo do âmbito privado. Essa camada era bastante assimilada, mas ao mesmo tempo experimentava uma contradição entre uma ideologia que pregava a assimilação ou como objetivo próximo a ser alcançado ou como algo já alcançado e um comportamento que, na prática, não condizia com essa representação, que indica que a assimilação não é de modo algum uma realidade na Alemanha guilhermina. Esse comportamento se exprime, principalmente, no fato de que esse estrato leva uma vida extremamente fechada em si mesmo e a convivência social com os alemães "cristãos" era nula.[34]

---

[32] E também nas cartas da época. Veja-se a título de exemplo as endereçadas a Margarete Susman, *in Auf gespaltenem Pfad. Festchrift für Margarete Susman*, organização de M. Schlösser, Darmstadt, Erato, 1964, pp. 308-17.

[33] Neste ponto, vale observar que Simmel sempre foi visto como judeu, e mesmo seus amigos assim o consideravam.

[34] Sobre este aspecto veja-se G. Scholem, *Von Berlin nach Jerusalem, op. cit.* A

Interessa-nos contudo especialmente um outro estrato apontado por Scholem, porque ele representa justamente o segmento em que poderíamos inserir Simmel:

"Os judeus ou meio-judeus batizados, que se julgavam completamente 'germanizados' e que viviam ou no limite ou além dos limites do judaísmo e que tinham uma predileção pelo casamento misto, grupos que eram completamente estranhos ao elemento judaico e que na literatura sobre essa questão ocupam um lugar além de toda medida. Além disso, também pertencem a esse grupo aqueles judeus totalmente assimilados, que por algum sentimento de honra recuaram frente ao batismo e permaneceram judeus. Eles constituíam uma pequena camada marginal, que se reunia na organização dos assim chamados 'judeus nacional-alemães'. Para esses grupos o judaísmo não representava qualquer tipo de problema. Eles se viam pura e simplesmente como alemães que não precisavam compartilhar da herança judaica e que não tinham qualquer dever frente a ela. Sob o seu ponto de vista todos os problemas entre os judeus e os alemães estavam resolvidos. Eles procuravam se inserir tão bem quanto possível em uma camada de mesmo caráter e estavam prontos a acolher alemães com o mesmo espírito. Sua ignorância em tudo o que dizia respeito ao judaísmo era completa. Em alguns casos marcantes, eles chegaram mesmo a incorporar argumentações e atitudes antissemitas."[35]

Essa descrição se encaixa no mundo vivido por Simmel. Sem dúvida ele viveu uma situação de grande assimilação, como comprovam, prin-

---

biografia de um outro ilustre sociólogo alemão reitera esse ponto. Veja-se H. Korte, *Über Norbert Elias*, Frankfurt/M; Suhrkamp, 1988, p. 66.

[35] G. Scholem, "Zur Sozialpsychologie der Juden in Deutschland 1900-1930", *op. cit.*, pp. 235-6. Scholem afirma mais adiante: "Obviamente o elemento judaico desempenha nesse grupo um papel no subconsciente e talvez, por ser conscientemente reprimido, um papel muito maior. Os psicanalistas de variadas escolas já deram exemplos ricos e convincentes disso, a fim de destacar o conflito inconsciente que tem lugar entre sua herança judaica, muitas vezes ainda de sua infância judaica, e a sua decisão consciente quando mais velho" (*idem*). Isto serviria para uma investigação como a de H. Liebeschütz, que procura rastrear os "contatos" ou o papel "subterrâneo" que o judaísmo poderia desempenhar na obra de Simmel, tais como "passado e presente judaicos como exemplo de processos sociológicos", "a bíblia como documento etnográfico", o papel do judaísmo inconsciente na filosofia da arte de Simmel etc. Veja-se H. Liebeschütz, *Von Georg Simmel zu Franz Rosenzweig, op. cit.*, pp. 103-41.

cipalmente, as inúmeras amizades que ele teve completamente fora de qualquer círculo judaico. Voltemo-nos, então, mais detidamente a sua figura.[36]

3. "FIDEM PROFITEOR EVANGELICUM"

É somente a partir desse amplo contexto que a situação vivida por Simmel ganha sentido e pode realmente ser analisada. Vale então retomar alguns pontos de sua história familiar.[37] O avô de Simmel, Isaak Simmel, nasceu em 1780 em Dyhernfurth, uma aldeia judaica na Silésia. Era comerciante. Por volta da passagem do século, ele vai para Breslau, realizando aquele típico movimento de migração rumo à cidade. Em Breslau, vive segundo as restrições impostas aos judeus; só em 1840, com 60 anos, ele obtém o direito de cidadão de Breslau ("Breslauer Bürgerrecht").[38] Seu filho Eduard Simmel, pai de Georg Simmel, nasce em Breslau em 1810 e continua a tradição paterna, trabalhando como comerciante e realizando muitas viagens — uma concretização da ideia simmeliana do estranho/estrangeiro enquanto comerciante que viaja e do judeu como estranho/estrangeiro! Em uma estada em Paris, entre os anos de 1830 e 1835, ele se deixa batizar católico, tentando assim comprar seu "bilhete de entrada" para a sociedade europeia da época. A partir de então passa a assinar Eduard *Maria* Simmel. Em 1838, ele se casa com Flora Bodstein, filha de pais judeus mas batizada evangélica quando criança. O jovem casal completa o percurso iniciado por Isaak rumo a cidade e deixa Breslau com destino a já grande Berlim. Georg Simmel, o último dos sete filhos do casal, foi batizado evangélico ao nascer. "Simmel foi batizado evangélico seguindo sua mãe. Contudo, ele, durante a Primeira Grande Guerra, abandonou a igre-

---

[36] Do período de Weimar não tratarei aqui, pois que Simmel falece pouco antes do final da guerra.

[37] Sigo aqui as informações fornecidas pelo filho de Simmel e por M. Landmann. Cf. Hans Simmel, "Auszüge aus den Lebenserinnerungen", *op. cit.*, pp. 247 ss.; M. Landmann, "Bausteine zur Biographie", *op. cit.*, pp. 11 ss.

[38] Atualmente Breslau encontra-se em território polonês e chama-se Wroclaw. Na Idade Média, a região, que pertencia ao domínio polonês, foi conquistada pelo Império Austro-Húngaro e, desde Frederico o Grande, foi incorporada, através de guerra, à Prússia. Note-se de passagem que Breslau é a cidade de Norbert Elias e que sua história, e especialmente a de seus ancestrais, possui muitos pontos em comum com a história de Simmel e seus ancenstrais. A biografia de Elias indica um interessante "complemento" ao problema que discuto aqui; ela não poderá contudo ser mais do que lembrada. Veja-se N. Elias, *Norbert Elias über sich selbst*, Frankfurt/M, Suhrkamp, 1990.

"Jude", entre a "emancipação" e a "assimilação"   553

ja. Sua separação da igreja significa, no entanto, não uma volta ao judaísmo, mas corresponde pura e simplesmente à necessidade de uma independência no que diz respeito à visão de mundo."[39] O jovem Simmel frequenta o ginásio e, como atestam as memórias de Sabine Lepsius,[40] suas amizades não se restringem de modo algum a colegas judeus. No semestre de verão de 1876, Simmel entra na Universidade de Berlim com a intenção de estudar Direito e se tornar advogado. Segue, neste ponto, uma trajetória recorrente, buscando completar a assimilação através de uma profissão liberal socialmente valorizada (especialmente as profissões de médico e advogado eram altamente visadas pelos judeus como meio de reconhecimento e ascensão social). Contudo muda logo de ideia e começa a estudar história, especialmente sob o impacto de Theodor Mommsen — como se pode ver pelo histórico escolar de Simmel na "Koniglichen Friedrich Wilhelms Universität zu Berlin", a maioria dos cursos assistidos por Simmel foram na área de história.[41] Realiza-se então o desvio para uma outra área também visada pelos judeus: a de "intelectual" ("Gelehrte"), embora aí as possibilidades de ascensão fossem infinitamente mais difíceis.

A partir de então a vida de Simmel corre paralela a sua carreira universitária, que é, ao mesmo tempo, comum e incomum, ou seja, incomum se o considerarmos não judeu e comum se o considerarmos judeu. Ele segue normalmente os passos de uma carreira acadêmica, passando pela "Promotion" (doutorado), "Habilitation" (livre-docência), atividade como "Privatdozent" (livre-docente) e as tentativas de nomeação como "Extraordinarius" (professor extraordinário) e "Ordinarius" (professor catedrático). O incomum da situação vivida por Simmel é que todo o processo é, ao longo das várias etapas, mas especialmente depois que ele se torna "Privatdozent", frequentemente obstruído pelo antissemitismo presente na sociedade alemã. Como toda nomeação para uma cátedra passa obrigatoriamente pelas mãos de um ministro, está aberto o canal para todo o tipo de manobras — tanto a favor como contra —, através do tráfico de influências, pareceres etc., e é nesse ponto que, na maioria dos casos, o antissemitismo faz valer suas reivindicações, buscando impedir a ascensão de "Privatdozenten" judeus (segundo M. Landmann, a carreira de Simmel na

---

[39] M. Landmann, "Bausteine zur Biographie", *op. cit.*, p. 12.

[40] Cf. S. Lepsius, *Ein Berliner Künstlerleben um die Jahrhundertwende*, Munique, G. Müller, 1972, especialmente pp. 62 ss.

[41] Cf. W. Schultze (org.), *Georg Simmel an der Berliner Universität*, Dokumentation anläßlich des Inaugurationskolloquiums der Georg-Simmel-Gastprofessur am Fachbereich Sozialwissenschaften der Humboldt Universität zu Berlin, Berlin, 1993, pp. 5-9.

Universidade foi prejudicada, entre outros motivos, pelo antissemitismo de um certo Sr. Roethe[42]). Numa carta a H. Rickert, por exemplo, Simmel comenta o antissemitismo que impede que um conhecido seu obtenha um cargo em Mannheim.[43] Há dados que permitem precisar de modo objetivo tal antissemitismo. Em 1909-1910, por exemplo, um em cada 8 "Privatdozent" numa Universidade alemã era judeu, mas quando se tratava de um professor ordinário, um em cada 35 era judeu. Isso mostra claramente como o acesso a posições de liderança e prestígio era dificultado aos judeus.[44]

O caso de Moritz Lazarus, que foi professor de Simmel em Berlim, é ilustrativo, embora acabe representando uma solução bem-sucedida para os problemas que ele enfrentou. Lazarus fez toda a sua carreira acadêmica em Berna, onde chegou a ser Reitor da Faculdade; quando voltou para Berlim não recebeu um título equivalente, mas sim de "ordentlicher Honorarprofessor" (algo como professor catedrático honorário). Embora tenha sido reconhecido, não teve o reconhecimento que teria se não fosse judeu. Heymann Steinthal, seu aluno, permaneceu "außerordentlicher Professor" (professor extraordinário) durante toda a vida em Berlim.[45]

---

[42] M. Landmann, "Bausteine zur Biographie", *op. cit.*, p. 21.

[43] Carta de Georg Simmel an Heinrich Rickert de 9/7/1910, *in* K. Gassen e M. Landmann (orgs.), *Buch des Dankes an Georg Simmel, op. cit.*, p. 107.

[44] Os dados provêm de F. K. Ringer, *Die Gelehrte, op. cit.*, pp. 126-7: "Pode-se comprovar estatisticamente como atitudes antissemitas eram amplamente difundidas no universo acadêmico alemão do final do século XIX. As percentagens de judeus dentre os estudantes de nível secundário e superior, assim como de professores nos ginásios e universidades alemãs, elucidam a situação dos intelectuais judeus. Os judeus alemães concentravam-se mais fortemente do que a população não judaica nos centros urbanos. Também no comércio e na indústria eles estavam fortemente representados. Por esses motivos e provavelmente também por sua própria tradição cultural eles enviavam seus filhos a instituições de ensino superior proporcionalmente muito mais do que os protestantes e católicos. Os preconceitos existentes contra eles interditavam a esses estudantes efetivamente as posições no serviço do Estado, que atraíam muitos dos seus colegas não judeus. Isto trouxe como resultado que os talentos judeus se concentrassem quase sempre nas profissões 'livres' como medicina, advocacia, jornalismo e profissões literárias e artísticas. No mundo acadêmico, a posição de Privatdozent oferecia aos jovens intelectuais judeus uma chance oportuna, já que eles estavam excluídos dos quadros de uma carreira oficial. Nos anos de 1909-1910 cerca de 12% dos Privatdozenten nas universidades alemãs eram de confissão judaica e outros 7% eram judeus batizados. Nessa época os judeus representavam cerca de 1% da população alemã".

[45] Sobre Lazarus e Steinthal veja-se os textos de I. Belke, *in* M. Lazarus e H. Steinthal, *Die Begründer der Völkerpsychologie in ihren Briefen*, 3 volumes, organização de Ingrid Belke, Tübingen, J. C. B. Mohr (Paul Siebeck), 1971-1986.

Por mais afastado que Simmel se mantivesse de qualquer prática religiosa, ele manteve sua religião evangélica durante praticamente toda a vida. Nas duas "Vita" que Simmel escreveu para sua dissertação em 1880 e para o processo de habilitação em 1883, pode-se ler: "Fidem profiteor evangelicum". Isto significa que, mesmo que somente para fins administrativos, Simmel teve interesse em conservar-se no interior da igreja cristã e de fato conservou-se. A situação do batismo dava-lhe essa prerrogativa de não se apresentar como judeu — e o que significava exatamente ser batizado já vimos anteriormente. Em toda a documentação acadêmica de Simmel em Berlim, ele foi considerado de confissão evangélica[46] e sob essa denominação correram todos os seus processos administrativos. Somente em documento póstumo de 1919 ele é caracterizado como "sem confissão religiosa"[47] — ou seja, após sua separação da igreja durante a guerra e, sobretudo, após sua nomeação como professor catedrático na Universidade de Estrasburgo, em 1914. Isto nos mostra em que medida Simmel teve "interesse" em manter sua religião evangélica e, ao mesmo tempo, nos mostra como o fato de ele ser batizado não alterou, na prática, o tratamento que teve: o tratamento reservado a um judeu (isto talvez explique também a demora de sua nomeação como "Extraordinarius"[48]).

A história de sua nomeação como "Ordinarius" em Heidelberg em 1907/1908 é bastante ilustrativa do tipo de dificuldades que Simmel enfrentou durante sua vida. Como pelo menos uma parte da documentação que envolve essa "aventura" (o termo é de Simmel) encontra-se acessível, é interessante retomá-la. Max Weber, que se esforçou bastante para levar Simmel para Heidelberg, comentava em uma carta a Heinrich Rickert em maio de 1907[49] que tinha se esforçado e estava esperançoso da nomeação de Simmel para a cátedra, mas ao mesmo tempo reconhece o antissemitismo presente na Faculdade e a influência de Treitschke.[50]

---

[46] Cf. W. Schultze (org.), *Georg Simmel an der Berliner Universität*, *op. cit.*, pp. 21, 24, 33, 33b.

[47] Cf. W. Schultze (org.), *Georg Simmel an der Berliner Universität*, *op. cit.*, p. 35.

[48] A faculdade pediu a nomeação de Simmel como "Extraordinarius" em 1898 e não obteve a nomeação; repetiu o pedido em 1900 e só então Simmel foi nomeado.

[49] Carta de Max Weber a Heinrich Rickert de 18/5/1907, *in* M. Weber, *Briefe 1906-1908* (*Gesamtausgabe*. Abt. II: Briefe, vol. V), organização de M. R. Lepsius e W. J. Mommsen, Tübingen, J. C. B. Mohr (Paul Siebeck), 1990, pp. 308-10. Sobre a indicação para a cátedra e os impedimentos que se seguiram, veja-se pp. 467-73, 482, 493-6, 570-1, 591-3. Veja-se também P. Honigsheim, "Erinnerungen an Simmel", *in* K. Gassen e M. Landmann (orgs.), *Buch des Dankes an Georg Simmel*, *op. cit.*, pp. 262 ss.

[50] O historiador berlinense Heinrich von Treitschke, que foi professor de Simmel, é o autor da célebre fórmula "Die Juden sind unser Unglück!" ("Os judeus são nossa

Em uma carta ao mesmo Max Weber, Simmel manifestou-se a respeito do fracasso da nomeação:

Após as suas notícias de hoje considero acabada a aventura de Heidelberg. Se o Grão-duque sabe o que se pensa de mim em 'Berlim' (e ou ele já sabe ou isso não lhe poderá ser ocultado quando a questão for apresentada), então ele seguramente nunca dará seu consentimento para que de alguma forma eu seja nomeado para H[eidelberg].[51] O ministro já começou a fazer isso de modo muito hábil. Por quê, quando a resposta daqui chegou, ele não escreveu para autoridades científicas, para com suas informações poder ter um contrapeso contra Elster? A Schmoller, Stumpf (que é justamente o reitor), Harnack? Hoje eu encontrei Schmoller, que me deu a entender se não se poderia inquiri-lo, ou pelo lado do ministério ou privadamente, do lado de uma das pessoas de Heidelberg, de modo que seu parecer pudesse ser apresentado ao ministério, especialmente porque ele poderia abordar não somente as realizações científicas, mas também o aspecto pessoal. Eu lhe digo francamente: se as pessoas de Heidelberg e as autoridades realmente têm interesse em mim, então eles podem seguir essa via e conseguir um parecer da pessoa supracitada sobre minha situação na universidade. Eu mesmo já não creio mais em nenhuma mudança favorável e já estou 'cansado de lutar'. Essa marcha dos acontecimentos é antes típica para mim, pois já é a terceira vez que uma nomeação aparentemente já certa é levada ao fracasso, por uma intervenção que ninguém poderia esperar e que não tem nada a ver com a questão. *Há alguns dias recebi uma carta de Windelband de um calor e afabilidade que muito me surpreendeu e alegrou. Neste assunto já se investiu tanto zelo e empenho, tamanho esforço 'não reconhecido e jogado fora', que eu não posso esconder um profundo desgosto com esse desfecho. Não se trata apenas do que me é subtraído com Heidelberg em valores positivos, interiores e exteriores, pois eu já estou bem aqui e possuo um amplo círculo de alunos sobre os quais eu atuo e que estão tão próximos de mim quanto eu poderia de-*

---

desgraça!") Cf. A. Ehmann, R. Livne-Freudenthal, M. Richarz, J. H. Schoeps e R. Wolff, *Juden in Berlin 1671-1945*, *op. cit.* Sobre Treitschke e o "Berliner Antisemitismusstreit", veja-se H. Liebeschütz, "Das Judentum in der Politik des Bismarckreichs: Heinrich von Treitschke" e "Das Streitgespräch um Treitschke", *in Das Judentum in deutschen Geschichtsbild von Hegel bis Max Weber*, Tübingen, J. C. B. Mohr (Paul Siebeck), 1967, pp. 157-219.

[51] Como disse antes, o processo de nomeação de um professor na Alemanha precisava obter a aprovação do respectivo ministro. Alem disso, no caso de Heidelberg, que pertencia ao Grão-ducado de Baden, cabia também ao Grão-duque ratificar — ou não — uma nomeação pretendida.

"Jude", entre a "emancipação" e a "assimilação"

sejar. Só que quando se passa mais de um ano nesse vai e vem em vão em meu favor, é como se uma maldição pairasse sobre mim, tornando todos os esforços infrutíferos. *Que as convicções e boa-vontade de todos os especialistas não tenha força suficiente para compensar a má-fé obstrusa de um conselheiro berlinense — isto é decerto um bom motivo para estar deprimido. Eu teria considerado isso como uma indiferença e desinteresse, se se pudesse ser indiferente. Eu lhe peço para partilhar esta carta com Jellineck. Eu também preciso agradecê-lo de coração, por fim, por todo o seu esforço jogado fora. Como ele por seu lado não me comunicou nada, eu não estou por hora em condições de fazê-lo.*[52]

A carta é decerto tocante e reveladora. Gostaria de chamar a atenção para os dois trechos que assinalei com o grifo. O primeiro deles mostra que Simmel tinha plena consciência das dificuldades que enfrentava e que, em vista do caso atual — a nomeação para Heidelberg —, já as considerava típicas. Pelo que ele diz a Weber, pela terceira vez uma nomeação como "Ordinarius" (é disso que se trata) é prejudicada e impedida por fatores inteiramente extra-acadêmicos. Que esses fatores se resumem, na verdade, ao fato de ele ser judeu, ele o sabe muito bem. Daí ele falar nessa "maldição" que pesa sobre ele e que faz com que todos os seus esforços e de seus amigos fracassem recorrentemente. Cabe lembrar que Simmel começa a lecionar na Universidade de Berlim em 1885, até 1900 como "Privatdozent", sem receber salário, e de 1900 a 1914 como "Extraordinarius" (recebendo um salário diminuído).[53] Tem-se portanto trinta anos de atividade docente ininterrupta, somada a uma impressionante atividade como escritor. Ou seja: sob critérios acadêmicos as realizações de Simmel eram excelentes. Mas, na Alemanha guilhermina, isto não bastava para um filho de pais judeus batizados e tais realizações não eram os critérios de

---

[52] Carta de Georg Simmel a Max Weber de 17/6/1908, *in* M. Weber, *Briefe 1906-1908, op. cit.*, p. 592, grifo meu. Cf. ainda as cartas de Simmel a Weber, *in* K. Gassen e M. Landmann (orgs.), *Buch des Dankes an Georg Simmel, op. cit.*, pp. 127 ss.; e também Marianne Weber, "Erinnerungen an Simmel", *in* K. Gassen e M. Landmann (orgs.), *Buch des Dankes an Georg Simmel, op. cit.*, p. 216.

[53] "In 1900 Simmel was finally promoted to the rank of *Ausserordentlicher Professor*. The reader who may be unfamiliar with the structure of German universities before World War I should be remaind here that *Extraordinarii* were then not members of the faculty. They had no full standing within the academy and no decision-making power; they were shut off from participation in its affairs and were most insecure financially. Theirs was an auxiliary and marginal status." Lewis C. Coser, "The Stranger in the Academy", *in* L. C. Coser (org.), *Georg Simmel*, Englewood Cliffs, Prentice-Hall, 1965, p. 30.

avaliação... Ao que consta, a Grã-duquesa de Baden — a nomeação para Heidelberg precisaria ser aprovada pelo Grão-duque — considerou Simmel pouco "bibelglaubig" (crente na Bíblia).

Na verdade, as dificuldades encontradas por Simmel foram principalmente devidas a uma carta-parecer enviada à Faculdade de Heidelberg por Dietrich Schäfer, um antigo professor de Heidelberg, então já em Berlim, e a seu tempo também aluno de Treitschke.[54] Reza a carta:

> *Berlin-Steglitz, Friedrichstr. 7, 26/2/1908*
> *Prezado Senhor Conselheiro!*
> *Se eu só respondo hoje ao Vosso pedido de informações do dia 23 em relação ao Professor Simmel, por favor não conclua disso que eu não me mantenha fiel a Heidelberg, como o Senhor legitimamente supôs. Estive extremamente ocupado no início da semana, especialmente pelo fim do semestre.*
> *Sobre o Professor Simmel expressarei minha opinião sincera, tal como é de se esperar.*
> *Se o Professor Simmel é batizado ou não eu não sei e também não quis inquirir. Ele é, contudo, israelita da cabeça aos pés, em sua aparência externa, em suas maneiras e em seu modo de ser espiritual. Possivelmente isto prejudicou a sua ascensão aqui e a sua nomeação para outros lugares (ele parece ter sido temporariamente cogitado em Viena); mas não é necessário recorrer a isso como explicação. Pois seus préstimos e êxitos acadêmicos e literários são extremamente limitados e restritos. Ele vangloria-se de ter um grande numero de ouvintes. Mas ele tem, já há muito tempo, o hábito de dar aulas de duas horas, o que em Berlim sempre lhe permite contar com um bom afluxo. Ele fala de modo extremamente lento, aos poucos e dá pouca matéria, sucinto e arrematado. Isto é apreciado por certos círculos de ouvintes que são bem representados aqui em Berlim; além disso ele tempera suas palavras com graça. Seus ouvintes reúnem-se em função disso. As senhoras formam um contingente numeroso, mesmo para Berlim. Além disso, o mundo oriental, que todos os semestres chega das terras orientais e se domicilia aqui, é extremamente bem representado. Sua índole vai na direção correspondente ao gosto deles. Das aulas não sobra muito de positivo, mas se oferece muito estímulo picante e sobretudo prazer espiritual. Além disso, há o fato de que o docente semi, inteiramente ou filosemita encontra em todas as circunstâncias um terre-*

---

[54] Schäfer sempre fez questão de se apresentar como aluno de Treitschke. Veja-se H. Liebeschütz, *Das Judentum in deutschen Geschichtsbild von Hegel bis Max Weber, op. cit.*, p. 297.

"Jude", entre a "emancipação" e a "assimilação"

no propício em uma universidade que conta com vários milhares de ouvintes que se situam nesses círculos. Não posso imaginar que a universidade de Heidelberg se sinta especialmente valorizada quando suas salas se enchem desse modo. Eu realmente não posso acreditar que Heidelberg se destaque dando ainda mais espaço do que já tem no corpo docente para as visões de mundo e de vida representadas por Simmel e que já sobressaem o suficiente em nossa cultura alemã, clássica e cristã. Creio que a mistura que pode ser desejada para um próspero desenvolvimento já foi alcançada. Orientações que são mais destruidoras e negadoras do que fundamentais e construtivas têm apenas um direito restrito em uma época que está inclinada a desmoralizar tudo, e nem sempre por zelo a pesquisa, mas também pelo desejo de sensação. Simmel deve sua fama principalmente por sua atividade "sociológica". É devido a ela que foi requerida a sua nomeação como professor, principalmente devido à intervenção de Schmoller, que está sempre pronto para inovações. Mas na minha opinião a sociologia ainda tem de lutar muito pelo seu status de ciência. Querer colocar a "sociedade" como órgão normativo da vida em comum dos homens, no lugar do Estado e da Igreja, é na minha opinião um erro funesto. Legitimar oficialmente esta orientação, ainda mais em uma universidade como Heidelberg, que tem importância tanto para o estado de Baden como para o Reich alemão, não me parece correto, ainda mais por meio de uma personalidade que exerce sua influência mais através de suas maneiras espirituosas e exageradas do que através de um pensamento coerente e intenso. Também não acho que se possa extrair muito de duradouro dos escritos de Simmel (tanto quanto eu os conheço). A vida espiritual das grandes cidades não pode ser apenas tratada de modo tão pobre e unilateral tal como ele o fez na conferencia dada na Fundação Gehe de Dresden.[55] Creio que seria mais desejável e mais produtivo para Heidelberg um outro representante da filosofia do que Simmel.

Sinto muito por precisar me pronunciar tão desfavoravelmente. Contudo posso dar apenas a minha opinião; o Senhor, decerto, não espera outra coisa. O Senhor avaliá-la-á como Vos parecer correto.

Na mais amigável recordação dos tempos de Heidelberg e Baden, na qual permanece a lembrança de Vossa pessoa,

permaneço na mais respeitosa consideração,

---

[55] Trata-se do célebre texto "As grandes cidades e a vida do espírito", que foi originalmente a dita conferência e foi publicado em 1903 nos anais da Fundação Gehe de Dresden. Schäfer participou do colóquio, que tinha por tema a cidade, e teve um texto publicado no mesmo número dos anais. Mais sobre Schäfer e suas diferenças com Simmel em H. Liebeschütz, *Von Georg Simmel zu Franz Rosenzweig*, *op. cit.*, pp. 106 ss.

Vosso
(ass.) Dietrich Schäfer[56]

A carta é antissemita "da cabeça aos pés". Ela nos apresenta uma coleção de preconceitos e mitos antissemitas e justamente por esse motivo ela nos fornece uma boa amostra do tipo de impedimentos sofridos por Simmel e de como eles se concretizavam. Certamente ela não é algo único; como ela deve ter havido outras — como nos disse Simmel, esta foi a terceira vez que uma nomeação aparentemente garantida fracassa. A carta nos mostra a completa indiferença para com o batismo e o papel determinante da condição judaica; mostra também como o antissemitismo tanto se travestia em roupagens "científicas", como no que diz respeito ao texto sobre as "Grandes cidades", como também era exposto claramente e sem pudor enquanto estigma e incapacidade, um preconceito irracional. Quase três anos após aquela carta enviada a Weber, Simmel ainda escreveu a Edmund Husserl lamentando-se de modo resignado frente ao fracasso da nomeação em Heidelberg e a dificuldade de conseguir um "Ordinariat" na Alemanha.[57]

O fracasso da nomeação para Heidelberg põe a descoberto o verdadeiro motivo pelo qual Simmel somente com 56 anos, quatro anos antes de morrer, obteve um "Ordinariat"; mostra assim como, apesar de batizado, Simmel continuou sendo "judeu". Neste ponto convergem não só seus oponentes; é curioso perceber como inúmeros amigos de Simmel caracterizam-no exatamente como judeu, tal como Ernst Bloch no trecho já citado. Vale retomar alguns exemplos (sem a pretensão de ser exaustivo):

Sophie Rickert:
> *"Georg Simmel tinha um aspecto grande, esbelto, de um tipo judeu enigmático, destacado. Os traços de seu rosto não poderiam ter nenhuma pretensão à beleza. Poder-se-ia talvez denominá-los diretamente como grotescos. Isto sobressaía especialmente quando ele estava junto de sua mulher. Ela era pelo menos tão alta quanto ele, loira e tão 'ariana' que nem mesmo o terceiro Reich teria podido objetar alguma coisa."*[58]

---

[56] Carta de Dietrich Schäfer a Franz Böhm reproduzida em K. Gassen e M. Landmann (orgs.), *Buch des Dankes an Georg Simmel*, *op. cit.*, pp. 26-7.

[57] Carta de Georg Simmel a Edmund Husserl de 13/3/1911, *in* K. Gassen e M. Landmann (orgs.), *Buch des Dankes an Georg Simmel*, *op. cit.*, p. 88. Simmel afirma que só pensa na nomeação por motivos econômicos.

[58] Sophie Rickert, "Erinnerungen an Simmel", *in* K. Gassen e M. Landmann (orgs.), *Buch des Dankes an Georg Simmel*, *op. cit.*, p. 212.

"Jude", entre a "emancipação" e a "assimilação"

Marianne Weber:

"*Gertrud Simmel era uma mulher alta, grande e esbelta, cheia de graça e dignidade, uma aparência nórdica e nobre, loira e de olhos azuis, com finos traços. Mesmo com o passar dos anos ela manteve o seu tipo imponente. Que casal curioso, ela e seu marido Georg. Ele era de tamanho médio, menor do que ela, tipicamente judeu, feio. Mas o que significa a aparência exterior em um homem assim talhado!*"[59]

Rudolf Pannwitz:

"*Simmel pertencia àquela camada de judeus e meio-judeus que representavam em primeiro lugar o espírito alemão, que politicamente se inclinavam do liberal ao socialista e que uniam uma tendência internacional com um patriotismo resoluto. Ele não tinha nada do antissemitismo judeu, tão comum, e tanto menos da ironia dos judeus para consigo próprios. A mistura dos elementos judeu e alemão originou uma espécie de dupla e elástica espiritualidade e esta, por sua vez, uma sabedoria extremamente refinada, uma sensibilidade no intelecto e uma intelectualidade nos sentidos [...]. Uma das primeiras obras de Simmel chama-se, não por acaso,* Filosofia do dinheiro. *Ele originava-se dos círculos em que o dinheiro desempenhava o papel principal*".[60]

Paul Ernst:

"*O filósofo era por nascimento judeu e possuía de modo peculiar os traços específicos da sensibilidade e do pensamento judaico [...].*"[61]

Especialmente significativa é a descrição que dele faz Sabine Lepsius. Com 17 anos, Simmel começou a frequentar a casa dos pais de Sabine, pois era colega de ginásio de seu irmão, e durante toda a vida cultivou uma grande amizade com Sabine e, posteriormente, com seu marido Reinhold Lepsius (a primeira edição da *Philosophie des Geldes* é dedicada ao casal). Após descrever sua amizade juvenil com Simmel, sempre elogiando sua

---

[59] Marianne Weber, "Erinnerungen an Simmel", *op. cit.*, pp. 213-4.

[60] Rudolf Pannwitz, "Erinnerungen an Simmel", *op. cit.*, p. 234.

[61] Paul Ernst, "Erinnerungen an Simmel", *in* K. Gassen e M. Landmann (orgs.), *Buch des Dankes an Georg Simmel, op. cit.*, p. 139.

delicadeza, inteligência, amizade e presença de espírito, ela termina assim o parágrafo dedicado a Simmel em suas memórias:

"Ele unia um fino entendimento analítico com um coração caloroso e prestativo; era um espírito que jogava dialeticamente e ao mesmo tempo um homem sério. Ele possuía o estofo de um grande intelectual, importante, cheio de caráter. Tanto na sua riqueza como nas suas contradições ele era o exemplo do judeu berlinense, intelectual e liberal."[62]

Estes relatos, entre muitos outros possíveis, indicam como, mesmo entre amigos, Simmel era e sempre foi considerado judeu. É importante, para finalizar este ponto, ver como o próprio Simmel encarava sua posição. Sobre isto há dois documentos de interesse: uma carta em que ele, tendo em vista as dificuldades que enfrentou durante a vida, aponta como causa sua condição judaica: "hebraeus sum"; e também o relato prestado por Martin Buber, seu antigo aluno e amigo, a M. Landmann:

"Martin Buber me relatou, a meu pedido: quando em 1906 seu primeiro livro, As histórias do rabi Bachmann, *foi publicado, Simmel leu a introdução [...] e disse: nós somos realmente um povo notável. Esta foi a única vez em que ele, Buber, ouviu este pronome — nós — da boca de Simmel."*[63]

---

[62] S. Lepsius, *Ein Berliner Künstlerleben um die Jahrhundertwende, op. cit.*, p. 65.

[63] M. Buber, "Erinnerungen an Simmel", *in* K. Gassen e M. Landmann (orgs.), *Buch des Dankes an Georg Simmel, op. cit.*, p. 222. E, por seu lado, Gershom Scholem: "Quando eu entrei na universidade, Georg Simmel, seu mais destacado docente de filosofia, tinha sido havia exatamente um semestre nomeado para Estrasburgo, depois de não ter obtido, por mais de 30 anos e apesar de sua grande fama, uma cátedra na Alemanha. Pois, como ele escreveu em uma carta que posteriormente se tornou célebre, *hebraeus sum*, e isto em um homem cujos pais já tinham deixado o judaísmo antes de 1860 mas que, embora totalmente afastado de qualquer elemento judaico, era visto por toda parte como justamente a essência de um talmudista. Quando ele finalmente foi colocado em primeiro lugar em uma lista para a nomeação de um professor, um influente historiador berlinense interveio junto à esposa do Grão-duque de Baden (que era considerado liberal), afirmando que a cobiçada cátedra de Heidelberg não poderia ser denegrida por uma cabeça completamente judaica. A observação ocasional de Buber — que foi um aluno e um grande admirador de Simmel — de que um homem como ele deveria ter interesse em que homens de seu tipo não desaparecessem, não encontrou nele nenhum eco; e isto embora Simmel, assim como todos os outros, pudesse ter percebido que os espíritos produtivos que respondiam ao seu modo de pensar fossem quase que exclusivamente judeus. Buber me contou muito mais tarde que, nos muitos anos em que esteve próximo de Simmel, só ouviu de sua boca uma única vez — para sua não pouca surpresa — a palavra 'nós' em um contexto que se referia aos judeus. Isto ocorreu quando

Podemos agora voltar ao ponto onde havíamos iniciado. Tratava-se então da afirmação de Simmel acerca da união inseparável dos judeus e europeus ou, em outros termos, da completa assimilação do judeu na Europa da passagem do século. O conteúdo das duas cartas sobre a questão judaica fornece-nos o material ideal para pensarmos a questão.[64] Em primeiro lugar, Simmel reitera repetidamente o fato de que os judeus já estão entranhados na cultura europeia. Por isso o Sionismo é, para ele, uma falsa questão. Para os judeus alemães, franceses e ingleses — Simmel considera a sua situação equivalente — o Sionismo é algo completamente sem sentido, pois eles já estão completamente "enraizados" na Europa. Simmel distingue, contudo, os "Ostjuden" ("Judeus do leste"): estes sim, aparentemente, não estão enraizados na cultura europeia e, para eles, talvez o Sionismo tivesse algum sentido. Mas mesmo assim ele é extremamente crítico em relação a isto. Não se pode deixar de notar o curioso da situação, pois Simmel foi caracterizado muitas vezes justamente como "Ostjude" no que diz respeito à sua figura física e ao seu comportamento. Não é só o texto já citado de Ernst Bloch e a carta de Dietrich Schäfer, senão que vários depoimentos frisam justamente este ponto — isto é, ao caracterizar Simmel, julgam que justamente sua semelhança com os "Ostjuden" é significativa.

Se os judeus já viviam uma situação de discriminação na Alemanha guilhermina, a situação dos "Ostjuden" era muito mais delicada. Pelos não judeus eles eram execrados como a ralé dos judeus, e pelos próprios judeus europeus (da Europa central e ocidental) eles eram também, o mais das vezes, discriminados.[65] Especialmente Berlim recebeu, na segunda metade do século XIX e início do século XX, um grande número de "Ostjuden", principalmente jovens que vinham para a Alemanha frequentar uma Universidade.[66] No meio universitário eles tinham, guardadas as devidas proporções, uma presença marcante e especialmente as aulas de Simmel, curiosamente, despertavam o seu interesse. Muitas vezes foi observado que o público que assistia as aulas de Simmel continha um grande número de judeus do leste. Havia decerto alguma espécie de afinidade entre as ideias

---

Simmel, após a leitura do primeiro livro de Buber sobre o hassidismo, as *Histórias do rabi Nachmann*, disse, lenta e pensativamente: 'Nós somos realmente um povo notável." G. Scholem, *Vom Berlin nach Jerusalem*, *op. cit.*, pp. 89-90.

[64] S. Lozinskij, "Simmels Briefe zur jüdischen Frage", *op. cit.*

[65] "O judeu assimilado de Berlim, e ainda hoje [1975, LW] de Paris ou Nova York, despreza os 'Ostjuden'." H. Mayer, *Aussenseiter*, *op. cit.*, p. 183; ver também p. 343.

[66] Esse é um dos fatores que explicam o assustador crescimento da população judaica de Berlim: em 1871 ela consistia em 36.326 pessoas; em 1910, em 142.289. Cf. J. H. Schoeps (org.), *Neues Lexikon des Judentums*, *op. cit.*, pp. 69-70.

do "Privatdozent" Simmel e os jovens judeus oriundos da Polônia, Galícia, Rússia e adjacências que vinham estudar em Berlim. É compreensível, pois, que, como Bloch afirmou, a "aparência" de Simmel como "Ostjuden" o tenha prejudicado, pois se ser simplesmente judeu já era um problema, ser um "Ostjude" era o fim[67] — como atesta a carta de Schäfer.

O fato de Simmel não ver o Sionismo com simpatia não é, em si, muito significativo. Mas na medida em que essa indiferença/antipatia é inserida em um quadro mais amplo, o fato ganha significação: pois os estratos batizados ou, quando não batizados, ocupantes de uma posição social mais elevada, devido à riqueza, caracterizam-se por uma posição de protesto em relação ao Sionismo. Aliás, via de regra, todos os relativamente "bem-sucedidos" não se tornaram sionistas, justamente porque sua posição lhes indicava (ou lhes parecia indicar) o desnecessário de Sião: eles já eram alemães e não precisavam ter um estado judeu. Isto também vale para os intelectuais judeus em geral, que se consideravam judeus e não eram batizados. Isto aproxima, mais uma vez, Simmel dos judeus, pois que compartilhavam a mesma posição.

4.

A questão é na verdade saber se essa tensão que marca a posição de Simmel de uma assimilação desejada mas não consumada contribui, de alguma forma, para a conformação de sua obra e atinge de algum modo o seu pensamento. Aqui, no entanto, já tocamos as raias da pura especulação. Talvez seja necessário, a partir da questão judaica, discutir outros aspectos do pensamento de Simmel — que estão relacionados com sua posição de judeu — que permitam adentrar mais profundamente na sua obra e possibilitem assim uma discussão mais substantiva desse leque de problemas. Um caminho que me parece frutífero é a discussão que Simmel empreende principalmente no clássico texto sobre "As cidades grandes e a vida do espírito" e que, na verdade, remete à *Philosophie des Geldes*. E justamente sua análise das grandes cidades foi vista como algo que exigia uma sensibilidade muito própria, caracteristicamente judaica:

> *"Talvez não seja nenhum acaso que a primeira análise imparcial do fenômeno da grande cidade em língua alemã prove-*

---

[67] Ver: "Das Ostjudenbild in Deutschland", *in* J. H. Schoeps (org.), *Neues Lexikon des Judentums, op. cit.*, pp. 350-2; S. Gilman, "The Rediscovery of the Eastern Jews: German Jews in the East, 1890-1918", *in* D. Bronsen (org.), *Jews and Germans from 1860 to 1933*, Heidelberg, 1979.

"Jude", entre a "emancipação" e a "assimilação"   565

nha não de um pesquisador acadêmico habitual, mas sim do filósofo judeu Georg Simmel, que nasceu em Berlim. Pois a crescente cidade de Berlim, como todas as grandes cidades, atraiu relativamente muitas famílias judaicas, pois na atmosfera das grandes cidades, com sua tolerância urbana, elas estavam protegidas da duradoura e dolorosa discriminação contra o segmento judeu da população nas pequenas cidades e no interior provinciano, onde até um espírito independente já é visto com desconfiança. Desse modo, é compreensível que precisamente um judeu tenha tido uma relação especial com a grande cidade, que ele foi capaz também de desenvolver no plano teórico."[68]

O texto de R. König é rico em sugestões que cabe explorar. Mas gostaria somente de indicar que talvez muito da capacidade analítica de Simmel, de sua facilidade para "insights", provenha do fato de ele, na sua condição de judeu, ter usufruído de uma posição que conjugava distância e proximidade, tal como ele detectou na figura do "estranho". Que a cidade, grande e moderna, é o *locus* do estranho, já sabemos. Cabe, entretanto, lembrar que é na cidade grande e moderna que a *mobilidade*, que Simmel entende como atributo fundamental do estranho, se realiza do modo mais acabado, e seu símbolo mais perfeito é o dinheiro. Se, como disse, a cidade grande e moderna socializa os homens como estranhos, é também para lhes permitir uma mobilidade e uma estranheza entre si, sem o que eles pereceriam, sufocados pela constância e hostilidade dos choques e contatos exteriores. De resto, caberia apenas reencontrar na mobilidade do estranho a mobilidade do próprio pensamento em meio à constelação de uma cultura filosófica, aquela "mobilidade como que formal do espírito que filosofa" (cf. sobretudo os tópicos "caracterização" e "ensaio").

Aqui tentei desenvolver a ideia de que Simmel situou-se entre a emancipação e a assimilação, uma situação na verdade comum a milhares de outros judeus alemães. Embora a emancipação, que diz respeito aos direitos políticos e civis, tenha se realizado paulatinamente no curso do século XIX e na virada fosse consumada — se se abstrair as exclusões profissionais impostas aos judeus, embora de modo informal —, o processo de uma efetiva assimilação indica uma situação substancialmente diferente. Essa assimilação social estava longe de ser realidade e a grande massa da população judaica na Alemanha vivia, no seu cotidiano da vida prática, segregada, pois que convivia no interior da comunidade judaica e o contato

---

[68] R. König, "Die Juden und die Soziologie", *in Soziologie in Deutschland. Begründer, Verfechter, Verächter, op. cit.*, p. 330.

com não judeus era — afora as relações profissionais — muito pequeno.[69] Simmel, mesmo tendo sido batizado, continuou sendo, aos olhos dos não judeus, judeu, e desse estigma ele não pode se furtar.

A pós-história deste fenômeno que procurei apontar e do qual Simmel faz parte pode nos ajudar, ao final, a arrematar a ideia que se tentou aqui expor.[70] Um primeiro momento, que é necessário apontar porque aqui foi deixado de lado, é a história do processo de assimilação dos judeus no período da República de Weimar[71] — e isto pertence ainda à história do fenômeno, e não à sua pós-história. No período de Weimar os judeus conseguiram, pela primeira vez na Alemanha, com a implantação de um regime democrático, uma igualdade de direitos que começou a se efetivar também enquanto igualdade social — um processo que naturalmente levaria algumas gerações até se completar. Assim, foi possível em Weimar o acesso de alguns judeus a posições antes interditas, como no aparato de Estado. A pós-história desse fenômeno começa com o fim do regime democrático, quando quer que se queira localizá-lo exatamente. A tomada do poder pelos nacional-socialistas, de qualquer modo, já significa uma situação qualitativamente diferente, que se consumará juridicamente nos atos que imediatamente se instauraram — e que seguem o curso dos anos até a "Endlösung". A pós-história do processo de emancipação e assimilação dos judeus na Alemanha é a história de sua aniquilação. Esta lança uma nova luz sobre essa história e afeta sua compreensão. E isto nos mostra que a ideia inicial de Simmel, de uma unidade que superasse a diferença entre judeu e alemão, ideia esta que se mostrou duvidosa durante a vida de Simmel, não se concretizou. Não somente o destino da obra de Simmel sofreu os percalços dessa história.[72] Sua história familiar também: seu filho foi vítima do terror nazista.[73]

---

[69] Neste ponto, como em muitos outros, os depoimentos de G. Scholem em suas memórias são bastante elucidativos.

[70] Sobre tal "Nachgeschichte" veja-se W. Benjamin, *Gesammelte Schriften*, *op. cit.*, vol. I.1, pp. 227 ss.

[71] Além das obras já citadas, veja-se P. Gay, *Die Republik der Außenseiter*, Frankfurt/M, 1970; D. T. Peukert, *Die Weimarer Republik*. Frankfurt/M, Suhrkamp, 1983.

[72] Assim, seus livros foram queimados; a Gestapo apreendeu seu espólio no porto de Hamburgo e ele nunca mais foi encontrado etc. Veja-se R. Kramme, "Wo ist der Nachlaß von Georg Simmel?", *in Simmel Newsletter*, vol. II, n° 1, 1992, pp. 71-6.

[73] Hans Simmel morreu pouco depois de sua chegada nos EUA como refugiado, em virtude de doenças adquiridas no campo de concentração de Dachau. Sobre o destino de Hans Simmel, veja-se a pungente documentação apresentada por D. Käsler, *Soziologische Abenteuer. Earle Edward Eubank besucht europäische Soziologen in Sommer 1934*, Opladen, Westdeutscher, 1985.

"Jude", entre a "emancipação" e a "assimilação"

O ROSTO

"*O significado sociológico do olho depende em primeiríssimo lugar do significado expressivo do semblante, que se oferece como o primeiro objeto do olhar entre os homens. Raramente se tem consciência de em que medida o aspecto prá-*

tico das nossas relações depende do conhecimento mútuo — não somente no sentido de tudo o que é exterior, ou das intenções e disposições momentâneas do outro; mas também o que nós reconhecemos, consciente ou instintivamente, do seu ser, dos seus fundamentos interiores, da invariabilidade do seu feitio, tudo isto tinge inevitavelmente nossa relação, tanto momentânea como duradoura, com ele. Mas é o rosto o lugar geométrico de todos esses conhecimentos, ele é o símbolo de tudo aquilo que o indivíduo trouxe consigo como pressuposto de sua vida; nele está armazenado o que foi despejado de seu passado no fundo da sua vida e que se transformou, nele, em traços persistentes. Ao percebermos o rosto do homem nesse sentido, tanto quanto ele serve a finalidades práticas, acresce na comunicação um elemento que vai para além da praticidade: o rosto consegue que o homem seja compreendido já desde o seu olhar, e não somente pelo seu agir. O rosto, considerado como órgão expressivo, é por assim dizer de natureza absolutamente teórica, ele não age, como a mão, como o pé, como todo o corpo; ele não sustenta o comportamento prático ou interior do homem, ele apenas narra a seu respeito."[1]

O rosto conta uma história. Uma história absolutamente única, absolutamente individual, mas ao mesmo tempo uma história que cada um de nós tem para contar. Os traços do rosto são o depósito dessa história, saber lê-la é uma sabedoria.

Se o rosto apenas narra, a natureza dessa narrativa é a mesma da fábula: é uma narrativa simbólica. Mas ela é, na mesma medida, um jogo: ela joga com o rosto e quem o contempla. Há sempre um laço que se cria entre as pessoas que se olham. Simmel sempre afirmou a importância da troca de olhares, como olharmos uns para os outros é um ato cheio de significado, no qual nos mostramos e os outros se mostram para nós. Com isso, se estabelecem laços momentâneos, que podem tanto ser reforçados como desfeitos em um piscar de olhos. O rosto narra, e ao narrar nos ata. Pois a narrativa supõe uma intersubjetividade enfática. Esta é a síntese que toda narrativa verdadeira contém em si, e que nós precisamos apenas não sufocar.

---

[1] G. Simmel, *Soziologie, op. cit.*, pp. 725-6. Ver também G. Simmel, "Die ästhetische Bedeutung des Gesichts" ("O significado estético do rosto", 1901), *in Das Individuum und die Freiheit, op. cit.*, pp. 140-5.

A CÁTEDRA, OS GESTOS,
E A MEMÓRIA DOS QUE VIRAM E OUVIRAM

Em uma época como a nossa, na qual apenas as cristalizações escritas da atividade intelectual parecem contar, quando a atividade docente em sala de aula é cada vez mais desvalorizada, a profunda impressão que Simmel deixou em seus ouvintes pode parecer fazer pouco sentido. Contudo, para aqueles que o conheceram, quase sempre as impressões dos encontros pessoais e das aulas se sobrepõem, em muito, ao que advém do contato com seus textos escritos. Simmel parece ter sido, antes de mais nada, um homem da cátedra e do diálogo em pequenos grupos. O que restou em seus escritos são condensações dessa figura guardada tão cuidadosamente na memória dos que o *ouviram*. Sempre que chamados a falar acerca do professor, a primeira e mais forte impressão é aquela da cátedra, nunca a dos escritos. Contudo, para nós, isto se perdeu de um modo irremediável. De sua irradiação nem sempre discreta restaram apenas as descrições de seus alunos e amigos. Curiosamente elas formam uma imagem, desordenada, de sua presença.

"*Sobre a cátedra, Simmel unia a consideração impressionista com a ordenação lógica. Não era artista o suficiente para dedicar-se de modo desinteressado ao objeto, mas artista o suficiente para encobrir amigavelmente o movimento do pensador mediante a apresentação cabalmente perfeita: assim Simmel prepara uma aula, conforme a síntese preparada e discreta, que atua pura como uma análise e por isso arrebata.// Simmel é o mestre do corte transversal. A torta, que se constitui de uma dúzia de camadas chatas, era sempre cortada verticalmente por todos aqueles que se sentavam à sua frente. Talvez um tipo esquisito, algum dia, a tenha desfolhado horizontalmente, camada por camada. Simmel, na qualidade de primeiro, coloca a faca na transversal, e na verdade no ângulo de trinta graus, amanhã no de sessenta, depois de amanhã no de oitenta. A direção desses cortes é tão nova e supreende em tal medida, que nós ficamos admirados com essa situação singular, com essas novas sombras, essas medidas e relações inconcebíveis anteriormente. Ele mesmo já conhece antecipadamente as consequências que quer mostrar, pois ele nunca entra na cátedra sem estar bem preparado — mas ele surge como um criador.// O caminho para sondar um problema dura com Simmel uma hora, exatamente a duração do curso. Ele nunca cairá no erro de ainda pressupor na quinta-feira o que nós ouvimos na terça ou, o que é ainda pior, de recapitular no primeiro terço da aula. Cada uma de suas aulas pode ser ouvida isoladamente, assim como cada ato de um bom drama pode ser lido isoladamente e causar a maior impressão, sem que seja necessário um relato prévio ou posterior. Quem conhece o todo, ganha o dobro, mas também o despreocupado tira proveito.// Eu só posso descrever o efeito que o Simmel falante exerce por meio de imagens, com o risco de as acumular ilicitamente. Nós subimos no elevador da mina, o mineiro aperta o botão e o elevador, fechado, desce rapidamente algumas centenas de metros no abismo. Nós descemos: em meio ao carvão, ou aos minérios, ou ao filão de ouro. É assim que se viaja nos cursos usuais, conduzidos pelo professor usual em uma velocidade rápida da superfície, onde é dia, e se desembarca, completamente desorientado, apalpando, tropeçando, até que pouco a pouco o crepúsculo se dissipa e nós começamos a dar crença à voz do condutor.// Simmel preparou um poço oblíquo: e então ele desce conosco no vagão aberto, em velocidade média, de modo que nós conheçamos a situação das rochas, percorrendo-a obliquamente ao descer. Até que, ao final, o olhar preparado não fica chocado com o problema, nem fica assustado com a escuridão, à qual ele se acostumou pouco a pouco. A aula de Simmel é sempre uma tal viagem de três quartos de hora. Quando o relógio bate lá fora, nós desembarcamos no lugar onde, das outras vezes, os professores procuram nos lançar tão rápido quanto possível, já no começo da aula.// E no entanto o caminho de Simmel não é o de um passeante descompromissado que nunca chega ao fim. Isto é, antes, apenas a técnica da aula, e ele é consciente disso. Disto decorre que Simmel não é um professor com o pedantismo grandioso e a perseverança de Kuno Fischer. Ele não é, de modo algum, um professor.// Ele é um estimulador, e com isso ele me parece cumprir sua tarefa mais profundamente do que alguém que ensina melhor, mas na verdade nada além do que está nos livros. A aula de um professor ideal é, afinal de contas, substituível por um livro. A aula de Simmel é completamente diferente de seus livros. A dificuldade de seu estilo escrito, que exige frequentemente do leitor ler três vezes a frase, se resolve na medida em que o falante resolve a frase. O que ele fala em uma aula ele escreve em duas páginas. [...]// Que Simmel deixe agora a Universidade, na qual trabalhou por trinta anos, não significa uma perda só para ela — mas também para ele. Uma aula tão pessoal, tão insubstituível como a de Simmel tem precisamente o seu público, como um teatro, e sabemos que o público não segue, sem mais delongas, o diretor que aprecia quando ele muda para uma nova casa. O público está afeiçoada à casa velha. A aula de Simmel tornou-se, nos últimos vinte anos, uma tradição berlinense. Ela nunca se tornará uma tradição estrasburguense."* Emil Ludwig, 1914[1]

Quando, em 1914, Simmel recebeu finalmente uma nomeação como catedrático na distante e inexpressiva Universidade de Estrasburgo, seus alunos ficaram inconsolados. Muitos anos depois, ao escrever suas memórias, Gershom Scholem lamentou o fato de que só pôde se matricular na Universidade de Berlim imediatamente após a transferência de seu mais brilhante professor. Na época, os jornais berlinenses anunciaram, com um misto de espanto e tristeza: "Berlim sem Simmel?". Sim, pois para os alunos isto parecia quase inconcebível. Um deles acorreu ao jornal e deixou este testemunho.

"Quando, há meses, o índice de aulas para o semestre de verão da Universidade de Berlim saiu, nós o pegamos nas mãos, um pouco agitados, procuramos imediatamente a marca decisiva e logo constatamos: que Georg Simmel não estava mais lá. Nós não poderemos mais ouvi-lo em Berlim, nós não o veremos mais: e isto é triste porque (e isto é o mais notável nele) só se pode compreendê-lo inteiramente, não quando se o lê, mas só quando se o ouve, quando se o vê.// 'Ele pensa em voz alta', disse alguém a seu respeito. Poder-se-ia ainda acrescentar: ele pensa de modo visível; acreditamos poder ver como ele... uma ideia, como uma palavra é pronunciada em sua aula, uma palavra que sem pensar se interpõe [...], como essa palavra o deixa perplexo e em suspense, e como, de uma vez, ela se abre para ele numa série de novas conclusões. [...] Decerto ele tem, como todo conferencista, uma ideia diante de si. Mas basta observá-lo só um pouco, e então parece que ele não a utiliza nem um pouco. Isto chama a atenção já no começo, e no curso da aula não se pode pensar absolutamente outra coisa a não ser que ele improvisa. Ele despe seu cérebro, por assim dizer, na medida em que fala. Podemos vê-lo de dentro, vê-se como ele constrói os pensamentos. Vemos o cérebro condensar e organizar os complexos de fatos, grandes, pesados, variados, e de todos os lados, como se incontáveis mãos trouxessem pedras e as empilhasse. Isto atua de modo extraordinário, mesmo como um teatro, eu não posso dizer de outra forma.// E então isto atua de modo extraordinariamente expressivo e arrebatador; ouvir significa então alguma coisa como: construir em conjunto. Na verdade não se ouve: antes se pensa, se pensa em conjunto. Pois ele pensa alto; eu não poderia dizer isto melhor.// Já era

---

[1] E. Ludwig, "Erinnerungen as Simmel", *in* K. Gassen e M. Landmann (orgs.), *Buch des Dankes an Georg Simmel, op. cit.*, pp. 152-4.

A cátedra, os gestos e a memória dos que viram e ouviram

muito para a Universidade de Berlim que ele lhe pertencesse. Pode-se se posicionar em relação à sua filosofia de maneira diferente que os admiradores incondicionais [...] mas é preciso decerto dizer que ele, em todo caso, é algo único e raro e que a Universidade precisava tê-lo segurado.// Ela possui grandes cientistas e nós os respeitamos. Mas ela também precisa de mais-do-que-cientistas. Homens que sejam mais do que seus livros e pesquisas, cabeças raras, que não sejam apenas apregoadores de sua ciência e sabedoria, mas sim sobretudo cabeças raras.// É isto que Simmel é. Sua ciência ainda está longe de se precipitar em seus livros. Ela se estende para muito além dos livros, e mesmo para além do que ele mesmo acreditava saber hoje. Ela se estende no amanhã e no depois de amanhã, pois é produtiva e recebe diariamente, de todos os lados, novas provocações.// Sua ciência se origina na sua própria aula. Quando ele se senta no Podium e fala, então é como se falasse com um segundo, como se defendesse diante de um terceiro; na verdade ele não fala absolutamente, antes ele disputa, ele convence a si mesmo, ele luta. Ele está bem no meio, nem ao lado, nem acima. Tudo está participando conjuntamente ao seu redor, desde os olhos atentos dos ouvintes até os ruídos da rua; tudo o que o rodeia intervém nele." Ferdinand Bruckner, 1914[2]

Construir em conjunto: é como se Simmel jogasse com seus alunos. O pensamento, o que há de mais subjetivo, ganha uma intersubjetividade absolutamente peculiar. O que vemos aqui é a própria interação simmeliana: ele se relaciona a tudo e tudo se relaciona a ele. Como em um diálogo socrático, ele argumenta, defende e ataca, vai, volta: constrói um pensamento. Sozinho sobre a cátedra, ele parece romper a solidão do homem moderno em meio aos ouvintes. Ele joga com eles.

"After I had attended one or two of Simmel's lectures as an unauthorized listener, my mind was made up. I registred as a regular student in his course and must admit that no other teacher has had a stronger and more enduring influence in forming my outlook on life. Why was Simmel's exposition a unique experience for a youth in a formative stage of development? Perhaps it was because he who has exposed to him felt himself witnessing a true teacher's soliloquy. Although Simmel seemed to be speaking to himself, his audience was held in suspense. At the end of a lecture, everybody asked himself how the story would go on, what would come next. By this pedagogical method, Simmel crystalized what

---

[2] F. Bruckner, "Erinnerungen as Simmel", *in* K. Gassen e M. Landmann (orgs.), *Buch des Dankes an Georg Simmel, op. cit.*, pp. 147-9.

may be called his idea of dialectic. [...] He made it appear quite plausible that dialectics is the air in which we live and breathe. [...] Much of Simmel's fascination lay in the way he presented his material. In his search for the bases of knowledge, he seemed to understand how to improvise or, more accurately, he appeared to be improvising. The listener had the impression that he experienced the finding of truth in statu nascendi. *There was no suggestion of indoctrination. Simmel's delivery struck us as the struggle of an individual, lonely soul with truth, as 'creative evolution' in the proper sense of this term, as the skill of midwifery at its best. Simmel deal with problems* sub specie aeternitatis *while feigning to deal with them* sub specie momenti." Arthur Salz[3]

"Quando eu subi pela primeira vez na cátedra, ficou claro para mim: este é o meu lugar." Georg Simmel[4]

"It was on the lecture platform, however, that he showed his real greatness. As a lecturer he realized to the fullest his manifold talents. His lectures were not only learned, they were an inspiration. He combined a clear, logical analysis with an artistic, impressionistic approach. A beautiful voice, an excellent diction, an appeling personality, all contributed to the charm of his adress. A vivid gesticulation would bring suggestions of life and growth and give real expression to the dynamic quality of his thought. It would vitalize his discourse just where a mere conceptual abstraction seemed cold and rigid and even the best available word weak and inadequate. Form and subject-matter of his lectures were so perfectly adapted that the logical sequences seemed inevitable stages in a natural unfoldment. He gave his audience more than knowledge. He gave himself, and in so doing he gave of the best of his time. He helped his hearers to live, to find an adaptation to that vast cultural environment which is the European social heritage." Nicholas J. Spykman, 1925[5]

Há uma descrição um tanto bélica e violenta, mas também interessante de como Simmel trabalhava em sala de aula com as ideias.

---

[3] A. Salz, "A Note from a Student of Simmel's", *in* K. H. Wolff (org.), *Essays on Sociology, Philosophy and Aesthetics, op. cit.*, p. 235.

[4] Citado em M. Landmann, "Arthur Steins Erinnerungen an Georg Simmel", *in* H. Böhringer e K. Gründer (org), *Ästhetik und Soziologie um die Jahrhundertwende: Georg Simmel, op. cit.*, p. 272.

[5] N. J. Spykman, *The Social Theory of Georg Simmmel*, Chicago, University of Chicago Press, 1925, p. XV.

A cátedra, os gestos e a memória dos que viram e ouviram

Simmel na cátedra, desenho do aluno E. Reineck (1906)[6]

"Ele foi decididamente o pensador mais moderno e perspicaz que eu ouvi em Berlim. Eu ainda vejo o seu vulto magro, ágil sobre a cátedra, o rosto feio com a barba preta e rala, o corpo retorcido no esforço espiritual, os braços se agitando vivamente, os dedos que se dobravam crispadamente ao falar. Ele possuía um dom característico da dialética. [...] Ele punha as ideias diante dos ouvintes, tomava-as nas mãos pedaço por pedaço, desfiava-as. Ele penetrava nas coisas, a fim de lhes extrair a medula; ele a tomava nas mãos e a comprimia, de modo que ela gemesse e suspirasse sob seu

---

[6] Reproduzido de H. Böhringer e K. Gründer (org.), *Ästhetik und Soziologie um die Jahrhundertwende: Georg Simmel,* op. cit., p. 257.

*pulso firme e, quando a soltasse novamente, ela havia se tornado peque-
nos torrões amorfos de massa. Ele volvia seus pensamentos para lá e para
cá, colocava-os um em frente ao outro, batia suas cabeças e as despeda-
çava uma contra a outra. Quando falava, havia uma tensão aflita entre os
ouvintes, que ele mantinha enfeitiçados. Segui-lo era enormemente estimulante, mas na mesma medida cansativo.* " Emil Ermatinger, 1943[7]

Simmel foi o primeiro a reconhecer que, em suas aulas, seu interlo-
cutor era ele mesmo: "na verdade eu não falo absolutamente para os ouvintes, mas sim para mim mesmo".[8]

*"Na cátedra, Georg Simmel se entregava ao pensamento, e com um
fervor que não só sacudia o corpo magro, mas subjugava todo ouvinte,
mesmo o ouvinte que era estranho à filosofia, até mesmo hostil à filosofia. Ele sabia fazer o espiritual viver e espiritualizar a vida."* Max Dessoir,
1946[9]

Os movimentos sempre chamaram a atenção dos seus ouvintes. Parece que ele realizava, sobre a cátedra, uma síntese peculiar dos movimentos
das ideias com os movimentos do corpo.

*"Eu preferia ir ao livre-docente Georg Simmel, em torno de quem se
reunia, naquela época, uma certa elite intelectual de Berlim. O homem delicado, pálido, tão espiritualizado sobre a cátedra, que, com voz hesitante,
um pouco cantada, desenvolvia a dialética complicada de suas ideias, sempre brincando com um lápis que era tão afiado quanto seus argumentos,
surgia para mim como um moderno Espinosa."* Ludwig Curtius, 1950[10]

Quando Edith Landmann foi visitar Simmel em sua casa, a fim de
ser entrevistada para poder participar do *Privatissimum* (cf. "O salão"),
Simmel pegou o lápis nas mãos e começou a brincar com ele. Esse mesmo
lápis, que nunca repousava em sua escrivaninha, o acompanhava na ida à

---

[7] E. Ermatingern, "Erinnerungen as Simmel", *in* K. Gassen e M. Landmann (orgs.),
Buch des Dankes an Georg Simmel, op. cit., p. 206.

[8] Carta de Georg Simmel a Heinrich Rickert de 15/8/1898, *in* K. Gassen e M.
Landmann (orgs.), *Buch des Dankes an Georg Simmel, op. cit.*, p. 96.

[9] M. Dessoir, "Erinnerungen as Simmel", *in* K. Gassen e M. Landmann (orgs.),
Buch des Dankes an Georg Simmel, op. cit., p. 207.

[10] L. Curtius, "Erinnerungen as Simmel", *in* K. Gassen e M. Landmann (orgs.),
Buch des Dankes an Georg Simmel, op. cit., p. 222.

A cátedra, os gestos e a memória dos que viram e ouviram

Universidade. O lápis é um objeto fundamental para compreendermos Simmel: ele está na base dos textos, escritos, e das aulas. Só agora podemos compreender em todo o seu significado: o que significa "pensar com o lápis na mão"?

"O Auditorium maximum não comportava a massa de estudantes, que ainda escutavam sentados sobre os parapeitos das janelas e aquecedores ou nos degraus da cátedra a um orador que parecia improvisar no momento os últimos nexos em uma argumentação lógica. Simmel subjugava o ouvinte, porque ele o deixava participar diretamente do processo de pensamento que ele mesmo percorria. Era-se envolvido no mecanismo secreto dessa cabeça — e de início não se entendia uma palavra. A profundidade era profunda demais. Mas ele a suavizava, ele a amortizava, ele nos elevava cuidadosamente até si, enquanto modulava cada ideia duas, três, às vezes quatro vezes, antes de continuar a fiar a linha lógica. E a vivência de todas as artes, inclusive do teatro, nos era transmitida, enquanto ele próprio, a cabeça levantada, um pouco grisalha, a barba em ponta, parecia estar à espreita naquela sala, de onde lhe afluía a abundância que ele — formulando com uma agudeza cristalina — exprimia, como se só a descobrisse agora." Eckart von Naso, 1954[11]

Participar do processo de pensamento: não seria como o ensaísta que dá a mão ao seu Leitor e o leva para um passeio?

"Seus modos de falar e pensar, esse movimento do pensamento que se apodera inexoravelmente do objeto através da energia espiritual, era acompanhado por gesticulações completamente correspondentes, que representavam oral e plasticamente o movimento. A mão direita e o braço surgiam, se virando e se torcendo, vencendo pelo trabalho, lentamente, as pausas indicando a dificuldade da coisa, como se ele estivesse levantando uma massa de pedra pesadíssima. A impressão dessa mão, que se esforça para cima de modo plástico, me é inesquecível." Richard Kroner, 1956[12]

"Eu frequentei a Universidade de Berlim de 1898 a 1902. [...] A figura, na Universidade, que sobressaía a tudo o que havia de atrasado e corporativo e que era recomendado da melhor maneira a todos os estu-

---

[11] E. v. Naso, "Erinnerungen as Simmel", *in* K. Gassen e M. Landmann (orgs.), *Buch des Dankes an Georg Simmel, op. cit.*, p. 223-4.

[12] R. Kroner, "Erinnerungen as Simmel", *in* K. Gassen e M. Landmann (orgs.), *Buch des Dankes an Georg Simmel, op. cit.*, p. 229.

dantes com veia revolucionária, em virtude da independência claramente manifesta de seu espírito, era Simmel. [...]// Ele costumava ir de bicicleta, que então tinha acabado de surgir e era algo duvidoso para pessoas decentes, às aulas, e com calças mais curtas. O especial em suas aulas era que se observava como ele pensava. Pensativo, com a cabeça inclinada, ele olhava pela janela, a fim de, com uma frase mais fortemente acentuada, voltar às poucas notas que ele tinha deixado à sua frente e que ele, contemplando-as, levemente folheava. Quando ele falava para seu auditório sempre gigantesco, ao expor uma argumentação especialmente complicada, ele se levantava de seu lugar, balançando-se um pouco e com o braço levantado pela metade, com o indicador levantado, de maneira que ele nunca mirava alguém em particular." Edith Landmann, 1948[13]

Simmel, na *Soziologie*, abordou a situação do professor, relatando na verdade suas experiências em sala da aula:

"[...] o orador, que se põe frente à assembleia, o professor, que se põe frente à classe, parecem ser os únicos que conduzem a situação, aqueles que estão momentaneamente numa posição superior. No entanto, todo aquele que já se encontrou em tal situação sente o efeito determinador e direcionador que vem da massa, que aparentemente apenas recebe e é dirigida por ele."[14]

"Quando Hegel lia sua filosofia diante de 900 ouvintes, quatro vezes por semana, das 11 às 12, na Unter den Linden, sentavam-se aos pés do obstinado Dr. Schopenhauer, que dava aula no mesmo horário, apenas quatro ou seis estudantes. Isto foi em 1820. Sessenta anos depois, a aula sobre Hegel era pouco frequentada, as sobre Schopenhauer completamente cheias. Mas em 1900 ocorreu nas mesmas salas o fato extraordinário de que o Privatdozent Dr. Simmel subtraía os ouvintes dos catedráticos. Seria ele tão arrebatador? Falaria ele de modo tão sensível, que os jovens de vinte anos, mesmo na Alemanha, queriam compreender a sabedoria do mundo? Possuiria ele aquele tempo conciso, cuja falta afugenta tão frequentemente os ouvintes das aulas de filosofia? [...]// Quando a figura deselegante de Simmel, desajeitada, míope, magra entrava na sala repleta de gente, faltava-lhe tudo para angariar para si o olhar e o coração da juventude [...]. Simmel atuava, ao chegar, nem significativamente nem atrativamente, nem belo nem bizarro, e então, quando sua voz, nos

---

[13] E. Landmann, "Erinnerungen as Simmel", *in* K. Gassen e M. Landmann (orgs.), *Buch des Dankes an Georg Simmel, op. cit.*, pp. 208-9.

[14] G. Simmel, *Soziologie, op. cit.*, p. 164.

A cátedra, os gestos e a memória dos que viram e ouviram   579

agudos, tentava com esforço fazer compreensíveis as primeiras frases, ele também revelava, acusticamente, o quanto lhe faltava.// Agora ele dilata uma ideia. Como uma nuvem grossa, ele paira sobre a sala, ela vai e vem, brota, e como os primeiros períodos querem esclarecer a ideia, tudo fica mais opaco, agora já é uma névoa que envolve os ouvintes, não se vê mais o vizinho, estamos em meio a um nevoeiro carregado, e não há vento. Do lado de lá não troveja, uma voz baixa tenta passar por entre a nuvem pesada, não se entende mais nada, um vinho encorpado do sul parece debilitar o cérebro, uma palavra enigmática obscureceu o entendimento em atividade. Como isto irá acabar?// Pouco a pouco o ambiente espesso se levanta, de modo extremamente lento: na medida em que o pensador volve, examina lentamente as ideias, é como se ele, cuidadosamente, retirasse para si fios isolados do tecido, com uma prudência permanente ele desfia o novelo, ele inicialmente o estende, lentamente o desembaraça, então o espírito aprisionado respira mais facilmente, as nuvens transformam-se em pequenos cirros delicados, o céu brilha por entre eles, e quando os quarenta e cinco minutos acabam, nos quais foi permitido ao sábio pensar em voz alta, então sua ideia aparece claramente para todos os ouvintes.// Pois pensar em voz alta era uma espécie de aula, que convinha apenas a esse analista. Ele propôs a questão a si mesmo, e não aos ouvintes, com os quais ele na verdade nunca buscou contato, e encontrou a resposta, gradualmente, a seu próprio modo.// Quando Simmel escrevia, ocultava — como o artista — esta origem de seu pensamento, e talvez radique aqui o motivo pelo qual ele escrevia tão difícil. [...] O seu desejo de encobrir a análise prejudica esse pensador profundo, que nunca se tornou um grande escritor porque privatizava o processo do pensamento e no entanto, semelhante a Schopenhauer, era surpreendente justamente em virtude do processo. [...]// Nas aulas, no entanto, ele não queria oferecer resultados, mas sim processos, e na medida em que ele apresentava no início, de maneira abafada e difícil, o resultado já obtido, dava apenas o tema da fuga, cujo desenvolvimento e condução era justamente o encanto de suas apresentações." Emil Ludwig, 1918[15]

O pensar em voz alta me faz lembrar de uma nota de Hannah Arendt sobre a "antiga conexão entre a fala e o pensamento", uma conexão que, "para os modernos", é "enigmática".[16] É disto que advém o encanto com que Simmel conquista seus alunos.

---

[15] E. Ludwig, "Erinnerungen as Simmel", *in* K. Gassen e M. Landmann (orgs.), *Buch des Dankes an Georg Simmel, op. cit.*, pp. 154-6.

[16] H. Arendt, *A condição humana, op. cit.*, pp. 34-5.

"Talvez Simmel fosse o mais puro analista. Quem o ouviu alguma vez dar uma aula, ou melhor, viu e ouviu, a grande figura magra com os gestos caracteristicamente rudes, quando ele como que agarrava um problema com a mão direita, e elevava algo invisível com a mão aberta diante dos ouvintes, o rodava e virava e para todos os lados, acompanhando involuntariamente essas voltas com o corpo todo e explicando em suas palavras cada modo de consideração, até que o objeto tivesse sido decomposto clara e nitidamente em suas partes de todos os lados — ele levou consigo essa paixão da análise, que vivia nele, como a mais forte impressão. Era sua força e sua tragédia que se revelava nessa intelectualidade espiritualizada. Ela lhe possibilitava, esquadrinhando mesmo o mais estranho, contrariando seu próprio sentimento do mundo até alcançar o núcleo produtivo, analisar pensando e divulgar o conceitual frente aos ouvintes em seus aspectos encantadoramente sutis." Paul Fechter, 1918[17]

Trinta anos depois, o mesmo aluno recolheu, uma vez mais, suas lembranças do antigo professor.

"Georg Simmel era uma figura muito curiosa. Alto, magro, um rosto inteligente e pensativo, com uma testa alta e a cabeça calva sobre os óculos sem aro e a barba afilada grisalha, o rosto tanto de um médico como de um filósofo, a cabeça de um homem cientificamente cunhado, que pensava apaixonadamente. O seu curso era um acontecimento especial; via-se como o processo do pensamento tomava conta do homem por inteiro, como a figura magra sobre a cátedra se tornava o meio de um fenômeno espiritual, cuja paixão atuava não só em palavras, mas na mesma medida em gestos, movimentos e ações. Quando Simmel queria indicar o núcleo de um pensamento, de um conhecimento aos alunos, ele não o formulava apenas: ele o levantava, como se fosse visível, com a mão, cujos dedos se estendiam para cima e se fechavam novamente; todo o seu corpo virava e rodava sob essa mão levantada que segurava o problema, como se ele só nesse movimento em espiral arrancasse a substância do pensamento de sua própria profundidade e pudesse elevá-lo até a cabeça, o cérebro, as palavras. De vez em quando ele mantinha o braço no alto, quase na vertical, e movia-se para trás como um porta-bandeira em uma parada, de tal modo que, no final, ele olhava os ouvintes por entre o braço, ou com o braço direito à esquerda ou com o braço esquerdo à direita. Ele possuía, além disso, uma intensidade no falar que era ao mesmo tempo a última tensão

---

[17] P. Fechter, "Erinnerungen as Simmel", *in* K. Gassen e M. Landmann (orgs.), *Buch des Dankes an Georg Simmel, op. cit.*, pp. 157-8.

A cátedra, os gestos e a memória dos que viram e ouviram

do pensamento; ele só oferecia o abstrato, mas o oferecia em partes tão oriundas da vida, que o co-pensamento ao ouvir transformava-se também em vida e a compreensão oferecia-se por si mesma." Paul Fechter, 1948[18]

Os movimentos do corpo — o corpo que age, como ele disse ao falar do rosto — são parte integrante de sua presença em aula; mais que isso, do seu próprio pensamento: "[...] o corpo pode exprimir processos anímicos através de seus movimentos, talvez tão bem quanto o rosto".[19]

A ideia de uma individualidade própria, daquilo que é exclusivamente do indivíduo e é mesmo ele, e que estes depoimentos revivem tão intensamente, embora de modo fragmentado e subjetivo, foi mobilizada pelo próprio Simmel na defesa de uma "lei individual":

"[...] aquele estilo e ritmo indescritíveis de uma personalidade, seus gestos básicos, que fazem cada uma das suas manifestações — provocadas por fatores ocasionais — algo que pertence inconfundivelmente *a ela*."[20]

"[...] o típico e pura e simplesmente inesquecível de sua aula, cujos traços eram tão extraordinários quanto sua substância espiritual. [...]// Palavra de honra: eu não ouvi, em dois anos de universidade em Berlim, nenhuma aula que fosse mais interessante, excitante, animada e agitada do que a 'Lógica' de Simmel.// 'Se isso não é exagero, como é possível?', pergunta-se. Não, não é exagero, e na Alemanha vivem centenas de pessoas que podem ser testemunhas de minhas palavras. Mas como é possível? Talvez por meio de sua capacidade insuperável de concretizar um processo abstrato. Ele sempre sabia achar o exemplo mais feliz. [...] nunca se deixava a sua aula sem estar cheio de ideias, sem ser movido pela abundância de feições espirituais, sem estar feliz com a riqueza da vida que dormita na filosofia, e sem estar agradecido àqueles que sabiam transmitir essa riqueza. Pois se a tarefa do docente não é apenas comunicar aos seus alunos o mundo do saber, mas sim de certo modo permitir que ele renasça frente a seus olhos em toda a sua grandeza e inapreensibilidade, penetrar nesse mundo, dominá-lo em sua atração deslumbrante para os jovens — então Simmel era um docente ideal." Frank Thiess, 1918[21]

---

[18] P. Fechter, "Erinnerungen as Simmel", *in* K. Gassen e M. Landmann (orgs.), *Buch des Dankes an Georg Simmel, op. cit.*, pp. 159-60.

[19] G. Simmel, "Die ästhetische Bedeutung des Gesichts", *op. cit.*, p. 142.

[20] G. Simmel, "Das individuelle Gesetz. Ein Versuch über das Prinzip der Ethik", *op. cit.*, p. 159.

[21] F. Thiess, "Erinnerungen as Simmel", *in* K. Gassen e M. Landmann (orgs.), *Buch des Dankes an Georg Simmel, op. cit.*, p. 177.

Através de seus cursos, Simmel exerce uma influência sobre Berlim. Eles ganham notas nos jornais, há um aspecto mundano e intelectual em assistir aos seus cursos na universidade. Há um caso curioso a esse respeito, narrado por um aluno: "Foi em um daqueles últimos colóquios, magníficos, sobre filosofia da arte, que ele ministrou na Universidade de Berlim, quando ele mencionou, em algum contexto qualquer, a dança do tango, então muito discutida. No dia seguinte lia-se no jornal a seguinte nota: 'Professor Simmel sobre o tango'."[22] Entre a sala de aula e a cidade lá fora havia uma série de laços, e não só a curiosidade mundana que se excitava com um professor inusitado.[23]

"*Mas Simmel não vive apenas nos pensadores que continuaram suas pesquisas sociológicas, de psicologia da cultura e biográficas. Ele vive sobretudo naqueles que o conservam na memória como o modelo do filósofo, para quem ele se tornou o único contato com um filósofo vivo.// Aquela cena é inesquecível: como ele, no canto extremo da cátedra, balançante, perfurava o ar com o lápis afiado — de certo modo perfurava um tecido invisível: símbolo do analista apaixonado. Mas só então se seguia o acontecimento mais essencial, embora menos observado: ele deixava o canto extremo da cátedra, o lápis anguloso afundava entre os dedos e, com a cabeça baixa, ele atravessava mudo a cátedra — até ele se recompor para a continuação da aula. Nestes segundos mudos de esquecimento de si ele anulava interiormente o que havia acabado de perfurar; nestes segundos mudos ele já ultrapassava novamente para além da última formulação. Quem vivenciou a tragicidade imensa desses segundos conhece, para toda a sua vida, a atividade infatigável, o caráter irrealizável, a tragicidade do pensamento filosófico.*" Ludwig Marcuse, 1928[24]

---

[22] R. Lewinsohn, "Erinnerungen as Simmel", *in* K. Gassen e M. Landmann (orgs.), *Buch des Dankes an Georg Simmel*, *op. cit.*, p. 169. M. Landmann relata: "Quando uma dançarina causou furor, ele filosofou sobre ela em seu curso; em agradecimento ela dançou, em uma festa em que ele estava presente, um tango, então uma novidade, em sua homenagem". M. Landmann, "Georg Simmel und Stefan George", *in* H. J. Dahme e O. Rammstedt (org.), *Georg Simmel und die Moderne*, *op. cit.*, p. 148.

[23] "Eu me lembro das aulas que ele marcou no horário horrível das duas às três, porque não lhe agradava ser um filósofo da moda. Mas isto não ajudou absolutamente em nada, sempre estavam lá algumas centenas de pessoas, tanto estudantes como homens e mulheres maduros, poetas, escritores e artistas. De qualquer modo, ele era indiferente, apesar desse meio, e realmente dedicado, quando falava de Bergson e Durkheim, Schopenhauer e Goethe." A. Salomon, "Erinnerungen as Simmel", *in* K. Gassen e M. Landmann (orgs.), *Buch des Dankes an Georg Simmel*, *op. cit.*, p. 277.

[24] L. Marcuse, "Erinnerungen as Simmel", *op. cit.*, p. 191.

A cátedra, os gestos e a memória dos que viram e ouviram

Hans Blumenberg retomou este depoimento do antigo aluno de Georg Simmel. O fragmento, que não diz respeito apenas a Simmel, traz como título "Gesticulações da perda da realidade". A interpretação das gesticulações de Simmel é um grande desafio. É extremamente *sintomático* que inúmeros de seus alunos, amigos e conhecidos tenham dedicado ao menos uma linha acerca de seus gestos, movimentos e formas de expressão corporal. Eles formavam um elemento a tal ponto essencial, que hoje me parece impossível imaginar Simmel sem os gestos. *Mas como decifrá-los?*

De certo modo, Simmel lamentou uma vez a perda da realidade, quando afirmou que não poderia ser artista porque a realidade era forte demais para ele. Eis o trecho que diz respeito a Simmel no fragmento de Blumenberg:

"Filósofos têm leitores e ouvintes. Por seus leitores eles não são vistos. Estes têm diante de si, além disso, produtos em última versão, dos quais é anulado o que poderia ser tomado como vestígio involuntário da subjetividade. Ouvintes percebem, entretanto, o que acontece em singularidade e esquisitice com o falante à sua frente; contudo, eles são determinados pela expectativa de que o importante para eles será apresentado como audível — com o que muitos deixam completamente de observar, a fim de poder escrever em paz. A outros se une, na recordação com o extrato do que é apresentado, a pertença desta ou daquela gesticulação ao que foi dito enquanto algo característico. Talvez um gesto, que exprimia o desejo secreto pela comunicação de algo ainda não pronunciado — do, se possível, último desejo —, tivesse marcado o seu lugar quase imperceptível. A recordação restitui o que Nietzsche soube reivindicar até mesmo enquanto leitor: o fato de que ele não lia uma palavra sem ver gesticulações.

O filósofo da vida [Lebensphilosoph], lembrado enquanto o que leciona, isto promete ver algo da tensão e do esforço abandonados que se alojam já no conceito de uma tal filosofia que tende ao todo. Ludwig Marcuse recordou duas gesticulações inesquecíveis de seu professor Georg Simmel, que querem ser presentificadas em sua relação uma sobre a outra. A primeira, como ele, no canto extremo da cátedra, balançante, perfurava o ar com o lápis afiado — de certo modo perfurava um tecido invisível. Marcuse acrescenta imediatamente sua interpretação: este deveria ser compreendido como o gesto do analista apaixonado. À primeira gesticulação segue-se uma outra que, embora mais importante, seria menos notada: ele deixava o canto extremo da cátedra, o lápis anguloso afundava entre os dedos e, com a cabeça baixa, ele atravessava mudo a cátedra — até ele se recompor para a continuação da aula. *Também para a compreensão deste abandono do gesto de perfuração do que não pode resistir, a recordação sabe prestar ajuda:* nestes segundos mudos de esquecimento de si ele anulava interiormente o que havia acabado de perfurar... *Cada leitor de Simmel — e eles se tornaram, desde então, numerosos — reconhece este ponto de virada de tantas das suas argumentações, quando ele ultrapassa a última formulação supostamente acessível, relativizando o resultado que ele acabou de obter, observando-o pelo polo oposto das possibilidades. Era assim, na execução viva do professor, que ele deixava atrás de si o que tinha acabado de ver, mas somente mudo podia prometer o ato de ir além.*

A cena descreve a lembrança como um momento de extrema perplexidade: como tangibilidade de uma tragédia incomensurável do pensamento filosófico, não apenas no pensador atual e suas ideias. Ele parece condenado a sucumbir, a fim de se preservar, no esgotamento, da sua consequência. O processo de pensamento de Simmel parece poder se tornar oticamente perceptível, seu prazer na análise, mesmo na atmosfera rarefeita da mais sutil realidade ou mesmo da não-mais-realidade, que deixava, sem delongas e barbaramente, puxar a base dos fatos empíricos. Por isso Simmel, antes de se tornar 'filósofo da vida', testou-se junto à filosofia de um dos objetos mais resistentes ao pensamento: testou-se junto à filosofia do dinheiro."[25]

Sem dúvida seria o caso de mobilizar o "panteísmo estético" simmeliano na decifração dos gestos. O "panteísmo estético" enfrenta as coisas como cifras, decifra hieroglifos, encontra o bom deus nos detalhes. Blumenberg, assim como os alunos de Simmel, nos ensinam a reencontrar Simmel nos gestos. Mas: esse ensinamento deixa-se reproduzir? Ele nos oferece a chave de uma câmara secreta ou apenas entreabre, por um único instante, a sua porta?

Há um outro ponto importante assinalado por Blumenberg: que algo dos gestos de Simmel continua presente em seus textos. Isto só pode acontecer na medida em que eles são ensaios. Simmel pensa com o lápis nas mãos. Os ensaios possuem a maleabilidade, "plasticidade", como diz Simmel, para se adaptar, e é essa plasticidade que recebe e preserva o gesto no interior do ensaio.

Quem é o mudo? Aquele que vê mas não fala.[26] Ele está atento a tudo o que ocorre ao seu redor, mas não se manifesta. Ele sabe, mas não sabe como dizer. Ou o que ele sabe é demais para ser dito. Mas, por ou-

---

[25] H. Blumenberg, *Die Sorge geht über den Fluss*, Frankfurt/M, Suhrkamp, 1987, pp. 49-50. O texto de L. Marcuse citado por Blumenberg, de 1918, encontra-se republicado em Marcuse, "Erinnerungen an Simmel", *in* K. Gassen e M. Landmann (orgs.), *Buch des Dankes an Georg Simmel, op. cit.*

[26] Cf. G. Simmel, *Soziologie, op. cit.*, p. 727.

tro lado, ele vê e não diz porque se retira para sua interioridade. Ele guarda para si.

Poder-se-ia dizer, analogamente, que se o ator dá vida ao texto, Simmel faz viver o pensamento. Para tanto, ele mobiliza o ensaio como uma forma quase artística, assim como mobiliza a aula como uma forma quase artística. Simmel é o primeiro a reconhecer que todo indivíduo é sempre um ator, ao desempenhar os variados papéis que a vida lhe impõe. Só que ele não transforma isto em arte. Só o ator verdadeiro — do teatro, digamos — transforma o que está presente em todos em arte, ou melhor, mobiliza isto e o direciona para a arte.[27] Simmel faz algo parecido. Ele mobiliza suas faculdades para tornar o pensamento vivo.

Os gestos de Simmel na cátedra — mas não só lá — devem ser compreendidos de modo análogo aos do ator: eles são um complemento ao que é dito, eles expõem um conteúdo, eles são prenhes de significação, de significados que não podem ser expressos nem através das palavras, nem através do silêncio. Entre as palavras e o silêncio, os gestos falam em uma linguagem própria.

O gesto não é um mero ornamento à fala, algo gracioso que torna uma aula mais bela e agradável. O gesto em Simmel é ele mesmo exteriorização da tensão do pensamento, e desse modo é ele mesmo um elemento do pensamento.

Já se disse que o que não se pode falar deve-se calar. É isto que ocorre quando os gestos são chamados à expressão.

"Já se descreveu inúmeras vezes como Simmel ia de lá para cá no pódio, a caneta no topo mais alto entre três dedos e, caminhando, hesitando, procurando conceitos, mergulhava-a lentamente no ar, assim como se quisesse apanhar um besouro com uma agulha. Se ele tinha então achado sua palavra, ele a segurava com a ponta da caneta por alguns segundos, às vezes também a levantava, pendurada como uma presa espetada, diante de todos os nossos olhos, ou a deixava, insatisfeito, fugir novamente. Eram momentos emocionantes. Não se podia de modo algum fugir do sortilégio. Ele nos oferecia os conceitos em pessoa." Leo Mathias, 1928[28]

Ilustrativo acerca do que se passa sobre a cátedra é a tomada de posição de Simmel no "caso Schmoller", quando um aluno publicou em jornal, sem a autorização do professor, uma afirmação feita em sala de aula.

---

[27] Cf. G. Simmel, "Zur Philosophie des Schauspielers (aus dem Nachlaß)", *op. cit.*

[28] L. Mathias, "Erinnerungen as Simmel", *in* K. Gassen e M. Landmann (orgs.), *Buch des Dankes an Georg Simmel, op. cit.*, p. 193.

Simmel interpreta o fato como uma espécie de quebra da confiança que se estabelece entre o professor e os alunos na sala de aula, confiança esta que permite ao professor expor em aula com uma liberdade e maleabilidade que não é própria ao texto escrito. "Só que deve permanecer garantido ao professor o direito de dizer na cátedra coisas que ele só diria justamente nesse lugar, *pois estas coisas, publicadas, assumem um caráter inteiramente outro*. Só um tolo pode acreditar que toda expressão oral permanece a mesma caso ela seja, mesmo que literalmente, impressa. O tom, os gestos, o contexto geral, a impressão da personalidade, a atmosfera do auditório transformam frequentemente o significado e e o efeito da palavra falada em algo completamente diferente do que a mesma palavra em forma impressa."[29] Aqui, embora não seja este o seu ponto, Simmel mostra como os gestos na cátedra são um elemento essencial no significado da aula, falando uma linguagem que corre paralela à das palavras.

"O modo exterior de Simmel lecionar foi descrito repetidas vezes. Ao contrário da maneira habitual de ensinar, transmitindo apenas fatos ou antes resultados prontos do pensamento, parecia que ele elaborava o andamento de suas ideias apenas frente aos nossos olhos. Ele as deixava visivelmente nascer na nossa frente, e para isso se servia tanto de seus gestos como de suas formulações linguísticas. Em pé sobre a cátedra — nas aulas que eu ouvi, Simmel nunca lecionou sentado —, um lápis apontado na mão, ou ele ficava em frente ao púlpito — decerto também ao lado do pequeno púlpito móvel —, ou então ia — pensando em como ele poderia nos tornar compreensíveis as ideias complexas e tornar claro para nós o que pretendia — para lá e para cá sobre a cátedra. Decerto às vezes ele também se apoiava na parede e na lousa, atrás de si, e então, em uma concatenação de ideias especialmente marcante, se arremessava para frente aos solavancos. Simmel tinha uma maneira absolutamente pessoal e única de auxiliar o desenvolvimento das ideias e o desenvolvimento do modo de argumentação na aula, por meio de movimentos estranhamente sinuosos do corpo, do braço e da mão — talvez por vezes grotescos, mas sempre extraordinariamente enfáticos e socraticamente frutíferos —, mão essa que, com o lápis afiado, como que penetrava os problemas, indicava as suas particularidades e acompanhava demonstrativamente o seu desenvolvimento. Apesar disto ele precisava, a fim de destacar a sequência de ideias de que se ocupava, se concentrar de tal maneira na sua tarefa,

---

[29] Georg Simmel, "Zum Fall Schmoller" ("Sobre o caso Schmoller", 1902), *in Das individuelle Gesetz, op. cit.*, p. 236.

que uma coisinha de nada exterior podia perturbá-lo fortemente." Kurt Gassen, 1958[30]

"[...] o gesto indica que a alma está no espaço. A gesticulação não é pura e simplesmente o movimento do corpo, mas sim [...] a expressão de algo anímico. Com a gesticulação o homem como que entra em posse espiritual de uma parte do espaço que é designada por ela."[31]

---

[30] K. Gassen, "Erinnerungen as Simmel", *in* K. Gassen e M. Landmann (orgs.), *Buch des Dankes an Georg Simmel*, *op. cit.*, p. 300.

[31] G. Simmel, "Weibliche Kultur" ("Cultura feminina", 1911), *in Philosophische Kultur*, *op. cit.*, p. 238.

CULTURA FILOSÓFICA

A ideia de uma cultura filosófica, que Simmel procurou desdobrar, é sobretudo, e não mais do que isso, "trabalho na concreção".[1] Isto aponta para as variadas faces de seus infinitos objetos, para sua como que compulsão a desenrolar infatigavelmente os fios das relações, fios sem fim de relações também infindáveis. E quando temos uma configuração de uma constelação qualquer, que ele cuidadosamente arma para nós, é somente para nos mostrar que, no mesmo momento, ela já se foi, e é preciso escavar e escavar novamente. Extrair a verdade de suas manifestações, por mais simples que pudesse parecer ao primeiro olhar, acaba por se tornar uma tarefa incomensurável. O seu problema parecia muito mais simples: "um homem, uma paisagem, uma atmosfera". Esmiuçar um problema, mas esmiuçar a fim de fazer-lhe justiça: no singular o universal. Isto se mostrou ser uma verdadeira aventura.

Tudo isto talvez venha a indicar em que medida Simmel permanece, e necessita permanecer, exterior à sociologia. Isto já se deixa ver claramente na relação entre ensaio e sociologia. Historicamente o problema já havia se configurado à época de Simmel, nas críticas modelares de que foi alvo por parte de Émile Durkheim e Max Weber. A relação de oposição que é preciso admitir ao final entre Simmel e Durkheim reside no fato de que, na medida em que Durkheim — através de seu enorme esforço de conceptualização — buscou infatigavelmente (e com resultados palpáveis) fundar e delimitar de modo inequívoco a nova ciência da sociologia, precisou para isso recorrer à tradição do método, que lhe forneceu um fundamento sólido, um solo produtivo e um caminho seguro. Georg Simmel, por seu lado, e apesar de seus esforços mais "sistemáticos", na "sociologia como ciência exata" e na filosofia da história, permaneceu sempre ligado a um momento cético, a uma *skepsis* que o impelia continuamente a uma posição que não se deixa definir sem mais através do método, da simetria. Ele permanece "ligeiro", saltitante, subjetivo, inexato. Com uma paixão por adentrar na neblina. Com o atrevimento de pensar com o lápis na mão.

---

[1] H. Böhringer, "Simmels Impressionismus", *op. cit.*, p. 154. O Leitor há de se lembrar da citação de H. Mayer feita no tópico "caracterização".

Isto se mostrou, rapidamente, como uma verdadeira desconfiança frente ao método. A forma que ela assumiu foi a movimentação incessante, a apologia do perspectivismo, do mundo que é um mundo de relações e, portanto, permanece sempre lábil e efêmero em suas configurações, e disso resultou a ideia de uma cultura filosófica — "em sentido amplo e moderno" — e do "panteísmo estético" que a acompanha, esse ensaio de aprender com a arte a compreender o mundo e a vida. Isto torna, ainda hoje, o embate com Simmel, no âmbito estrito da sociologia, difícil. Esta não pode, sem mais, desvencilhar-se da grande tradição que a formou e consolidou, uma tradição que almeja um conhecimento positivo e fundamentado, explicitável e circunscrito, claro e válido. Frente a essa pretensão, o gesto da *skepsis* fala mais alto, e o preço que se paga por sua pretensa autonomia é — como quase sempre é o caso — a exclusão. Por isso a relação de Simmel com a sociologia é hoje de fascinação, desafio e interesse. Mas ao mesmo tempo não se deixa *simplesmente* assimilar, sob pena de perder o que possui de mais instigante e valioso.

SOBRE O AUTOR

Leopoldo Waizbort nasceu em São Paulo, em 1965, e graduou-se em Ciências Sociais na Universidade de São Paulo em 1987, onde obteve também os títulos de mestre, doutor e livre-docente em Sociologia. No Brasil, foi bolsista da Fapesp e do CNPq e, na Alemanha, do DAAD (Serviço Alemão de Intercâmbio Acadêmico) e da Fundação Alexander von Humboldt.

É autor dos livros *As aventuras de Georg Simmel* (Editora 34, 2000 — Prêmio Melhor Obra Científica da ANPOCS em 2001) e *A passagem do três ao um: crítica literária, sociologia, filologia* (Cosac Naify, 2007), além de organizador das seguintes obras: *Escritos e ensaios*, de Norbert Elias (Zahar, dois volumes, 2006 e 2007), *Dossiê Norbert Elias* (Edusp, 1999; 2ª ed., 2001), *A ousadia crítica* (Eduel, 1998) e *Os fundamentos racionais e sociológicos da música*, de Max Weber (Edusp, 1996).

Desde 1997 leciona no Departamento de Sociologia da Faculdade de Filosofia, Letras e Ciências Humanas da USP, onde tornou-se professor titular em 2010.

Este livro foi composto em Sabon,
pela Bracher & Malta, com CTP e
impressão da Prol Editora Gráfica
em papel Pólen Soft 70 g/m² da Cia.
Suzano de Papel e Celulose para a
Editora 34, em junho de 2013.